财智睿读

马克思
社会资本再生产
理论拓展研究

朱鹏华 ◎ 著

中国财经出版传媒集团
经济科学出版社
Economic Science Press
·北 京·

图书在版编目（CIP）数据

马克思社会资本再生产理论拓展研究/朱鹏华著
--北京：经济科学出版社，2023.10
ISBN 978-7-5218-4643-0

Ⅰ.①马… Ⅱ.①朱… Ⅲ.①马克思主义-社会资本-再生产-研究 Ⅳ.①A811.66

中国国家版本馆CIP数据核字（2023）第052531号

责任编辑：于 源 冯 蓉
责任校对：隗立娜
责任印制：范 艳

马克思社会资本再生产理论拓展研究
朱鹏华 著
经济科学出版社出版、发行 新华书店经销
社址：北京市海淀区阜成路甲28号 邮编：100142
总编部电话：010-88191217 发行部电话：010-88191522
网址：www.esp.com.cn
电子邮箱：esp@esp.com.cn
天猫网店：经济科学出版社旗舰店
网址：http://jjkxcbs.tmall.com
北京季蜂印刷有限公司印装
710×1000 16开 29印张 506000字
2023年10月第1版 2023年10月第1次印刷
ISBN 978-7-5218-4643-0 定价：116.00元
（图书出现印装问题，本社负责调换。电话：010-88191545）

序 言

PREFACE

1885年《资本论（第二卷）》出版以来，学术界对社会资本再生产理论的争论和研究一直不断，形成了海量文献资料，推动着这一开放的理论不断向前发展。同时，我们看到马克思社会资本再生产理论是一个建立在物质商品生产领域的两部类模型，与马克思所生活的19世纪不同，当今世界服务业已超过农业和工业普遍成为国民经济发展的主动力，主要发达国家服务业增加值占GDP的比重均已超过70%，我国也已超过50%（2022年为52.8%）。因此，创新和发展马克思社会资本再生产理论已是一个无法回避的问题，拓展该理论是坚持和发展马克思主义政治经济学的必然要求。

马克思社会资本再生产理论建立在物质商品生产领域，主要有两个方面的原因：其一，受马克思所生活时代的社会生产发展状况的限制，可以“堆积”的物质商品是社会财富的主要形式，服务行业在经济活动中的比例很小。因此，在经济理论的分析中，马克思舍象了服务商品。其二，马克思进行政治经济学研究的最终目的是揭露资本主义剥削的实质和秘密，批判资本主义经济制度。这使得他在分析资本主义生产方式过程中，仅以资本主义生产关系相对集中的物质商品生产领域为主，而将非物质商品生产仅看成是一种“派生”或“纯粹的消费”。随着时代的发展，这已成为束缚社会资本再生产理论发展的主要原因。根据莫斯利、谢克和汤耐克、莫恩等学者的研究测算，以美国为代表的西方资本主义国家的非生产性部门在扩大，生产性部门中非生产劳动的比重也在增加。这充分说明，仅仅停留在物质商品生产领域，局限于物质劳动产品才是商品，生产物质商品的劳动才是生产劳动，马克思主义政治经济学对当今世界的解释力正在下降，这已是不争的事实！对马克思社会资本再生产理论进行拓展研究，目的就是将服务商品纳入社会资本再生产理论体系，为构建中国特色社会主义政治经济学奠定理论基础。朱鹏华同志的这部著作正是从基础理论层面的创新，在马克思社会资本两部类再生产模型的基础上构建起四部类再生产模型。

在浩如烟海的马克思主义文献中，这部著作对坚持和发展马克思主义政治经济学无疑具有重要学术贡献。第一，作者以 MEGA² 等资料为基础，梳理了马克思创作社会资本再生产理论的历程，还原了马克思社会资本再生产理论的原貌，这是目前所见文献中最为系统全面的一部著作。作者对国内外研究社会资本再生产理论的相关文献进行了全面综述，涵盖的范围十分广泛，给出的评述科学合理，从经济思想史的研究而言，这是极为丰富、翔实、可贵的。第二，作者根据马克思的商品理论，提出服务是一种过程性劳动产品，服务商品是用来交换的服务，其价值是对象化在过程性使用价值中的人类抽象劳动。作者对商品和生产劳动范围的拓展，符合马克思劳动价值论和剩余价值论的理论逻辑，是对马克思主义政治经济学的创新发展。第三，社会生产由物质生产领域拓展到服务生产领域，作者将社会资本再生产由两部类拓展至四部类，即生产物质生产资料的部类（第Ⅰ部类）、生产物质生活资料的部类（第Ⅱ部类）、生产生产性服务商品的部类（第Ⅲ部类）和生产生活性服务商品的部类（第Ⅳ部类）。任何一种商品总可以按照其在生产和再生产过程中所发挥的使用价值，将其划分到四个部类的某一部类中，相对于已有文献提出的部类划分（三部类、四部类、五部类），按照社会总产品的类型和用途划分部类是科学合理的。第四，作者建立了四部类再生产图式，分析了部类内部及部类之间的商品流通和交换的十大途径，构建了社会资本四部类简单再生产模型，并分四个层次阐明简单再生产的平衡条件。在此基础上，作者又分别建立了部类细分，包括公共群体以及开放经济中的社会资本四部类简单再生产拓展模型，分析了社会资本四部类简单再生产模型中的货币回流规律，进而阐明固定资本的补偿问题。这些拓展分析沿袭了马克思社会资本再生产理论，又推进了理论的具体化，使其更加符合经济运行现实。第五，作者构建了社会资本四部类扩大再生产模型，分四个层次阐明了四部类扩大再生产的前提条件和实现条件，分析了外延式和内涵式两种类型的扩大再生产的新特点。这些拓展在理论上是自洽的，是对马克思社会资本两部类扩大再生产模型的创新发展。第六，马克思曾论及“再生产的伸缩性”，但并未建立缩减再生产理论。根据部分国家的经济增长数据，作者提出缩减再生产也是社会生产的一种现实的因素，与简单再生产和扩大再生产共同构成社会资本再生产的三种基本类型。作者构建了社会资本四部类缩减再生产模型，分四个层次阐明了四部类缩减再生产的前提条件和实现条件，并分析了外敛式和内滞式两种类型缩减再生产的特点。这些理论拓展具有原始创新性，体现了返本开新的学术思想，既打破了社会资本再生产理论被西方主流经济学理论不断同化的尴尬境地，又坚持和发展了马克思社会资本再生产理论的研究风格和理论特质，从而深化了在新的历史条件下对马克思社会资本再生产理论的认识。社会资本再生产理论的创新研究至少可分为基础理论、理论的具体化和理论的应用三个层面，这部著作聚焦于基础理论的拓展研究。未来，希望朱鹏华同志能继续推进社会资本四部类再生产理论的具体化和应用研究，不断开拓当代中国马克思主义政治经济学新境界。

习近平总书记强调：“马克思主义政治经济学要有生命力，就必须与时俱进。”① 改革开放以来，中国共产党领导人民在实践中形成了当代中国马克思主义政治经济学的许多重要理论成果。如何将这些新理论有机地整合起来？使之成为一个系统化的经济学说，是构建中国特色社会主义政治经济学的关键。要完成这一理论重任，必须从马克思主义政治经济学基础理论的拓展创新开始。这部著作在拓展商品理论和生产劳动理论的基础上，构建起社会资本四部类再生产模型，为坚持和发展马克思主义政治经济学提供了支撑，是兼具理论创新和应用价值的上乘之作。

---

① 习近平．不断开拓当代中国马克思主义政治经济学新境界［J］．求是，2020（16）：4－9.

朱鹏华同志是我指导的中共中央党校第一批马克思主义理论骨干人才培养计划博士，他具有深厚的马克思主义政治经济学的研究功底和数学建模能力，理论视野开阔，取得了许多重要的学术成果。这部著作是朱鹏华同志在完成国家社科基金重点课题（17ALJ003）的基础上，经过多年学术积累而产出的重要成果，相信对宏观经济理论研究和相关政策制定具有重要启示和借鉴意义。当然，实践没有止境，理论创新也没有止境。希望朱鹏华同志在未来的研究中能踔厉奋发、精益求精，在马克思主义政治经济学领域产出更为卓越的成果。

2023年5月28日

前 言

INTRODUCTION

社会资本再生产理论是马克思主义政治经济学的基础理论，面对经济发展的现实和理论发展的局限，如何创新和发展马克思社会资本再生产理论是我们无法回避的问题。社会资本再生产是一个内涵丰富的理论体系，对社会资本再生产理论的创新研究至少可分为基础理论、理论的具体化和理论的应用三个层面。本书的主题是基础理论的拓展研究，以构建包括三种基本类型的社会资本四部类再生产模型为主线。主要内容分为理论基础研究、理论拓展研究和理论应用研究三个方面，包括马克思社会资本再生产理论创作史研究和文献综述两个基础，商品概念、生产劳动范围、社会生产部类、四部类再生产模型（简单、扩大和缩减）等六个层次的拓展，以及社会资本四部类再生产理论的现实意义。

本书除第一章导论与第九章结论和研究展望外正文共七章，按照“一条主线，两重基础，三种类型，四个部类，五大思维，六层拓展”的思路展开。

第二章阐述马克思的社会资本再生产理论创作简史，旨在突破《资本论（第二卷）》第三篇的局限，更全面地掌握马克思的社会资本再生产理论原貌。梳理 $MEGA^2$ 等相关文献中与《资本论（第二卷）》相关的经济学手稿，从理论的萌芽，到理论的形成，再到理论的基本完成，马克思的社会资本再生产理论历经了三个阶段约30余年的创作时间。纵观社会资本再生产理论的创作历程，马克思对该理论进行了艰辛的探索，并创作了大量的手稿，构建了社会资本两部类再生产理论体系。但这是一个并未完成的开放的理论体系，我们不仅要继承，更需要沿着马克思的理论轨迹继续探索创新。《资本论（第二卷）》出版以来，国内外对社会资本再生产理论进行了大量的解读、评述和研究，极大推动了这一理论的传播和发展。

第三章对国内外的相关研究进行综述，旨在掌握社会资本再生产理论的研究状况。在国外，列宁、费里德曼、斯威齐等人的创新研究，推动了社会资本再生产理论的具体化发展；卢森堡和杜岗、鲍威尔、布哈林等的争论，“破”开了这一理论创新发展的新局面；苏联的官方和学术界对国民经济综合平衡等方面的研究和应用，推动了社会资本再生产理论的实践应用；20 世纪 50 年代以来，国外对社会资本再生产的研究整体呈现“均衡化”和“增长论”的趋势，这两个方向虽然内生于社会资本再生产理论体系，但在缺乏基础理论创新的情况下，社会资本再生产理论正在不断被西方主流经济学理论“同化”。在国内，社会资本再生产理论的研究伴随着经济社会的发展历程呈现鲜明的三个阶段：一是模仿性研究阶段（20 世纪 50 年代至 60 年代中期），二是探索性研究阶段（20 世纪 70 年代末至 90 年代初），三是多元化研究阶段（20 世纪 90 年代中期以来）。整体来看，国内在社会资本再生产理论的基础理论研究、具体化研究和应用性研究方面都有许多亮点，但是缺少系统化的基础理论创新研究成果。纵观国内外的研究现状，在基础理论的创新方面严重不足，这导致理论在具体化和应用过程中被“西方经济学化”，马克思主义政治经济学话语体系也正在萎缩。

按照微观分析与宏观分析相统一的原则，第四章阐述服务商品理论，旨在拓展商品的概念和生产劳动的范围。马克思建立的虽然是物质商品理论，但根据研究层次的推进，对商品的概念至少又进行了四次拓展。按照劳动价值论的逻辑，服务是一种过程性劳动产品，服务商品是用来交换的服务，也是使用价值和价值的统一体。服务商品的使用价值虽然是无形的，但是和物质商品的使用价值一样，也是社会财富的重要组成部分。生产服务商品的劳动也同样具有二重性，服务商品的价值是“对象化”（vergegenständlichten）在服务商品使用价值中的人类抽象劳动。根据服务商品的价值构成，服务劳动也是生产劳动。因此，物质商品和服务商品构成社会总产品，服务劳动是社会资本再生产体系中生产劳动的重要组成部分。

第五章在对社会资本再生产问题分析和理论假设的基础上，将社会生产由物质生产领域拓展到服务生产领域，相应的社会生产由两部类拓展至四部类，建立四部类再生产图式，并构建了社会资本四部类简单再生产模型。在此基础上，又分别建立了部类细分，包括公共群体和开放经济中的社会资本四部类简单再生产拓展模型，并分析社会资本四部类简单再生产模型中的货币回流规律，进而阐明固定资本的补偿问题。

第六章构建了社会资本四部类扩大再生产模型。扩大再生产必须打破简单再生产的“闭环”，将部分剩余价值积累到生产资本。四部类扩大再生产的前提条件和实现条件均由四个层次构成，通过数例验证了四部类扩大再生产模型，并分析了外延式和内涵式两种类型的扩大再生产的新特点。

第七章构建了社会资本四部类缩减再生产模型，初步建立了包括三种类型的社会资本四部类再生产理论。虽然扩大再生产是市场经济的主要特征，但是缩减再生产也是社会生产的一种现实的因素，与简单再生产和扩大再生产共同构成社会资本再生产的三种基本类型。与扩大再生产将剩余价值的一部分转化为生产资本相反，缩减再生产是将生产资本负积累至剩余价值，同时可分为“外敛”式和“内滞”式两种类型。四部类缩减再生产的前提条件和实现条件也由四个层次构成，并通过数例验证了四部类缩减再生产模型。在此基础上，归纳并证明社会资本再生产平衡基本定理：若社会资本再生产实现平衡，则社会总产品规模矩阵必为对称矩阵，即$R_t = R_t^T$。社会资本再生产既是商品和资本的再生产也是资本关系和矛盾的再生产，最后分析了社会资本再生产矛盾的类型、特征和趋势。

在理论拓展研究的基础上，第八章对社会资本四部类再生产理论的应用进行了初步探索。分析资本主义经济发展的新特征和资本主义金融危机的实质，从社会资本再生产理论的角度阐释资本主义经济发展的历史趋势。剖析中国特色社会主义经济发展，中国特色农业现代化、新型工业化和服务业现代化为我国社会总产品的顺利实现提供了保障。供给侧结构性改革是总体扩大再生产和结构性缩减再生产过程，目标是提高社会总产品价值补偿和实物补偿的质量。新发展格局的核心是将四部类的社会总产品的生产和实现集中于国内循环，以国内循环强有力地吸引全球资源要素，使我国经济更具韧性和活力。

理论的创新永无止境，本书的拓展研究仅仅是在基础理论部分初步构建了一个新的框架，未来需要继续创新研究的内容还很多。本书的最后，简要介绍了社会资本再生产理论研究展望和应遵循的原则。

目录
CONTENTS

第一章

导　　论

社会资本再生产理论是马克思主义政治经济学的基本理论，也是唯物史观的重要理论支撑。面对资本主义生产方式的演变和市场经济的发展，与时俱进地扩展社会资本再生产理论，是坚持和发展马克思主义政治经济学的必然选择。本章主要介绍社会资本再生产理论拓展研究的背景和意义，阐述研究的内容和框架，厘清研究方法，最后分析研究难点、创新之处和存在的不足。

第一节　研究背景

马克思创立的社会资本再生产理论聚焦于物质生产领域，他舍象了服务商品，将社会生产划分为两个部类。对社会资本再生产理论拓展研究既是经济发展实践的呼唤，同时也是弥补理论局限性的必然要求。

一、实践的发展呼唤理论的创新

当今世界各国的经济与马克思生活的 19 世纪中叶不同，服务业快速发展，已经取代农业和工业成为人类经济活动的主导产业。据世界银行的数据（见表 1 - 1），2006 ~ 2019 年世界各国服务业占 GDP 比重已平均达到 63.29%，其中 2019 年为 64.79%，成为国民经济的绝对主角。各国服务业的产出在整个经济中的比重与经济发展水平显著相关，人均 GDP 越高的国家，其服务业的增加值比重也相对较高。从表 1 - 1 中可知，2020 年高收入国家、中高等收入国家、中等收入国家、中低等收入国家和低收入国家的服

表 1－1　世界服务业增加值（2015 年不变价）及所占比重

项目	2006年	2007年	2008年	2009年	2010年	2011年	2012年	2013年	2014年	2015年	2016年	2017年	2018年	2019年	2020年
世界服务业增加值（万亿美元）	37.79	39.42	40.35	40.28	41.67	43.00	44.23	45.43	46.81	48.29	49.66	51.33	53.03	54.60	
高收入国家服务业增加值（万亿美元）	29.36	30.13	30.42	29.95	30.61	31.22	31.74	32.21	32.87	33.63	34.28	35.08	35.87	36.58	
中高等收入国家服务业增加值（万亿美元）	6.09	6.76	7.25	7.51	8.05	8.62	9.16	9.69	10.21	10.73	11.25	11.91	12.61	13.23	13.11
中等收入国家服务业增加值（万亿美元）	7.94	8.76	9.37	9.76	10.46	11.16	11.86	12.55	13.25	13.94	14.63	15.46	16.34	17.16	16.89
中低等收入国家服务业增加值（万亿美元）	1.85	2.00	2.13	2.25	2.40	2.54	2.69	2.86	3.04	3.20	3.38	3.55	3.74	3.94	3.78
低收入国家服务业增加值（万亿美元）	0.11	0.13	0.13	0.14	0.15	0.15	0.15	0.16	0.16	0.17	0.17	0.18	0.18	0.19	0.19
世界服务业占比（%）	62.90	62.52	62.13	64.08	62.72	61.95	62.16	62.27	62.54	64.29	64.95	64.49	64.26	64.79	
高收入国家服务业比重（%）	67.35	67.29	67.53	69.82	69.03	68.50	68.81	68.80	68.89	69.97	70.47	70.06	69.75	70.27	
中高等收入国家服务业比重（%）	49.67	50.05	49.34	50.99	50.38	50.16	50.74	51.67	52.40	53.87	54.90	55.05	54.91	55.69	55.95
中等收入国家服务业比重（%）	48.61	48.94	48.52	50.01	49.40	49.15	49.87	50.73	51.45	52.83	53.59	53.57	53.48	54.19	54.31
中低等收入国家服务业比重（%）	45.66	45.82	46.03	47.21	46.61	46.11	47.18	47.65	48.40	49.61	49.75	49.12	48.86	49.54	49.17
低收入国家服务业比重（%）	38.26	38.11	38.84	42.50	42.79	39.79	40.48	41.24	40.12	40.40	40.04	39.60	39.19	38.38	38.40

资料来源：世界银行数据库，https：//data. worldbank. org/indicator/NV. SRV. TOTL. KD。

务业占 GDP 的比重分别为 70.27%（2019 年）、55.95%、54.31%、49.17% 和 38.40%，一个国家或地区的经济越发达，其服务业所占的比重就越高。由此可见，服务业的快速发展既是经济发展的必然过程，也是经济发展的必然结果。相对于农业和工业所生产的物质商品，服务业所生产的服务产品是无形的非物质商品。与物质商品类似，服务商品也是由服务行业的工人生产的用来交换的劳动产品，服务商品既有使用价值也具有交换价值（或价值）。社会生产和再生产既需要物质商品也需要服务商品，服务商品也是社会财富的重要组成部分。因此，将服务商品纳入社会资本再生产理论是实践的发展对理论创新的呼唤。

改革开放 40 多年以来，中国经济持续高速增长，经济结构不断优化升级。从表 1-2 中可以看出，1978～2012 年中国年均国内生产总值（GDP）增长率高达 9.94%；2013 年经济进入新常态以来，中国经济开始降速提质，年均国内生产总值（GDP）增长率为 6.52%。2021 年中国 GDP 为 1 143 670 亿元，按年平均汇率折算，已达 17.73 万亿美元，稳居世界第二。2021 年中国人均 GDP 为 12 551 美元，已超过世界人均 GDP，距离世界银行的高收入国家标准仅一步之遥。随着经济的发展，经济结构也在不断变化，呈现快速升高趋势。第一产业在 GDP 中的占比持续下降，从 1982 年的最高值 32.8% 下降至 2021 年的 7.3%；第二产业在 GDP 中的占比虽有波动，但总趋势也在下降，从 1980 年的最高值 48.1% 下降至 2021 年的 39.4%。同时，第三产业在 GDP 中的占比在持续提高，从 1979 年和 1980 年的最低值 22.3% 提高至 2020 年的最高值 54.5%①，特别是 2012 年以后第三产业在 GDP 中的占比已经超过第二产业，且差距在不断扩大（2021 年除外）。无论是经济总量的增长，还是经济结构的优化升级，中国经济均创造了发展奇迹。事实证明，西方主流经济学理论无法解读中国经济发展的奇迹，中国的经济发展模式已经超越了西方经济学的研究范式。理论的创新源于对现实问题的关切，只有能正确解读经济现象的理论才是科学的经济学理论。中国是以马克思主义为指导思想的社会主义国家，经济总量的增长和经济结构的演进注定要从马克思的社会资本再生产理论中寻找理论解释。

① 对比表 1-1 和表 1-2 的数据，长期以来，中国的第三产业增加值占 GDP 的比重低于世界平均水平，但一直在稳步增加，到 2020 年（54.5%）略微超过了世界中等收入国家的平均值（54.31%）。由于新冠肺炎疫情的影响，2021 年服务业占比略降（53.3%）。

表 1-2　　1978～2021 年中国 GDP 增长率及三次产业构成　　单位：%

指标	1978 年	1979 年	1980 年	1981 年	1982 年	1983 年	1984 年	1985 年	1986 年	1987 年	1988 年
GDP 增长	11.7	7.6	7.8	5.1	9	10.8	15.2	13.4	8.9	11.7	11.2
第一产业增加值	27.7	30.7	29.6	31.3	32.8	32.6	31.5	27.9	26.6	26.3	25.2
第二产业增加值	47.7	47	48.1	46	44.6	44.2	42.9	42.7	43.5	43.3	43.5
第三产业增加值	24.6	22.3	22.3	22.7	22.6	23.2	25.5	29.4	29.8	30.4	31.2
指标	1989 年	1990 年	1991 年	1992 年	1993 年	1994 年	1995 年	1996 年	1997 年	1998 年	1999 年
GDP 增长	4.2	3.9	9.3	14.2	13.9	13	11	9.9	9.2	7.8	7.7
第一产业增加值	24.6	26.6	24	21.3	19.3	19.5	19.6	19.3	17.9	17.2	16.1
第二产业增加值	42.5	41	41.5	43.1	46.2	46.2	46.8	47.1	47.1	45.8	45.4
第三产业增加值	32.9	32.4	34.5	35.6	34.5	34.4	33.7	33.6	35	37	38.6
指标	2000 年	2001 年	2002 年	2003 年	2004 年	2005 年	2006 年	2007 年	2008 年	2009 年	2010 年
GDP 增长	8.5	8.3	9.1	10	10.1	11.4	12.7	14.2	9.7	9.4	10.6
第一产业增加值	14.7	14	13.3	12.3	12.9	11.6	10.6	10.3	10.3	9.8	9.5
第二产业增加值	45.5	44.8	44.5	45.6	45.9	47	47.6	46.9	46.9	45.9	46.4
第三产业增加值	39.8	41.2	42.2	42	41.2	41.3	41.8	42.9	42.8	44.3	44.1
指标	2011 年	2012 年	2013 年	2014 年	2015 年	2016 年	2017 年	2018 年	2019 年	2020 年	2021 年
GDP 增长	9.5	7.9	7.8	7.3	6.9	6.7	6.9	6.6	6.1	2.3	8.4
第一产业增加值	9.4	9.4	9.3	9.1	8.8	8.6	7.9	7	7.1	7.7	7.3
第二产业增加值	46.4	45.3	44	43.1	40.9	39.8	40.5	39.7	38.6	37.8	39.4
第三产业增加值	44.2	45.3	46.7	47.8	50.2	51.6	51.6	53.3	54.3	54.5	53.3

资料来源：国家统计局网站年度数据，http：//data.stats.gov.cn/easyquery.htm?cn = C01。

二、基础理论创新发展的需要

马克思曾强调：“一个社会不能停止消费，同样，它也不能停止生产。”① 社会生产和再生产构成了人类历史的本体，是经济社会永续发展的必然过程，社会资本再生产理论是马克思主义政治经济学的基础理论，面对经济发展现实和理论发展的局限，如何坚持和发展社会资本再生产理论是我们无法回避的问题。对社会资本再生产理论进行创新研究，对发展马克思主义政治

① 资本论（第一卷）[M]. 北京：人民出版社，2004：653.

经济学，构建中国特色社会主义政治经济学，将会发挥基础理论的支撑作用。

1885 年，恩格斯编辑出版了《资本论（第二卷）》，标志着马克思的社会资本再生产理论问世。在国外，针对马克思的社会资本再生产理论的争论和责难一直在持续。在国内，自 20 世纪 90 年代以来，随着西方主流经济学理论在国内的传播，国内学术界逐渐将社会资本再生产理论“高高挂起”，研究成果日渐减少。新时代，如何继续坚持和发展社会资本再生产理论已成为我们必须面对的问题。我们认为要首先结合学术界已有的研究成果，重新回到马克思的经济学手稿，拨乱反正，正本清源，全面系统地梳理马克思创作社会资本再生产理论的历程，并将其作为创新和发展社会资本再生产理论的出发点。

社会资本再生产理论虽然是马克思主义政治经济学的基本理论，但并不代表它没有“局限”，坚持马克思主义政治经济学就必须推动其不断地创新发展。实践和理论都已证明，马克思创作的社会资本再生产理论最大的“局限”是将服务商品和服务劳动排斥在理论体系之外，因为服务产品不是商品，生产服务的劳动不是生产劳动。马克思的社会资本再生产理论以物质生产领域的生产和再生产为研究对象，主要有两个方面的原因：一方面，受马克思所生活时代的社会生产发展状况的限制，物质商品是社会财富的主要形式，服务行业在经济活动中的比例很小，在经济理论的分析中马克思舍象了服务商品；另一方面，马克思进行经济理论研究的最终目的是批判资本主义经济制度，这使得马克思在分析资本主义生产方式过程中，仅以资本主义生产关系相对集中的物质生产领域为主，将非物质生产领域看成是一种派生或纯粹的消费。从表 1－1 和表 1－2 可见，随着经济社会的发展，舍象服务商品已成为阻碍社会资本再生产理论发展的主要障碍。根据莫斯利（Mosley，1988，1991）、谢克和汤耐克（Shaikh and Tonak，1994）、莫恩（Mohun，2005）等学者的研究测算，以英美为代表的西方资本主义国家的非生产性部门在扩大，生产性部门中非生产劳动的比重也在增加。这也充分说明，对社会资本再生产理论的研究不能仅仅停留在物质生产领域，局限于物质劳动产品才是商品、生产物质商品的劳动才是生产劳动这一说法。对于马克思的社会资本再生产理论存在的“局限”性，我们要实事求是地用创新的思维拓展和发展相关研究，并在此基础上对社会资本再生产理论的时代价值进行挖掘。

从文献来看，国内外关于社会资本再生产理论的研究成果虽然可以“汗牛充栋”，但是针对基础理论的创新成果并不多。在国外，不论是社会主义国家的马克思主义学者，还是西方学院派研究马克思主义政治经济学的学者，对社会资本再生产理论的研究都不够深入。前者注重对资本主义经济制度的批判，实践的应用也受限于社会主义经济实践，因而对社会资本再生产理论的发展缺乏创新；后者在争论中逐渐抛弃了马克思主义政治经济学的研究范式，在凯恩斯经济学和新古典综合的经济学理论体系为主要代表的宏观分析范式的影响下，逐渐将社会资本再生产理论具体化为均衡和增长理论，与马克思主义政治经济学渐行渐远、分道扬镳。在国内，20 世纪 50 年代至 60 年代中期，基本是在解读社会资本再生产理论和模仿苏联的相关研究；20 世纪 80 年代涌现了大量的相关研究成果，但是对社会资本再生产基础理论的创新成果仍然相对较少。虽然有少数学者尝试将服务业界定为商品，拓展社会资本再生产理论的研究范围，但是尚未构建成系统的社会资本再生产理论；20 世纪 90 年代中期后，国内对社会资本再生产理论的研究日渐稀少，基础理论的创新几乎无人问津。因此，在理论经济学的发展中，社会资本再生产理论创新发展的空间巨大。

第二节 研究意义

社会资本再生产理论既被誉为马克思主义政治经济学的宏观经济理论，又被誉为马克思主义政治经济学的经济增长理论。包括中国在内的世界各国的经济发展既是社会资本再生产理论的科学性验证，也对社会资本再生产理论提出了创新发展的要求。恩格斯曾强调，“马克思的整个世界观不是教义，而是方法。它提供的不是现成的教条，而是进一步研究的出发点和提供这种研究使用的方法”①。同样，马克思主义政治经济学也不是教条，社会资本再生产理论也需要根据经济发展的现实不断创新发展。从实践发展和理论发展两方面看，社会资本再生产理论拓展研究既非常必要，又完全可行，且该理论的拓展研究具有十分重要的理论和现实意义。

一、理论意义：拓展和深化社会资本再生产理论

社会资本再生产理论拓展研究对于夯实理论基础、拓展基础理论，以及探寻研究方法等方面都具有重要的意义。

---

① 马克思恩格斯文集（第 10 卷）［M］. 北京：人民出版社，2009：691. 1895 年 3 月 11 日，恩格斯写的信：“致威纳尔 · 桑巴特”。

1. 夯实社会资本再生产理论拓展的基础

任何经济学理论的拓展都要建立在已有的实践资料和思想材料的基础之上，社会资本再生产理论也不例外。一方面，拓展研究要突破《资本论（第二卷）》第三篇的限制，对马克思的社会资本再生产理论创作历程进行系统化的梳理性研究。将散落在马克思的经济学手稿中的社会资本再生产理论重新归纳和整合，进一步凸显社会资本再生产理论的整体性、逻辑性和开放性。同时，为我们的理论拓展追根溯源，使之与马克思的社会资本再生产理论相统一。另一方面，通过对国内外相关文献进行综述性研究，厘清社会资本再生产理论的研究现状和发展趋势。充分借鉴国内外学术界优秀的研究成果，寻找理论创新的突破口，同时避开理论研究的误区，坚守马克思的社会资本再生产理论的理论特质。对马克思的社会资本再生产理论创作史的研究和社会资本再生产理论相关文献的研究综述不仅是本书拓展研究的基础，也将为未来理论具体化研究和应用性研究奠定基础。

2. 拓展社会资本再生产理论的基础理论

按照马克思主义政治经济学从微观到宏观整体的逻辑，本书从拓展商品的概念和生产性劳动的范围出发，将服务商品和服务劳动纳入社会资本再生产理论的理论体系；按照商品形态和使用价值，将社会生产划分成四个部类；在此基础上，构建包括简单再生产、扩大再生产和缩减再生产三种类型的社会资本四部类再生产模型，拓展和深化马克思的社会资本再生产理论。四部类再生产模型并非否定马克思的两部类再生产理论，而是对社会资本再生产理论的拓展。本书对四部类再生产理论的研究不可能穷尽社会资本再生产理论的各个方面，而仅仅是社会资本再生产的基础理论创新，为进一步完善和丰富社会资本再生产理论奠定理论基础。

3. 规范理论研究的方法

从经济学的研究领域来看，社会资本再生产理论属于马克思主义政治经济学的宏观经济理论。宏观经济分析侧重总量的分析，通过社会生产各部类（包括细分部类）总产品的流通和交换，实现各种类型再生产的平衡。本书将在辩证唯物主义和历史唯物主义方法论的基础上，运用数学建模的方法研究社会资本四部类再生产理论。在分析再生产过程中各种变量之间对应关系的同时，更加注重这些变量之间的内在联系及其矛盾的分析，将定量分析与定性分析、数理逻辑与经济关系、静态分析与动态分析、实证分析与规范分析有机地统一起来。通过本书的研究，能更好地规范和发展社会资本再生产理论的研究范式，增强马克思主义政治经济学的话语体系。同时，为构建中国特色社会主义政治经济学探索和丰富研究方法。

二、实践意义：为社会主义市场经济改革和发展提供理论支撑

实践是经济理论的源泉，也应是经济理论最终的归宿。本书立足于当今西方资本主义市场经济和中国特色社会主义市场经济的新发展，拓展性研究社会资本再生产理论，探寻市场经济运行的基本规律，为社会主义市场经济改革和发展提供理论支撑。作为我国社会主义经济建设的重要理论基础，社会资本四部类再生产理论对于中国转变经济发展方式和实现经济高质量发展具有重要现实意义。

1. 坚定社会主义市场经济道路

通过对社会资本再生产理论的创新研究，可以为我们深入剖析经济增长和衰退的本质、揭示市场经济运行规律提供有效的理论分析工具。同时，展示社会资本再生产理论对宏观经济分析的科学性，为中国坚定地走社会主义市场经济道路树立理论自信。

2. 解读中国经济发展奇迹

马克思的社会资本再生产理论是资本主义市场经济的宏观运行规律，也是具有一般性的经济学理论。本书所关切的现实并非批判现存的资本主义经济制度，而是解读改革开放以来的中国经济。通过拓展社会资本再生产理论，构建包括简单、扩大和缩减三种基本类型的四部类再生产理论体系，可以帮助我们洞悉中国经济发展奇迹背后的客观规律。进而在建设中国特色社会主义、建成比较完整健康的国民经济体系、加速实现经济现代化的进程中，发挥积极的理论指导作用。

3. 指导中国经济转型发展

经济的发展既是总量的增长过程，也是结构的优化过程。社会资本四部类再生产理论，包括有形和无形的商品，涵盖了市场经济中的农业、工业和服务业，不仅是对经济总量的分析，也是对产业结构的分析。当前，中国经济面临着转型发展，如何转变经济发展方式，实现经济增长的新旧动能的转换，需要理论创新的支撑。本书对社会资本再生产理论的拓展研究，可以为我们更加科学地选择和运用宏观经济调控提供理论依据，为制定与社会主义市场经济发展相适应的宏观经济调控措施提供理论指导。

第三节 研究内容和框架

马克思的再生产理论是一个内涵丰富的理论体系。例如，狭义再生产理论（直接生产过程，包括物质产品、生产关系、劳动力等方面的再生产），广义再生产理论（社会总体的再生产，包括生产、交换、分配和消费四个环节），日常意识再生产理论（资本主义的价值观扩散与固化）；经济领域中的再生产，法权关系和统治形式的再生产，人类自身的再生产，意识形态的再生产；单个资本再生产，部门（行业）资本再生产，社会总资本再生产。从资本主义市场经济运行的视角看，《资本论》三卷均在论述资本的再生产过程，只不过侧重点各不相同。本书不是将再生产理论作为研究对象进行泛泛的论述，而是主要研究社会资本再生产理论。对于社会资本再生产理论也不是全面研究，而是将研究主题聚焦于社会资本再生产理论的基础理论拓展，即将马克思的两部类再生产模型拓展为四部类再生产模型，并在此基础上探析四部类再生产模型的现实意义。整体来看，本书的研究主要包括三大部分、九个方面的内容。

一、理论基础研究

社会资本再生产理论的理论基础研究又分为创作史研究和文献研究综述两个方面，通过厘清社会资本再生产理论的原貌和国内外学术界的研究现状，为理论拓展奠定基础。

1. 马克思社会资本再生产理论创作史

本部分主要研究马克思社会资本再生产理论创作史①，厘清社会资本再生产理论脉络。国内外学术界对社会资本再生产的研究基本都是依据《资本论（第二卷）》第三篇“社会总资本的再生产和流通”的内容。1885 年恩格斯编辑出版了《资本论（第二卷）》，其中的第三篇虽然形成了一个比较完整的社会资本再生产理论，但并非是马克思社会资本再生产理论体系的

① 社会资本再生产理论不仅包括马克思本人的创作，还包括恩格斯在内的国内外学者的探索和补充，这是一个不断发展和完善的理论体系。本书用“马克思社会资本再生产理论”表示马克思经济学手稿中所包含的社会资本再生产理论。

全部。本部分将突破《资本论（第二卷）》第三篇的局限，在马克思经济学手稿的范围内，通过对社会资本再生产理论创作史的梳理性研究，还原该理论的原貌。2012 年 MEGA^2 Ⅱ/Bd. 4. 3（1065/2012）（《1863－1867 年经济学手稿》第 3 分册）出版，标志着 MEGA^2 已将马克思的经济学的 15 卷（23 册）手稿全部出版，这为马克思社会资本再生产理论创作史的研究提供了坚实的文献基础。对马克思社会资本再生产理论创作史的研究并非是简单的梳理和编辑，而是按照本书的整体研究思路，重点为后面的理论拓展研究做好准备。一是重点研究马克思社会资本再生产理论的内容体系和逻辑体系，掌握社会资本再生产理论的原始状态，并对恩格斯的编辑工作进行客观评价；二是重点研究马克思分析社会资本再生产问题的方法，继承并发展马克思分析经济问题的方法；三是重点梳理马克思研究社会资本再生产的艰辛历程，继承马克思对待科学研究批判的精神和认真的态度。

2. 社会资本再生产理论的研究综述

对社会资本再生产理论的创新不能盲目进行，必须要在充分掌握学术界研究状况的基础上找准问题、定好方向和选好方法。社会资本再生产理论是马克思主义政治经济学的研究重点和难点，经过一个半世纪的发展，已经形成了丰富的文献资料，整理和研究国内外学术界对该理论的争论和发展对于理论的创新研究十分重要。本部分对文献的研究并非是全面的梳理，而是挑选对社会资本再生产理论具有创新性研究且比较有代表性的文献进行综述研究，汲取其中合理的学术观点，为后续的理论创新奠定基础。对社会资本再生产理论的研究综述主要包括三个方面的内容：一是国外对社会资本再生产理论研究的综述，重点梳理自《资本论（第二卷）》（1885）问世以来，国外学术界对社会资本再生产理论的争论和发展，特别是国外马克思主义学者对社会资本再生产理论的创新发展；二是国内对社会资本再生产理论研究的综述，重点梳理自 20 世纪 50 年代以来，国内学术界对社会资本再生产理论的争论和创新发展，重点是国内学者对基础理论的拓展研究状况；三是国内外研究的评述，根据本书的理论创新任务，重点对比研究国内外对基础理论的创新发展状况以及研究发展趋势。

二、理论拓展研究

本书的理论拓展研究分为六个方面，通过商品概念的拓展、生产劳动范围的拓展、社会生产部类的拓展、四部类简单再生产模型的构建、四部类扩大再生产模型的构建和四部类缩减再生产模型的构建，最终实现社会资本两部类再生产理论拓展至四部类再生产理论。

1. 商品概念的拓展

商品是马克思主义政治经济学研究的逻辑起点，商品理论和社会资本再生产理论是一个有机的统一体，对社会资本再生产理论的拓展，必须首先拓展商品的概念。马克思所论述的商品是指有形的物质产品，而服务作为无形的商品并没有完全被纳入到分析的体系中。马克思社会资本再生产理论舍象了服务业，最主要的原因是在马克思的商品范畴里，服务劳动是一种非生产劳动，服务不是一种商品。马克思将服务划分为非物质服务和物质服务两类，例如，教师、医务工作者、表演、话务员、导游等是非物质服务，即这种服务劳动是非物质化的劳动，劳动的使用价值和提供服务的过程本身统一，生产和消费不可分割；又如，运输、邮电、快递等是物质服务，即服务是在物质生产过程的基础上完成的，具备劳动对象和为了满足人的一定需要的服务设备，并生产出具有物质有用效果的特殊形式的新产品。① 前面已经指出，随着经济社会的发展，服务业已经超过农业和工业成为各国国民经济的绝对主角（2019 年，世界服务业增加值占 GDP 的比重已达 64.79%）。显然，再按照马克思对商品概念的界定已经无法解释经济发展现实，因此必须重新界定服务商品。国内外学术界，关于服务商品的问题均有争论，且国内相关研究更多，主要集中在 20 世纪 80 年代和 90 年代初。例如，李江帆（1990）的专著《第三产业经济学》系统地探讨了在我国经济学界长期被忽视的第三产业的经济理论问题，论证了无形的服务也是一种商品。之后虽有学者也进行了论证，但从整体上看，对服务商品的研究还不够充分，随着经济社会的发展，服务也发生了很多新的变化，如何科学地界定服务商品是本书的主要研究内容之一。

2. 生产劳动范围的拓展

社会生产和再生产的主体是工人的生产劳动，没有具有社会经济性质的劳动就没有资本的再生产，马克思生产劳动理论和社会资本再生产理论也是一个有机的统一体。与服务商品的研究类似，国内外学术界对生产劳动和非生产劳动问题也均有争论，且支持生产劳动范围扩大的学者越来越多。例如，韩国马克思主义经济学家金烟基（2013）指出，当前要直面马克思主

① ［苏］姆·亚·索宁．生产领域和非生产领域之间的比例关系［A］//阿·依·诺特京．发达的社会主义时期的再生产比例［M］．北京：中国人民大学出版社，1982：287－326.

义政治经济学的局限性，应该针对知识经济和数字经济建立一个生产劳动的扩展理论；又如，我国生产劳动“宽派”代表陆立军（1988）的专著《社会主义生产劳动概论》较系统地论证了服务劳动也是一种生产劳动。本书对生产劳动范围的拓展与商品概念的拓展是一致的。在梳理国内学术界争论和借鉴前人相关研究成果的基础上，重点论证服务劳动也是生产劳动，且是社会资本再生产中生产劳动的重要组成部分。

3. 社会生产部类的拓展

马克思将社会物质生产划分成两个部类，并构建了两部类再生产模型。国内外均有学者尝试对社会生产部类进行拓展，但并不是所有的拓展都是科学的。例如，苏联学者尤·勒·谢利瓦诺夫（1978）将社会生产划分为三个部类，即投资、中间和消费部类。其中，原来生产资料的第Ⅰ部类分为投资部类和中间部类，投资部类代表劳动手段，中间部类代表劳动对象；赵峰（2016）也尝试将社会生产划分为三个部类，即将原第Ⅰ部类分成生产固定资本类生产资料和流动资本类生产资料。社会生产部类的划分是一种理论抽象，必须保证各部类的总产品是社会总产品的一个划分。社会资本再生产的核心问题是社会总产品的价值补偿和使用价值补偿问题，按照社会总产品的类型和用途，将社会生产分成四个部类。其中，第Ⅰ部类为生产物质生产资料的部类，第Ⅱ部类为生产物质生活资料的部类，第Ⅲ部类为生产生产性服务商品的部类，第Ⅳ部类为生产生活性服务商品的部类。四个部类的总产品构成了社会总产品的一个划分，本书重点研究社会生产四个部类的具体分类以及社会总产品的使用价值构成和价值构成，为构建四部类再生产模型做好前提准备。同时，对四部类具体分类的研究也为后续的社会资本再生产理论的具体化和应用性研究奠定基础。

4. 社会资本四部类简单再生产模型的构建

在以上研究的基础上，构建四部类简单再生产模型。按照问题的分析、模型的理论分析假设、模型的建立、模型的检验和模型的进一步拓展（或模型的改进）的逻辑进行论述。在模型的建立部分，主要对四部类简单再生产进行界定，给出四部类再生产的图式，并分析部类内部及部类间的商品流通和交换途径（10 条），重点研究四部类简单再生产的平衡条件。模型的进一步拓展主要尝试四个方面：一是部类细分的模型。马克思曾将生活资料分成生活必需品和奢侈品，本书也尝试将每个部类细分为两个部类；二是尝试将公共群体纳入四部类简单再生产分析体系，建立包括公共群体的四部类简单再生产模型；三是尝试将对外贸易纳入四部类简单再生产分析体系，建立开放经济中的四部类简单再生产模型；四是在四部类简单再生产模型的基础上，研究货币的回流和固定资本的补偿问题。在市场经济环境下，社会总产品在四大部类内部和部类间生产主体之间的价值补偿和使用价值补偿，不能离开货币流通的中介作用。没有货币的中介及回流规律，四大部类之间或部类内部各生产主体之间的相互补偿和依赖关系就无法真正建立起来。

5. 社会资本四部类扩大再生产模型的构建

社会资本扩大再生产是资本主义市场经济的主要特征。在四部类简单再生产模型的基础上，构建四部类扩大再生产模型。资本的积累是扩大再生产的源泉，首先分析社会资本的积累问题，重点研究社会资本积累的实现条件。其次，在对扩大再生产问题分析和理论分析假设的基础上，建立四部类扩大再生产模型。主要包括四部类扩大再生产的前提条件，即每个部类的总产品（供给）在补偿完四个部类的生产或生活需求后，还有剩余为四部类扩大再生产提供追加的生产资料或生活资料；四部类扩大再生产的实现条件，即在一个扩大的生产规模上，社会总产品通过四个部类的流通和交换实现各自的价值补偿和使用价值补偿。四部类扩大再生产模型需要通过数例进行检验，当然这种检验并非是模型的应用层面的。最后，在四部类扩大再生产模型的基础上，进一步分析扩大再生产的两种类型，即四部类外延式扩大再生产和内涵式扩大再生产的特点。

6. 社会资本四部类缩减再生产模型的构建

缩减再生产是社会资本再生产的一种基本类型。马克思曾在手稿中以标题的形式提及社会资本再生产的伸缩性，但并未展开论述。国内外学术界对缩减再生产的论述也是凤毛麟角，少数的学者曾提及或撰写短文阐述缩减再生产（或萎缩再生产、缩小再生产），但没有学者进行过系统的论述。本书将在四部类简单再生产和扩大再生产的基础上，构建四部类缩减再生产模型。首先对缩减再生产的问题进行分析，并给出理论分析假设。经济危机是缩减再生产的一种特殊情况，但并非所有的缩减再生产都会发生经济危机。与扩大再生产将剩余价值的一部分转化为生产资本相反，缩减再生产是将生产资本的一部分缩减，负积累至剩余价值部分（可以假定被资本家消费）。因此，四部类缩减再生产的模型也主要包括两个方面：一是四部类缩减再生产的前提条件，即供给的结构性“过剩”，每个部类供给的社会总产品（有效供给）小于四个部类的总需求，需要通过缩减生产去掉无效供给的产能；二是四部类缩减再生产的实现条件，即在一个缩小的生产规模上，社会总产品通过四个部类的流通和交换实现各自的价值补偿和使用价值补偿。同样，四部类缩减再生产模型需要通过数例进行检验，当然这种演算并非模型应用层面的实证。

社会资本的再生产过程也是资本关系的再生产过程。按照马克思研究社会资本再生产理论的方法，最后本书还将在四部类再生产模型的基础上论述社会资本再生产的矛盾。其中，重点研究社会资本再生产矛盾的类型、主要特征和发展趋势。

三、理论应用研究

本书的理论应用研究主要探究四部类再生产理论对资本主义和社会主义市场经济的现实意义，重点分析资本主义经济发展的特征与趋势，社会主义市场经济中社会资本再生产的理论内涵与基本特征，供给侧结构性改革，构建新发展格局，以及如何实现经济高质量发展。

四、研究框架

本书对社会资本再生产理论的创新研究体现在理论基础研究、理论拓展研究和理论应用研究三个大的方面，共分为九个层次，以七章的形式呈现，如图 1－1 所示。

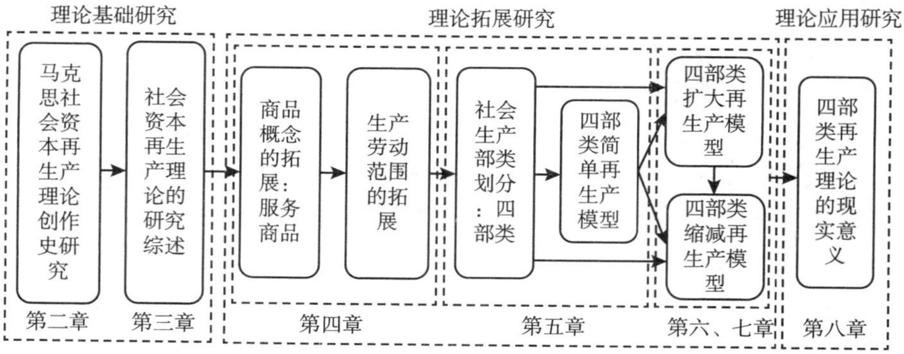

图 1－1　社会资本再生产理论拓展研究结构

注：第五章还包括四部类简单再生产的拓展模型、货币的回流和固定资本的补偿，第六、七章还包括社会资本再生产的矛盾，因为这些内容属于理论拓展研究的派生部分，故没在该结构图中体现。第八章并非是对社会资本四部类再生产理论应用的系统性研究，仅仅结合社会主义市场经济运行现状阐述该理论的现实意义。

资料来源：笔者自绘。

社会资本再生产是一个内涵丰富的理论体系，对社会资本再生产理论的创新研究至少包括基础理论、理论的具体化和理论的应用三个层面，本书的研究定位于基础理论的拓展。诚然，限于笔者的水平和论述的篇幅等因素，对基础理论也并非全面的创新研究，仅聚焦于将两部类再生产理论拓展至四部类再生产理论。因此，本书的研究主题为社会资本再生产基础理论的拓展，创新的主线为社会资本四部类再生产模型的构建。

依据研究的主题和主线，本书的框架包括导论、正文七章以及结论和研究展望。其中，导论（第一章）主要介绍本书的研究背景、研究意义，分析研究的主要内容和框架，说明研究方法，最后阐述研究难点、创新之处和存在的不足；结论和研究展望（第九章）主要总结本书在社会资本再生产理论创新方面的结论，并结合当前学术界研究的广度和深度对未来的研究提出展望。这里重点对正文七章的框架给予说明：

第二章，马克思社会资本再生产理论的创作史。作为本书开篇的第一章，本章以马克思的关于《资本论》第二册的经济学手稿为历史文献基础，系统梳理和研究马克思的社会资本再生产理论的创作历程。本章共分为四节，按照马克思的社会资本再生产理论的萌芽、形成、基本完成和评述的逻辑展开，最终的目标是掌握马克思的社会资本再生产理论的原始状态以及马克思的研究方法，继承马克思的社会资本再生产理论的理论“基因”，定位本书理论创新的逻辑起点。

第三章，马克思社会资本再生产理论的研究综述。本章和第二章共同构成了本书的理论基础研究，以国内外具有代表性的相关文献为基础，系统综述性研究社会资本再生产理论的争论和发展状况。本章共分为三节，按照国外的研究、国内的研究和研究评述的逻辑展开，最终的目标是掌握自《资本论（第二卷）》出版以来，社会资本再生产理论的发展和演变状况，借鉴优秀的研究成果和方法，分析研究发展的趋势，找准本书理论拓展的突破口。

第四章，服务商品。本章是理论拓展研究的起点，包括商品的概念和生产劳动的范围两个层次的拓展。本章共分为四节，首先从马克思的商品理论出发，界定服务商品的概念，论述服务商品的两个因素，最后论证服务劳动是生产劳动。本章对服务商品并非是全面的研究，最终的目标是论证服务和物质产品一样也是一种商品，服务劳动也是创造价值和剩余价值的生产劳动。按照微观分析和宏观分析相结合的原则，将服务商品纳入社会资本再生产理论是本书理论创新的第一步。

第五章，社会资本四部类简单再生产理论。本章是四部类再生产模型的基础部分，在第三章的基础上继续拓展，包括社会生产部类划分和四部类简单再生产模型的构建两个层次。本章共分为五节，作为社会资本再生产模型的基础部分，首先进行问题分析和理论假设；将社会生产拓展为四个部类，并分析社会总产品的使用价值构成和价值构成；构建四部类简单再生产模型，重点阐述四部类简单再生产的平衡条件；继续拓展四部类简单再生产模型，尝试将模型进行部类细分、纳入公共群体和对外贸易；分析四部类简单再生产模型中的货币回流规律，并阐述固定资本的补偿问题。本章的最终目标是建立起相对完整的四部类简单再生产理论，为构建四部类扩大再生产模型奠定基础。

第六章，社会资本四部类扩大再生产理论。本章是四部类再生产模型的主体部分，在第五章的基础上继续拓展，构建四部类扩大再生产模型。本章共分为四节，首先，分析社会资本的积累，论述资本积累的实现条件；其次，构建四部类扩大再生产模型，重点阐述扩大再生产的前提条件和实现条件；再次，通过数例阐释社会资本四部类扩大再生产；最后，从四部类再生产理论出发，分析社会资本再生产的矛盾。最大限度地追求剩余价值是资本主义社会的基本经济规律，正如马克思强调："生产剩余价值或赚钱，是这个生产方式的绝对规律。"① 因此，扩大再生产是资本主义市场经济的基本特征。本章的最终目标是初步建立四部类扩大再生产模型，为构建四部类缩减再生产模型提供支撑。

第七章，社会资本四部类缩减再生产理论。本章是四部类再生产模型的重要组成部分，在第六章的基础上继续拓展，构建四部类缩减再生产模型。本章共分为五节，第一，分析缩减再生产的客观性和现实性，对社会资本缩减再生产进行界定；第二，构建四部类缩减再生产模型，重点阐述缩减再生产的前提条件和实现条件；第三，通过数例阐释社会资本四部类缩减再生产；第四，分析简单再生产、扩大再生产和缩减再生产之间的关系，阐述社会资本再生产平衡基本定理。扩大再生产和缩减再生产是一对互逆的过程，缩减再生产可视为反向的扩大再生产；第五，从四部类模型出发，分析社会资本再生产的矛盾，阐述矛盾的类型、特征和趋势。本章的最终目标是初步建立四部类缩减再生产模型，与第五章和第六章共同构成相对完整的社会资本四部类再生产理论，为后续的理论具体化和应用性研究奠定基础。

第八章，社会资本四部类再生产理论的现实意义。本章是本书的理论应

---

① 马克思恩格斯文集（第5卷）［M］. 北京：人民出版社，2009：714.

用研究部分，在理论拓展的基础上，尝试运用社会资本四部类再生产理论分析社会主义市场经济中的现实问题。本章共分为三节，首先，分析资本主义经济发展的特征与趋势，剖析资本主义经济从“物本”资本向“服务”资本转变的趋势，阐明资本主义金融危机的本质及其历史结局；其次，从社会资本再生产的视角，阐释中国特色社会主义经济发展，分析中国特色社会主义农业现代化、新型工业化和服务业现代化；最后，运用社会资本四部类再生产理论解读供给侧结构性改革和构建新发展格局，阐明其科学内涵和实践方向。本章的最终目标是将四部类再生产理论应用到资本主义市场经济和社会主义市场经济的对比分析中，为新时代中国经济高质量发展提供理论支撑。

第四节 研究方法

任何一种经济学理论都有自己特有的研究方法，众多方法的汇集就形成了这种经济学的话语体系。对马克思的社会资本再生产理论的拓展研究，也要继承和发展马克思主义政治经济学话语体系。根据研究目标和研究内容，本书在研究过程中主要采取了以下研究方法。

一、文献分析法

作为经典理论的创新研究，特别是本书的第二章和第三章，需要查阅大量的马克思经济学手稿，马克思主义经典作家的著作，国内外相关学术论文、著述和文献资料，并作大量分析引证，力求做到本书中所作论述和所提观点有典可依、有据可查。在充分收集文献资料的基础上，通过对文献资料的系统分类、梳理、整合，汲取其中相关见解为本书的研究奠定基础。

二、比较分析法

本书将会对马克思在各时期创作的经济手稿中的社会资本再生产理论进行比较研究，对马克思的社会资本再生产理论原始状态与恩格斯编辑出版的《资本论（第二卷)》第三篇进行比较研究，对国内外研究社会资本再生产理论的文献进行比较综述研究，对马克思的商品理论与服务商品理论进行比较研究，对生产劳动“窄派”“中派”和“宽派”进行比较研究，对两部类再生产模型与四部类再生产模型进行比较研究，对四部类简单再生产、扩大再生产和缩减再生产进行比较研究。通过比较分析研究，拓宽理论创新研究的广度和深度，使我们对社会资本再生产理论和马克思主义政治经济学研究范式的科学性有更加明确的认识。

三、规范分析与实证分析相结合的方法

本书采取规范分析与实证分析相结合的方法，因为研究主题聚焦于基础理论的创新，故以规范分析方法为主，实证分析为辅。一是规范分析方法。在遵循马克思劳动价值论的基本原则的前提下，继承马克思的社会资本再生产理论的理论内核，对社会资本再生产理论进行创新研究。从基本的概念和范畴，到整体的逻辑框架和行文思路，本书力求继承和发展马克思主义政治经济学的话语体系，并在这一框架内构建社会资本四部类再生产理论。二是实证分析方法。经济学理论的研究必须联系经济发展的现实问题，对社会资本再生产理论的研究也应如此。本书对社会资本再生产问题的研究，定位于当前资本主义市场经济中的宏观经济运行，同时兼顾社会主义市场经济。无论是对服务商品的研究，社会生产部类的划分，四部类再生产模型的构建，还是社会资本再生产矛盾的分析，都充分体现了实证分析与规范分析相结合的特征。

四、定性分析与定量分析相结合的方法

社会资本再生产理论本身既包括定性分析又包括定量分析，首先要发挥马克思主义政治经济学研究范式的长处，进行定性分析和矛盾分析。在此基础上，运用数学建模的方法，在规范的分析假设前提下，进行数学演绎推理，并最终得出科学合理的结论。同时，本书要通过数例，对四部类扩大再生产和缩减再生产模型（前提条件和实现条件）进行验证，也需要运用数学计算进行相对精准的定量分析。特别地，对社会资本再生产理论的创新研究应以定性分析为主导、定量分析为支撑。因为任何数学模型都是按照特定的研究目的，基于分析假设前提下的数学结构，数学的推理和演绎本身并没有任何意义，必须与它所表达的经济学逻辑统一起来才是科学合理的。

五、静态分析与动态分析相结合的方法

社会资本生产和再生产本身就是一个连续不断的动态过程，因此必须从动态的变化中去分析和研究它的规律。连续的动态变化给理论分析造成了很大的困难，一般都假设社会资本再生产是一个离散的周期性动态过程，本书称之为社会资本再生产的“连散”二重性。在进行周期性动态分析的同时，还需要进行静态分析。例如，在分析四部类扩大再生产和四部类缩减再生产的前提条件和实现条件时，需要在一个生产周期内进行静态分析。总之，静态分析和动态分析相结合的方法贯穿于四部类再生产理论的始终。

六、微观分析与宏观分析相结合的方法

马克思主义政治经济学的特征之一就是微观分析和宏观分析相结合，因为社会资本再生产理论属于宏观层面的理论，所以本书以宏观分析为主，微观分析为辅。社会中所有商品的实现问题（价值和使用价值的补偿）是社会资本再生产的核心问题，社会总产品宏观的实现离不开微观的流通和交换。因此，微观的经济活动是宏观经济现象的基础，而宏观是微观的有机组合。例如，社会资本就是一个市场经济体中所有单个资本的有机组合。社会资本再生产主要是一个宏观的经济现象，四个部类的划分也是在抽象的宏观层面进行的，不论是哪一种类型的再生产实现平衡的条件都是宏观的总量和结构的平衡，忽略了各部类内部部门（行业）的结构特征。同时，本书在理论分析时都是从微观入手，始终坚持微观分析与宏观分析相结合。例如，理论拓展研究从市场经济的细胞商品开始，由商品的概念微观拓展逐渐过渡到社会生产部类划分的宏观拓展；又如，在界定三种类型的再生产时，均是从单个产业资本的流通图式开始，由此过渡到社会总产品流通。

第五节 研究难点、创新和不足

任何有价值的理论研究都会存在研究的难点、研究的创新之处和研究的不足之处，本书的研究也不例外。这里对社会资本再生产理论的基础理论研究的难点、创新和不足进行分析，为后续的接力创新研究奠定基础。

一、研究的难点

社会资本再生产理论的创新研究难点众多，就本书的研究主题而言，主要有以下三个方面。

1. 创作史和综述的研究

马克思的社会资本再生产理论的创作史虽然并不是一个新论题，但是在马克思卷帙浩繁的经济学手稿中将其梳理出来，巨大的工作量让人望而却步。现在国内学者可以利用的资料主要有较早的《马克思恩格斯全集》中文第1版（即俄文第2版）、较新的中文第2版（目前尚未全部出版）以及MEGA^{2}中马克思的经济学手稿相关卷次（目前已经全部出版）①，特别是使用MEGA^{2}相关材料还有语言（德语）的障碍。因此，能较为完整地将马克思的社会资本再生产理论创作简史梳理出来并与《资本论（第二卷）》第三篇进行对比研究是本书的难点之一。同样，自《资本论（第二卷）》出版以来，国内外对社会资本再生产理论解读、评论、批判和研究的文献众多，可谓汗牛充栋，这些文献的搜集、整理、阅读和研究工作量巨大。特别地，研读这些文献往往会陷入其中，科学合理地运用和驾驭文献资料具有一定的难度。因此，对国内外社会资本再生产理论进行较全面的综述并对研究的特征和发展的趋势进行分析也是本书的难点之一。

2. 服务商品概念的界定

服务商品的概念由来已久，但在马克思主义政治经济学界却一直争论不断。如何在劳动价值论的基础上，沿着马克思对物质商品的论证和几次对商品概念的拓展，借鉴学术界已有的研究成果，并结合时代的发展比较科学地界定服务商品是本书研究的难点之一。服务商品以及与之相连的服务劳动的生产性是社会资本再生产理论创新的微观基础，它决不能仅仅通过假设当作一个既定的前提，而要进行科学合理的论证，这是对马克思主义政治经济学理论品质的传承。

3. 社会资本四部类再生产模型的构建

学术界目前存在的三部类、四部类或五部类模型，是对马克思的两部类

① 马克思对社会资本再生产问题进行专题论述的手稿主要在MEGA^2 Ⅱ/Bd. 4. 1，Bd. 4. 3，Bd. 11 三卷中。

模型的重新划分或修正补充，比如将原第Ⅰ部类划分成两个部类（投资部类和中间部类，固定资本类生产资料和流动资本类生产资料），在本质上都没打破马克思的两部类分析框架。本书构建的四部类再生产模型，不仅包括简单再生产和扩大再生产，同时包括缩减再生产，因此具有原始创新性困难。面对难点，坚持科学研究问题的方法，充分借鉴包括西方经济学在内的学术界已有的研究成果，力争构建一个逻辑自洽的社会资本四部类再生产理论。

二、研究的创新

围绕着研究的主题，沿着研究的主线，本书突破了以上三个研究的难点，这得益于以下三个方面的创新。

1. 研究思路的创新

社会资本再生产理论的创新研究在国内外学术界已被广泛提出，但长时间以来并没有突破性进展，其中的主要原因是研究思路的问题。本书的研究思路可以概括为“一条主线，两重基础，三种类型，四个部类，五大思维，六层拓展”。一条主线，即本书拓展研究的主线为社会资本四部类再生产模型的构建，一切的研究工作都围绕这一条主线展开；两重基础，即马克思的社会资本理论原貌和国内外社会资本再生产理论的研究现状，这两个方面是本书理论创新研究的基础；三种类型，即社会资本再生产的三种类型，本书要构建包括简单再生产、扩大再生产和缩减再生产三种类型的社会资本再生产理论；四个部类，即社会生产划分为生产物质生产资料的部类、生产物质生活资料的部类、生产生产性服务商品的部类和生产生活性服务商品的部类；五大思维，即辩证思维、历史思维、系统思维、战略思维和创新思维，本书在研究和撰写过程中始终坚持和运用这五种科学思维方法；六层拓展，即本书的拓展共分为六个层次，分别为商品概念的拓展、生产劳动范围的拓展、社会生产部类的拓展、四部类再生产模型的拓展（简单、扩大和缩减）。

2. 研究内容的创新

社会资本再生产理论作为研究市场经济宏观层面运行规律的经济理论，它所研究的并非真正的宏观经济（原型），而只是宏观经济运行的一种模型，即所研究的经济问题的一种抽象和简化的结构。通过对马克思的社会资本再生产理论创作历程的研究和国内外社会资本再生产理论的综述研究，本书确定了研究主题，即沿着马克思理论创作的轨迹继续进行社会资本再生产理论的基础理论的研究。基础理论的创新又细分为逻辑关系递进的六个层次的内容（见图1－1），其中，商品概念的拓展和生产劳动范围的拓展作为微观基础，社会生产部类的拓展作为四部类再生产理论的基础，四部类再生产模型的构建作为理论主体，四部类再生产模型的现实意义作为理论的应用。其中，前四个层次的理论拓展构成了社会资本再生产理论的基础理论创新，这些研究内容形成了逻辑自洽的统一体，是对马克思的社会资本再生产理论的继承、创新和丰富。

3. 研究方法的创新

前面已经阐述，本书综合运用了六类主要的研究方法，分别为文献分析方法、比较分析方法、规范与实证分析相结合的方法、定性与定量相结合的方法、静态分析与动态分析相结合的方法以及微观分析与宏观分析相结合的方法。研究方法是依据研究内容、研究思路和研究目标确定的，各种不同的研究方法的综合运用既要保证实现研究目标，又要坚持和发展马克思的社会资本再生产理论的理论特质。例如，本书采用的定性与定量相结合的方法，以定性分析为主导、定量分析为支撑，用辩证的方式将两者统一起来。这样既实现了理论创新的目标，也继承和发展了马克思主义政治经济学的话语体系。

三、研究的不足

社会资本再生产理论是马克思主义政治经济学的核心理论之一，既是理论重点也是理论难点。对社会资本再生产理论的创新研究是一项宏大的理论基础工程，本书的研究仅仅是一个积极的尝试。限于笔者的学识水平，一方面本书构建的四部类再生产模型还需要进一步深化；另一方面基础理论的拓展研究仍然有很多空间，例如三种类型再生产的相互转化、四部类再生产动态模型等问题。同时，社会资本四部类再生产理论的具体化和应用还有待继续研究。

第二章

马克思社会资本再生产理论的创作史

《资本论》是马克思主义政治经济学最具代表性的著作，其概念范畴和理论体系构成了该经济学说的主体（邱海平，2020）。社会资本再生产理论主要集中于《资本论（第二卷）》[①] 第三篇“社会总资本的再生产和流通”[②]。作为《资本论》的重要基础理论，社会资本再生产理论的创作史本身就是《资本论》第二册创作史的一部分，但它也有自己独特的地方。一种科学的新理论的创立，需要经历一个长期的持续研究过程。同样，马克思对资本主义生产方式中社会资本再生产规律的研究，也必然要有一个不断深

---

① 在《资本论》的创作史中第二卷曾有 3 次变动。1865 年 7 月 31 日，马克思在致恩格斯的信中首次提及《资本论》的四册计划，“再写三章就可以结束理论部分（前三册）。然后还得写第四册，即历史文献部分”（资料来源：马克思恩格斯全集（中文第 1 版）第 31 卷上册［M］. 北京：人民出版社，1972：135. ）。1866 年 10 月 13 日，马克思在致路·库格曼的信中提出了三卷四册计划，第一册《资本的生产过程》和第二册《资本的流通过程》属于第一卷，第三册《总过程的各种形式》属于第二卷，《理论史》属于第三卷（资料来源：马克思恩格斯全集（中文第 1 版）第 31 卷下册［M］. 北京：人民出版社，1972：535 - 536. ）。马克思原本计划将《资本论》四册基本创作完，然后再出版，后来他接受了恩格斯和库格曼的建议，先只付印第一卷。1867 年第一册作为第一卷单独出版，第二册就并入第二卷（资料来源：资本论（第一卷）［M］. 北京：人民出版社，2004：13. ）。恩格斯在整理马克思篇幅庞大的遗稿时，发现难以将第二册和第三册同时整理出版，因此改变计划，1885 年恩格斯将第二册编辑完成后单独作为第二卷出版，此后第二卷就单指马克思原计划的第二册《资本的流通过程》。

② 《资本论（第一卷）》第七篇“资本的积累过程”也是研究再生产问题，但主要是围绕资本主义生产关系的再生产，即研究单个资本价值的再生产、资本家与雇佣工人的再生产。正如马克思指出，“资本主义生产过程，在联系中加以考察，或作为再生产过程来加以考察，不仅生产商品和剩余价值，而且还生产和再生产资本关系本身：一方面是资本家，另一方面是雇佣工人”（资料来源：资本论（第一卷）［M］. 北京：人民出版社，2004：666 - 667. ）。此外，《资本论（第一卷）》第七篇研究的再生产过程是资本的直接再生产过程，抽象掉了流通过程，只将研究聚焦于剩余价值转化成资本。

化的过程。通过对社会资本再生产理论的创作历程进行研究，深化对这一重要经济学理论产生过程的理解，进而把握其真正的学术核心内涵。同时，也可以突破现行《资本论（第二卷）》的局限，以更加全面的视角把握马克思的社会资本再生产理论。目前，$MEGA^2$已发表与《资本论（第二卷）》相关的全部马克思的经济学手稿，这为研究社会资本再生产理论的创作史提供了坚实的文献基础①。

第一节　马克思社会资本再生产理论的萌芽

任何一种新理论的创立，首先都要经历一个从相关理论的学习和积淀，到新思想的出现和萌芽过程，马克思创立社会资本再生产理论也同样经历了这一过程。

一、理论萌芽前的积淀

众所周知，马克思在《黑格尔法哲学批判》② 中得出社会变革要到市民社会中去寻找真正的原因，“而对市民社会的解剖应该到政治经济学中去寻求”③。

① $MEGA^2$（Zweite – Marx – Engels – Gesamtausgabe），即《马克思恩格斯全集》历史考证第2版。$MEGA^2$ Ⅱ/Bd. 4. 3（1065/2012）（《1863 – 1867 年经济学手稿》（第3分册））于2012年出版，这标志着马克思经济学的15卷（23册）手稿全部出版。这些卷次的注释与研究，开启了重构《资本论》发生学的可能性。“马克思遗留下来的杰作的未完成状态，或许在于这一点：不依赖恩格斯的第一次阐释而进行研究。这些问题，如研究过程的连续性与非连续性、开放性与不可避免的封闭性，能够被重新主题化”（资料来源：Halbzeit der MEGA：Bilanz und Perspektiven. Zeitschrift Marxistische Erneuerung 85（März2011）：96.）。$MEGA^2$ 收录马克思集中论述社会资本再生产理论的三个部分：$MEGA^2$ Ⅱ/Bd. 4. 1（770/1988）. S. 301 – 381. 即 $MEGA^2$ 第2部分第4卷第1册（共770页，1988年出版）第301 ~ 381页，本书对MEGA的引文，以下同。（《1863 – 1867 年经济学手稿》第1部分，《资本论》第二册第Ⅰ稿）；$MEGA^2$ Ⅱ/Bd. 11（1850/2008）. S. 340 – 522.（《资本论（第二卷）》（1868 ~ 1881年手稿），第二册第Ⅱ稿）；$MEGA^2$ Ⅱ/Bd. 11（1850/2008）. S. 698 – 827.（《资本论（第二卷）》（1868 ~ 1881年手稿），第二册第Ⅷ稿）。

② 又称《克罗茨纳赫手稿》，1843年夏天马克思写于莱茵省的克罗茨纳赫。原稿共39张，没有标题，现标题是1927年苏联共产党（布尔什维克）中央马克思列宁主义研究院发表这一手稿时，依据马克思在《德法年鉴》发表的《〈黑格尔法哲学批评〉导言》和《1844年经济学哲学手稿》的《序言》中的表述加的标题（资料来源：马克思恩格斯全集（中文第2版）第3卷［M］. 北京：人民出版社，2002：650.）。

③ 马克思恩格斯全集（中文第1版）第13卷［M］. 北京：人民出版社，1962：8.

接着1844年上半年，在恩格斯的影响下，马克思开始研读色诺芬、亚当·斯密、大卫·李嘉图、让·巴蒂斯特·萨伊、詹姆斯·穆勒、西斯蒙第、弗朗茨·李斯特等的经济学著作，完成第一个经济学研究成果《巴黎笔记》①，并最终得出社会变革的原因要到政治经济学中去寻找的结论。随后，马克思又继续研究政治经济学的相关文献，并留下了《布鲁塞尔笔记》和《曼彻斯特笔记》②。1847年出版的《哲学的贫困》中提及了魁奈的《经济表》，马克思赞誉“魁奈医生使政治经济学成为一门科学；他在自己的著名的《经济表》中概括地叙述了这门科学”③。马克思对《经济表》的研究和评论，可以看成是为社会资本再生产理论埋下了种子。《哲学的贫困》被看作是《资本论》最初的理论萌芽，马克思曾说：“该书包含了经过20年的研究之后，在《资本论》中阐发的理论的萌芽。”④ 这一时期，马克思对自己的经济学研究还没有明确的规划，尚未开始社会资本再生产理论的研究。但是马克思对政治经济学相关问题的学习和思考，为日后创作社会资本再生产理论做好了知识的储备和积淀。

二、《反思》手稿中的理论萌芽

1848年欧洲革命失败后，马克思被迫流亡伦敦，并开启了政治经济学理论学习和研究的新阶段。1850～1853年马克思在研读各类著作过程中写下了《伦敦笔记》⑤，这是为写作《资本论》所做的直接准备。在《伦敦笔记》时期，马克思在第Ⅶ笔记本中（1851年3月），主要摘录了一些著作中的货币和货币流通理论，并对前一阶段的研究进行了总结，随后撰写了一篇短文《反思》⑥。《反思》在批判小资产阶级经济学家的（特别是蒲鲁东主

---

① 1843年10月至1845年2月，马克思旅居巴黎期间研读政治经济学的笔记。《巴黎笔记》的内容已在MEGA^{2}中发表，包括9个笔记本。

② 《布鲁塞尔笔记》是马克思于1845年2月至1848年3月旅居布鲁塞尔期间的成果，《曼彻斯特笔记》是马克思于1845年7～8月在曼彻斯特旅行时的成果。

③ 马克思恩格斯选集（第1卷）[M]. 北京：人民出版社，2012：217.

④ 马克思恩格斯全集（中文第2版）第25卷 [M]. 北京：人民出版社，2001：425.

⑤ 1850年9月至1853年8月，马克思写成了24本笔记，约300个印张，被称为《伦敦笔记》。该笔记内容十分丰富，摘录了大量著作和报刊资料，主题是政治经济学，同时也包括政治学、历史、文化、数学、工艺学、文学等（MEGA^2 Ⅳ/Bd. 7（916/1983），MEGA^2 Ⅳ/Bd. 8（1118/1986），MEGA^2 Ⅳ/Bd. 9（808/1991），MEGA^{2}第7～9卷构成《伦敦笔记》第1～14册。MEGA^2 Ⅳ/Bd. 10－11，第10～11卷构成《伦敦笔记》第15～24册）。

⑥ 马克思恩格斯全集（中文第1版）第44卷 [M]. 北京：人民出版社，1982：154－163.

义）经济危机理论的过程中，已经涉及社会资本再生产的理论问题①。主要包括以下四个方面：

第一，社会生产两大部类的萌芽。亚当·斯密将整个社会的贸易分成两部分，一方面是各类实业家之间的交换，另一方面是各类实业家与不同消费者之间的交换，其中实业家和实业家之间的交换必然受实业家和消费者之间的交换的限制。马克思十分重视亚当·斯密的这一思想，后来从这一思想出发，提出了将整个社会生产分成两大部类，并指出整个社会的商品能否顺利交换，最终取决于消费水平。

第二，社会资本再生产与经济危机关系的萌芽。此时，马克思已经认识到了资本主义生产方式危机的实质，即资本不能顺利流通，而保值增值。危机时“事实上缺乏的是流通手段，而不是资本。资本会贬值，不能实现自己的价值。而在这里，不能实现自己的价值意味着什么呢？这意味着不能转化成流通手段，而资本的价值正在于可交换性”②。因此，从整个社会来看，资本自身再生产的“不能兑换”是“普遍危机的原因”。

第三，社会资本再生产矛盾的萌芽。马克思将消费分成工人阶级的消费（生活必需品）和资本家的消费（奢侈品），并指出，“生产过剩不只归因于生产的不合比例，而且也归因于资本家阶级和工人阶级之间的关系”③。马克思还强调，实业家和消费者之间的贸易表面上是等价交换公平的交换，而实质上是货币掩饰下的资本主义阶级关系，资本再生产也包括阶级关系的再生产。

第四，社会再生产中货币作用理论的萌芽。马克思已经意识到货币流通（制度）和信用制度在社会的交换中的作用是十分重要的，社会再生产需要在不断的交换中使用货币“补偿、再生产和扩大资本”。

值得注意的是，马克思此时表达的再生产既包括单个资本再生产也包括社会资本再生产。一般学术界认为，《反思》中的论述是马克思首次明确涉及社会资本再生产理论，这里认为此时马克思对社会资本再生产理论的分析仅仅是一种批判的分析，并未开始创建自己的政治经济学理论。马克思对社会资本再生产问题进行了零星的论述，并没有形成明确的概念，更谈不上完整的理论，但其中也蕴藏着社会资本再生产理论的某些因素或思想，这些思想的火花就是日后社会资本再生产理论创作的萌芽。

① 王辅民（1990）认为《反思》手稿可作为马克思的社会资本再生产理论形成史的起点。维戈茨基（2013）认为在《反思》手稿中，马克思已经制定了社会资本再生产的基本原理。

② 马克思恩格斯全集（中文第1版）第44卷［M］. 北京：人民出版社，1982：157.

③ 马克思恩格斯全集（中文第1版）第44卷［M］. 北京：人民出版社，1982：156.

第二节 社会资本再生产理论的形成

《伦敦笔记》之后的几年里，虽然马克思撰写的许多报刊文章中涉及政治经济学问题，但并没有正式地论述社会资本再生产问题。对社会资本再生产理论开始正式阐述是从1857年底《政治经济学批判》的撰写开始，直到1870年《资本论》第二册的第Ⅱ稿截稿，这一阶段可视为社会资本再生产理论的形成时期。

一、《1857－1858年经济学手稿》中的社会资本再生产理论

《1857－1858年经济学手稿》① 是《资本论》最初的草稿。② 马克思在《1857－1858年经济学手稿》中建立了自己的劳动价值理论，并初步阐明了剩余价值的来源和生产过程。可以说，《1857－1858年经济学手稿》是马克思自1843年起学习和研究政治经济学的理论总结，主要包括劳动价值论、货币理论和剩余价值的来源和生产等问题。对于社会资本再生产理论，还没有列入这个时期的研究范围，仅仅是作为“资本一般”的运动而附带涉及，并没有对其展开论述。

《1857－1858年经济学手稿》草稿性质明显，且没有明确篇章结构，在编者添加的标题为“资本的再生产和积累”③ 的一节涉及社会资本再生产问题。剩余价值转化为资本是资本主义积累的特点，马克思正是从剩余价值如何实现且转化为资本进行不断积累的角度创立社会资本再生产理论的。此时，马克思重点研究了单个资本的流通和再生产问题，并且也涉及了社会资

① 又称《政治经济学批判（1857－1858年草稿）》，写于1857年10月至1858年5月，共7个笔记本，约50个印张。

② 有些学者认为将《1857－1858年经济学手稿》等马克思的手稿称作《资本论》的草稿并不合理，从MEGA² Ⅱ中的手稿来看，各时期手稿的内容和结构都不尽相同，不妨称为《政治经济学批判》方案和《资本论》方案的草稿（徐洋，2013）。

③ 马克思恩格斯全集（中文第2版）第30卷［M］. 北京：人民出版社，1995：381－451.《马克思恩格斯全集》（中文第1版）的标题为“资本在流通过程中的再生产和积累”。（资料来源：马克思恩格斯全集（中文第1版）第46卷上册［M］. 北京：人民出版社，1979：383－470.）MEGA² Ⅱ/Bd. 1. 2（872/1981）的标题为“Reproduktion und Akkumulation des Kapitals”（资料来源：MEGA² Ⅱ/Bd. 1. 2（872/1981）. S. 315. 1－378. 27.）。

本的再生产和流通。马克思假定资本主义社会中有5个资本家A、B、C、D和E，其中A和B为自己和其他资本家生产各种原料，C生产机器，D生产剩余产品（资本家先生们用它们来维持生活和实现自己的剩余价值），E生产工人必要的生活资料。进一步假定，每个资本家产品的价值比例均相同，且原料、机器、工人的必要生活资料和剩余产品分别占$\frac{2}{5}$、$\frac{1}{5}$、$\frac{1}{5}$和$\frac{1}{5}$。随后，马克思列了一个表格（见表2－1），用来表示5个资本家之间如何通过相互交换实现自身的资本保值。对于资本家的剩余产品，“如果他们消费掉了自己的全部剩余产品，他们在［生产过程］结束时的情况就会象在这个过程开始时一样，他们的资本的剩余价值就好象没有生长出来”①。显然，这指的是简单再生产的情况，在马克思看来这显然不符合资本主义生产方式的本质。

表2－1　　5个资本家之间的相互交换

生产者	付给劳动的报酬	原料	机器	剩余产品		
A 原料的生产者	20	40	20	20	100	$2\frac{1}{2}$
B 原料的生产者	20	40	20	20	100	$2\frac{1}{2}$
C 机器的生产者	20	40	20	20	100	$2\frac{1}{2}$
E 工人的必要生活资料的生产者	20	40	20	20	100	$2\frac{1}{2}$
D 剩余产品的生产者	20	40	20	20	100	
	10	20	10	10	50	

注：马克思假定了各生产者（部门）的资本有机构成和剩余价值率均相同，且不考虑固定资本的周转和对外贸易等其他因素。马克思这个表中蕴含了社会资本简单再生产公式，即为简单再生产公式的一个例子。日本学者高木幸二郎（1964）等称该表为“再生产公式原型”。

资料来源：马克思恩格斯全集（中文第2版）第30卷［M］．北京：人民出版社，1995：431. MEGA^2 Ⅱ/Bd. 1. 2（872/1981）. S. 352. 19－29.

纵观《1857－1858年经济学手稿》中对“资本流通过程”的论述，这一时期马克思认为流通只是在各种资本形式间起中介作用，资本流通并没有社会资本的再生产之意。正如马克思指出，“这个例子在以后可能要详细地

① 马克思恩格斯全集（中文第2版）第30卷［M］．北京：人民出版社，1995：431.

谈到，也可能不再谈到。实际上，这个问题不属于这里讨论的范围”①。总体而言，马克思附带着分析了与社会资本再生产相关的问题，比《伦敦笔记》时期的《反思》手稿有了一定进步。第一，在价值构成的形态上，马克思已明确将社会中的所有商品（社会总产品）分为不变资本（原料、机器）、可变资本（付给劳动的报酬）和剩余价值（剩余产品）三个组成部分。第二，马克思已将亚当·斯密的“实业家和消费者”的思想演变为5个资本家（部门），将社会生产分为生产资料的生产部门（A、B和C）② 与消费资料生产部门（D和E）。其中，消费资料的生产部门细分为工人消费的必要生活资料生产部门（E）和资本家消费的奢侈品生产部门（D），这事实上已经是两大部类划分的雏形。第三，马克思从劳动二重性学说出发从使用价值和价值形态对社会总产品进行划分，这可以认为已经基本提出了社会资本的实物补偿和价值补偿问题。第四，通过实例（表格），对简单再生产下的社会总产品实现进行了初步分析。这里还要指出的是，在写于1859年春或1861年夏的《〈政治经济学批评〉资本章计划草稿》③ 的第Ⅱ部分“资本的流通过程”中，马克思并未很清晰地列出社会资本再生产的相关标题。这说明，直到这个时期，马克思对社会资本再生产理论仍然处于研究论述前的思考酝酿期。

总之，《1857－1858年经济学手稿》时期马克思尚未完成对古典政治经济学再生产理论的批判，仍然以单个资本为主要研究对象，社会资本再生产理论并没有单独论述。从马克思的社会资本再生产理论的整个创作历程来看，《1857－1858年经济学手稿》是形成这一理论的开端，为这一理论的形成奠定了初步基础（赵洪，1982）。

二、《1861－1863年经济学手稿》中的社会资本再生产理论

写于1861年8月至1863年6月的《1861－1863年经济学手稿》④ 被称作《资本论》的第二稿或草稿，是《资本论》创作史上非常重要的文献。顾海良（2013）称《1861－1863年经济学手稿》为“高耸于马克思经济思

---

① 马克思恩格斯全集（中文第2版）第30卷［M］. 北京：人民出版社，1995：39－41，312，432.

② A、B、C三个生产者（部门）的划分，马克思是受到了瑞士经济学家安度昂·埃利泽·舍尔比利埃的著作《富与贫》的影响（商德文，1992）。

③ 马克思恩格斯全集（中文第2版）第31卷［M］. 北京：人民出版社，1998：583－593.

④ 又称《政治经济学批判（1861－1863年草稿）》，写于1861年7月至1863年8月，包括23本笔记（统一用罗马数字编号），总计1 472页（马克思亲自编了页码），约200个印张（资料来源：资本论（第一卷）［M］. 北京：人民出版社，2004：892.）。

想发展中的‘历史路标’，是对马克思经济学做出‘历史的评论’的经典文本”。在《1861－1863年经济学手稿》中，马克思基本阐明了资本的流通过程，社会资本再生产理论是其中的一个重大理论突破（郭继严，1985）。创立社会资本再生产理论与对亚当·斯密和魁奈的经济理论的研究和批判密切相关，通过研究批判斯密教条和《经济表》，马克思已经基本厘清了社会资本简单再生产实现的过程，以及社会资本再生产过程中的货币流通本质上是由商品流通和商品再生产决定的①。1862年12月28日，马克思在致路·库格曼的信中首次表明，打算以“资本论”为标题和“政治经济学批判”为副标题出版自己的经济学研究成果②。因此，《1861－1863年经济学手稿》也被看作是由《政治经济学批判》向《资本论》创作的转变，这对社会资本再生产理论的创作也产生了重大的影响。

《1861－1863年经济学手稿》延续了前期的研究计划，马克思集中创作“资本一般”章的第一篇“资本的生产过程”、第三篇“资本和利润”和“剩余价值理论”，从结构上看没有专门设计“资本的流通过程”③。虽然从结构上没有“资本的流通过程”，但马克思在附带着论述资本流通理论时，重点分析的是社会资本再生产问题（徐洋，2013）。“资本的总流通过程或总再生产过程是资本的生产阶段和资本的流通阶段的统一，是把上述两个过程作为自身的不同阶段来经历的过程。”④ 此时，马克思认为资本的流通过程就是再生产过程，这是对社会资本再生产问题认识的一次提升。马克思在《剩余价值理论》中通过对古典政治经济学的批判，集中和分散式地多次进行了社会资本再生产问题的研究，这里重点梳理几个集中论述的地方。

第一，在“(c) 亚当·斯密”一节两次集中论述。马克思对亚当·斯密的学术成就给予了高度的评价，同时也分析了他理论中的矛盾和错误。亚当·斯密将社会总产品的价值仅归结为三种收入，即工资、利润和地租，从而把商品价值中的第四个组成部分即不变资本排除掉了，这就无法说明被消耗掉的生产资料的价值补偿问题。这种价值规定被后继的多数资产阶级经济学家继

---

① 马克思恩格斯全集（中文第1版）第26卷上册［M］. 北京：人民出版社，1972：324.

② 马克思恩格斯文集第10卷［M］. 北京：人民出版社，2009：196.

③ 《马克思恩格斯全集》俄文第2版（中文第1版）第48卷发表《1861－1863年经济学手稿》时，编者根据实际内容编出了三篇的结构，将第二篇《资本的流通过程》编成两章，分别为“第9章再生产过程”和“第10章插入部分。资本主义再生产中的货币回流运动”，其中的内容包含在第XV、XVII、XVIII和XXII笔记本中（资料来源：马克思恩格斯全集（中文第1版）第48卷［M］. 北京：人民出版社，1985：593.）。

④ 马克思恩格斯全集（中文第2版）第34卷［M］. 北京：人民出版社，2004：582.

承，马克思称其为“斯密教条”。马克思对“斯密教条”进行了重点批判，并提出社会资本再生产理论的两个基本前提。一方面，马克思指出，社会再生产能否正常进行，基本条件是社会总产品能否实现，其中的关键是不变资本的补偿问题。马克思按照自己创立的劳动二重性原理，将商品价值分成“不变资本+可变资本+剩余价值”三个部分，确立了社会资本再生产理论的第一个基本前提。“不变资本实际上是这样得到补偿的；它不断地重新生产出来，并且有一部分是自己再生产自己。但是，加入可消费的产品的那部分不变资本，则由加入不可消费的产品的活劳动来支付。”① 另一方面，亚当·斯密不理解生产资料（消费）和生活资料（消费）的区别和联系。马克思在“收入和资本交换”的一小节第一次明确将社会总产品分成生活消费和生产消费两大部分，相应的社会生产部门分成生产消费资料的 A 部类和生产生产资料的 B 部类，如此确立了社会资本再生产理论的第二个基本前提。马克思还分析了两大部类的交换：“A 用他的不变资本去交换 B 的收入，而 B 用他的收入去交换 A 的不变资本。B 的收入补偿 A 的不变资本，而 A 的不变资本补偿 B 的收入。”② 马克思假设 A 部类的产品中收入等于总产品的$\frac{1}{3}$，“这个量等于 A 部类在一年内生产的工资和利润的总额”（即可变资本和剩余价值），这$\frac{1}{3}$由本部类消费（即实现本部类内部交换）；不变资本等于总产品的$\frac{2}{3}$，“而它们必须由 B 部类的年劳动产品来补偿”。“B 的不变资本部分地通过本身的（植物性的动物性的）再生产来补偿”③，即“B 的各生产者的产品是彼此作为生产资料相互补偿的”④。由此可见，此时马克思已经阐明了简单再生产的实现条件：生产消费资料的 A 部类内部实现消费资料的交换和补偿，生产生产资料的 B 部类内部实现生产资料的交换和补偿，A 部类的生产资料由 B 部类补偿，B 部类的消费资料由 A 部类补偿，在价值上 A 部类的不变资本 = B 部类的收入（= 工资 + 利润 = 新加劳动）。

第二，在“（d）内克”和“（e）兰盖。《民法论》1767 年伦敦版”两节中间的“插入部分。魁奈的经济表”一节中的论述。马克思详细分析了重农学派的代表魁奈的《经济表》，并指出了魁奈的理论贡献。魁奈率先研

① 马克思恩格斯全集（中文第 2 版）第 33 卷［M］. 北京：人民出版社，2004：132.
② 马克思恩格斯全集（中文第 2 版）第 33 卷［M］. 北京：人民出版社，2004：293.
③ 马克思在此是以农业和畜牧业为例分析。
④ 马克思恩格斯全集（中文第 2 版）第 33 卷［M］. 北京：人民出版社，2004：283 – 309.

究和阐述了社会资本的再生产和流通过程，他在《经济表》中尝试将“资本的整个生产过程表现为再生产过程，把流通表现为仅仅是这个再生产过程的形式；把货币流通表现为仅仅是资本流通的一个要素；同时，把收入的起源、资本和收入之间的交换、再生产消费对最终消费的关系都包括到这个再生产过程中，把消费者和生产者之间（实际上是资本和收入之间）的流通包括到资本流通中；最后，把生产劳动的两大部门——原料生产和工业——之间的流通表现为这个再生产过程的要素，而且把这一切总结在一张表上，这张表实际上只有5条线，连接着6个出发点或归宿点。这个尝试是在18世纪30～60年代政治经济学幼年时期做出的，这是一个极有天才的思想，毫无疑问是政治经济学至今所提出的一切思想中最有天才的思想”①。事实上，《经济表》中的思想对马克思创作社会资本再生产理论产生了重大影响②，马克思对《经济表》的理解和分析也表明他对社会资本再生产问题的认识达到了一个前所未有的水平。

第三，在“（h）李嘉图”一节又一次集中论述社会资本再生产理论。李嘉图继承了“斯密教条”，在积累理论中忽视不变资本，把产品的全部价值仅分解为各种收入，进而在研究积累理论和社会资本再生产时没有考虑不变资本。马克思批判了李嘉图对资本积累或再生产的认识，“认为资本积累=收入转化为工资=可变资本的积累，这种见解从一开始就是错误的，也就是片面的”③。对此马克思强调指出，“首先，必须弄清不变资本的再生产”④。生产资料在再生产过程中并非单纯地被消费掉，而应从价值和实物上得到补偿。马克思将不变资本分成固定资本和流动资本两部分，并指出固定资本的比重会逐渐增加，固定资本只有每年被磨损的那部分价值才转移到商品中去。此时，马克思已经清晰地使用两大部类（生产资料的生产部类和消费资料的生产部类）来分析不变资本的实物和价值补偿问题。马克思也正是通过创造性地分析这些关系，才逐渐厘清社会资本再生产的条件，“资本积累的条件同原来生产或者再生产的条件是完全一样的。而这些条件

---

① 马克思恩格斯全集（中文第2版）第33卷［M］. 北京：人民出版社，2004：414－415.

② 马克思关于分析社会资本再生产问题的方法（价值和实物补偿，商品和货币流通，生产和生活消费等方面的合理抽象）、出发点（社会总产品）、重点（社会总产品的实物和价值补偿），社会总产品的构成（魁奈以“纯产品”为标准分成生产和不生产两大部门，马克思将社会总产品分成两大部类），社会总产品实现和总资本补偿的表述（图式），都是在批判地继承魁奈的经济思想而创立起来的（高荣贵，1983）。

③④ 马克思恩格斯全集（中文第2版）第34卷［M］. 北京：人民出版社，2008：535.

过去就是：用一部分货币购买劳动，用另一部分货币购买能由这种劳动进行生产消费的商品（原料、机器等）”①。这里，马克思已明确将资本积累称作扩大再生产并加以分析，“即收入转化为资本”或“剩余价值一部分必须转化为资本”“再生产的规模就扩大”。资本的积累或扩大再生产不仅需要增加可变资本，即追加的劳动力；也需要增加不变资本，即追加的生产资料。“一个领域中现有资本的生产和再生产要以其他领域中并行的生产和再生产为前提，同样，一个部门中的积累，或者说，追加资本的形成，也要以其他部门中同时的或并行的追加生产为前提。因此，在所有提供不变资本的领域中，生产规模必须同时扩大。”② 因此，扩大再生产必须在社会各行业之间协调进行。“生产逐年扩大是由于两个原因：第一，由于投入生产的资本不断增长；第二，由于使用资本的效率不断提高。”③ 显然，此时马克思已经提出了扩大再生产的两种基本形式，即外延式和内涵式扩大再生产。

第四，在“（1）以李嘉图理论为依据反对经济学家的反对派”一节中再一次论述社会资本再生产理论。在此，马克思已清晰地区分了简单和扩大再生产。“（1）既定规模的再生产，（2）扩大规模的再生产，或者说，积累；收入转化为资本。”“扩大再生产就表现为利润转化为资本，表现为资本家的节约。”④ 马克思还总结了简单再生产的实现条件，详细分析了生活资料生产部类和生产资料生产部类的内部和部类之间的交换⑤。特别地，马克思此时已经写出简单再生产的公式，他用符号 C^1、V^1、R^1，$C^{Ⅱ}$、$V^{Ⅱ}$、$R^{Ⅱ}$分别代表 A 部类和 B 部类的不变资本、可变资本以及剩余产品（收入）⑥。“$V^{Ⅱ}+R^{Ⅱ}$在这里也是代表新追加的劳动。在这一领域里执行职能的不变资本 $C^{Ⅱ}$ 则不代表新追加的劳动。但是，$V^{Ⅱ}+R^{Ⅱ}=$ 它们所交换的 C^1。C^1 转化为 B 部类的可变资本和收入。另外，$V^{Ⅱ}$ 和 $R^{Ⅱ}$ 转化为 C^1，转化为 A 部类的不变资本。”⑦

---

① 马克思恩格斯全集（中文第 2 版）第 34 卷［M］. 北京：人民出版社，2008：547.

② 马克思恩格斯全集（中文第 2 版）第 34 卷［M］. 北京：人民出版社，2008：549.

③ 马克思恩格斯全集（中文第 2 版）第 34 卷［M］. 北京：人民出版社，2008：594.

④ 马克思恩格斯全集（中文第 2 版）第 35 卷［M］. 北京：人民出版社，2013：250.

⑤ 马克思恩格斯全集（中文第 2 版）第 35 卷［M］. 北京：人民出版社，2013：219－220.

⑥ 此处马克思用阿拉伯数字 1 和希腊数字Ⅱ分别表示生产生活资料的 A 部类和生产生产资料的 B 部类。

⑦ 此处符号、数字和公式引自：MEGA^2 Ⅱ/Bd. 3. 4（471/1979）. S. 1381。《马克思恩格斯全集》中文第 1 版（第 26 卷下册，第 273 页。）中的符号使用了小写字母，部类用撇表示“$v''+r''=$ 它们所交换的 c'”。《马克思恩格斯全集》中文第 2 版（第 35 卷，第 221 页）中的符号使用了大写字母，部类用撇表示“$V''+R''=$ 它们所交换的 C'”。

第五，在第XVII笔记本“插入部分。资本主义再生产中的货币回流运动”一节中的阐述。马克思首次将生活资料的生产部门称为第Ⅰ类或第Ⅰ领域，生产资料的生产部门称为第Ⅱ类或第Ⅱ领域（第XVII笔记本第1055页）①，“类”或“领域”对应的德语词也可以译为“部类”（徐洋，2013）。同时，马克思还分析了货币流通在社会资本再生产中的作用，首次阐述了金的生产者在资本主义生产和再生产过程中的作用，以及社会生产两个类之间的交换关系②。值得注意的是，这一部分在《资本论》各卷中没有得到系统反映，但是在后续的社会资本再生产理论的分析中都有论及。

第六，在第XXII笔记第1371页“再生产”一小节中的论述。马克思指出，“在总产品中再生产出：（1）不变资本，（2）可变资本，以及（3）重新生产的剩余产品，也就是剩余价值”③。规模不变和规模扩大（积累）的再生产都要遵循这一原则。随后，在第XXII笔记第1383～1384页，马克思指出，“除了剩余产品转化为追加资本时所表现出来的物化劳动的积累以外，还有工人个人技能的不断积累，其方式是把已获得的技能传授给正在成长的新一代工人。虽然这种积累在再生产过程中有极重要的作用，但是资本为此无须花费分文。科学就是其被应用于生产的物质过程来说，其积累也与这里的问题有关。这种积累就是规模不断扩大的不断再生产”④。显然，除了物化劳动的积累（资本的积累），马克思还将知识和技能的积累作为扩大再生产的条件。接着，马克思还论述了积累和货币贮藏关系，积累是资本家将剩余产品转化为资本，而货币贮藏仅是暂时的，目的是积累（或贷出）。在资本主义生产方式下，“真正的货币贮藏是不存在的。货币贮藏者从来也是高利贷者”⑤。

在第XXII笔记第1390～1394页，马克思根据魁奈的《经济表》创作了四张“简单再生产过程图表”或“简单再生产总过程的经济表”⑥，前三个图是研究性质的草图，第四张图已基本完善（见图2－1），代表了这一时期马克思对社会资本再生产问题研究的理论水平。1863年7月6日，马克思在致恩格斯的信中也附上了与第四张图表结构相同的“我的表”，并配有详

① 马克思恩格斯全集（中文第1版）第48卷［M］. 北京：人民出版社，1985：209.
② 马克思恩格斯全集（中文第1版）第48卷［M］. 北京：人民出版社，1985：191－250.
③ 马克思恩格斯全集（中文第1版）第48卷［M］. 北京：人民出版社，1985：130.
④ 马克思恩格斯全集（中文第1版）第48卷［M］. 北京：人民出版社，1985：154.
⑤ 马克思恩格斯全集（中文第1版）第48卷［M］. 北京：人民出版社，1985：165.
⑥ 马克思恩格斯全集（中文第1版）第48卷［M］. 北京：人民出版社，1985：166－172.

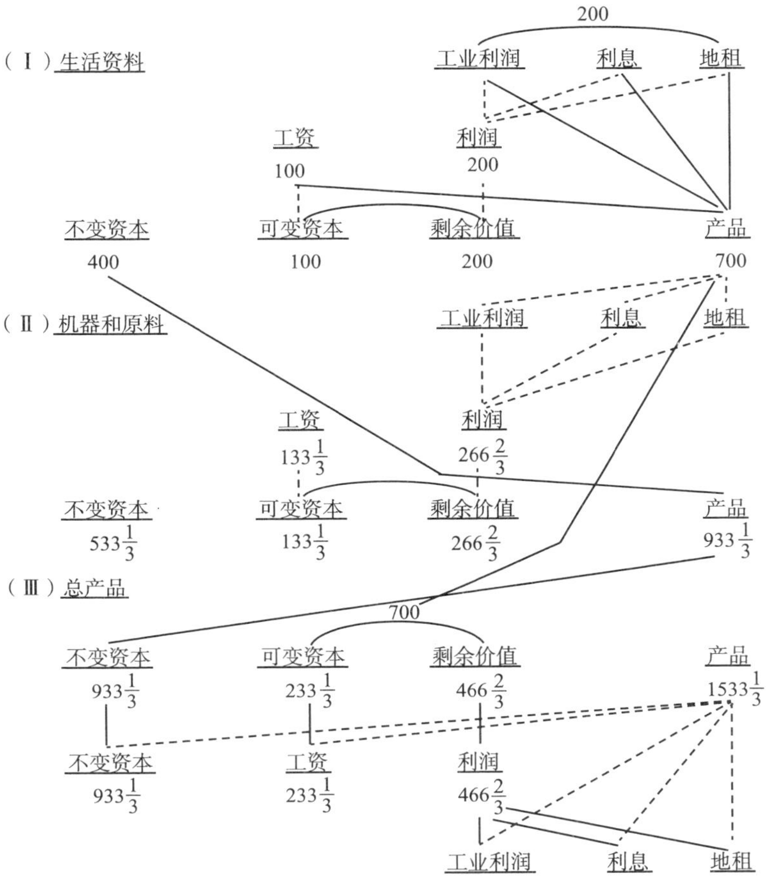

图 2-1 简单再生产总过程

注：马克思将社会总产品（商品）分成两类，第Ⅰ类生活资料的商品和第Ⅱ类构成不变资本的商品（机器和原料，即生产资料的商品）。社会总产品以及两部类的商品均分成不变资本、可变资本（工资）和剩余价值（利润）三个部分，其中利润又分成工业利润、利息和地租三个部分。在表中马克思用数值清晰地表明第Ⅰ部类①的不变资本为400（百万英镑），等于第Ⅱ部类的可变资本 $133\frac{1}{3}$（百万英镑）与剩余价值 $266\frac{2}{3}$（百万英镑）之和，第Ⅰ部类的不变资本和第Ⅱ部类的可变资本与剩余价值相互交换而实现补偿。第Ⅰ部类的可变资本和剩余价值实现内部补偿，同样第Ⅱ部类的不变资本也实现内部补偿。在后续的研究中，马克思用社会资本再生产的图式代替了自己的"经济表"，是对该图中理论的一种继承和发展。

资料来源：马克思恩格斯全集（中文第1版）第48卷［M］. 北京：人民出版社，1985：172.

---

① 上文已说明"类""领域"和"部类"是德语的翻译差异，对于1863年7月6日马克思致恩格斯的信，中文翻译已使用了"部类"（资料来源：马克思恩格斯全集（中文第1版）第30卷［M］. 北京：人民出版社，1974：356-363. 或：马克思恩格斯《资本论》书信集［M］. 北京：人民出版社，1976：181-185.）。

细的说明，这可以看成是马克思对社会资本再生产理论研究的小结①。

通过以上梳理可知，此时马克思已经基本完成对资产阶级政治经济学再生产理论的批判，除了一些符号和公式需要进一步统一和规范，从理论内涵上看，也已基本完成社会资本简单再生产理论的创作。

三、《1863－1865 年经济学手稿》中的社会资本再生产理论

1863 年 7 月，《1861－1863 年经济学手稿》创作结束后，马克思便开始以《资本论》为正标题构建自己的经济学著作，并创作了《1863－1865 年经济学手稿》②。《资本论》三卷的结构体系是《1863－1865 年经济学手稿》最重要的理论成就。此时，对于社会资本再生产理论也进入了关键的创作时期，《资本论》第二册第Ⅰ稿就是这一时期的重要成果。《1863－1865 年经济学手稿》中《资本论》第二册第Ⅰ稿写于 1864 年下半年至 1865 年春天③。

从整个《资本论》的创作史来看，第二册的结构形成最晚④，第Ⅰ稿建立了第二册三章（后按照 1872 年《资本论（第一卷）》第二版，将“章”改称“篇”）的总体结构⑤，并一直保持到恩格斯编辑出版。其中，第三章“流通和再生产”，事实上是分析的社会资本的再生产和流通，是马克思系统论述社会资本再生产理论的第一次尝试。但总体来看，此时无论是整个《资本论》第二册，还是其中的第三章“流通和再生产”都具有明显的手稿性质，这说明马克思此时的重点还在理论创作，而并非急于出版付印。马克思并未给第三章的各节拟定标题⑥，《马克思恩格斯全集》中文第 1 版（俄

① 马克思恩格斯《资本论》书信集［M］. 北京：人民出版社，1976：181－185.

② 又称《资本论（1863－1865 年草稿）》或《资本论（1863－1865 年手稿）》。

③ 苏联学者伊·鲍尔迪列夫（1983）认为从 1866 年底至 1867 年初，马克思写了第二册的第Ⅰ稿。苏联学者 л·米兹凯维奇等（1984）认为 1865 年上半年，马克思写了第二册的第Ⅰ稿。MEGA^2 Ⅱ/Bd. 4. 1（770/1988）也确定第二册的第Ⅰ稿写于 1865 年上半年（资料来源：MEGA^2 Ⅱ/Bd. 4. 1（770/1988）. S. 560.）。第二册的第Ⅰ稿共 150 页。恩格斯指出，“第Ⅰ稿（150 页），大概写于 1865 年或 1867 年，这是现在这样编排的第二册的最早的一个独立的、但多少带有片段性质的文稿”（资料来源：资本论第二卷［M］. 北京：人民出版社，2004：7.）。

④ 马克思将《资本论》第二册的写作放在第一册和第三册之后，在“第Ⅰ稿”前也从未制定“资本的流通过程”的结构。

⑤ 马克思恩格斯全集（中文第 1 版）第 49 卷［M］. 北京：人民出版社，1982：目录Ⅵ.

⑥ MEGA^2 Ⅱ/Bd. 4. 1（770/1988）. S. 560.

文第2版）第49卷将第三章“流通和再生产”编为7节：（1）资本同资本交换，资本同收入交换以及不变资本的再生产；（2）收入和资本、收入和收入、资本和资本（它们之间的交换）；（3）积累或规模扩大的再生产；（4）对积累起媒介作用的货币流通；（5）再生产过程的平行性、相继性、增长、循环；（6）必要劳动和剩余劳动（剩余产品）；（7）再生产过程的破坏①。从整体来看，第Ⅰ稿的社会资本再生产理论仍然延续了《1961－1863年经济学手稿》的研究，特别是篇幅最多第一节“资本同资本交换，资本同收入交换以及不变资本的再生产”基本是又将前期的简单再生产两部类（此时称生活资料的生产为A领域，生产资料的生产为B领域）的实现条件等研究成果重述了一遍②。从理论上来看，马克思这时虽然已经厘清“资本循环—资本周转—社会资本再生产”的三分逻辑结构，对于流通中的实现问题、不变资本的再生产问题和作为再生产媒介的货币流通问题，作了比以前更为详细的论述。其中规范了很多内容的同时，也提出了一些新的理论思考。

第一，明确了社会资本再生产理论的研究对象，马克思指出，“我们所要考察的不是单个资本，而是运动中的社会总资本”③。第二，论述了货币在再生产中的作用。一方面，马克思认为“在考察再生产的实际过程时可以暂时把货币抽象掉”。在社会资本再生产中“货币只是充当经过点”，“就象货币在商品的形态变化W—G—W中一样，也就是说，只是作为再生产的起媒介作用的和转瞬即逝的形式执行职能，和再生产的实际过程本身没有任

---

① MEGA^2 Ⅱ/Bd. 4. 1（770/1988）根据马克思的手稿将“第三章流通和再生产”分成8节：1. 资本同资本交换，资本同收入交换以及不变资本的再生产；2. 收入和资本、收入和收入、资本和资本（它们之间的交换）；［3. 固定资本在再生产过程中的作用］；5. 积累或规模扩大的再生产；6. 对积累起媒介作用的货币流通；7. 再生产过程的平行性、相继性、增长、循环；8. 必要劳动和剩余劳动（剩余产品）；9. 再生产过程的破坏。马克思的手稿中标题号缺少3和4，MEGA^{2}编者将第2节分出第3节（资料来源：马克思恩格斯全集（中文第1版）第49卷［M］. 北京：人民出版社，1982：487－498.），并取其中第一句话中的“固定资本再生产过程中的作用”为编者加的标题。中文第1版第49卷中的《第二册。资本的流通过程》根据俄文第2版第49卷翻译，显然俄文第2版编者将马克思的标题号进行了连续编号，而MEGA编者仅仅根据原稿的内容分出第3节。这里认为内容相同，目录的细微差异并不影响对理论的研究。

② 《马克思恩格斯全集》（中文第1版）第49卷中“第三章流通和再生产”共90页（第436～525页），其中第1节占51页（第436～486页）。第1节利用“三种交换”的形式阐述社会资本简单再生产的实现条件。

③ 马克思恩格斯全集（中文第1版）第49卷［M］. 北京：人民出版社，1982：484.

何关系”①。另一方面，他又指出，“A和B领域之间的这种货币流通，只是作为媒介促成A领域的商品资本中代表A领域不变资本的那部分同B领域的收入（可变资本和剩余价值）的实物形式之间进行交换”②。马克思还提出要单独研究社会资本再生产中的货币流通问题，“最后叙述这一节时，最好把它分成两部分：（1）商品资本在再生产总过程中进行的实际的物质变换；（2）对这种物质变换起媒介作用的货币流通”③。第三，明确了先简单再生产、再研究扩大再生产的研究顺序，并且首次单独论述了扩大再生产。马克思形象地比喻道，“如果说既定规模的再生产，简单再生产，表现为圆圈，那么积累或规模扩大的再生产，正如西斯蒙第正确地指出的那样，表现为螺旋形”④。扩大再生产（剩余生产）不仅要“追加不变资本的那部分剩余价值”，同时“剩余产品必须以追加生产资料的形式再生产出来”⑤。此外，马克思还指出了充分利用现有设备便可以进行扩大再生产的问题，即在不存在剩余价值转化为资本的情况下，扩大再生产也可能实现。第四，指出消费在社会资本再生产过程中的作用，“然而个人消费是再生产总过程的一个环节，它现在应当作为这样一个环节被考察”。马克思指出，“消费过程形成再生产过程的内在环节”⑥。第五，考察了固定资本在再生产中的作用。“资本主义生产方式越发展，固定资本的规模就越增大。”⑦“因而，现有的固定资本可以成为再生产过程的极其不同程度的基础。这就是最新工业所创造的条件，这个条件可以使再生产过程在外延和内涵方面更加多样化；而且，资本主义生产方式越发展，这种潜力，或能够为规模扩大的再生产服务的这种现有资本，就越大。”⑧马克思还指出，固定资本虽是既定的量，但在生产过程中发挥作用的能力又是可变的量，“这种伸缩性或可变性也形成积累的自然基础，从有了这样一种基础时起，再生产的扩大就成为可能”⑨。第六，探究了再生产过程的平行性和相继性。平行性是指“整个再生产过程归结为给任何商品提供不同生产要素的各生产过程的彼此并存和同时

---

① 马克思恩格斯全集（中文第1版）第49卷［M］. 北京：人民出版社，1982：437－438.
② 马克思恩格斯全集（中文第1版）第49卷［M］. 北京：人民出版社，1982：447.
③ 马克思恩格斯全集（中文第1版）第49卷［M］. 北京：人民出版社，1982：450.
④⑨ 马克思恩格斯全集（中文第1版）第49卷［M］. 北京：人民出版社，1982：498.
⑤ 马克思恩格斯全集（中文第1版）第49卷［M］. 北京：人民出版社，1982：500.
⑥ 马克思恩格斯全集（中文第1版）第49卷［M］. 北京：人民出版社，1982：514.
⑦ 马克思恩格斯全集（中文第1版）第49卷［M］. 北京：人民出版社，1982：492.
⑧ 马克思恩格斯全集（中文第1版）第49卷［M］. 北京：人民出版社，1982：493.

性”①；“考察生产过程互相联系在一起并互相制约的那些不同的商品，那么我们看到的就是生产流程的逐步升级的相继性”②。这里认为平行性和相继性是社会资本再生产理论的重要问题，马克思论述得相对简略，并没有被编入在现行的社会资本再生产理论中。在第Ⅰ稿的最后马克思重新制定了一份第三章各节的标题③，其中列入了“再生产的伸缩性”一节，但在后续的研究中并未展开。我们认为“再生产的伸缩性”对于整个社会资本再生产具有重要的理论意义，它至少说明马克思意识到了再生产规模（扩大或缩减）的变化对理论分析的重要性。

《资本论》第二册的第Ⅰ稿第三章“流通和再生产”虽然并没有写完，但马克思第一次尝试为社会资本再生产构建一个理论体系④，并较系统地阐述了社会资本再生产理论。同时，我们看到第Ⅰ稿仍是具有明显研究性质的手稿，从第三章的结构和内容来看，仍处在社会资本再生产理论初步的研究和探索阶段，并且其中夹杂着对其他问题的阐述，对社会资本再生产理论的许多问题的认识也尚未成熟。

四、1867～1870年《资本论》第二册草稿中的社会资本再生产理论

1867年《资本论》第一册从“艺术的整体”⑤中抽出来，作为“一个完整的部分”⑥以第一卷出版后，马克思加快创作《资本论》包括第二册和第三册的第二卷，到1870年为第二册又撰写了三个手稿，即第Ⅱ、

①② 马克思恩格斯全集（中文第1版）第49卷［M］. 北京：人民出版社，1982：509.

③ 这第Ⅲ章的各节如下：(1) 流通（再生产）的现实条件；(2) 再生产的伸缩性；(3) 积累或规模扩大的再生产；(3a) 对积累起媒介作用的货币流通；(4) 平行性、上升序列的顺序性。再生产过程的循环；(5) 必要劳动和剩余劳动；(6) 再生产过程的破坏；(7) 向第Ⅲ册过渡（资料来源：马克思恩格斯全集（中文第1版）第49卷［M］. 北京：人民出版社，1982：525）。

④ 从第三章正文的标题，以及在最后的七个节的目录（提纲）来看，马克思此时已经着手构建社会资本再生产理论的体系。

⑤ 1865年7月31日，马克思在致恩格斯的信中强调，“但是我不能下决心在一个完整的东西还没有摆在我面前时，就送出任何一部分。不论我的著作有什么缺点，它们却有一个长处，即它们是一个艺术的整体；但是要达到这一点，只有用我的方法，在它们没有完整地摆在我面前时，不拿去付印”（资料来源：马克思恩格斯全集（中文第1版）第31卷上册［M］. 北京：人民出版社，1972：134－136.）。

⑥ 1868年10月7日，马克思在致尼古拉·弗兰策维奇·丹尼尔逊的信中指出，“第一卷已经是一个完整的部分”（资料来源：马克思恩格斯全集（中文第1版）第32卷［M］. 北京：人民出版社，1974：551.）。

第Ⅲ和第Ⅳ稿①。特别是第Ⅱ稿②的第三章“流通过程和再生产过程中的现实条件”，虽然并没有写完，但在社会资本再生产理论方面取得了重大突破。第Ⅱ稿为社会资本再生产理论拟定了一个目录，马克思在第Ⅱ稿封面的背面写下了第三章的目录③：

第三章（见背面）

第三章。流通过程和再生产过程的现实条件

(1) 从社会的观点来考察的可变资本、不变资本和剩余价值（第 130～141 页）

A. 简单再生产（第 141～158 页）

(a) 不以货币流通为媒介的情形（第 141～158 页）

(b) 以货币流通为媒介的情形

B. 规模扩大的再生产。积累④

(a) 没有货币流通的情形

---

① 恩格斯在《资本论（第二卷）》序言中指出，《资本论（第一册）（卷）》出版后，供第二册用的一组四份对开纸手稿，马克思自己作了Ⅰ—Ⅳ的编号。第Ⅰ稿（本书将其放在《1863－1865 年经济学手稿》中阐述）大概写于 1865 年或 1867 年，对于编排第二册没什么可以利用的。第Ⅲ稿一部分是引文和马克思札记本的提示的汇编（多半和第二册第一篇有关），一部分是关于个别论点的文稿，由于有了后来的文稿大部分也只好弃置不用。第Ⅳ稿虽然比第Ⅱ稿写得早，因为形式上比较完整，只要与第Ⅱ稿的一些内容相互补充（资料来源：资本论（第二卷）[M]. 北京：人民出版社，2004：7.）。考虑到被马克思标记为第Ⅲ稿的手稿由多份相互独立的手稿组成，MEGA 编者取消了“第Ⅲ稿”的名称（资料来源：MEGA^2 Ⅱ/Bd. 4. 3 (1065/2012). S. 423.），并且指出第Ⅳ稿部分具有第Ⅱ稿的誊清稿的性质（资料来源：MEGA^2 Ⅱ/Bd. 11 (1850/2008). S. 910.），第Ⅱ稿和第Ⅳ稿是交替着创作完成的（资料来源：MEGA^2 Ⅱ/Bd. 11 (1850/2008). S. 848.）。显然，第Ⅳ稿是为了付印而写，语言表达更易于理解，结构相对清晰明了。马克思在第Ⅳ稿撰写过程中，一旦思路受阻，就会重新回到第Ⅱ稿。相对于第Ⅳ稿，第Ⅱ稿就是研究性的草稿。虽然第Ⅱ和Ⅳ稿在一段时期内交替并行，但马克思发现对相关理论问题的研究仍是主要工作，于是中断了第Ⅳ稿（1868 年底），集中精力创作第Ⅱ稿（资料来源：MEGA^2 Ⅱ/Bd. 4. 3 (1065/2012). S. 423－424.）。因此，鉴于第Ⅲ和Ⅳ稿的特殊性，这里主要以第Ⅱ稿为依据梳理“1867－1870 年《资本论》第二册草稿”中的社会资本再生产理论。

② 第Ⅱ稿是《资本论》第二册的第 2 份完整的手稿，也是最后一份较完整的全稿。恩格斯在《资本论（第二卷）》第一版序言中指出，“这份手稿，是第二册的惟一相当完整的文稿，稿上注明的日期是 1870 年”。恩格斯接着引证马克思的话强调，修订时“第二个文稿必须作为基础”（资料来源：资本论（第二卷）[M]. 北京：人民出版社，2004：7.）。因此，第Ⅱ稿是这一时期马克思创作社会资本再生产理论的最重要成果。但整体上看，第Ⅱ稿也是马克思研究性质的草稿，虽有三章的结构，但细分的标题比较随意，仍未达到出版付印的程度。

③ 马克思恩格斯全集（中文第 1 版）第 50 卷 [M]. 北京：人民出版社，1985：6. 此目录被编排在 MEGA^2 Ⅱ/Bd. 11 (1850/2008) 中（资料来源：MEGA^2 Ⅱ/Bd. 11 (1850/2008). S. 3－4.）。两者文字的翻译稍有区别，这里引用了前者。

④ 马克思为扩大再生产制定了目录，但并未展开论述。

(b) 以货币流通为媒介的情形

通过马克思自己为第三章拟定的“目录”可以看出，按照先易后难的原则，马克思已明确将社会资本再生产划分成简单再生产和扩大再生产两种类型，以及不考虑货币流通为媒介和考虑货币流通为媒介两种情形。除了马克思自己撰写的目录，《马克思恩格斯全集（俄文第 2 版）第 50 卷》编者和 $MEGA^2$ Ⅱ/Bd. 11（1850/2008）编者在马克思撰写的目录和第三章内容的基础上均编辑了新目录①。通过比较马克思自己拟定的第Ⅱ稿第三章目录、

---

① 《马克思恩格斯全集（俄文第 2 版）第 50 卷》中的《资本论》第二册第Ⅱ稿第三章目录：

第三章　流通过程和再生产过程的现实条件

货币资本是社会总资本的组成部分

(a) 不变资本、可变资本和剩余价值的社会流通

(a) 从个人观点和社会观点看的产品价值组成部分

(b) 规模不变的再生产

(A) 假定没有货币流通

(Ⅰ) 消费资料的生产

(Ⅱ) 生产资料的生产

[(Ⅲ) 全部社会商品产品的分配对社会再生产过程的媒介作用]

[再论规模不变的再生产]

(B) 关于起媒介作用的货币流通的表述

(C) 对以上所述的几点说明

(a) 作为可变资本投入的那些货币的回流

(b) 作为可变资本投入形式的货币的回流和执行剩余价值、资本家收入的流通手段职能的货币的回流之间的区别

(c) 货币作为购买手段（或支付手段）和作为资本或收入的货币形式所完成的活动

(d) 预付在劳动力报酬上的货币部分地也执行不变资本和剩余价值等的流通手段的职能，但一部分不变资本会借助于完全不以前一个货币量为转移的货币量进行流通

[(e) 在工资和剩余价值不相等的各种情况下，规模不变的再生产]

[(f) 对社会资本的流通和再生产进行研究时的抽象前提和实际过程]

资料来源：马克思恩格斯全集（中文第1版）第50卷［M］. 北京：人民出版社，1985：目录Ⅱ－Ⅲ.

$MEGA^2$ Ⅱ/Bd. 11（1850/2008）中的《资本论》第二册第Ⅱ稿第三章目录：

第三章　流通过程和再生产过程的现实条件

货币资本是社会总资本的组成部分

A. 不变资本、可变资本和剩余价值的社会流通

a. 从个人观点和社会观点看的产品价值组成部分

b. A. 简单规模的再生产（没有货币流通的阐述）

Ⅰ. 消费资料的生产

Ⅱ. 生产资料的生产

V 作为生产资本的一部分

b. 对起中介作用的货币流通的阐述

对以上所述的几点说明

$MEGA^2$ Ⅱ/Bd. 11（1850/2008）编者编定的目录与俄文编者整理的目录差别很大，前者难以看出标题间的层级关系（徐洋，2013）。

俄文版编者整理的目录和 MEGA² Ⅱ/Bd. 11 （1850/2008） 编者整理的目录，这里认为俄文版编者整理的目录更具全面性和层次性。通过对比目录不难发现，马克思并未按照自己拟定的“目录”撰写，也并未完成自己的撰写计划，其中开始分析扩大再生产时，写作就停止了。第Ⅱ稿由 9 种不同的纸张写成，马克思编的页码为 1～202①。虽然第Ⅱ稿的创作时间有争论②，但其创作时间长是公认的。其中，第三章的页码为 130～202 页，写于 1869～1870 年。恩格斯在编辑出版《资本论（第二卷）》时第三篇采用了部分第Ⅱ稿的内容，约占整个第三篇的 24.75%③，被采用的部分约占整个第Ⅱ稿第三章的 22.32%④。其中，第十八章“导言”；第十九章“前人对这个问题的阐述”第三节“以后的经济学家”；第二十章“简单再生产”第一节“问题的提出”（除最后一段），第二节“社会生产的两个部类”，第六节“第Ⅰ部类的不变资本”，第七节“两个部类的可变资本和剩余价值”，第八节“两个部类的不变资本”，第九节“对于亚当·斯密、施托尔希和拉姆赛的回顾”，第十三节“德斯杜特·德·特拉西的再生产理论”均采自第Ⅱ稿。

根据以上对第Ⅱ稿第三章和《资本论（第二卷）》第三篇目录的分析，这里可以将第Ⅱ稿第三章的内容分成三大部分（或三节）：第一部分为“导论”，马克思并未给出标题；第二部分为“不变资本、可变资本和剩余价值的社会流通”，主要阐述简单再生产；第三部分为“以货币为媒介的简单再生产”，主要是对再生产过程中货币流通问题的论述。下面分别对这三个部分进行梳理性研究。

第一部分，“导论”。这一部分几乎被恩格斯原封不动地编入了《资本论（第二卷）》第十八章⑤。总体看来，这一部分还可以细分为两个部分：

---

① 此外还有封面和重复编码的部分（资料来源：MEGA² Ⅱ/Bd. 11 （1850/2008）. S. 926－928.）。

② 《马克思恩格斯全集》俄文第 2 版编者认定第Ⅱ稿完成于 1868 年底至 1870 年中（资料来源：马克思恩格斯全集（中文第 1 版）第 50 卷［M］. 北京：人民出版社，1985：539.）；保尔·维勒（Paul Veller）界定第Ⅱ稿完成于 1868 年底至 1879 年中（资料来源：MEGA² Ⅱ/Bd. 11 （1850/2008）. S. 909.）；MEGA² Ⅱ/Bd. 11 （1850/2008） 编者将第Ⅱ稿的写作时间判定为 1868 年春至 1870 年中（资料来源：MEGA² Ⅱ/Bd. 11 （1850/2008）. S. 907.）；MEGA² Ⅱ/Bd. 4. 3 （1065/2012） 编者又判定第Ⅱ稿的写作时间为 1866 年秋至 1870 年中（资料来源：MEGA² Ⅱ/Bd. 4. 3 （1065/2012）. S. 422－423.）。

③ 按照《资本论（第二卷）》（2004），第三篇共 202 页，其中采自第Ⅱ稿共计50 页。

④ 按照《马克思恩格斯全集（中文第 1 版）第 50 卷》（1985），第Ⅱ稿第三章共 224 页（去掉 4 页插图），其中被采用的部分有 11 处共计 50 页。

⑤ 资本论（第二卷）［M］. 北京：人民出版社，2004：389－397.

第一，本章的研究对象。马克思首先阐明了资本的直接生产过程和再生产过程的关系，单个资本的循环、周转和社会资本再生产的关系。之后马克思又指出第一册（已出版的《资本论（第一卷）》）研究资本主义生产和再生产过程的假定，即“资本在流通领域所经历的形式变换和物质变换被假定为前提”。最后综述了第二册的前两章，第一章（单个）资本的循环，第二章（单个）资本的周转，进而引出第三章的研究对象为“作为社会资本的组成部分的各个单个资本的流通过程”①。第二，货币资本的作用。马克思给出了一个标题为“货币资本是社会总资本的组成部分”②。马克思指出，一方面，货币资本是单个资本生产和再生产的首要形式，“它表现为发动整个过程的第一推动力”；另一方面，货币资本在生产和再生产过程中与其他生产资本、商品资本并存，也发挥着一定的（调节和限制）作用，资本主义社会对货币资本的需求，最终的目的是服务于生产和再生产，并带来利润（剩余价值）③。

第二部分，“不变资本、可变资本和剩余价值的社会流通”。马克思首先以“（a）从个人观点和社会观点看的产品价值组成部分”为标题做了一个“很长”的引入，重点强调（单个或社会总）产品的价值分为 $c+v+m$④，考察社会资本再生产问题时，要同时考虑社会总产品（特别是不变资本部分）的价值补偿和实物补偿。马克思用了很大的篇幅重点对斯密教条进行批判⑤，并指出亚当·斯密之后的资产阶级经济学家施托尔希、大卫·李嘉图、拉塞姆、让·巴·萨伊、麦克库洛赫、西斯蒙第、巴顿、舍尔比利埃等都陷入了斯密教条的漩涡。“结果是：斯密的混乱思想一直延续到今天，他的教条成了政治经济学的正统信条。”⑥ 之后，马克思以“（b）规模不变的再生产”为标题开始本部分的主体论述。本着由简单到复杂的原则，马克思又将其分成了两小节，一节是假定没有货币流通；另一节假定有货币

---

① 马克思恩格斯全集（中文第 1 版）第 50 卷［M］. 北京：人民出版社，1985：99－102.

② 根据我们前面对马克思研究社会资本再生产的梳理可知，马克思的研究思路是，先论述不考虑货币作用下再生产，然后再论述考虑货币流通中介作用的再生产，从马克思拟定的目录中也能清晰地看到这一点。因此马克思在此处指出，“虽然下面阐述的内容属于本章的后面部分，但我们还是想立即在这里研究一下”（资料来源：马克思恩格斯全集（中文第 1 版）第 50 卷［M］. 北京：人民出版社，1985：102.）。

③ 马克思恩格斯全集（中文第 1 版）第 50 卷［M］. 北京：人民出版社，1985：102－108.

④ 从马克思使用的符号来看，此时马克思使用的符号并不规范，表示同一个意义的符号的大小写和形式并不统一。这里使用的符号一律与原文保持一致。

⑤ 按照《马克思恩格斯全集（中文第 1 版）第 50 卷》（1985），本小结共 35 页，而对斯密教条的批判长达 32 页。

⑥ 马克思恩格斯全集（中文第 1 版）第 50 卷［M］. 北京：人民出版社，1985：132.

流通，其中第二节即为下文的第三部分。

“（A）假定没有货币流通”的规模不变的再生产。马克思指出，“为使问题简化成它的最简单的情况，一开始就必须完全撇开货币流通，就是说，也撇开资本的货币形式。……。只有在撇开货币流通来考察问题之后才会看出，以货币流通为媒介会出现怎样的景象”。接着马克思强调，“当我们从单个资本的角度来考察资本的价值生产和产品价值时，商品产品的实物形式对于我们的分析是完全无关的”“但是，当我们考察社会总资本及其产品价值时，这种仅仅从形式上来说明的方法，就不够用了”“这个运动不仅是产品的价值补偿，而且是物质补偿，因而既要受社会产品的价值组成部分相互之间的比例的制约，又要受它们的使用价值、它们的物质形式的制约”。紧接着，马克思指出，“社会总年产品分成两大部类：（Ⅰ）消费资料，具有进入资本家阶级和工人阶级的个人消费的形式的商品；（Ⅱ）生产资料，具有必须进入或至少能够进入生产消费的形式的商品”①。通过以上阐述，马克思已经为分析社会资本再生产奠定了两个基本前提条件，即社会总产品按价值分成不变资本（c）、可变资本（v）和剩余价值（m）三个部分，按照物质形态分成两大部类。随后，马克思又分两个小节分别论述两大部类：

（Ⅰ）消费资料的生产。设 c(Ⅰ)=400（英镑，下文单位略），v(Ⅰ)=100，m(Ⅰ)=100，即剩余价值率 m'(Ⅰ)=100%。其中，m(Ⅰ)为资本家阶级的消费基金，由必要生活资料和奢侈品组成；v(Ⅰ)为工人消费基金，仅为必要的生活资料。第Ⅰ部类的资本家和工人的生活消费在本部类交换补偿，而不变资本 c(Ⅰ)“作为价值在自己的产品中被替换了，但是这个价值是以商品的实物形式存在的，这些商品不是作为生产资料执行职能，因而不是作为不变资本执行职能，所以不能以实物形式补偿已消费的不变资本”②。因此，c(Ⅰ)只能同第Ⅱ部类进行交换。

（Ⅱ）生产资料的生产。设 c(Ⅱ)=800，v(Ⅱ)=200，m(Ⅱ)=200，即剩余价值率 m'(Ⅱ)=100%。其中，v(Ⅱ)+m(Ⅱ)=400 作为第Ⅱ部类的资本家和工人的消费基金，其实物形式是生产资料，不能直接消费，只能同 c(Ⅰ)=400 交换。两个部类间的交换，使得第Ⅰ部类“产品的不变价值部分从生活资料的实物形式转化为这些生活资料的生产资料”，同时第Ⅱ部类 v(Ⅱ)+m(Ⅱ)“从其不可消费的商品的直接实物形式变为可消

① 马克思恩格斯全集（中文第1版）第50卷［M］. 北京：人民出版社，1985：134－135.

② 马克思恩格斯全集（中文第1版）第50卷［M］. 北京：人民出版社，1985：142.

费的商品”①。对于 c(Ⅱ）是由“生产资料即不变资本的物质要素构成”，其在本部类内部交换即可。“在这里，只要交换是在第Ⅱ类别的各个资本家之间进行的，这种交换就是一种实物形式的不变资本和另一种实物形式的不变资本的交换，就是一种生产资料和另一种生产资料的交换。”②

特别地，马克思尝试建立了多个社会资本再生产图式（Schema），用来表示简单再生产的社会资本流通和再生产，如图 2－2 所示。“全部社会商品产品的分配在多大程度上对整个社会再生产过程起媒介作用，这个图式就在多大程度上包括这个过程。”③ 马克思进一步分析指出，按照这个图式，（Ⅱ）的 V^{200} 和（Ⅱ）的 M^{200} 处在消费资料形式上，而（Ⅰ）的 C^{400} 处在生产资料形式上，用等式表示可得到第二个图式，如图 2－3 所示。第Ⅰ部类生产的生活资料的总价值等于两部类新生产的价值总和，也等于社会年劳动生产 $V+M$ 之和；同时，第Ⅱ部类生产的生产资料的总价值等于以生产资料（Ⅱ）形式再现的不变资本价值同以生活资料（Ⅰ）形式再现的不变资本价值之和，也等于社会总产品中不变资本的价值总和④。

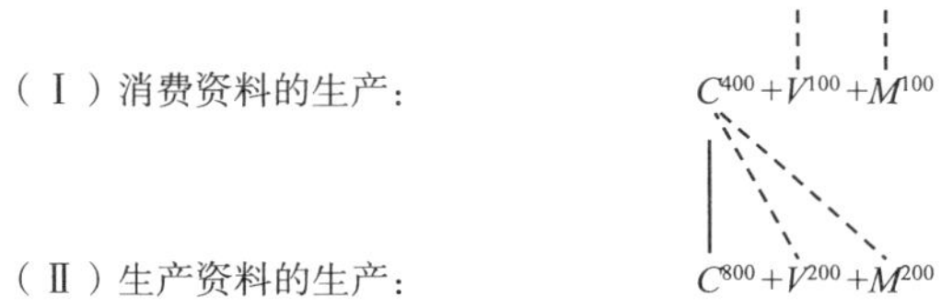

图 2－2　社会资本再生产图式 1

注：垂直的虚线符号 ┆ 表示产品进入本部类生产者的个人消费；斜的虚线符号 ╲ 表示第Ⅰ部类和第Ⅱ部类之间的产品互相交换；垂直的实线符号 ｜ 表示产品用于本部类的生产消费。以下相同。

资料来源：MEGA² Ⅱ/Bd. 11（1850/2008）. S. 382. 马克思恩格斯全集（中文第 1 版）第 50 卷［M］. 北京：人民出版社，1985：149.

（Ⅰ）消费资料的生产：　$V^{100}(\text{Ⅰ})+V^{200}(\text{Ⅱ})+M^{100}(\text{Ⅰ})+M^{200}(\text{Ⅱ})=V^{300}+M^{300}=R^{600}=600^{r}$

（Ⅱ）生产资料的生产：　$C^{800}(\text{Ⅱ})+C^{400}(\text{Ⅰ})=C^{200}=1200^{c}$

图 2－3　社会资本再生产图式 2

注：R 和 r 表示收入。这里对马克思的原图式稍作修改。

资料来源：MEGA² Ⅱ/Bd. 11（1850/2008）. S. 385. 马克思恩格斯全集（中文第 1 版）第 50 卷［M］. 北京：人民出版社，1985：151.

① 马克思恩格斯全集（中文第 1 版）第 50 卷［M］. 北京：人民出版社，1985：144.

② 马克思恩格斯全集（中文第 1 版）第 50 卷［M］. 北京：人民出版社，1985：147.

③ 马克思恩格斯全集（中文第 1 版）第 50 卷［M］. 北京：人民出版社，1985：149.

④ 马克思恩格斯全集（中文第 1 版）第 50 卷［M］. 北京：人民出版社，1985：162－163.

由图 2 - 2 和图 2 - 3 可知，马克思指出，虽然第Ⅰ部类产品的总价值也等于 $c+v+m$，“但是从社会的角度来考察，这些产品的价值却可以分成 $v+m$；其之所以如此，只是因为 c(Ⅰ) 在这里等于 ($v+m$)(Ⅱ)，社会产品的这两个组成部分通过交换来互相交换它们的实物形式。在这样交换以后，c(Ⅰ) 的价值就再以生产资料的形式存在，而 ($v+m$)(Ⅱ) 的价值则以消费资料的形式存在。正是这种情况，使亚当·斯密断言，全部年产品的价值分解为 $v+m$”①。在此，不仅得出了社会资本简单再生产的平衡条件，即 c(Ⅰ)$=(v+m)$(Ⅱ)②，同时还找到了斯密教条的根源所在③。马克思还分析了一些既能充当生产资料，也能充当生活资料的产品（商品），例如，谷物可以作为谷种还可以用来直接食用，煤可以用于住宅取暖也可以用来发动机器等。马克思在“V 作为生产资本的一个部分”④ 一小节中指出，在资本主义社会生产资料和劳动力（雇佣工人）不断地作为不变资本和可变资本被再生产出来，同时资本家作为消费剩余价值的资本家阶级也被再生产出来⑤。最后，马克思在“[再论规模不变的再生产]”一节，又进一步拓展了前文的分析。其中，将第Ⅱ部类细分成两个子部类 α 和 β，“(α) 作为生产材料和劳动资料直接进入生活资料生产的生产资料；(β) 生产 (α) 的生产资料所必需的生产资料”⑥。马克思的分析可用图式表示，如图 2 - 4 所示。同时，马克思还提到了对外贸易给两部类补偿带来的影响，但没有展开论述⑦。

第三部分，“以货币为媒介的简单再生产”。在这一部分，马克思仍然运用了从简单到复杂的分析方法，首先在整体上分析了货币流通的作用。“社会所拥有的货币量的一部分，是作为货币资本而发挥职能，而另一部分则被用于资本家阶级收入的流通。”⑧ 将货币流通考虑到再生产过程，一定

① MEGA² Ⅱ/Bd. 11 (1850/2008). S. 387. 6 - 13. 马克思恩格斯全集（中文第 1 版）第 50 卷 [M]. 北京：人民出版社，1985：152.

② MEGA² Ⅱ/Bd. 11 (1850/2008). S. 387. 19. 马克思恩格斯全集（中文第 1 版）第 50 卷 [M]. 北京：人民出版社，1985：153. 这里是马克思第一次用公式表示社会资本简单再生产的平衡条件。

③ 斯密教条的错误根源就在于不懂得劳动二重性，不知道把生产资料的价值转移到新产品上去的具体劳动和创造价值的抽象劳动之间的区别，因而不懂得使用价值和价值之间的区别。

④ 马克思在手稿正文中拟定的标题，MEGA Ⅱ/Bd. 11 (1850/2008) 编者也将其列为其中的目录之一。

⑤ 马克思恩格斯全集（中文第 1 版）第 50 卷 [M]. 北京：人民出版社，1985：177 - 178.

⑥ 马克思恩格斯全集（中文第 1 版）第 50 卷 [M]. 北京：人民出版社，1985：181.

⑦ 马克思恩格斯全集（中文第 1 版）第 50 卷 [M]. 北京：人民出版社，1985：192.

⑧ 马克思恩格斯全集（中文第 1 版）第 50 卷 [M]. 北京：人民出版社，1985：193.

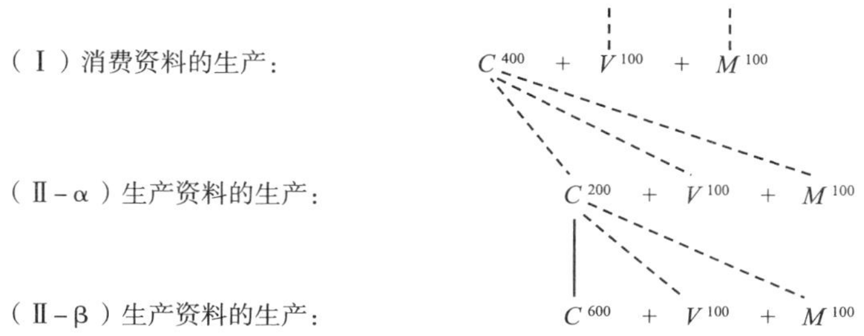

图 2－4　社会资本再生产图式 3

资料来源：笔者根据马克思在《资本论》第二册第Ⅱ稿中的阐述绘制（资料来源：$MEGA^2$ Ⅱ/Bd. 11（1850/2008）. S. 410－412. 马克思恩格斯全集（中文第 1 版）第 50 卷［M］. 北京：人民出版社，1985：181－183.）。

程度上掩盖了资本家对剩余价值的占有，但事实上“作为资本家阶级来看，他们始终占有为剩余价值的货币化所必需的货币额”①。马克思指出，“再生产总过程并不要求它的一切运动都经历货币流通”②。对于第Ⅰ部类，马克思分析了为可变资本 V^{100}（Ⅰ）（货币资本）预付的货币流通过程③和为实现剩余产品 M^{100}（Ⅰ）在资本家阶级内部的分配（交换）媒介的货币流通过程④。对于两部类之间的交换，V^{200}（Ⅱ）是资本家预付给工人 200（镑）的货币，通过货币流通从而实现与 C^{200}（Ⅰ）消费资料的交换；而 M^{200}（Ⅱ）与 C^{200}（Ⅰ）的交换也需要 200（镑）的货币。同时，马克思还指出，“如果Ⅰ和Ⅱ的资本家把货币用作支付手段，并且支付期限相互抵销，那么，C^{200}（Ⅰ）和 M^{200}（Ⅱ）之间的流通不需要分文”⑤。最后，对于 C^{800}（Ⅱ）的大部分产品要变换自己的居留地和占有者，必须要有货币流通。马克思假定实现 C^{800}（Ⅱ）产品的交换，货币量为 400（镑）就可以满足。整个再生产过程完成 1 800（镑）的价值的交换，流通中需要 950（镑）的货币，如图 2－5 所示。之后，马克思用了大量的篇幅批判德斯杜特·德·特拉西的

① 马克思恩格斯全集（中文第 1 版）第 50 卷［M］. 北京：人民出版社，1985：194.

② 马克思恩格斯全集（中文第 1 版）第 50 卷［M］. 北京：人民出版社，1985：197.

③ 马克思恩格斯全集（中文第 1 版）第 50 卷［M］. 北京：人民出版社，1985：198－200. 假设货币资本年周转一次，流通中必要的货币量最大为可变资本的价值量，例如 V^{100} 最大需要 100（磅）的货币。

④ 马克思恩格斯全集（中文第 1 版）第 50 卷［M］. 北京：人民出版社，1985：200－205. 剩余产品在资本家阶级内部交换，若假设交换同时进行，则需要货币数量最大；若假设在流通中实现，则需要的货币量就可减少，例如 M^{100} 商品量的流通可能只需要 50（磅）的货币。

⑤ 马克思恩格斯全集（中文第 1 版）第 50 卷［M］. 北京：人民出版社，1985：207.

社会资本再生产的货币流通理论，并毫不客气地指出这是资产阶级庸俗经济学家的“痴呆”①。

（Ⅰ）消费资料。600（镑）的产品价值，需要250（镑）货币。	C^{400}	+	V^{100}	+	M^{100}
	100镑，用于不变资本流通的货币形式。		100镑，可变资本的货币形式。		50镑，资本家收入的流通手段。
（Ⅱ）生产资料。1 200（镑）的产品价值，需要700（镑）货币。	C^{800}	+	V^{200}	+	M^{200}
	400镑，用于不变资本流通的货币形式。		200镑，可变资本的货币形式。		100镑，资本家收入的流通手段。

图 2 –5　社会资本再生产货币流通图式 1

资料来源：笔者根据马克思在《资本论》第二册第Ⅱ稿中的阐述绘制（资料来源：马克思恩格斯全集（中文第 1 版）第 50 卷［M］. 北京：人民出版社，1985：209 –210.）。

在分析两部类社会资本再生产中的货币流通的基础上，马克思又进一步拓展研究，将两大部类内部进行细分。其中，第Ⅰ部类分成Ⅰ$_a$（工人的消费资料）和Ⅰ$_b$（资本家的消费资料）两个子部类；相应地，第二部类分成四个子部类：Ⅱ$_\alpha$为生产工人消费资料生产资料（即Ⅰ$_a$的生产资料）的部类，Ⅱ$_{\alpha\alpha}$为生产工人消费资料和Ⅱ$_\alpha$生产资料的部类，Ⅱ$_\beta$为生产资本家消费资料生产资料（即Ⅰ$_b$的生产资料）的部类，Ⅱ$_{\beta\beta}$为生产资本家消费资料和Ⅱ$_\beta$生产资料的部类②。马克思将整个社会资本再生产货币流通分成 8 个局部流通，如图 2 –6 所示。

①“（A）Ⅰ$_a$、Ⅰ$_b$内部和Ⅰ$_a$和Ⅰ$_b$之间的第一次局部流通”由预付 V_a^{50} 的 50（镑）、$V_b^{50} \leftrightarrow M_a^{50}$ 的 50（镑）和Ⅰ$_b$资本家收入的流通 25（镑）三个部分组成，共计 125（镑）的货币。马克思明确表示，以货币形式投入的可变资本的回流和执行剩余价值、资本家收入的流通手段职能的货币回流之间有着本质的区别，前者是工人的工资或收入的货币形式，通过工人花费购买生活必需品而直接或间接地回流。后者是剩余价值的货币形式，其中有一部分“不是作为商品的购买手段或支付手段，而是为了同其他共同占有剩余价值的人清帐”③。

① 马克思恩格斯全集（中文第 1 版）第 50 卷［M］. 北京：人民出版社，1985：212 –222.

② 马克思使用的符号比较随意，既有 α，β，也有 a，b。MEGA^2 Ⅱ/Bd. 11 第Ⅱ部类细分子部类的符号下标使用了 a，aa，b，bb（资料来源：MEGA^2 Ⅱ/Bd. 11 （1850/2008）. S. 445 –447.）。

③ 马克思恩格斯全集（中文第 1 版）第 50 卷［M］. 北京：人民出版社，1985：251.

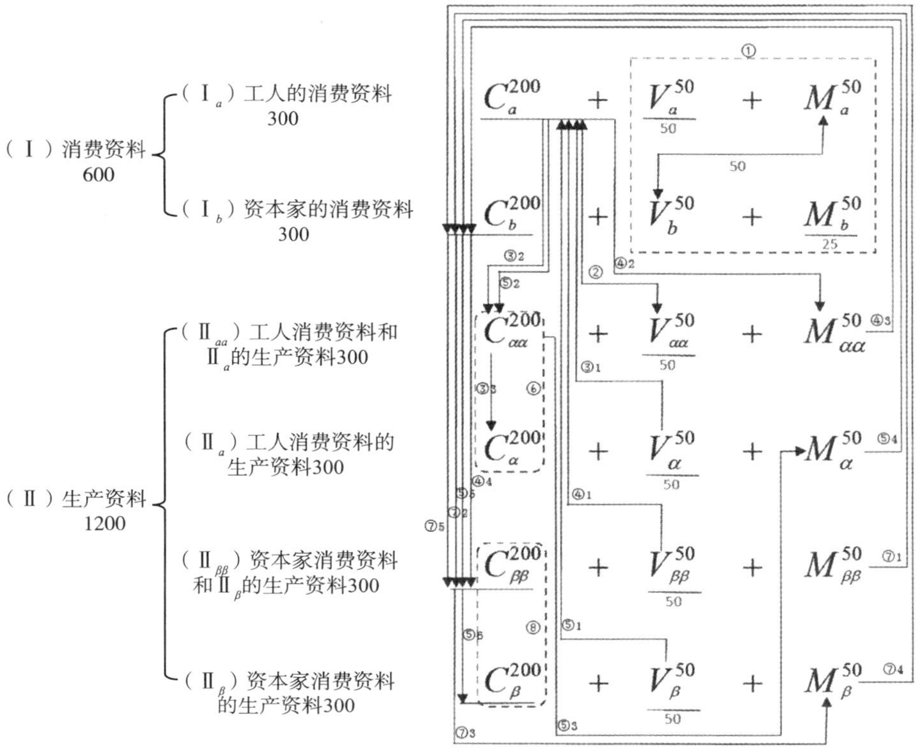

图 2－6　社会资本再生产货币流通图式 2

注：箭头表示货币流通的方向，ⓝi 表示第 n 个局部流通的第 i 步交换。假设$\frac{1}{4}C_{\alpha\alpha}^{200}$或$C_{\alpha\alpha}^{50}$为Ⅰ$_\alpha$的生产资料，$\frac{1}{4}C_{\beta\beta}^{200}$或$C_{\beta\beta}^{50}$为Ⅰ$_\beta$的生产资料。

资料来源：笔者根据马克思在《资本论》第二册第Ⅱ稿中的阐述绘制（资料来源：MEGA^2 Ⅱ/Bd. 11（1850/2008）. S. 443－460. 马克思恩格斯全集（中文第 1 版）第 50 卷［M］. 北京：人民出版社，1985：222－248.）。

②“（B）第二次局部流通。在Ⅱ$_{\alpha\alpha}$内部与Ⅱ$_{\alpha\alpha}$和Ⅰ$_a$之间进行”可表示为$V_{\alpha\alpha}^{50}\leftrightarrow\frac{1}{4}C_a^{200}$，其中流通需要货币量为 50（镑）。

③“（C）Ⅱ$_\alpha$内部与Ⅱ$_\alpha$、Ⅰ$_a$和Ⅱ$_{\alpha\alpha}$之间的第三次局部流通”可表示为$V_\alpha^{50}\rightarrow\frac{1}{4}C_a^{200}\rightarrow\frac{1}{4}C_{\alpha\alpha}^{200}\rightarrow\frac{1}{4}C_\alpha^{200}$，其中流通需要货币量为 50（镑）。

④“（D）Ⅱ$_{\beta\beta}$内部与Ⅱ$_{\beta\beta}$、Ⅰ$_a$、Ⅱ$_{\alpha\alpha}$、Ⅰ$_b$和Ⅱ$_{\beta\beta}$之间的第四次局部流通”可表示为$V_{\beta\beta}^{50}\rightarrow\frac{1}{4}C_a^{200}\rightarrow M_{\alpha\alpha}^{50}\rightarrow\frac{1}{4}C_b^{200}\rightarrow\frac{1}{4}C_{\beta\beta}^{200}$，其中流通需要货币量为

50（镑）。

⑤“（E）II_{β} 内部以及 II_{β} 和 I_{a}、$\mathrm{II}_{\alpha\alpha}$、$\mathrm{II}_{\alpha}$、$\mathrm{I}_{b}$、$\mathrm{II}_{\beta\beta}$ 之间的第五次局部流通”可表示为 $V_{\beta}^{50} \to \frac{1}{4}C_{a}^{200} \to M_{\alpha\alpha}^{50} \to M_{\alpha}^{50} \to \frac{1}{4}C_{b}^{200} \to \frac{1}{4}C_{\beta\beta}^{200} \to \frac{1}{4}C_{\beta}^{200}$，其中流通需要货币量为 50（镑）。马克思指出，“一个工业部门离工人消费资料（一般说来，也就是必要的生活资料）的生产越远，花在工资上的货币回到它们的起点的直接回流就越慢”①。

⑥“（F）第Ⅱ类（α 和 $\alpha\alpha$）内部的第六次局部流通”，其中假定不变资本 C_{α}^{200} 和 $C_{\alpha\alpha}^{200}$ 的流通需要货币量为 200（镑）。

⑦“（G）$\mathrm{II}_{\beta\beta}$、I_{b} 和 II_{β} 之间的第七次局部流通”可以表示为 $M_{\beta\beta}^{50} \to \frac{1}{4}C_{b}^{200} \to \frac{1}{4}C_{\beta\beta}^{200} \to M_{\beta}^{50} \to \frac{1}{4}C_{b}^{200} \to \frac{1}{4}C_{\beta\beta}^{200}$，其中流通需要货币量为 50（镑）。

⑧“（H）$\mathrm{II}_{\beta\beta}$ 和 II_{β} 内部的第八次局部流通”，其中假设不变资本 C_{β}^{200} 和 $C_{\beta\beta}^{200}$ 的流通需要货币量为 200（镑）。

完成以上论述后，马克思以“对以上所述的几点说明”为标题进一步进行了拓展性研究。在“（d）预付在劳动力报酬上的货币部分地也执行不变资本和剩余价值等的流通手段的职能，但一部分不变资本会借助于完全不以前一个货币量为转移的货币量进行流通”的一小节，首先分析了 300（镑）可变资本的货币形式或工人的消费基金（收入），也等于 I_{a} 部类的总产品（$C_{a}^{200} + V_{a}^{50} + M_{a}^{50}$），如何从 I_{a} 部类开始流通到其他部类，最终使 6 个部类的可变资本得以补偿，同时所有花费在工资上的货币又回流到 I_{a} 部类。马克思通过分析得出，“起初构成所有六个类的可变资本的货币形式的货币，在经过第一次流通以后，不仅首先应成为Ⅰ（a）的可变资本的，而且还应成为其不变资本和剩余价值的货币形式，然后成为其流通手段”②。这一点通过图 2－6 也能很清晰地看到。随后，马克思又分析了分配资本家的消费基金Ⅰ（b）部类产品价值的货币流通。

以上的分析均假定工资等于剩余价值（$V = M$），马克思进一步分析了工资与剩余价值不等的两种情况。

第一，假定工资大于剩余价值（$V > M$）。当工资大于剩余价值时，则Ⅰ（a）和Ⅰ（b）部类产品价值的比例将随之变化，例如，Ⅰ（a）和Ⅰ（b）

① 马克思恩格斯全集（中文第 1 版）第 50 卷［M］. 北京：人民出版社，1985：249.

② 马克思恩格斯全集（中文第 1 版）第 50 卷［M］. 北京：人民出版社，1985：262－263.

部类的产品的价值分别为400（镑）和200（镑）。同时，相应的要将Ⅰ（a）和Ⅰ（b）部类的产品的价值分解成 $C+V+M$，从而进一步将Ⅱ（α）、Ⅱ（$\alpha\alpha$）、Ⅱ（β）、Ⅱ（$\beta\beta$）部类的产品价值及 $C+V+M$ 计算出来。

$$
\begin{aligned}
&\text{Ⅰ}(a) && C_a^{266\frac{2}{3}}+V_a^{88\frac{8}{9}}+M_a^{44\frac{4}{9}},\\
&\text{Ⅰ}(b) && C_b^{133\frac{1}{3}}+V_b^{44\frac{4}{9}}+M_b^{22\frac{2}{9}},\\
&\text{Ⅱ}(\alpha\alpha) && C_{\alpha\alpha}^{266\frac{2}{3}}+V_{\alpha\alpha}^{88\frac{8}{9}}+M_{\alpha\alpha}^{44\frac{4}{9}},\\
&\text{Ⅱ}(\alpha) && C_{\alpha}^{266\frac{2}{3}}+V_{\alpha}^{88\frac{8}{9}}+M_{\alpha}^{44\frac{4}{9}},\\
&\text{Ⅱ}(\beta\beta) && C_{\beta\beta}^{133\frac{1}{3}}+V_{\beta\beta}^{44\frac{4}{9}}+M_{\beta\beta}^{22\frac{2}{9}},\\
&\text{Ⅱ}(\beta) && C_{\beta}^{133\frac{1}{3}}+V_{\beta}^{44\frac{4}{9}}+M_{\beta}^{22\frac{2}{9}}.
\end{aligned}
$$

其中，关键是确定Ⅰ（a）部类可变资本或劳动力的价值，当Ⅰ（a）部类产品总价值由300（镑）增加为400（镑）时，劳动力的价值等于 $\left(\frac{4}{3}\cdot 50\right)\frac{4}{3}=88\ \frac{8}{9}$（镑）[①]。马克思指出，“唯一重要的是 C_a^x 应当等于（V^y+M^z）（Ⅱ$\alpha\alpha$ + Ⅱα）和 C_b^x 应当等于（V^y+M^z）（Ⅱ$\beta\beta$ + Ⅱβ）”[②]。这两个等式本质上就是社会资本简单再生产平衡式的变形，以此为基础，马克思又推导出来其他几组公式。随后，马克思又分析了在工资大于剩余价值条件下发挥媒介作用的货币流通。

第二，假定工资小于剩余价值（$V<M$）。例如，Ⅰ（a）和Ⅰ（b）部类的产品的价值分别为250（镑）和350（镑），用类似的方法可以计算出Ⅰ（a）劳动力的价值等于 $\left(\frac{5}{6}\cdot 50\right)\frac{5}{6}=34\frac{13}{18}$，剩余价值等于 $34\ \frac{13}{18}\cdot\frac{250}{350}=48\ \frac{11}{18}$，其他部类产品的价值量（略）。

在第Ⅱ稿的最后，马克思分析了“对社会资本的流通和再生产进行研究时的抽象前提和实际过程”，理论研究要与现实相符合，至少理论的抽象不能与现实相抵触。例如，“假定（b）的资本家的消费资料和（a）的工人

---

① $\frac{4}{3}\cdot 50=50+\frac{1}{3}\cdot 50$ 表示生产400（镑）比生产300（镑）产品所需劳动力要多 $\frac{1}{3}$，其后再乘以 $\frac{4}{3}$ 表示劳动力的价格增大 $\frac{1}{3}$（资料来源：马克思恩格斯全集（中文第1版）第50卷［M］. 北京：人民出版社，1985：277.）。

② 马克思恩格斯全集（中文第1版）第50卷［M］. 北京：人民出版社，1985：279.

的消费资料是由完全不同的资本生产出来的；假定它们是完全不同的物品”，但是“在现实中是不存在的”①。现实中，工人的必要生活资料有一部分也会进入资本家（或资本家仆役）的消费，同时奢侈品中的小部分也会进入工人的消费。马克思通过举例计算分析指出，数量关系的变动“丝毫不影响内部联系”。

总体来看，第Ⅱ稿的第三章在反复考察和批判斯密教条以及资产阶级相关错误理论的基础上，进一步研究阐述了社会资本再生产理论，取得了重大突破。这里认为，与前期的对社会资本再生产理论的研究相比，第Ⅱ稿主要有以下几点突破。第一，明确了社会资本再生产理论的研究对象和意义，进一步阐述了社会资本再生产理论在《资本论》第二册资本的流通过程三章总体结构中的地位。第二，遵循先易后难，合理抽象的原则，确立了社会资本再生产理论的研究模式。一方面先阐述简单规模的再生产，后阐述扩大再生产的顺序。另一方面先研究不以货币流通为媒介的再生产，后研究以货币流通为媒介的再生产。第三，使用了数学语言（符号）和数学推导，大大提升了理论研究的质量。首次使用图式的形式建立社会再生产两部类模型，并写出了简单再生产的平衡关系式；第四，基本完成了对简单社会再生产理论的研究。按照既定的研究模式，先是把货币流通因素抽象掉，单纯从价值的角度分析两部类之间的总产品的流通和交换关系，然后再将货币流通的因素纳入分析框架。第五，拓展性研究了两部类模型。在两部类的基础上，马克思先将第Ⅱ部类细分为生产消费资料用的生产资料部类（Ⅱ $-\alpha$）和生产生产资料用的生产资料部类（Ⅱ $-\beta$），建立了“1 + 2”分析模型。而后，马克思又将第Ⅰ部类细分为生产工人消费的生活必需品部类（I_a）和生产资本家消费的奢侈品部类（I_b），将第Ⅱ部类进一步细分为 I_α、$\text{I}_{\alpha\alpha}$、II_β、$\text{II}_{\beta\beta}$部类，进而建立了“2 + 2”和“2 + 4”分析模型。马克思这种拓展性研究的尝试，是本书进行社会资本再生产理论创新研究的逻辑基础。纵观整个第Ⅱ稿的研究过程，社会资本再生产理论的研究经历了非常复杂的探索过程，特别是大量的图式分析和烦琐的数学计算，马克思为此付出了艰辛的劳动。虽然马克思的研究被其他原因给打断，但这也为日后完成社会资本扩大再生产的研究奠定了基础。

① 马克思恩格斯全集（中文第1版）第50卷［M］. 北京：人民出版社，1985：305，312.

第三节　社会资本再生产理论的基本完成

由于疾病的侵扰和其他政治活动分散了马克思的精力，1871～1876 年马克思基本中断了《资本论》的创作。1876 年秋马克思参与到批判杜林（Karl Eugen Dühring）的活动中，以此为契机，1877 年初，59 岁的马克思再一次开始了《资本论》第二册的创作①。到 1881 年又为第二册创作了第Ⅴ、Ⅵ、Ⅶ和Ⅷ四份主要的手稿②，其中前三份手稿均阐述了资本循环的相关内容，仅有第Ⅷ稿③论述了社会资本再生产理论。第Ⅷ稿被撰写在一个黑色的笔记本中，而并非是手稿常用的“印张”大纸④。因此，从写作形式来看，马克思或许事先并未打算要为《资本论》第二册第三章撰写一份手稿，而仅仅是研究性的草稿或笔记。在第Ⅷ稿笔记本首页最上方，马克思补写上“Ch Ⅲ）b Ⅱ.）”（Chapter Ⅲ，book Ⅱ. 的简写，即第二册第三章）⑤，标明这个草稿是《资本论》第二册第三章的内容。整个第Ⅷ稿并没有设置标题，马克思仅在笔记本的第 16 页和 46 页分别写下了提示性标题“Anticipirtes für das Spätere.”（为以后预备）和“Anticipirt. Ⅱ）Accumulation od. Production auf vergrösserter Stufenleiter.”（预备。Ⅱ）积累或扩大规模的再生产）⑥。纵观整个草稿，马克思用了许多横线将撰写的内容分开，很多时候横线上下的

---

① 恩格斯指出，1877 年 3 月马克思从第二册Ⅰ～Ⅳ份手稿中编制了一份提示和笔记（这是马克思保持所研究问题连续性的习惯），以此作为重新创作第二册的基础（资料来源：资本论（第二卷）［M］. 北京：人民出版社，2004：7－8.）。MEGA² Ⅱ/Bd. 11（1850/2008）编者认为第Ⅴ稿开始于 1876 年秋（资料来源：MEGA² Ⅱ/Bd. 11（1850/2008）. S. 1372.）。

② 第Ⅴ、Ⅵ、Ⅶ和Ⅷ稿是恩格斯在整理马克思遗稿时命名的。1877 年 3～10 月，撰写了第Ⅴ稿，对开纸 56 页；1877 年 10 月至 1878 年 7 月，撰写了第Ⅵ稿，对开纸 17 页；1878 年 7 月 2 日，写成第Ⅶ稿，只有对开纸 7 页；第Ⅷ稿写在四开纸 70 页的笔记本上（资料来源：资本论（第二卷）［M］. 北京：人民出版社，2004：7－8.）。MEGA² Ⅱ/Bd. 11（1850/2008）收集了 1876～1881 年马克思为《资本论》第二册创作的 9 份手稿，其中 4 份篇幅较大的手稿，由恩格斯编号为Ⅴ～Ⅷ稿。此外，还有 4 份篇幅很小的片段和 1 份准备稿（徐洋，2013）。

③ MEGA² Ⅱ/Bd. 11（1850/2008）编者指出，第Ⅷ稿共 38 页（76 页码），并认为写作时间为“最早 1877 年 2 月～最晚 1881 年春”（资料来源：MEGA² Ⅱ/Bd. 11（1850/2008）. S. 1606－1611.）。

④ 马克思一般会将正式的草稿写在“印张”大纸上，对折后可成为 4 面，散页方便替换。

⑤ 从“Ch Ⅲ）b Ⅱ.）”在首页的位置看，这个“标题”应该是在下面的内容写完之后补写上的，但是补写的时间无法确定（资料来源：MEGA² Ⅱ/Bd. 11（1850/2008）. S. 700.）。

⑥ MEGA² Ⅱ/Bd. 11（1850/2008）. S. 728. 31. S. 790. 14－15.

内容并不相接，显然马克思的创作跟着灵感在推进。这些都说明马克思一开始并没有明确要创作的具体方向，随着写作进程的推进，和对以往研究成果的反思，新的想法和思路不断涌现，因此就"跳跃式"地开启了社会资本再生产新问题的阐述，这些阐述是为以后《资本论》第二册第三章的"预备"。根据第Ⅷ稿的内容，我们认为可以将其分成三个部分，且被仅有的两个标题分开。

一、总结性评价和批判前人的相关理论

第一部分简要评价了重农学派的再生产理论，重点批判了亚当·斯密的社会资本再生产相关理论。在第Ⅷ稿笔记本的首页，马克思又一次总结性地概括了魁奈的《经济表》在经济理论史中的地位，并指出重农学派的理论局限性，该段文字用大方括号框了起来①。紧接着，马克思对亚当·斯密再生产过程分析上的退步和进步（相对于魁奈）进行了简要概括②。

随后，马克思又对亚当·斯密的简单再生产相关理论及其"斯密教条"（A. Smith's Dogma）进行了批判性分析③。整体来看马克思对亚当·斯密批判仍然延续了以前的论点，可以看成是对"斯密教条"批判的一个小结。马克思首先指出亚当·斯密没有注意生产生产资料和生产消费资料的工人之间的区别，其中生产资料"erst nach ihrer Versilberung können sie ein ihrem Preis gemässes Quantum der von der 2ten Sorte Arbeitern producirten Consumtions-mittel heben u. in ihren individuellen Consumtionsfonds übertragen."④（"它们在转化为货币之后，才能在第二类工人所生产的消费资料中，取出一个同它们的价格相当数量，转入它们的所有者的个人消费基金。"⑤）这里马克思第一次将消费资料生产部类放到了"第二类"。在之后的分析中，马克思就自然地将两大部类顺序调换，即"社会年产品是由两个部类构成的；第一部类

---

① MEGA² Ⅱ/Bd. 11 （1850/2008）. S. 698，701. 这一部分全部被恩格斯采用编入《资本论（第二卷）》第十九章第一节中。

② MEGA² Ⅱ/Bd. 11 （1850/2008）. S. 701 – 702. 这一部分全部被恩格斯采用编入《资本论（第二卷）》第十九章第一节中。

③ MEGA² Ⅱ/Bd. 11 （1850/2008）. S. 703 – 728. 对亚当·斯密批判的部分，绝大部分被恩格斯采用编入《资本论（第二卷）》第十九章第二节中，采用比例约为92%。

④ MEGA² Ⅱ/Bd. 11 （1850/2008）. S. 706. 10 – 13.

⑤ 资本论（第二卷）[M]. 北京：人民出版社，2004：407.

包括生产资料，第二部类包括消费资料”[①]。批判“斯密教条”是这一部分的核心论点，马克思指出，“亚当·斯密的教条是：每一个单个商品——从而合起来构成社会年产品的一切商品（他到处都正确地以资本主义生产为前提）——的价格或交换价值，都是由三个组成部分构成，或者说分解为：工资、利润和地租。这个教条可以还原为：商品价值 $=v+m$，即等于预付可变资本的价值加上剩余价值。”[②] 显然，亚当·斯密的错误“是把年产品价值和年价值产品等同起来。后者只是过去一年劳动的产品；前者除此以外，还包括在生产年产品时消费掉的、然而是前一年生产的、一部分甚至是前几年生产的一切价值要素——生产资料”[③]。用公式来表示，前者等于 $c+v+m$，后者等于 $v+m$。马克思进一步指出，亚当·斯密所说的资本和收入都是错误的。资本家通过预付购买了劳动力，劳动力成为其生产资本的重要物质组成部分，这种资本不仅生产了自身的等价物（亚当·斯密所说的工人收入的源泉），还生产了资本家阶级的收入。亚当·斯密“把收入看成是商品价值的源泉，不把商品价值看成是收入的源泉，这是一种颠倒。”[④] 马克思指出，“商品价值由不同种类的收入构成，或‘分解为’不同种类的收入，这样一来，不是收入由商品价值组成，而是商品价值由‘收入’组成”[⑤]。在这一部分，马克思对亚当·斯密的社会资本再生产相关理论给予了总结性的客观评价，既肯定又批判。

二、补充性阐述社会资本简单再生产理论

马克思在提示性标题“Anticipirtes für das Spätere.”之前，又做了一个问题的引入。在资本主义生产方式下，“规模不变的简单再生产就只是表现为一个抽象”“但是，只要有积累，简单再生产总是积累的一部分，所以，

① MEGA² Ⅱ/Bd. 11 (1850/2008). S. 708. 资本论（第二卷）[M]. 北京：人民出版社，2004：408.

② MEGA² Ⅱ/Bd. 11 (1850/2008). S. 710. 8－15. 资本论（第二卷）[M]. 北京：人民出版社，2004：410.

③ MEGA² Ⅱ/Bd. 11 (1850/2008). S. 715. 30－34. 资本论（第二卷）[M]. 北京：人民出版社，2004：418.

④ MEGA² Ⅱ/Bd. 11 (1850/2008). S. 719. 25－26. 资本论（第二卷）[M]. 北京：人民出版社，2004：424.

⑤ MEGA² Ⅱ/Bd. 11 (1850/2008). S. 726. 15－19. 资本论（第二卷）[M]. 北京：人民出版社，2004：431.

可以就简单再生产本身进行考察，它是积累的一个现实因素”①。因此，考察社会资本再生产问题要从简单再生产入手。

马克思首先做了一个符号的假设说明，然后列出两大部类的图式。

“（K = 总资本，预付。C = 不变资本。V = 可变资本。M = 剩余价值。）

例如，我们假设。

（Ⅰ）生产资料的生产。4 000 + 1 000；K = 5 000。商品产品以生产资料 = 4 000c + 1 000v + 1 000m 的形式存在。年商品产品的总价值 = 6 000。

（Ⅱ）消费资料的生产。2 000c + 500V + 500m = 商品产品的价值 = 3 000。K = 2 500。”②

从分析两大部类间直接的交换开始，通过交换第Ⅱ部类的资本家将其不变资本（2 000c）从消费资料的形态转化为消费资料的生产资料形态；同时，第Ⅰ部类的可变资本（1 000v）和剩余价值（1 000m）都由生产资料的实物形式转化成消费资料的实物形式。马克思指出，“但这种相互交换是通过货币流通的中介作用来完成的，它具有决定性的重要意义，因为可变资本部分必须一再表现为货币形式，即表现为由货币形式转化为劳动力的货币资本”③。这说明，此时马克思已经放弃了对没有货币流通为中介的再生产理论。通过分析以货币流通为中介的两部类之间的交换，马克思得出社会资本简单再生产的结论：“第Ⅰ部类商品资本中的 $v + m$ 价值额（也就是第Ⅰ部类的总商品产品中与此相应的比例部分）= 第Ⅱ部类不变资本 c，也就是第Ⅱ部类的总商品产品中分出来的与此相应的部分；或者（$v + m$）Ⅰ = c(Ⅱ)。”④

随后，马克思分析了第Ⅱ部类内部的交换。延续第Ⅱ稿的研究成果，马克思将生产消费资料的部类仍细分成两个分部类，即工人阶级消费的消费资料（必要生活资料）和资本家阶级消费的奢侈消费资料（奢侈品）。马克思这里通过一个例子来说明Ⅱa 和Ⅱb 之间的交换过程，如图 2－7 所示。马克

---

① MEGA² Ⅱ/Bd. 11 （1850/2008）. S. 728. 8－9. 17－19. 资本论（第二卷）［M］. 北京：人民出版社，2004：438.

② MEGA² Ⅱ/Bd. 11 （1850/2008）. S. 728. 32－38. 731. 1－2.

③ MEGA² Ⅱ/Bd. 11 （1850/2008）. S. 731. 15－18.

④ MEGA² Ⅱ/Bd. 11 （1850/2008）. S. 734. 22－26. 恩格斯在《资本论（第二卷）》中对符号和公式进行了统一，改写为：Ⅰ（$v + m$）= Ⅱc。这一部分内容（资料来源：MEGA² Ⅱ/Bd. 11 （1850/2008）. S. 730－734.）被恩格斯采编入《资本论（第二卷）》第三篇第二十章第三节中（资料来源：资本论（第二卷）［M］. 北京：人民出版社，2004：446，442－446.）。

思指出，可变资本 v 与不变资本 c 在Ⅱa 和Ⅱb 之间分割的比例关系是决定第Ⅱ部类内部交换的决定因素，同时简单再生产是以消费为目的，剩余价值最终用于资本家的个人消费①。

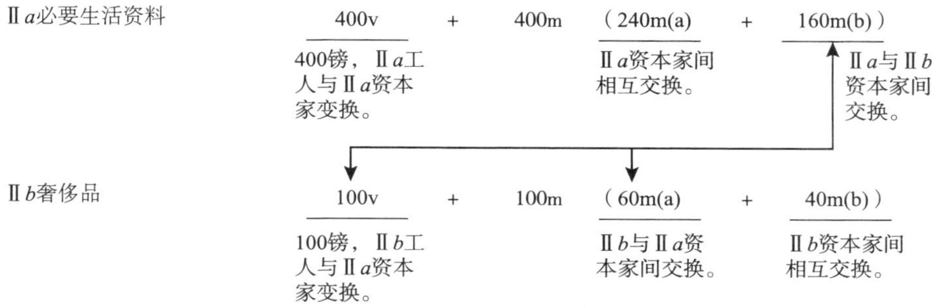

图 2－7　第Ⅱ部类必要生活资料和奢侈品交换图式

注：假设两个部类资本家阶级的消费结构为：$\frac{2}{5}$剩余价值（收入）用于奢侈品，$\frac{3}{5}$剩余价值（收入）用于必要生活资料。

资料来源：笔者根据马克思在《资本论（第二册）》第Ⅷ稿中的阐述绘制（资料来源：MEGA^{2} Ⅱ/Bd. 11（1850/2008）. S. 736－739. 资本论（第二卷）［M］. 北京：人民出版社，2004：449－451.）。

社会总产品的交换离不开货币流通的中介作用，马克思重点分析了资本家预付给工人工资的货币（转化为可变资本的货币资本）回流。其中，第Ⅰ部类以货币形式预付的可变资本是通过部类间的交换，间接地回流到资本家手中；而第Ⅱ部类预付在工资上的货币是通过部类内部的交换，直接从工人又回流到资本家手中②。之后，马克思又在灵感的引领下分析考察了（$V+M$）Ⅰ和 CⅡ之间交换的货币流通③，如图 2－8 所示。其中，资本家因私人消费而将货币投入流通，使他自己的剩余价值转化为货币（或称货币化）。马克思强调，产业资本家将货币预付到流通中，“实现的过程被两种情况所掩盖：1）商业资本（它最初的形式总是货币，因为商人本身不生产任何‘产品’或‘商品’）和货币资本，会在产业资本的流通过程中作为特

① MEGA^{2} Ⅱ/Bd. 11（1850/2008）. S. 742－743. 这一部分内容（资料来源：MEGA^{2} Ⅱ/Bd. 11（1850/2008）. S. 734－743.）被恩格斯采编入《资本论（第二卷）》第三篇第二十章第四节中（资料来源：资本论（第二卷）［M］. 北京：人民出版社，2004：447－458.）。

② MEGA^{2} Ⅱ/Bd. 11（1850/2008）. S. 744. 资本论（第二卷）［M］. 北京：人民出版社，2004：460.

③ MEGA^{2} Ⅱ/Bd. 11（1850/2008）. S. 745. 32. 此处马克思使用了大写字母表示。

殊类型的资本家的经营对象出现。2）剩余价值——必然总是首先在产业资本家中——分成不同的范畴”①。马克思强调，“当再生产（无论是简单的，还是规模扩大的）正常进行时，由资本主义生产者预付到流通中去的货币，必须流回到它的起点（无论这些货币是他自己的，还是借来的）。这是一个规律”②。可见，货币回流是反映再生产是否正常实现的一个重要标志。

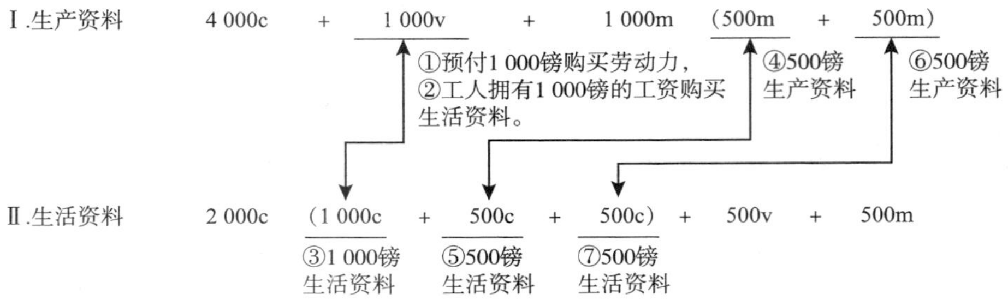

图 2－8 两大部类货币流通为中介的交换图式

注：经过 7 次交换，完成商品价值总额为 5 000 镑。其中，①至③次 1 000 镑货币作为可变资本的货币形式，流回到第Ⅰ部类资本家手里；④至⑦次第Ⅱ部类购买生产资料预付的 500 镑，流回到第Ⅱ部类资本家手里。

资料来源：笔者根据马克思在《资本论（第二册）》第Ⅷ稿中的阐述绘制（资料来源：MEGA² Ⅱ/Bd. 11（1850/2008）. S. 745－747. 资本论（第二卷）［M］. 北京：人民出版社，2004：461－464.）。

接着，马克思阐述了固定资本的补偿这一难题。马克思认为，固定资本要由其逐渐转移到它参与生产的商品中去的，并且已经通过前期商品出售而转化为货币形式的价值的总和进行补偿，即“货币沉淀的总和”。因此，货币储藏本身应该是资本主义再生产过程的一个实际要素，是固定资本还没有发挥完作用，进行实物补偿之前，其价值或个别要素价值在货币形式上的再生产和贮存③。马克思首先分析了固定资本损耗的价值以货币形式的补偿问

① MEGA² Ⅱ/Bd. 11（1850/2008）. S. 751. 23－31. 资本论（第二卷）［M］. 北京：人民出版社，2004：469。这一部分内容（资料来源：MEGA² Ⅱ/Bd. 11（1850/2008）. S. 743－751.）被恩格斯采编入《资本论（第二卷）》第三篇第二十章第五节中（资料来源：资本论（第二卷）［M］. 北京：人民出版社，2004：458－470.）。

② 资本论（第二卷）［M］. 北京：人民出版社，2004：511. “Das Gesetz，dass beim normalen Verlauf der Reproduction（sei es aufeinfacher，sei es auf erweiterter Stufenleiter）das *v. denkapitalistischen Producenten* der Circulation vorgeschossne Geld zu seinem Ausgangspunkt zurückkehren muss（wobei es ganz Wurst，ob dies Geld ihnen gehört od. gepumpt ist）”（资料来源：MEGA² Ⅱ/Bd. 11（1850/2008）. S. 760. 18－22.）

③ MEGA² Ⅱ/Bd. 11（1850/2008）. S. 753－754.

题。例如，假定第Ⅱ部类将价值 2 000c 的消费资料卖给第Ⅰ部类，但是为了补偿固定资本的损耗，只向第Ⅰ部类购买 1 800($v+m$) 的商品。另外还有 200$c(d)$ 的损耗（déchet①），用于为补偿损耗而以货币形式贮藏的价值部分。若第Ⅱ部类“沉淀”200$c(d)$ 的货币，则相应第Ⅰ部类就有 200Ⅰm 不能实现销售，其价值也无法获得补偿。显然，这与社会资本简单再生产前提相矛盾，同时 200$c(d)$ 如何实现货币转化也要解释。又因为再生产过程中货币必须回流，因此固定资本的补偿问题需要将货币（价值）补偿和实物补偿结合起来考察。马克思将第Ⅱ部类又划分成两部分：第 1 部分是用实物补偿固定资本的资本家；第 2 部分是以货币形式贮存固定资本损耗价值的资本家。马克思假定了三种情况予以分析，见表 2－2。在以上分析的基础上，马克思又在灵感的引领下创新性地分析，Ⅱ$c(1)$ 和Ⅱ$c(2)$ 不相等时的情况②。通过对两种情况的分析，马克思认为，若Ⅱ$c(1)$ > Ⅱ$c(2)$ 时，为了实现Ⅰm 中的货币额，必须要有第Ⅱ部类的商品进口；若Ⅱ$c(1)$ < Ⅱ$c(2)$ 时，为了解决商品过剩，必须要出口第Ⅱ部类的商品。因此，Ⅱ$c(1)$ 和Ⅱ$c(2)$ 不相等时必须要有对外贸易，但这只是将矛盾推入更广的范围③。最后，马克思对固定资本的补偿问题进行总结，并指出规模不变的再生产也可能产生危机，这也是固定资本补偿关系不平衡的后果④。

表 2－2　　固定资本补偿计算

情形（假设）	类型	第Ⅱ部类商品价值量（余额）	预付货币量	回流货币量	回流与预付的货币差额	结果
a)	第 1 部分	100c	300	100	200	更新了价值 200 的固定资本
	第 2 部分	300c[200$c(d)$]	100	300	200	200 的损耗得以补偿

① 此处，马克思使用了法语单词 déchet：损耗。（资料来源：MEGA^2 Ⅱ/Bd. 11（1850/2008）. S. 758. 12.）

② Ⅱ$c(1)$ 表示第Ⅱ部类第 1 部分每年要用实物更新的固定资本价值，Ⅱ$c(1)$ 为货币形式；Ⅱ$c(2)$ 表示第Ⅱ部类第 2 部分每年要补偿固定资本损耗的价值，Ⅱ$c(2)$ 为商品形式。前面分析假设Ⅱ$c(1)$ = Ⅱ$c(2)$。

③ MEGA^2 Ⅱ/Bd. 11（1850/2008）. S. 767－768. 资本论（第二卷）[M]. 北京：人民出版社，2004：521－523.

④ 这一部分内容（资料来源：MEGA^2 Ⅱ/Bd. 11（1850/2008）. S. 752－771.）被恩格斯采编入《资本论（第二卷）》第三篇第二十章第十一节中（资料来源：资本论（第二卷）[M]. 北京：人民出版社，2004：501－526.）。

续表

情形（假设）	类型	第Ⅱ部类商品价值量（余额）	预付货币量	回流货币量	回流与预付的货币差额	结果
b)	第1部分	0	200	0	200	更新了价值200的固定资本
	第2部分	400*c*[200*c*(*d*)]	200	400	200	200的损耗得以补偿
c)	第1部分	200*c*	400	200	200	更新了价值200的固定资本
	第2部分	200*c*(*d*)	0	200	200	200的损耗得以补偿

注：马克思对假定的三种情况进行了详细的分析，但语言论述相对有些费解，这里通过表格解读能更加直观，容易理解。

资料来源：笔者根据马克思在《资本论》第二册第Ⅷ稿中的阐述编制（资料来源：MEGA² Ⅱ/Bd. 11（1850/2008）. S. 763－765. 资本论（第二卷）［M］. 北京：人民出版社，2004：515－519.）。

随后，马克思又分析了货币材料的再生产。作为货币材料，金银的生产和普通的金属生产类似，属于第Ⅰ部类（用Ⅰ(*g*)表示金的生产者）。假定每年生产的金为$30=20c+5v+5m$，因为金是货币材料，Ⅰ(*g*)*v*和Ⅰ(*g*)*m*能够直接作为买者（或者以货币形式）出现。一方面，若Ⅱ(*c*)仅从Ⅰ(*g*)购买2*v*，则3*v*可由Ⅰ(*g*)作为可变资本的货币形式向第Ⅱ部类购买生活资料；另一方面，Ⅱ(*c*)与(*v*+*m*)Ⅰ(*g*)①交换，结果是一部分剩余价值将作为贮藏货币贮存起来。最后，马克思又批判了斯密和图克的错误观点②。

第二部分的最后，马克思分析了可变资本和工资问题。两部类的可变资本在雇佣工人手中作为收入执行职能，而在资本家手中则作为资本执行职能。第Ⅰ部类的可变资本的流通需要经过两个部类："1 000*v*（货币）—价值1 000的劳动力—价值1 000的商品（可变资本的等价物）—1 000*v*

① 马克思使用的符号比较随意，Ⅱ(*c*)，*C*Ⅱ，*C*(Ⅱ)；Ⅰ(*g*)，*g*(*v*) Ⅰ，*m*(*g*)Ⅰ等，恩格斯做了符号的统一。这里在不引起歧义的前提下，尽量使用马克思使用的符号。

② 这一部分内容（资料来源：MEGA² Ⅱ/Bd. 11（1850/2008）. S. 771－778.）被恩格斯采编入《资本论（第二卷）》第三篇第二十章第十二节中（资料来源：资本论（第二卷）［M］. 北京：人民出版社，2004：526－532，535－539.）。第十二节"货币材料的再生产"其中一部分采自第Ⅱ稿，恩格斯并未表明。（资料来源：资本论（第二卷）［M］. 北京：人民出版社，2004：532－535. 马克思恩格斯全集（中文第1版）第50卷［M］. 北京：人民出版社，1985：194－196.）。

(货币)。"① 经过三次转变，又回流到第Ⅰ部类资本家手中；第Ⅱ部类的可变资本流通只在本部类资本家和工人之间直接完成②，而生产奢侈品的可变资本 v(Ⅱb) 和第Ⅰ部类的可变资本 v(Ⅰ) 类似，是迂回地回流到Ⅱb 的资本家手中的。马克思强调，可变资本的流通过程，它始终以某种形式保留在资本家的手中，从"货币—生产资本的要素—商品资本的价值部分—货币""所以，无论如何也不能说，它会转化成某人的收入"③。在这整个交换的过程中，工人创造的价值产品（$v+m$）的交换是属于资本家阶级所有的商品交换，这个过程及结果均与工人无关。工人因必要的消费所花费掉的，是他们的工资，而并非可变资本。同时，工人花费的工资（货币），为资本家恢复了可变资本的货币形式④。

三、创造性阐述社会资本扩大再生产理论

阐述完有关可变资本与工资的问题后，马克思写下提示性标题"Anticipirt. Ⅱ Accumulation od. Production auf vergrösserter Stufenleiter."，开始了对社会资本扩大再生产的研究，这也是马克思唯一且最后一次对社会资本扩大再生产问题进行阐述。马克思对社会资本扩大再生产理论的分析和论述，使得社会资本再生产理论有了较完整的内容体系，标志着社会资本再生产理论的基本创作完成。按照马克思在这一部分写下的五个阿拉伯数字，我们将其分成五个方面进行梳理⑤。

---

① MEGA² Ⅱ/Bd. 11 (1850/2008). S. 784. 12 – 13. 资本论（第二卷）[M]. 北京：人民出版社，2004：494.

② 两大部类间的可变资本的流通过程，可参见图 1 – 8 所示。

③ MEGA² Ⅱ/Bd. 11 (1850/2008). S. 789. 10 – 11. 资本论（第二卷）[M]. 北京：人民出版社，2004：500. 这一部分内容（资料来源：MEGA² Ⅱ/Bd. 11 (1850/2008). S. 779 – 790.）被恩格斯采编入《资本论（第二卷）》第三篇第二十章第十节中（资料来源：资本论（第二卷）[M]. 北京：人民出版社，2004：487 – 501.）。

④ 这一部分内容（资料来源：MEGA² Ⅱ/Bd. 11 (1850/2008). S. 779 – 790.）被恩格斯采编入《资本论（第二卷）》第三篇第二十章第十节中（资料来源：资本论（第二卷）[M]. 北京：人民出版社，2004：487 – 501.）。从顺序来看，这一部分在《资本论（第二卷）》被恩格斯提前了，放到了"固定资本的补偿"之前。或许是因为，恩格斯遵循了马克思在第Ⅱ稿中的顺序，先阐述两个部类的可变资本和剩余价值，再阐述两个部类的不变资本。例如，第二十章第七节和第八节就是按照第Ⅱ稿的顺序。

⑤ MEGA² Ⅱ/Bd. 11 (1850/2008). S. 790 – 825. 其中，1). S. 790 – 791；2). S. 791 – 793；3). S. 793 – 802；4). S. 802 – 804；5). S. 804 – 825. 以下五个部分编号按照马克思手稿中的形式使用单边小括号。

（1）问题的引入——扩大再生产的货币积累。马克思从《资本论》第一册（第一卷）已经研究过的单个资本家的积累引入社会总生产的积累问题。剩余价值转化成货币后，以货币形态将剩余价值贮藏起来（货币积累），作为引致扩大再生产的准备，并且可以在市场上买到生产资本的要素（实际积累）。同时，马克思强调，“再生产扩大的可能性在没有货币的情况下就已经存在；因为货币本身不是实际再生产的要素”①。

（2）扩大再生产的实际积累。马克思继续对货币在再生产中的形式和作用进行讨论，被贮藏起来的货币成为新的货币资本的前提是“它可以转化为生产资本的要素”。如果整个社会都只为贮藏货币而卖但不买，或者像金（或银）生产者一样只买不卖，社会再生产肯定无法进行。马克思认为“解决这个表面的困难以前，要把第Ⅰ部类（生产资料的生产）的积累和第Ⅱ部类（消费资料的生产）的积累区别开来。我们从第Ⅰ部类开始”②。

（3）第Ⅰ部类的积累。马克思分别阐述了货币的贮藏、不变资本的追加和可变资本的追加等方面的内容。马克思指出，剩余价值转化为货币资本进行扩大再生产有两种形式：一是扩充它们的正在执行职能的资本，二是用来创立新的工业企业。买者将货币资本转化为生产要素，卖者将货币资本贮藏，两者相互对立，缺一不可。马克思举例，假设第Ⅰ部类的 A、A'、A''等资本家为卖者，B、B'、B''等资本家为买者。卖者们贮藏的货币，在信用制度下，变成能够生利的可供支配的资本、“可待资本”、货币资本③。买者把自己贮藏的货币转化为追加生产要素（执行追加不变资本等职能）的部分要与卖者保持平衡，实际平衡取决于相互交换的商品价值额相等，但是平衡本身是一种偶然现象。从简单再生产到扩大再生产，第Ⅰ部类要能够更多地为本部类制造不变资本的要素。马克思指出，“如果只考察价值量，扩大再生产的物质基础是在简单再生产内部生产出来的”④。A、A'、A''等资本家取得的剩余产品通过“卖”实现了货币贮藏，同时为规模扩大的再生产提供

---

① MEGA² Ⅱ/Bd. 11（1850/2008）. S. 791. 19 – 21. 资本论（第二卷）[M]. 北京：人民出版社，2004：551.

② MEGA² Ⅱ/Bd. 11（1850/2008）. S. 793. 1 – 4. 资本论（第二卷）[M]. 北京：人民出版社，2004：553.

③ MEGA² Ⅱ/Bd. 11（1850/2008）. S. 794. 7 – 10. 资本论（第二卷）[M]. 北京：人民出版社，2004：554 – 555.

④ MEGA² Ⅱ/Bd. 11（1850/2008）. S. 798. 1 – 2. 资本论（第二卷）[M]. 北京：人民出版社，2004：559.

了现实基础，即潜在的追加不变资本；相应地，B、B'、B''等资本家通过“买”实现了追加的不变资本执行职能①。对于可变资本的追加，马克思认为只要假定，“新形成的货币资本中可以转化为可变资本的部分，在应该转化时总会找到劳动力”②。显然，整个第Ⅰ部类要扩大生产规模，资本家需要同时追加（或预付）不变资本以及可变资本。第Ⅰ部类的工人通过生产劳动，保存了不变资本、补偿了可变资本，并为资本家创造了以剩余产品形式存在的剩余价值。通过剩余产品流通和交换，形成了货币贮藏，进而资本家拥有了扩大生产需追加投资的货币资本。

（4）引出对第Ⅱ部类的积累研究的问题。假设第Ⅰ部类的A、A'、A''等资本家将剩余产品卖给第Ⅱ部类的B、B'、B''等资本家。在简单再生产中，若A(Ⅰ)把生产资料卖给B(Ⅱ)，但并不接着购买消费资料，则第Ⅱ部类就会发生生产过剩，简单再生产受到阻碍（或再生产不足）。同时，第Ⅰ部类的货币资本也处于过剩状态③。资本主义生产的目的和动机是不断地将剩余价值的一部分进行资本化（用于积累），进而攫取更多的剩余价值。资本家并不会将其剩余价值全部消费，而是进行货币贮藏，并适时进行扩大再生产。

（5）详细阐述两大部类的积累。马克思指出，以上的矛盾状态是由于第Ⅰ部类的各要素为了扩大再生产而产生了不同组合，相应第Ⅱ部类没有做出改变而适应④。因此，扩大再生产就是在简单再生产的基础上，一部分剩余价值转化为生产资本，进而使得第Ⅰ部类生产资本的各要素进行不同组合，同时第Ⅱ部类的生产资本各要素也相应进行不同组合的过程。为了更清晰、准确地阐述整个过程，特别是第Ⅱ部类的积累，马克思运用公式和举例来说明。在这个地方，马克思至少列举了5个例子（有些并不完整），涉及两个部类资本有机构成的不同，$(v+m)$Ⅰ（或$\left(v+\frac{1}{2}m\right)$Ⅰ）与

---

① MEGA² Ⅱ/Bd. 11（1850/2008）. S. 799－800. 资本论（第二卷）[M]. 北京：人民出版社，2004：561－562.

② MEGA² Ⅱ/Bd. 11（1850/2008）. S. 802. 3－5. 资本论（第二卷）[M]. 北京：人民出版社，2004：564.

③ MEGA² Ⅱ/Bd. 11（1850/2008）. S. 802－803. 资本论（第二卷）[M]. 北京：人民出版社，2004：565－566.

④ MEGA² Ⅱ/Bd. 11（1850/2008）. S. 804－806. 资本论（第二卷）[M]. 北京：人民出版社，2004：567－569.

cⅡ的大小关系不同①。通过大篇幅的举例分析，马克思试图通过不同的数值组合，来探索扩大再生产的前提条件和实现条件，并且经过几年扩大再生产后，各种组合的发展过程和趋势。马克思得出结论：积累（扩大再生产）必须有 $v+m$(Ⅰ) > cⅡ，$v+m$(Ⅰ) − cⅡ为两大部类不变资本的积累提供基础②。所以，“在以资本的增加为基础的生产中，$v+m$Ⅰ必须 = cⅡ加上再并入资本的那部分剩余产品，加上第Ⅱ部类扩大再生产所需要的不变资本的追加部分”③。用公式表示为，$(v+m)$Ⅰ $= c$Ⅱ + (ΔcⅠ + ΔcⅡ)，即是实现社会资本扩大再生产的平衡式。在假定第Ⅰ部类积累率恒定$\left(=\frac{1}{2}m\right.$Ⅰ$\left.\right)$，剩余价值率恒定（= 100%），资本有机构成可变的前提下，马克思总结了社会资本扩大再生产（积累）的三种情形：（1）$\left(v+\frac{1}{2}m\right)$Ⅰ $= c$Ⅱ④；（2）$\left(v+\frac{1}{2}m\right)$Ⅰ $> c$Ⅱ，令$\left(v+\frac{1}{2}m\right)$Ⅰ $= c$Ⅱ + ΔcⅡ，两部类才能实现交换，此时ΔcⅡ为第Ⅱ部类的不变资本的积累；（3）$\left(v+\frac{1}{2}m\right)$Ⅰ $< c$Ⅱ，此时不需要第Ⅱ部类可变资本的积累，而通过向第Ⅰ部类购买补偿不足的同时，第Ⅰ部类实现积累。若Ⅰ$\left(\frac{m}{x}\right)$是第Ⅰ部类资本家的消费的部分，根据以上分析，马克思认为$\left(v+\frac{m}{x}\right)$Ⅰ可以等于、大于或小于 cⅡ。但是必须恒有$\left(v+\frac{m}{x}\right)$Ⅰ $< (c+m)$Ⅱ，两者的差额是第Ⅱ部类资本家在 mⅡ中自己消费的

---

① MEGA² Ⅱ/Bd. 11 (1850/2008). S. 806 – 822. 资本论（第二卷）[M]. 北京：人民出版社，2004：569 – 586.

② “Dass – Accumulation vorausgesetzt，$v+m$(Ⅰ) > als c Ⅱ u. nicht = c Ⅱ，wie in der einfachen Reproduktion，versteht sich von selbst.”（资料来源：MEGA² Ⅱ/Bd. 11 (1850/2008). S. 817. 16 – 17.）。“不言而喻，既然把积累作为前提，Ⅰ$(v+m)$ 就大于Ⅱc，而不像简单再生产那样，和Ⅱc 相等。”显然，恩格斯对符号进行了规范（资料来源：资本论（第二卷）[M]. 北京：人民出版社，2004：580.）。

③ “v + mI muss bei Process der Production auf sich erweiternder Capitalbasis sein = c Ⅱ + dem Theil des Mehrproducts，der als Capital wieder incorporirt wird + dem zuschüssigen Theil v. constantem Capital”（资料来源：MEGA² Ⅱ/Bd. 11 (1850/2008). S. 819. 36 – 38. 资本论（第二卷）[M]. 北京：人民出版社，2004：583.）。

④ 马克思认为，必须恒有 $(v+m)$Ⅰ $> c$Ⅱ，否则第Ⅰ部类就无法积累。

部分①。按照以上的阐述，用马克思的例子来表示，如图 2－9 所示。所以，扩大再生产要在简单再生产的基础上进行资本积累，两大部类必须同时进行积累，并同时扩大生产规模，生产资料和消费资料的总供给与总需求才能保持平衡。第Ⅷ稿的最后，马克思又简短地阐述了第Ⅱ部类的货币贮藏问题②。至此，马克思的社会资本再生产理论已经成型。

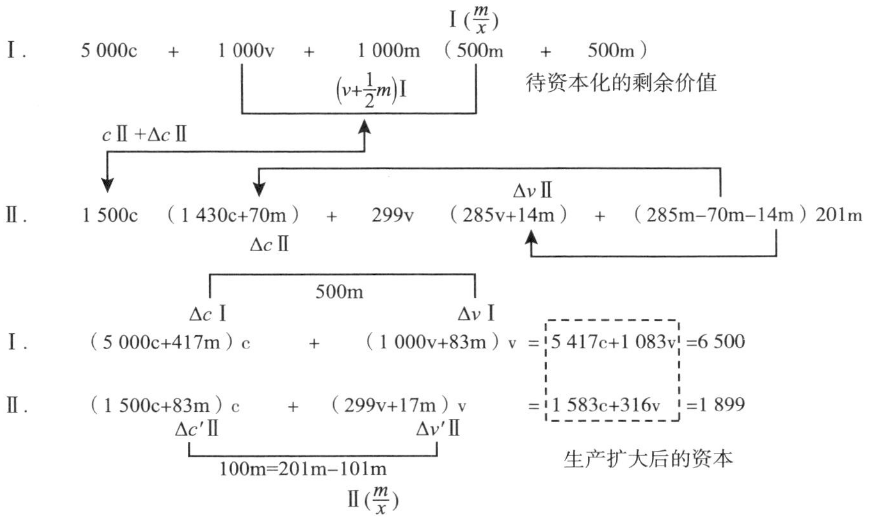

$\mathrm{I}(\frac{m}{x})$
Ⅰ.　5 000c　+　1 000v　+　1 000m（500m　+　500m）
$(v+\frac{1}{2}m)\mathrm{I}$
待资本化的剩余价值
$c\mathrm{II}+\Delta c\mathrm{II}$
$\Delta v\mathrm{II}$
Ⅱ.　1 500c（1 430c+70m）+　299v（285v+14m）+（285m−70m−14m）201m
$\Delta c\mathrm{II}$
500m
$\Delta c\mathrm{I}$　$\Delta v\mathrm{I}$
Ⅰ.（5 000c+417m）c　+（1 000v+83m）v　=5 417c+1 083v =6 500
Ⅱ.（1 500c+83m）c　+（299v+17m）v　=1 583c+316v =1 899
$\Delta c'\mathrm{II}$　$\Delta v'\mathrm{II}$
100m=201m−101m
$\mathrm{II}(\frac{m}{x})$
生产扩大后的资本

图 2－9　扩大再生产图式

注：设两部类不变资本与可变资本之比（资本有机构成）为 5，其中第Ⅱ部类约等于 5。显然，$(v+m)\mathrm{I}=2\,000=c\mathrm{II}+(\Delta c\mathrm{I}+\Delta c\mathrm{II})=1\,500+(417+83)$；因为$\left(v+\frac{1}{2}m\right)\mathrm{I}>c\mathrm{II}$，则第Ⅱ部类在扩大再生产前理论上经过两次积累。所以有，$(c+m)\mathrm{II}=1\,715=\mathrm{I}\left(v+\frac{m}{x}\right)+\mathrm{II}\left(\frac{m}{x}\right)+\Delta v\mathrm{II}+(\Delta c'\mathrm{II}+\Delta v'\mathrm{II})=1\,500+101+14+(83+17)$。事实上，马克思在通过所列举的例子论证时，已将扩大再生产的前提条件和扩大再生产的实现条件提出。前提条件为：$\mathrm{I}(v+m)>\mathrm{II}c$；$\mathrm{I}\left(v+\frac{m}{x}\right)<\mathrm{II}\left(c+m-\frac{m}{x}\right)$；实现条件为：$\mathrm{I}\left(v+\Delta v+\frac{m}{x}\right)=\mathrm{II}(c+\Delta c)$。

资料来源：笔者根据马克思在《资本论》第二册第Ⅷ稿中的阐述绘制（资料来源：MEGA² Ⅱ/Bd. 11（1850/2008）. S. 816－817，821. 资本论（第二卷）［M］. 北京：人民出版社，2004：579－580，585.）。

---

① MEGA² Ⅱ/Bd. 11（1850/2008）. S. 822－824. 资本论（第二卷）［M］. 北京：人民出版社，2004：586－588.

② MEGA² Ⅱ/Bd. 11（1850/2008）. S. 824－825. 资本论（第二卷）［M］. 北京：人民出版社，2004：589－590. 这一部分写在第Ⅷ稿笔记本的第 71 页，第 72～75 页为空白页，76 页和 77 页（笔记本共 76 页，77 页为编者加的，应该是写在了笔记本底部的封面上）的内容与社会资本再生产问题无关，即与第Ⅷ稿的主题无关。因此，可以说到 71 页第Ⅷ稿已经结束。

四、《资本论》第二册第Ⅷ稿的地位

通过前面的梳理可知，第Ⅷ稿是马克思继《1861－1863年经济学手稿》《资本论》第二册第Ⅰ稿和第Ⅱ稿第四次，也是最后一次集中阐述社会资本再生产理论问题。在《资本论（第一卷）》出版十几年之后，马克思对政治经济学理论问题的分析已经达到了一生中的最高水平。显然，第Ⅷ稿的理论水平已经足够可以证明这一点。相比较之前对社会资本再生产理论的阐述，第Ⅷ稿在理论上取得了巨大突破，既对以前特别是第Ⅱ稿的主要理论观点进行了深化，同时又开创性研究了新的理论问题。恩格斯在编辑《资本论（第二卷）》第三篇时，选用第Ⅷ稿的比例约为75.25%[①]，也能证明第Ⅷ稿在马克思的社会资本再生产理论中的重要地位。日本学者大村泉（2013）认为，“马克思撰写第Ⅷ稿的目的是完善第Ⅱ稿”，通过本书的梳理，对比第Ⅱ稿和第Ⅷ稿，这里也认同这种观点。可以想象，如果不是因马克思去世打断了《资本论》第二册的创作，接下来很有可能马克思会以第Ⅱ稿为底稿，结合第Ⅷ稿“Anticipirt”（预备）的补充，重新撰写用于付印的第三章手稿。总体来看，第Ⅷ稿的重要性体现在以下3个方面：

第一，较完整地阐述了规模扩大的社会资本再生产理论，这标志着社会资本再生产理论的基本完成。根据前文所述，在《1857－1858年经济学手稿》中，马克思已经提及规模扩大的社会资本再生产与资本主义的性质一致，社会各部门要进行按比例地扩大再生产；在《1861－1863年经济学手稿》中，马克思已明确将资本积累称作扩大再生产并加以分析。资本的积累或扩大再生产不仅需要增加可变资本（劳动力），也需要增加不变资本（生产资料）。同时，马克思还提及了扩大再生产的两种形式，即外延式扩大再生产和内涵式扩大再生产；在《1863－1865年经济学手稿》中的《资本论》第二册第Ⅰ稿，首次单独论述社会资本扩大再生产问题。马克思指出，扩大再生产既要追加不变资本的那部分剩余价值，同时，剩余产品必须以追加生产资料的形式再生产出来；1867～1870年的《资本论》第二册第Ⅱ稿仅有“规模扩大的再生产。积累”的标题，但并没有论述。因此，第Ⅷ稿是唯一一次较完整地阐述社会资本扩大再生产问题的手稿，对于马克思的社会资本再生产理论的完整性具有决定性意义。

---

① 按照《资本论（第二卷）》（2004），第三篇共202页，其中采自第Ⅷ稿共计152页。

第二，对社会资本简单再生产理论研究的深化。从《伦敦笔记》中《反思》短文到《资本论》第二册的第Ⅷ稿，马克思一直都在论及或阐述社会资本简单再生产问题。在《1861－1863年经济学手稿》中已经阐明简单再生产的实现条件，写出简单再生产平衡的公式“$V^{\mathrm{II}}+R^{\mathrm{II}}=$它们所交换的$C^{\mathrm{I}}$”，并画出“简单再生产总过程的经济表”，可以说已完成社会资本简单再生产理论（不考虑货币流通媒介）的初步创立；《1863－1865年经济学手稿》中的《资本论》第二册第Ⅰ稿论述了货币在简单再生产中的作用，考察了简单再生产过程中的固定资本问题（未论述其补偿问题）；1867～1870年的《资本论》第二册第Ⅱ稿阐述了货币资本的作用，论述了没有货币流通的简单再生产，建立了多个简单再生产图式，并写出了简单再生产平衡的标准公式“$c(\mathrm{I})=(v+m)(\mathrm{II})$”。马克思还通过大量的举例演算，论述了以货币为媒介的简单再生产，基本完成了对社会资本简单再生产理论的研究。以上的研究虽然基本建立了社会资本简单再生产的理论体系，但并不表示研究的终结，第Ⅷ稿在此基础上又进行了理论研究深化。这里认为第Ⅷ稿至少对简单再生产理论进行了两个方面的深化，一方面，深化了对货币在社会资本再生产中作用的认识。社会总产品的交换离不开货币流通的中介作用，货币流通的中介作用在社会资本再生产过程中具有普遍性。在第Ⅷ稿中马克思“扩大了眼界”，将货币流通全面纳入社会资本再生产理论分析体系①。另一方面，阐述了固定资本的补偿这一难题。固定资本的价值补偿和物质补偿（实物更新）具有不一致性，其中一部分资本家用实物补偿固定资本，另一部分资本家以货币形式贮存固定资本损耗价值。此外，马克思还论述了货币材料（金和银）的再生产等问题。

第三，调换了两大部类顺序。从《1861－1863年经济学手稿》起，马克思将生产消费资料的部类称为A部类（后称第Ⅰ类、领域或部类），生产生产资料的部类称为B部类（后称第Ⅱ类、领域或部类）。在第Ⅷ稿中，调换了两大部类的顺序，《资本论（第二卷）》也保持了第Ⅰ部类生产生产资料，第Ⅱ部类生产消费资料的命名，对此马克思和恩格斯均并未作出说明。学术界一般认为，马克思开始将生活资料生产称为第Ⅰ部类，生产资料生产称为第Ⅱ部类，与批判斯密教条有关。裴小革（2013a，2013b）认为“批驳‘斯密教条’要解决的问题，是不变资本的补偿。社会生产划分为两大部类的原理，是在解决不变资本补偿的过程中提出的。

① 资本论（第二卷）[M]. 北京：人民出版社，2004：8.

而对不变资本补偿的研究，也就是对生产资料实现问题的研究。从这个角度看，马克思对生产资料实现问题的研究，是他制定社会生产划分为两大部类原理的真正起点。” MEGA^2 Ⅱ/Bd. 11 （1850/2008） 引言介绍了日本学者的三个论点：a） 在阐述预付资本 （不变资本 c 和可变资本 v） 的补偿时，先考察不变资本由生产资料部类的产品补偿，再考察可变资本由消费资料的产品考察较为合适；b） 在第Ⅷ稿中，马克思假定不变资本已经是生产资料的形式，而可变资本需要逐渐以货币形式进行预付，不变资本由生产资料部类的产品补偿，因此新的顺序更合理；c） 社会资本扩大再生产中，追加的生产资料是两个部类进行积累的物质基础，生产资料部类必须维持创造前提条件①。总体来看，学术界基本都认同现行的两大部类顺序。事实上，马克思在《伦敦笔记》的《反思》短文中在提及亚当·斯密将整个社会的贸易分成两部分时，就已经有了两大部类的思想萌芽。《1857－1858 年经济学手稿》中假定有 5 个资本家 A、B、C、D 和 E，其中前三个是生产资料的生产者，后两个是消费资料的生产者，这里马克思就将生产资料生产（部类）放在了前面。而到《1861－1863 年经济学手稿》两大部类正式出现时，生产资料部类被放到第Ⅱ，直到第Ⅷ稿又被改到了第Ⅰ。这里认为，马克思的社会资本再生产理论是在批判斯密教条的过程中逐渐建立起来的，两大部类的命名及顺序与批判亚当·斯密的再生产理论直接相关，“斯密教条” 将社会产品的全部价值都归结为个人消费品的收入，马克思在一开始就将消费资料放在了第Ⅰ部类；而到第Ⅷ稿阐述不变资本的补偿和积累（扩大再生产） 问题时，将生产资料放在第Ⅰ部类在叙述逻辑上更加方便和合理。事实上，除了叙述上的差别，两大部类的顺序对于马克思的社会资本再生产理论并无影响，或许这也是马克思和恩格斯均未给出说明的原因。

第四节　马克思社会资本再生产理论创作史的评述

恩格斯在《反杜林论》中指出，任何新的学说，“虽然它的根子深深地扎在经济的事实中”，但“它必须首先从已有的思想材料出发”②。资本主义

---

① MEGA^2 Ⅱ/Bd. 11 （1850/2008）. S. 867－868.

② 马克思恩格斯文集（第 9 卷）［M］. 北京：人民出版社，2009：19.

经济的发展，是马克思主义政治经济学的现实根源，而以英国古典政治经济学为代表的资产阶级政治经济学的形成，为马克思的经济学说提供了丰富的思想材料。马克思创立的政治经济学是在对资产阶级政治经济学批判和借鉴的基础上建立起来的，通过前文的阐述，我们不难发现社会资本再生产理论也不例外。马克思通过研究和批判资产阶级政治经济学，逐渐对资本主义生产方式有了深入的认识，才创立起了社会资本再生产理论。从马克思政治经济学各大理论的创作历程来看，社会资本再生产理论是其创作时间最长，也是最后一个创作完成的理论。通过梳理马克思的社会资本再生产理论创作历程，这里得出以下几点思考和认识。

一、马克思社会资本再生产理论的状态

从《伦敦笔记》的理论萌芽（约 1851 年），到《1861－1863 年经济学手稿》写成文字、形成理论（约 1863 年），到《资本论》第二册第Ⅰ稿的集中论述（约 1865 年），再到第Ⅷ稿的基本完成（约 1881 年），在 30 余年里，马克思一直在坚持思考和创作社会资本再生产理论，最终形成了相对完整的理论体系。从整个马克思的政治经济学理论体系来看，社会资本再生产理论的研究对象、所处的位置以及整体理论框架已经确定。《资本论第二册（卷）》“资本的流通过程”处于第一册（卷）“资本的生产过程”和第三册（卷）“总过程的各种形式”的中间位置。马克思阐述的“资本的流通过程”是包括生产过程在内的社会资本的总流通过程，第一章（篇）论述单个资本的循环理论，第二章（篇）论述单个资本的周转理论，而第三章（篇）则是论述社会总资本的再生产和流通过程。因此，从理论体系结构上看，社会资本再生产理论使马克思政治经济学从微观分析上升到宏观分析，所针对的是整个资本主义经济体系的宏观层面的演化问题。这种演化可分为三种情况，一是保持不变，二是经济增长，三是经济衰退或危机。资本主义经济增长即扩大再生产，是建立在维持现状即简单再生产的基础之上的，马克思将社会资本再生产理论主体分成规模不变的社会资本再生产和规模扩大的社会资本再生产两大部分。

马克思的社会资本再生产理论虽然经过长时间的创作已经基本构成理论体系，但仍有很多局限，仅从其相关的手稿就能看出。一方面，从整体上看，马克思的手稿还处于未完成的状态，没有一个手稿能作为理论体系的底本。《1861－1863 年经济学手稿》只是“插花式”附带着论述了社会资本

再生产理论，相关的概念和符号都未明确；《资本论》第二册第Ⅰ稿不仅写得早，关键是第三章并没写完，对许多问题的认识尚未成熟；第Ⅱ稿虽然理论研究有了较大进步，但仍是研究性的草稿，并且第三章仍没写完；第Ⅷ稿虽然深化了社会资本简单再生产的研究，并且第一次集中阐述了社会资本扩大再生产，但是层次划分模糊，仅是研究性的笔记①。另一方面，从各手稿阐述的内容看，细节模糊和不确定的地方较多。马克思的社会资本再生产理论手稿虽然多，但写作跨度时间长，所阐述的理论和逻辑观点不尽相同，有些部分重叠，有些部分缺漏。基本上所有手稿都是研究性的草稿，有些理论闪光点，但并没有展开论述；有些论述经常会被大量与主题无关的插述打断，导致阐述逻辑中断。此外，手稿还有文体、术语、符号不统一，数据计算错误等缺点。正如意大利学者马塞罗·默斯托所指出，“不完整性和片段性是马克思的理论遗产的基本特征”②。

以上阐述的马克思社会资本再生产理论的状态，很明确地告诉人们，社会资本再生产理论虽然已基本成形，但是并不完美和完整，或可以说社会资本再生产理论并未完成。

二、恩格斯对社会资本再生产理论的编辑

马克思虽然创作了社会资本再生产理论，但在其生前并未发表，仅留下了众多的手稿。恩格斯克服了种种困难编辑整理了马克思《资本论》第二册的手稿，并于1885年7月出版了《资本论（第二卷）》。其中，第三篇为“社会总资本的再生产和流通”③，至此社会资本再生产理论以较完整的形式向世人公布。由前面分析可知，马克思的社会资本再生产理论的状态既为恩格斯的编辑工作提供了坚实的基础，也给恩格斯的编辑工作造成了一定的困难。恩格斯从《1861－1863年经济学手稿》开始着手，在《1861－1863年

① 第Ⅷ稿并不是一个完整的体系叙述的手稿。马克思几乎不标注标题，即使阐述的主题变更，只是另起一行，开始写新的段落，或者画上横线以示区分而已（资料来源：［日］大村泉等著，盛福刚译，韩立新校．新MEGA第Ⅱ部门第12卷“恩格斯编辑用稿”的编辑和研究［J］．政治经济学评论，2013（2）：104－126.）。

② ［芬］维萨·奥特宁著，金建译．$MEGA^2$与另一个马克思——马塞罗·默斯托访谈［J］．国外理论动态，2011（8）：1－6，101.

③ 标题“社会总资本的再生产和流通”是恩格斯拟定的，第Ⅰ稿第三章标题为“流通与再生产”，第Ⅱ稿第三章标题为“流通过程和再生产过程的实现条件”（资料来源：$MEGA^2$ Ⅱ/Bd. 4. 1（770/1988）. S. 301；$MEGA^2$ Ⅱ/Bd. 11（1850/2008）. S. 340.）。

经济学手稿》中，马克思虽然提出了许多关于社会资本再生产理论的闪光点，但是这些思想的片段并未专门整理，而是通过手稿的主体《剩余价值理论》（手稿第220～972页，第Ⅵ～ⅩⅤ个笔记本）等被附带着阐述。或许正是因此，恩格斯指出，“这个手稿虽然很有价值，但是能够用于现在出版的第二卷的地方并不多”①。对于《资本论》第二册第Ⅰ稿，恩格斯认为这是个“多少带有片段性质的文稿”，因此“也没有什么可以利用的”②。恩格斯指出，第Ⅱ稿“是第二册惟一相当完整的文稿”，并且马克思曾强调“第二个文稿必须作为基础”③。对于第Ⅷ稿，恩格斯考虑到，第三篇“社会资本的再生产和流通”在第Ⅱ稿中将有货币流通和无货币流通分开阐述，在第Ⅷ稿中马克思放弃了以往的思路重新作了论述。因此，“这种情况应当消除，全篇应当改写，以适应作者已经扩大的眼界”④。结合前文对马克思各手稿的梳理可知，恩格斯对马克思相关手稿的把握基本是准确的。

对于第三篇社会总资本的再生产和流通，恩格斯的编辑“不仅仅是技术性的困难”，但他要“设法完全根据作者的精神去解决这些困难”⑤。恩格斯的编辑工作主要包括以下两个方面：

第一，文本和结构。一是选择可用的手稿。恩格斯选用了第Ⅱ稿和第Ⅷ稿，并以马克思最后创作的第Ⅷ稿为主（底稿）⑥。第Ⅱ稿相关的论述作为补充，然后将它们整合在一起。二是划分篇章结构。1865年第Ⅰ稿马克思制定了第二册三章（篇）的结构，恩格斯借鉴了第Ⅱ稿的目录，将第三篇分成四章，分别是第十八章“导言”，第十九章“前人对这个问题的阐述”，第二十章“简单再生产”，第二十一章“积累和扩大再生产”。三是拟定各章节的标题。因为第Ⅱ稿和第Ⅷ稿几乎没有可以利用的标题，这个是恩格斯必须克服的一大困难。恩格斯根据第Ⅷ稿以及从第Ⅱ稿采选的文稿，概括出各节的标题。特别地，$MEGA^2$ Ⅱ/Bd. 13编者指出，恩格斯在整合第Ⅱ稿和第Ⅷ稿的时候，并没有区别“没有货币流通的再生产的论述”和“有货币流通的再生产的论述”。通过对比，这里认为恩格斯

---

① 资本论（第二卷）[M]. 北京：人民出版社，2004：4.

②③ 资本论（第二卷）[M]. 北京：人民出版社，2004：7.

④ 资本论（第二卷）[M]. 北京：人民出版社，2004：8.

⑤ 资本论（第二卷）[M]. 北京：人民出版社，2004：9.

⑥ 恩格斯将较晚的手稿置于优先的地位，“我总是把最后的文稿作为根据，并参考了以前的文稿”（资料来源：资本论（第二卷）[M]. 北京：人民出版社，2004：9.）。

将两种类型“机械拼接”的情况是存在的，但并没有造成理解上的误导。

第二，文句。马克思的手稿大多是创作性的草稿，“按照作者当时头脑中发挥的思想的原样写下来的”，文体和用语大多比较随意，在文字上也没有经过推敲。恩格斯非常谨慎地对待马克思遗留手稿中的文句，他强调“我只是把这些手稿尽可能逐字地抄录下来；在文体上，仅仅改动了马克思自己也会改动的地方，只是在绝对必要而且意思不会引起怀疑的地方，才加进几句解释性的话和承上启下的字句。意思上只要略有疑难的句子，我就宁愿原封不动地编入。我所改写和插入的文句，总共还不到 10 个印刷页，而且只是形式上的改动”①。显然，恩格斯遵循了“用马克思的语言来表现马克思”的原则②，使《资本论（第二卷）》“既成为一部连贯的、尽可能完整的著作，又成为一部只是作者的而不是编者的著作”③。MEGA^2 Ⅱ/Bd. 12（1329/2005）的“出入一览”（Abweichungsverzeichnis）以词句为单位，明确了恩格斯的编辑稿与马克思的手稿不同的地方④，其中记载了约 5 000 处改动，第三篇约 1 300 处改动⑤。恩格斯的编辑工作是在极高的责任心的前提下完成的，对比《资本论》第三篇及其选用的第Ⅱ稿和第Ⅷ稿相应的地方，如表 2-3 所示。将马克思在《资本论》第Ⅱ稿阐述的论点与其在第Ⅷ稿所做的补充与拓展统一起来，是恩格斯编辑第三篇最大的困难。不难发现，恩格斯对文句的增补和删改，基本是恰当的、成功的，能够较好地反映马克思原稿的意思。例如，“社会的总年产品”，改成“社会的总产品”；将日常用语“消费”（Konsum），改成科学术语“消费”（Konsumtion）；将大量的英语表达（英德混合词）规范地改成德语词，等等。

---

① 资本论（第二卷）[M]. 北京：人民出版社，2004：3-4.

② [日] 大村泉著，田庆立，张利军译.《资本论（第二卷）》历史考证版的意义——恩格斯的编辑稿与 MEGA^2 第二部分第 12、13 卷 [J]. 国外理论动态，2010（5）：6-10.

③ 资本论（第二卷）[M]. 北京：人民出版社，2004：3.

④ MEGA^2 Ⅱ/Bd. 12（1329/2005）. S. 934-1205. 除此之外，MEGA^2 Ⅱ/Bd. 12（1329/2005）还设计了“结构对照表”（Gliederungsvergleich）是编辑稿与马克思的手稿之间的构成比较，“出处对照表”（Provenienzverzeichnis）反映恩格斯的编辑稿中所采用的马克思手稿中的原文出处。

⑤ MEGA^2 Ⅱ/Bd. 12（1329/2005）. S. 511. [日] 大村泉著，盛福刚译，韩立新校. 新 MEGA 第Ⅱ部门第 12 卷“恩格斯编辑用稿”的编辑和研究 [J]. 政治经济学评论，2013（2）：104-126. [日] 大村泉著，陈浩、解泽春译. 新 MEGA 第Ⅱ部门第 13 卷《资本论（第二卷）》的编辑和研究 [J]. 政治经济学评论，2013（2）：127-140.

表 2-3　　《资本论（第二卷）》第三篇采用马克思手稿统计

第三篇章节标题	第三篇中文版页码	采用的手稿	MEGA² 对应的卷次、页码和所在行	备注
第十八章　导言 Ⅰ．研究对象 Ⅱ．货币资本的作用	389～397	第Ⅱ稿	MEGA² Ⅱ/Bd. 11. S. 340. 1－347. 35.	《马克思恩格斯全集（中文第1版）第50卷》页码：99～108； 第Ⅱ节马克思给出的标题为"Das Geldkapital als Bestandtheil des gesellschaftlichen Gesammtkapitals betrachtet."（货币资本是社会总资本的组成部分。S. 343. 15－16.）
第十九章　前人对这个问题的阐述 Ⅰ．重农学派 Ⅱ．亚当·斯密	398～432	第Ⅷ稿	MEGA² Ⅱ/Bd. 11. S. 698－715. 29. S. 727. 6－16. S. 726. 41－727. 6. S. 727. 21－27. S. 727. 17－21. S. 715. 30－718. 23. S. 724. 13－725. 30. S. 718. 28－35. S. 725. 31－33. S. 718. 36－724. 13. S. 725. 36－726. 38.	恩格斯进行了至少11处调整，其中也有少量的增删。
Ⅲ．以后的经济学家	432～434	第Ⅱ稿	MEGA² Ⅱ/Bd. 11. S. 358. 6－38. S. 362. 6－28. S. 365. 37－39. S. 366. 24－31. S. 367. 16－368. 3.	《马克思恩格斯全集（中文第1版）第50卷》页码：120～121，125，129，130，131～132（以上每页或多或少都有）。
第二十章　简单再生产 Ⅰ．问题的提出	435～438	第Ⅱ稿和第Ⅷ稿	MEGA² Ⅱ/Bd. 11. S. 368. 4－24. S. 727. 34－728. 7 * S. 368. 25－370. 23. S. 728. 8－30.	《马克思恩格斯全集（中文第1版）第50卷》页码：132－135；"第二十章简单再生产"马克思给出的标题为"b) Reproduktion auf einfacher Stufenleiter."（简单规模的再生产。S. 368. 4.）

续表

第三篇章节标题	第三篇中文版页码	采用的手稿	MEGA² 对应的卷次、页码和所在行	备注
Ⅱ. 社会生产的两个部类	438 ~ 442	第Ⅱ稿和第Ⅷ稿	MEGA² Ⅱ/Bd. 11. S. 370. 24 – 371. 12. S. 372. 1 – 26. S. 728. 32 – 38. S. 731. 1 – 2. S. 385. 34 – 386. 6.	恩格斯指出，“主要采自第Ⅱ稿，公式采自第Ⅷ稿”。因为两大部类顺序调换，本节改动较大，最后“三大要点”** 为恩格斯整合概括。《马克思恩格斯全集（中文第1版）第50卷》页码：135，136，151；马克思给出两个标题“I”）Production der Konsumtionsmittel.”（I）消费资料的生产。S. 370. 30. ）“Ⅱ）Produktion von Produktionsmittel.”（Ⅱ）生产资料的生产。S. 377. 1. ）
Ⅲ. 两个部类之间的交换：Ⅰ $(v+m)$ 和Ⅱc 的交换 Ⅳ. 第Ⅱ部类内部的交换。必要生活资料和奢侈品 Ⅴ. 货币流通在交换中的中介作用	442 ~ 470	第Ⅷ稿	MEGA² Ⅱ/Bd. 11. S. 731. 3 – 751. 37.	
Ⅵ. 第Ⅰ部类的不变资本 Ⅶ. 两个部类的可变资本和剩余价值 Ⅷ. 两个部类的不变资本 Ⅸ. 对于亚当·斯密、施托尔希和拉姆赛的回顾	470 ~ 487	第Ⅱ稿	MEGA² Ⅱ/Bd. 11. S. 379. 1 – 381. 34. S. 386. 20 – 390. 4. S. 393. 29 – 398. 5. S. 401. 13 – 403. 31. S. 404. 23 – 405. 11.	《马克思恩格斯全集（中文第1版）第50卷》页码：144 ~ 148，151 ~ 156，160 ~ 166，169 ~ 172，173 ~ 174。
Ⅹ. 资本和收入：可变资本和工资	487 ~ 501	第Ⅷ稿	MEGA² Ⅱ/Bd. 11. S. 779. 9 – 790. 13.	
Ⅺ. 固定资本的补偿 Ⅻ. 货币材料的再生产	501 ~ 539	第Ⅱ稿和第Ⅷ稿	MEGA² Ⅱ/Bd. 11. S. 751. 39 – 775. 28. S. 421. 3 – 423. 22. *** S. 775. 29 – 778. 38.	《马克思恩格斯全集（中文第1版）第50卷》页码：194 ~ 196。

续表

第三篇章节标题	第三篇中文版页码	采用的手稿	MEGA² 对应的卷次、页码和所在行	备注
XIII. 德斯杜特·德·特拉西的再生产理论	539～549	第Ⅱ稿	MEGA² Ⅱ/Bd. 11. S. 435. 24－443. 14.	《马克思恩格斯全集（中文第1版）第50卷》页码：212～222。
第二十一章　积累和扩大再生产 Ⅰ. 第Ⅰ部类的积累 Ⅱ. 第Ⅱ部类的积累 Ⅲ. 用公式来说明积累 Ⅳ. 补充说明	550～590	第Ⅷ稿	MEGA² Ⅱ/Bd. 11. S. 790. 14－825. 36.	马克思给出的标题为"Anticipirt. Ⅱ) Accumulation od. Production auf vergrösserter Stufenleiter."（预备。Ⅱ）积累或扩大规模的再生产。S. 790. 14－15.）

注：第Ⅱ稿马克思给第三章（篇）拟定的标题为"DRITTES KAPITEL. Die realen Bedingungen des Cirkulations－u. Reproduktionsprozesses."（第三章。流通过程和再生产过程的现实条件，S. 340. 1－3.）；第三篇中文页码，资料来源：资本论（第二卷）［M］. 北京：人民出版社，2004：目录3－5；马克思给出章节的相关标题已在备注中说明；恩格斯编辑采用的部分在《马克思恩格斯全集（中文第1版）第50卷》的只标出页码，而在MEGA² Ⅱ/Bd. 11的标出了页码和所在行；＊恩格斯并未标出采自第Ⅷ稿；＊＊"三大要点"，资料来源：资本论（第二卷）［M］. 北京：人民出版社，2004：441－442；＊＊＊恩格斯并未标出采自第Ⅱ稿。

资料来源：笔者根据资本论（第二卷）［M］. 北京：人民出版社，2004；马克思恩格斯全集（中文第1版）第50卷［M］. 北京：人民出版社，1985；MEGA² Ⅱ/Bd. 11（1850/2008）整理。

对于恩格斯的编辑工作，早期有学者认为过于严谨，应该对马克思手稿的内容进行加工，减轻读者的负担①；有些学者对恩格斯的编辑也提出了异议，开始怀疑"过度"编辑②或许误解了马克思的原意；更多的人是

① Gerald Hubmann. Unvollendete Klassiker. Editionsphilologische Konstellat ionen bei Marx und anderen Klassikern der Sozialwissenschaft. in Harald Bluhm, Karsten Fischer, Marcus Llangque (Hg.), Ideenpolitik. Geschichtliche Konstellationen und gegenwärtige Konflikte, Berlin, 2011. 吕贝尔认为恩格斯"既做得太多，又做得太少"，资料来源：Karl Marx. Œuvrer, Économie, Ⅱ, Édition Établie et Annotée par Marximilien Rubel. Bibliothèque de la Pléiade, 1968：501－502.［法］吕贝尔著，夏伯铭译，魏寿山校. 恩格斯是〈资本论〉的校订人［J］. 现代外国哲学社会科学文摘，1983（2）：22－23.

② 例如，MEGA²编辑负责人之一福尔拉格夫将恩格斯对马克思手稿所做编辑和理论加工等变更细分为"6类15种"（资料来源：［德］卡尔·埃利希·福尔格拉夫和尤尔根·容尼克尔. 马克思说的是自己的话？关于恩格斯编辑的〈资本论〉第三卷的基本手稿［J］. 马克思恩格斯列宁斯大林研究，1997（1）：60－61.）。

对恩格斯的编辑工作给予认可和高度评价的①，“《资本论》恩格斯编辑问题”不存在（维戈茨基，1995），恩格斯成功地将马克思的草稿变成一本“可读”的书②（米歇尔·海因里希，2006）。当然，还有些学者（以日本学者为主）对恩格斯的编辑工作只关注定量分析，不做定性评价③。从总体上来看，这里认为恩格斯的编辑并没有改变马克思社会资本再生产原本的理论，而是将其主要的部分都呈现了出来，恩格斯的编辑处理和理论加工仅仅是为了消除手稿（非成品）的缺陷（罗尔夫·黑克尔，2011）。恩格斯通过对马克思遗留下来的相关手稿进行编辑，是对马克思的社会资本再生产理论的第一次“解读”，使其以一个较完整的理论体系公布于世，这本身就是一项意义非凡的历史性成就。恩格斯“替他的天才朋友建立了一座庄严宏伟的纪念碑，无意中也把自己的名字不可磨灭地铭刻在上面了”④。

当然，充分肯定恩格斯编辑成就的同时，我们也应该正视一些缺点。这里认为马克思的社会再生产理论的完整性十分重要，但恩格斯并未完全做到这一点。通过恩格斯为《资本论（第二卷）》第三篇的选稿以及拟定的章节标题，不难发现，《资本论（第二卷）》第三篇所呈现的内容，并非是马克思所创作的社会资本再生产理论的全部。例如，对没有货币流通的再生产论

---

① 例如，列宁、梁赞诺夫、黑克尔、舍福尔德、哈里托诺夫、曼弗雷德·米勒等（资料来源：列宁专题文集：论马克思主义［M］. 北京：人民出版社，2009：58. D. Rjazanov. Marx und Engels nicht nur für Anfänger, aus dem Russischen von Rainer Traub, Rotbuch Verlag Berlin, 1973: S. 174.［德］罗夫尔·黑克尔著（讲稿），沈红文译. 恩格斯编辑《资本论（第二卷）》、第三卷的情况［J］. 国外理论动态，2011（11）：1–4，54. Betram Schefold, Zirkulation, Produktivität und fixed Kapital. Zum Erscheinen des MEGA–Bandes Ⅱ–12, in Marx–Engels–Jahrbuch 2006, Akademie Verlag, Berlin, 2007. 哈里托诺夫著，张钟朴摘译. 恩格斯编辑整理〈资本论〉第二卷所做的工作［J］. 马列著作编译资料（辑 16）.［德］曼弗雷德·米勒著，熊子云译. 恩格斯对创立马克思主义经济学说的贡献［J］. 北京师范大学政治经济学系编.《资本论》研究论丛（译文部分 1 上册）［M］. 1983：277–285.）。

② Michael Heinrich. Deconstructing "Capital": New Insights from Marx's Economic Manuscripts in "MEGA" (Summary). Historical Materialism Annual Conference 2006 "New Directions in Marxian Theory". http://www.oekonomiekritik.de/312Deconstructing%20Capital.htm.

③［日］大村泉著，田庆立、张利军译.《资本论》第 2 卷历史考证版的意义——恩格斯的编辑稿与 $MEGA^2$ 第二部分第 12、13 卷［J］. 国外理论动态，2010（5）：6–10.［日］大谷祯之介著，陈浩译. 从新 MEGA 第Ⅱ部门第 11 卷来看马克思对再生产理论的推进——以《资本论》第 2 部的艰辛创作历程为视角［J］. 政治经济学评论，2013（2）：141–150.

④ 列宁专题文集：论马克思主义［M］. 北京：人民出版社，2009：58.

述的舍弃①，没有考虑第Ⅰ稿中阐述的简单再生产和扩大再生产间的过渡，没有编入马克思在第Ⅱ稿中对两大部类细分的论述②。

三、社会资本再生产理论是一个开放的体系

通过对马克思社会资本再生产理论创作历程的分析，这里可以得出一个初步的结论性认识：马克思对社会资本再生产理论一直在创作，不断修改和完善以往所研究的结论，但并未最终完结。马克思遗留下来的均是没有最终创作完成的手稿（或称原始稿），恩格斯的编辑出版也仅仅使得理论的主体部分得以流传。这种理论上和结构上不完善的情况，反映出当时马克思对社会资本再生产理论的研究还正在逐步深入。手稿中许多反复修改的痕迹和不规范的表述，都说明马克思在一些问题上并没有最终的定论。$MEGA^2$ 的编辑赫根纳·罗斯（Regina Roth，2010）指出，马克思的遗著更确切地说是未完成或残缺的，他的研究过程是开放的，核心的理论问题始终处于不断修改状态。米歇尔·海因里希（Michael Heinrich，2006）也指出，马克思的《资本论》不是一个几乎完备的思维封闭之框，而是我们都可以参与其发展的开放项目。从马克思创作社会资本再生产理论的几次自我批判性突破来看，社会资本再生产理论和马克思的其他政治经济学理论一样本身就具有一定的开放性（Rolf Hecker，2009）。因此，马克思社会资本再生产理论并非是一个完成的、封闭的体系，而是一个未完成的、开放的体系。

曾任 MEGA 编委会主席的巴加图里亚指出，“发展是马克思主义的存在方式”③。马克思主义不是教条，社会资本再生产理论也需要不断地创新发

---

① $MEGA^2$ Ⅱ/Bd. 13（800/2008）. S. 533－536. $MEGA^2$ Ⅱ/Bd. 13 编者认为在第Ⅷ稿中马克思跳过没有货币流通的再生产的阐述并不等于放弃。这里也认为没有足够的证据说明马克思以前舍弃了没有货币流通为中介的社会资本再生产的分析，按照马克思研究问题的习惯，很有可能会将其作为一种纯粹的分析。当然，这里“如何看待马克思对社会资本再生产理论中货币流通的问题”，不同学者的观点也不尽相同。例如，以大谷祯之介为代表的 $MEGA^2$ Ⅱ/Bd. 11 的编者认为在第Ⅷ稿中“马克思已经意识到，沿用以往‘没有货币流通’和‘有货币流通’的双重方式分析社会总再生产过程是不可行的”，“最终实现了对古典派的‘货币面纱观’的超越”（资料来源：$MEGA^2$ Ⅱ/Bd. 11（1850/2008）. S. 868. ［日］大谷祯之介著，陈浩译. 从新 MEGA 第Ⅱ部门第 11 卷来看马克思对再生产理论的推进——以《资本论》第 2 部的艰辛创作历程为视角［J］. 政治经济学评论，2013（2）：141－150.）。

② $MEGA^2$ Ⅱ/Bd. 13（800/2008）. S. 543－544.

③ ［俄］格奥尔基·巴加图里亚著（讲稿），徐洋摘译. 恩格斯对马克思学说的贡献［J］. 国外理论动态，2005（11）：15－20.

展。因此，应从马克思主义是发展的理论的视角对马克思的社会资本再生产理论进行继承和发展。

四、马克思对待科学研究的态度和精神

面对前面的论述，我们不仅会产生疑问，为什么马克思会花费这么长时间坚持创作一个理论？马克思为社会资本再生产理论创作了大量的手稿，从前面对手稿梳理的情况来看，马克思的创作并非直线上升，而是研究和叙述交织，在批判与自我批判中螺旋上升。马克思自1843年开始学习和研究政治经济学，早在《伦敦笔记》（1850～1853）时期，在一篇名为《反思》的短文中马克思就提及社会资本再生产问题；《1857－1858年经济学手稿》中对社会资本再生产理论只是附带着进行了论述；《1861－1863年经济学手稿》中在批判亚当·斯密、大卫·李嘉图等资产阶级经济学家时，多次“插花式”地阐述了社会资本再生产理论，使其初步具有了理论雏形；《1863－1865年经济学手稿》时期，马克思撰写的《资本论》第二册第Ⅰ稿中首次集中论述了社会资本再生产理论；1867～1870年马克思又创作了第Ⅱ稿，在理论和结构上进一步深化了社会资本再生产理论。其中对两大部类进行了拓展性探索，并进行了大量、繁杂的数学计算，这些都提高了理论研究的水平；1877～1881年马克思再次为社会资本再生产理论撰写了手稿，即《资本论》第二册第Ⅷ稿，进一步深化了社会资本简单再生产理论，同时首次较完整地论述了社会资本扩大再生产理论，至此马克思的社会资本再生产理论基本形成。马克思对社会资本再生产理论的创作历程说明，对于理论创作，马克思始终秉持科学的一丝不苟的态度和严格的自我批判精神，“力求在公布他的经济学方面的伟大发现以前，使它们达到最完善的程度”①。不仅是对自己创作的理论，马克思对待资产阶级经济学家的理论观点，也总是采取极其科学的态度，他的批判绝非轻描淡写，而是追根溯源，这一点只要回顾一下他对“斯密教条”的批判就能很好地证明。

恩格斯在《资本论（第二卷）》序言中指出，“只要列举一下马克思为第二册留下的亲笔材料，就可以证明，马克思在公布他的经济学方面的伟大发现以前，是以多么无比认真的态度，以多么严格的自我批评精神，力求使这些伟大发现达到最完善的程度。正是这种自我批评的精神，使他的论述很

---

① 资本论（第一卷）［M］. 北京：人民出版社，2004：893.

少能够做到在形式上和内容上都适应他的由于不断进行新的研究而日益扩大的眼界”[①]。马克思遗留下来的包括草稿、笔记和札记等与创作社会资本再生产理论相关的材料表明，他的研究视野在随着研究的深入不断扩大，推翻以往的论述重新开始，不断完善和拓展自己的理论。正如马克思自己所说，“在科学上没有平坦的大道，只有不畏劳苦沿着陡峭山路攀登的人，才有希望达到光辉的顶点”[②]。

① 资本论（第二卷）[M]. 北京：人民出版社，2004：4.
② 资本论（第一卷）[M]. 北京：人民出版社，2004：24.

第三章

马克思社会资本再生产理论的研究综述

马克思创立了社会资本再生产理论，但生前并未发表。1885 年恩格斯编辑出版了《资本论（第二卷）》，使得社会资本再生产理论以相对完整的形态公布于世。在随后的一百多年中，国内外理论界对社会资本再生产理论进行了大量的研究和评述①，使之成为马克思主义政治经济学研究中最活跃的理论问题之一。其中，无论是对马克思的社会资本再生产理论进行批判，还是为其进行辩护，事实上都是在推动这一开放性的理论不断向前发展。本章将对国内外社会资本再生产理论的相关论述进行综述性研究②，以便借鉴优秀的研究成果，为本书的拓展性研究奠定坚实的理论基础。

第一节　国外对马克思社会资本再生产理论的研究

自马克思的社会资本再生产理论问世以来，国外理论界的态度的总体趋向为：沉默→争论→借鉴与发展。国外对社会资本再生产理论的研究，总体来看，可以分为马克思主义学者和非马克思主义学者两大类。事实上，绝大多数国外非马克思主义学者仅仅停留在对该理论评论的层面，也有少数通过借鉴创立或发展了自己的经济理论。社会资本再生产理论是马克思主义政治经济学的主要理论之一，大多数国外马克思主义经济学者都曾撰文介绍或运用该理论，但真正对该理论进行创造性研究的并不多。本书在综述研究时，

① 国内外对社会资本再生产的研究和评述主要是依据《资本论（第二卷）》第三篇的内容。

② 这里主要综述对马克思的社会资本再生产理论具有拓展性的研究，对于大量一般性介绍或解读社会资本再生产理论的文献基本不予涉及。

一方面依据历史的进程（学术史），另一方面按照学者对社会资本再生产理论的研究成果进行分类梳理。

一、马克思主义者的争论与发展

第二次世界大战前，虽然有少数日本学者论及社会资本再生产理论①，但并没有展开创新性研究，对社会资本再生产理论的研究主要集中在欧美和苏联。

1. 列宁对社会资本再生产理论的发展

列宁（1893）在《论所谓市场问题》一文中，将技术进步和资本有机构成不断提高引入扩大再生产图式，通过举例计算分析，归纳出“在资本主义社会中，生产资料的生产比消费资料的生产增长得快”②。通过对比马克思和列宁的计算③，不难发现资本有机构成的提高可以明显降低经济增长（扩大再生产）的速度。随后，列宁（1897）在《评经济浪漫主义》中对西斯蒙第的积累理论进行批判时，提及“制造生产资料的社会经济部门”“比制造消费品的那个部门增长的快”④。列宁（1899）在其《俄国资本主义的发展》一书中也特别论及，“制造生产资料的社会生产部类应该比制造消费品的社会生产部类增长得快。可见，资本主义国内市场的扩大，在某种程度上并‘不依赖’个人消费的增长，而更多的靠生产消费”。列宁又进一步指出，生产消费最终要受到个人消费的制约，在资本主义社会中无限扩大的生

---

① 例如，山田盛太郎（1931）著有《再生产过程公式分析序论》一书；宇野弘藏（1932）著有《对再生产公式理论的基本考察》一文；富塚良三（1926）著有《经济原理》一书，其中论及社会资本再生产理论，富塚分析扩大再生产时提出了“剩余生产资料”“平衡积累率”等概念。

② 列宁全集（中文第二版）第1卷［M］. 北京：人民出版社，1984：66－68. 列宁将第Ⅰ部类分成制造生产资料的生产资料部类和制造消费资料的生产资料部类。例证的计算结果表明，“增长最快的是制造生产资料的生产资料生产，其次是制造消费资料的生产资料生产，最慢的是消费资料生产”。

③ 马克思和列宁使用的初始数据相同，第Ⅰ部类积累率也相同$\left(\frac{1}{2}\right)$，但马克思假定资本有机构成不变，而列宁假定资本有机构成不断提高，前者四年的社会总产品价值量平均增长速度为9.6%，后者四年的平均增长速度为6.4%（资料来源：资本论（第二卷）［M］. 北京：人民出版社，2004：574－579. 列宁全集（中文第二版）第1卷［M］. 北京：人民出版社，1984：65－66. ）。

④ 列宁全集（中文第二版）第2卷［M］. 北京：人民出版社，1984：126.

产和有限的消费之间的矛盾，足以证明资本主义的历史暂时性①。社会资本再生产中生产资料生产增长得更快，在西欧和苏联理论界引起广泛认同，后被斯大林在《苏联社会主义经济问题》② 中归述为“在扩大再生产下生产资料生产的增长占优先地位的原理”③，并在社会主义经济发展中以基本总路线的形式贯彻实践。1913 年后，列宁在批判罗莎·卢森堡时，又阐述了社会资本再生产的观点，特别是针对生产资料生产优先增长的问题④。列宁还编制了“说明各种社会经济形态的社会总产品结构变化的表式”，首次尝试分析社会主义的再生产问题⑤。

在《资本论（第二卷）》发表初期，除了考茨基作了一些相关评论外，社会资本再生产理论在西方理论界没有任何反响。列宁在同民粹派和“合法马克思主义者”的辩论中以及在批判卢森堡的著作时，研究了马克思的社会资本再生产理论。除了对马克思社会资本再生产进行解读之外，列宁对该理论的发展不仅体现在将技术进步及资本有机构成提高引入社会资本扩大再生产图式，进而得出“生产资料的生产优先增长”原理，还包括社会资本再生产的与社会制度相结合的实现问题、两个基本原理的阐述、需求上升规律等。可以说，列宁是最早创造性地发展马克思社会资本再生产理论的马

① 列宁全集（中文第二版）第 3 卷［M］. 北京：人民出版社，1984：33 –42. 列宁专题文集：论资本主义［M］. 北京：人民出版社，2009：20 –27.

② 斯大林在《苏联社会主义经济问题》中将马克思的社会资本再生产理论概括成六条原理：“关于社会主义生产之分为生产资料的生产与消费资料的生产的原理；关于在扩大再生产下生产资料生产的增长占优先地位的原理；关于第一部类和第二部类之间的比例关系的原理；关于剩余产品是积累的唯一源泉的原理；关于社会基金的形成和用途的原理；关于积累是扩大再生产的唯一源泉的原理。”并认为这些原理完全适用于社会主义国家。

③ 斯大林选集（下卷）［M］. 北京：人民出版社，1979：600. 苏联经济学家 Я. А. 克隆罗德曾为技术进步引起生产资料生产优先增长原理做出经典解释，“技术的进步，即用越来越多的劳动工具和其他生产资料不断地加强对活劳动的装备，标志着在生产社会总产品所消耗的总劳动量中，过去劳动的比重上升，而活劳动的比重下降。所以，花费在创造日益增长的社会产品上的生产资料价值量，要比社会产品总价值增加得快。又因为生产资料是由第一部类创造的，所以第一部类产品价值量的增长理所当然地快于第二部类的产品价值量”。20 世纪 60 年代中期，苏联学术界部分学者对生产资料生产优先增长原理进行了批判，例如，C. C. 沙塔林指出，“所谓扩大再生产下生产资料生产优先增长规律是不可避免的断言毫无根据”（资料来源：［苏］Д. М. 卡扎克维奇著，马文奇译，邹用九校. 论社会主义制度下的扩大再生产过程［J］. 现代外国哲学社会科学文摘，1982（8）：15 –19. ）。

④ 关于列宁是否认同罗莎·卢森堡提出的“生产资料优先增长也适用于社会主义社会”，中国学术界有争论，如王慎之（1981）、王绍顺（1982）、任微（1983）、王晓东（1985）。

⑤ ［苏］列宁. 论罗·卢森堡《资本的积累》一书的文章提纲章稿和材料［J］. 经济学译从，1979（2）：1 –5.

克思主义理论家。

2. 罗莎·卢森堡等关于社会资本再生产理论的争论①

20世纪初，在马克思主义学者之间，围绕着社会资本再生产理论的一些基本问题展开了激烈的争论。杜岗—巴拉诺夫斯基（Tugan－Baranovsky，1902）在其著作《周期性工业危机》中提出，根据社会资本再生产理论，资本主义工业危机的原因是资本积累过程中个别企业的比例失调所造成的（即所谓“比例失调论”），而与《资本论（第三卷）》所提出的消费因素无关。杜岗试图使用社会资本再生产的模式来论证周期性工业危机，并且认为《资本论（第三卷）》提出的消费需求对资本主义经济危机的影响，是由于第二卷对社会资本再生产分析没有贯彻到底的结果。杜岗的观点受到罗莎·卢森堡（Rosa Luxemburg）② 的尖锐批判，她认为与《资本论（第三卷）》的平均利润等理论相比，第二卷的社会资本扩大再生产理论存在严重缺陷。

卢森堡对社会资本再生产理论的研究集中体现在其著作《资本积累论》（1913）和《资本积累——一个反批判》（1915）③ 之中。对于社会资本简单再生产，卢森堡没有做过多的论述，仅仅指出马克思没有论及固定资本再生产，并假设黄金生产是社会生产中独立的第三部类。卢森堡认为利用马克思的再生产图式并不能描述资本主义条件下积累或持续扩张的过程，因为马克思假定资本主义社会仅有资本家和工人两个群体，所以不能解释由谁购买那些构成剩余价值的额外商品的问题。积累“这个不断增长的需求是从哪里来的呢?”④ 卢森堡认为，在马克思的再生产分析体系内这显然是一个悖论，“资本积累，也就是，以资本化为目的的剩余价值实现问题”⑤ 是马克思及马克思主义者未能完全解决的。此外，卢森堡还提出马克思的社会资本

---

① 19世纪末围绕着“俄国资本主义发展的前途问题”，在民粹、俄国合法马克思主义者和列宁之间展开了论战，同时以“资本主义的崩溃问题”为代表的德国马克思主义者间也展开了争论，在这些争论中也涉及社会资本再生产理论。显然，后续卢森堡等关于社会资本再生产理论的争论也是发端于此。

② 罗莎·卢森堡是世界上最早的经济学女博士之一，也是德国著名的马克思主义理论家。

③ 1915年卢森堡在狱中写了《反批判》，该书出版于她离世之后的1921年。

④ ［德］罗莎·卢森堡著，彭尘舜，吴纪先译．资本积累论［M］．上海：三联书店，1959：87. 卢森堡的这个观点被后来的一些学者称为广义的“消费不足理论”，例如，兰格、斯威齐等。斯威齐曾称卢森堡为“消费不足主义论者中的女王”（资料来源：Oskar Lange. The Rate of Interest and the Optimum Propensity to Consume［J］. *Economica*，1938（17）：12－32. Paul M. Sweezy. *The Theory of Capitalist Development*［M］. New York：Oxford University Press，1942：171.）。

⑤ ［德］罗莎·卢森堡著，彭尘舜，吴纪先译．资本积累论［M］．上海：三联书店，1959：122.

再生产理论漠视了货币的资本形式；马克思在分析扩大再生产（积累）时假设了技术不变，这也与现实不符合；等等①。

针对马克思的社会资本再生产理论的缺陷（扩大再生产图式的前提假设与图式的实现之间的矛盾），卢森堡提出了自己的扩大再生产（积累）理论资本，即第三市场理论，主要用来解决“剩余价值如何实现”的问题。“剩余价值实现的第一条件，是要求一个资本主义社会以外的购买者阶层。”“资本的积累，没有非资本主义环境，在任何场合下，是不可能的。”② 因此，在卢森堡看来若没有“资本及其积累的直接的生存条件”③，资本主义制度就无法存在。同时，卢森堡认为马克思的再生产图式表明，“积累，生产，（价值）实现与交换在发条般精密的控制下流畅地运行，毫无疑问，这种特殊类型的‘积累’可以无限期地继续下去”。卢森堡阐述了资本主义如何不断侵蚀和破坏它的非资本主义环境，随着世界上大部分生产性的非资本主义的环境被破坏，帝国主义（资本主义）④ 就必然走向灭亡。

卢森堡对马克思社会资本再生产理论的批判是严厉的，在其所处的时代，主要的马克思主义理论家被她的批判激怒，纷纷捍卫马克思的理论⑤。例如，列宁认为卢森堡对于马克思社会资本再生产理论的解释是完全错误的，她对该理论的补充也是完全失败的⑥。只有少数人对卢森堡的评论是友善的，例如，卢卡奇（Szegedi Lukács György Bernát，1920）对卢森堡运用总体性方法研究资本主义积累问题作出了极高的评价，认为她是唯一推进了

① ［德］罗莎·卢森堡著，紫金如等译．资本积累——一个反批判［J］．帝国主义与资本积累［M］．黑龙江：黑龙江人民出版社，1982：83－84，108．卢森堡将技术因素纳入扩大再生产模式，她假定资本有机构成随着资本积累的增长而累进的变化，这样两大部类间的均衡条件就无法满足，因为可变资本的相对减少会使得第Ⅱ部类出现生产剩余（资料来源：［德］罗莎·卢森堡著，彭尘舜，吴纪先译．资本积累论［M］．上海：三联书店，1959：356－357．）。

② 卢森堡从《资本论（第二卷）》第三篇的第二十一章第Ⅲ节用公式来说明积累中的“第二例”（资料来源：资本论（第二卷）［M］．北京：人民出版社，2004：579．）出发，改变了第Ⅱ部类积累率（两部类均为50%）、资本有机构成（逐渐提高）、剩余价值率（逐渐提高）等，数据结果表明第Ⅰ部类生产资料不足与第Ⅱ部类消费资料过剩会同时发生。据此卢森堡认为在仅有资本家和工人的资本主义社会，再生产公式所描述的积累将会中断，因此资本主义的非资本主义领域是必然存在的。

③ ［德］罗莎·卢森堡著，彭尘舜，吴纪先译．资本积累论［M］．上海：三联书店，1959：276，288－289.

④ 《资本积累论》的副标题为“对帝国主义的一种经济学说明”。

⑤ 米歇尔·R. 克拉特科．关于卢森堡的争论——马克思主义宏观经济学的起点［A］//何萍主编．罗莎·卢森堡思想及其当代意义［M］．北京：人民出版社，2013：195－211.

⑥ 列宁文稿（第13卷）［M］．北京：人民出版社，1987：53－66.

马克思的经济学内容和方法的马克思主义者[①]。卡莱斯基（Michal Kalecki，1939）则认为在凯恩斯之前卢森堡对投资和出口在弥补“储蓄缺口”的必要性比其他人概括更清晰[②]。近年来，卢森堡的观点逐渐受到了理论界的肯定。比如，泰狄士·科瓦利克（Tadeusz Kowalik）称赞卢森堡的《资本积累论》“可能是自卡尔·马克思的杰作后，由马克思主义者和社会主义思想家所写的最好的著作”[③]。保尔·泽瑞姆卡（Zarembka P.，2002）指出潘涅库克、埃克斯坦、布哈林、格罗斯曼、马提科、斯威齐、罗斯多尔斯基、塔巴克、库恩、霍华德和金、杜娜叶夫斯卡娅等都对卢森堡的著作进行了批驳，但这些批评中没有一个足以和卢森堡的理论相对峙，因为她的研究真正发展了马克思的社会资本扩大再生产理论。在批判卢森堡的众多马克思主义者中，最具代表性的是奥地利马克思主义理论家奥托·鲍威尔（Otto Bauer）和作为当时苏联头号理论家的尼古拉·布哈林（N. I. Bukharin）。他们对卢森堡的资本积累理论进行批判的同时，也发展了自己的理论。

卢森堡试图证明“积累在一个封闭的资本主义体系中是不可能的”[④]，奥托·鲍威尔（1913）在扩大再生产中纳入了人口的增长（增长率设为5%）和技术的进步（两大部类资本有机构成的提高，不变资本增长率设为10%）等因素，并假定部类间的资本可以转移[⑤]，证明了在纯粹资本主义经济中均衡积累和增长的可能性。鲍威尔（1987）断言，资本家可能而且确实将他们的储蓄拿去投资，也就是将剩余价值中从储蓄、不消费的部分中拔出，用于他们自己或家庭消费之外的投资，从一个部类转向另一个部类，从而使积累和增长成为可能，并处于平衡之中[⑥]。面对各方的批判，卢森堡也进行了坚决的反批判，这主要体现在其著作《资本积累——一个反批判》

① ［匈］卢卡奇著，杜章智等译．历史与阶级意识［M］．北京：商务印书馆，1992：39－40.

② M. Kalecki. *Essays in the Theory of Economic Fluctuations*［M］. London：George Allen and Unwin，1939：46.

③ 昂德·霍夫曼．从历史的观点看罗莎·卢森堡的《资本积累论》［A］//何萍．罗莎·卢森堡思想及其当代意义［M］．北京：人民出版社，2013：187－194.［英］简·托伯罗维斯基著，吴昕炜译．泰狄士·科瓦利克与《资本积累论》［J］．黑龙江社会科学，2015（2）：1－7.

④ Howard M. C.，King J. E. *A History of Marxian Economics*：*Volume Ⅰ，1883－1929*［M］. Houndmills and London：MacMillan Press Ltd.，1989：112－113.

⑤ 奥托·兰格和考瓦里克肯定了鲍威尔的观点。比如，考瓦里克指出，关于积累的部类间的转移问题，历史毫无异议地证明奥托·鲍威尔是正确的，因为在现实经济运行中，资本是在物质形态和货币形态上进行转移的。

⑥ ［奥］奥托·鲍威尔．资本积累［A］．赵洪．国外《资本论》研究［M］．辽宁：东北财经大学出版社，1987：71－88.

中。卢森堡坚定地认为马克思的再生产图式存在根本性缺陷，任何完善或扩展的努力都是徒劳。卢森堡还指出，鲍威尔假设剥削率不变与资本有机构成的提高是矛盾的，同时将资本积累依赖于人口增长的结论也是错误的。但鲍威尔的理论也同样受到过肯定，例如，M. C. 霍华德和 J. E. 金认为鲍威尔的增长模式是“1914 年前任何一位马克思主义经济学家试图展开宏观动态学分析中最成熟的一种”①。

1924 年尼古拉·布哈林（Николай Иванович Бухарин）在其著作《帝国主义与资本积累》中对杜岗—巴拉诺夫斯基和卢森堡进行了批驳，他指出将《资本论》第二、第三卷对立起来是错误的。其中，杜岗—巴拉诺夫斯基割裂了社会资本再生产理论中生产和消费的必要联系；卢森堡混淆杜岗模式与马克思的模式，由此推断马克思的社会资本再生产模式存在问题。布哈林在阐述马克思的社会资本再生产基本原理的同时，批判卢森堡不懂得区分简单和扩大再生产，忽视资本家追求利润的欲望对再生产的推动作用，将总资本家看成单个资本家，以及将抽象的理论与现实的现象对立起来，将剩余价值的实现问题理解错误，这一切最终导致她的第三市场理论的错误②。布哈林在对卢森堡的资本积累理论展开批判的同时，给出了一个更复杂的例证来说明马克思的积累和增长模式，并提出了自己对扩大再生产公式的理解。在布哈林的模型中，假定了剥削率和资本有机构成的提高在两大部类中同步进行，积累（储蓄和投资）和产量的增长之间的可变化的比率是可以调整的。

罗莎·卢森堡等对社会资本再生产理论的广泛争论③，不仅让马克思的社会资本再生产理论的理论价值得以彰显，还进一步赋予了马克思理论遗产以新的活力（顾海良，2013）。这里认为虽然争论在具体问题上并无成果，但是卢森堡所提出的马克思的社会资本扩大再生产理论的前提假设问题意义重大。争论焦点之一是社会资本再生产实现平衡的公式，一方面这有助于加

① Howard M. C. , King J. E. *A History of Marxian Economics: Volume Ⅰ, 1883 - 1929* [M]. Houndmills and London: MacMillan Press Ltd. , 1989: 115 - 120.

② ［俄］布哈林著，紫金如等译．帝国主义与资本积累［A］．帝国主义与资本积累［M］．黑龙江：黑龙江人民出版社，1982：177 - 180，210，218，255 - 257，265.

③ 日本理论界在 20 世纪 20 年代开始也围绕着社会资本再生产理论展开了争论，福田德三等支持杜岗的观点，河上肇等认同卢森堡的观点。其中，山田盛太郎和宇野弘藏等的成果最为显著，通过争论基本明确了社会资本再生产图式的意义及其限度（资料来源：［日］松冈利道．关于资本主义崩溃的争论——有再生产公式理论和帝国主义理论所引起的争论［A］//佐藤金三郎．《资本论》百题争论（二）［M］．山东：山东人民出版社，1993：168.）。

深对公式的均衡理论的理解，另一方面也“破”开了拓展这一理论的研究。对社会资本扩大再生产的公式本身的批判和对公式前提假设的批判是两个截然不同的问题，但又相互联系不可分割。他们的争论对研究马克思的社会资本再生产理论产生了深刻的影响，被看作西方理论界对社会资本再生产图式创新性研究的根源（Kowalik，2014）。

3. 国民经济综合平衡

国民经济综合平衡是社会资本再生产理论在社会经济工作中应用的最好例证，这里认为实践应用对这一经济理论的发展具有非常重要的意义。1926年苏联中央统计局公布了第一个以整个国民经济为对象的“1923～1924年苏联国民经济平衡表”①，之后经过苏联以及其他社会主义国家的计划经济统计工作实践，使得国民经济平衡表逐步改进和演变（刘国光，1956）②，最终发展成物质产品平衡表体系（MPS）。事实上，国民经济平衡表就是马克思社会资本再生产图式的具体化和应用的体现③。商品的价值和使用价值是对立统一的，在现实的社会再生产过程中，社会产品的运动既有使用价值的运动也有价值的运动。社会产品分裂为物质产品和货币收入，同时这两者又不断结合。国民经济平衡中既包括社会产品在实物形态上的再生产过程，即物质补偿（平衡），同时也包括社会产品在价值和货币收入形态上的再生产过程，即价值补偿（财政平衡）。苏联的经济学界一般将社会再生产过程分成3个方面：一是使用价值的再生产，二是价值的再生产，三是劳动的再生产。因此，国民经济平衡表中包括社会产品（综合物资）平衡表、财政平衡表和劳动平衡表三类④。针对苏联对国民经济平衡表的应用过程中反映

---

① 因为从“均衡论”的立场出发，且没有说明社会资本扩大再生产前提的积累部分等缺点，该国民经济平衡表曾被严厉批判。例如，斯大林曾指出：“中央统计局在1926年当作国民经济平衡表公布的东西，不是平衡表，而是数字游戏”（资料来源：斯大林全集（第12卷）[M]. 北京：人民出版社，1960：151.）。

② 苏联经济学家斯特鲁米林在苏联《经济问题》杂志撰文阐述“国民经济平衡表是社会主义计划工作的工具”。

③ 苏联经济学家B. C. 涅姆钦诺夫（1959）指出，“扩大再生产公式是通过编制统一的国民经济平衡表的形式来加以进一步具体化的”。在涅姆钦诺夫之前，波兰经济学家奥斯卡·兰格曾尝试编制了产业关系表，并认为基于产业关系的投入产出表作为更为详细的国民经济平衡表是将再生产公式具体化的工具。苏联许多学者都曾研究过社会资本再生产公式与国民经济平衡表的关系，例如，达达扬、欧巴林、埃杰里曼等。

④ 苏联学者B. 索波里（1957）认为国民经济平衡表包括四个表，即物资平衡表、财政平衡表、劳动资源平衡表和固定资产平衡表。20世纪50年代中后期兴起部门联系平衡表（棋盘式平衡表）也是在国民经济平衡表的基础上演变发展起来的。

出来的问题[①]，理论界在两个方面争论较多。一是关于国民经济平衡表编制按照价值还是实际价格的问题。例如，A. 孟德尔逊（1957）认为产品的价值并非统计的范畴，因而是不能计算的；B. 索波里（1957）则认为因为计算各部门商品的价值有困难，国民经济平衡表职能按照现行价格编制[②]。而C. T. 斯特鲁米林、п. 墨斯基斯拉夫等学者认为国民经济平衡表应该同时也按价值来编制，其中斯特鲁米林（1956）认为国民经济各部门产品价格背离价值的程度是可以计算的，并给出了计算价值的方法（柳谷岗，1957）；墨斯基斯拉夫（1957）则提出产品的价值计算可以借助电子计算机来实现。二是关于物质生产领域与非物质生产领域的划分问题，如客运业是否是生产部门的争论。一般都认为，物质生产的结果是产品，而非物质生产活动的结果是服务。少数学者也认为服务也是生产劳动，例如，Я. 维尔克斯（1957）认为包括服务在内一切提供使用价值的劳动都是生产劳动，从而是社会产品和国民收入的创造者。因此“在国民经济平衡表的表式中，就应该把公用事业、住宅管理、旅客运输从业人员的劳动，以及科学文化事业中的一切劳动都当作创造物质资财和文化资财的劳动”[③]。关于服务是一种生产劳动的问题是本书在第四章中拓展研究的内容。国民经济平衡表必须能真正反映社会生产的实际过程，其在实际应用的过程中所出现的问题也充分说明对社会资本再生产理论拓展研究的重要性。

4. 费里德曼的经济增长理论

苏联经济学家 Г. А. 费里德曼（Г. А. Фельдма）[④] 在 20 世纪 20 年代从苏联经济运行的实际状况出发，对马克思的社会资本再生产理论进行了创造性的研究（吴易风，2002，2007）。Г. А. 费里德曼依照马克思的社会资本再生产理论分析逻辑框架建立了经济增长模型。

---

① 在实际应用的过程中，主要的问题包括：按产品的价格还是价值编制问题、生产性和非生产性部门的划分问题、产品的计算问题、固定资产折旧和更新问题、进出口产品的处理问题等。

② 索波里（1958）被邀请到中国对“国民经济平衡理论和方法进行讲学”时指出，按照价值来编制国民经济平衡表虽然理论和实践意义很大，但是目前还做不到。

③ 柳谷岗. 苏联关于国民经济平衡表方法论的一些问题的讨论［J］. 经济研究，1958（1）：83－88.

④ 学术界又译作菲尔德曼或费尔德曼（G. A. Feldman），费尔德曼的经济增长理论之所以在国际学术界知名，很大程度上得力于美国经济学家多马的介绍。1953 年印度经济学家马哈拉诺比斯提出的国民收入增长模型与费尔德曼模型类似，世界银行出版的《宏观经济模型和发展计划》将费尔德曼—马哈拉诺比斯—多马模型（简称 FMD 模型）列为经典的宏观总量经济增长模型（余永定，1982）。

生产生产资料记作 A 部类，其资本总额为 K_A，剩余价值为 S_A，新产生的生产资料价值为 H_{S_A}，资本利用效率为 $C_A = \frac{H_{S_A}}{K_A}$，资本利用效率的增长速度为 $\Gamma_{C_A} = \frac{\Delta C_A}{C_A}$；生产消费资料记作 B 部类，其资本总额为 K_B，剩余价值为 S_B，新生产的消费资料价值为 H_{S_B}，资本利用效率为 $C_B = \frac{H_{S_B}}{K_B}$，资本利用效率的增长速度为 $\Gamma_{C_B} = \frac{\Delta C_B}{C_B}$；社会总资本为 K，显然，$K = K_A + K_B$；扩大再生产时，总的新生产的价值为 $H_S = H_{S_A} + H_{S_B}$；社会总资本的运用效率为 $C = \frac{H_S}{K}$，社会总资本运用效率的增长速度为 $\Gamma_C = \frac{\Delta C}{C}$。则国民经济增长速度为：

$$
\begin{aligned}
T &= \frac{\Delta H_S}{H_S} = \frac{\mathrm{dln}H_S}{\mathrm{d}t} = \frac{\mathrm{dln}K \cdot C}{\mathrm{d}t} = \frac{1}{K \cdot C}\left(C\frac{\mathrm{d}K}{\mathrm{d}t} + K\frac{\mathrm{d}C}{\mathrm{d}t}\right) \\
&= \frac{1}{K}\frac{\mathrm{d}K}{\mathrm{d}t} + \frac{1}{C}\frac{\mathrm{d}C}{\mathrm{d}t} = \frac{\Delta K}{K} + \frac{\Delta C}{C} = \frac{C \cdot \Delta K}{H_S} + \Gamma_C \qquad (3-1)
\end{aligned}
$$

同理，两部类的增长速度为：

$$T_A = \frac{\Delta H_{S_A}}{H_{S_A}} = \frac{\mathrm{dln}H_{S_A}}{\mathrm{d}t} = \frac{C_A \cdot \Delta K_A}{H_{S_A}} + \Gamma_{C_A} \qquad (3-2)$$

$$T_B = \frac{\Delta H_{S_B}}{H_{S_B}} = \frac{\mathrm{dln}H_{S_B}}{\mathrm{d}t} = \frac{C_B \cdot \Delta K_B}{H_{S_B}} + \Gamma_{C_B} \qquad (3-3)$$

由此，Г. А. 费里德曼认为国民经济以及两部类的增长速度在数值上等于资本增长速度和资本运用效率增长速度之和，经济增长率取决于相应的资本的积累和资本的效率。

除了建立了经济增长模型，费里德曼在 1928 年发表的《关于国民收入增长率的理论》一文中，按照生产资料生产优先增长的规律，提出了国民经济增长的原理。费里德曼将第Ⅰ部类细分为 A 和 B 两个部门，分别表示生产第Ⅰ部类和第Ⅱ部类的生产资料部门。通过投入产出的假定，费里德曼认为经济增长情况，取决于ⅠA 部门生产的产品在第Ⅰ部类内部的分配比例，若这些生产资料多分配给ⅠB 部门，则生产消费品的生产资料增加，结果是消费品的产品会迅速增加。但是第Ⅰ部类生产能力的扩大将减缓，而最终又会使包括第Ⅱ部类在内的整个经济增长速度放缓；相反，若多给ⅠA 分配，第Ⅱ部类消费品的增长会暂时放缓，但消费品生产能力最终会随着ⅠA 部类的扩张而使整个经济加速增长。由此，费里德曼给出两个结论：一是经济高速增长依赖于ⅠA的资本存量占社会总资本的较高比例；二是稳定增长的条件下，投资在不同部门间的分配比例，应与部门资本存量的比例相等。提高生产资料部类中为本部类生产资料部门的资本存量比率，对于加速经济增长具有决定意义，这被称为社会主义积累“第一条规律”。费里德曼的经济增长理论对苏联20世纪30年代的国民计划经济产生了重大影响，被作为工业化初期阶段实施优先发展重工业战略的力量依据之一（林岗，1994）。今天看来，费里德曼的经济增长理论虽然具有片面性，但其通过理论具体化的方式发展了马克思的社会资本再生产理论，对于本书仍有一定的理论借鉴意义。

5. 斯威齐的总体动态模型

20世纪40年代，保罗·斯威齐（Paul M. Sweezy）在《资本主义发展论》（1942）中提出以资本积累（社会资本扩大再生产）为动因的消费不足危机理论，也是对马克思的社会资本再生产理论的发展。斯威齐借鉴日本学者都留重人的“关于再生产表式问题”，参照鲍威尔（1936）的再生产图式，并将其作为分析增长和危机的起点。斯威齐指出，资本家阶级对剩余价值永不满足的追求，需要持续地扩大再生产支撑，这使得资本积累率和资本有机构成不断提高，而与此同时工人和资本家的消费增长落后于消费品产量的增长。在此基础上，斯威齐还批判和借鉴了杜岗、卢森堡、布哈林等大多数马克思主义先驱的思想，构建了自己的总体动态模型，其中不仅包括消费不足，还体现了利润下降和比例失调等因素，并以此巩固和发展马克思关于积累导致危机的理论（斯威齐，2016）。斯威齐对马克思社会资本再生产理论的具体化和应用性研究，为日后理论界将马克思的社会资本再生产图式均衡化奠定了基础。

二、非马克思主义学者对社会资本再生产理论的评论与借鉴

第二次世界大战之前，在非马克思主义学者中仅有少数的学院派经济学家（如瑞典经济学家 K. G. Cassel、英国的数学和经济学家 F. P. Ramsay 等）在研究经济发展问题时曾提及社会资本再生产理论。整体来看，非马克思主义学者对社会资本再生产理论仍是置之不理的态度（Kuhne，1979）。20世纪30年代初爆发了席卷整个资本主义世界的经济大危机，随后在凯恩斯经济理论基础上建立起来的宏观经济学迅速成为主流经济学，因为马克思的社会资本再生产理论具有宏观分析和经济增长分析的特征，因此逐渐受到了部

分非马克思主义经济学者的关注。例如，英国经济学家琼·罗宾逊（Joan Robinson）认为“在消极方面和正统派均衡理论不同，凯恩斯体系与马克思体系是一致的”。马克思的“扩大再生产模式，为研究储蓄和投资的问题，以及研究资本品的生产和消费品的需求之间的平衡，提供了一种极其简单而又不可缺少的研究方法”[①]。美国经济学家E. 多马（Evesey D. Domar, 1952）曾指出，“增长模型，就广义来说，在经济文献中曾经数度出现，至少可以追溯到马克思”[②]。奥地利经济学家约瑟夫·熊彼特（Joseph Alois Schumpeter）高度评价马克思的“经济表”，曾称马克思“是试图为资本主义过程建立清晰模型的第一个人”[③]。美国经济学家萨缪尔森（Paul A. Samuelson）认为“马克思在他死后发表的《资本论（第二卷）》中，的确创新了两大部类的再生产和经济增长模式……马克思的扩大再生产模式也许是那些复制的极好轨道中的第一个范例”[④]。20世纪60年代以后，西方资本主义经济发生了新的变化，普遍出现了比较严重的滞涨现象，同时在经济学理论界凯恩斯主义随之走向危机，经济增长理论逐渐兴起。在这种背景下，马克思的社会资本再生产理论再次受到西方经济学界的普遍关注（魏埙，2001）。

前面已经指出，国外非马克思主义学者对社会资本再生产理论仅仅停留在评论的层面，少数通过借鉴创立或发展了自己的经济理论。关于非马克思主义学者的研究是否也是发展了社会资本再生产理论，理论界存在着争议。例如，波兰经济学家奥斯卡·兰格（Oskar Ryszard Lange, 1980）等认为，20世纪30年代瓦西里·里昂惕夫（Wassily W. Leontief）创立的“投入产出分析模型”（又称部门联系平衡模型或产业关联模型）是对马克思社会资本再生产图式的发展。里昂惕夫编制的投入产出分析表与国民经济平衡表有历史渊源，尽管这种分析方法以主流经济学的均衡分析理论为基础，然而作为一种平衡方法，实际上是棋盘式部门间联系的平衡分析，这可视为社会资本再生产平衡法的进一步发展。更多的学者认为，里昂惕夫的模型借鉴了马克

① ［英］琼·罗宾逊著，北京大学经济系资料室译．马克思、马歇尔和凯恩斯［M］．北京：商务印书馆，1963：5，20.

② ［美］E. 多马著，郭家麟译．经济增长理论［M］．北京：商务印书馆，1983：20.

③ ［德］熊彼特．经济分析史（第二卷）［M］．北京：商务印书馆，1991：20.

④ P. A. Samuelson. Marxian Economics as Economics［J］. *The American Economic Review*, 1967 (57): 617.

思社会资本再生产模型，例如，吉利博特（Gilibert B.，1998）[①] 等认为里昂惕夫的投入产出分析源自马克思社会资本再生产图式。从研究形式上看，里昂惕夫根据美国国情普查资料编制的投入产出表，与马克思在《1857－1858 年经济学手稿》中所列的再生产表格（表 2－1）以及马克思将社会总产品划分为若干部类有一定的相似之处[②]。但是与马克思价值流动的分析不同，里昂惕夫模型构建了物质（使用价值）流动的模型（哈维等，2016）。日本学者信小岛（Koshimura，1975）指出，里昂惕夫的 N 部门的投入产出表和马克思的两部类模式有本质的区别，前者只表示商品间的流动，缺乏对资本主义独有的整体特性的深入考察。作为一名非马克思主义经济学家，里昂惕夫的理论中没有价值的概念，在其投入产出分析模型中更没有资本与剩余价值、可变资本与不变资本、剩余价值率与利润率等的区别。当然就物质资料的生产和再生产过程来看，里昂惕夫投入产出表所表示的投入和产出的依存关系，具有一定的普适性，也具有一定的现实意义。里昂惕夫本人对马克思的政治经济学理论也曾给予充分的肯定[③]，他的投入产出分析模型虽然并不能看成是社会资本再生产理论的发展，但是之后的许多学者在研究社会资本再生产模型中都加以利用或借鉴。例如，安德鲁·特里格（Andrew B. Trigg，2006）[④] 将社会资本扩大再生产公式转变成投入—产出表的形式，建立了投入—产出图式。这里认为对社会资本再生产理论拓展研究的过程中，应严格区分借鉴吸收和继承发展的关系，这是保证马克思主义政治经济学理论独立科学发展的基本要求。虽然里昂惕夫本人强调，投入产出分析模型是传统的“均衡分析经验的应用”，但其对本书的拓展研究仍具有一定的启示作用。

三、社会资本再生产理论的“均衡化”

通过分析罗莎·卢森堡等关于马克思的社会资本再生产理论的争论不难

---

① 大卫·哈维等（2016）也认为里昂惕夫的投入产出模型源自马克思的再生产图式。

② 苏联学者谢·尼基金（1983）指出，“资产阶级经济学家借助棋盘式平衡表（即投入产出表）所研究的不是别的，正是社会总产品的部门构成”。国内也有学者（张衔，2007）认为表 2－1 即为投入—产出模型，马克思是投入—产出分析法的先驱。

③ 1925 年里昂惕夫曾撰写过《苏联国民经济平衡表》一文，载于苏联《计划经济》1925 年第 12 期，由此可见，苏联 1923～1924 年国民经济平衡表在方法论上，对他的投入产出法产生过重要影响。我国很多学者都认为里昂惕夫肯定受到马克思的社会资本再生产理论的启发（王凯，1982）。

④ 克劳迪奥·萨多尼（Claudio Sardoni，2009）对特里格的分析方法提出了异议，他认为用凯恩斯的理论来研究再生产图式，要放弃马克思的某些假设（特别是自由竞争），并建立马克思式的就业不均衡的判定和乘数概念。

发现，国外的理论界已经普遍认为马克思的社会资本扩大再生产的均衡条件和实现机制是不完善的。比如，在马克思的扩大再生产图式（第一例）中，所假设的两大部类积累率和利润率并不一致，其中，积累率第Ⅰ部类始终为50%，第Ⅱ部类第一年为20%，第二年及以后均为30%。相对第Ⅰ部类，第Ⅱ部类作为“调整角色”被动积累的假设并不合理①；利润率第Ⅰ部类为20%，第Ⅱ部类约为33.4%。第Ⅱ部类的高利润和低积累的假定，与资本积累的动机是追逐更多的剩余价值（利润）相矛盾②。为克服马克思的社会资本扩大再生产图式中这些不均衡的“缺陷”，一些马克思主义经济学者进行了拓展性研究，试图将社会资本再生产理论“均衡化”和“动态化”。按照本书的研究任务，这里仅综述几例典型的文献。

M. C. 霍华德和 J. E. 金（1979）研究指出，两大部类不同的积累率源于两大部类不同的资本有机构成。他们从“总供给”等于“总需求”出发，得出两大部类扩大再生产的均衡条件：

$$c_2+\Delta c_1+\Delta c_2=v_1+s_1 \tag{3-4}$$

设 $g_{v_i}=\dfrac{\Delta v_i}{v_i}$（$i=1$，2）为第 i 部类可变资本的增长率，$g_{c_i}=\dfrac{\Delta c_i}{c_i}$（$i=1$，2）为第 i 部类不变资本的增长率，k_i（$i=1$，2）为第 i 部类资本有机构成，e_i（$i=1$，2）为第 i 部类剩余价值率（$e_1=e_2$，即两部类剩余价值率相等），λ_{vi}（$i=1$，2）为第 i 部类分配给可变资本的投资比例，d_i（$i=1$，2）为第 i 部类资本家的储蓄率（等于投资率）。

式（3－4）两边同除 v_2 可得：

$$\frac{v_1}{v_2}=\frac{k_2(1+g_{c_2})}{1+e_1-g_{c_1}k_1} \tag{3-5}$$

M. C. 霍华德和 J. E. 金强调，若两大部类均衡增长，式（3－5）必须满足。由此可得：

$$g_{v_i}=\lambda_{vi}d_ie_i \tag{3-6}$$

$$g_{c_i}=(1-\lambda_{vi})\frac{d_ie_i}{k_i} \tag{3-7}$$

当两大部类处于均衡时，如果扩大再生产的增长率相同，则用在劳动支出上

① Michio Morishima. *Marx's Economics: A Dual Theory of Value and Growth* [M]. Cambridge: Cambridge University Press, 1973: 120.

② Karl Kuhne. *Economics and Marxism*, trans. by Robert Shaw [M]. London: Palgrave MacMillan Press Ltd., 1979: 66－67.

的增长率必然相等。所以式（3－7）可变为：

$$\frac{\lambda_{v1}}{\lambda_{v2}}=\frac{d_2}{d_1} \tag{3-8}$$

假定资本有机构成不变，由式（3－6）和式（3－7）可得：

$$\frac{\lambda_{v1}}{\lambda_{v2}}=\frac{1+k_2}{1+k_1} \tag{3-9}$$

由式（3－8）和式（3－9）得：

$$\frac{d_2}{d_1}=\frac{1+k_2}{1+k_1} \tag{3-10}$$

式（3－10）表明在均衡状态下，两大部类资本积累的相对比率要与保持不变的两大部类资本有机构成的相对比率保持一致（郝寿义，1990；Howard et al.，1985）。事实上，在 M. C. 霍华德和 J. E. 金之前，哈里斯（Harris，1972）在《论马克思再生产和积累理论》一文中得出了几乎一样的结论。哈里斯研究了马克思社会资本再生产理论的分析结构，通过用数理分析法，构建再生产理论的分析框架，以此来阐释经济增长理论和收入分配理论中的某些问题。他认为在一种稳定的再生产状态下，在剥削率给定的情况下，马克思的再生产理论提供了研究利润率的一种内在一致的理论。由于投资行为相联系的不同假定得出的相关的积累路径，说明了不平衡的来源，均衡只不过是一种虚幻①。哈里斯（Harris，1972）指出，“当资本和剩余价值可以在部类间自由流动时，利润率均等化条件和投资配置条件成为平衡经济增长的必要条件”。同样，罗斯多尔斯基（Roman Rosdolsky，1979）得到了相类似的结论，两大部类的积累率与其资本有机构成相反的比率上增长。因此，两大部类的积累率不同不是偶然，而是两个部类资本有机构成不同的必然结果。

日本数理经济学家森岛通夫（Michio Morishima，1973）② 认为马克思经济学的核心是“一般均衡模型”，再生产理论是其中的两个主要组成要素之

---

① 哈里斯推出两大部类的均衡增长条件：$\frac{\alpha_2}{\alpha_1}=\frac{1+k_2}{1+k_1}$，其中，$\alpha_i$ 表示剩余价值用于投资的比例，k_i 表示资本有机构成。经济均衡增长存在的条件为：$\alpha_1=\alpha_2$。哈里斯指出，“这两个方程的不同反映了由于价格和竞争作用，所引起的利润在资本家之间的分配”。

② 森岛通夫曾高度评价马克思的社会资本再生产理论，认为马克思是创立宏观动态模型（简单和扩大再生产分别是静态和动态模型）的第一位经济学家。“马克思的再生产理论和瓦尔拉斯的资本积累理论作为现代的一般经济均衡的动态理论的渊源应当同时受到尊重。”（资料来源：Morishima M.，*Marx's Economics* [M]. Cambridge：Cambridge University Press，1973：2－4.）

一。马克思的模型和瓦尔拉斯的模型是极其相似的，简单再生产对应于静态的一般均衡，扩大再生产的分析对应于动态的一般均衡。森岛通夫（Morishima，1973）提出，马克思的再生产模型具有价值和价格双重的对偶性，基于这个观点，他构建了三个子系统的分析模式，一是产出决定子系统，二是价值决定子系统，三是价格决定子系统，并给出三个子系统的均衡条件。他认为马克思扩大再生产的非均衡性，源于"奇特的投资函数"①。森岛通夫认为在社会资本再生产过程中，马克思假定资本家仅在各自部类中开展投资，以及只由第二部类资本家担任调节并不合理。为此他假设：（1）两部类的资本家都具相同的储蓄倾向；（2）两部类利润率相同，资本家的投资机会也相同②。森岛通夫（Morishima，1973）建立的模型最终的结论是"平衡增长是不稳定的"，只有在两大部类积累率相等的条件下，扩大再生产均衡公式才存在。在森岛通夫的模型（一阶差分方程）中引入了时间变量，梅赫纳德·德赛（Meghnad Desai）则尝试建立了一个动态化的扩大再生产均衡模型。

德赛假设两大部类均有一定的生产周期，t 期末准备好 C_{it} 和 V_{it}，$t+1$ 期末产出总产品为 Y_{it+1}，即：

$$Y_{it+1} = C_{it} + V_{it} + S_{it+1} \tag{3-11}$$

设资本有机构成为 g_{it}，剩余价值率为 λ_{it}，剩余价值积累率为 a_{it}，利润率为 π_{it}，且 $\lambda_{it} = \dfrac{S_{it}}{V_{it-1}}$，$g_{it} = \dfrac{C_{it}}{C_{it} + V_{it}}$，$\pi_{it} = \dfrac{S_{it}}{C_{it-1} + V_{it-1}}$。

因为产量的增加依赖于剩余价值积累，则：

$$\begin{aligned}\Delta Y_{it} &= \Delta C_{it-1} + \Delta V_{it-1} + \Delta S_{it} \\ &= [g_{it-1} + (1+\lambda_{it})(1-g_{it-1})]a_{it}S_{it}\end{aligned} \tag{3-12}$$

令式（3－12）两边同除 Y_{it}，可得第 i 部类的增长率为：

$$\mu_{it} = \frac{\Delta Y_{it}}{Y_{it}} = a_{it}\pi_{it} \tag{3-13}$$

所以，每个部类总产品的价值增长率等于其利润率与积累率的乘积。

德赛认为马克思在扩大再生产已假定资本有机构成（$g_{it} = g_i$）、剩余价值率（$\lambda_{it} = \lambda_i$）和利润率（$\pi_{it} = \pi_i$）保持不变，各部类增长率取决于积累

---

① 森岛通夫认为马克思的投资函数特点有三个方面：第一，第Ⅰ部类的资本家把他们剩余价值中的一个固定比例用作积累；第二，该积累被重新投资于第Ⅰ部类，并按照 K_i：1 的比例转化为不变资本和可变资本；第三，第Ⅱ部类的资本家以能够保持生产资料的供需平衡为前提进行投资。

② 事实上，森岛通夫并没有将这两个假设纳入到其数量模型之中。

率 a_{it}。其中第Ⅱ部类的不变资本取决于第Ⅰ部类的总产量和各部类更新不变资本的需要。设第Ⅰ部类平均积累率为$\overline{a_1}$，在第 t 期所获取最大限度的不变资本为：

$$\hat{a}_{1t}g_1S_{1t}=Y_{1t}-\frac{g_1}{K_1}Y_{1t}-\frac{g_2}{K_2}Y_{2t} \tag{3-14}$$

其中，$\frac{g_i}{K_i}$表示单位产量不变资本的替换要求，$K_i=1+\pi_i$，令 $Y_t=\frac{Y_{1t}}{Y_{2t}}$，$\pi_i^*=\frac{\pi_i}{1+\pi_i}$。式（3－14）两边同除 Y_{1t}，可得：

$$\hat{a}_{1t}=\frac{1-\frac{g_1}{K_1}-\frac{g_2}{K_2}Y_t^{-1}}{g_1\pi_1^*}=a_1-B_1Y_t^{-1} \tag{3-15}$$

由于 g_i，K_i 不变，所以第Ⅰ部类所积累的最大比率决定于两大部类的产量之比 Y_t。第Ⅱ部类将获取剩余的部分，则：

$$a_{2t}g_2S_{2t}=(\hat{a}_{1t}-\overline{a_1})g_1S_{1t} \tag{3-16}$$

式（3－16）两边同除 Y_{2t}，可得：

$$a_{2t}=\frac{(\hat{a}_{1t}-\overline{a_1})g_1\pi_1^*}{g_2\pi_2^*}Y_t \tag{3-17}$$

所以，第Ⅱ部类的积累率是由第Ⅰ部类所允许的最大限度积累率 $\hat{a}_{1t}$、第Ⅰ部类实际选择的积累率$\overline{a_1}$以及两大部类的产量之比 Y_t 所决定的。将式（3－15）代入式（3－17），可得：

$$a_{2t}=\lambda[(a_1-\overline{a_1})Y_t-B_1] \tag{3-18}$$

其中，$\lambda=\frac{g_1\pi_1^*}{g_2\pi_2^*}$。

由此，德赛将马克思的扩大再生产图式概括为：

$$\begin{aligned}\Delta \lg Y_t &\approx \mu_{1t}-\mu_{2t}=\pi_1\overline{a_1}-\pi_2a_{2t}\\ &=(\pi_2\lambda B_1+\pi_1\overline{a_1})-\pi_2\lambda(a_1-\overline{a_1})Y_t\end{aligned} \tag{3-19}$$

并将式（3－19）称作马克思扩大再生产模式的基本方程，该公式表明两大部类的增长率或产量比例的增长率的差别仅仅依赖于由第Ⅰ部类资本家所选择的$\overline{a_1}$和目前的产量比例 Y_t 这两个因素。德赛指出，如果第Ⅰ部类选择了正确的积累率，在任何一年的经济增长都会是平衡的。两大部类的均衡增长仅适用于计划经济，在资本主义经济中资本家的积累取决于资本家的投资计划，这又依赖于资本家基于现状的获利预期。德赛（Desai，1979）认为，将资本家的预期纳入资本积累的分析是对马克思扩大再生产模式的一个“扩展”。与德赛等人不同，置盐信雄（N. Okishio，1988）则尝试分析了马克思的社会资本再生产均衡性和非均衡性，以拓展该理论对资本主义经济发展现实的解释力。

置盐信雄（N. Okishio，1988）撰写的《论马克思的再生产图式》一文，运用数理分析方法，从扩大再生产图式出发，给出了一组新的扩大再生产均衡等式，并以此来阐释资本积累的基本矛盾，即剩余价值生产和剩余价值实现的矛盾。置盐信雄引入了产品有机构成的概念，即不变资本与活劳动量（可变资本加剩余价值）之比，在马克思扩大再生产图式的基础上给出了新的扩大再生产公式：

$$X_1^t = C_1^t + C_2^t + \Delta C_1^t + \Delta C_2^t,\ X_2^t = V_1^t + V_2^t + \Delta V_1^t + \Delta V_2^t + a(M_1^t + M_2^t) \quad (3-20)$$

$$X_i^t = \lambda_i x_i^t,\ C_i^t = a_i \lambda_1 x_i^t,\ V_i^t = R\lambda_2 \tau_i x_i^t,\ M_i^t = (1 - R\lambda_2)\tau_i x_i^t \quad (3-21)$$

$$X_i = C_i + V_i + M_i \quad (i = 1,\ 2) \quad (3-22)$$

其中，a 为资本家的消费率，λ_i 为两部类商品的单位价值，a_i 和 τ_i 为生产 1 单位商品所需的生产资料和劳动，R 为每单位劳动支付的消费品。

置盐信雄通过论证指出，均衡的扩大再生产等式成立（或有均衡的增长路径），即式（3-20）、式（3-21）和式（3-22）成立，需要满足：（1）所有储蓄的剩余价值必须投入生产以增加产量。（2）第Ⅰ部类和第Ⅱ部类总价值之比要保持恒定，即 $\frac{X_1}{X_2} = \lambda^*$。（3）资本主义经济要保持持续均衡增长，两个部类的增长率必须相等，且增长率保持不变。即 $\frac{\Delta X_i}{X_i} = g^* = \frac{se}{1 + \mu(1 + e)}$，其中，$s$ 为储蓄率，e 为剥削率，μ 为产品有机构成。（4）为了保持均衡的增长路径，两个部类的积累率必须为 g^*，即 $\frac{\Delta C_i + \Delta V_i}{C_i + V_i} = g^*$。

进一步的分析，置盐信雄得出，$\lambda^* = \frac{\mu(1 + sr^*)}{1 - \mu sr^*}$，$g^* = sr^*$。因此，均衡的部门比率 λ^* 与均衡的增长率 g^* 是由资本家的储蓄率 s，产品有机构成 μ 以及利润率 r^* 所决定的。同时，置盐信雄认为在均衡增长路径中隐藏着三种矛盾：一是生产和消费之间的差距逐渐扩大，二是资本家和雇佣劳动者之间的经济差别持续扩大，三是失业或劳动短缺。

由均衡增长路径中的矛盾，从分析资本家的决策入手，置盐信雄（N. Okishio，1988）又建立模型分析了非均衡过程。在此基础上，置盐信雄断言，资本主义经济存在积累性不均衡，扭转这种不均衡进程是资本主义经济延续的必然选择。因此，“在这种意义上，商业周期对于资本主义的存活来说绝对是必要的”。

四、社会资本再生产理论的“增长论”

经济增长理论是20世纪40~50年代迅速发展起来的经济学理论，其中也包含了对社会资本再生产理论具体化的创新性研究成果。将马克思的社会资本再生产理论看成经济增长理论并加以拓展研究，一直以来都是西方经济学界热衷的，这也成为马克思的经济理论与其他经济理论交汇融合的主要领域。这些研究一方面反映了马克思经济学的现代发展取向，另一方面也体现了西方理论界对马克思主义政治经济学和西方主流经济理论的“沟通”，以及马克思主义政治经济学不断自身“重塑”的特征（顾海良，2015）。同样，按照本书的研究任务，这里仅综述几例典型的文献。

1. 卡莱斯基的经济增长理论

卡莱斯基（Michal Kalecki）① 于1963年出版了《社会主义经济增长理论导论》，建立了一个分析社会主义经济增长的框架模型，阐述了在计划经济体制下经济增长的基本理论和实践问题。卡莱斯基的增长理论是在马克思的社会资本再生产理论的基础上，借鉴学术界的争论成果构建起来的。科瓦利克（Kowalik，1987）指出，卡莱斯基是马克思和卢森堡思想的直接继承人。根据马克思的社会资本再生产理论，卡莱斯基将国民收入进行划分，主要包括生产性投资、存货增加值、非生产性投资、集体消费、个人消费和净出口共六个部分。其中，生产性投资和存货增加值为生产性积累，非生产性投资、集体消费和个人消费为广义消费。假设没有对外贸易，则国民收入为：

$$Y = I + S + C \tag{3-23}$$

其中，I 表示生产性投资，S 表示存货增加值，C 表示广义消费。令 m 为资产产出率，a 为折旧参数，u 为改进系数。则有：

① 卡莱斯基被认为是经济学说史上最早完整研究社会主义经济增长理论体系的经济学家，为社会主义宏观经济动态理论奠定了基础。

$$\Delta Y = \frac{I}{m} - aY + uY \tag{3-24}$$

式（3－24）两边同除 Y，得国民收入增长率：

$$r = \frac{\Delta Y}{Y} = \frac{1}{m}\frac{I}{Y} - a + u \tag{3-25}$$

即

$$\frac{I}{Y} = (r + a - u)m \tag{3-26}$$

卡莱斯基强调，式（3－26）只适用于社会主义经济。再令 μ 为存货的平均周转期，即存货对国民收入的比率，则有：

$$S = \mu \Delta Y \tag{3-27}$$

式（3－27）两边同除 Y，得：

$$\frac{S}{Y} = \mu\frac{\Delta Y}{Y} = \mu r \tag{3-28}$$

式（3－26）和式（3－28）整理，得：

$$r = \frac{1}{m+\mu}\frac{I+S}{Y} - \frac{m}{m+\mu}(a-u) \tag{3-29}$$

记　$i = \frac{I+S}{Y}$为生产性积累，$k = m + \mu$ 为总资本的产出比率，

则

$$r = \frac{i}{k} - \frac{m}{k}(a-u) \tag{3-30}$$

式（3－30）称为增长率方程（又称为卡莱斯基的一般增长模型）。该方程表明，决定社会主义经济增长的主要因素为 5 个变量：投资率 i、投资产出系数 k、生产性固定资本投资系数 m、折旧系数 a 以及改进系数 u。这 5 个因素是决定社会主义经济增长的内生变量，也是调控社会主义经济增长的 5 条基本途径。

又

$$i = \frac{I+S}{Y} = \frac{I+S+C}{Y} - \frac{C}{Y} \tag{3-31}$$

所以

$$\frac{C}{Y} = 1 - i \tag{3-32}$$

即消费在国民收入中所占比率或消费率$\frac{C}{Y}$等于 1 减去生产性积累率（卡莱斯基，1994）。

卡莱斯基（1994）认为，社会主义经济增长存在积累与消费的矛盾、劳动力的供给状况以及国际贸易状况三个方面的限制因素，面对这些限制，促

进科学技术的进步是加快社会主义经济增长的根本出路。其中技术进步的基本途径包括：（1）提高资本集约化程度，即提高投资系数 k；（2）缩短设备生命周期，即提高折旧系数 a；（3）改善现有产能利用率，即提高改进系数 u。

显然，卡莱斯基的经济增长模型与早期的费里德曼经济增长模型有很大的区别，后者完全建立在马克思两部类社会资本再生产理论之上，而前者已受到西方经济增长理论的影响。事实上，哈罗德经济增长公式中的自然增长率和实际增长率模型是卡莱斯基增长理论的出发点之一，但是二者的理论目的不同，哈罗德意在将凯恩斯有效需求理论动态化，寻找资本主义经济长期稳定增长的条件；卡莱斯基则是为了探寻社会主义经济增长的机制，并在诸多限制因素的约束下，寻求适度增长率和合理增长的路径，以此解决投资与消费之间的矛盾问题。建立在凯恩斯宏观经济理论之上的哈罗德—多马经济增长模型，是著名的经济增长模型，与卡莱斯基类似许多学者将其与马克思社会资本再生产理论结合起来，发展马克思主义政治经济学的增长理论。例如，艾利（Erlich，1967）认为马克思社会资本再生产理论应该结合现代经济学的概念和方法进行模型化的阐述，将“再生产图式”转化为修改后的哈罗德—多马模型，可以得出：一是资本品部门（第Ⅰ部类）比重越大经济增长率越高；二是人均消费的下降会对给定劳动力的效率产生不利的影响；三是模型的局限在于假设的严格性，如假定没有对外贸易、完全生产能力利用、不允许两部类相互生产彼此的产品等。这里值得一提的是卡莱斯基的经济增长理论受到后来学者的广泛关注和继续发展。例如，弗利（Foley，1988）在卡莱斯基和兰格对资本循环数理分析的基础上，建立数学模型研究了资本循环，并分析了扩大再生产中资本积累和实现之间的关系。弗利的模型通过对不同经济增长理论进行综合，为马克思的社会资本再生产理论提供了一个现实的分析框架。

2. 谢尔曼的周期增长模型

谢尔曼（Sherman，1971）撰写的《马克思主义的周期增长模型》一文，构建了一个新的统一的分析框架。谢尔曼认为斯威齐—都留重人（Sweezy－Tsuru）建立的马克思社会资本再生产模型是第二次世界大战前最杰出的模型，斯威齐提出了投入产出之间的动态均衡方程①，都留重人也建

① $C_2+S_{ac2}=V_1+S_{c1}+S_{\Delta c1}+S_{av1}$，其中，$C_2$ 为第Ⅱ部类不变资本，V_1 为第Ⅰ部类可变资本，S_{ac2} 为第Ⅱ部类用于不变资本投资的剩余价值，S_{c1} 为第Ⅰ部类用于资本家消费的剩余价值，$S_{\Delta c1}$ 为第Ⅰ部类资本家用于消费的剩余价值增加量，S_{av1} 为第Ⅰ部类用于可变资本投资的剩余价值。

立了类似的方程，但谢尔曼指出了都留重人方程①中的三个错误。谢尔曼用5个基本关系式来表示马克思的增长理论：

总量增长为 $$X_t - X_{t-1} = kX_{1t-1} \quad (3-33)$$

投资为 $$X_{1t} = X_t - V_t - bS_t \quad (3-34)$$

消费为 $$X_{2t} = V_t + bS_t \quad (3-35)$$

收入均衡为 $$S_t = X_t - V_t \quad (3-36)$$

收入分配为 $$V_t = wX_t \quad (3-37)$$

其中，$X = V + S$ 表示国民产出净值，V 表示可变资本量，S 表示剩余价值量，下标1和2分别表示生产资料生产部类和生活资料生产部类，b 表示剩余价值中用于资本家消费的比例，k 表示资本边际产出，$w = \frac{V}{X}$ 表示剥削率。联立式（3－33）、式（3－34）、式（3－35）、式（3－36）和式（3－37）可得：

$$X_t = [1 + k(1-b)(1-w)]X_{t-1}$$

即 $$X_t = [1 + k(1-b)(1-w)]^t X_0 \quad (3-38)$$

谢尔曼称式（3－38）为国民净产出的动态路径。从式（3－38）可知，假设储蓄均用于投资，资本边际产出 k、工资率 w 的下降和资本家消费比例 b 的下降都会提高资本主义经济增长率。

谢尔曼还讨论了马克思的消费不足、过度投资和综合三种经济周期模型，并且通过这三个模型，可以分析出造成短期经济波动的各种关系。但总体来看，谢尔曼并没有给出分析经济周期的统一的研究框架，虽然谢尔曼得出的结论与马克思基本一致，但其本人也强调这些结论都是基于一些特殊假定条件的结果。在研究了马克思的经济增长理论和短期的经济波动理论后，谢尔曼综合考虑长期和短期的投资行为、消费行为和收入分配行为，建立了由6个方程组成的周期增长模型②，以揭示马克思的周期增长理论。谢尔曼在马克思的社会资本再生产理论基础上，借鉴了新古典经济学的一些概念，建立了周期增长模型并近似解释了马克思对现实的描述。这里认为虽然谢尔曼的周期模型忽略了诸如价格、垄断、政府的许多因素，但对于本书的研究

---

① 都留重人建立的国民生产总值方程为 $W = V + S_c + S_{\Delta c} + S_{ac} + S_{av} + S_{av} + C$。

② 谢尔曼的周期增长模型：收入均衡方程，$X_t = S_t + V_t$；产出均衡方程，$X_t = X_{1t} + X_{2t}$；收入分配方程，$V_t = p(c + gX_t) + (1-p)wX_t$；消费行为方程，$X_{2t} = p(V_{t-1} + a + hS_{t-1}) + (1-p)(V_t + bS_t)$；投资行为方程，$X_{1t} = pv(S_{t-1} - S_{t-2}) + (1-p)(\bar{X}_t - V_t - bS_t)$；总量增长方程，$\bar{X}_t - \bar{X}_{t-1} = (1-p)kX_{1t-1}$。其中，$p$ 和 $(1-p)$ 为短期波动与长期增长的权重。若将 c，a 消掉，以上6个方程可以得到净产出的动态方程（齐次三阶线性差分方程），$X_t = qX_{t-1} + \gamma X_{t-2} + zX_{t-3}$。

仍具有一定的启示意义。

3. 莱伯曼的增长模型

马克思的社会资本再生产图式中没有体现技术变化，即假设资本有机构成不变，自卢森堡（1913）以来一直受到理论界的质疑。莱伯曼（Laibman，1981）在《带内生技术变化的两部类增长模型：一个马克思的模拟模型》一文中，建立了带内生技术变化的马克思两部类增长模型。莱伯曼认为马克思的增长理论不能确定技术变化[①]和利润率[②]，解决此问题需要构建一个两部类（资本品和消费品）模型，让积累与技术进步同时存在。莱伯曼假定新技术的参数由投资者利润最大化决定，同时受制于机械化的报酬递减。带内生技术变化的两部类增长模型描述了经济收敛到平衡增长路径时，商品市场均衡、资本市场均衡和劳动力市场均衡对两部类的不同影响。在一定条件下，随着时间的推移，价格会接近劳动价值，并且马克思阐述的“资本有机构成提高”和“利润率下降”的趋势均会出现（顾海良，2015）。莱伯曼的模型主张将马克思的一些观点融入经济增长理论[③]，并且认为在马克思的概念基础上让他的模型潜在地克服了非马克思主义经济学中的一些随意立场，尤其是投资和技术进步以及竞争的非历史性构想。从总体上看，莱伯曼融合了新古典经济学理论和马克思的社会资本再生产理论，并“不屈从于资本有机构成提高法则”，其中的一些做法是值得借鉴的，是发展马克思的社会资本再生产理论的有益尝试。

4. 罗默的经济增长模型

约翰·罗默（John E. Roemer，1978）在《马克思再生产和积累模型》一文中，提出了三种递进的马克思的社会资本再生产数学模型：一是价格形成模型，其中的规模和商品产出的构成不发生作用，因为只要社会剥削率

---

① 莱伯曼定义了技术特征结构，例如，$A_i^s = \sum_{\tau = s_i}^{t} A_i(\tau)\ (i = 1, 2)$ 表示带有技术特征的资本品和消费品产出流的加总，其中 s_i 表示最早投入使用的技术特征指数，t 表示最新技术特征指数。

② 莱伯曼根据建立的模型，求出了资本市场均衡时的利润率：$r = \frac{x_1^s(1 - \omega)}{k_1^s + \omega(k_2^s - k_1^s)}$，其中 ω 为价值工资率，x_1^s 为第 I 部类加总技术特征的生产率，k_1^s 为加总技术特征的机器劳动比率。

③ 例如，莱伯曼定义了劳动力价值 λ_i 与市场价格 p_i 的转变，在第 I 部类，$p_1 = \lambda_1 zm$，其中 z 将劳动价值转变成生产价格，m 进一步将生产价格转变成市场价格。

e^* 给定，价格 $p_i(i=1, 2)$ 和利润率 π 就能被确定①。二是简单再生产模型，将产品生产引入马克思的简单再生产模型中，表明了剥削对于均衡价格形成、产出构成和个人消费的作用，讨论了就业后备军对实际工资率的影响。三是扩大再生产，即资本积累模型。当投资的供给计划与资本家的投资需求计划一致时，将会出现多个稳定的就业均衡，并且多个均衡可能会同时出现并相互转化。同时，罗默还证明存在经济均衡的充要条件是剩余价值的存在。罗默用商品价格来代替价值来描述再生产理论，价值的概念被用来描述剥削，在他的模型中并没有马克思的社会资本再生产的关系式。但是罗默认为马克思分析经济问题的关键是阶级斗争和剥削等概念，而这些因素也是自己讨论的出发点。

以罗默为代表的分析马克思主义学派试图用新古典经济学的方法和工具来研究社会资本再生产理论，在罗默的模型中基本放弃了劳动价值论，但保留了资本品和消费品两大部类、工人和资本家两个阶级以及剥削等范畴。在此基础上，罗默（Roemer，1980）用于新古典经济学的均衡分析方法将马克思的价值和剥削理论表述为一般均衡模型，并建立了简单再生产均衡模型，进而建立了扩大再生产单部门和两部门模型。

5. 马克思最优经济增长模型

自 20 世纪 20 年代以来，日本学者对社会资本再生产的研究一直非常活跃，取得了许多创新性成果。近年来，山下裕步、大西広（2002，2015）、金江亮（2010，2011，2013）、森岡眞史（2011）等运用新古典经济学的最优经济增长理论和近代经济学方法对社会资本再生产理论进行了具体化研究，将其转化成马克思最优经济增长模型，并推导出许多新的结论（孙世强等，2015；乔晓楠等，2017）。马克思最优经济增长模型的三个基本条件假设：一是工具和机器对生产力的贡献差别显著，工具的贡献系数 $\alpha=0$，机器的贡献系数 $\alpha>0$。二是用“劳动”标准衡量两大部类的生产。其中，第Ⅱ部类（消费资料）的生产为直接生产，第Ⅰ部类（生产资料）的生产为间接生产②。大西広（1991）将先制造机器后使用机器生产消费品的形式

① 罗默基本使用了森岛通夫的符号假定，但两者建立的分析模型并不相同。例如，森岛通夫将工人维持基本生活所需的生活消费向量设定为外生变量，并以此产生价格—利润的关系。

② 直接生产劳动和间接生产劳动的目的是实现两大部类的生产在“劳动”标准上的统一，被称为新“劳动二重性”学说。

称为“迂回生产”，并指出产业革命后迂回生产模式成为一种普遍的生产形式①。一切产品用劳动量来计量，总劳动量 L 在第Ⅱ部类 Y 和第Ⅰ部类 K 的分配比例分别为 s 和 $1-s$。因此，劳动总投入量最少时的两部类资源配置结构为最优是判定资本和劳动最优比例问题的标准，即求解最优“均衡点”处的 $s:(1-s)$ 是马克思最优经济增长模型的核心内容。三是资本（机器等）和劳动（生产人工）价值贡献的非对等性，资本的价值贡献高于劳动。

利用柯布－道格拉斯生产函数，分别构建消费资料和生产资料生产部门的生产函数，并推出最优“均衡点”处的最优资本和劳动比率：

$$\left(\frac{K}{L}\right)^{*}=\frac{B\alpha}{(\alpha+\beta)\delta+\beta\rho} \tag{3-39}$$

其中，$B=\frac{\mathrm{d}K}{\mathrm{d}L}$为第Ⅰ部类的劳动生产率，$\beta$ 为劳动投入系数，δ 为折旧率，ρ 为时间偏好率。由式（3－39）可知，B 提高表示投入生产资料部门的劳动效率提高，则会有更多的资本投入第Ⅰ部类，进而资本和劳动的比率$\left(\frac{K}{L}\right)^{*}$提高；资本投入 α 和劳动投入 β 直接影响着$\left(\frac{K}{L}\right)^{*}$的变动，产业革命后，$\alpha$ 增大，全社会劳动者的平均资本增加，则资本和劳动的比率$\left(\frac{K}{L}\right)^{*}$提高；若折旧率 δ 提高，积累的机器等会快速减少，并且资本积累也会下降，则资本和劳动的比率$\left(\frac{K}{L}\right)^{*}$降低；若时间偏好率 ρ 提高，意味着人们乐于消费，这对整个社会生产资料积累将产生一定的挤出效应，从而致使资本和劳动的比率$\left(\frac{K}{L}\right)^{*}$降低。在资本和劳动比率的最优点上，可得对第Ⅱ部类的最优劳动分配率：

$$s^{*}=\frac{\beta(\delta+\rho)}{(\alpha+\beta)\delta+\beta\rho} \tag{3-40}$$

在此基础上，马克思最优经济增长模型对社会资本简单再生产进行转型，简单再生产只要求第Ⅰ部类的产出补偿第Ⅱ部类所需的资本品，因此 $\dot{K}=0$，且$\frac{\delta K}{B}=(1-s)L$。见表 3－1。

---

① 从“迂回生产”模式来看，消费资料生产部门生产的增加才客观上引起生产资料生产部门资本投入比例的增大，即“消费资料生产优先发展”，这与“第Ⅰ部类优先发展”的理论相悖。

表 3－1 马克思最优经济增长模型对社会资本简单再生产的阐释

项目	c	$v+m$	部类产品合计
第Ⅰ部类	0	$(1-s)L$	$(1-s)L$
第Ⅱ部类	$(1-s)L$	sL	L
社会产品合计	$(1-s)L$	L	$(2-s)L$

注：部类产品合计和社会产品合计均是价值总量，并假定两部门的工资率相等。消费资料生产部门的生产函数为 $\dot{K}+\delta K=B(1-s)L$，生产资料生产部门的生产函数为 $Y=AK^{\alpha}(sL)^{\beta}$，且 $v_1+m_1=c_2$。对于稳定均衡，将 s^* 代入即可。

资料来源：乔晓楠，何自力．唯物史观、动态优化与经济增长——兼评马克思主义政治经济学的数学化［J］．经济研究，2017（8）：17－32.

类似地，可以转换社会资本扩大再生产。扩大再生产要求 $\dot{K}>0$，且 $(1-s)L>\frac{\delta K}{B}$。见表 3－2。与马克思的社会资本再生产理论相比较，除了前文提及的计量标准（价值量和劳动量）不同之外，模型的目的也不同。马克思的社会资本再生产理论是为了揭示资本主义生产方式的剥削本性，而马克思最优增长模型则是通过劳动在部类间的分配，探究要素效率和社会效率最优和均衡问题。

表 3－2 马克思最优经济增长模型对社会资本扩大再生产的阐释

项目	c	v	m	部类产品合计
第Ⅰ部类	0	$(1-s)L$	0	$(1-s)L$
第Ⅱ部类	$\frac{\delta K}{B}$	$\beta\left(\frac{\delta K}{B}+sL\right)$	$(1-\beta)sL-\beta\frac{\delta K}{B}$	$\frac{\delta K}{B}+sL$
社会产品合计	$\frac{\delta K}{B}$	$\beta\frac{\delta K}{B}+(1-s+\beta s)L$	$(1-\beta)sL-\beta\frac{\delta K}{B}$	$\frac{\delta K}{B}+L$

注：消费资料产出的价值总额为 $\frac{\delta K}{B}+L$，其中工人获得比例 β 的部分。对于稳定均衡，将 s^*，K^* 代入即可。

资料来源；乔晓楠，何自力．唯物史观、动态优化与经济增长——兼评马克思主义政治经济学的数学化［J］．经济研究，2017（8）：17－32.

为了探究社会资本扩大再生产与经济增长动态规律的关联，马克思最优经济增长理论的学者运用消费资料生产效用最大化函数和消费边际效用递减规律，以消费资料生产部门为例对扩大再生产下的最优和均衡值进行求解，结果与上述相同。在此基础上，马克思最优经济增长模型推出资本积累的长期动态规律——“零增长”和简单再生产①，即简单再生产是扩大再生产最终的归宿，“零增长”是后资本主义社会发展的必然趋势。

五、社会生产部类拓展的探索

根据本书理论拓展研究的需要，这里将国外对社会生产部类拓展的探索进行综述研究。国外的一些马克思主义学者试图在马克思两部类分析的基础上，根据资本主义经济发展的特点作出进一步的细分，建立多部类的再生产模型。其中比较具有代表性的有以下几种类型。

1. 社会生产三部类模型

三部类模型是国外学术界最常见的部类拓展模型，主要有以下三种类型。

第一，将资本家消费的奢侈品从第Ⅱ部类中独立出来，使之成为第Ⅲ部类。这种三部类模型最早由杜岗－巴拉诺夫斯基（1982）提出，但分析得比较粗浅。日本学者信小岛（1956）在《资本再生产和积累理论》一书中，对这种三部类模型进行了全面论述。他认为生产资料和劳动者消费的生活资料都是生产性消费，而奢侈品为非生产性消费，因此这种划分使得再生产过程更加清晰。信小岛还分析了简单和扩大再生产条件下三个部类之间的交换过程和实现条件，并将其用矩阵表示。做过类似三部类研究的学者还有保罗·斯威齐（1942）、森岛通夫（Morishima，1973）等，森岛通夫把资本品作为第Ⅰ部类、工资品作为第Ⅱ部类、奢侈品作为第Ⅲ部类，建立了价值决定、价格决定和投入—产出三个方程，经过一系列的数学推导，得出总和的价值方程就能正确地决定混合商品的价值的结论。事实上，在《资本论（第二卷）》已经论及将第Ⅱ部类细分为必要生活资料和奢侈品两个副类②，将奢侈品单独列为一个部类并非是对此进行否定。

第二，将货币生产列为第Ⅲ部类。卢森堡（1959）在《资本积累论》

① 大西广认为经济增长率在（－0.5%，＋0.5%）区间内均视为零增长。

② 资本论（第二卷）[M]. 北京：人民出版社，2004：447－458.

中明确将货币生产（简化为用作货币材料的黄金生产[①]）列为第Ⅲ部类，称其为生产交换手段的部类，并作了简要的论述。将货币生产单独列为一个部类并非是卢森堡的中心论题，而仅仅是一个补充，因此并没有引起学术界的广泛关注。这里值得一提的是，日本学术界曾对此进行过进一步争论。例如，山田盛太郎（1948）、铃木喜久夫（1958）、樱井毅（1967）等都曾批判卢森堡“第Ⅲ部类”的理论，他们都认为将货币生产单列为一个部类是无道理的。宇野弘藏（1950）曾将货币材料再生产视为“资本家进行积累的契机和地位”，将货币材料再生产纳入再生产图式，后又对图式做了调整（1964）。对此，日普高（1964）批判指出，将货币材料的再生产纳入再生产图式的企图，“会使再生产公式的意义和在再生产公式中的货币的作用模糊起来”[②]。

第三，将军火工业（或军需品）列为第Ⅲ部类[③]。将军火工业为主的毁灭性资料生产作为单独部类的思想最早由卢森堡（1913）提出，后被曼德尔（1972）充分发展。曼德尔指出，第Ⅲ部类生产的军火商品并不进入物质生产要素的再生产过程，即作为生产资料进入生产消费或作为消费资料进入个人消费。据此，曼德尔分析了军火工业与资本增值的困难。日本经济学家山田盛太郎（1948）在其著作《再生产过程图式分析序论》也论及军需品的生产，并将其列入第Ⅱ部类，与生活必需品、奢侈品并列为第三副类（谭晓军等，2006）。

2. 社会生产四部类和五部类模型

美国经济学家维克托·佩洛（1975）认为考虑到垄断资本主义的因素，有必要将整个资本主义经济活动分为四大部类：生产资料的生产为第Ⅰ部类，消费资料的生产为第Ⅱ部类，军火和为政府消费资料的生产为第Ⅲ部类，政府活动为第Ⅳ部类。其中前三部类是商品生产部类，第Ⅳ部类为非生产性的经济活动部类，且每个部类的产品按照价值形态分成不变资本 C、可

---

① 不同于马克思将金的生产列为第Ⅰ部类，卢森堡认为，黄金的生产只有是以工业用金为目的（用于首饰、牙医用品等）的生产时，才能看成属于第Ⅰ部类。“但是作为货币用的黄金不是金属，而是社会必要劳动的抽象的体现。因此，它既不是生产资料，也不是消费品。”（卢森堡，1959）

② ［日］佐藤金三郎等编，刘炎等译．《资本论》百题争论（二）［M］．山东：山东人民出版社，1993：226－241.

③ 关于军火工业或军需品的分析，有些学者认为应该看成两大部类外的另一部类，而有些则认为可以将其包括进两大部类。例如，格·普·阿波斯托尔（1979）认为军需品生产部门也应分两大部类，且与民用两大部类分开。

变资本 V、税后利润 P 以及税金 t 四个部分。第Ⅰ部类生产的全部生产资料等于前三个部类不变资本消耗总和，第Ⅱ部类生产的全部生活资料价值等于四个部类可变资本与税后剩余价值的总和，第Ⅲ部类所生产的军火由第Ⅳ部类的政府购买和消费，第Ⅳ部类政府的全部支出等于各部类的税金总和。佩洛分别给出了简单和扩大的四部类再生产图式，还分析了劳动生产率提高对四部类再生产模式的影响。随后在对美国国民经济实证分析时，佩洛又将四部类模型拓展到五部类，即将金融和广告设为第Ⅳ部类，而政府活动为第Ⅴ部类。特别地，佩洛指出，消费性服务产品应当与物质产品一样被看作商品，但是对此他并没有展开阐述。苏联国民经济研究院国民经济计划教研室主任 Ю. 雅科韦茨（1989）认为社会资本再生产可以划分为四个部类，除了生产资料和消费资料两个传统部类，再将杀伤手段的生产和对外贸易周转列为第Ⅲ和第Ⅳ部类。其中，雅科韦茨还指出在第Ⅰ部类中应加入生产性服务，第Ⅱ部类中应加入个人服务，并且社会资本再生产公式中如何纳入科技进步的因素需要重点研究。

3. 服务业（部门）纳入社会资本再生产图式

国外很少有学者研究服务业纳入社会资本再生产图式，即便涉及到该问题，多数学者也是认为服务业不能纳入社会资本再生产图式①。从搜集到的文献来看，除了前文提到的美国经济学家维克托·佩洛和苏联经济学家 Ю. 雅科韦茨曾尝试将服务业纳入社会资本再生产图式之外，日本也曾有学者认同将服务部门纳入社会资本再生产图式，且主要有三种观点。一是将服务部门列入第Ⅱ部类，将服务劳动视为生产性劳动，持此观点的有赤崛邦雄、藤岛洋一等；二是将服务部门列为第Ⅲ部类，不考虑服务劳动是否是生产性劳动，持此观点的有饭盛信男、长田浩等，其中饭盛信男认为服务是无形的商品，长田浩则认为服务劳动通过形成劳动力来创造价值；三是将服务部门列在两大部类框架之外，强调服务劳动的非生产性，持此观点的有井村喜代子、姜昌周等（谭晓军，2008；谭晓军等，2006）。将服务部门列在两大部类框架之外，在分析社会资本再生产价值补偿时，服务部门的价值构成用 S_c（服务部门使用的物质手段）、w（劳动力商品价值）和

---

① 2016 年 10 月 27 日，笔者在中国人民大学参加马克思主义学院举办的第 10 期“马克思主义理论前沿论坛”期间，曾请教了主讲嘉宾卡尔·艾里希·福尔格拉夫（Carl－Erich Vollgraf）博士，他指出，马克思认为服务劳动是“unproduktiv”（非生产性）的角色，将服务业纳入社会资本再生产的研究在欧洲几乎没有。福尔格拉夫进一步指出，如果能找到理论嫁接点，这种研究也未尝不可。

p（资本家获得的利润）来代替 c、v 和 m。此外，美国学者奥尔森（Olsen，2015）也尝试将非生产劳动（流通职能和监管职能的劳动）整合到扩大再生产图式中，进而用劳动榨取和内生性技术变化，来分析非生产劳动对经济增长的双重作用。虽然，奥尔森的非生产劳动范畴与真正的服务劳动有很大差别，但是其拓展性研究也反映了马克思主义政治经济学所必须面对的新发展方向。

第二节 国内对马克思社会资本再生产理论的研究

国内对马克思社会资本再生产理论的研究在新中国成立之前就已经开始（李学曾，1985），但真正的拓展性研究始于20世纪50年代中期。通过检索和分析相关文献我们发现，国内学术界对社会资本再生产理论的研究与我国经济社会的改革发展实践密切相关。根据学术界的研究历程，这里不妨将其分为三个阶段。

一、模仿性研究阶段（20世纪50年代至60年代中期）

20世纪50年代中期，随着我国进入社会主义经济建设时期，社会资本再生产理论作为国民经济有计划发展的理论基础，迅速成为学术界普遍关注的研究课题。因为中国经济发展理论和实践受苏联模式的影响，国内学术界整体经历了一个从全面接受斯大林对马克思的社会资本再生产理论的解读，到结合实践不断反思突破的过程。这一时期，许多学者都撰文创造性地介绍或解读了马克思的社会资本再生产理论，例如，季陶达（1956）、苏绍智（1956）、孙怀仁（1960）、刘国光（1961）、吴树青（1962）、关梦觉（1962）等著作比较有代表性。对于国民经济有计划按比例发展规律与社会资本扩大再生产的关系，国内学术界普遍认同国民经济计划在反映有计划按比例发展规律的同时，也反映着社会主义社会扩大再生产的全部过程和规律，并使得扩大再生产过程的各种生产要素科学合理地结合起来（文众，1959）。相应地，社会资本再生产过程中的比例、平衡和速度等成为研究和讨论的焦点[①]，如生产资料生产与消费资料生产的比例、生产资料生产优先增长规律、积累与消费的比例、两部类的增长速度等。此外，社会资本简单再生产和扩大再生产的关系也曾被理论界广泛讨论[②]。在应用方面，这一时期与苏联的相关研究接轨，国民经济平衡表作为社会资本再生产进行统计研究的工具是理论界研究的热点和重点问题[③]。在理论方面，这一时期关于社会资本再生产的拓展性研究主要集中在以下几个方面。

1. 对生产资料生产优先增长原理的研究

受到列宁对社会资本再生产理论的发展以及苏联学术界的影响，国内学术界对生产资料优先增长原理的论述极为活跃。研究的焦点主要集中于四个方面：一是从马克思的扩大再生产图式出发，运用各种方法论证生产资料生产优先增长原理。例如，丁肖逵（1956）[④]、张华夏（1957）[⑤]、何祚庥和罗劲柏（1957a，1957b，1958）、袁亦山（1959）等使用数学方法进行了论证，曾启贤（1963）等用苏联、美国、英国等国家经济发展的统计数据进行了实证，刘光杰（1963）等用我国经济发展的数据来说明生产资料生产增长得更快是扩大再生产的客观要求和必然趋势。二是生产资料优先增长是客观经济规律，还是经济发展在某些时期的一种趋势。生产资料优先增长原理是适用于一切社会形态的普遍规律，还是仅适用于资本主义等某些社会形态的扩大再生产的规律。有些学者认为生产资料优先增长原理是一切社会形态共有的一般性规律，例如，宋承先（1956）、吴海若（1957）、朱培兴（1957，1959）、吴佩钧（1963）等。有些学者则认为在资本主义工业革命之后，社会生产因技术进步而快速发展起来，生产资料优先

---

① 众多学者参与了讨论，例如，李光宇（1959）、王琢（1959）、李公然（1959）、杨坚白（1959，1960）、罗季荣（1960）、刘国光（1961，1962）、关梦觉（1962）、赵人伟（1964）等，这些讨论基本都是在运用马克思的社会资本再生产理论和列宁提出的生产资料的生产优先增长的原理，鲜有理论的创新。

② 参与社会资本再生产简单再生产和扩大再生产的关系讨论的学者至少包括许涤新（1961）、徐芦（1961）、吴树青（1961）、刘国光（1962）、苏醒（1962）、刘诗白（1962）、孙兆录和熊性美（1962）、仁韦（1964）等。

③ 参与研究国民经济平衡表的学者至少包括邝日安（1959）、石景云（1962，1964）、杨坚白（1962）、王琥生（1962）、乌家培（1962）等。

④ 该作者从社会资本扩大再生产的发端开始，运用数学推理的方法证明了生产资料优先增长原理，对本书的研究具有一定的启示意义。

⑤ 此文针对丁肖逵文章中的数学分析给予了批驳，认为其文章中数学分析方法使用不当（不是使用过多）。主要体现在，一是数学证明没有贯彻始终；二是前提假设不合理。该作者最后给出了自己的关于扩大再生产中生产资料优先增长是一般性规律的数学证明。

发展原理才成为经济规律。例如，曾启贤（1963）、贾植园（1964）等。综合学术界的各种研究和讨论，虽然对生产资料优先增长原理的一般性和特殊性（规律的适用范围）有争议，但都认为该规律是社会生产技术进步和劳动生产率提高的必然结果。三是社会主义制度下生产资料优先增长原理的特征。例如，曾启贤（1963）认为社会主义制度下生产资料优先增长必须与消费资料生产发展相结合，贾植园（1964）认为生产资料优先增长原理必须结合社会主义基本经济规律和有计划按比例发展规律的作用来实现，蒋家骏（1962）[①] 认为生产资料生产优先增长是扩大再生产顺利进行的必然要求，同时在社会主义制度下这种优先增长也存在确定的客观界限。四是生产资料优先增长与消费资料生产的关系。生产离不开消费，二者是辩证统一的关系，正如吴树青（1963）等指出，绝大多数学者都认同生产资料优先增长原理必须在消费资料生产的制约下发挥作用。事实上，生产资料生产优先增长这个论题成为学术界关注的热点，与现实中社会主义计划经济发展各部门的侧重点和按比例调整产业结构是紧密相连的，特别是毛泽东（1956）《论十大关系》中提出的“农轻重”关系的思想，被看作是这一原理的创造性的应用。

2. 扩大再生产公式（前提条件和实现条件）[②] 的争论

通过第一章我们得知，马克思虽然提出了社会资本扩大再生产的一般性条件，但并没有明确界定社会资本扩大再生产的公式。这一论题在国外并没有受到广泛关注[③]，但在国内却引起了争论，有学者认为扩大再生产和简单再生产的实现类似，可以归结为一个前提条件公式：$\text{I}(v+m) > \text{II}c$，如刘国光（1962）；而有些学者则提出按照马克思的论述必须还需要一个补充前提条件公式：$\text{II}\left(c+m-\frac{m}{x}\right) > \text{I}\left(v+\frac{m}{x}\right)$，如实学（1961）、宋则行

① 该作者认为生产资料生产优先增长的客观界限为：$\text{I}_a\left(v+m-\frac{m}{y}\right)=\text{I}_b\left(c+\frac{m}{y}\right)$与$\text{I}_b(c+v+m)=\text{II}\left(c+\frac{m}{y}\right)$同时成立，其中$\text{I}_a$和$\text{I}_b$分别为生产资料和消费资料的生产资料部类，$\frac{m}{y}$为生产资料积累。

② 关于前提条件和实现条件学术界虽然有争论，但比较一致的意见是“不等式”没有准确的数量限定代表前提条件，“等式”能表示价值和实物补偿的数量代表实现条件（严正，1986）。

③ 国外学术界对社会资本扩大再生产公式的认识基本一致，并没有引起广泛争论。例如，布哈林的扩大再生产实现的平衡条件为：$c\text{II}+\beta_c\text{II}=v\text{I}+\alpha\text{I}+\beta_v\text{I}$，其中，$\alpha$表示资本家用于消费的剩余价值部分，$\beta_c$表示用于增加不变资本的剩余价值部分，$\beta_v$表示用于增加可变资本的剩余价值部分（Bukharin N.，1972）。

（1961）、关梦觉（1962）、雍文远（1962）。在此基础上，宋承先（1982）认为扩大再生产的基本公式取决于可变资本是否追加，若扩大再生产在不追加可变资本的前提下进行，只需要一个（第一个），否则需要两个。奚兆永（1962）进一步认为扩大再生产的实现仅仅有两个前提条件的不等式并不充分，根据扩大再生产两部类的价值补偿和实物补偿交换平衡的原理，奚兆永给出了扩大再生产的平衡公式（实现条件）：$\mathrm{I}\left(v+\frac{v}{x}+\frac{m}{x}\right)=\mathrm{II}\left(c+\frac{c}{x}\right)$，并由此推出两部类按比例分配的公式。用等式来代替不等式表示社会资本扩大再生产实现的条件在理论上是一种进步。毛择生（1962）则指出奚兆永给出的扩大再生产平衡公式在马克思的论述①及苏联教科书②中已经明确提及，而并非是理论创新。宋则行（1962）在扩大再生产两个不等式的基础上，给出了两个等式：$V_1+\Delta V_1+m_1=C_2+\Delta C_2$，$C_2+\Delta C_2+m_2=V_1+\Delta V_1+(p+q)$，其中（$p+q$）为非生产领域的积累和消费③。宋则行在扩大再生产中考虑到了非生产性积累和消费，这也说明随着讨论的深入，学术界对这一问题的认识由浅入深，并逐渐开始创造性地发展。这里应当指出，对社会资本扩大再生产公式的探讨和争论，是这一时期国内学术界独立进行的理论拓展研究。

3. 社会资本再生产理论的具体化探索

20 世纪 60 年代，国内有些学者开始从拓展社会资本再生产理论的假设前提入手创造性研究社会资本再生产理论。例如，实学（1962）④、李定中（1963）⑤ 将劳动生产率提高（进而剩余价值率提高）的影响纳入扩大再生产图式，并论证了两大部类发展速度及比例关系。宋则行（1962）将基金有机构成、剩余产品率和积累率分别纳入社会资本再生产图式，分析了两大部类的规模数量和增长速度关系⑥。林继肯（1963）撰文分析了扩大再生产

---

① 资本论（第二卷）[M]. 北京：人民出版社，2004：583.

② [苏]《政治经济学教科书》（上册）[M]. 北京：人民出版社，1959：188.

③ 若 $m_1+m_2=p+q$，则两个等式相同，宋则行认为这种情况存在但并不能经常实现。

④ 实学通过论证指出，生产资料优先增长是在技术进步条件下实现扩大再生产的客观要求。

⑤ 李定中强调，将劳动生产率提高引入社会资本扩大再生产图式要注意总产品的“物量”和“价值量”的变动关系。

⑥ 宋则行认为从马克思的社会资本再生产图式的范围来看，影响生产增长速度的有三个因素：基金有机构成，包括补偿基金构成$\frac{C}{V}$和积累基金构成$\frac{\Delta C}{\Delta V}$；剩余产品率$\frac{M}{V}$；积累率$\frac{\Delta C+\Delta V}{M}$。他假设其中一个因素增加，而另外两个因素保持不变，分析了两部类的增长速度。

中的货币流通问题。董辅礽（1963a，1963b，1964）连续撰写3篇文章研究社会资本再生产公式具体化问题。董辅礽指出马克思在分析社会资本再生产问题时，舍象了许多因素①，使得社会资本再生产理论过于抽象。他将社会主义制度下的两部类分别细分为三个部类②，并将舍象的某些因素纳入分析框架，进而将社会资本再生产公式具体化，即更切合现实。这里认为，在国外虽然20世纪初卢森堡等就已经提出马克思的社会资本再生产理论的假设前提问题，并由此引发了广泛的研究和争论，但是那些争论并没有影响国内对这一问题的独立的创造性研究。在国内如何让社会资本再生产理论更能指导现实经济发展，是理论界对其发展研究的一个重要方向，实学、董辅礽等学者对社会资本再生产公式的具体化研究对拓展马克思的社会资本再生产理论具有重要的启示意义，同时也代表了到改革开放以前国内对马克思的社会资本再生产理论拓展研究的最高水平。

整体来看，在20世纪50年代至60年代中期，由于受斯大林在《苏联社会主义经济问题》一书中关于社会资本再生产的论述的影响，国内学术界在理论上的探索比较“拘谨”，观点也难免片面，例如，将生产资料优先增长原理归结为优先发展重工业，将积累看成是扩大再生产的唯一源泉等。学术界还在某些方面开展了争论，例如，简单再生产和扩大再生产间的关系、外延和内涵（或内含）扩大再生产间的关系、两大部类与农轻重的关系，这些争论对社会资本再生产理论在学术界的传播和研究也发挥了积极的作用。

二、探索性研究阶段（20世纪70年代末至90年代初）

20世纪70年代末，关于“农轻重”关系的研究是国内学术界开启对社会资本再生产理论的研究新阶段的过渡，学术界普遍认为，毛泽东关于“农轻重”关系的论述是对马克思的社会资本再生产理论在应用层

---

①　一是假定资本有机构成和剩余价值率不变，即舍象了技术进步、劳动生产率的提高以及工资的变化等；二是假定积累率不变；三是忽略不变资本中固定资本和流动资本在周转上的差别；四是假定社会产品的价格与价值一致；五是假定只存在物质生产领域，非物质生产领域忽略，特别是国防；六是忽略对外贸易因素；七是假定两部类资本家的剩余价值只用于本部类扩大再生产。

②　I_1 为生产资料的生产资料部类，I_2 为消费资料的生产资料部类，I_3 为积累的生产资料部类；II_1 为必要消费产品部类，II_2 为非生产领域的消费品部类，II_3 为积累的消费资料部类。

面的发展①。改革开放之初，国内学术界对社会资本再生产理论的研究经历了一个从过渡到快速恢复的过程，20世纪80年代初，集中发表了许多优秀的成果。例如，刘国光等（1980，1981）所著《社会主义再生产问题》和《马克思的社会再生产理论》，关梦觉（1980）所著《关于社会主义扩大再生产的几个问题》，董辅礽（1980）所著《社会主义再生产和国民收入问题》，林子力（1981，1980）所著《经济调整与再生产理论》以及主编《学习马克思关于再生产的理论》，张薰华（1981）所著《〈资本论〉中的再生产理论》，罗季荣等（1982，1983）所著《马克思社会资本再生产理论》和《社会主义社会再生产有关范畴的分析》，梁文森和田江海（1983）所著《社会主义固定资产再生产》，这些都是社会资本再生产理论的解读和研究"承前启后"②且具有较高学术价值的著作。随着解放思想热潮的兴起，高校恢复且扩大了相关理论人才的培养，众多学术刊物的复刊和创刊，20世纪80年代掀起了一个研究热潮，学术界涌出了大量相关理论研究成果，研究的内容几乎涵盖了社会资本再生产的所有内容。按照本书的研究任务，这里仅仅选取对社会资本再生产理论具有一定拓展意义的代表性文献进行综述。

1. 经典理论问题再研究

改革开放之初，对社会资本再生产理论研究的大部分都是"文革"前的学者，由于"文革"期间研究的中断，促使他们对20世纪50年代中期至60年代中期的某些经典问题又进行了总结性研究。其中，积累与扩大再生产的关系问题、扩大再生产的实现条件、生产资料生产优先增长原理以及国民经济按比例平衡发展问题的研究和争论相对较多。

（1）积累是否是扩大再生产的唯一源泉。"积累是扩大再生产的唯一源泉"的原理是由斯大林明确提出③，改革开放之初成为争论比较集中的问题之一。洪远朋（1978，1980）、柯宗瑞（1980）、文迅和黎原（1980）、刘国光和王向明（1980）等认为积累是社会资本扩大再生产的主要来源，此外提高劳动生产率、提高设备利用率、节约使用劳动对象等挖掘现有生产潜力的方式也可以扩大再生产。在此基础上，唐思文和王晓雄（1984）、周验昭（1985）等直接将扩大再生产分成积累型（投资型）和非积累型（挖潜型），

① 胡琛（1977）、吴维嵩和陈光汉（1978），参与"农轻重"关系分析的至少包括徐光跃（1977）、陈学基（1977）、欧阳胜（1977）、乌家培（1978）、郭继严（1979）、杨坚白和李学曾（1980）等。

② 著作中的许多成果都是在20世纪50年代至60年代中期完成的。

③ ［苏］斯大林．苏联社会主义经济问题［M］．北京：人民出版社，1961：64.

并且指出这两种类型均包含着外延和内涵两种形式的再生产。与此同时，奚兆永（1979，1982）、贺力平等（1980）、王永海（1981）、胡正华（1982）等则坚持认为积累是扩大再生产的唯一源泉。总体来看，学术界对积累是并非是扩大再生产的唯一源泉的认同度较高①，积累主要是资本量的增加，对应外延式扩大再生产；其他对资本质的提升，同样是提高生产力，属于内涵式扩大再生产。资本并非是扩大再生产的唯一源泉与马克思的相关论述并不矛盾，并且具有内在的一致性。

（2）扩大再生产公式（实现条件）的再争论。通过前文的综述研究可知，20 世纪 60 年代初扩大再生产公式问题在国内学术界曾展开过一次争论。改革开放初，这一问题又成为重要的论题之一。张薰华（1979）通过论证指出，社会资本扩大再生产实现平衡条件的基本公式为：$\text{I}\left(V+\Delta V+\frac{m}{x}\right)=\text{II}(C+\Delta C)$，其他公式均可以由此基本公式“派生”②。从众多政治经济学的教科书所编的内容以及相关学术文献的论述来看，大部分学者都认同这个“基本公式”③。但是，宋承先（1981）认为社会资本扩大再生产公式并不存在基本和派生的关系，只是从不同的角度表示同一个经济内容。此外，有些学者对扩大再生产实现条件的公式作了更详细的划分，例如，巫继学等（1980a，1980b）、许兴亚等（1983）认为社会资本扩大再生产的平衡公式包括三个，即式（3－41）、式（3－42）、式（3－43），并强调缺一不可。

$$\text{I}\left[(c+\Delta c)+(v+\Delta v)+\frac{m}{x}\right]=\text{I}(c+\Delta c)+\text{II}(c+\Delta c) \quad (3-41)$$

$$\text{II}\left[(c+\Delta c)+(v+\Delta v)+\frac{m}{x}\right]=\text{II}\left(v+\Delta v+\frac{m}{x}\right)+\text{I}\left(v+\Delta v+\frac{m}{x}\right) \quad (3-42)$$

---

① 认同此观点的学者至少包括张淑智（1981）、崔国华（1981）、陈永正（1982）、马壮昌（1985）等，特别是随着改革开放的深入推进，认同此观点的人逐渐增多。

② 例如，$\text{I}(C+V+m)=\text{I}C+\text{II}C+\text{I}\Delta C+\text{II}\Delta C$，$\text{II}(C+V+m)=\text{I}\left(V+\frac{m}{x}\right)+\text{II}\left(V+\frac{m}{x}\right)+\text{I}\Delta V+\text{II}\Delta V$。作者还认为简单再生产的平衡公式也蕴含在基本公式之中，此时，令 $\Delta C=0$，$\Delta V=0$，$\frac{m}{x}=m$。

③ 例如，奚兆永（1981）、许昌明（1982）、戴振纲（1984）等。

$$\text{I}\left(v+\Delta v+\frac{m}{x}\right)\rightleftharpoons \text{II}\,(c+\Delta c) \qquad (3-43)$$[①]

整体来看，虽然争论的焦点仍然主要是社会资本扩大再生产公式的形式和关系，但理论分析的广度和深度比文革前有了很大的提高。对扩大再生产公式的研究和争论，为20世纪80年代中后期的社会资本再生产理论拓展研究作好了铺垫。

（3）对生产资料生产优先增长原理的反思。通过前文的综述可知，20世纪50年代中期至60年代中期生产资料生产优先增长原理在国内学术界受到广泛关注，虽然在理论和应用层面均有争议，但基本都认同这一原理。改革开放之初，随着思想的解放和学术界研究之风的兴起，国内开始有学者对此提出质疑。例如，在原理的客观性上，陆立军等（1979）认为生产资料生产优先增长是技术进步引起资本有机构成提高，但消费水平增长相对缓慢时的现象，并指出在扩大再生产条件下两大部类平衡发展有三种趋势；鲁济典（1979）则认为生产资料生产优先增长是在诸多假设条件下才成立的，而并非客观规律。在原理适用范围上，贺菊煌（1979）[②] 通过数学推证得出，在资本有机构成持续提高的情况下，生产资料生产优先增长仅是一种长期趋势，而在短期内生产资料生产优先增长并非是必然；朱家祯（1979）则撰文论证在社会主义经济制度下，不存在生产资料生产优先增长的规律。随着对生产资料生产优先增长问题的反思和争论，这一问题逐步成为当时学术界的热点问题之一。许兴亚（1980，1981）通过考证指出，将把生产资料生产的优先增长看作扩大再生产的必要条件或趋势的观点是对马克思和列宁理论的误读，在资本有机构成提高时，生产资料生产优先增长仅是两部类增长对比关系的一种趋势。鲁从明（1980）则认为技术不断进步的条件下，两大部类的生产增长速度在社会扩大再生产中不断交替。这一时期，对生产资料生产优先增长规律提出质疑，主张应当抛弃这个“教条”的学者至少还包括黄荣生（1980）、刘恩钊（1980）、薛志贤（1980）、李定中（1980）、王慎之（1981）、王绍顺（1982）、杜一和李周（1983）、薛敬孝（1985）、李学曾（1985）等。在众多学者对生产资料生产优先增长原理反思的同时，更多的学者对此规律持肯定和坚守的态度，并在理论和实践中

① 巫继学等强调“⇌”不能简单用“=”代替，一是两端不同使用价值的产品在价值上相等；二是两边劳动产品通过交换而完全实现。

② 随后贺菊煌（1980）又研究了全社会积累率不变和考虑固定资本与流动资本不同的周转速度时两部类的发展速度，并修正了自己先前的观点。

提出了很多新的相关论证①。其中，王梦奎（1983）②、周方（1984，1988）③ 等的论证和分析比较典型④。除了鲜明地支持和反对生产资料生产优先增长原理，还有学者提出折中的“消费资料保证规律”⑤ 或单靠演绎法不能彻底解决“优先增长问题”的论断（余永定，1985）⑥。不论是质疑还是坚守生产资料生产优先增长这个原理，学术界都普遍认同两大部类的平衡发展是基础或前提（谭乃彰，1983）。事实上，对生产资料生产优先增长规律的反思不仅是一个理论问题，而且与经济社会发展现实问题密切相关，经济发展中结构的失调等现实问题，迫使学术界要在理论上给出相应的解释。同时，改革开放后对我国社会主要矛盾变化的认识，使得消费及消费资料的生产受到更多的关注。这里认为，生产资料生产优先增长原理作为经济规律是建立在严格的假设之上的，经济发展条件的变化使其与现实不符是正常的现象，这也是进一步拓展和发展这一原理的关键所在。

（4）两部类的细分研究。通过第二章和本章第一节我们得知，马克思本人和国外学者都曾对两大部类做过细分的论述。20 世纪 50 年代末，国内就有学者开始研究部类内部的细分，80 年代初在两大部类的基础上研究部类内部的细分问题成为学术界的热点之一。例如，李本玉和郭德宏（1982）、叶国镠和郑规真（1982）探讨了马克思对第Ⅰ部类的分割问题（对应第Ⅱ部类细分成两部类）⑦，并利用图式探讨了两部类的价值和实物的交换补偿问题；类似地，陈乃圣（1983）、胡世凯（1984）将第Ⅰ部类分成三个部类来探讨“Ⅰ$(v+m)$ 和Ⅱa、Ⅱb 不变资本的交换”问题。与此同

---

① 例如，奚兆永（1980）、关梦觉（1980）、张守一和张曙光（1980）、马镔（1980）、范关坤（1980）、石景云（1980）、张平安（1980）、刘国光和王向明（1980）、吴贤忠和陈伯庚（1980）、冯宝兴等（1980）、吴树青（1981）、张守一（1981）、刘思华（1981）、阮方确（1983）等。

② 该作者在其著作中，利用 5 章 18 节从理论和实践两个层面，集中讨论了生产资料生产比消费资料生产增长更快的规律及其作用。特别值得一提的是，作者还分析了环境保护、军工生产对两大部类增长速度对比关系的影响。

③ 该作者运用数理分析法，推证出“在技术逐年不变的条件下两大部类平行发展”以及“在技术逐年进步的条件下生产资料优先增长”。1988 年作者又撰文研究了生产资料优先增长原理成立的充分必要条件。

④ 20 世纪 80 年代末，有部分学者又借助数理分析的方法推证生产资料生产优先增长原理的客观性。例如，吴栋（1990）、贾凤和（1990）等。

⑤ 尹世杰（1980）等也持类似的观点。

⑥ 该作者认为资本有机构成提高必定伴随生产资料优先增长，解决这一问题的关键是确定技术进步是否会导致资本有机构成提高。

⑦ 《资本论（第二卷）》第三篇中并没有对第Ⅰ部类（生产资料部类）的分割展开讨论，事实上马克思曾在第Ⅱ稿中将生产资料的部类细分成四个部类（见本书第二章第二节）。

时，何干强（1982）对“第Ⅰ部类分割”提出异议，并重新设计了第Ⅰ部类和第Ⅱ部类的交换图式。从理论上看，对部类的细分研究是完善马克思的社会资本再生产理论必然，从应用上看，运用社会资本再生产理论研究经济结构问题也要求部类细分的研究。但是国内学术界对部类内部细分的研究和争论并没有持续很长的时间，在理论拓展方面成果也相对较少。

（5）国民经济按比例平衡发展问题。新中国成立以来，受苏联模式的影响，我国实施了计划经济体制。改革开放之后，随着经济体制改革的深入推进，也促进了社会资本再生产理论应用性研究的发展，其中国民经济按比例发展成为当时讨论的重点问题。例如，陈征（1981）撰文分析了社会资本再生产理论在我国社会主义经济建设中的指导作用，并指出社会主义再生产顺利进行，各生产要素间必须保持合理的比例关系；罗季荣（1982）则进一步指出，这些比例不仅仅是两大部类的比例，而是一系列（各部门）的比例，总体系列平衡是马克思的社会资本再生产理论的中心思想；李功豪（1981）指出积累和消费的比例以及两大部类的比例是社会主义市场平衡的关键，调整好两种比例也是社会主义扩大再生产顺利进行的保证；钱伯海（1984）根据社会资本再生产理论，从本期的平衡、历期的平衡、平衡中的不平衡三方面，探讨了国民经济核算中社会产品的实物和价值平衡原则。与此同时，洪远朋（1980）、戴云蒸（1982）、周茨（1982）、郭子诚（1982）阐述了如何运用社会资本再生产理论调控①国民经济有计划按比例发展。事实上，在国内国民经济按比例平衡发展问题一直都是学术界研究的论题，这一时期涌现了大量的研究成果，也是改革开放的经济发展实践对理论的呼唤。

除了对以上经典理论问题的重新研究，20 世纪 70 年代末至 90 年代初，国内学术界在社会资本再生产理论的应用研究方面，涌现了许多研究热点。主要包括：货币、金融和财政在社会资本再生产中的作用②，社会主义经济发展中简单再生产与扩大再生产的关系③，社会主义经济建设中两大部类以

① 当时中国学术界还没有“宏观调控”的概念，一般都称作“调整”“平衡”等。

② 参与货币、金融和财政在社会资本再生产中的作用研究的至少包括叶振鹏（1980）、王兰（1980）、侯梦蟾（1980）、许毅等（1981）、钟学德（1982）、黄宇光和郑为建（1982）、邓子基（1982）、张亦春（1983）、吴少新（1983）、施明义（1984）、史志金（1987）、周正庆（1991）等。

③ 参与社会主义经济发展中简单再生产与扩大再生产关系研究的至少包括李悦和蒋映光（1979）、方恭温（1979）、冯浩华（1980）、何寿枢（1983）等。

及农轻重关系①，社会主义经济发展中两大部类积累和消费的关系②，内涵扩大再生产问题③，社会资本再生产理论与社会主义宏观经济问题④，扩大再生产中固定资本补偿问题⑤，社会资本再生产理论与经济结构问题⑥，社会资本再生产理论与“两种生产”问题⑦，等等。从总体上看，这些理论应用的热点问题是对社会资本再生产理论应用的“中国式”解读，同时也是国内对社会资本再生产理论研究成果的组成部分。

2. 社会资本再生产理论的创新研究

随着国内学术界对社会资本再生产理论的研究全面展开，除了对经典理论问题的深入反思和对实际问题的针对性研究，一些对理论的拓展性研究也逐渐涌现。

（1）社会资本再生产理论的数理分析。前文已经阐述了国民经济综合平衡法和里昂惕夫的投入产出分析模型，这两种方法虽然理论基础不同，但都从社会再生产过程出发建立数量分析模型。20 世纪 80 年代初，国内学者也开始尝试探索社会资本再生产理论的数量分析法。例如，严正（1982）利用“部门联系平衡表”对社会再生产进行数量分析，构建了一个价值形态部门联系平衡表；王凯（1982）根据社会资本再生产理论“改造”了里昂惕夫的投入产出表，构建了马克思的宏观经济数量分析模型；任定方（1983）尝试在社会资本再生产两部类基础上，建立了社会主义宏观经济投入产出的数学模型；杜昌祚（1985）建立了外延和内涵两种扩大再生产条

① 参与社会主义经济建设中两大部类及农轻重关系研究的至少包括郭继严（1979）、李守登（1981）等。

② 参与社会主义经济发展中两大部类积累和消费关系研究的至少包括柳随年和周荧（1979）、项镜泉（1980）、梁坚（1980）、易培强（1980）、奚兆永（1981）等。

③ 参与内涵扩大再生产研究的至少包括冯浩华（1980）、李建（1981）、冯迈（1981）、万光明（1981）、尹卫生等（1981）、李定中（1981）、陈海清（1981）、寇银章（1982）、高春初（1982）、张孝宜（1982）、王隽彦和杜家芳（1983）、石景云（1983）、关梦觉（1983）、李小玉（1984）、江先周（1985）等。

④ 参与社会资本再生产理论与社会主义宏观经济问题研究的至少包括田荣嘉（1981）、罗精奋（1981）、周叔莲（1981）等。

⑤ 参与扩大再生产中固定资本补偿问题研究的至少包括严正（1981）、李功豪（1982）等。

⑥ 参与社会资本再生产理论与经济结构问题研究的至少包括孙尚清（1980）、陈平（1981）、薛永应（1981）、孙冶方（1981）等。

⑦ “两种生产”是恩格斯在《家庭、私有制和国家的起源》第一版序言中提出的，一种是生活资料及其生产工具的生产；另一种是人类的自身生产。参与社会资本再生产理论与“两种生产”问题研究的至少包括刘铮（1981）、王友（1985）等。

件下的社会总产值增长速度计量模型，并分析了两大部类平衡比例关系问题；陶为群和韦生琼（1987）运用线性规划的方法研究了社会资本扩大再生产总产量的最优实现问题；张小弦（1988）建立了由物质平衡方程和价值平衡方程组成的社会资本再生产两部类数学模型。从数学建模和对马克思社会资本再生产理论发展的角度来看，20 世纪 80 年代末，国内的数理分析已经达到且在某些方面已超过国外水平。显然，国内学术界对社会资本再生产理论的数量分析经历了从学习模仿到自主创新的过程。

（2）社会资本再生产理论的动态化研究。贺菊煌（1984）是国内较早研究社会资本再生产公式动态化的学者，并建立了周期为 1 年的马克思再生产动态模型：

$$X(t)=A_tX(t)+\beta_{t+1}[X(t+1)-X(t)]+F(t) \tag{3-44}$$

其中，A_t 为 t 年的物质消耗系数矩阵，β_{t+1} 为 t 年至 $t+1$ 年追加资本系数矩阵，$X(t)$ 为 t 年的产出向量，$F(t)$ 为 t 年的消费向量。①

由式（3-44）可得，

$$\begin{aligned}X(t+1)&=[\beta_{t+1}^{-1}(I-A_t)+I]X(t)-\beta_{t+1}^{-1}F(t)\\&=\left[\beta_{t+1}^{-1}\begin{pmatrix}1&0\\S_t-1&S_t\end{pmatrix}(I-A_t)+I\right]X(t)\end{aligned} \tag{3-45}$$

假设物质消耗系数矩阵和资本系数矩阵固定不变，即 $A_t=A$，$\beta_{t+1}=B$，则式（3-45）变为：

$$X(t+1)=[B^{-1}\begin{pmatrix}1&0\\S_t-1&S_t\end{pmatrix}(I-A)+I]X(t) \tag{3-46}$$②

又当积累率固定不变时，即 $S_t=S$，则式（3-46）变为：

$$X(t)=\left[B^{-1}\begin{pmatrix}1&0\\S-1&S\end{pmatrix}(I-A)+I\right]^tX(0) \tag{3-47}$$

式（3-46）~式（3-47）为以积累率为参数的马克思再生产动态模式。在此基础上，贺菊煌又阐述了动态模型的稳定性，并使用了均衡增长率

① 按照马克思的两大部类和社会总产品的价值构成，$A=\begin{pmatrix}\text{I}_c/\text{I}_g&\text{II}_c/\text{II}_g\\0&0\end{pmatrix}$，$B=\begin{pmatrix}\text{I}_c/\text{I}_g&\text{II}_c/\text{II}_g\\\text{I}_v/\text{I}_g&\text{II}_v/\text{II}_g\end{pmatrix}$，$X=\begin{pmatrix}\text{I}_g\\\text{II}_g\end{pmatrix}$，$F(t)=(1-S_t)\begin{pmatrix}0&0\\1&1\end{pmatrix}(1-A_t)X(t)$。其中，$\text{I}_g=\text{I}_c+\text{I}_v+\text{I}_m$，$\text{II}_g=\text{II}_c+\text{II}_v+\text{II}_m$，$S_t$ 为积累率，B 为资本系数矩阵，追加资本系数矩阵 β 与 B 相关。

② 令 $\Delta(S)=B^{-1}\begin{pmatrix}1&0\\S_t-1&S_t\end{pmatrix}(I-A)$ 为“增长矩阵”，则 $X(t+1)=[I+\Delta(S_t)]X(t)$。

和均衡积累率的概念。且有：

$$S_t = r_t k_t \tag{3-48}$$

其中，$r_t = \frac{X(t+1) - X(t)}{X(t)}$为两部类增长率，$k_t = \frac{[\text{I}_{(c+v)} + \text{II}_{(c+v)}]_t}{[\text{I}_{(v+m)} + \text{II}_{(v+m)}]_t}$为社会净产出的资本系数。贺菊煌认为式（3－48）为哈罗德－多马模型在马克思两部类动态模型中的具体化。

与贺菊煌的出发点不同，李拉亚（1985）也建立了社会资本扩大再生产图式的动态模型，即将两部类扩大再生产图式表示为一个差分方程组，并分析了动态模型的稳定性。李拉亚认为第Ⅰ部类的积累率 R 被随机扰动时，模型具有局部稳定性，因此资本主义市场经济处于无政府状态 R 往往难以保持在稳定区间内，因而会发生经济危机，而社会主义的计划经济可以较好地解决这一问题。类似地，余永定（1988）也建立了马克思再生产图式的动态数学模型，以此表示《资本论（第二卷）》第三篇中的再生产数例的一般数学形式；王效拉（1989）则用动态分析的方法，建立了优先增长与两大部类比例平衡的优化模型；杨亚琴（1991）在社会资本扩大再生产模型框架中研究了资本积累运动规律，并指出社会资本积累有客观的界限（技术界限和经济界限所决定的可行域），同时积累结构的比例关系是经济均衡增长的必然要求。综合来看，改革开放之后，国内学术界对社会资本再生产理论的动态化研究的水平已经超过国外，从理论的论证的风格来看并非依靠向国外学者学习，而是自主创造性研究的结果。

（3）社会资本扩大再生产与经济增长研究。改革开放之后，我国确立了以经济建设为中心的基本路线，如何推动国民经济快速发展成为学术界的主要论题，扩大再生产与经济增长问题逐渐成为理论研究的重点。国内学术界研究马克思主义政治经济学的经济增长理论，是从两部类的积累率与确定最佳积累率研究开始的①。曹曼丽（1984）通过比较马克思的社会资本扩大再生产的实现条件与哈罗德—多马模型的关系，推出了社会资本再生产图式中所包含的增长率②，为建立马克思的经济增长模型作了有益的探索。20世纪80年代中期后，对经济增长理论的研究逐渐增多。例如，王时杰和王东

---

① 参与两部类积累率和最佳积累率问题研究的至少包括葛勤龙（1981）、凌震（1981）等。

② 该作者将资本有机构成$\left(\frac{C}{V}\right)$、积累率（S_π）和剩余价值率（M'）引入哈罗德－多马模型，推出有保证的增长率（国民收入增长率）$= \frac{\Delta V}{V_0} = M'S_\pi \Big/ \left(\frac{C}{V} + 1\right)$。

京（1987）在社会资本再生产图式的基础上，推出社会总产值的增长速度（G）等于投资收益率（q）和积累率（α）的乘积，即 $G=q\cdot\alpha$，并以此分析了经济增长的变化规律和类型；石景云（1988）从社会资本再生产理论出发，推导出社会总产品的增长率 $g=a\frac{e}{k+1}+\rho$，其中，a 为剩余价值积累率，e 为剩余价值率，k 为资本有机构成，ρ 为社会劳动生产率变动量；王根蓓（1992）根据社会资本再生产两大部类模型，推出了独立经济增长运行状态的均衡系数 G_t 和 G_{t+1}，并将经济增长的运行状态分为均衡、适度不均衡和极度不均衡三种状态。20 世纪 80 年代中期后，国内学术界关于社会资本再生产理论的研究逐渐减少，但是对经济增长理论的研究却快速增加。虽然国内对西方发展经济学的增长模型不断学习、借鉴和模仿，但这一时期国内对经济增长理论的研究基本还是基于马克思的社会资本再生产理论的创新。

（4）社会资本再生产理论具体化研究。社会资本再生产理论具体化一直都是学术界探索的论题，20 世纪 60 年代董辅礽、罗季荣等学者就尝试将马克思通过假设抽象掉的因素纳入社会资本再生产理论。20 世纪 80 年代有许多学者在社会资本再生产理论具体化方面又做了很多有益的探索和尝试，例如，唐欣和魏坤（1984）尝试将能源和交通（生产性服务）纳入社会资本再生产公式，使其更能贴近经济发展的现实；陶为群（1991）、王宏起和姚德民（1992）等研究了考虑对外贸易下的社会资本再生产模型；王东京（1991）运用投入—产出表构建了将现实经济社会中的产业部门划分为两大部类的方法，将理论意义的产业结构（两大部类的比例）与现实经济社会中的产业结构（农业、轻工业、重工业、建筑业及运输业、商业等六大物质生产部门的比例）贯通起来。社会资本再生产理论具体化内容众多，将某些被舍象但又相对重要的因素加入需要进行系统分析。正如卢秉权（1988）所指出，社会资本再生产理论的具体化是由众多要素相互作用、集合而成的复杂系统，需要运用系统论方法分析社会资本再生产理论的具体化问题。

（5）服务部门（业）纳入社会资本再生产理论的探索。改革开放以来，随着第三产业的快速发展，20 世纪 80 年代初国内学术界已经接受了三次产业的划分，并展开了广泛的论述。将服务部门（业）纳入社会资本再生产理论分析框架，逐渐受到部分学者的关注。例如，顾宝孚（1980）较早提出将服务部门从社会再生产过程中独立出来，在两部类的基础上增加第Ⅲ部类，且此部类又可根据事业性服务和营利性服务分成两个部类，并简单地阐述了三部类间产品和价值的交换和实现。类似地，罗劲柏和何祚庥（1981）认为应该将以信息生产为主的服务行业划分为第Ⅲ部类，社会总产品中不变资本和可变资本分为：$C=C_m+C_k$，$V=V_m+V_k$，其中，C_m、V_m 分别为物质和“知识形态”生产资料，C_k、V_k 分别为物质和服务消费资料。顾宝孚、罗劲柏和何祚庥等学者的探索虽然是从实践中出发，但对服务部门的拓展缺少劳动价值理论论证的支撑。服务部门的服务或劳务是否创造价值，是将其纳入社会资本再生产理论的前提。方民生（1982）撰文阐述了劳务（服务）在社会再生产中的作用，他将劳务分成 5 种类型：直接为生产的劳务（L_1）、间接为生产的劳务（L_2）、纯粹为商品流通需要的劳务（L_3）、满足物质资料消费需要的劳务（L_4）和提供非物质资料消费的劳务（L_5）。方民生强调劳务是社会再生产的必要补充，其中 L_1 参与物质产品价值创造，L_2、L_3 和 L_5 不创造价值，L_4 有部分创造价值。卢国良（1982）直接提出了劳务商品的概念，陶恒祥（1982）则提出了建立“服务经济学”的设想，并初步探索了研究对象和主要研究内容。这些都是基于对服务业的发展以及现实中服务在社会再生产过程中重要作用的理论回应。胡怀邦（1986）将服务产品列为第三部类，尝试建立了社会生产三部类分析模型。类似地，王积舒（1986）① 将无形产品（运输业和保管业）列为第三部类，薛敬孝（1986）② 将非物质资料生产部门与两大部类并列。李江帆（1986，1987）则认为将第三产业（服务）列为第三部类并不合理，将服务产品引入社会资本再生产模型，只需要在两大部类中列入两个副类，即服务形式的生产资料和消费服务品。吴维嵩（1986）③ 则将第三产业的劳务产品纳入第二部类，第二部类分为物质消费品和劳务消费品两个副类。20 世纪 80 年代中期之后，认同将第三产业或服务（劳务）纳入社会资本再生产理论分析的学者增多，例如，郝仁平（1986）④、贾华强（1988）⑤、陶为群（1988）、刘都庆

---

① 该作者认为第三产业的概念并不科学，其无形产品并非是服务产品，而仅仅包括流通和保管业。

② 该作者并未界定非物质资料生产部门的生产性，并认为可以舍象掉，且不影响三部类再生产模型的分析。

③ 事实上，该作者忽视了生产性劳务。

④ 该作者认为马克思两大部类划分适用于非物质生产部门，劳务产品其独特的使用价值，要么归于第一部类，要么归于第二部类。

⑤ 贾华强认为从价值角度来看，非物质生产领域引入社会资本再生产容易否定马克思的劳动价值论，但从生产价格的角度构建三部类模型问题便可迎刃而解。事实上，该作者只是从总生产价格的角度，将每一部类的产品区分成 C、V、P 三个部分。

（1988）、张彤玉（1990）、顾宝孚（1991）等。对于服务或劳务纳入社会资本再生产理论，有些学者也持否定态度，例如，陈振羽（1989）认为劳务并非商品，劳务的再生产也不是社会资本再生产理论的研究对象。

将第三产业（服务业）纳入社会资本再生产理论，大多数学者的做法是将其列为第三部类或第二部类增加两个副类。这里特别要提及的是，孙长宁和沙吉才（1982）在两大部类划分的基础上，将社会主义再生产分成四个部类，其中第Ⅲ部类为非物质生产资料的生产部类，第Ⅳ部类为非物质消费资料的生产部类，并分析了四大部类的价值交换和扩大再生产的前提条件。本书的拓展研究与孙长宁和沙吉才的部类划分方式类似，建立社会资本四部类再生产模型。

（6）缩减再生产的论述。与国外相比缩减再生产理论在国内学术界受到了一定的关注，20 世纪 80 年代至 90 年代初，有几个学者撰文阐述了缩小再生产或萎缩再生产问题。其中，牟以石（1983）在分析社会资本简单再生产平衡公式 $\text{I}(v+m)=\text{II}c$ 的现实意义时提及了“缩小再生产”，并指出缩小再生产的过程为 $\text{I}(v+m)_{01}=\text{II}c_{02}$，$\text{I}(v+m)_{11}<\text{II}c_{02}$，$\text{I}(v+m)_{11}=\text{II}c_{12}$（下标 01 和 02 代表基期，11 和 12 代表报告期）；李永乐（1986）撰文指出缩小再生产和简单再生、扩大再生产一样是再生产的一个独立的类型；刘崇民（1989）认为缩小再生产是社会资本再生产的一个类型，可以分为单个企业、部门和社会三个层次，有必然型（经济危机）和偶然型（自然或社会灾难）两种类型；栾佩琴（1990a，1990b）用系统动力学方法研究社会资本再生产的动态过程，指出两大部类间不完全补偿以及部类内部不完全补偿情况下将出现萎缩再生产；阎飞和寿家梁（1990）认为缩小再生产可分为正常和不正常两种类型，缩小再生产并非都有缺陷，凡是能够提高社会宏观经济效益的缩小再生产都是正常的再生产；何立胜和管仁勤（1992）分析了缩小再生产的各种类型划分，并创造性地阐述了简单、扩大和缩小再生产三者间的关系；林后春（1992）分析了社会资本萎缩再生产的一般条件，并认为与社会资本扩大再生产相对应，萎缩再生产的前提条件为：$\text{I}(v+m)<\text{II}c$ 和 $\text{I}\left(c+m-\frac{m}{x}\right)<\text{II}\left(v+\frac{m}{x}\right)$，且可合并为：$\text{I}\left(m-\frac{m}{x}\right)+\text{II}\left(m-\frac{m}{x}\right)<0$；实现条件为：$\text{I}(v+m+\Delta c)=\text{II}(c-\Delta c)$。总体上来看，缩减再生产并未受到学术界的普遍认可和关注，多数学者将缩减再生产简单地认为是经济危机。这里认为缩减再生产是社会资本再生产的

一个类型，有着重要的理论和现实意义。

此外，这一时期还有一些理论研究的闪光点和创新。例如，熊映梧和王恺（1985）等提出并阐述了“结构性”再生产模式，即社会总产品的质量提高和结构优化，与之相对应的是“速度型”再生产模式。类似地，李业杰（1992）从生产要素和生产关系结构的关系出发，将扩大再生产划分成追加投入型与结构改革型两种类型。张守一（1989）等在均衡再生产模型的基础上，提出并建立了非均衡再生产模型：$(V_1+\Delta V_1+W_1)P_I \neq (C_2+\Delta C_2)P_g$，其中，$W_1$ 为第一部类非生产部门的消费，P_I 和 P_g 分别为投资和消费需求增长率。这些对社会资本再生产理论的创造性研究，对本书的拓展性研究也具有重要的启示意义。

三、多元化研究阶段（20 世纪 90 年代中期以来）

随着西方主流经济理论在国内学术界的传播与盛行，20 世纪 90 年代中后期，研究社会资本再生产理论的文献明显减少（绝对数量和相对数量都在减少）。同时，随着经济体制改革的深入推进，学术界对社会资本再生产理论的研究重点发生了较大改变。在理论研究方面逐渐侧重于扩大再生产与经济增长理论，在应用研究方面则转向社会主义市场经济宏观管理、经济增长（发展）方式转变和产业结构调整等方面，且应用性研究远多于理论研究。同样，我国在经济发展中关于资源配置的宏观经济调控和产业结构调整等方面的实践，也在一定程度上发展了社会资本再生产理论（吕政，2017）。

1. 社会主义市场经济问题研究

随着我国建立社会主义市场经济体制目标的确立和稳步推进，利用社会资本再生产理论探讨社会主义市场经济宏观层面的运行机制和管理调控成为理论研究热点。例如，张朝尊和曹新（1994）认为社会资本再生产过程中的供求平衡是社会总供给和总需求平衡的第一个层次，其既包括总量平衡和结构平衡，又包括实物平衡和价值平衡。胡钧（1996）从社会资本再生产的过程出发，阐述了货币资本和货币流通对于建立和完善社会主义市场经济体制的重要意义。方兴起（1993，1996，2008，2013）认为社会资本再生产过程中的各种因素，必然导致社会再生产不可能按比例实现均衡发展，而是处于一种客观比例约束下的非均衡发展状态。因此，均衡制约下的非均衡性是社会主义市场经济运行机制的一般特性，政府只能对社会资本再生产过程采取非均衡调控；汤在新（2001）也认为社会资本再生产理论以及蕴含其中的均衡和非均衡理论，是构成科学的社会主义市场经济宏观调控理论的有机组成部分；段平方（2009）则认为社会资本再生产理论中蕴含的宏观经济均衡思想对中国社会主义市场经济更具实践意义；崔东顺（2015）认为更强的总量和结构的同时均衡（平衡），并运用社会资本再生产理论对宏观经济总量和结构均衡进行了分析。关于社会资本再生产理论中蕴含着宏观经济分析原理方面，王云中（2002）认为其中具有表面描述和本质分析、总量分析和结构分析、价值平衡和实物平衡三个统一的特点；王璐和李亚（2006）则认为在社会资本再生产理论基础上的宏观经济分析体系，不仅揭示了市场经济供给运动，而且能公正地解释宏观经济中的有效需求；许崇正和柳荫成（2006）进一步阐述了市场经济形态下社会资本再生产的三个重要的一般规律（起点：货币资本积累，前提：商品消费，要求：经济资源按市场配置）以及马克思再生产理论和社会主义市场经济的关系；吴春雷（2012）较系统地分析了社会资本再生产理论中的宏观经济思想，并阐述了其对社会主义市场经济条件下宏观经济管理的意义；王健（2013）则在社会资本再生产理论的基础上，借鉴西方经济学国民收入决定论，构建了中国特色宏观经济模型；张霞（2019）认为社会资本再生产理论是中国特色宏观调控的理论基础，是完善社会主义市场经济体制的理论指南。这一时期，从宏观层面对社会主义市场经济问题进行研究的文献众多①，但总体来看，对社会资本再生产理论的应用和阐释多，而对理论本身的拓展少。

2. 转变经济增长（发展）方式的研究

改革开放以来，随着中国经济持续高速增长，20 世纪 90 年代后期，转变经济增长方式成为学术界的研究重点，21 世纪初又演变为转变经济发展方式。其中，很多文献都论及社会资本再生产理论。例如，朱宗炎（1997）指出马克思对扩大再生产两种类型（外延和内涵）的论述是转变经济增长方式的理论基础；赖泽源（1997）也认为社会资本再生产理论是经济学说史上第一个完备的经济增长理论体系，转变经济增长方式就是由粗放式（外延式）增长转向集约式（内含式）增长；姚宇（2013）则在此基础上，阐述了我国转变经济增长方式的途径。与经济增长方式相比，经济发展方式

① 参与这项研究的至少包括蔡苏琳和孟影（1995）、吴孝政（1996）、崔利锋（2003）、鲁从明（2004）、段芸芸（2007）、肖泽群（2008）、梅金平（2010）、杨轶姝（2013）、赵锦辉（2013）、王健和惠锐（2014）、陈瑞丰（2015）等。

的内涵更加广泛（朱鹏华等，2016）。唐国华和许成安（2011）将工人储蓄和开放型经济纳入社会资本再生产模型，并以此分析了中国经济发展方式的转变；裴小革（2013a，2013b）从转变经济发展方式的角度，分析了社会资本再生产理论中两大部类顺序、两大部类增长速度的关系、积累和扩大再生产关系等问题；刘勇（2014）则从社会资本再生产理论出发，直接分析了我国经济可持续发展问题。这一时期与20世纪80年代对内涵式或集约型发展的研究相比，对转变经济增长（发展）方式的研究仅仅是问题阐述或分析方式的不同，在理论研究上基本没有新的突破。

3. 马克思的经济增长理论研究

20世纪90年代末以来，马克思的经济增长理论成为理论研究的重点和实践应用的热点。与20世纪80年代相比，这一时期国内学术界对马克思的经济增长的研究数量明显增多，且整体趋向数理模型化。国内学术界普遍认同社会资本再生产理论就是马克思的经济增长理论，并尝试在扩大再生产图式基础上，推演出马克思的经济增长模型。例如，姚慧琴（1999）认为社会资本扩大再生产理论就是宏观经济增长运行理论；赵峰（2004）则认为社会资本再生产模型是马克思的经济增长理论体系的基础；吴易风（2002，2007，2012）指出马克思创作社会资本再生产理论就是在创作资本主义的经济增长理论，马克思的经济增长理论比西方的经济增长理论更系统、深刻、科学。吴易风从社会总产品划分为两大部类（第一部类和第二部类）和总价值划分为三个部分（不变资本 c、可变资本 v、剩余价值 s）出发，在社会资本扩大再生产，且两部类剩余价值率相等的条件下，推出 $\frac{\alpha_1}{\alpha_2}=\frac{1+k_1}{1+k_2}$，其中 α_i，$k_i(i=1，2)$ 分别为两部类的资本积累率和资本有机构成[①]。若资本主义经济要达到均衡增长状态，两部类的积累—投资率要保持相应比例，实际情况是，资本主义生产方式难以满足这种平衡条件。根据社会资本再生产的平衡条件，吴易风指出社会资本简单再生产、扩大再生产和缩小再生产分别是宏观经济的零增长、正增长和负增长。杨继国（2001a，2001b）[②] 通过对比研究认为马克思的社会资本再生产模型可以推出现代西方增长模型

① 根据前文的综述可知，吴易风的结论与哈里斯、罗斯多尔斯基、M. C. 霍华德和 J. E. 金研究所得出的结论类似。

② 该作者认为马克思的增长公式有两个，第一，$g=\frac{\Delta K}{C+V}$；第二，$g=\frac{S'}{\alpha}$。其中，g 为国民生产总值增长率，ΔK 为投资，S'为国民收入储蓄率，α 为投入产出比率。

（包括哈德罗—多马模型、新古典增长模型、后凯恩斯主义增长模型和内生增长模型等），它们之间是一般和特殊的关系；李广平（2003）认为将社会资本再生产理论动态化，就可以建立马克思的经济增长系列模型。其中，基本模型：$Y=G\cdot q$，Y 为社会产品增长率，G 为总资本存量增长率，q 为资本生产效率；增长模型1：$Y=S\cdot M\cdot \frac{q}{c+v}$，$S$ 为储蓄率，M 为剩余价值量；增长模型2：$Y=S\cdot e\cdot v\cdot \frac{q}{c+v}$，$e$ 为剩余价值率；张忠任（2004）在两部类模型基础上推出的马克思的经济增长模型为：

$$\begin{pmatrix} w_1^{t+1} \\ w_2^{t+1} \end{pmatrix} = \begin{pmatrix} \beta_1 & 0 \\ h_2\left(1-\frac{\beta_1}{h_1}\right) & 0 \end{pmatrix} \begin{pmatrix} w_1^t \\ w_2^t \end{pmatrix} \tag{3-49}$$

其中，$\beta_1=1+\frac{e\alpha_1}{1+k_1}$，$h_i=1+\frac{1}{k_i}+\frac{e}{k_i}(i=1,2)$，$e$、$\alpha$、$k$ 分别为剩余价值率、资本积累率和资本有机构成；吴汉龙和冯宗宪（2004）①在社会资本扩大再生产图式的基础上，建立了一个内生经济增长模型；肖耀球（2007）以马克思社会再生产理论为基础，建立了中性技术进步条件下的马克思经济增长模型。经济增长率（$\dot{G}_n$）等于社会总资本增长率（$\dot{T}_n$）与技术对资本增长率的乘数系数（T_n）之积再加上技术变化率（d_n），即：

$$\dot{G}_n=\dot{T}_nT_n+d_n=\frac{1+e_n}{1+e_{n-1}}\frac{a_ne_{n-1}}{1+k}+\frac{e_n-e_{n-1}}{1+e_{n-1}} \tag{3-50}$$

其中，e_n 为第 n 期全社会的剩余价值率，a_n 为第 n 期全社会扩大再生产的积累率，k 为中性技术进步条件下的社会资本有机构成；李亚平（2009）建立了两大部类经济增长模型，并以价值型投入产出表对我国经济增长进行了实证分析；郭俊华（2010）对比分析了马克思经济增长理论和西方经济增长理论，为创新发展社会资本再生产理论提供了借鉴；李海明和祝志勇（2012）利用动态优化方法对再生产模型进行了重构，以此对经济增长及其稳定性进行解释。王艺明和刘一鸣（2018）将利润率平均化、固定资产投入、技术进入引入扩大再生产图式，构建了两大部类经济增长模型，并利用我国宏观经济数据进行了实证。陶为群（2019，2020）建立了扩大再生产的动态投入产出模型，将对外贸易、固定资本折旧两个因素纳入两部类模

① 该作者借鉴西方经济理论，引入了社会效用函数，并用社会资本扩大再生产实现条件相结合，建立了一个动态最优经济增长模型。

型，并结合马克思的数例验证了扩大再生产动态投入产出的特征值和优化。张晓倩（2020）通过改变马克思两部类模型的假设条件（将按价值交换改为按价格交换），构建社会资本再生产动态模型，并数值模拟了扩大再生产与经济增长的关系。

马克思的经济增长理论是这一时期研究的热点①，但总体来看仍没有超越20世纪80年代的水平。近年来，在对马克思的经济增长理论研究中，国内许多学者用西方经济理论的宏观分析模型或工具拓展了社会资本扩大再生产模型的增长理论。例如，徐敏（2010）尝试用研发模型及拉姆齐模型对社会资本扩大再生产理论模型进行拓展；陶为群（2014）基于投入产出分析法分析了社会资本再生产模型中的乘数和加速数；王健和惠锐（2014）在比较和融合西方经济学总供求模型与马克思再生产理论的基础上，建立了中国社会主义市场经济总供求模型；等等。

4. 社会资本再生产理论的应用性研究

社会资本再生产理论的应用一直以来都是学术界研究的重点，除了以上对社会主义市场经济、转变经济发展方式以及经济增长理论的应用性研究，20世纪90年代末以来，国内学术界还涌现了一些富有代表性的应用研究成果。其中从社会资本再生产理论出发，对经济结构的相关研究比较集中。例如，赵江泽（2011）以社会资本再生产理论为基础，研究了经济结构的均衡、调整以及我国产业结构优化升级问题，蒋博（2013）、杨玉春和吴春雷（2013）、许梦博和李世斌（2016）、李义平（2016）等也进行了类似的应用研究。特别是自2016年初以来，供给侧结构性改革成为国内学术界的研究热点，谢晓鸥（2016）、张俊山（2017）、王婷（2017）、李繁荣（2017）、邵利敏等（2018）、杨小勇和徐寅（2019）、盖凯程和冉梨（2019）等运用社会资本再生产理论探究供给侧结构性改革的相关理论和实践问题。2020年习近平总书记提出构建新发展格局以来，相关研究成为学术界新的热点，王俊和苏立君（2020）、胡亚莲（2020）、杨慧玲（2021）、马聪和苏醒（2021）等从社会资本再生产理论出发（社会总产品的实现）阐述构建新发展格局的内在逻辑。

除了经济结构的研究，一些学者还在再生产平衡表、投资问题、“三

---

① 参与马克思的经济增长理论研究的至少包括格日勒图（2004）、邓军（2004）、陈娜娜（2007）、范锡文（2007）、徐跃华（2008）、蒋琼（2010）、陶为群和陶川（2010，2011）、刘娟（2012）、包国梁（2013）、汪孟宵（2015）等。

农”问题、金融危机、奢侈品的供求、货币政策、产业链等多方面展开了应用研究。例如，杨斌林（1998，2002）尝试将社会资本再生产图式转换成具有一定实用性和可操作性的再生产平衡表，并且加入了价格变化、收入分配、财政金融、信贷和外贸等因素；肖泽群和文建龙（2006，2008）在社会资本扩大再生产模型的基础上，建立了投资率的理论模型，揭示了影响投资率的因素；陈长（2009）将创造性的社会总产品分成城镇部门和农村部门，用两部门模型分析“三农”问题；王瑶（2012）运用社会资本再生产理论分析了金融危机的形成原因；陶为群（2012）运用社会资本扩大再生产模型分析了奢侈品的供求问题；许晓红（2013）从社会资本再生产理论的角度分析了制约有效需求扩大的相关因素，并提出了扩大内需的途径；丁瑶希（2014）运用社会资本再生产理论分析我国经济结构和货币政策问题；陈少克（2015）运用马克思再生产模型分析了发展型税制问题；龚勤林和张衔（2015）从两大部类的两个“产业链束”出发，结合现实经济问题分析了社会资本再生产理论中的产业链问题；刘晓音和宋树理（2017）运用社会资本再生产模型，研究了国际价值量决定机理；等等。

5. 社会资本再生产理论具体化研究

自20世纪70年代末以来，社会资本再生产理论具体化一直都是国内学术界的核心话题，虽然相比较20世纪80年代，这一时期的理论具体化研究明显在下降，但也出现了一些创新性研究。例如，王健（1997）认为研究社会资本再生产理论需要考虑价值规律的作用，一般价格等于价值的假设，将再生产的双重补偿简化为一元价值补偿。王健（1997）构建了由社会产品价值模型、社会产品模型和价格运动模型组成的社会再生产综合模型，以此来描述价值规律对社会再生产的条件作用，解决双重补偿的问题。并在此基础上，考虑货币需求效应和劳动约束方程，构建了宏观经济模型。杨继国（2002）等将资本有机构成、剩余价值率、储蓄率提高以及非物质生产部门等因素“扩入”扩大再生产分析。栾刚（1994）将国际贸易纳入社会资本再生产理论，并分析了其实现条件。陶为群（2014a，2014b）也将国际贸易纳入两大部类再生产图式，研究了社会资本扩大再生产的充要条件问题。谭晓军和王海涛（2006）将军需品纳入社会资本再生产图式，并将其列入第Ⅱ部类。王奇和叶文虎（2003）将人与环境之间的关系纳入社会资本再生产理论，增加生产环境资源部类（第0部类），构建可持续发展导向的三大部类再生产理论；陈长（2010a，2010b，2011）尝试将环境因素纳入社会资本再生产理论，构建了三部类的再生产模型；李忠民和姚宇（2010）

也做了类似的三部类模型（资源环境部类、生产资料部类和生活资料部类）尝试，并以此分析了低碳经济的发展问题；王朝科（2013）、卢文璟（2013）等同样意识到资源环境对再生产的约束，建立了自然力（环境）与社会资本再生产的关系模型；齐新宇和徐志俊（2010）在社会资本再生产模型中加入政府部门，分析政府对再生产实现条件的影响。赵峰等（2017a）以日本学者藤森赖明的方法为基础，依据使用去向将投入产出表的每一个行业更准确地分解为生产资料和消费资料两个子行业部分，构建了一个以使用价值为前提的两部类数据处理方法。在此基础上，又构建了投入产出表到马克思两大部类表的映射模型（赵峰等，2017b）。

6. 社会资本再生产的理论性研究

总体来看，相比较以上结合我国经济改革发展的研究、应用性研究以及具体化研究等方面，20 世纪 90 年代中期以来，关于社会资本再生产的理论性研究几乎在原地踏步，拓展创新性研究较少。这里认为在众多的文献中比较有代表性的理论研究涉及缩小再生产理论、再生产的前提和实现条件、两大部类积累率关系、积累与扩大再生产的关系、生产资料优先增长等问题。例如，张作云（1997）、刘玉珂等（2002）和朱解放（2011）分析了缩小再生产理论在产业结构调整、国有企业改革、整顿市场秩序等方面的作用，对缩小再生产理论的认识与 20 世纪 80 年代的基本一致。王元璋和黎育松（2002）等重新探索了社会资本扩大再生产的前提和实现条件；徐跃华（2009）利用微元法研究了两大部类的积累率之间的关系，并认为两大部类积累率是相互独立的对应关系；崔晓露（2013）通过建立扩大再生产模型，分析了两大部类积累率及增长速度间的变化规律，并推导出了均衡积累率；裴小革（2013）撰文分析了两大部类的顺序以及积累和扩大再生产的关系问题，并认为理论的争论主要源于研究的角度。若从价值和使用价值统一角度，积累是扩大再生产的必然，但若从物质生产角度，则增加投资并非是扩大再生产的唯一源泉；卫兴华（2016）[①] 对社会资本再生产理论认识误区进行了反思，并强调内涵和外延扩大再生产都需要投资，但积累不是扩大再生产的唯一源泉；何练和麻彦春（2014）在社会资本再生产理论的基础上分析了利润平均化的趋势，探索了马克思的两大规律的衔接问题；张衔（2015）从资本家的个人消费偏好和消费选择行为出发，阐释了资本主义再

① 该作者主要反思了三个方面的理论问题，一是内涵与外延扩大再生产的认识误区；二是外延内涵与粗放集约不能等同；三是所用资本与所费资本之差增大了对积累作用的理解盲区。

生产比例必然会受到破坏的某种内在机制。张衔（2019）还梳理了马克思社会资本再生产理论具体化的中国学者的贡献，特别是刘国光（1980）的探索具有重要的理论价值；冯金华（2017）将利润平均化引入社会资本再生产模型，研究了平均利润率、资本有机构成和第一部类的积累率不变，且第二部类积累率可调时，两大部类的增长率的变化情况；徐春华（2017）通过理论逻辑推演和实证检验分析，得出生产资料生产优先增长规律；杜冲霄和白雪秋（2021）将虚拟资本纳入社会资本再生产图式，阐述了含虚拟资本的社会资本再生产实现条件。在理论研究方面，这一时期，对于非物质生产部门或服务业纳入社会资本再生产理论的研究极少，代表性的研究仅有郑志国（1997，2013，2017）将非物质资料的产品列入第三部类的论述。

这一时期还有一个特点，就是从事社会资本再生产理论研究的学者在变少，特别是青年学者的绝对和相对数量都在减少。陶为群和朱殊洋是这一时期研究社会资本再生产理论最活跃的两个学者，他们运用数理分析法对社会资本再生产理论的具体化问题的多个方面进行了研究。其中，陶为群代表性的研究包括，运用非线性规划改进估算两大部类产品价值构成（陶为群，2004）；运用多参数线性规划法研究了社会资本扩大再生产最优化问题（陶为群、陶川，2012）；将固定资产折旧从生产资料消耗中分离，以此拓展再生产公式，使其与国民收入核算契合（陶为群，2013）；提出两大部类合作博弈机制，以此阐释市场经济条件下扩大再生产的实现机制（陶为群，2015）；等等。朱殊洋代表性的研究包括，构建了社会主义扩大再生产的动态分析模型（朱殊洋，2003），提出周期再生产理论（朱殊洋，2004），尝试将自然资源作为约束参数纳入社会资本再生产动态模型（朱殊洋，2005），分析了两大部类的最优积累率问题（朱殊洋，2007），探讨了扩大再生产的均衡条件问题（朱殊洋，2007），论证了两大部类不变资本增长率的均衡稳定关系（朱殊洋，2018），等等。

这一时期，西方经济学对社会资本再生产理论的研究影响显著，很多西方经济学理论的概念、范畴、方法和工具被引入。例如，陶为群和陶川（2011）将投资的乘数机制引入两部类模型，冯金华（2011）用微观经济学均衡分析法研究两部类增长速度问题，等等。社会资本再生产理论被“西方经济学化”的倾向在日益增强，马克思主义政治经济学的研究范式在日渐衰落，话语体系也在萎缩。有些文献的理论研究仅仅将马克思的社会资本再生产理论作为话题引入，后面几乎全都是西方经济学理论的“话语”。

第三节　国内外研究的评述和启示

通过对国内外社会资本再生产理论研究的综述，我们强烈地感受到这一理论的强大生命力和影响力，虽然受到许多责难和质疑，但其科学的“硬核”促使她不断自我发展而永葆思想活力和理论魅力。通过对文献的系统梳理和研究，探寻社会资本再生产理论发展和演变的“历史路标”，为本书的拓展研究开阔了视野，坚定了方向，奠定了基础。

一、国外社会资本再生产理论研究的评述

整体来看，无论是认同还是反对马克思主义政治经济学，随着宏观经济理论和经济增长理论在西方经济学界的流行，马克思的社会资本再生产理论逐步成为包括非马克思学者在内的研究热点。正如卡尔沃斯（Cuyvers，2016）所说，社会资本再生产理论已成为后凯恩斯主义和新马克思主义者热衷于讨论的话题。根据所综述文献的研究，这里重点从以下三个方面对国外社会资本再生产理论的研究进行评述。

1. 理论研究的倾向

虽然研究社会资本再生产理论的国外学者众多，他们所处的时代、国家政治经济环境和学术环境各不相同，但从他们的政治立场、学术观点以及研究的方法论和工具等差异上来看，有着明显的理论研究倾向，总体上可分为三类①。

（1）社会资本再生产理论研究的“保守”派。“保守”派的学者对社会资本再生产理论的研究完全遵守马克思主义政治经济学的基本原理，坚守马克思对资本主义经济发展趋势的分析和判断，研究方法和工具带有较明显的马克思主义传统，在很多方面带有强烈的“原教旨主义”色彩。这种理论研究倾向主要体现在早期的西方马克思主义学者和苏联官方马克思主义学者研究成果中，例如，列宁、尼古拉·布哈林、奥托·鲍威尔、Г. А. 费里德曼、保罗·斯威齐、厄内斯特·曼德尔、罗曼·罗斯多尔斯基等。这类理

① 这里仅仅从对社会资本再生产理论的研究出发，不涉及对其他理论的研究，主要考虑对社会资本再生产理论的学术观点以及研究的方法论和工具。

论研究成果虽然保持了马克思主义政治经济学传统，有些也能正视马克思的社会资本再生产理论的不足来进行理论拓展，但总体来看对社会资本再生产理论研究的局限性较大，理论创新相对不足。

（2）社会资本再生产理论研究的“革新”派。“革新”派的学者对社会资本再生产理论的研究能坚持劳动价值论、剩余价值论等马克思主义政治经济学基本原理，更提倡积极借鉴和适当使用主流经济学（或资产阶级经济学）理论的“新”方法，分析马克思的社会资本再生产理论的“缺陷”，对该理论进行变革和创新性研究。试图在分析资本主义经济的新发展中，创新和拓展社会资本再生产理论。具备这种理论研究倾向的马克思主义学者众多，例如，罗莎·卢森堡、奥斯卡·兰格、卡莱斯基、谢尔曼、M. C. 霍华德和 J. E. 金、莱伯曼、哈里斯、森岛通夫、梅赫纳德·德赛、维克托·佩洛、置盐信雄、信小岛、大西广等。这种理论研究成果虽然有些运用了大量的现代经济学研究方法，但从立场和方法论等方面整体上偏向马克思主义政治经济学，同时也具有较大的理论创新空间。特别地，近年来提倡对社会资本再生产理论“革新”的学者，更多地将主流经济学范畴、理论和方法融入其中，相应地在改变马克思的社会资本再生产理论的“基因”。例如，日本的马克思最优经济增长模型引入柯布－道格拉斯生产函数等范畴，并将研究目的改为要素效率和社会效率最优和均衡问题；安德鲁·特里格将凯恩斯主义理论融入社会资本再生产理论，通过综合凯恩斯和卡莱斯基乘数等方式，试图在两个理论体系间建立恰当的联系（Trigg，2017）。

（3）社会资本再生产理论研究的“非马”派。“非马”派的学者对社会资本再生产理论的研究主要从其“缺陷”出发，通过放弃或改变部分马克思主义政治经济学的基本原理，融合新古典经济学等其他主流经济学的概念、理论和研究方法，试图“重新塑造”社会资本再生产理论①。体现这种理论研究倾向的包括部分马克思主义学者和肯定马克思主义政治经济学（或接受马克思主义政治经济学观点）的“西方经济学者”，例如，以里昂惕夫、琼·罗宾逊、E. 多马、约翰·罗默为代表的分析马克思主义（又称新古典马克思主义）学者等。其中，琼·罗宾逊等作为非马克思主义学者，他们赞扬社会资本再生产理论对宏观经济学理论、动态经济学理论和经济增长理论的贡献，但是指出马克思的分析方法比较简单粗略，且有严重缺

① 与“非马”派相对应的是“马”派，其中又包括“保守”派和“革新”派。

陷①。琼·罗宾逊曾断定："马克思的理论，或至少是马克思在所讨论到的问题上的某些理论，同样是凯恩斯所必需用来补充的，正如凯恩斯的理论是马克思所需要用来补充的一样。"② 但是马克思缺乏现代分析方法，他的再生产理论显得有些幼稚，必须使用学院派的方法来解决马克思所提出的问题（罗宾逊，1962）。同时，以约翰·罗默为代表的分析马克思主义学者则热衷于运用新古典经济学的分析方法和工具重新构建社会资本再生产理论，使之成为主流经济学也能认同的宏观均衡增长模型。我们应该看到，这种理论研究成果虽然也具有较大的借鉴意义，但要注意其非马克思主义的一面。

总体来看，社会资本再生产理论研究"保守"派的学者绝对数量在快速减少，而"革新"派的学者相对数量在减少，"非马"派的学者绝对数量在增加。事实上，体现以上三种理论倾向的成果虽然并非都是对马克思的社会资本再生产理论的创新发展，但是对于社会资本再生产理论的创新发展均具有一定的借鉴意义。这里要强调的是，对社会资本再生产理论的创新研究必须要坚守马克思主义政治经济学的理论"硬核"，同时要开放吸纳现代经济学分析手段，在理论经济学"质态"研究向量化分析转变中实现自身的时代化（顾海良，2015）。

2. 理论研究的"均衡化"和"增长论"

随着资本主义经济的发展和各种经济学理论的相互碰撞融合，在以上三种理论研究倾向的引领下，国外社会资本再生产理论研究逐渐发展成鲜明的两个方向。一是"均衡化"方向，将社会资本再生产理论发展成分析宏观经济均衡的理论；二是"增长论"方向，将社会资本再生产理论发展成马克思的经济增长理论。前文已经指出，国外非马克思主义经济学者对社会资本再生产理论持置之不理的态度，少数关注和研究社会资本再生产理论的学者，虽然肯定其具有的学术价值，但基本都认为马克思的理论比较粗略。他们比较热衷于使用现代主流经济学理论和方法改造社会资本再生产模型，使之与凯恩斯的国民收入决定理论和经济增长理论相结合。通过本章第一节的综述研究不难发现，国外对社会资本再生产理论研究"均衡化"和"增长

① 例如，琼·罗宾逊认为马克思的扩大再生产的例证，前后逻辑不一致（资料来源：［英］琼·罗宾逊著，顾准译，蔡受百校．经济学论文集［M］．北京：商务印书馆，1984：58.）。E. 多马认为受马克思的分析方法所限，社会资本再生产理论过于粗略（资料来源：［美］E. 多马著，郭家麟译．经济增长理论［M］．北京：商务印书馆，1983：230－232.）。

② ［英］琼·罗宾逊著，北京大学经济系资料室译．马克思、马歇尔和凯恩斯［M］．北京：商务印书馆，1963：13.

论”的特征明显。一方面，用现代主流经济学的分析工具阐述马克思的社会资本再生产理论，试图将其与一般均衡理论进行比较研究，是国外学者对待社会资本再生产理论的一种方式。例如，M. C. 霍华德和 J. E. 金、哈里斯、森岛通夫、梅赫纳德·德赛、置盐信雄等，他们尝试通过将社会资本再生产图式数学模型化，并建立相应的宏观均衡方程，分析其中均衡和非均衡的条件；另一方面，将马克思的社会资本再生产理论直接看成一种经济增长理论，试图将其与流行的经济增长模型建立联系，是国外学者对待社会资本再生产理论的另一种方式。例如，卡莱斯基、谢尔曼、莱伯曼、约翰·罗默、大西广等，他们尝试通过将社会资本扩大再生产图式数学模型化，并建立相应的经济增长公式，分析影响经济增长的各种因素。当然前文也已经指出，在理论研究中均衡化和增长论并非相互分离，宏观均衡的增长理论是国外学者对社会资本再生产理论研究所追求的目标。例如，久南卡（P. N. Junankar，1982）认为要建立均衡的马克思增长理论，并指出马克思的扩大再生产理论是冯·诺伊曼或哈罗德类型的第一个增长模型，但是马克思的这个理论被长期忽视了。英国学者瓦尔特·埃尔蒂斯（Walter Eltis，1998）则认为，哈罗德增长模型的均衡条件与马克思社会资本扩大再生产的均衡条件类似，都是“刀锋上的均衡”。整体来看，20 世纪 50 年代以来，除了苏联官方马克思主义经济学者的研究成果，“均衡化”和“增长论”几乎构成了国外对社会资本再生产理论研究的绝大多数成果。

对于社会资本再生产理论研究的“均衡化”和“增长论”，也有国外学者提出了质疑。例如，鲁吉纳（Rugina，1982）认为，“对瓦尔拉斯和马克思进行比较，并企图把两位思想家放到同一个方向的做法是不可靠的”①。罗斯姆（Rotheim，1987）也认为，“虽然瓦尔拉斯和马克思的理论的骨架相似，但依附于骨架之上的肌肉所构成的理论主体则完全不同”。罗斯姆还指出，要将《资本论》的每一卷看成一个整体来研究再生产理论，社会资本再生产理论并非是均衡的理论，因为“均衡条件并不能构成一个积累理论，而仅仅是它的外在的表现形式”②。这里认为社会资本再生产理论并非仅仅是抽象的理论，“均衡化”和“增长论”为社会资本再生产理论提供了一个现实的分析框架，是社会资本再生产理论具体化的一种形式，其通过对不同

① Rugina A. H. Leon Walras：The Pure Scientist versus the Social Reform [J]. International Journal of Social Economics，1982 (9)：4.

② R. J. Rotheim. Equilibrium in Walras's and Marx's Theories of Capital Accumulation [J]. International Journal of Social Economics，1987 (14)：28，40.

经济理论方法的综合，有助于推进利用社会资本再生产理论对宏观经济问题的认识。诸如保罗·斯威齐、卡莱斯基、置盐信雄等并没有停留在对马克思的社会资本再生产理论的解释和重要论断的捍卫上，而是将马克思主义政治经济学的分析方法和重要观点融入对现实经济发展问题的分析之中，这种理论的创新发展路径是值得借鉴和发扬的。

3. 基础理论创新研究的弱化

本书的第二章已经明确，马克思的社会资本再生产理论是一个开放的体系，这一开放的体系能包容包括“非马”化在内的任何理论创新。整体来看，国外在坚持马克思主义政治经济学基本原理的基础上，对社会资本再生产理论的基础理论创新研究的成果较少。卢森堡指出了马克思的社会资本再生产理论的“缺陷”，事实上这些都是针对理论假设前提的，放宽前提假设使得理论与经济发展现实更接近这本身就是理论的一个具体化的过程，无论是“均衡化”，还是“增长论”；无论是罗曼·罗斯多尔斯基等对马克思的社会资本再生产理论的坚守，还是约翰·罗默等对社会资本再生产理论的“非马”化，学者们的努力都是在指向理论的具体化。毋庸置疑，社会资本再生产理论的具体化方向是正确的，但是并不代表所有的理论研究方法和成果都是科学合理的。这里认为，国外对社会资本再生产理论的基础理论研究不足，主要体现在两个方面。一是部类的拓展研究，这其中服务业是否可以纳入社会资本再生产理论分析体系的研究尤为不足。虽然卢森堡、信小岛、斯威齐、曼德尔、克托·佩洛等学者也进行过各种形式的三部类、四部类甚至五部类的分析，且对社会资本再生产图式的拓展性研究具有一定的启发意义，但基本都是顺便提及，并没有进行系统化的研究，同时也没有使其与马克思主义政治经济学理论充分融合。例如，曼德尔并没有阐明军火工业部类与生产资料生产部类和生活资料生产部类的内在联系和依存关系；佩洛将政府活动笼统地纳入再生产图式，忽视了政府活动根本不能形成价值和剩余价值，此外剩余价值分成税后利润和税金也值得斟酌，因为它们并不是同一抽象层次上的范畴。二是缩减再生产的研究不足。除了曼德尔（Mandel，1960）曾作过简短的阐述外①，几乎没

① 厄内斯特·曼德尔（Ernest Mandel，1960）在其著作《论马克思主义经济学》中阐述了缩减再生产理论。曼德尔认为“缩减再生产体现为不能再保持社会财富，反而引起社会财富紧缩的一系列生产周期”。资本主义生产方式下，缩减再生产有两种形式：一是由经济危机引起的缩减再生产；二是现有生产资源的再分配引发的缩减再生产。

有学者论及①。总之，国外对社会资本再生产理论的基础理论研究不足，并且正在逐渐弱化，甚至被“遗忘”。这种趋势的后果是马克思主义政治经济学理论在不断被西方主流经济学理论“同化”，直至最终失去自我成为一种历史中的学说。

二、国内社会资本再生产理论研究的评述

由于政治经济环境和学术环境的不同，国内对社会资本再生产理论的研究与国外相比有明显的差异。通过对所综述文献的研究，这里重点从以下四个方面对国内社会资本再生产理论的研究进行评述。

1. 理论研究“热度”的变化分析

通过对国内研究社会资本再生产理论的文献检索不难发现，自 20 世纪 50 年代以来，随着我国经济社会发展实践的变化，学术界对社会资本再生产理论的研究“热度”也在发生着变化。一方面，绝对“热度”呈现出有规律的起伏变化，如图 3－1 所示。仅从发表的期刊论文数据来看，在改革开放之前，20 世纪 50 年代末和 60 年代初出现了两次理论研究小热潮；80 年代初，是社会资本再生产理论研究的“爆发期”，随后一直在波动中降低，直到 90 年代末达到了最低谷；进入 21 世纪以来，学术界对社会资本再生产理论的研究的绝对量又逐渐增多。另一方面，相对“热度”整体呈现递减趋势。仅从发表的期刊论文数据来看，20 世纪 60 年代初相对“热度”指数②最高（1963 年为 68.13‰），改革开放之后，80 年代初又达到了一个高峰（1981 年为 64.66‰），随后快速下降，1993 年之后已降到 10‰以下。事实上，伴随着理论研究“热度”变化的背后，是研究社会资本再生产理论的学者和刊登相关研究成果刊物的变化。20 世纪 90 年代以前，国内重要的理论期刊《经济研究》《中国社会科学》等刊登了大量的相关文章，而 20 世纪

① 布哈林（1988）将不断沿螺旋线缩小的生产称为“消极的扩大再生产”，并将其与资本主义生产关系体系的崩溃和瓦解联系起来，但是他并没有展开论述。

② 这里将相对“热度”指数定义为，社会资本再生产理论研究的文献数量与理论经济学研究的文献数量之比。特别说明的是，这里所用数据仅仅是从“中国知网”检索的统计数据，没有考虑相关的研究著作和其他类型的论文（如发表在报纸理论版的论文、会议论文集等）。通过前文的文献综述研究不难发现，相关研究的著作主要集中在 20 世纪 80 年代，其他形式的且在“中国知网”检索不到的论文主要集中在早期（90 年代以前）。因此，以上因素的存在不会影响对研究文献数量以及相对“热度”指数的总体趋势的分析。

90年代之后数量几乎为零；同时，早期国内知名的经济学者几乎都曾撰文解读或研究了马克思的社会资本再生产理论，例如，季陶达、董辅礽、关梦觉、罗季荣、刘国光、张薰华、洪远朋、许涤新、刘诗白、卫兴华、吴树青、吴易风等，这为社会资本再生产理论在国内的传播和研究奠定了基础。但是90年代之后，随着老一辈学者逐渐退出，新生代且有影响的学者屈指可数。

图3-1　国内社会资本再生产理论研究期刊论文数量统计（1954~2021年）

资料来源：中国知网-高级检索，http：//kns. cnki. net/kns/brief/result. aspx?dbprefix = SCDB，经笔者计算。

以上的分析仅仅从研究文献数量的角度，通过前文的文献综述研究，结合研究成果的质量综合来看，国内学术界对社会资本再生产理论的研究可分为三个阶段。一是模仿性研究阶段（20世纪50年代至60年代中期）。经济发展和理论研究经历了从接受苏联模式，到不断反思突破的过程。其中50年代末和60年代初的两次研究高潮，均是经济发展实践对理论研究“刺激”的结果。二是探索性研究阶段（20世纪70年代末至90年代初），其中80年代初出现了研究的最高潮，之后一直在降低。从研究质量来看，80年代也是国内学术界优秀研究成果高峰期。80年代初的研究高潮是思想解放和改革开放经济发展实践推动的结果，随着经济体制改革的深入推进，理论的研究不断取得新的突破。三是多元化研究阶段（20世纪90年代中期至今）。90年代中期以来，由于西方主流经济学理论在国内学术界的传播与流行，国内研究文献的相对数量和质量均在不同程度地下滑。随着社会主义市场经济改革的快速发展，在理论研究方面也呈现出“均衡化”和“增长论”的特征，在应用研究方面则转向社会主义市场经济宏观调控、经济结构演进和经济增长方式转变等方向，且应用性研究远多于理论性研究。

通过对国内的关于社会资本再生产理论研究综述我们不难发现，在20世纪90年代以前，社会资本再生产理论曾备受重视。特别是80年代，涌现了大量的理论研究成果和应用研究成果。而随着社会主义市场经济改革的不断深入，面对新的宏观经济问题，很多经济学者改弦更张，转向运用西方经济理论来研究分析我国的宏观经济问题。造成社会资本再生产理论被“放弃”或“高高挂起”的原因很多，但其中一个很重要的原因就是理论本身的局限性，社会资本再生产理论是从抽象层面上对宏观经济进行规范分析，而很难对社会主义市场经济中的宏观经济问题作出动态化的定量分析，这使得社会资本再生产理论在分析宏观经济问题时显得过于空泛（王健，1995）。

2. 经济发展实践对理论研究的作用

前文分析已经指出，除了苏联在列宁提出的生产资料生产优先增长原理基础上实施的优先发展重工业的国民经济发展战略以及国民经济综合平衡表的实践，国外对社会资本再生产理论的应用研究相对不足。整体来看，我国的经济发展实践也对社会资本再生产理论的发展起到了积极的推动作用。例如，早期的毛泽东、陈云等将社会资本再生产理论与我国具体经济实践相结合，提出了发展经济的具体策略。毛泽东曾提出国民经济计划要“掌握和利用按比例发展规律，保持国民经济综合平衡”①，并强调要处理好“农轻重”的关系问题②；类似地，陈云也曾提出国民经济各部门、社会再生产各环节要自觉保持各种比例关系，要处理好积累和消费的关系，“挖潜、革新、改造”发展内涵扩大再生产，等等③。当前，习近平总书记提出的供给侧结构性改革，同样也对理论的研究起到了积极的促进作用。因此，与国外相比，国内对社会资本再生产理论的研究更多受到了经济发展实践的影响，而并非单纯是学院派的理论性研究。

20世纪50年代学习苏联模式，国民经济有计划按比例的发展、经济发展的结构和速度、优先发展重工业、积累与消费的比例、国民经济平衡表等方面均来自实践，进而成为理论研究的重点问题。其中，对生产资料最优增长原理的研究、扩大再生产的前提和实现条件的分析、再生产中积累与消费

① 毛泽东文集（第8卷）［M］. 北京：人民出版社，1999：73，119.

② 毛泽东文集（第7卷）［M］. 北京：人民出版社，1999：24. 毛泽东文集（第8卷）［M］. 北京：人民出版社，1999：122.

③ 陈云文选（第3卷）［M］. 北京：人民出版社，1995：56，253，351，309，267－268.

的关系的论证等方面取得了较多的成果。改革开放之初，随着以经济建设为中心的基本路线的提出、我国经济体制改革的逐渐推进，以及对前期经济发展中各种经验和教训的总结反思，实践对社会资本再生产理论的研究提出了更高的要求。20 世纪 80 年代，积累是否是扩大再生产的唯一源泉、对生产资料生产优先增长原理的反思、国民经济按比例平衡发展问题、内涵扩大再生产问题等方面都是理论研究的重点。特别地，这一时期社会资本再生产理论的创新性研究也与经济发展实践密切相关。例如，社会资本扩大再生产与经济增长研究，是基于对我国打破计划经济体制、引入市场机制的渐进改革过程中经济发展的平衡和速度问题展开的；将服务部门（业）纳入社会资本再生产理论的探索，是基于第三产业的兴起以及人民对日益增长的物质文化生活需要的关切；20 世纪 90 年代中期以来，随着建立社会主义市场经济体制的目标确立到推行并逐步完善，国内对社会资本再生产理论的研究逐渐转向偏应用性研究，且应用性研究的热点也在随着经济发展实践的变化而不断发生着变化。其中，20 世纪 90 年代中期，运用社会资本再生产理论探讨社会主义市场经济宏观层面的运行机制和调控管理成为理论研究热点；20 世纪 90 年代后期，从社会资本再生产的视角分析转变经济增长方式成为研究热点，21 世纪初党的十七大后又演变为对转变经济发展方式的研究；进入 21 世纪以来，经济结构的优化升级问题、资源环境问题、供给侧结构性改革等相继成为研究热点，这都与我国经济发展中结构失衡、生态环境问题凸显以及供求结构性矛盾的现实问题有关。总之，经济发展实践以及经济发展中的问题和矛盾对国内社会资本再生产理论的研究起到了重要的推动和引导作用。

3. 理论研究的特点

除了以上分析的两点，这里认为与国外相比国内对社会资本再生产理论的研究有以下几方面的特点。

（1）理论研究相对比较全面。与国外相比国内的社会资本再生产理论研究一直处于“显学”的地位①，这也为理论创新提供了相对充足的学术空间。前文的分析已经阐述，社会资本再生产的研究可以分为三个方向：一是基础理论性研究，例如对扩大再生产前提和实现公式的研究；二是理论的具体化研究，即拓宽社会资本再生产理论的假设前提，使之更加贴近现实社会

① 改革开放以来，虽然包括西方主流经济学理论在内的各类经济学理论在中国都有长足的发展，但马克思主义政治经济学一直是一门显学，是推动改革开放和社会主义建设的主要经济学理论（刘诗白，2009）。

的经济运行，例如将社会资本再生产理论演化成经济增长理论；三是理论的应用性研究，例如用社会资本再生产理论研究供给侧结构性改革问题。整体来看，国内对社会资本再生产理论的研究几乎涵盖了该理论的所有方面。其中，20 世纪 50 年代至 60 年代中期，主要侧重基础理论性研究；70 年代末至 80 年代初，研究重心逐步由基础理论性研究向理论的具体化研究转变；80 年代末至 90 年代中期，研究重心又由理论的具体化研究向理论的应用性研究转变；21 世纪以来，主要以应用性研究为主。

（2）理论研究整体偏应用性。自改革开放以来，国内对社会资本再生产理论的研究受国外的影响就日益加强。与国外类似，国内的理论研究也呈现“均衡化”和“增长论”的趋势。整体来看，特别是 20 世纪 90 年代中期以来，国内的研究与国外相比更加偏向应用性研究，基础理论性研究相对弱化。这主要有两个方面的原因：一是社会资本再生产理论发展缓慢，没能真正做到与时俱进。理论创新困难，致使许多学者改弦易辙。二是西方经济学理论的流行，挤压了社会资本再生产理论的发展空间。不得不承认对现实经济问题的解释力上，西方经济学理论在很多方面优势明显。

（3）理论研究倾向分为“保守”和“革新”两类。整体上来看，改革开放前的研究基本都属于“保守”派，其间学术观点的争论基本属于派内的纯理论性争论。改革开放之初，“革新”派迅速崛起，在对生产资料生产优先增长原理的质疑、积累并非是扩大再生产的唯一源泉、服务业纳入社会资本再生产理论体系等多方面都做出了创新性研究，与此同时“保守”派与之展开了激烈的争鸣。毫无疑问，这些争论并没有阻止理论的创新发展，而是起到了积极的推动作用。20 世纪 90 年代中期以来，随着老一辈学者的相继退出，新成长起来的学者大多进入“革新”派。“保守”派在学术界的声音日渐稀少，没有学术争鸣，“革新”派的理论创新数量和质量都在不同程度地下滑。作为以马克思主义为指导的社会主义国家，在对社会资本再生产理论研究方面尚不存在“非马”派。但值得警惕的是，近年来，由于国内社会资本再生产理论研究也呈现“均衡化”和“增长论”的趋势，研究偏于应用性问题，以及学术浮躁等原因，“革新”派正在退化，甚至已出现“非马”化的趋势。通过对比国内外对社会资本再生产理论的研究不难发现，国内的研究自 20 世纪 80 年代以来，无论是研究的规模和质量都已全面超过国外，当然这种超越是建立在对国外理论研究成果学习和借鉴基础之上的。但是这里也不得不指出，随着改革开放的深入推进，西方经济学在理论和实践上广泛地传播和应用，国内学术界对马克思的社会资本再生产理论的研究热情在减弱，方向在摇摆，甚至迷失。

4. 理论研究的亮点

对于一个理论的发展，各种类型的研究都有其独特的作用。对于社会资本再生产理论的解读和基础性理论研究是基础；而在此基础上的具体化研究，以及应用研究是理论研究的主体和最终归宿。国内社会资本再生产研究的三个阶段都有理论研究的亮点，总体来看，第二阶段即探索性研究阶段亮点最多。基础性理论研究和应用性研究也有许多亮点，根据本书的研究任务，这里仅从创新性研究来分析。20 世纪 50 年代至 60 年代中期，国内学术界对社会资本再生产理论的研究整体受苏联的影响，属于起步的模仿性研究阶段，其中对生产资料生产优先增长原理、扩大再生产的公式等理论问题的研究和争论较多。虽然整体来看理论研究比较“拘谨”，但是实学、董辅礽等学者从拓展社会资本再生产理论的假设前提入手对理论的具体化研究成果是一大亮点。20 世纪 70 年代末至 90 年代初，国内学术界对积累是否是扩大再生产的唯一源泉、扩大再生产的实现条件、生产资料生产优先增长原理、两部类的细分，以及国民经济按比例平衡发展等方面又进行了比较集中的研究和争论，理论上的争鸣也为创新性研究奠定了基础。这一时期，涌现了大量的创新研究成果。主要包括：对社会资本再生产理论的数理分析和动态分析，比如，杜昌祚、贺菊煌、李拉亚等学者的研究。在动态分析或均衡化分析上已经达到甚至超过了国外的研究水平；建立以社会资本再生产理论为基础的经济增长模型，比如，石景云、王时杰和王东京等学者的研究；社会资本再生产理论具体化研究，比如，唐欣和魏坤、陶为群等学者的研究。对经济增长模型和理论具体化的研究水平也基本达到同期的国外水平；服务部门（业）纳入社会资本再生产理论，比如，方民生、李江帆、孙长宁和沙吉才等学者的研究；对缩减再生产的研究，比如，牟以石、李永乐、林后春、何立胜和管仁勤等学者的研究。毫无疑问，在服务业纳入社会资本再生产理论和缩减再生产研究方面，国内明显走在了国外的前面。20 世纪 90 年代中期以来，对社会资本再生产理论的研究偏向应用。对于社会主义市场经济问题的研究，方兴起、汤在新、许崇正和柳荫成等学者的研究比较有代表性；马克思的经济增长理论研究作为这一时期研究的热点，有众多的学者采用包括引入西方经济学概念、原理和方法在内的各种方式进行研究，其中吴易风、杨继国、张忠任、李海明和祝志勇等学者的研究比较有代表性；在社会资本再生产理论具体化研究方面，陶为群、王奇和叶文虎、朱殊洋、齐新宇和徐志俊等学者的研究比较有代表性；此外，还有针对转变经济增长（发展）方式、经济结构调整、供给侧结构性改革等的应用性研究。相对应用性研究，这一时期理论研究，特别是理论创新性研究相对不足，且已有明显的“西方经济学化”的倾向。

三、国内外社会资本再生产理论研究的启示

在本书的导论部分已经指出，现实和理论两个方面都在呼唤社会资本再生产理论的创新发展。本章通过对国内外相关文献的综述分析可知，社会资本再生产理论的创新发展问题突出，主要表现在两个方面：一是基础理论创新严重不足，即马克思的社会资本再生产理论创新发展太慢；二是理论的具体化过程中被严重“西方经济学化”，即社会资本再生产理论呈现“非马”化趋势，如图 3－2 所示。因此，社会资本再生产理论创新发展迫在眉睫。事实证明，对社会资本再生产理论的创新发展，必须沿着正确的路径，否则走得越远距离目标也会越远。创新研究的正确路径从何而来？这里认为总结国内外对社会资本再生产理论研究的经验和教训，是我们寻得正确路径的必然选择。综述国内外社会资本再生产理论的研究，不仅仅在于厘清理论发展的现状，坚守马克思主义政治经济学的阵地，更重要的是从经济发展的实际出发，借鉴科学合理的研究成果，继续推动社会资本再生产理论创新发展。

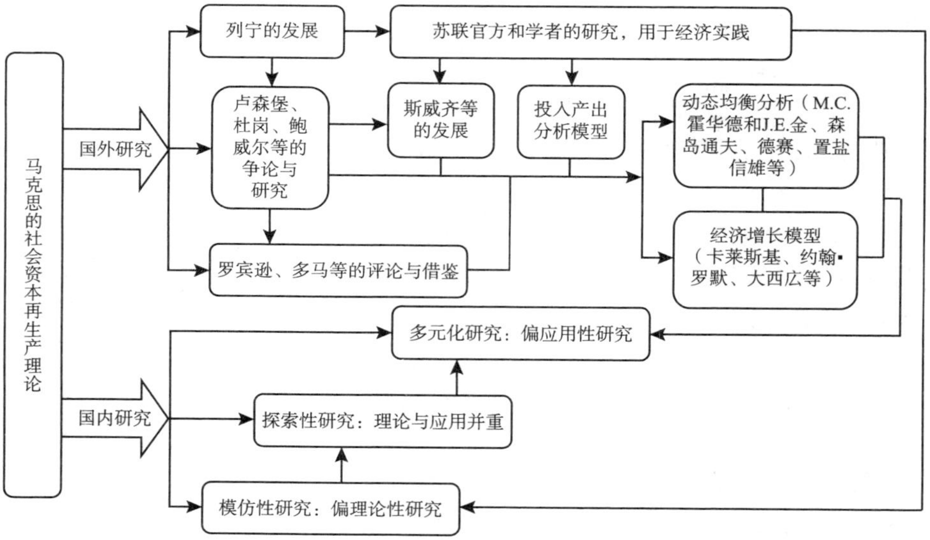

图 3－2　社会资本再生产理论演进和发展脉络

资料来源：笔者绘制。

1. 基础：坚持科学的劳动价值论

劳动价值论作为马克思主义政治经济学的基石，同样也是社会资本再生产理论的基石。国外的“非马”派，绕过劳动价值论研究社会资本再生产理论，本质上不是发展这一理论，而是借鉴这一理论中的“片段”来建立或发展自己的宏观均衡和经济增长理论。同样，国内的一些学者也有类似的做法，这样对社会资本再生产理论的创新或拓展，最终只能收获“跳蚤”①。坚持马克思的劳动价值论，就是坚持以劳动价值论为基础的剩余价值论，就是坚持以剩余价值论为核心的马克思主义政治经济学（吴易风，2001）。坚持科学的劳动价值论，就是要坚持劳动价值论的方法论和理论内核，并在此基础上进行创造性的发展。

劳动价值论贯穿于整个马克思主义政治经济学理论体系，因此对社会资本再生产理论的研究要放在整个马克思主义政治经济学的理论框架之中，不能将其单独孤立出来。安德鲁·特里格（A. B. Trigg，2006）曾指出，“如果不能清楚地说明再生产图式的目的，那么对它们是用来做什么的，它们如何同第二卷的剩余部分联系起来，以及它们如何同整个《资本论》联系起来，就不能达成一致”②。马克思分析社会资本再生产理论是从单个资本再生产开始的，单个资本的运动是在商品生产自然发生的社会分工基础上，各个资本以生产和获取最大限度剩余价值为目的，各自分散进行的。资本主义市场经济体制下，单个资本以其他资本的存在为前提，一个资本的售卖总是有另一个资本的购买与之对应，就这样在流通中相互制约、互为条件地运动。从整体上看，就是在进行着资本的再生产以及工人和资本家的维持更新。从整个社会的立场上重新认识资本再生产，就表现为社会总资本再生产。马克思在《资本论（第一卷）》第七篇已经分析了单个资本的再生产，随后的第二卷第一篇和第二篇从流通过程的视角对资本再生产的形态进行分析，之后第三卷进行在具体的市场竞争环境中的再生产在资本运动中的更为现实的各种形态的分析。因此，在第二卷第三篇的社会资本再生产理论地位最为重要，马克思从抽象的宏观层面来分析资本主义经济再生产的机制和结构。

---

① 对于19世纪70年代末，法国的冒牌马克思主义者，恩格斯说，“马克思曾经说过：‘我只知道我自己不是马克思主义者。’马克思大概会把海涅对自己的模仿者说的话转送给这些先生们：‘我播下的是龙种，而收获的却是跳蚤’”（资料来源：马克思恩格斯选集（第4卷）［M］. 北京：人民出版社，1995：695.）。

② A. B. Trigg. *Marxian Reproduction Schema*：*Money and Aggregate Demand in a Capitalist Economy*［M］. New York：Routledge，2006：2.

2. 问题：马克思的社会资本再生产理论的局限

这里认为，必须在理性认清马克思的社会资本再生产理论局限的前提下，才能真正推动理论的创新发展。

任何科学的理论都有其成立的假设前提，自然科学如此，社会科学也是如此。例如，数学上最简单不过的“1+1=2”，这个命题的前提是在十进制的条件下（默认或约定俗成）；如果假设在二进制的条件下，结果就完全不同了。又如，物理学上“水的沸点是100摄氏度”，这个命题的前提条件是在标准大气压下，如果没有这个确定假设前提，水的沸点就不一定是100摄氏度。正确理解马克思的社会资本再生产理论，首先要正确理解其假设条件。前文分析中已经提及马克思对社会资本再生产理论设定的各种假设，例如，完全竞争市场不考虑政府的作用，社会总产品两大部类的划分，再生产过程中仅存在资本家和工人两个阶级，资本有机构成、剩余价值率、积累率、劳动生产率（技术）、劳动力价值（工资）等固定不变，积累后的投资局限于部类内部，没有考虑不变资本中固定资本和流动资本在资本周转上的差别，没有考虑价值和价格的背离，没有考虑对外贸易和军需产品等因素，等等。大卫·哈维等（2016）认为马克思的假设，使其得出了一个关于资本主义经济如何运行的完全不切实际的模型，但马克思以这种方式建立社会资本再生产问题的分析模型并非是要重现现实，而是为了凸显资本主义生产方式内部结构的核心关系。可以肯定的是，在马克思设定的一系列假设前提下，社会资本再生产理论是完全正确的。马克思以揭示资本主义社会资本再生产的本质为主要目标，运用科学的抽象力舍象掉许多非主要因素，这是构建理论的必然选择。前文已经指出，马克思的社会资本再生产理论已经完成揭示资本主义生产方式不可克服的内在矛盾的任务，但并不代表其没有局限。相反，马克思的社会资本再生产理论是存在局限的。一方面，马克思的社会资本再生产理论是没有完全创作完成的理论，第一章的研究已经证明，社会资本再生产理论是一个未完成的开放的理论体系；另一方面，随着资本主义经济社会的发展变化，马克思的社会资本再生产理论的许多假设前提需要改变。同时，将社会资本再生产理论用于指导社会主义市场经济的发展，也需要对其进一步创新发展。事实上，理性地对待马克思的社会资本再生产理论的局限并非是否定其科学价值，而是要通过对其局限进行科学的分析，进而对社会资本再生产理论进行拓展性研究。

总之，对马克思社会资本再生产理论存在局限的分析和认识，是研究和发展该理论的必然。整体来看，国外学者基本都认同社会资本简单再生产，即使是萨缪尔森这样的“反马”经济学家也认为“马克思的简单再生产的模式……是一个合理的程序”①。以卢森堡等为代表的部分马克思主义学者和非马克思主义学者都认为，马克思的社会资本扩大再生产模式存在严重缺陷，这使得扩大再生产模式在分析资本主义现实时具有很多“不足之处”（曼德尔，1983）。卡尔·屈内（Karl Kühne，1979）也指出，扩大再生产模型缺乏动态分析，马克思将技术进步、价格、剩余价值率和积累率等因素的变动都舍象掉了。国内实学（1962）、李定中（1963）、董辅礽（1963，1964）等学者较早明确指出并研究社会资本再生产中舍象掉的因素，随后20世纪80年代又有众多学者进行了研究。可以说，马克思的社会资本再生产理论的局限性是国内外学术界普遍认同的。

综合来看，国内外学者认为马克思的社会资本再生产理论局限主要包括以下几个方面：一是在马克思的社会资本再生产体系中仅考虑资本家和工人两个阶级，并且没有考虑政府的作用。二是马克思的社会资本扩大再生产模型中仅考虑增加劳动人数一种途径，并没有考虑技术进步这个最能表明资本主义特征的因素。大卫·哈维（David Harvey，1982）也指出，马克思在扩大再生产模型中假设技术状况不变，这与《资本论（第一卷）》中对资本积累过程总是伴随技术进步的分析是完全矛盾的。有学者认为，马克思的再生产模式主要用来分析依靠资本和劳动增加进行扩大生产的粗放型经济，它很难转变为用来分析依靠技术进步进行扩大再生产的集约型经济（Karl Kühne，1979）。还有学者认为，马克思分析再生产过程中注意到了技术变化的影响，但是马克思用于分析技术变化的工具——资本有机构成本身存在着缺陷，因为马克思用来反映资本有机构成变化的技术构成与价值构成之间并不存在直接的关系，这使得他不能引入技术变化因素来发展再生产模式（Howard et al.，1985）。三是马克思的社会资本再生产理论将资本有机构成、剩余价值率、积累率、利润率、工资等因素均设定为常量。四是马克思的社会资本扩大再生产图式中假定投资（积累）仅能在本部类进行，且两个部类的“地位”并不相同，第Ⅱ部类始终处于调整平衡的角色。五是马克思的社会资本再生产模型在一个封闭的市场中，没有考虑对外贸易。六是马克思的社会资本再生产理论中没有考虑非生产领域，如政府性税收和军需产品等。七是马克思的社会资本再生产理论没有考虑社会产品的价格与价值

---

① ［美］保罗·萨缪尔森．理解马克思的剥削概念：马克思的价值与竞争价格所谓转化问题的概述［A］//现代国外经济学论文选（第三辑）［M］．北京：商务印书馆，1982：120.

的脱离。在现有的经济核算体制下，如何将社会资本再生产理论价值度量和现实经济运行中的价格统一起来，是国内外马克思主义经济学家一直在努力的方向（刘惠林，1986）。八是马克思的社会资本再生产理论没有考虑金融和信用的作用。伊藤诚（Itoh，1981）认为在社会资本扩大再生产过程中，信用制度的作用，应成为马克思再生产理论的重要组成部分。同时，他批评威克斯（Weeks，1979）探讨问题局限于再生产图式的结构和以流通手段为唯一职能的货币，而忽略了信用制度的重要作用。

虽然抽象的理论并不能直接等于现实，但不可否认，马克思的社会资本再生产理论抽象掉了很多因素，致使其与资本主义经济发展现实并不完全一致。有学者认为，造成这种局限的主要原因是，马克思的再生产模型以难以量化的价值为基础，它不能用产出或产品数量指标进行计算，因而不能直接衡量出劳动生产率的变化情况（Karl Kühne，1979）。通过第一章的研究，本书已经指出，马克思的社会资本再生产理论并没有完成，是一个不断创作的发展的理论，存在理论局限也是在所难免。但是，马克思的社会资本再生产理论的理论局限并不能否认它的科学性，这些局限的存在也正是对其进行拓展和发展的原因。当然，有许多马克思主义学者坚定地认为马克思的社会资本再生产理论并没有学术界争论的那些局限。例如，罗曼·罗斯多尔斯基（Roman Rosdolsky）认为“众多的理论家企图通过引入较为宽松的条件来‘改进’马克思的再生产图式使之更加现实，那不过证明了他们对于这些图式的结构和含义懂得非常之少”，那些做法“都必然会变成一种毫无经济意义的‘数学练习’”①。这里认为罗斯多尔斯基的评判虽然过于片面，但同时也指出了对社会资本再生产理论创新研究的另一个误区，就是只注重数学模型的推导和分析，而丢掉了马克思研究经济问题的辩证、矛盾等分析方法，同时也忽略或弱化了对生产关系的研究。

3. 方向：分层创新研究

通过对国内外社会资本再生产理论研究的综述我们发现，绝大多数文献都没有涉及理论的研究层次问题，也几乎没有学者意识到这是制约理论创新研究的关键问题②。这里认为要按照基础理论创新研究、理论的具体化研究

① ［德］罗曼·罗斯多尔斯基著，樊纲译，左大培译校．围绕再生产图式的争论［J］．政治经济学报，2015（2）：21－65．

② 国内少数有学者曾论及社会资本再生产理论的创新发展方向问题，但是并没有分清层次。例如，钱津（1992a，1992b）曾撰文指出社会资本再生产理论需要三方面的拓展，一是从物质生产拓展向非物质生产；二是从直接生产交换拓展向信用分析；三是从封闭型模型拓展向开放型模型。

和理论的应用研究三个层面，准确确立社会资本再生产理论创新研究的方向，如图 2 – 3 所示。这三个研究层次存在着依赖性的关系，其中基础理论创新研究最为根本，是社会资本再生产理论的根基；在此基础上，理论的具体化研究是核心，是增强理论普适性和解释力的关键；理论的应用研究依赖于基础理论创新研究和理论的具体化研究，同时应用的发展也会反作用于前两者。这里提出社会资本再生产理论研究的三个层面，并非是要将其分割，而是强调其中的逻辑层级关系。事实上，包括本书在内，对社会资本再生产研究的所有文献都可以划归为其中的某个层面或以某个层面为主。

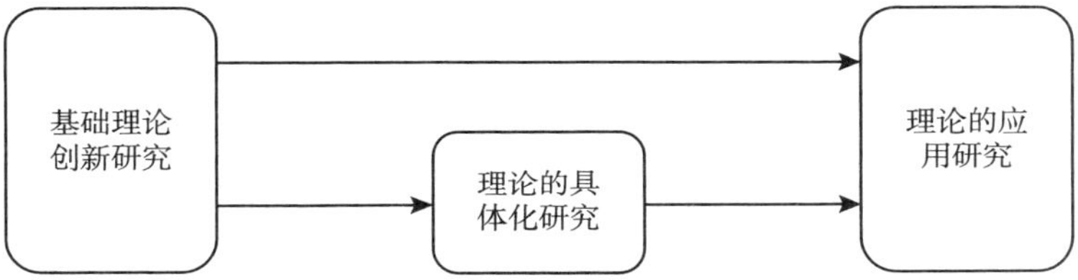

图 3 – 3　社会资本再生产理论研究层次

资料来源：笔者自绘。

（1）基础理论创新研究。前文已经阐述，对社会资本再生产理论的研究要放在整个马克思主义政治经济学的理论框架之中，要以科学的劳动价值论为基础。基础理论的创新研究不能仅仅从马克思的社会资本再生产理论的框架内进行纯技术性分析，而是要根据资本主义市场经济的现实，从劳动价值论的拓展性研究入手，进而拓展社会资本再生产理论。在此研究方面，国外学者拓展得较少，仅有少数学者提及但并未展开研究和论述。例如，20 世纪 60 年代，苏联学者曾提出劳务产品等非生产性部门应该纳入社会资本再生产理论；近年来，部分日本学者也认同服务商品的概念，并认为应将其纳入社会资本再生产理论进行分析。与国外相比国内的拓展研究相对较多，从 20 世纪 50 年代末至 60 年代初对扩大再生产前提条件和实现条件的争论等纯技术性分析，转到 80 年代初开始的拓展性研究，并涌现了大量的相关研究成果。其中，孙长宁和沙吉才（1982）、李江帆（1986）等的研究最具代表性，但是整体来看国内的基础理论拓展研究仍不够深入系统，绝大多数仅仅是提出拓展的设想，而并未作系统化的阐述。例如，孙长宁和沙吉才虽然明确提出了四部类模型，但对服务商品的论证比较粗略，再生产的过程分析相对简单且不完整。

（2）理论的具体化研究。和很多经济学理论一样，马克思的社会资本再生产理论是一个抽象的模型。理论模型的建立，依赖于对经济原型的合理简化，并通过假设的方式舍象某些因素（朱鹏华等，2017）。社会资本再生产理论具体化就是将舍象掉且符合经济发展实际的因素再纳入社会资本再生产图式的过程。在国外，列宁最早创造性研究了社会资本再生产理论，运用演绎的方法对其进行了具体化。此外，罗莎·卢森堡、曼德尔、森岛通夫、莱伯曼等都曾明确论及社会资本再生产理论的具体化问题。类似地，20 世纪 60 年代初，在国内，董辅礽（1963）是较早提出社会资本再生产理论的具体化问题的学者①，之后石景云（1964）、余永定（1985）、卢秉权（1988）、张衔（2007）、安帅领和于金富（2016）等学者都曾明确论及。这里要特别注意基础理论的研究与理论的具体化研究之间的区别，前者是打破社会资本再生产的理论体系进行拓展研究，比如将服务商品纳入其中；后者是在现有的社会资本再生产理论框架内加入被舍象的因素进行技术性分析，比如将资本有机构成的提高引入其中。通过对马克思的社会资本在生产理论创作史的研究和国内外对社会资本再生产理论的研究综述，这里认为具体化至少包括以下几个方面。一是资本有机构成、剩余价值率、积累率、劳动生产率（技术进步）、劳动力价值（工资变化）等常量的变量化；二是加入时间因素，将社会资本再生产理论发展成为宏观经济均衡理论和经济增长理论；三是将社会总产品两大部类细分化；四是考虑扩大再生产中固定资本的补偿问题；五是货币材料的再生产问题，即金属货币的补偿和积累；六是将对外贸易、公共产品、军需产品等纳入社会资本再生产理论；七是社会资本再生产公式与产业关系表问题，即如何解决理论与实际经济活动间的数据的对应问题；八是考虑金融和信用对社会资本再生产的作用；九是考虑政府在社会资本再生产过程中的作用；等等。特别地，有一些研究并非社会资本再生产理论的具体化，比如，社会产品的价格与价值的脱离问题、价值和价格的对应问题并非是社会资本再生产的研究范畴。

（3）理论的应用研究。前文的分析已经指出，国内对社会资本再生产理论的应用研究远多于国外，特别是近年来，国内的研究呈现偏应用性趋势。从图 2－2 可知，应用研究分为三类，一是社会资本再生产理论的直接

① 董辅礽（1963）认为马克思的社会资本再生产理论是以资本主义社会再生产为对象的理论，要运用到社会主义经济建设实践中时，需要从实践出发，加以具体化，即需要选择性地将马克思舍象掉的因素引入社会资本再生产公式。

应用。比如，积累与消费的比例问题，国民经济按比例平衡发展问题，等等。二是理论具体化后的应用。比如，在生产资料生产优先增长原理基础上的“农轻重”的关系问题，国民经济综合平衡表的应用，经济增长模型的应用，等等。三是前两者的综合运用，特别是对一些综合性问题。比如，运用社会资本再生产理论分析转变经济发展方式问题。

综合来看，目前国内外学术界对社会资本再生产理论的具体化研究成果最多，同时国内对理论的应用研究成果也非常多，但是基础理论的创新研究最为薄弱。这里认为基础理论的创新研究发展缓慢，是制约社会资本再生产理论创新发展的主要原因，这也使得在理论的具体化研究上“西方经济学化”成为一种理所应当的选择。因此，本书将从基础理论的创新研究着手，重点做好以下拓展：一是社会总产品范围的拓展，即商品概念的拓展；二是社会生产范围的拓展，即生产劳动范围的拓展；三是社会生产部类的拓展，即由两部类到四部类；四是简单再生产模型的拓展，即构建四部类简单再生产模型；五是扩大再生产模型的拓展，即构建四部类扩大再生产模型；六是社会资本再生产基本类型的拓展，即构建四部类缩减再生产模型。在此基础上，初步探索社会资本四部类再生产理论应用。

4. 方法：保持马克思话语体系的基础上兼容并蓄

在社会资本再生产理论的研究方法上，首先要注意避免两种倾向：一是囿于传统马克思主义政治经济学的方法中不敢突破，无法自我革新与发展；二是不加甄别地借用西方经济学的概念、范畴和方法，进而丧失马克思主义政治经济学的研究风格和理论特质。在此基础上，借鉴吸收各种研究方法，与时俱进地发展好马克思主义政治经济学的话语体系。结合国内外研究综述，这里认为在考虑社会资本再生产理论研究方法时应重点注意以下两点。

（1）关注生产关系的分析。通过综述研究我们发现，国内外很多文献对社会资本再生产理论的研究仅仅围绕商品或资本的再生产，而对其背后生产关系或资本关系的再生产问题分析严重不足。例如，在国内或许是因为在我国社会主义市场经济环境中，学者都“羞于”论述社会资本再生产背后的剥削关系。社会资本再生产理论是以个别资本的再生产为前提，在分析方法上将剩余价值的分割以及随之而来的价值向生产价格的转化暂时抽象掉，主要阐明在流通过程中社会总资本再生产的联系。这里认为马克思所揭示的关系结构实际上具有普遍意义，超越了资本主义生产方式特定的历史关系。马克思也曾提到这一流通过程“可以在非资本主义生产的基础上进行”。社会资本再生产理论在表面看来更多的是再生产的技术模型，虽然较少提及资本和生产关系的再生产，但这始终是核心的问题。

（2）合理使用数学建模分析。第二章的研究已经清晰地表明，马克思的社会资本再生产理论的研究和阐述过程本身就贯穿着数量分析，从国内外对社会资本再生产理论的研究发展历程来看，数学方法或工具的应用呈逐渐上升趋势，且国外的学者更热衷于数理分析。森岛通夫（Michio Morishima，1978）指出，数理分析方法可以“对马克思的见解提供新的、精确的表述”，使其“许多有价值的见解在现代经济学中成为有用结构”①。列宁1898年在《市场理论问题述评》一文中指出，“公式本身什么也不能证明；它只能在过程的各个要素从理论上得到说明以后把过程加以表述”②。大卫·哈维（2016）也指出，学术界对马克思社会资本再生产图式的技术特征进行阐述，虽然提高了描述的数学复杂性，不仅没有解决，反而加深了马克思留下的奥秘。这里认为要在马克思分析经济理论问题的范式内使用数理分析法，并且应该把握一个度，绝不能将社会资本再生产理论的研究变成一个数学游戏。事实上，在前文综述的许多文献中已经反映出这种倾向。不做“数学囚徒”的同时，我们应该看到社会资本再生产理论的创新发展离不开数学建模的方法。因此，在研究方法上要“回归马克思”，坚持定性和定量分析的有机结合、辩证统一。

① Morishima M.，Catephores G. *Value，exploitation and growth*［M］. London：McGraw－Hill，1978：58.

② 列宁全集（中文第二版）第4卷［M］. 北京：人民出版社，1984：48.

第四章

服务商品

马克思主义政治经济学的逻辑起点是商品，商品理论、生产劳动理论和社会资本再生产理论是一个有机的整体。根据第二章马克思社会资本再生产理论的创作史和第三章马克思社会资本再生产理论的研究综述可知，进行社会资本再生产基础理论的拓展研究，首先必须科学地拓展商品以及生产劳动的概念和范围。本章对商品特别是服务商品的研究，将为后续社会资本再生产理论拓展研究奠定坚实的微观理论基础。

第一节　马克思的商品理论

商品是资本主义生产方式的细胞，也是马克思主义政治经济学理论逻辑体系中最基本、最简单和最抽象的范畴。马克思将商品作为自己研究经济问题的逻辑起点，“我不是从‘概念’出发，因而也不是从‘价值概念’出发，……，我的出发点是劳动产品在现代社会所表现的最简单的社会形式，这就是‘商品’”①。《资本论（第一卷）》的开篇就阐述了商品理论②，马克

① 马克思恩格斯全集（中文第1版）第19卷［M］. 北京：人民出版社，1963：412. 1879年下半年至1880年11月，马克思在评阿·瓦格纳的“政治经济学教科书”中，再一次表述了自己的经济学说的基本原理，并强调自己研究经济问题的出发点是商品。

② 马克思在1864年上半年为《资本论（第一卷）》的最后一章撰写了手稿“第六章直接生产过程的结果”，但1867年并未被载入出版的《资本论（第一卷）》（德文第1版）。该手稿重点对商品范畴是以资本主义生产方式的存在和发展为基础的问题进行了阐述，马克思强调，“商品作为资本的产物”，是孕育着剩余价值的商品；同时“商品又是资本主义生产的产物”“只有资本主义生产才使商品成为一切产品的一般形式”（资料来源：马克思恩格斯文集（第8卷）［M］. 北京：人民出版社，2009：423，430，428.）。

思指出，“资本主义生产方式占统治地位的社会的财富，表现为‘庞大的商品堆积’，单个的商品表现为这种财富的元素形式”①。因此，简要阐明马克思的商品理论是研究服务商品的前提和基础。这里对马克思的商品理论的阐述并非是教科书式的重述，而是根据本书的需要进行研究性的论述。

一、商品的形态

马克思认为商品是可以“堆积”的实物，是能看得见摸得着的物品。“商品首先是一个外界的对象，一个靠自己的属性来满足人的某种需要的物。”② 从马克思经常举的一些例子来看，他基本都是使用了固体形态的商品作为例子，例如，铁、纸、小麦、金刚石、麻布、上衣、茶叶、咖啡、机器、煤炭等。与马克思所生活的年代相比，今天的物质形态商品种类已有大幅度增加，并且可分为实物形态和非实物形态两种。

1. 实物形态的物质商品

从物理学角度来看，实物就是具有静止质量的基本粒子组成的物质。生活中常见的实物主要有三种形态，即固态、液态和气态③。从经济学的角度来看，实物商品也可以分为三种形态：固体商品，如汽车、面包、手机等；液体商品，如饮料、酒精、汽油等；气体商品，如天然气（工业用或民用）、氧气（工业用或医用）、乙炔等。

2. 非实物形态的物质商品

有些商品虽然不能像实物商品一样既能看得见又能摸得着，但也是客观存在的物质商品④。非实物形态的物质商品虽然种类相对较少，但是随着经济社会的发展特别是信息化时代的到来其种类和数量呈现快速上升趋势，如电力（工业用或民用）、网络（有线或无线）、数字产品或数据［如各种计

---

①② 资本论（第一卷）［M］. 北京：人民出版社，2004：47.

③ 除了固态、液态和气态，目前发现实物至少还有等离子态、玻色－爱因斯坦凝聚态、费米子凝聚态等。经济学上所研究的实物形态的商品，主要是固态的商品、液态的商品和气态的商品。

④ 这里强调马克思所论述商品的物质性，与后文的服务商品相对应。马克思十分重视商品的物质性，他在《〈政治经济学批判〉序言》中指出，“物质生活的生产方式制约着整个社会生活、政治生活和精神生活的过程”（资料来源：马克思恩格斯选集（第2卷）［M］. 北京：人民出版社，1995：32.）。在这里，“物质是标志客观实在的哲学范畴，这种客观实在是人通过感知感觉的，它不依赖于我们的感觉而存在，为我们的感觉所复写、摄影、反映”（资料来源：列宁选集（第2卷）［M］. 北京：人民出版社，2012：128.）。

算机软件、网络游戏、网络广告、短视频、手机 App、虚拟现实（VR）、增强现实（AR）］等①。

二、商品的使用价值和价值

商品是用来交换的劳动产品，它不仅能满足人们的某一种或几种需要，还可以用来交换其他种类的商品。因此，“商品本身是使用价值和价值的统一”②。

1. 商品的使用价值

不论是哪种形态的物质商品，马克思强调它必须可以满足人的某种需要，要么是直接满足的生活资料，要么是间接满足的生产资料，这是商品的自然属性。当然，同一种商品可能有许多种用途，比如，玉米可以用来直接食用，也可以用来酿酒、提炼玉米油，还可以用来当作种子；网络可以用来娱乐，也可以用来通信，还可以用来做电子商务；等等。无论一种商品有多少种用途，我们都可以将其归结为使用价值，即表示它的有用性。使用价值不能离开商品的本体而存在，并且必须在商品被使用或消费时才能得以实现。

使用价值是商品的自然属性，在社会资本再生产过程中至少有三个方面的重要作用。一是社会总产品的补偿关键在于使用价值。再生产能够顺利进行的前提条件之一就是要在市场上购买到所必须的生产资料（使用价值），同时工人和资本家也必须获取到相应的生活资料（使用价值）。正如马克思在批判李嘉图的积累理论并强调使用价值对资本积累的作用时指出，“这里我们又有了一个例子，表明使用价值这个范畴对于决定经济形式具有重要的意义”③。二是社会生产中对部类的划分依赖于使用价值。第二章的分析已经指出，在 1867 ~ 1870 年《资本论》第二册草稿中论述社会资本再生产理论时，马克思将社会总产品划分为生产资料和消费资料两大部类，后又将消费资料部类细分为工人的消费资料（必要生活资料）和资本家的消费资料（奢侈品），相应地又将生产资料部类细分为四个部类。三是社会资本再生产中各个独立的资本得以联合成为一个有机的整体，并形成社会资本的循环

---

① 在信息化时代非实物形态的物质商品种类繁多，比如数字化产品，它们大多借助网络进行生产、交换、流通和消费。本书并不以此为主要研究内容，这里仅仅捎带提及，且重点强调虽然它们是非实物的形式，但也属于物质商品。

② 资本论（第一卷）［M］. 北京：人民出版社，2004：125，218.

③ 马克思恩格斯全集（中文第 1 版）第 26 卷中册［M］. 北京：人民出版社，1973：558.

运动，正是因为市场上各个生产主体在生产资料和消费资料（使用价值）上存在着彼此交错的交换关系。

2. 商品的价值

马克思指出，考察商品的使用价值目的是研究其社会属性。商品首先是劳动者劳动的产物，即是一种劳动产品。各个生产者虽然在相对独立的状态下进行劳动①，但是商品的生产者生产商品的目的并不是自己消费，而是在相互为他人进行生产，即劳动产品成为商品必须通过交换②。换句话说，商品的交换就是各个生产者之间的劳动产物的一种交换。这里认为在市场上交换的商品应该被界定为一个集合，集合中所包含的元素就是商品实现其社会属性所必须的因素。比如，商品的名称、数量、品牌、生产时间、生产地点等。为了简化问题的分析，马克思只保留了名称和数量两个要素，舍象了其他因素③。

记 $X_{im}=\{m$ 单位的第 i 种商品$\}$④

假设任意两种商品进行交换：$X_{ix_i}\sim X_{jx_j}$，如 $\{x_i$ 夸特小麦$\}$ 与 $\{x_j$ 英担铁$\}$ 交换。交换必然就产生商品的交换比例——商品交换价值，正如马克思指出，“交换价值首先表现为一种使用价值同另一种使用价值相交换的量的关系或比例”⑤。两种不同商品的交换比例称为交换价值的量，即 X_{ix_i} 与 X_{jx_j} 的交换价值为：

$$w(X_{ix_i}\sim X_{jx_j})=\frac{m(X_{ix_i})}{m(X_{jx_j})}=\frac{x_i}{x_j} \tag{4-1}$$

显然，交换价值不是交换得以实现的原因，而只是表象。单个商品本身就拥有一种社会属性，这种属性以数量的形式［式（4-1）］在交换中显现出

① 随着时代的变迁，当今社会的生产并非是绝对孤立的生产，很多生产并非仅仅是在一个工厂内完成，生产的链条也在逐渐增长，有很多产品的生产过程消费者都能直接参与其中。生产性服务业的大力发展，使得社会化大生产的特征越发显著。

② 资本论（第一卷）［M］. 北京：人民出版社，2004：54. 恩格斯在《资本论（第一卷）》第四版特意插入了一个注释，强调交换对于商品的重要性。

③ 事实上，马克思也注意到了商品交换的时间、地点等因素对交换价值或价值的影响作用（资料来源：资本论（第一卷）［M］. 北京：人民出版社，2004：49.）。

④ 所有物质商品均是可以度量的，即商品在交易时有确定的数量单位表示，且 $m\in(0,+\infty)$。比如1件上衣，10吨铁，5公斤羊肉，100度电，1G流量，等等。市场中的商品是可以分类的，且一种商品只能属于其中一类。我们可以将市场上的商品进行统一编号 $i\in N^+$，比如按照商品名称首字母的顺序进行编号，每一种商品有且仅有一个正整数编号与之对应。

⑤ 资本论（第一卷）［M］. 北京：人民出版社，2004：49.

来，简单地称为价值。马克思在《资本论（第一卷）》第一章第三节论述“简单价值形式的总体”时指出，“一个商品的价值是通过它表现为‘交换价值’而得到独立的表现的。在本章的开头，我们曾经依照通常的说法，说商品是使用价值和交换价值，严格说来，这是不对的。商品的使用价值或使用物品和‘价值’”①。

不同的商品之所以能够交换，在交换价值的背后，肯定“有一种等量的共同的东西”②，并且这种共同的东西只有在交换的时候才能表现出来。“在商品的交换关系或交换价值中表现出来的共同的东西，也就是商品的价值。”③ X_{ix_i}与X_{jx_j}能够交换是因为它们有等量的价值，即 x_i 单位的第 i 种商品与 x_j 单位的第 j 种商品价值相等：

$$X_{ix_i} \sim X_{jx_j} \Leftrightarrow w(X_{ix_i}) = w(X_{jx_j}) \qquad (4-2)$$

马克思在批判和继承古典政治经济学劳动价值论的基础上④，提出劳动二重性学说，建立了科学的商品价值概念。“如果把商品体的使用价值撇开，商品体就只剩下一个属性，即劳动产品这个属性。”⑤ 因为，所有的商品都是劳动者经过劳动生产出来的，其中都有劳动者脑力、体力和时间的消耗。同时，“随着劳动产品的有用性质的消失，体现在劳动产品中的各种劳动的有用性质也消失了，因而这些劳动的各种具体形式也消失了。”⑥此时，劳动化为一般人类劳动或抽象劳动。这些无差别的人类劳动对象化于商品中，就形成了商品的价值。

生产商品的劳动从一方面看是各式的具体劳动，从另一方面看是一般的人类抽象劳动。各种商品的使用价值各不相同，生产不同使用价值的具体劳动也肯定不同。比如生产上衣的具体劳动是“缝”，而生产麻布的具体劳动是“织”。具体劳动的不同，表现了社会分工不同，“这种分工是商品生产

---

① 资本论（第一卷）[M]. 北京：人民出版社，2004：75－76.

② 资本论（第一卷）[M]. 北京：人民出版社，2004：50.

③⑥ 资本论（第一卷）[M]. 北京：人民出版社，2004：51.

④ 在经济思想史上，英国古典政治经济学创始人威廉·配第最先提出了劳动决定价值的思想（晏智杰，1982）。之后亚当·斯密区分了使用价值和交换价值，并提出了一般劳动决定商品价值的思想（资料来源：亚当·斯密著，樊冰译．国富论［M］. 山西：山西经济出版社，2010：16，21.）。随后大卫·李嘉图在斯密的基础上，又进一步发展了劳动价值论，他阐明了使用价值是交换价值的前提，提出了价值是由生产商品所耗费的劳动量所决定的，并开创性地提出了商品价值量由劳动时间决定的原理。马克思对此给予很高的评价，“作为古典政治经济学的完成者，李嘉图把交换价值决定于劳动时间这一规定作了最透彻的表述和发挥”（资料来源：马克思恩格斯全集（中文第1版）第13卷［M］. 北京：人民出版社，1962：51.）。

⑤ 资本论（第一卷）[M]. 北京：人民出版社，2004：50－51.

存在的条件”①。不同的具体劳动是生产商品使用价值的源泉，但不是生产物质财富的唯一源泉。商品的价值是一般人类劳动的凝结，即“商品价值体现的是人类劳动本身，是一般人类劳动的耗费”②。一般人类劳动，在一定的社会（一个统一的市场）里是一定的，按照最简单的平均劳动来衡量，“比较复杂的劳动只是自乘的或不如说多倍的简单劳动”③。这样一般人类劳动的质就相同了，才能构成商品价值的实体。马克思总结道，“一切劳动，一方面是人类劳动力在生理学意义上的耗费；就相同的或抽象的人类劳动这个属性来说，它形成商品价值。一切劳动，另一方面是人类劳动力在特殊的有一定目的的形式上的消耗；就具体的有用的劳动这个属性来说，它生产使用价值”④。劳动二重性，是科学的商品价值概念的关键，“这一点是理解政治经济学的枢纽”⑤。

商品价值本质上是对象化的一般人类劳动，是一种社会关系。社会分工促使了交换的繁荣，“社会分工使商品占有者的劳动成为单方面的，又使他的需要成为多方面的。正因为这样，他的产品对他来说仅仅是交换价值”⑥。商品是用来交换的劳动产品，生产者通过私人劳动生产的劳动产品是为了交换。交换使得私人劳动成为社会劳动，“使用物品成为商品，只是因为它们是彼此独立进行的私人劳动的产品。这种私人劳动的总和形成社会总劳动。因为生产者只有通过交换他们的劳动产品才发生社会接触，所以，他们的私人劳动的独特的社会性质也只有在这种交换中才表现出来”⑦。因此，社会分工使得生产者彼此孤立，而只有通过交换才能产生联系，这种联系是一种社会关系，它们“共同的质”就是一般人类劳动。抽象劳动是一般人类劳动，反映的是经济社会中人与人之间（劳动者之间）的关系，它虽然看不见摸不到，但是客观存在。抽象劳动在商品中凝结形成商品价值，因而商品价值是商品的社会属性，反映了经济社会中人与人之间的社会关系。正是商品价值的客观存在，才使得商品交换能够顺利进行，市场上看似偶然、杂乱的交换都是商品价值在起作用。

商品价值的大小在量上反映的是劳动量的多少，劳动量由社会必要劳动

---

①⑤ 资本论（第一卷）[M]. 北京：人民出版社，2004：55.

② 资本论（第一卷）[M]. 北京：人民出版社，2004：57.

③ 资本论（第一卷）[M]. 北京：人民出版社，2004：58.

④ 资本论（第一卷）[M]. 北京：人民出版社，2004：60.

⑥ 资本论（第一卷）[M]. 北京：人民出版社，2004：127.

⑦ 资本论（第一卷）[M]. 北京：人民出版社，2004：90.

时间来计量。在同一市场中，商品的价值既然是无差别的人类劳动的单纯凝结，则无论是脑力还是体力，都是无差别的，因此，只能用劳动持续的时间（小时、日等）来计算价值量。商品必须要在市场中交换才能“展现出其价值”，所以劳动时间的计算，不能按照私人劳动时间来计量，只能按照市场中生产商品的社会劳动时间来计量，即社会必要劳动时间。“在这里，单个商品是当作该种商品的平均样品。”① “因此，含有等量劳动或能在同样劳动时间内生产出来的商品，具有同样的价值量。一种商品的价值同其他任何一种商品的价值的比例，就是生产前者的必要劳动时间同生产后者的必要劳动时间的比例。”②

$$\frac{w(X_{ix_i})}{w(X_{jx_j})}=\frac{t(X_{ix_i})}{t(X_{jx_j})}=\frac{t_{ix_i}}{t_{jx_j}} \tag{4-3}$$

其中，t_{im}为生产 m 单位的第 i 种商品的社会必要劳动时间（单位可定为小时）。记 t_i 为第 i 种商品的单位商品社会必要劳动时间，则：

$$\frac{w(X_{ix_i})}{w(X_{jx_j})}=\frac{t_{ix_i}}{t_{jx_j}}=\frac{x_i}{y_j}\cdot\frac{t_i}{t_j} \tag{4-4}$$

所以，两种商品交换的价值量之比等于其交换价值量与两种商品单位商品社会必要劳动时间的比值的乘积。事实上，马克思在《资本论》中所阐述的有两种含义的社会必要劳动时间，它们共同决定着商品价值的质和量（朱鹏华，2016），这里仅仅考虑第一种含义的社会必要劳动时间。

三、商品的价值转移及价值构成

一般地，绝大多数商品的生产都需要商品形式的生产资料作为生产要素，例如生产面包，需要烤箱（生产工具）、面粉、酵母、蔗糖等。这些作为生产资料的商品，在生产过程中将价值转移到所生产的商品之中。因此，商品价值形成过程是旧价值转移过程和新价值创造过程的统一。马克思的商品价值理论既包括创造理论也包括转移理论，是价值创造和转移的统一。根据劳动二重性原理，马克思认为商品价值的创造和转移是同一劳动过程两个不同的方面，其中抽象劳动完成商品价值的创造，而具体劳动完成生产资料商品价值的转移。

① 资本论（第一卷）[M]. 北京：人民出版社，2004：52.

② 资本论（第一卷）[M]. 北京：人民出版社，2004：53.

生产资料商品的价值并非是由它进入的生产过程决定的，而是由它作为商品被生产出来的劳动过程决定的，这一劳动过程在过去已经完成，是已经对象化在生产资料本身中的人类一般劳动。在商品的生产过程中，劳动者运用生产资料进行具体劳动，生产出某种商品（具体使用价值）。这一劳动过程伴随着新的一般人类劳动凝结到商品中，形成新的价值，伴随着生产资料的使用价值的消耗，其价值也就逐渐转移到了新的商品中（新的使用价值）。马克思指出，“生产资料在丧失自己的使用价值的同时并不丧失价值，因为它们通过劳动过程失掉自己原来的使用价值形态，实际上只是为了在产品上获得另一种使用价值形态。……。由此可见，在劳动过程中，只有生产资料失掉它的独立的使用价值同时也失掉它的交换价值，价值才从生产资料转移到产品上。生产资料转给产品的价值只是它作为生产资料而失掉的价值”①。所以，生产资料商品的价值转移是生产过程中具体劳动使用（生产消费）生产资料生产新的使用价值过程中同时完成的，即新的使用价值的形成与生产资料价值的转移是同一劳动的结果。“因此很明显，这种结果的二重性只能用他的劳动本身的二重性来解释。在同一时间内，劳动就一种属性来说必然创造价值，就另一种属性来说必然保存或转移价值。”②

由此，商品的价值可以分成两个部分，一是生产资料转移的价值，二是活劳动新创造的价值。设第 i 个生产者（企业）所生产的单位商品的价值量为：

$$w_i = w_{1i} + w_{2i} \tag{4-5}$$

其中，w_{1i} 为生产资料转移的价值，w_{2i} 为活劳动新创造的价值。

则：

$$w(X_{ix_i}) = x_i w_i = x_i w_{1i} + x_i w_{2i} \tag{4-6}$$

“生产资料即原料、辅助材料、劳动资料的那部分资本，在生产过程中并不改变自己的价值量。因此，我把它称为不变资本部分，或简称为不变资本。”③ 所以，马克思将生产资料转移的价值称为不变资本，记作 $w_{1i} = c_i$。相应地，是可变资本部分，即“劳动力的那部分资本，在生产过程中改变自己的价值。它再生产自身的等价物和一个超过这个等价物而形成的余额，剩余价值。”④ 因此，劳动创造的价值又可分为两部分，一部分是可变资本，记作 v_i；另一部分是剩余价值，记作 m_i，则 $w_{2i} = v_i + m_i$。马克思指出，预

① 资本论（第一卷）[M]. 北京：人民出版社，2004：235－236.

② 资本论（第一卷）[M]. 北京：人民出版社，2004：232.

③④ 资本论（第一卷）[M]. 北京：人民出版社，2004：243.

付资本“C 分为两部分，一部分是为购买生产资料而支出的货币额 c，另一部分是为购买劳动力而支出的货币额 v；c 代表转化为不变资本的价值部分，v 代表转化为可变资本的价值部分”①。即 $C=c+v$。“在生产过程结束时得到商品，它的价值 $=c+v+m$（m 是剩余价值）。”② 所以，按照马克思的论述可将单位商品的价值量分解为 $w_i=c_i+v_i+m_i$，则：

$$w(X_{ix_i})=x_iw_i=x_ic_i+x_iv_i+x_im_i \tag{4-7}$$

式（4-6）和式（4-7）从不同的角度反映了商品价值的构成，与社会总产品的价值补偿和商品的价值构成密切相关，商品的价值转移和价值构成是社会资本再生产的微观基础。

四、马克思对商品概念的扩展

商品虽然是马克思的政治经济学理论中最为基本的概念范畴，但是也并非是固定不变的，在马克思的经济学理论体系中商品的概念是根据研究层次的推进在不断拓展的。这种概念的拓展和演变既符合马克思对经济学研究的方法，也符合马克思主义政治经济学不断自我突破的理论特质。这里认为相对于《资本论（第一卷）》开篇对商品的界定，马克思对商品的概念至少又进行了四次拓展。

1. *劳动力商品*

马克思将商品比作资本主义生产方式的细胞，资本主义生产方式的一切矛盾都根源于商品。《资本论（第一卷）》开篇对实物商品的界定核心是分析其内在的矛盾，并以此揭示货币的起源。随后，马克思便阐述了货币的资本化，并围绕着揭示剩余价值的来源而展开。按照价值规律等价交换的原则，商品的增值只能在生产过程中进行，但前提是“要从商品的消费中取得价值，我们的货币占有者就必须幸运地在流通领域内即在市场上发现这样一种商品，它的使用价值本身具有成为价值源泉的独特属性，因此，它的实际使用本身就是劳动的对象化，从而是价值的创造。货币占有者在市场上找到了这种独特的商品，这就是劳动能力或劳动力”③。货币资本化的前提条件是货币必须能够在市场上买到它所需要的生产要素，这种生产要素必然要是商品，并且要以价值的形式进入生产过程。劳动力成为商品是货币转变为

①② 资本论（第一卷）[M]. 北京：人民出版社，2004：245.

③ 资本论（第一卷）[M]. 北京：人民出版社，2004：194-195.

资本的前提，并由此产生了资本主义的生产关系，同时也解开了“资本总公式的矛盾”。马克思强调，只有“从劳动力本身普遍地成为商品的时刻起，商品生产才必然会导致资本主义生产”①。显然，劳动力商品并非物质商品，马克思将商品的概念扩大是基于对现实经济问题分析基础上的合理拓展。马克思指出，劳动力作为一种独特的商品和普通商品一样，也具有使用价值和价值。其中，劳动力的使用价值是创造价值和剩余价值，价值可以归结为维持其生存的一定量生活资料的价值，并且其价值量随着生产这些生活资料所必须的社会劳动时间量的改变而改变。

因此，商品的范畴作为马克思主义政治经济学的基础，不仅仅是经济形式上的商品生产和交换，更重要的是劳动力“普遍地成为商品”，这既是资本主义生产方式的标志性规定，也是马克思对商品概念拓展的结果。事实上，劳动力商品也是社会主义市场经济所必需的生产要素。

2. 运输服务商品

一般地，物质商品生产地点和消费地点并不在一起，商品的流通便是生产和消费之间一个非常重要的环节。商品的运输仅仅能改变其空间的位置，而并不增加其使用价值，因此运输服务劳动是否是生产劳动呢？显然，若从马克思界定物质商品的逻辑来看，运输服务劳动是一种非生产劳动。然而，马克思在《资本论（第二卷）》第一章第四节“资本总循环”中却提出了运输服务劳动是一种生产劳动的论断②。马克思指出，运输所产生“效用的交换价值，和任何其他商品的交换价值一样，都是由其中消耗的生产要素（劳动力和生产资料）的价值加上运输工人的剩余劳动所创造的剩余价值决定的”③。运输工人创造剩余价值，很明显是他们的劳动创造了价值。马克思进一步指出，“至于这种效用的消费，它也是和其他商品完全一样的。如果它是个人消费的，那么，它的价值就和消费一起消失；如果它是生产消费的，从而它本身就是处于运输中的商品的一个生产阶段，那么，它的价值就

---

① 马克思恩格斯文集（第8卷）[M]. 北京：人民出版社，2009：428.

② 按照写作顺序，《剩余价值理论》（《资本论（第四卷）》）写于1861年8月至1863年7月，马克思在其中提出了的运输服务劳动创造价值的生产劳动；恩格斯编辑《资本论（第二卷）》第一篇第一章第四节使用了第二册的第Ⅴ稿，写于1877年上半年（资料来源：马克思恩格斯全集（中文第1版）第26卷上册[M]. 北京：人民出版社，1972：451；资本论（第二卷）[M]. 北京：人民出版社，2004：7-8，26-27.）。

③ 资本论（第二卷）[M]. 北京：人民出版社，2004：65.

作为追加价值转移到商品本身中去”①。运输服务分为客运和货运两种类型，其中客运服务属于生活性消费，劳动生产和消费同步进行，即劳动服务的价值和消费一起消失；货运服务属于生产性消费，此时货运服务劳动创造的价值转移到所运输的商品中去。虽然货物运输并没有改变所运输商品的使用价值，但是根据前文对商品的描述，商品作为一个集合其所在的地理位置也是其重要的元素之一。例如，香蕉由其产地海南运输到北方城市沈阳，其使用价值虽然没有改变，但是作为商品的香蕉却发生了变化，其价值增加了运输劳动所创造的价值。因此，沈阳的香蕉价值要高于海南的香蕉价值，表现在价格上也是如此；又如，华山上的米饭、泰山上的西瓜等，这些作为商品都包含着挑夫的劳动所创造的价值，它们的价格适当高于山下的同等商品属于正常的经济现象。正如马克思所指出，运输服务劳动“虽然在这里，实在劳动在使用价值上没有留下一点痕迹，可是这个劳动已经实现在这个物质产品的交换价值中”②。

很多国内外学者认为马克思将运输服务劳动看成是生产劳动，是因为货物运输业从属于物质生产领域，是物质生产领域的一个延伸③。这种观点并不能解释现实中的所有运输服务现象，仅仅通过对马克思文本的引证在逻辑上也无法自洽④。从马克思的论述上来看，运输服务就是一种商品。马克思对运输服务商品的论述仅仅是在论述其他问题时捎带提及的，虽然并没有展开，但其中包含的科学合理的论断对本书服务商品的研究具有很大的启发意义。

3. 服务商品

马克思的商品理论舍象了非物质商品生产的服务劳动，但是并不代表马克思没有注意到服务在资本主义经济运行中的存在，事实上马克思已经指出，资本主义生产方式不仅包括物质商品的生产领域，还包括服务商品的生产领域。在《剩余价值理论》（《资本论（第四卷）》）“关于生产劳动和非生产劳动的理论”部分，马克思明确提出了服务商品的概念。他指出，从劳动者的角度来看，劳动和资本交换“货币才转化成资本”，同时劳动也转化为“雇佣劳动”。例如，作家的创作劳动成为生产劳动，“并不是因为他生产出观念，

---

① 资本论（第二卷）[M]. 北京：人民出版社，2004：65.

② 马克思恩格斯全集（中文第1版）第26卷上册 [M]. 北京：人民出版社，1972：445.

③ 有些学者通过文本引证认为，运输服务劳动仅能带来“价值追加”，而并不创造商品（王贵明，1987）。

④ 例如，陆玉龙（1984）曾指出采矿业将矿石从地下转移到地面，与运输服务业类似也没有改变产品的物质形态，如果运输劳动不是创造价值的生产劳动，同样采矿业也应该排除在外。

而是因为他使出版他的著作的书商发财”“对于提供这些服务的生产者来说，服务就是商品。服务有一定的使用价值（想象的或现实的）和一定的交换价值”①。显然，马克思不仅肯定了服务商品，并且指出它们和物质商品类似也具有使用价值和价值这两个因素。同时，马克思还分析了服务商品使用价值的特殊性。“服务这个名词，一般地说，不过是指这种劳动所提供的特殊使用价值，就像其他一切商品也提供自己的特殊使用价值一样；但是，这种劳动的特殊使用价值在里取得了‘服务’这个特殊名称，是因为劳动不是作为物，而是作为活动提供服务。”② 服务商品的使用价值“作为某些活劳动或劳动的结果”，并不是一个物质实体，比如歌唱家、医生和律师的服务等。马克思以歌唱家的服务为例，说明服务商品的使用价值的生产和消费在时间和空间上具有同步性。“我所享受的，只是同歌唱家本身分不开的活动，他的劳动即歌唱一停止，我的享受也就结束。”③ 对于服务商品的价值决定，马克思指出，“这些服务的价值如何确定，这个价值本身如何由工资规律决定”“由维持他们的生活或者说把他们生产出来所必需的生产费用来决定”④。显然，马克思对服务商品价值的决定是基于单个劳动者提供服务的假设，与劳动力商品的价值决定类似，但是这种价值决定方式具有很大的局限性。

此外，马克思还论及服务商品的价值转移问题。“消费品的总额，任何时候都比没有可消费的服务存在时要大。其次，价值也大了，因为它等于维持这些服务的商品的价值和这些服务本身的价值。”⑤ 因此，服务商品的价值和物质商品一样，既包括旧价值的转移（c），也包括活劳动新创造的价值（$v+m$）。

马克思的商品理论是在批判和继承亚当·斯密等前人的基础上建立起来的，相对斯密将价值看作“劳动固定在某种可以捉摸的物品中”的纯粹“劳动的物化”观点⑥，马克思又向前迈出了一大步。马克思指出，“如果我们从商品的交换价值来看，说商品是劳动的化身，那仅仅是指商品的一个想象的即纯粹社会的存在形式，这种存在形式和商品的物体实在性毫无关系；商品代表一定量的社会劳动或货币。使商品产生出来的那种具体劳动，在商

① 马克思恩格斯全集（中文第1版）第26卷上册［M］. 北京：人民出版社，1972：149.
② 马克思恩格斯全集（中文第1版）第26卷上册［M］. 北京：人民出版社，1972：435.
③ 马克思恩格斯全集（中文第1版）第26卷上册［M］. 北京：人民出版社，1972：436.
④ 马克思恩格斯全集（中文第1版）第26卷上册［M］. 北京：人民出版社，1972：435，151.
⑤ 马克思恩格斯全集（中文第1版）第26卷上册［M］. 北京：人民出版社，1972：160－161.
⑥ 马克思恩格斯全集（中文第1版）第46卷下册［M］. 北京：人民出版社，1980：375.

品上可能不留任何痕迹”①。随后，马克思列举了运输服务劳动作为例证。这里要特别指出的是，马克思虽然阐述了服务商品问题，但是并不全面和系统，大部分论述都是片段性、探究性的分析。总体上看，马克思还是认为服务劳动是一种非生产劳动。从马克思对服务范畴的界定就可以看出来，“凡是货币直接同不生产资本的劳动即非生产劳动相交换的地方，这种劳动都是作为服务被购买的”②。显然，马克思将非生产劳动的特殊使用价值定义为服务。在马克思的商品价值理论中，“处于流动状态的人类劳动力或人类劳动形成价值，但本身不是价值。它在凝固的状态中，在对象化的形式上才成为价值”③。马克思曾多次论及以上观点。这些说明马克思对服务商品的论述不彻底，至少从字面上看是有矛盾的。④ 当然，马克思的很多关于运输服务商品和服务商品的论述散落在其手稿之中，并没有经过马克思系统修改并出版，或许并不能代表马克思的最终观点。从马克思亲自校订出版的《资本论（第一卷）》来看，基本没有涉及或论述服务商品。因此，在马克思的商品理论体系中非物质生产的服务并不是其研究的重点，仅仅通过对马克思的手稿文本进行研究并不能完成对该理论的发展，但却能寻得一些继续研究的智慧闪光点。

4. 资本商品、土地商品等

在《资本论（第三卷）》第五篇“利润分为利息和企业主收入。生息资本”部分，马克思阐述了资本商品，主要包括两类，一是借贷资本或生息资本，二是股票、债券、有息证券等所有权证书。马克思在第二十一章“生息资本”中指出，生息资本“就它作为可能的资本，作为生产利润的手段的这种属性来说，它变成了商品，不过是一种特别的商品”⑤。借贷资本商品的属性表现为，借贷资本家将货币可以转化为资本带来剩余价值（生产平均利润）的特殊使用价值让渡给职能资本家，同时职能资本家通过支付利息，作为获得借贷资本使用权的代价。借贷资本具备商品和资本的二重性，但是与普通商品不同，“资本商品有一种属性：由于它的使用价值的消

---

① 马克思恩格斯全集（中文第1版）第26卷上册［M］. 北京：人民出版社，1972：163－164.

② 马克思恩格斯全集（中文第1版）第46卷上册［M］. 北京：人民出版社，1979：435. 在这句话的前一段，马克思以“缝纫劳动”为例，指出自己购买缝纫劳动和资本家雇佣购买缝纫劳动的区别，即前者是非生产劳动，而后者是生产性劳动。

③ 资本论（第一卷）［M］. 北京：人民出版社，2004：65.

④ 这些字面上的矛盾散落在以《剩余价值理论》为主的草稿之中，由马克思亲自校对出版的《资本论（第一卷）》和恩格斯编辑出版社《资本论（第二卷）》和《资本论（第三卷）》几乎不存在。

⑤ 资本论（第三卷）［M］. 北京：人民出版社，2004：378.

费，它的价值和它的使用价值不仅会保存下来，而且会增加”①。同样，股票等“这些所有权证书”“它们已经成为商品，而这些商品的价格有独特的运动和决定方法”②。事实上，相对于借贷资本股票、债券等的商品属性更加鲜明。但是它们本身并没有价值，而仅仅是资本的“纸制复本”。“这是因为现实资本存在于这种复本之外，并且不会由于这种复本的转手而改变所有者。这种复本之所以会成为生息资本的形式，不仅因为它们保证取得一定的收益，而且因为可以通过它们的出售而得到它们的资本价值的偿付。”③虽然当今社会中资本商品（现在亦称为金融商品）的品种和数量远多于马克思生活的时代，金融业成为现代经济的核心，但其本质并没有改变。

在《资本论（第三卷）》第六篇“超额利润转化为地租”部分，马克思论述了土地商品，并且还建立了科学的土地价格理论④，与土地类似的矿场、草地、森林等自然物也具有商品可以买卖（交易）的属性。资本商品、土地商品等不是劳动产品，不具备商品的基本属性，本质上并非是商品。马克思在第六篇的导论（第三十七章）的结尾部分强调，“必须牢牢记住，那些本身没有任何价值，即不是劳动产品的东西（如土地），或者至少不能由劳动再生产的东西（如古董、某些名家的艺术品等）的价格，可以由一系列非常偶然的情况来决定。要出售一件东西，唯一需要的是，它可以被独占，并且可以让渡”⑤。马克思将其称为“商品”并加以研究分析，在某种意义上也是对商品范畴的一种扩展。因此，这里认为马克思这种对商品概念的“跨界式”拓展对本书的服务商品的研究也具有一定的启示意义。

事实上，马克思研究经济学的重要目的之一是揭示资本和劳动的矛盾，在他生活的年代，资本主义工业化正处于上升期，工业（广义）在整个国民经济中占绝对主导地位，而服务业中的资本主义生产关系相对较少，并且尚未呈现大规模发展趋势。因此，整个《资本论》三卷都是以物质商品为剖析对象，暂时舍象了服务商品。在“剩余价值理论”（《资本论（第四卷）》）中马克思为了批判亚当·斯密等的生产劳动理论，结合歌唱家、医生、教师、演员等的服务劳动，进行了具体分析，虽然都是片段性的，但也具有极其重要的指导意义（陈征，2003）。通过对马克思的商品理论研究，

---

① 资本论（第三卷）[M]. 北京：人民出版社，2004：393.
② 资本论（第三卷）[M]. 北京：人民出版社，2004：529-530.
③ 资本论（第三卷）[M]. 北京：人民出版社，2004：540.
④ 资本论（第三卷）[M]. 北京：人民出版社，2004：878-883.
⑤ 资本论（第三卷）[M]. 北京：人民出版社，2004：714.

这里认为要特别注意以下三点。一是决不能否定马克思的商品理论，特别是劳动价值论的科学性。为了拓展商品的概念，而放弃甚至违背劳动价值理论，是肯定行不通的。二是要科学地区分商品和非商品。特别是随着经济社会的快速发展，商品的种类不断增多，且很多呈现虚拟化、数字化的趋势，但也不能把市场上能够买卖的一切物品都纳入商品的范畴。比如，碳排放权、排污权等，只要这些东西有一定的社会使用价值，它们就能在市场上合法交易，"唯一的条件是，它可以被独占，并且可以让渡"①。三是不能教条地对待马克思的商品理论。对马克思关于商品概念的扩展的论述，并非是停留的引经据典的论证，更不能拘泥于马克思个别的论断，而是要探寻马克思研究问题的精神和方法。要结合经济社会发展的现实，与时俱进地丰富和发展商品理论。我们经常引用恩格斯的名言，"马克思的整个世界观不是教义，而是方法。它提供的不是现成的教条，而是进一步研究的出发点和提供这种研究使用的方法"②。因此，我们既不能将马克思对于商品的论述当成一种"现成的教条"，也不能脱离马克思对于商品理论研究的出发点，更重要的是要正确使用马克思研究商品理论的方法。

第二节 服务商品的概念

从人类的经济发展历史来看，服务自古有之，随着生产力的发展和社会分工的演变，由初始的规模较小的生活性服务，发展成为规模庞大、种类繁多、结构复杂的现代服务业③。在本书的导论中已经指出，世界各国的第三产业

① 资本论（第三卷）［M］. 北京：人民出版社，2004：714.

② 马克思恩格斯文集（第 10 卷）［M］. 北京：人民出版社，2009：691. 1895 年 3 月 11 日，恩格斯写的信"致威纳尔·桑巴特"。

③ 据考古发现，早在远古时期人类就有了医疗、文艺、运输等服务活动。例如，砭石是原始人最初使用的医疗工具，后世的医疗上常用的刀、针等就是由此发展演变而来的。砭石具有锐利的尖端或锋面，主要被用来排脓放血、切开痈肿，或者用来刺激身体的某些部位以缓解病痛。原始人使用骨器也较普遍，山顶洞人遗址就发现了精致的骨针，也被用作医疗活动（李经纬等，2000）。到了奴隶制和封建制社会，服务活动逐渐普遍，出现了独立的诸如教育、医疗、文艺、娱乐、运输等服务，特别是商业活动出现并逐渐发展。这一时期服务成为商品并开始参与交换，但仍以生活性服务为主。资本主义初期，生产性服务开始兴起，但是相对整个工业生产规模甚小，以至于几乎被亚当·斯密、大卫·李嘉图等古典政治经济学家忽略。马克思也认为相对于大量的实物商品，服务业"微不足道""可以完全置之不理"（陈征，2003）。但是，一个半世纪之后的今天，服务业已经超过农业和工业成为第一大产业。主要发达国家的年度服务业增加值占国内生产总值比重大多超过 65%，例如，美国（2019）77.3%，英国（2020）72.8%，法国（2020）71.2%，德国（2020）63.3%，澳大利亚（2020）66.3%，日本（2019）69.3%（资料来源：世界银行数据库）。

或服务业已经成为各国国民经济的绝对主角（据世界银行的数据，见表1-1，2006~2019年世界各国服务业占GDP比重已平均达到63.29%），现实的经济社会中存在着众多的服务商品。什么是服务商品？这是一个通过举例就可以回答的简单问题，如教师的课程、科技人员的技术咨询、医生的诊疗、歌手的演唱、货车司机的运输、快递员的寄递等。但反之，服务商品是什么便是一个非常困难的问题，需要进行系统的论证。在本章第一节马克思的商品理论的基础上，特别是遵循着马克思对商品概念拓展的科学方法，本节将对服务商品的概念进行探索性研究。

一、服务商品的界定

从词性上来看，服务既可以作为动词，也可以作为名词。一方面，服务是以劳动的形式为满足某种特殊的需要而进行的一种活动，即服务是一个有目的的劳动过程；另一方面，服务是一个劳动过程的结果。因此，服务既是一个劳动的过程，也可以看成是这个劳动过程最终的结果。从马克思主义政治经济学的概念范畴出发，服务是一种过程性劳动产品，服务商品是用来交换的服务。至少应从以下几个方面理解和界定服务商品的概念。

1. 服务商品是客观存在的劳动产品

作为一种过程性劳动产品，服务商品属于非物质商品，非物质性并非特指服务是虚无缥缈、不可捉摸的，从哲学的角度来看，服务也是一种客观实在的“物质”（李江帆，1990）①。但是这种“物质”是无形的，既没有质量也没有体积。特别地，这种“物质”只有在劳动的过程中才会产生②。服务商品的“非物质性”所强调的是以劳动过程为产品形态，即过程性产品，其中生产和消费均同步发生。例如，教师所生产的产品是课程，学生作为教师服务的对象是课程的用户，教师的讲或指导（生产）与学生的听或练习（消费）是同步进行的过程。作为教师所提供商品的成果，就是学生听明白且学会了教师所讲授的知识。当然，不论学生是否学会了教师（生产者）所讲的内容，或者学生（消费者）采用何种付费的方式，这仅仅是商品质

① 李江帆（1990）认为服务也是一种物质现象，其本质是人为满足自身需要而与自然之间发生的一种新形式的物质交换。

② 电场、磁场等也是一种物质，“场”是一种非实物性物质，虽然也是看不见摸不着，但是与服务的客观实在性有着本质的区别。

量和交换方式的问题，对作为服务商品的课程并没有本质意义上的影响。

2. 服务商品是过程和结果的统一

服务虽然是一个过程，但是这一劳动过程最终也会形成一个结果，哪怕这个结果并非是消费者所想要的。例如，观众到剧院看了一场话剧，最终会对话剧的演出质量做出自己的评判；会计师事务所的审计员到某企业去审计，最终会有一个审计报告；从事二手房交易的业务员，履行完自己的全部职责，最终会获得顾客的一个评价；等等。因此，服务商品是过程和结果的统一，但其中最重要的是过程，因为消费者虽然关注结果，但其购买的是这一服务的过程。

3. 服务商品具有可测度性

按照马克思的商品理论的基本原则，作为可以交换的劳动产品，服务要成为商品就必须通过交换。例如，开空车的司机的服务、无人光顾的商场工作人员的服务、试听后学生不满意的课程等就不是商品，因为它们并没有实现“惊险的跳跃”①。而服务交换的前提是其可测度性，即像物质商品一样，服务商品也有度量的单位。例如，医生的诊疗服务一般用“次”作为单位，汽车修理工人的维修服务一般用“工时”② 来度量，演员的演出服务一般用“场次”作为单位，等等。服务是一个劳动的过程，因此大多数服务商品都用时间单位来度量，当然服务商品的测度也与市场的交易模式和约定俗成的习惯有关。

4. 服务商品具备商品的两个因素

服务商品不仅具有客观实在性和可测度性，而且和物质商品一样，具备商品的两个因素：使用价值和价值。其中，使用价值是服务商品的自然属性，任何服务首先应具备使用价值；而价值是服务商品的社会属性，只有通过市场交换的服务产品才具有价值。关于服务商品的使用价值和价值问题，下文将展开论述。

这里认为在市场上交换的服务商品也应该被界定为一个集合，集合中所包含的元素就是服务商品实现其社会属性所必需的因素。如服务商品的名

① 马克思将商品成功实现交换形象地比作“商品的惊险的跳跃”。并指出，“这个跳跃如果不成功，摔坏的不是商品，但一定是商品所有者”（资料来源：资本论（第一卷）[M]. 北京：人民出版社，2004：127.）。

② 工时是由汽车修理厂或4S店自己规定的，一般根据维修工作的时间和技术复杂程度等因素综合确定，工时≠小时。

称、数量、品牌、生产时间、生产地点等。与物质商品类似，也仅仅保留名称和数量两个因素。

记 $Y_{im}=\{m$ 单位的第 i 种服务商品$\}$①。

二、服务商品与物质商品的关系

作为劳动产品，服务是一个劳动过程，因而服务商品是非物质的商品。商品是用来交换的劳动产品，物质商品和服务商品均是活劳动创造的，前者表现为一个物质结果，后者则表现为劳动的过程，如图 4－1 所示。在服务业中流行着“顾客就是上帝”“顾客总是对的”等理念，从这里来看就是以服务的对象顾客（消费者）为中心，因为服务商品的使用价值体现在劳动的过程中，只有在过程中（生产和消费统一）被消费者认可，服务商品才能实现自身的价值。而物质商品则更多地关注自身的质量，只要自身的质量提高了，未来的消费者也就自然成为了“上帝”。前文已经阐述了物质商品，因此从商品这个空间（或集合）来看，服务商品与物质商品是互逆的关系②。若 U 表示商品全集，A 表示物质商品集，则 $\bar{A}$ 为服务商品集，且 $U=A\cup\bar{A}$。

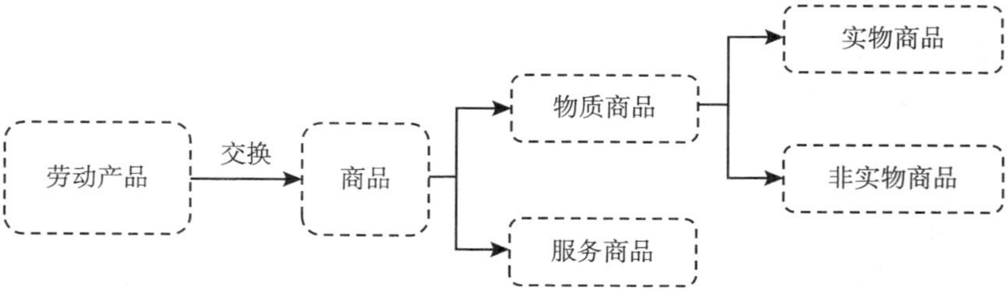

图 4－1　商品分类结构 1

资料来源：笔者绘制。

---

① 所有服务商品均是可以度量的，即商品在交易时由确定的数量单位表示，且 $m\in(0,+\infty)$。例如，64 个课时（1 课时一般为 45 分钟或 50 分钟），1 场演出，3 个工时，8 小时护工，欧洲六国 10 日游，等等。同样，市场中的服务商品是可以分类的，且一种商品只能属于其中一类。我们可以将市场上的商品进行统一编号 $i\in N^+$，每一种商品有且仅有一个正整数编号与之对应。

② 一般地，西方经济学学者将商品直接定义为“商品是货物或服务，具有完整的物理性质、时间性、空间性”。强调无论是物质商品还是服务商品，商品必须可测度，并且有生产的时间和位置特征（德布鲁，2015）。

虽然服务商品与实物商品的区别十分明显，但是在理解上也会有模糊不定的地方，这里特别要注意以下两点。

1. 服务商品与非实物商品的区分

非实物商品在某些方面与服务商品类似，例如，电力（电流）作为非实物商品与服务商品一样也是看不见摸不着的。电流是电子在导体内有规则地定向运动，本质上是一个电子的运动过程。但是电力与服务不同，前者属于物质商品，而后者是非物质商品。类似地，信息、数据等非实物商品都表现为劳动的物质结果，而服务商品作为劳动过程是非物质结果。因此，服务商品与非实物商品具有本质的区别。

2. 物质商品与服务商品的组合

随着经济的发展，现实中越来越多的物质商品和服务商品组合出售，并且整个经济呈现出服务化的趋势。例如，许多原来的制造企业，只提供物质商品，通过转型发展逐渐成为服务企业，只提供服务商品①。事实上，在现实的经济活动中，物质商品与服务商品组合出售的情况在逐渐增多，即物质商品生产者在出售自身产品的同时也出售服务，服务商品生产者在出售自身产品的同时也在出售物质商品。例如，很多家电产品在售出时也包括了一定期限的维修服务，事实上，这种维修服务商品是提前被和家电产品本身一起卖给了消费者；又如，理发师在理发的同时向顾客推销洗发水，虽然理发师一个人同时提供了理发和营销两种服务，但如果顾客购买了他推销的洗发水，也可以看成是两种类型商品的组合。这里应该指出的是，物质商品和服务商品的组合是一种正常的商品流通和交换现象，丝毫不影响彼此，也不会因为它们的组合而产生第三种类型的产品。

三、服务商品的分类

现实中存在大量的服务商品，将其分类是研究服务商品的一种有效途径。根据以上对服务商品的界定，这里尝试从两个角度对服务产品进行分类。

1. 按照用途分类

按照服务的最终用途，服务商品可分为生产性服务和生活性服务。生产

① 由制造商转型成为服务商的案例非常多，例如，IBM 从“硬件制造商”成功转型为向客户提供信息技术服务的公司。

性服务是作为其他物质商品和服务商品生产的中间投入的服务，是面向生产的服务。如企业技术咨询服务、会计服务、审计服务、管理咨询服务、工程造价服务、资产评估服务等。生产性服务商品主要集中在交通运输业、现代物流业、金融业、保险业、信息服务业、高新技术服务业、商务服务业等领域或部门。生活性服务是指直接面向消费者的服务，与人们的生活直接相关的各种服务。如教育、医疗、餐饮、养老、家政服务等。生活性服务商品主要集中在商贸服务业、房地产业、旅游业、教育、体育、文艺、医疗等领域或部门。

2. 按照行业分类

随着经济社会分工的发展，目前几乎所有的行业都包含服务商品。中国是世界上产业门类最齐全的国家，这里以《国民经济行业分类》（GB/T 4754－2017）为主，并以《国际标准产业分类》（ISIC，Rev. 4）[①] 为参照，按照行业对服务商品进行分类，如表 4－1 所示。在 20 个行业门类中仅有“D 电力、热力、燃气及水生产和供应业”和“E 建筑安装服务”两类没有细分出相关服务业，事实上其中也包括生产性和生活性服务业，这与分类的方法有关。

表 4－1　服务业分类

门类	大类代码	名称	大类数	中类数	小类数
A	5	农、林、牧、渔服务业	1	4	15
B	11	开采辅助活动	1	3	3
C	43	金属制品、机械和设备修理业	1	7	10
D	\	电力、热力、燃气及水生产和供应业	1	\	\
E	\	建筑安装服务	1	\	\
F		批发和零售业	2	18	128
	51	批发业	1	9	65
	52	零售业	1	9	63

① United Nations. International Standard Industrial Classification of All Economic Activities（ISIC），Revision 4 ［EB/OL］. New York：United Nations，2008，https：//unstats. un. org/unsd/publication/seriesM/seriesm_4rev4e. pdf.

续表

门类	大类代码	名称	大类数	中类数	小类数
G		交通运输、仓储和邮政业	8	27	67
	53	铁路运输业	1	3	8
	54	道路运输业	1	4	21
	55	水上运输业	1	3	9
	56	航空运输业	1	3	9
	57	管道运输业	1	2	2
	58	多式联运和运输代理业	1	2	4
	59	装卸搬运和仓储业	1	7	11
	60	邮政业	1	3	3
H		住宿和餐饮业	2	10	16
	61	住宿业	1	5	6
	62	餐饮业	1	5	10
I		信息传输、软件和信息技术服务业	3	17	34
	63	电信、广播电视和卫星传输服务	1	3	7
	64	互联网和相关服务	1	6	12
	65	软件和信息技术服务业	1	8	15
J		金融业	4	26	48
	66	货币金融服务	1	5	16
	67	资本市场服务	1	7	11
	68	保险业	1	8	13
	69	其他金融业	1	6	8
K		房地产业	1	5	5
	70	房地产业	1	5	5
L		租赁和商务服务业	2	12	58
	71	租赁业	1	3	13
	72	商务服务业	1	9	45

续表

门类	大类代码	名称	大类数	中类数	小类数
M		科学研究和技术服务业	3	19	48
	73	研究和试验发展	1	5	5
	74	专业技术服务业	1	9	31
	75	科技推广和应用服务业	1	5	12
N		水利、环境和公共设施管理业	4	18	33
	76	水利管理业	1	5	5
	77	生态保护和环境治理业	1	2	15
	78	公共设施管理业	1	6	8
	79	土地管理业	1	5	5
O		居民服务、修理和其他服务业	3	16	32
	80	居民服务业	1	9	11
	81	机动车、电子产品和日用产品修理业	1	4	13
	82	其他服务业	1	3	8
P		教育	1	6	17
	83	教育	1	6	17
Q		卫生和社会工作	2	6	30
	84	卫生	1	4	20
	85	社会工作	1	2	10
R		文化、体育和娱乐业	5	27	48
	86	新闻和出版业	1	2	8
	87	广播、电视、电影和影视录音制作业	1	7	7
	88	文化艺术业	1	8	9
	89	体育	1	4	9
	90	娱乐业	1	6	15

注：《国民经济行业分类》（GB/T 4754－2017）中的行业分类共包括 20 个门类、97 个大类、473 个中类、1 380 个小类，其中服务业包括 18 个门类、50 个大类、224 个中类、627 个小类。其中不包括“D 电力、热力、燃气及水生产和供应业”和“E 建筑业”，事实上，这两个门类中也存在着服务商品。按照目前服务行业的分类，并非所有行业都提供服务商品。其中“S 公共管理、社会保障和社会组织”和“T 国际组织”两个门类中的服务不属于服务商品，此外在其他服务行业中有政府和社会公益组织等兴办的非经营性服务也不属于服务商品（政府购买服务除外）。

资料来源：笔者根据《国民经济行业分类》（GB/T 4754－2017）整理。

A. 农、林、牧、渔服务

农、林、牧、渔为第一产业，其最终产品为实物商品。在第一产业生产过程中存在着一些生产性服务，这里统称为农、林、牧、渔服务。如种子种苗培育服务、农业机械服务、灌溉服务、森林防火服务、畜牧良种繁殖服务、渔业辅助性服务等。农、林、牧、渔服务的出现和发展是农业现代化大生产的结果，也是提高第一产业生产效率的必然，这些服务的价值伴随着生产过程转移到其下游农业产品中。

B. 开采辅助服务

采矿业属于第二产业，其最终的矿产品为实物商品。在采矿生产过程中存在着一些生产性服务，这里统称为开采辅助服务。如煤炭开采和洗选辅助服务、石油和天然气开采辅助服务、其他矿产开采辅助服务等。随着科技的发展，一些大型的开采设备并不是一次性地卖给采矿企业，而是采取购买租赁或生产服务的形式，这样不仅提高了服务的专业化程度，进而提高了生产率，还为采矿企业节省了投入资金，提升了资本周转速度，这些服务的价值伴随生产过程转移到最终的矿产品中。

C. 制造和设备修理服务

制造业也属于第二产业，其最终的各类产品为实物商品（工业产品）。在众多工业制造产品[①]生产过程中存在着很多生产性服务，这里统称为制造和设备修理服务。如食品制造服务、纺织加工服务、医药制造服务、化学原料和化学制品制造服务、金属制品加工服务、汽车制造服务、计算机和其他电子设备制造服务、金属制品修理服务、通用设备修理服务、运输设备修理服务、电气设备修理服务、仪器仪表修理服务、其他机械和设备修理服务等。随着科技的快速发展，特别是现代信息技术的发展，制造和设备修理服务为主要代表的生产性服务业强势崛起，促使“制造服务化”的趋势日渐显著（朱鹏华，2016）。特别地，现代制造业与马克思所生活的 19 世纪中叶的生产模式相比已经发生了很大变革，制造服务的发展和模式不断创新，柔性制造和智能制造的兴起，对马克思的商品理论也带来了巨大挑战。例如，柔性制造使得基于消费需求动态感知的研发、制造和产业组织方式的兴起，基于互联网的个性化定制、众包设计、云制造等新型制造模式的涌现，

① 《国民经济行业分类》（GB/T 4754－2017）中将制造业细分为 30 个行业（大类）、172 个中类和 599 个小类，其中不包括“43 金属制品、机械和设备修理业”。

消费者也广泛参与到生产过程中①，等等。同时，工业制造在不断向实现物体、数据以及服务等无缝连接的互联网（物联网、数据网和服务互联网）的方向发展②。当前，很多制造企业特别是综合实力较强的高技术企业正在由提供设备向提供系统集成总承包服务转变，通过业务流程再造，面向行业提供社会化、专业化的生产性服务。总体来看，生产型制造向服务型制造转变是未来的制造业发展趋势。因此，制造和设备修理服务在整个制造业的作用和比重将会越来越大，其使用价值的种类和数量也将会越来越多。

D. 电力、热力、燃气及水生产和供应服务

电力、热力、燃气及水生产和供应业属于第二产业，其中电力生产和供应业的最终产品为非实物商品，而燃气及水生产和供应业的最终产品为实物商品。电力、燃气及水生产和供应中存在一些生产性服务和生活性服务，这里统称为电力、燃气及水生产和供应服务。例如，电力供应，利用电网将电力出售给用户的输送和分配活动。热力生产和供应本身就是一种服务，以往工厂、企业或居民自家利用煤炭、油、燃气等能源，通过压力锅炉、常压锅炉、壁挂炉等装置生产热火或蒸汽，随着社会生产力的发展，集中供热使这种生产或消费分离出来，独立为生产性服务和生活性服务。整体来看，伴随着工业化和城镇化的发展，这些服务业商品的使用价值也将发挥越来越大的作用。

E. 建筑安装服务

建筑业属于第二产业，其最终的产品也是实物商品。在建筑业中存在许多服务，这里统称为建筑安装服务。建筑安装服务既有生产性服务，也有生活性服务。例如，某工厂为建筑公司提供材料建造一栋新厂房，这很显然和马克思所举“请裁缝做衣服”的例子类似，不同的是这个例子是生产性服务；居民请装修队装修房子，请个体安装工安装自己购买的壁挂炉，这些便是生活性服务。建筑安装服务商品，特别是用于生活性服务的使用价值，与人们的日常生活密切相关，其种类的多样化以及质量的提高也是经济社会发展进步的重要表现。

F. 批发和零售服务

批发和零售业属于第三产业（服务业），其产品即为服务商品。其中，批发业大多不直接面对消费者属于生产性服务业，而零售业直接面对消费者

---

① 国务院．中国制造 2025［EB/OL］．中华人民共和国中央人民政府网站，2015－05－08，http：//www. gov. cn/zhengce/content/2015－05/19/content_9784. htm.

② 王喜文．从德国工业 4.0 看未来智能制造业［EB/OL］．中华人民共和国中央人民政府网站，2016－05－13，http：//www. gov. cn/zhuanti/2016－05/13/content_5072982. htm.

属于生活性服务业。批发服务涉及农、林、牧、渔商品，各类工业制造商品，还包括再生资源回收与批发；零售服务既包括百货、超市、便利店等综合零售，也包括食品、饮料、烟草制品、纺织、服装、日用品、文化用品、体育器材、医药、医疗器材、机动车及零配件、燃料、家用电器及电子产品、五金、家具及装饰材料等各类专门零售，还包括货摊、无店面（互联网零售等）及其他零售模式。特别地，零售业中很多工作人员的推销服务伴随着对商品和顾客的“赞美”之词，这些服务虽然对顾客的心理能产生积极的影响，但并非是精神产品，而仅仅是销售服务。

G. 交通运输、仓储和邮政服务

交通运输、仓储和邮政服务属于第三产业（服务业），其产品即为服务商品。一般地，货运和仓储服务为生产性服务，客运和面向个人的邮政服务大多为生活性服务。交通运输服务主要包括铁路运输（铁路货运、铁路客运和铁路运输辅助活动）、道路运输（城市公共交通运输、公路旅客运输、道路货物运输和道路运输辅助活动）、水上运输（水上旅客运输、水上货物运输和水上运输辅助活动）、航空运输（航空旅客运输、航空货物运输、通用航空服务和航空运输辅助活动）、管道运输（陆地管道运输和海底管道运输）、多式联运、运输代理、装卸搬运、仓储（通用仓储、低温仓储、危险品仓储、农产品仓储、中药材仓储和其他仓储服务）、邮政（邮政基本服务、快递服务和其他寄递服务）等。交通运输和邮政服务的结果是地理位移的变化，其使用价值在运动中产生也在运动中消费；仓储服务的结果是时间位移的变化，其使用价值也是在仓储的时间内产生和消费。特别地，某些客运服务会与旅游服务结合，人们位移的过程是旅游活动，这种服务应看作为精神商品。

H. 住宿和餐饮服务

住宿和餐饮业属于第三产业（服务业），其产品即为服务商品，且均为生活性服务。住宿服务包括旅游饭店、一般旅店、民宿、露营地以及其他住宿服务；餐饮服务包括正餐、快餐、饮料、冷饮、餐饮配送、外卖送餐以及其他就餐服务。事实上，餐饮业属于典型的物质商品和服务商品组合出售。其中，餐饮业中所生产的食物、酒水、饮料等属于实物商品，而相关的就餐服务为服务商品。例如，饭店中厨师所生产的各类食物均为食物商品，而就餐服务人员的服务属于生活性服务商品。但是从整体来看，饭店提供给消费者的是服务商品，其中的各类食物仅仅是其中间环节的生产资料。

I. 信息传输、软件和信息技术服务

信息传输、软件和信息技术服务业属于第三产业（服务业），其产品即为服务商品。其中，面向企业的信息传输、软件和信息技术服务为生产性服务商品，直接面向居民用户的信息传输、软件和信息技术服务为生活性服务商品。信息传输服务包括电信、广播电视传输、卫星传输、互联网接入及相关辅助、互联网信息服务、互联网平台服务、互联网安全服务、互联网数据服务、其他互联网服务；软件和信息技术服务包括软件开发、集成电路设计、信息系统集成、物联网技术服务、运行维护服务、信息处理服务、存储支持服务、信息技术咨询服务、数字内容服务以及其他信息技术服务（如通过固定网络、移动网络或因特网等公众通信网络向用户提供业务咨询、信息咨询和数据查询的呼叫服务）。其中，信息传输、软件和信息技术服务业中也生产许多非实物商品，例如，互联网数据服务中对大数据处理所产生的结果属于非实物商品，而云存储、云计算和云加工服务属于服务商品；软件工程师或程序员（又被称为“码农”）开发或编写出各类基础、支撑和应用软件均属于非实物商品，数字内容服务中技术人员加工处理的图片、文字、视频、音频等信息内容也属于非实物商品，而运行维护、信息技术咨询等服务均属于服务商品。

G. 金融服务[①]

金融业属于第三产业（服务业），其产品即为服务商品。其中，面向企业的金融服务为生产性服务商品，而面向居民用户的金融服务为生活性服务商品。金融服务包括货币金融服务（货币银行服务、非货币银行服务、银行理财服务等）、资本市场服务（证券市场服务、公开募集证券投资基金、非公开募集证券投资基金、期货市场服务、资本投资服务以及其他资本市场服务等）、保险服务（人身保险、财产保险、再保险、商业养老保险、保险中介服务以及保险资产管理等）、其他金融服务（金融信托与管理服务、控股公司服务、非金融机构支付服务、金融信息服务以及金融资产管理服务等）等。在金融服务中存在一些政府性服务，这些均不参与市场交换不是服务商品。例如，货币金融服务中的中央银行服务、银行监管服务等，资本市场服务中的证券期货监管服务等，保险服务中的保险监管服务等。

K. 房地产服务

房地产业属于第三产业（服务业），其产品即为服务商品。其中，面向

---

① 马克思认为商业资本家、银行家雇佣的商业、金融劳动者从事的商品买卖、资金流通活动属于非生产劳动，商业资本家、银行家获得的利润是产业工人创造的剩余价值的一部分。商业、金融劳动者的工资属于纯粹流通费用，也是由产业工人创造的剩余价值来补偿的。

企业的房地产服务为生产性服务商品，面向居民用户的房地产服务为生活性服务商品。房地产服务包括房地产开发经营①、物业管理、房地产中介服务和房地产租赁经营等。房地产因其对象为土地和建筑物等，又称为“不动产”，但是与房屋建设企业不同，房地产服务公司主要提供的是服务商品，房屋等建筑物只是房地产服务的生产资料。

L. 租赁和商务服务

租赁和商务服务属于第三产业（服务业），其产品即为服务商品。其中，面向企业的租赁和商务服务为生产性服务商品，面向居民用户的租赁和商务服务为生活性服务商品。租赁服务包括机械设备租赁、文体设备和用品出租、日用品出租等；商务服务包括组织管理服务、综合管理服务、法律服务、咨询与调查、广告、人力资源服务、安全保护服务、会议和展览相关服务（不包括政府等非经营性组织的会议和展览）、其他商务服务（旅行社、翻译、票务代理等服务）等。在种类繁多的商务服务中，有一些服务兼有精神服务商品的特征。例如，广告服务，在报纸、期刊、路牌、灯箱、橱窗、互联网、通信设备及广播电影视等媒介上为客户策划和制作的宣传广告很多都具有艺术性，这样的广告本身已经成为精神物质商品。

M. 科学研究和技术服务

科学研究和技术服务业属于第三产业（服务业），其产品即为服务商品。其中，面向企业的科学研究和技术服务为生产性服务商品，面向居民用户的科学研究和技术服务为生活性服务商品。科学研究和实验是一种生产性精神服务，其对于提高人类的生产能力具有巨大的使用价值。马克思曾深刻地指出，“劳动的社会生产力包括科学的力量”②，邓小平进一步强调，“科学技术是第一生产力”③。专业技术服务包括气象服务、海洋服务、测绘地理信息服务、质检技术服务、环境与生态监测服务、地质勘查服务、工程技术与设计服务、工业与专业设计及其他专业技术服务等。科技推广和应用服务包括技术推广服务、知识产权服务、科技中介服务、创业空间服务以及其他科技推广服务等。科学研究和技术服务业中有许多是政府行为，这些服务均不属于服务商品。例如，由政府组织或提供的科学研究和实验、气象服务、海洋服务、环境与生态监测服务、创客空间服务等。

---

① 房地产开发经营与建筑业不同，其主要指房地产开发企业进行的房屋、基础设施建设等开发，以及转让房地产开发项目或者销售房屋等活动，这些服务活动包括生产性服务和生活性服务。

② 马克思恩格斯全集（中文第 1 版）第 46 卷下册［M］. 北京：人民出版社，1980：229.

③ 邓小平文选（第 2 卷）［M］. 北京：人民出版社，1993：274.

N. 水利、环境和公共设施管理服务

水利、环境和公共设施管理业属于第三产业（服务业），其产品即为服务商品。其中，面向企业的水利、环境和公共设施管理服务为生产性服务商品，面向居民或个人用户的水利、环境和公共设施管理服务为生活性服务商品。水利管理服务有水资源管理、防洪除涝设施管理、天然水收集与分配等，生态保护和环境治理服务包括生态保护（其中的动物园、水族馆、植物园等管理服务）和环境治理（水污染治理、大气污染治理、固体废物治理、危险废物治理、放射性废物治理、土壤污染治理与修复、噪声与振动控制服务等），公共设施管理服务包括市政设施管理、环境卫生管理、城乡市容管理、绿化管理、城市公园管理、游览景区管理等，土地管理服务包括土地整理服务、土地调查评估服务和土地登记代理服务等。水利、环境和公共设施管理服务很多都是政府行为，这些服务不属于服务商品，其中政府向社会购买服务的部分则属于服务商品。

O. 居民服务、修理和其他服务

居民服务、修理和其他服务业属于第三产业（服务业），其产品即为服务商品，这类服务绝大多数为生活性服务。居民服务包括家庭服务（或家政服务）、托儿所服务、洗染服务、理发及美容服务、洗浴和保健养生服务、摄影扩印服务、婚姻服务、殡葬服务以及其他居民服务，修理服务包括机动车修理和维护、计算机和办公设备维修、家用电器修理以及其他日用品修理等，其他服务包括清洁服务、宠物服务以及其他未列明的服务。居民服务、修理和其他服务主要围绕着人们的生活，满足日常生活的各种服务需求。

P. 教育服务

教育属于第三产业（服务业），其产品即为服务商品。因为教育直接面向人本身，因此教育服务基本均为生活性服务。教育服务包括学前教育、初等教育、中等教育、高等教育、特殊教育、技能培训、教育辅助及其他教育等。在我国教育主要由政府兴办，因此绝大多数不是服务商品。但是随着教育体制改革的深入，办学主体多元化的发展，目前各类型的教育都有社会力量办学，这些主要靠收取学费来经营的教育属于服务商品。例如，各类型的民办学校、早教机构、中小学校外辅导机构、各类文体和艺术培训机构、各类升学辅导机构、各类考证辅导机构、各类职业技能培训机构、出国留学培训机构等。特别地，教育服务与科技服务的区别，后者很多时候也采取培训或指导的形式，类似于教育培训，但其本质是生产性服务。例如，教师为了建设在线开放课程，而请信息技术人员培训相应的信息化技术；酒店服务员参加岗前培训；营销人员参加相关业务培训；等等。

Q. 卫生和社会工作服务

卫生和社会工作属于第三产业（服务业），其产品即为服务商品。因为卫生和社会工作直接面向人本身，因此卫生和社会工作服务基本均为生活性服务。卫生服务包括医院医疗服务、基层医疗卫生服务、专业公共卫生服务以及其他卫生服务等，社会工作服务包括提供住宿的社会工作（各类护理机构服务、精神康复服务、老年人和残疾人养护服务等）和不提供住宿的社会工作（社会看护与帮助服务、康复辅具适配服务等）。其中，社会工作很多都是由政府和社会慈善组织兴办或提供，这类社会工作服务不属于服务商品。而随着经济社会的发展越来越多的经营性社会工作出现，如针对老年人的护理服务。

R. 文化、体育和娱乐服务

文化、体育和娱乐业属于第三产业（服务业），其产品即为服务商品。文化服务包括新闻和出版服务，广播、电视、电影和录音制作服务，文化艺术服务，体育健身、健康服务，娱乐服务（室内娱乐、游乐园、休闲观光、文化体育娱乐活动与经纪代理等）。总体来看，文化、体育和娱乐既有生产性服务商品，也有生活性服务商品，其中以生活性服务为主。文化艺术服务领域的图书馆与档案馆、博物馆、文物及非物质文化遗产保护、烈士陵园、纪念馆等基本都是由政府兴办，此外还有政府投资兴建的公共体育和娱乐服务，这些服务均不是服务商品。

以上对各行业服务商品的阐述相对比较粗略，限于本书的研究重点和篇幅，这里不再赘述。特别指出的是，按照本书对物质商品和服务商品的界定，任何一个行业的任何生产活动都可以科学地分解。在本章第三节服务商品的使用价值和价值部分，将会举例论证。

3. 公共服务产品

现实经济社会中有很多的服务，它们的生产并非为了私人消费，而是通过一种非竞争性和非排他性的方式将其使用价值让渡给公众，这类服务称为公共服务产品①。公共服务产品具有使用价值，它虽然有一定的社会属性，

① 公共产品是西方经济学用语，是指具有消费或使用上的非竞争性和受益上的非排他性的产品或服务。这里借鉴“公共产品”的概念界定马克思主义政治经济学中的公共服务产品，二者既有相似之处，也有较大的差别。

但是没有价值。公共服务产品虽然不是商品，但对其分析有利于深化对服务商品的理解，对此这里仅作概括性分析。重要的公共服务包括各级政府的行政、环保、科技、义务教育、文化等服务，军队的国防、抢险救灾等服务，非政府组织（NGO）或非营利组织（NPO）等各类社会组织提供的慈善、扶贫、环保、教育等服务。公共服务产品一般由政府、军队和非营利的社会组织提供，企业（私人）也可以通过捐赠等形式提供公共服务产品。特别地，政府向企业（私人）购买并用于公共事业的服务是服务商品。公共服务产品与服务商品也可以混合，这里称为混合服务商品，混合服务商品的范围也比较宽泛。如收费公园的服务、政府主办且收取一定学费的教育、城市公共交通服务，等等。混合服务商品既有公共服务产品的特征也有服务商品的特征，其价值仍由两种含义的社会必要劳动时间决定，但是在等价交换的条件下消费者在购买时只需支付一部分，另外的比例由政府或其他社会组织通过财政或公益捐赠的形式承担。

四、服务商品理解上可能产生的误区

与我们习以为常的物质商品相比，服务商品具有特殊性，这里认为在以下几个方面可能会产生误解。

1. *服务是劳动还是产品？*

在经济学领域，这个问题的答案非常肯定，即服务是产品，参与交换即为服务商品。有些学者认为“劳务即流动形态上的劳动，是特殊的使用价值”[①]。在经济学中，将服务理解成某种特殊形式的劳动是一种较为常见的观点。显然，这与马克思的商品理论相矛盾。一方面，如果服务是一种“流动形态的劳动”，那么必然得出服务的生产者出卖的是劳动而并非劳动产品。马克思在《资本论》中曾强调工人可以出卖的是劳动力商品，而并非劳动[②]。单纯的劳动并不能出售，服务行业只有服务商品才能出售。服务行业的工人或劳动者将自己的劳动力卖给资本家，工人通过劳动生产出服务商品出售，进而实现自身价值并换回剩余价值；另一方面，劳动可以创造价值，但其本身并不是价值，只有对象化或凝结为人类一般劳动才形成价值。如果服务仅仅是某种形式的劳动，那就无法说明服务具有价值，没有价值就

① 陆立军．社会主义生产劳动概论［M］．求实出版社，1988：127.

② 资本论（第一卷）［M］．北京：人民出版社，2004：201，613－622.

无法在市场上交换，这显然与现实不符。前文已经指出，服务既是动词也是名称，如果仅从词性上，将服务理解成某种特殊形式的劳动，势必会将马克思主义政治经济学置于逻辑混乱之中。因此，在经济学上必须明确，服务是一种产品，服务商品并非仅仅是某种特殊形式的劳动。

2. 生产性服务是生产还是服务?

这个问题答案也很明确，生产性服务是服务商品，而并非单纯是生产活动。前文分析已经指出，随着产业分工的细化，很多以往企业内部的生产过程分离出独立的行业，即为生产性服务。生产性服务是生产（或服务）过程的中间投入，其核心是要通过购买（交换）取得，即它首先要是一个产品的形式。与单纯的生产不同，生产性服务作为商品在生产环节完成的是自身价值的转移，而并非活劳动价值的创造。例如，生产机床的工厂购买了某科技服务公司的技术咨询服务，公司的技术人员的服务对工厂来说就是生产性服务，其服务劳动的过程与机床的生产同步，但这个服务劳动创造的价值并不直接凝结到机床产品中，而是通过服务商品转移（分批次转移）到机床商品中。

3. 服务商品与第三产业的关系

三次产业的概念最早由英国经济学家、新西兰奥塔哥大学教授费希尔（Allen G. B. Fisher，1935）在其著作《安全与进步的冲突》中提出，后被英国经济学家科林·克拉克（Colin G. Clark，1940）继承，并在其著作《经济进步的条件》中进一步概括，将整个国民经济明确划分为三大行业。自20世纪50年代后期以来三次产业的分类已普遍被西方理论界接受，我国理论界经历了从批判到逐渐认同，20世纪80年代中期以来也已广泛接受。一般地，第三产业是指第一产业（农业）和第二产业（广义的工业）之外的所有产业，也被界定为不生产物质产品的行业。第三产业通常也被称为服务业，但三次产业划分的理论依据并非来自马克思主义政治经济学，因此服务商品与第三产业的产品并不能简单地画等号。但是通过分析第三产业产品的特征，如表4-1所示，可以说服务商品均来自第三产业，但是第三产业的产品并非都是服务商品。例如，软件和信息技术服务业中的数字产品属于非实物商品，公共管理、社会组织、国际组织等部门的服务大多不是服务商品。虽然服务商品与第三产业的产品并不能对等，但是它们具有很强的关联性和相似性，因此研究服务商品也是对第三产业理论的深化。

4. 服务商品与精神商品的关系

世界上所有的产品都是人类劳动创造的结果，其中既有体力劳动也有脑力劳动，因此仅仅从生产无法准确界定精神产品。一般地，精神产品是指通过脑力劳动，创造出思想观念形态的产品（林泰等，2005）。这里有两方面特点：一是精神产品主要是由脑力劳动创造的。精神产品是生产者通过思维加工形成的“反映形式”①，即智慧、思想、灵感、经验的凝结，并通过某种适当的载体表现出来；二是精神产品的使用价值主要是精神方面的，它不像食物可以充饥，衣物可以御寒。例如，优秀的文学作品可以陶冶人的情操，科学技术可以训练人们的思维并指导人们提高生产质量和效率，等等。当然，就像前文指出的一样，任何产品都凝结着体力和脑力的劳动，食物和衣物也可以生产得富有艺术性，让消费者既有生理上的满足也有精神上的享受。因此，精神产品和非精神产品并没有绝对的界限。精神产品通过交换即为精神商品。从图4－1出发，按照脑力劳动成果的载体，精神商品可以分为两大类：一是以物质为载体的精神商品。例如，书籍、报刊、图画、照片、雕塑、磁性数据载体、录音盘、光盘、DVD盘、电脑、移动存储器以及其他数字化存储媒介等，其中很多物质形态与它所负载的精神内容有机地结为一体，其精神内容不能脱离这些物质载体而单独存在（王书瑶，1991）。虽然没有物质载体人类的思想、精神、经验等就无法继承和传播，但是这种物质载体仅仅是精神商品交换和流通的媒介，而不是精神商品本身。例如，人们购买一幅书画看中的是其艺术内涵，而并非它的载体（纸、布、板等）。二是以服务为载体的精神商品。例如，教师的课堂教学、演员的现场文艺演出（舞蹈、戏剧、魔术、杂技等）、科技人员的现场咨询等，这些精神商品载于生产者的劳动过程中，生产过程就是精神商品本身，生产者的生产过程与消费者的消费过程相统一。当然，以服务为载体的精神商品可以通过各种物质媒介保存、复制和传播，这便成为以物质为载体的精神商品，例如，歌剧、舞蹈、课程等录制保存在磁带、光盘、电脑、移动存储设备中。综合以上分析，服务商品与精神商品的关系可用图4－2表示。按照马克思的唯物辩证法，物质领域的生产决定精神领域的生产，物质商品的生产决定服务商品的生产。因此，可得各类商品生产之间的依赖顺序关系，如图4－3所示。这种单调的依赖关系由商品的物质组成决定，随着社会生产力的发展各类服务商品的生产是依次递增的。特别是精神服务商品的绝对量

① 列宁全集（第55卷）[M]. 北京：人民出版社，1990：153.

和相对量都会增多，服务业呈现出明显的知识化趋势（夏杰长等，2007）。

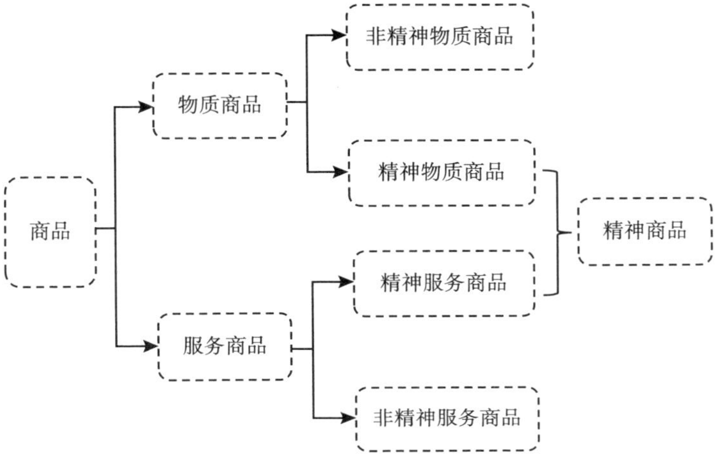

图 4－2　商品分类结构 2

资料来源：笔者自绘。

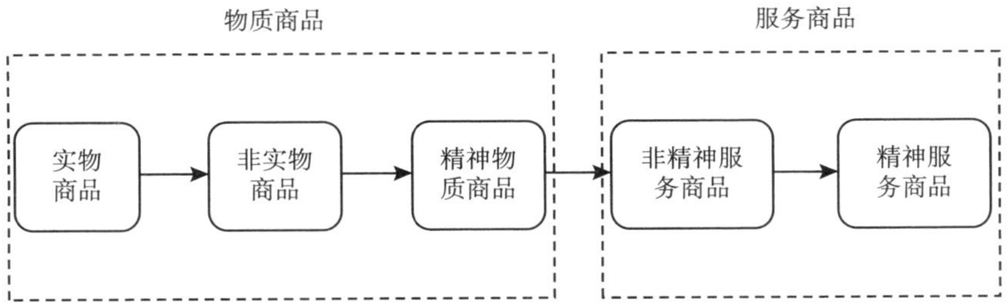

图 4－3　各类商品生产间的依赖关系

资料来源：笔者自绘。

第三节　服务商品的两个因素：使用价值和价值

任何商品都必须有使用价值和价值，“都是使用价值和价值的统一”①，服务商品也不例外。虽然都是满足人们在生产和生活中的某种需要，但相对于物质商品，服务商品的使用价值具有其独特性。这些特点也决定着服

① 资本论（第一卷）[M]. 北京：人民出版社，2004：125.

务商品的价值以及价值的实现，使用价值和价值是服务商品两个对立统一的因素。本节将在第二节的基础上，对服务商品的两个因素依次进行分析。

一、服务商品的使用价值

服务商品的使用价值和服务商品是不可分离的，是一种客观存在。服务生产者首先要关注的就是服务的使用价值，因为追求价值和剩余价值的前提是要具备能被社会认可的使用价值。前文已经指出，服务是一种过程性商品，服务商品的使用价值是过程性的，或称为运动型的使用价值。马克思在《1857－1858 年经济学手稿》中就曾通过举例明确提出，“一个人为我缝衣服，为此我向他提供材料，他给我使用价值。但他不是立即以物的形式提供使用价值，而是以活动的形式提供使用价值”。显然，裁缝的服务是消费者购买的商品，其使用价值是活动的形式。马克思进一步总结，“在提供个人服务的情况下，这种使用价值是作为使用价值来消费的，没有从运动形式转变为实物形式”①。因此，服务商品的使用价值并非是固定的形式，而是一种运动的过程形态。

1. 服务商品使用价值的类型

商品和一般物品或产品的有用性，在自然属性上并无差别，但从社会形式上商品的使用价值必须通过交换让渡给他人。不同的服务商品具有不同的使用价值，无论服务商品的使用价值是什么，都必须具有一定的社会性，即必须和社会的需求相结合。正如马克思所强调，“谁用自己的产品来满足自己的需要，他生产的虽然是使用价值，而不是商品。要生产商品，他不仅要生产使用价值，而且要为别人生产使用价值，即生产社会的使用价值”②。总体来看，社会的需求可以分成两大类，即生产消费需求和生活消费需求。因此，服务商品的使用价值也可以分成两种类型：一是用于生产消费或满足生产的需要，称为生产性使用价值；二是用于生活消费或满足生活的需要，称为生活性使用价值。

（1）生产性使用价值。具备生产性使用价值的服务商品是一种生产资料，这种特殊的生产资料是以服务的形式发挥作用。物质形式的生产资料可

① 马克思恩格斯全集（中文第 1 版）第 46 卷上册［M］. 北京：人民出版社，1979：464.

② 资本论（第一卷）［M］. 北京：人民出版社，2004：54.

以看成生产过程的“硬件”，而服务形式的生产资料可以看成“软件”。随着经济社会的快速发展，“生产服务化”趋势日渐显著，“软件”对生产的作用在逐渐增大。

具备生产性使用价值的服务商品主要包括：农、林、牧、渔服务，开采辅助服务，制造和设备修理服务，电力、热力、燃气及水生产和供应服务，建筑安装服务，批发服务，货运和仓储服务，面向企业的邮政服务，面向企业的信息传输、软件和信息技术服务，面向企业的金融服务，面向企业的房地产服务，面向企业的租赁和商务服务，面向企业的部分科学研究和技术服务，面向企业的部分水利、环境和公共设施管理服务，等等。

（2）生活性使用价值。具备生活性使用价值的服务商品，就是能满足人们某种生活需求的服务商品。前文分析已经指出，随着经济社会的发展和人们生活水平的不断提高，以往许多个人或家庭内部生活的事务被分离且专业化为生活服务商品。人们不仅追求物质生活的丰富，更加重视“享受生活和健康生活”，因而增加了对生活服务的需求，并且提高了对生活服务品质的要求。例如，当今越来越多的人愿意去相对高档的餐厅就餐，在享受美食的同时，还能体验到高质量的服务。因此，具备生活性使用价值的服务商品不仅让人们的生活更加便利，还提高了人们的生活水平和现代化水平。

具备生活性使用价值的服务商品主要包括：面向居民用户的电力、热力、燃气及水生产和供应服务；面向居民用户的建筑安装服务，零售服务，客运服务，面向个人用户的邮政服务，住宿和餐饮服务；面向居民用户的信息传输、软件和信息技术服务；面向个人用户的部分金融服务；面向居民用户的房地产服务；面向个人用户的租赁和商务服务；面向个人用户的部分科学研究和技术服务；面向个人用户的部分水利、环境和公共设施管理服务，居民服务、修理和其他服务，教育服务，卫生和社会工作服务，文化、体育和娱乐服务；等等。

2. 服务商品使用价值的特点

与物质商品不同，服务商品的使用价值是一种活动的形态，并且不能离开生产者的劳动而独立存在。因此，服务商品的使用价值有其独特性，主要体现在以下几个方面。

（1）生产、交换与消费的同时性。在时空上，生产、交换与消费物质商品往往都是分开进行的，例如，物质商品有保质期，有生产地点，这些都是对其生产时间和空间的标记。因此，物质商品一般可分为生产领域或环节，流通领域或环节，消费领域或环节三个部分。因为，服务商品的使用价值不能存储①，服务商品的使用价值的生产、交换和消费在时间上要是完全同步的。一方面，生产一开始，消费也就随之开始，生产结束，消费也就随之结束；另一方面，生产开始，交换也就随之开始，生产结束，交换也就完成。马克思曾指出，“‘服务’只是在它们被购买时才被创造出来”②。例如，客运服务，开车的司机驾驶汽车（实物生产资料），播放着CD唱片音乐（精神物质生产资料）③，司机是运输服务的生产者，乘客是消费者。达到目的地时，生产结束，随之消费和交换也结束。如果因乘客不满司机的服务，而中途下车，生产也便随之中断，运输服务的使用价值无法继续让渡，消费终止，交换失败。

（2）不可存储性。物质商品一般是可以存储的，哪怕保质期很短的商品。并且随着科学技术的发展，很多物质商品的存储时间在变长。例如，牛奶可以通过改变其存储条件来延长其保质期。因此，可存储性是物质商品使用价值的普遍性质。但是，服务商品的使用价值却都不具备这一性质。随着信息通信技术和互联网技术的发展，远程即时信息交流已经普及。这使得服务商品的生产和消费不再受空间地域的限制。例如，一个中学数学老师在北京的教室里讲课，全国各地的学生均可以通过视频直播收看，并同步学习。虽然，某些服务商品使用价值的生产、消费和交换在空间上可以通过现代科技手段进行分离，但在时间上必须同步。因为，一旦将某些服务商品“存储”，它就不再是服务商品，而是变成物质商品进行流通和消费。如CD唱片、文艺演出的VCD和DVD、教师的教学录像和微课、医生的诊疗音频或视频等。事实上，生活中很多服务商品的使用价值是无法“存储”的，如理发、推拿保健服务、家庭护理服务、司机的运输服务等。我们在日常生活中经常提到的服务生产过剩，其实并非真正的“服务过剩”，而仅仅是闲置的服务能力（可以生产但没有投入生产的服务商品）或物质生产资料。例如，淡季酒店或宾馆的顾客不足，有很多空房间，但这些闲置的服务能力是

① 或许有人会说歌唱家的歌声可以录制成CD唱片，这样“服务”就可以不受时间的限制。事实上，这并非是服务商品不受时间限制，而是CD唱片这种商品（精神物质商品）。歌唱家的歌声录制成CD唱片是生产物质商品的过程，其中歌唱家的服务作为生产性服务，被录音师当作生产资料使用，进而生产成CD唱片。

② 马克思恩格斯全集（中文第1版）第26卷下册［M］. 北京：人民出版社，1974：322.

③ 假设CD唱片是司机购买专门用于旅途播放给乘客的，如果是播放广播等免费的音乐就不存在价值转移。

不可能被存储到旺季使用的；同样，今天火车或飞机上的空座，也无法存储而转移到第二天出售。造成这些现象的最终原因均是服务商品使用价值的不可存储性。

（3）数量和种类的扩张性。前文的分析提出，服务商品的生产和再生产依赖于物质商品的生产。与物质商品相比，服务商品的使用价值不可存储和空间受限①，使得其价值实现的“跳跃”更为惊险。虽然服务商品在生产、交换和消费等方面与物质商品相比局限性更大，但是并非代表其发展缓慢，相反随着社会生产力的发展，服务商品使用价值的数量和种类呈现快速扩张趋势。形成这种趋势的原因主要有三个方面：一是物质商品使用价值生产率的快速提高，特别是机械化、自动化、网络化、智能化大生产，使得物质商品日渐丰富，这为服务商品的扩张奠定了物质基础；二是社会消费结构的演变，使得人们对生活性服务商品的需求大大增加；三是社会分工的深入发展，生产和再生产更多依赖于生产性服务商品，并呈现显著的“软化”趋势。整个社会化大生产结构的服务化，使得服务商品的使用价值的数量和种类均在不断扩张。世界各国的经济发展事实证明，国民经济发展水平越低，服务商品使用价值的数量和种类越少；而国民经济发展水平越高，服务商品使用价值的数量和种类越多。不论发达国家还是发展中国家，服务商品使用价值的数量和种类均呈现扩张趋势。

（4）不一致性。物质商品的一个特点就是生产的统一化、标准化，产品的一致性。然而，服务却很难达到标准化地生产，服务商品具有显著的不一致性。一方面，同一个服务商品的生产企业中，不同的员工所生产的服务商品很难达到一致性；另一方面，同一个人在不同时间或地点生产的服务往往也是有差异的。造成这种不一致性的原因主要是服务商品使用价值生产无法真正实现机械化和自动化，虽然很多企业为了提高服务商品的质量，也在提高生产的专业化和标准化水平，但是服务商品的不一致性是无法消除的。不一致性的存在并不代表服务商品质量不高，恰恰相反，很多服务就需要差异化和个性化。因为服务商品特别是生活性服务商品，面对的都是截然不同的消费者，消费者自身的状况不同对服务商品使用价值的要求也不尽相同。因此，服务商品的使用价值生产更应该“柔性化”，这也给服务商品的生产监管带来更大的难度。

① 虽然利用信息化手段可以解决部分服务空间受限问题，但是仍有很多服务无法突破地域空间的限制。如运输服务、修理服务、推拿保健等。

3. 服务商品使用价值与社会财富

使用价值虽然是无形的，但是和物质商品一样，服务商品使用价值也是社会财富的重要组成部分。

社会财富是人们在生产过程中创造的，具有一定使用价值的劳动产品。第一，财富必须对人们的生产或生活有用，人们一般不会主动占有无用的东西，有用性是构成社会财富的前提。马克思曾指出，“不论财富的社会形式如何，使用价值总是构成财富的物质的内容”①。第二，社会财富必须是劳动产品，是劳动的对象化形态，劳动创造财富是马克思主义政治经济学的基本命题之一（刘诗白，2003）。很多自然物也非常有用，但不经过人类劳动加工和转换，也不能看成是社会财富。如空气、阳光、自然资源等。第三，社会财富具有历史性，随着历史的变迁，财富的内容和形式也在随之改变。例如，农业社会中农产品就是社会财富的主要代表，工业社会中机器就是社会财富的主要代表，当今知识经济时代科学技术就是社会财富的主要代表，等等。社会财富的历史性演变，归根结底是由社会生产力决定的。随着生产力的发展，人们生产和生活方式的改变，新的劳动产品的不断出现，势必会引起社会财富的变化。

根据以上对社会财富的界定，这里认为服务商品也是一种社会财富。首先，毋庸置疑，服务商品是有用的，其使用价值体现在生产的过程中；其次，服务商品是一种劳动产品，因为服务本身就是一种有目的的劳动过程；最后，随着经济社会的发展，服务商品的使用价值在社会中越来越受到重视，需求的绝对量和相对量都在持续上升。因此，服务商品不仅仅是社会财富，还是社会财富量增长的重要组成部分，在未来还将会成为社会财富的主体。当然，相对于物质商品，服务商品使用价值的不可存储性，让很多人认为它并不能构成社会财富。造成这种错误认识的主要原因是人们对社会财富概念理解的偏见，仅仅认为能看得见摸得着的物质商品才构成社会财富。殊不知，随着社会生产力的发展，当今人们缺少的主要不是物质产品，而是服务产品。如教育、医疗、保健、文化、娱乐、旅游、健美等。当今社会，人们已经从习惯炫耀自己“吃”什么样的食物，“穿”什么样的衣服，“住”什么样的房子，“开”什么样的车子，“用”什么样的手机，逐渐向“享受”什么样的教育、医疗、保健、旅游等服务方向演变。根据前文的分析，这里认为在未来社会，精神服务商品将会成为最重要的社会财富。

① 资本论（第一卷）[M]. 北京：人民出版社，2004：49.

二、服务商品的价值

商品的使用价值并非是其生产者所追求的，交换价值或价值才是生产商品最终的目的。前文的分析已经明确指出，价值是一种社会关系，是商品的社会属性。商品的生产者要想获取价值就必须将商品通过交换让渡使用价值，同一件商品的使用价值和价值不可兼得，从这一方面来看，使用价值和价值是对立的。然而，价值本质上是商品生产者在市场上自由交换劳动的一种社会关系，交换是价值最终实现的前提，而使用价值又是实现交换的前提。因此，没有使用价值也就不可能会有价值，从这一方面来看，两者具有统一性。商品的价值由使用价值来承担，马克思曾形象地将商品的使用价值比作商品的“肉体”，而价值则比作商品的“灵魂”①。服务商品是运动形式的过程性使用价值，这种使用价值也可以交换，因此也具备一定的交换价值或价值。

或许有人会争辩，能在市场上交换的并非都是商品，例如前文提及的金融商品、土地等未开发的自然资源等也能在市场中交换，具有交换价值。的确如此，服务商品的价值问题必须进行系统性论证，按照马克思的劳动价值论，这里对服务商品的价值实体和价值量等问题进行论述。

1. 生产服务商品的劳动二重性

“活劳动创造价值”②，这同一劳动有两个方面：一是各不相同的具体劳动，二是无差别的人类抽象劳动。具体劳动生产商品的使用价值，不同的商品需要不同的具体形式的劳动。抽象劳动作为人类劳动的一般属性创造商品的价值，不论何种商品都是人类一般劳动的结晶，人类的抽象劳动凝结成商品的价值。

生产服务商品的劳动也同样具有二重性，如图 4－4 所示。一方面，不同的服务具有不同的使用价值，自然就需要不同的具体劳动。例如，教师讲课的劳动，司机驾驶的劳动，保洁员的清扫劳动，科技人员的脑力劳动，艺术家的艺术创作劳动，等等。另一方面，无论是生产哪一种服务商品的劳动，都是人的体力和脑力的支出。如果撇开服务的使用价值，体现在其中的各种劳动的有用性也就随之消失，服务商品只有劳动产品这一个属性，各种劳动统一化为无差别的人类一般劳动。因此，科技人员的劳动、教师的劳

---

① 马克思恩格斯全集（中文第 1 版）第 46 卷下册［M］. 北京：人民出版社，1980：194，505.

② 马克思恩格斯全集（中文第 1 版）第 46 卷下册［M］. 北京：人民出版社，1980：37.

动、艺术家的劳动、司机的劳动、保洁员的劳动等一切生产劳动都“幽灵般”地化为抽象劳动，这种抽象劳动的结晶就是服务商品的价值。物质商品与服务商品以及不同的服务商品的价值，只有量的不同，没有质的差别。

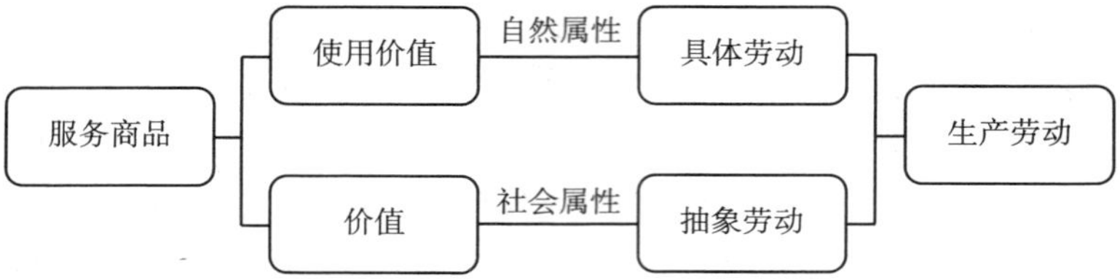

图 4－4　劳动和商品关系

资料来源：笔者自绘。

2. 服务商品的价值实体

（1）“物化”和“对象化”。国内外对服务商品具有价值持否定态度的人，几乎都认为服务劳动不能“物化”，不能凝结在实物中，因此服务商品的价值是一种虚构。人们认为服务劳动创造价值，将服务视为商品是“国民收入论”逻辑所致，是一种错误的界定（渡边雅男，2017）。这里认为持这种观点的人不仅仅是教条，而是完全误解了马克思对商品价值的界定，且并没有真正搞懂价值的本质内涵。马克思在《资本论（第一卷）》的开篇就明确指出，撇开商品的使用价值，商品“剩下的只是同一的幽灵般的对象性”①。显然，马克思将商品的价值界定为“对象性”（gegenständlichkeit）。对象性即为“客观现实性，客观存在的东西”②。马克思在《资本论（第一卷）》中强调，“把价值看作只是劳动时间的凝结，只是对象化的劳动，这对于认识价值本身具有决定性的意义，同样，把剩余价值看作只是剩余劳动的凝结，只是对象化的剩余劳动，这对于认识剩余价值也具有决定性的意义”③。

① 资本论（第一卷）[M]. 北京：人民出版社，2004：51. 德文原文为：“Es ist nichts von ihnen übriggeblieben als dieselbe gespenstige Gegenständlichkeit.”（资料来源：KARL MARX FRIEDRICH ENGELS，Bd. 23，(Berlin：Dietz Verlag，1962)，S. 52.）

② 马克思恩格斯全集（中文第 1 版）第 23 卷 [M]. 北京：人民出版社，1972：51.

③ 资本论（第一卷）[M]. 北京：人民出版社，2004：251. 此句引文的德语原文为：“So entscheiden des für die Erkenntnis des Werts überhaupt，ihn als bloße Gerinnung von Arbeitszeit，als bloß vergegenständlichte Arbeit，so entscheidend ist es für die Erkenntnis des Mehrwerts，ihn als bloße Gerinnung von Surplusarbeitszeit，als bloß vergegenständlichte Mehrarbeit zu begreifen.”（资料来源：KARL MARX FRIEDRICH ENGELS [J]. Berlin：Dietz Verlag，1962，Bd. 23，S. 231.）

商品的价值是“对象化”（vergegenständlichten）的劳动，这里的“对象化”在早期的中译文本（如 1975 年版）中大都被译为“物化”[①]，仅《资本论（第一卷）》（如 2004 年版）就有 55 处修改。这种修改是科学的，真正回归了马克思的原意。“可见，使用价值或财物具有价值，只是因为有抽象人类劳动对象化或物化在里面。”[②] 马克思在这一句话中用词十分精准，其中使用价值的价值是“对象化”（vergegenständlichten），财物的价值是“物化”（materialisieren）[③]。这充分说明马克思本人已经注意到了“对象化”和“物化”的微妙区别[④]。虽然有时候在马克思的手稿中这两者也杂乱在一起使用（周嘉昕，2014），但这些手稿毫无例外都写于《资本论（第一卷）》（1867）出版之前。马克思在对商品的概念进行了至少四次扩展之后，特别是对货运、保管、装配等服务劳动创造价值的明确阐述，我们有充分的理由相信，马克思在《资本论（第一卷）》使用的“对象化”（vergegenständlichten）是经过深思熟虑的结果，是十分科学的。有了关于“对象化”的理解，我们也不能仅仅从“物”的解释出发去理解“物化”的真实含义，“对象化”这个黑格尔式的德国哲学用语，在这里承担了特殊的理论功能。

因此，这里不妨这样总结一下：商品的价值是“对象化”在商品使用价值中人类抽象劳动，“商品并不是由于有了货币才可以通约。恰恰相反。因为一切商品作为价值都是对象化的人类劳动，它们本身就可以通约”[⑤]。马克思曾多次强调，商品价值的本质是社会关系，是人类劳动的一种社会存在形式。这里认为“这种人类劳动的存在形式”与其承担者是否是物质形态并无关系，无论是物质商品的使用价值还是服务商品的使用价值均可以承

---

① “对象化”曾被译为“物化”（资料来源：资本论（第一卷）［M］. 北京：人民出版社，1975：243；马克思恩格斯全集（中文第 1 版）第 26 卷上册［M］. 北京：人民出版社，1972：243.），这里认为“vergegenständlichten”译为“对象化”回归了马克思的原意。

② 资本论（第一卷）［M］. 北京：人民出版社，2004：51. 德文原文为：“Ein Gebrauchswert oder Gut hat also nur einen Wert，weil abstract menschliche Arbeit in ihm vergegenständlicht oder materialisiert ist.”（资料来源：*KARL MARX FRIEDRICH ENGELS*，Bd. 23，（Berlin：Dietz Verlag，1962），S. 53.）

③ vergegenständlichen 和 materialisieren 在德语中几乎是同义词，后者是一个外来词。但其中也有区别，如 vergegenständlichen 常被作为哲学用语（使客体化）。通过对比研究，这里认为马克思已经注意到并且刻意体现了这一细微的差别。

④ 《资本论》英文版中的“对象化”（embody），“物化”（materialize），英文原文为：“A use－value，or useful article，therefore，has value only because human labour in the abstract has been embodied or materialized in it.”（资料来源：［德］卡尔·马克思著，［英］萨缪尔·穆尔，爱德华·艾威林译. 资本论［M］. 上海：上海世界图书出版公司，2010：6.）

⑤ 资本论（第一卷）［M］. 北京：人民出版社，2004：114.

载这种社会关系，即服务商品也具有价值。

（2）服务劳动也具有社会性。商品是一个矛盾体，从劳动的角度来看，就是私人劳动和社会劳动之间的矛盾，这也是商品经济的基本矛盾。生产商品的私人劳动取得社会劳动的形式，从而表现为商品的价值。与物质商品的生产工人的劳动类似，服务商品生产工人的劳动也具备二重性。一方面，服务的生产资料均由私人（资本家）占有，资本家有权决定生产何种服务，以及生产多少。因此，生产服务商品的劳动首先是私人劳动。另一方面，由于社会分工，社会中各种物质和服务商品的生产者之间又是相互联系和依赖的关系，他们生产着社会需要的产品，每个人的劳动都属于社会总劳动的一部分。所以，生产服务商品的劳动既是私人劳动，又是社会劳动。

生产服务商品的私人劳动和社会劳动也是对立统一的。从对立性来看，在同一商品中私人劳动和社会劳动不能同时存在，私人劳动必须经过交换，完成“惊险的跳跃”才能成为社会劳动；从同一性来看，社会劳动是由私人劳动转化而来的，是千差万别的私人劳动的一般抽象。与物质商品相同，服务商品生产的私人劳动和社会劳动的矛盾，是通过市场交换表现出来的。不同的是，服务商品的生产、交换和消费是同步进行的，生产完成的同时也标志着私人劳动完成了向社会劳动的转化。

（3）服务商品的交换价值。作为可以交换的劳动产品，商品的交换并不是按照其使用价值，而是按照对象化的人类抽象劳动，即以价值为尺度决定其交换的比例。这个比例就是商品的交换价值量。例如，3 工时汽车维修服务可以换 5 斤牛肉，或可以换 3 次理发服务，等等。一般地，假设物质商品与服务商品交换，例如，$X_{ix_i}=\{x_i$ 千克苹果$\}$，$Y_{jy_j}=\{y_j$ 小时护理服务$\}$。这两种商品的交换比例称为交换价值的量，即 X_{ix_i} 与 Y_{jy_j} 的交换价值为：

$$w(X_{ix_i}\sim Y_{jx_j})=\frac{m(X_{ix_i})}{m(Y_{jx_j})}=\frac{x_i}{y_j} \tag{4-8}$$

前文的论述已经指出，服务商品是可测度的，因此任何服务商品交换都具有一定量的交换价值。如果服务不能用于交换，它就没有任何价值可言，在市场经济中，具有交换价值的服务商品必然具有价值。交换价值量的存在仅仅是交换的表现形式，在交换的过程中各类服务商品的使用价值也消失了，唯一留下来的就是同质的人类一般劳动，即服务商品的价值。马克思指出，“在每一次买和卖的行为上，既然有交换过程发生，就一定有物品被让出去。所售物品的所有权总是要被放弃的。但人们不会放弃它的价值”①。

特别地，社会上一些非正面的“服务”也是服务商品吗？如传销培训、冒牌医疗等。这里认为就如同毒品、毒奶粉、假疫苗等类似，在服务业中也有违反道德和法律的服务以商品的形式在市场中流通，这类服务不具备社会普遍认同的使用价值，它们的生产、交换和消费已不仅仅是一个经济学问题。同时，相对于整个服务业这些“服务”的比例是微不足道的，因此在研究中可以舍象。

3. 服务商品的价值量

服务商品的价值也是质和量的统一，在科学界定服务商品价值质的基础上，下面再分析服务商品价值量的决定问题。

（1）两种含义的社会必要劳动时间共同决定服务商品的价值（朱鹏华，2016）。第一种含义的社会必要劳动时间是指“在现有的社会正常的生产条件下，在社会平均的熟练程度和劳动强度下制造某种使用价值（生产某种服务商品——引者注）所需要的劳动时间”②。第一种含义的社会必要劳动时间反映的是某一类型服务商品的所有生产者之间的一种社会竞争关系，是个量、抽象、微观、比较静态的形式，侧重于服务商品的生产。第二种含义的社会必要劳动时间是指在社会平均生产条件下，生产社会对某种类型服务商品必需总量的必要劳动时间。第二种含义的社会必要劳动时间是社会总劳动按比例在各类型服务商品间的分配总量，它反映的是整个社会不同类型的商品生产者之间以及生产者与消费者之间的社会竞争关系，是总量、具体、宏观、动态的形式，侧重于服务商品的需求。由图 4－4 可知，服务商品的价值是劳动的社会属性抽象劳动凝结而成，从生产到交换的统一，从某种类型的服务商品生产到整个社会按比例分配社会总劳动，两种含义的社会必要劳动时间共同决定服务商品价值的质，即形成其本身的社会劳动。第一种含义的社会必要劳动时间为同一类型服务商品的不同生产者的个别劳动时间的加权平均值，即单位服务商品的劳动时间；第二种含义的社会必要劳动时间为社会对某一类型服务商品的必需总量与单位服务商品的劳动时间的乘积。如果该类型服务商品的供需平衡，则两种含

① 资本论（第三卷）［M］. 北京：人民出版社，2004：386.

② 资本论（第一卷）［M］. 北京：人民出版社，2004：52.

义的社会必要劳动时间之间仅相差一个系数（社会必需总量[①]）。供需平衡是偶然的，而供需不平衡是常态，因此要在市场对服务商品的供需运动中来分析其价值的量。从动态变化的角度来看，服务商品价值的量由两种含义的社会必要劳动时间共同决定。

事实上，从《资本论（第一卷）》提出第一种含义的社会必要劳动时间，再到《资本论（第三卷）》提出第二种含义的社会必要劳动时间，马克思重点在强调，要从商品的生产到交换的整个运动过程来把握商品的价值。特别地，当前很多的生产更加趋向“柔性化”，生产过程并非仅局限在一个工厂中，生产性服务业的大量出现，消费者广泛地参与生产，这些变化有力证明了包括服务商品在内的任何商品的价值都是由两种含义的社会必要劳动时间共同决定的。

（2）完全竞争型服务商品的价值量。完全竞争型服务商品在市场上存在大量的生产者和消费者，这种类型的服务商品可以重复性生产，各生产者所生产的商品具有较高的相似度，可以相互替代。完全竞争型服务商品的生产者和消费者，能在生产资料无障碍流通和信息充分的支撑下，充分地开展竞争。例如，理发、保健、家政等一般性生活服务，同一课程的教学，安保服务，一般性的医疗和护理，运输服务，会计、审计、税务等服务，导游服务，等等。完全竞争型服务商品的第一种含义社会必要劳动时间为同一类型服务商品（如导游服务）不同生产者的个别劳动时间的加权平均值。虽然很多服务商品是用时间来度量的，这也并不影响其价值量的测度。例如，同样的一个数学知识点，经验丰富的教师用 1 个小时就能完成，中等水平的教师需要用 1. 5 个小时完成，而水平较低的教师需要用 2 个小时才能完成，如果三种教师的数量相同，社会必要劳动时间就是 1. 5 个小时。

完全竞争型服务商品的第二种含义的社会必要劳动时间是社会总劳动按比例在某一类型服务部门所分配的总量。服务商品使用价值的特殊性，更能体现两种含义的社会必要劳动时间共同决定商品价值。例如，一个城市按照

---

① 社会必需总量不能简单理解为社会需求，马克思曾指出，“市场上出现的对商品的需要，即需求，和实际的社会需要之间存在着数量上的差别，这种差别的界限，对不同的商品来说当然是极不相同的；我说的是下面二者之间的差额：一方面是所要求的商品量；另一方面是商品的货币价格发生变化时可能要求的商品量，或者，买者的货币条件或生活条件发生变化时可能要求的商品量”（资料来源：资本论（第三卷）[M]. 北京：人民出版社，2004：210.）。社会必需总量应为客观的社会实际需求量，有时虽然不容易获取，但每一时刻都是客观存在的。

人流量计算社会必需的旅店房间数为1.3万间（这里不考虑旅店的位置、规模、档次等因素），假设现有1.5万间，则有2 000间会闲置。马克思指出，“如果某种商品的产量超过了当时社会的需要，社会劳动时间的一部分就浪费掉了，这时，这个商品量在市场上代表的社会劳动量就比它实际包含的社会劳动量小得多”①。事实上，这里2 000间闲置的房间并没有像马克思所阐述的物质商品一样“浪费掉了”，而是没有参与生产，此时商品价值量由1.3万间的服务生产劳动时间决定。

（3）创新型服务商品的价值量。与完全竞争型服务商品不同，创新型服务商品的生产者仅有1个，该生产者通过创新使其所提供的服务在市场上没有任何相似的替代品。如科研服务、演艺创作、信息技术服务、特殊教育培训等。创新型服务商品的第一种含义社会必要劳动时间决定于生产该服务商品所消耗的个别劳动时间。但是创新型服务商品的价值量并非仅仅由生产其所消耗的个别劳动时间决定，因为任何服务商品都存在一个社会所必需的劳动时间总量，超过客观约束量的服务商品也不会被生产。因此，创新型服务商品的价值量仍由两种含义的社会必要劳动时间共同决定。

（4）服务商品的价值量与劳动生产率的关系（朱鹏华等，2017）。在考虑生产资料价值转移的条件下，这里仅讨论同一类型服务商品的部门劳动生产率与单位服务商品价值量的关系，并且分为两种情形：

第一，假设劳动生产率的变化与劳动强度和劳动的复杂性程度无关。例如，会计服务生产率的提高是因为使用了更先进的生产工具（如升级了财务软件），教育生产率的提高是因为信息化教学手段的广泛应用，运输服务生产率的提高是因为运输工具（如公路、铁路等质量的提高，汽车、火车、轮船、飞机等交通工具性能的提高）的效率提高，等等。一方面，劳动生产率越高，生产某种服务商品所需的劳动时间越少，凝结在单位服务商品中的劳动量就越少；另一方面，劳动生产率提高，同一时间内生产更多的服务商品，转移到单位商品内的价值量就越少。因此，部门劳动生产率与单位服务商品价值量呈反方向变动，即此时为“成反比”。

第二，假设劳动生产率的变动会不同程度地改变劳动强度和劳动的复杂

① 资本论（第三卷）[M]. 北京：人民出版社，2004：208.

性程度，且劳动强度和劳动的复杂程度的改变都会影响劳动量①。例如，会计电算化提高了劳动生产率也提高了劳动的复杂性程度，科技的快速进步增加了科技服务的劳动复杂程度，移动互联的泛在化提高了快递服务效率的同时，也增加了快递人员的劳动强度，等等。一方面，劳动生产率越高，单位时间内生产的服务商品的数量就越多。同时，劳动生产率提高伴随着劳动强度和劳动复杂程度的提高，单位时间内劳动量也越大。当劳动生产率的提高使得劳动量的增加量大于产量的增加量（即劳动量对产量的弹性大于1）时，凝结在单位服务商品中的活劳动量就越多。另一方面，劳动生产率提高，同一时间内生产更多的服务商品，转移到单位服务商品中的价值量就越少。综合以上两个方面，单位服务商品中活劳动创造的价值量的增加量大于生产资料转移价值量的减少量时，部门劳动生产率与单位服务商品价值量呈同方向变动，即此时为“成正比”。

现实中，以上两种假设都会存在，也就是有些类型的服务商品的劳动生产率和单位商品的价值量会“成反比”，而有些类型的服务商品会“成正比”。整体来看，随着前三次工业革命的依次完成和第四次工业革命的快速兴起（施瓦布，2016），物质商品生产逐渐由机械化、电气化、自动化转向智能化，这使得大部分物质商品的生产领域或行业整体呈现“成反比”，因为劳动生产率的提高大大降低了物质商品生产的劳动强度和劳动的复杂性程度；而在服务业领域，科技的进步极大提升了以科技服务为代表的生产性服务的劳动复杂性程度，同时人们生产生活方式的改变和节奏的加快也不同程度地增加了生活性服务的劳动强度，因此，在服务商品的生产领域整体呈现“成正比”。这种物质商品生产“成反比”和服务商品生产“成正比”的总体趋势，在工业生产领域呈现“微笑曲线”②，即物质商品价值链的左端科

---

① 在同样的时间内提高劳动强度可以增加劳动量，即增加商品的价值总量。马克思指出，“劳动强度的提高是以在同一时间内劳动消耗的增加为前提的。因此，一个强度较大的工作日比一个时数相同但强度较小的工作日体现为更多的产品。……。在这种情况下，产品的数量增加了，但它们的价格没有下降。……。可见，如果劳动时数不变，强度较大的工作日就体现为较多的价值产品，因而，在货币的价值不变的情况下，也就体现为较多的货币”（资料来源：资本论（第一卷）[M]. 北京：人民出版社，2004：599－600.）。同样，马克思明确指出，“比较复杂的劳动只是自乘的或不如说多倍的简单劳动，因此，少量的复杂劳动等于多量的简单劳动”。因此，“比社会的平均劳动较高级、较复杂的劳动，……，在同样长的时间内对象化为较多的价值”（资料来源：资本论（第一卷）[M]. 北京：人民出版社，2004：58，230.）。

② “微笑曲线”由施振荣（1992）提出，并逐渐被理论界广泛接受。“微笑曲线”是指在国际分工合作背景下，物质商品的产业链中，附加值更多体现在两端：研发和销售，处于中间环节的制造附加值最低。

技研发服务商品和右端营销服务商品的整体价值高，而中间的物质商品生产制造价值低。

4. 服务商品的价值构成

与物质商品的价值构成类似，服务商品的价值也由三个部分构成：一是不变资本。任何服务商品的生产都需要一定的生产资料，这些生产资料的价值为不变资本（c）。例如，航空运输服务成本中的飞机折旧费、保险、修理费、航材消耗件消耗、航空油料消耗、机场服务费、飞机物料消耗等都属于不变资本。二是可变资本。服务商品本身就是一个劳动的过程，生产服务商品所使用的劳动力价值为可变资本（v）。例如，教育服务中教师（专业技术人员）、行政管理人员和后勤保障人员的工资、奖金、保险和各种福利等都属于可变资本。三是剩余价值。服务企业的资本家所追求的并非是服务商品本身，而是其所包含的剩余价值（m）。因此，剩余价值是服务商品价值的重要组成部分。例如，航空公司、出租车公司、电子商务公司、家政服务公司、律师事务所、民办学校、民营医院等企业或经济组织的利润都属于剩余价值。总之，服务商品的价值包括不变资本、可变资本和剩余价值三个部分，即：

$$w(Y_{iy_i}) = (c_i + v_i + m_i)y_i \tag{4-9}$$

其中，c_i，v_i，m_i 分别为第 i 种服务的单位商品的不变资本、可变资本和剩余价值量。

在服务商品生产中，不论是已经对象化的劳动量（不变资本），还是活劳动量（可变资本和剩余价值）都会影响服务商品的价值。例如，高铁的票价高于普通火车[①]，主要与运输服务生产资料的折旧而转移的价值量（c）有关，同时高铁的司乘人员技术复杂程度相对更高，活劳动创造的价值（$v+m$）也更大。又如，豪华的五星级大酒店，建筑富丽堂皇，装修装饰奢华，空间宽敞大气，客房内各种家具家电设施齐全，酒店集客房、餐饮、商务、会议、娱乐、健身等各种功能于一体。相比较经济型酒店，豪华酒店的建筑、装修及各种设施的折旧费（c）转移到其住宿服务中的价值量更高。因而这种服务商品的价值自然就高，表现在价格上，要比一般经济型酒店高几十倍甚至上百倍。再如，高新技术服务相比较一般性的技术咨询服务，需要更多的前沿科技知识和专业技能，劳动的复杂程度更高，单位时间活劳动

① 例如，2017 年济南到北京的高铁（1.5 个小时左右）二等座票价 184.5 元，济南到北京的普通火车（6 个小时左右）票价 72 元，高铁票价是普通火车票价的 2.56 倍。

创造的价值（$v+m$）更大。因此，高新技术服务的价值比一般性的技术咨询服务价值更高，表现在价格上也更高。

三、服务商品的价值转移和补偿

商品价值的形成过程是旧价值的转移（生产资料的价值转移）和新价值的创造（或劳动创造的价值）相统一的劳动过程。服务商品不仅仅具有价值，和物质商品相同，在社会再生产过程中服务商品还要经历价值转移和价值补偿。

1. 服务商品的价值转移

前文的分析已经指出，服务商品既可以成为生产资料，也可以作为生活资料。作为生产资料的生产性服务商品是社会生产和再生产过程中必不可少的因素，通过价值转移形成了新商品价值的不变资本部分。服务商品的价值并不是由它作为生产资料进入劳动生产过程所决定的，而是由它作为商品被生产出来的劳动生产过程决定的。生产生产资料所耗费的劳动是过去完成的，是已经对象化的人类一般劳动。在商品生产过程中，生产者运用生产资料的使用价值进行具体劳动，生产出某种新的使用价值。同时，生产资料的价值随着其使用价值的消失而转移到新的使用价值中，生产者的劳动作为人类一般劳动创造了新的价值，旧价值的转移和新价值的增加表现为再生产过程①。

物质商品作为生产资料按照价值转移形式，可分为固定资本和流动资本两种形态。其中，固定资本的价值在其整个发挥作用的生产时间内，分批被转移到所参与生产的商品中，而流动资本的价值则是一次性被转移到所参与生产的商品中。“在固定资本周转一次的时间内，流动资本周转多次。”② 马克思强调，固定资本并非固定不移动的，“例如像船舶具有的物体可动性”，也并非是完全看得见的，“土地改良就是这样。这种改良把化学成分加到土壤中去，它的作用会延续若干个生产期间或若干年”③。因此，作为生产资料的服务商品也分为固定资本和流动资本两种形态，或许有人会立马提出质疑，服务商品的使用价值是一种运动的过程形式，怎么“固定”呢？关于

① 资本论（第一卷）［M］. 北京：人民出版社，2004：232－236.
② 资本论（第二卷）［M］. 北京：人民出版社，2004：187.
③ 资本论（第一卷）［M］. 北京：人民出版社，2004：180.

这一点，马克思已经界定得十分明确，“固定资本和流动资本的形式规定性之所以产生，只是由于在生产过程中执行职能的资本价值或生产资本有不同的周转”①。

（1）固定资本形式的服务商品价值转移。固定资本形式的服务商品就是在生产过程中起到持续作用的生产性服务商品。例如，许多制造业中的生产性服务商品，制造企业购买一次生产性服务（包括技术、管理、法律等方面）可以在一个产品的生产周期内持续发挥作用；又如，农业中的生产技术服务，农业生产者在购买一次生产技术服务生产出某种农产品也可以持续发挥作用，直至他改种其他农作物；再如，某唱片公司与某歌唱家签约购买了其作品的版权，在合约期限范围内唱片公司售出的所有唱片中都包含了该歌唱家的演唱服务商品价值的转移。在固定资本形式的服务商品发挥作用的生产周期内，“按照它在丧失使用价值时丧失掉的交换价值的比例，把价值转给产品。……。这个持续时间，从生产资料进入生产过程时起，到它完全损耗，不能使用，而必须用同一种新的物品来替换或再生产时为止”②。因此，固定资本形式的服务商品的价值是在该服务商品发挥作用的生产周期内逐步地被转移到新商品中的。

（2）流动资本形式的服务商品。与固定资本相反，流动资本形式的服务商品就是在生产过程中仅发挥一次作用的生产性服务商品。随着新的使用价值被生产出来，该服务商品也就完成了自己的使命，同时其价值一次性地被转移到新商品中。例如，货运服务，当货物被运达目的地后，货运服务商品的价值就被均匀地转移到了所运输的货物中；又如，生产性维修服务，当被修理工作完成之后，工厂所购买的维修服务的价值就全部转移到被维修的机器设备之中；再如，销售机器设备和原材料的电商服务，当买卖双方的交易完成后，电商服务的价值也是一次性地被转移到买方所购的生产资料中（这里不考虑商业欺诈行为的存在）。

2. 服务商品的价值补偿

按照传统的马克思主义政治经济学理论，除了货运、包装、保管、装配等少数服务被视作生产过程在流通中的延续（这类生产性服务劳动创造价值③）

---

① 资本论（第二卷）[M]. 北京：人民出版社，2004：186.

② 资本论（第二卷）[M]. 北京：人民出版社，2004：176.

③ 严格按照马克思的论述，这类生产性服务劳动被视为物质商品生产过程的延续，对此国内外学术界看法基本一致。

其他绝大多数生产服务商品的劳动并不创造价值和剩余价值。因此，其价值补偿只能从其“服务”的产品的价值中扣除，或者看成是对产业工人所创造的剩余价值的扣除，这种情况的前提是假设生产服务商品的劳动并不创造价值。本书按照劳动价值论的逻辑论证了服务劳动也是创造价值的劳动，那么，服务商品的价值补偿问题就应当重新研究。通过以上对服务商品的价值和价值转移的分析，这里认为服务商品与物质商品的价值补偿类似，都是在商品的流通领域中完成的。服务企业资本家和生产工人的利润（剩余价值）和工资（劳动力价值）不是通过瓜分产业工人所创造的剩余价值，而是服务商品生产工人的劳动所创造的。这里分别对生产性服务商品和生活性服务商品的价值补偿进行分析。

（1）生产性服务商品的价值补偿。生产性服务商品的价值转移到其服务生产的商品中，随着商品的交换而实现价值的补偿。前文的分析已经指出，生产性服务商品分为固定资本和流动资本两种形式，它们的价值转移方式不同，相应的也具有不同的价值补偿方式。对于流动资本形式的服务商品，价值补偿是一次进行的。比如，货运服务，在货物被运送到目的地后，货主（货运服务商品的购买者）即支付运费，从而货运服务商品的价值得到补偿，为再生产做好了准备。

对于固定资本形式的服务商品，价值转移是逐步进行的，同样“价值补偿，是一部分一部分地逐渐地进行”①。在固定资本形式的服务商品发挥作用的生产周期内，通过将它所服务生产的商品出售，不断将它转移的价值转换为货币积累起来，为将来固定资本的物质补偿做好准备。因此，固定资本形式的服务商品通过“折旧”将自身的价值分批转移到新使用价值中，同时通过折旧基金的形式实现价值补偿。固定资本在参与生产和再生产过程中存在磨损，是其需要价值补偿的原因。马克思在阐述像机器等固定资本的磨损问题时，提出固定资本价值有形损耗和无形损耗两种形式。显然，固定资本形式的服务商品不能像机器一样因使用“磨损”或不使用“生锈”而损耗，但因为更好的服务商品被再生产出来，而造成的无形损耗是存在的。此时，“它的价值也不再由实际对象化在其中的劳动时间来决定，而由它本身的再生产或更好的机器（服务—引者注）的再生产的必要劳动时间来决定了”②。因此，以固定资本的形式服务商品的价值补偿要考虑无形磨损问

① 资本论（第二卷）[M]. 北京：人民出版社，2004：244.

② 资本论（第一卷）[M]. 北京：人民出版社，2004：465－466.

题。有些需要在生产周期结束时一次性替换补偿；而有些则需要在生产的过程中一部分一部分地替换补偿。例如，某些技术服务在发挥作用的生产周期结束时整体更换成其他技术服务，而有些则可以通过定期“升级”服务保持技术服务作用的持续发挥，前者就是一次性替换补偿，后者就是逐步替换补偿。

（2）生活性服务商品的价值补偿。生活性服务商品直接用于人们的生活消费，随着消费结束，同时与消费者的交换也完成，从而实现自身的价值补偿。例如，理发服务的价值补偿随着服务的结束，消费者付费而完成；又如，观众购票观看演唱会，歌手和演员的服务获得价值补偿。特别地，正如有些物质商品既可以作为生产资料，也可以作为生活资料，有些服务商品既可以用于生产，同时也可以用于消费。例如，演唱会既可以直接为现场的观众提供生活性消费，也可以作为生产资料被电视台转播。这种类型服务商品的价值补偿只需要分成两个相应的部分，最终的补偿额是这两个部分之和。

第四节 服务劳动与生产劳动

生产劳动与服务商品理论密切相关，服务是商品，相应的服务劳动就是创造价值的生产劳动。马克思主义政治经济学的传统观点认为，生产劳动和非生产劳动的区别在于，生产劳动创造商品，而非生产劳动交换和消费商品（沙洛特科夫，1985）。本节将在服务商品理论的基础上，对生产劳动的范围进行拓展分析。

一、生产劳动和非生产劳动

生产劳动和非生产劳动是经济学领域一个古老的问题，马克思十分重视该问题的研究，将其列为劳动价值论和剩余价值论的重要组成部分，并在继承和批判的基础上建立了自己的理论体系。

1. 古典政治经济学的生产劳动和非生产劳动理论

威廉·配第提出了劳动创造价值的观点，将社会财富来源的考察从重商主义主张的流通领域转移到了生产领域。重农学派的主要代表魁奈是第一个尝试划分生产劳动和非生产劳动的经济学家，他将社会生产部门分成两大类：生产部门和非生产部门，其中生产部门包括广义的农业和采矿业，其余手工业、商业等都属于非生产部门。魁奈认为农业劳动之所以是生产劳动，关键是因为它能提供“纯产品”，即剩余产品[①]。之后，亚当·斯密为代表的古典政治经济学家对生产劳动和非生产劳动问题进行了集中论述[②]，并成为马克思生产劳动和非生产劳动理论的直接思想来源。亚当·斯密认为，“有一种劳动，加在物上，能增加物的价值；另一种劳动，却不能够。前者因可生产价值，可称为生产劳动，后者可称为非生产劳动”[③]。因此，生产劳动就是能增加实物形态的商品价值，且带来剩余价值的劳动。亚当·斯密又指出，“有些社会上等阶级人士的劳动，和家仆的劳动一样，不生产价值，即不固定或实现在耐久物品或可卖商品上，亦不能保藏起来供日后雇佣等量劳动之用。例如，君主以及他的官吏和海陆军，都是不生产的劳动”[④]。在此，亚当·斯密相当于对生产劳动的概念进行了补充，强调只有生产实物商品的劳动才可称为生产劳动[⑤]。紧接着亚当·斯密在论及牧师、律师、医生、文人、演员、歌手和舞蹈家的劳动时，又承认他们的劳动也具有生产性。亚当·斯密在生产劳动和非生产劳动问题上的摇摆，根源是没有科学的劳动价值论做支撑。随后，大卫·李嘉图、詹姆斯·穆勒、西斯蒙第等基本上继承了亚当·斯密关于生产劳动和非生产劳动的理论，并突出强调了生产劳动必须要可物化（表现为有用的物质对象）和可积累（西斯蒙第，1977；斯法拉，1979）。

2. 马克思的生产劳动和非生产劳动理论

马克思在借鉴和批判前人相关论述的基础上建立了自己的生产劳动和非生产劳动理论。马克思肯定了亚当·斯密对生产劳动和非生产劳动的第

---

① 正如马克思指出，“重农学派认为，只有农业劳动才是生产劳动，因为只有农业劳动才提供剩余价值。在重农学派看来，剩余价值只存在于地租形式中”（资料来源：资本论（第一卷）[M]. 北京：人民出版社，2004：583.）。

② 亚当·斯密在《国富论》第二篇第三章“论资本积累或论生产性劳动和非生产性劳动”和第四篇第九章“论重农主义，或论把土地产物看作是各国收入及财富惟一或主要来源的政治经济学体系”对生产劳动和非生产劳动问题进行了集中阐述。

③ ［英］亚当·斯密著，郭大力，王亚南译. 国民财富的性质和原因的研究（上卷）[M]. 北京：商务印书馆，1972：303.

④ ［英］亚当·斯密著，郭大力，王亚南译. 国民财富的性质和原因的研究（上卷）[M]. 北京：商务印书馆，1972：304.

⑤ 总体来看，亚当·斯密对于生产劳动有两种解释，第一，与资本相交换的劳动；第二，生产物质商品的劳动。马克思高度评价第一种解释，“在这里触及了问题的本质，抓住了要领。”并对第二种解释进行了批判（资料来源：马克思恩格斯全集（中文第1版）第26卷上册 [M]. 北京：人民出版社，1972：148.）。

一种解释，同时批判了他的第二种解释以及重商学派和重农学派的片面性。马克思认为生产劳动作为经济范畴，是劳动的社会属性，它“是包含着劳动的买者和劳动的卖者之间的完全确定的关系的劳动”① “生产劳动就是一切加入商品生产的劳动（这里所说的生产，包括商品从首要生产者到消费者所必须经过的一切行为），不管这个劳动是体力劳动还是非体力劳动（科学方面的劳动）；而非生产劳动就是不加入商品生产的劳动，是不以生产商品为目的的劳动。这种区分决不可忽视，而这样一种情况，即其他一切种类的活动都对物质生产发生影响，物质生产也对其他一切种类的活动发生影响——也丝毫不能改变这种区分的必要性”②。显然，在简单劳动过程中，生产劳动表现为一种生产物质商品的劳动。在资本主义生产关系中，“只有创造的价值大于本身价值的劳动能力才是生产的”③。因而“生产劳动直接与作为资本的货币相交换”，并且“剩余价值，只有通过与生产劳动相交换才能创造出来”④。因此，在资本主义制度下，生产劳动就是被资本家支配，由雇佣工人提供用于生产物质商品，且以生产剩余价值为直接目的的劳动。

“从物质生产性质本身中得出的关于生产劳动的最初的定义，对于作为整体来看的总体工人始终是正确的。”生产劳动的范围随着总体工人而扩大，“所有以这种或那种方式参加商品生产的人，从真正的工人到（有别于资本家的）经理、工程师，都属于生产劳动者的范围”⑤。马克思借助总体工人意在指出，随着社会劳动分工的发展，生产劳动不一定直接作用于物质劳动对象，间接作用于物质劳动对象的劳动也应该看作生产劳动。“但是，另一方面，生产劳动的概念缩小了。”⑥ 马克思强调，“生产劳动是劳动的这样一种规定，这种规定本身同劳动的一定内容，同劳动的特殊有用性或劳动所借以表现的特殊使用价值绝对没有关系。所以，同一内容的劳动可以是生产劳动，也可以是非生产劳动”⑦。紧接着马克思举例，“密尔顿创作《失乐园》”“象鸟一样唱歌的歌女”和“给别人上课的教师”如果被资本家利用或雇佣为之生产剩余价值，他们就是生产劳动者，否则就是非生产劳

---

①④⑦ 马克思恩格斯全集（中文第1版）第49卷［M］. 北京：人民出版社，1982：105.
② 马克思恩格斯全集（中文第1版）第26卷下册［M］. 北京：人民出版社，1974：476－477.
③ 马克思恩格斯全集（中文第1版）第26卷上册［M］. 北京：人民出版社，1972：142.
⑤ 马克思恩格斯全集（中文第1版）第26卷上册［M］. 北京：人民出版社，1972：147.
⑥ 资本论（第一卷）［M］. 北京：人民出版社，2004：582.

动者①。显然，马克思对生产劳动的界定并没有仅仅局限于物质商品的生产领域。因此，马克思对生产劳动的界定可表述为：资本主义生产方式中，生产劳动就是被资本家雇佣的工人生产商品（既包括物质商品也包括服务商品），进而在流通中带回剩余价值的劳动。

马克思的生产劳动和非生产劳动理论是从一般性的劳动过程出发，最终演变到资本主义生产方式之中。生产劳动和非生产劳动的对立属于以雇佣劳动为特征的资本主义生产方式，劳动者按照商品的自然属性分类被排除了，因为在资本主义的生产体系中，商品不再单单是劳动的产物，而直接表现为资本的产物。在资本主义制度下生产劳动表现为市场经济下的商品生产，生产劳动者表现为雇佣劳动者。与重农学派的魁奈和古典政治经济学代表亚当·斯密等的观点不同，马克思区分生产劳动和非生产劳动的目的是揭示资本主义生产关系的本质，反映的是资本家剥削雇佣工人的关系。从动态的视角，资本主义生产方式的生产性在于它可以不断将剩余价值转变为新的资本，生产劳动和非生产劳动的差别对于社会资本再生产是重要的②。

二、生产劳动与非生产劳动的相关争论

国内外马克思主义政治经济学界针对生产劳动和非生产劳动问题进行过长时间的争论，很多经济学者都参与其中。例如，苏联学术界曾在 20 世纪 20 年代、70 年代末和 80 年代初进行过几次争论（沙洛特科夫，1985；《国外经济文献摘要》，1982）③，日本学术界曾在 20 世纪 60 年代至 80 年代进行过几次争论（立石昌广，1989）④，我国学术界在 20 世纪 60 年代初和 80

① 马克思恩格斯全集（中文第 1 版）第 49 卷［M］. 北京：人民出版社，1982：105 - 106. 马克思在《资本论（第一卷）》也曾列举了类似的例子，例如，“一个教员只有当他不仅训练孩子的头脑，而且还为校董的发财致富劳碌时，他才是生产工人”（资料来源：资本论（第一卷）［M］. 北京：人民出版社，2004：582.）。

② 马克思恩格斯全集（中文第 1 版）第 49 卷［M］. 北京：人民出版社，1982：110.

③ 《国外经济文献摘要》选编 1982［M］. 山东：山东人民出版社，1984：48 - 50，54 - 56. 苏联学术界基本可分为两派，一派是以彼得罗夫、诺特京等为代表，认为只有物质生产的劳动才可以为生产劳动；另一派是以斯特鲁米林、卢森贝等为代表，认为社会主义制度下服务也是生产劳动。20 世纪 60 年代，苏联 B. 科威任科、B. 麦德维杰夫等学者明确提出了服务劳动创造价值的理论。

④ 日本学术界可分为两派，一派是以金子春夫、渡边雅男等为代表的生产劳动“窄派”，另一派是以饭盛信男、赤堀邦雄等为代表的生产劳动“宽派”。

年代也进行过几次争论，特别是80年代初的争论最为激烈。从争论的内容来看主要包括生产劳动和非生产劳动问题存在的社会制度条件①，社会主义制度下的生产劳动和非生产劳动问题②，生产劳动的范围界定③，第三产业（服务业）与生产劳动问题④，等等。

这里不对生产劳动和非生产劳动的相关争论做全面论述，仅从生产劳动的范围界定来探究国内学术界的争论，并重点梳理分析生产劳动与服务劳动的关系。整体来看，对生产劳动的界定有狭义的解释（窄派）、广义的解释（宽派）以及介于两者之间的解释（中间派）。生产劳动"窄派"的学者一般认为，创造物质商品的劳动才是生产劳动（或在社会主义制度下创造物质财富的劳动）⑤，即生产劳动必须生产实物形态的使用价值，且价值只能物化在实物商品中。20世纪60年代初和80年代初持这种观点的学者较多，例如，杨长福（1964）认为凡是"有助于"生产物质产品的劳动才是生产

---

① 参与生产劳动和非生产劳动问题存在的社会制度条件讨论的至少包括草英和攸全（1962）、徐节文（1963、1981）等。该问题的讨论主要集中于20世纪60年代初和80年代初。

② 社会主义制度下的生产劳动和非生产劳动问题是20世纪60年代初、70年代末80年代初的热点问题，参与讨论的学者众多，至少包括何炼成（1963、1965）、胡培（1963）、徐节文（1963、1983）、许柏年（1964、1965）、杨长福（1964）、草英和攸全（1965）、张寄涛和夏兴园（1980）、于光远（1981）、王积业（1981）、奚兆永（1981）、刘诗白（1982）、许刚（1983）、智效和（1983）、陈振羽（1989）等。20世纪90年代中期之后，学者基本都将研究转移到社会主义市场经济制度下的生产劳动和非生产劳动问题，比如蒋学模（1996、2004）、刘诗白（2001）、高峰（2002）、杨小勇（2007）等。

③ 参与生产劳动范围界定讨论的至少包括何炼成（1963）、草英和攸全（1965）、杨百揆（1980）、张寄涛和夏兴园（1980）、周元等（1980）、于光远（1981）、陈志标（1981）、何小峰（1981）、孙冶方（1981）、杨坚白（1981、1985）、徐节文（1981、1982）、卫兴华（1981、1983）、于俊文和陈惠如（1981）、刘诗白（1982）、袁镇岳和林金锭（1982）、刘树声（1983）、骆耕漠（1985）、王惟中和洪大璘（1987）、胡培兆（1988）、陈振羽（1990、1991、1993、1995）、彭雨平（1994）、谭华辙（1996）、白暴力（2001）、陈其人（2002）、李铁映（2003）、谢富胜（2003）、汤在新（2003）、王成稼（2004）、寇雅玲和岳宏志（2005）、杨戈和杨玉生（2010）等。该问题一直都是学术界的热点问题，随着第三产业（服务业）的发展，劳动生产"窄派"几乎销声匿迹，"中派"和"宽派"相对量在逐渐增多，但绝对量在减少，这与马克思主义政治经济学被边缘化直接相关。

④ 参与第三产业（服务业）与生产劳动问题讨论的至少包括肖灼基（1980）、孙凯飞（1980）、孙冶方（1981）、陈志标（1981）、何小峰（1981）、陆立军（1981、1982、1983、1984、1988）、黄海（1982）、陆文（1982）、骆耕漠（1983）、智效和（1984）、王慎之（1985、1987、1988）、彭延光（1987）、李江帆（1990）、陈其人（2002）、王述英（2002）、屈炳祥和魏彩霞（2002）、叶祥松和白永秀（2004）、王华华（2005）、张洪武（2006）、曹永栋和陆跃祥（2010）、张永红和梁建新（2010）、宁阳（2014）等。与前一个问题相关，对该问题的讨论越来越多，且认为服务或至少部分服务劳动是生产劳动的学者越来越多。

⑤ 我国绝大部分学者在论述生产劳动问题时都会联系社会主义制度条件。

劳动，这基本代表了那一时期（20 世纪 60 年代初）绝大多数学者的观点，以至于何炼成（1963、1965）提出生产劳动不能仅仅局限于物质产品生产领域，“凡是能直接满足整个社会的物质和文化需要的劳动。就是生产劳动”。受到了众多学者的批判①。生产劳动“窄派”的众多学者中孙冶方（1981）最具代表性，他坚持认为，“生产劳动和非生产劳动，指的就是物质生产劳动和非物质生产劳动”。精神生产属于上层建筑不在经济领域范围之内，第三产业②（非物质生产部门）一切经济活动都属于再分配（包括第三次再分配），其财富只来源于物质生产部门创造的价值（$v+m$）。这种观点是“窄派”学者对于非物质生产领域的价值创造问题认识比较一致的，又如，刘承思（1983）认为从社会资本再生产的角度来看，非生产劳动者为他的雇主补偿资本并加上一笔利润，是由消费这种非生产劳动（服务）的人的收入来支付的。并不是这些非生产劳动者真正生产了价值和剩余价值，他们仅仅提供了一种活劳动形式的使用价值。用于支付这种服务活动的消费者的收入，则是来自整个物质生产领域中已经创造出来的新价值的分配和再分配。此外，生产劳动“窄派”学者中徐节文（1981、1982）、卫兴华（1981、1983）、王积业（1981）、奚兆永（1981）等学者的观点在学术界影响比较广泛。受到改革开放、解放思想和西方经济理论等多重因素的影响，自 20 世纪 80 年代中期以来，生产劳动“窄派”的阵营逐渐变小，在学界的“辩护声”也日渐稀少。生产劳动“窄派”衰落的同时是“宽派”的兴起，20 世纪 80 年代初，争论先从教育服务劳动的生产性开始，肖灼基（1980）、赵履宽（1980）、孙凯飞（1980）等学者较早提出教育也是生产劳动的观点。之后，陆续有学者通过不同的视角，论述非物质生产领域的部分劳动也是生产劳动。例如，于光远（1981a，1981b）提出，生产劳动绝不仅限于生产物质产品的劳动，社会主义制度下“生产能够满足社会消费需要的劳务的劳动”（包括运输、餐饮、住宿、医疗等生活服务）、商业劳动、精神生产劳动、教育劳动、保护环境劳动等都属于生产劳动；陆立军

① 参与批判何炼成观点的至少有徐节文（1963）、杨长福（1964）、草英和攸全（1965）、徐柏年（1964，1965）等。马克思指出，“如果整个过程从其结果的角度，从产品的角度加以考察，那么劳动资料和劳动对象表现为生产资料，劳动本身则表现为生产劳动”（资料来源：资本论（第一卷）[M]. 北京：人民出版社，2004：211.）。大部分“窄派”学者都认为《资本论（第一卷）》的这段话表明，马克思已明确将生产劳动界定在物质生产领域。

② 孙冶方并不认同三次产业的概念，提倡使用马克思的两部类的分类法。其中，科、教、文、卫部门不属于任何部类。

（1981、1982a、1982b、1985、1988）认为要从社会形式和物质基础“两重见地”[①] 界定生产劳动和非生产劳动，非物质资料生产领域中也存在着大量的生产劳动，其中在社会主义制度下交通运输、邮电业务、商业、旅游业、教育、舞台艺术、医疗卫生、环境保护、交通和消防警察等劳务（服务）劳动都是生产劳动。随着我国社会主义市场经济的确立和发展，服务劳动的生产性问题成为学术界讨论的热点，也是“宽派”为“拓宽”生产劳动范围而论证的关键问题。例如，宋则行（1996）认为按照马克思总体工人的概念，间接为物质生产服务的服务部门的劳动也是生产劳动；李江帆（1997）[②] 指出，服务劳动决不能与非生产劳动划等号，很多服务劳动也是创造价值的生产劳动；刘诗白（2001）[③] 认为服务也是一种商品，服务劳动是发达市场经济中生产劳动的重要形式；王天义（2001）明确指出，商品运输、分类、包装、保管以及纯粹商业人员的服务劳动创造价值，金融、保险、咨询、会计、信息等服务人员的劳动也创造价值，但是国家公务员、军人、警察等国家管理人员和保卫人员的劳动不创造价值；王述英（2002）认为服务劳动也是一种生产劳动，并强调“劳动价值论从物质领域拓展到服务领域是经济学的一场革命”。

生产劳动“中派”也和“宽派”同时在争论中逐渐崛起，但相对于“窄派”固守物质生产劳动的界限和“宽派”对非物质生产劳动（服务劳动）的拓展，“中派”的学者主张，生产劳动应突破传统意义上的物质生产范围，部分非物质生产劳动也属于生产劳动，且这些非物质生产劳动都能间接作用于物质生产。例如，刘国光（1982）认为生产劳动一般仅限于物质生产，但物质生产不仅仅是实物产品，还包括生产非实物形态的物质产品（如能量）、生产性服务以及体现在物质产品中的精神劳动；杨坚白（1981、1985）认为将服务劳动全部化为非生产劳动并非马克思的原意，服务业中的生产服务劳动和部分生活服务劳动也属于生产劳动；刘诗白（1982）认为服务劳动的“生产性”是指其能使资本增值，它本身不创造价值和剩余价值，而是借利润平均化的机制分占物质生产劳动已创造的剩余价值。因此，物质生产劳动是原本的生产劳动，而服务生产劳动（或非物质领域的

---

① 何炼成等学者也认为要从生产劳动一般（简单劳动过程的本性）和生产劳动特殊（具体生产方式的本质）“两重见地”考察生产劳动和非生产劳动问题，这也是马克思主义的基本方法（何炼成，1981，1983，1986）。

② 李江帆认为生产劳动和创造价值的劳动互为前提的观点是行不通的。

③ 刘诗白早年（1982）曾属于“中派”，并认为服务生产劳动是由物质商品生产劳动派生的。

生产劳动）是由前者派生的；何炼成（1986）① 认为生产劳动可分为三类，一是生产实物产品（可与劳动过程分离）的劳动，二是生产服务产品（劳动过程与使用价值不可分离）的劳动，三是科技人员的劳动（间接生产劳动）。何炼成还指出，纯粹商业、文教卫生、财政金融、与生产不直接关联的科技、政府、国防等部门的劳动属于非生产劳动；白暴力（2001）认为满足人类社会需要的服务业、科技产业和信息产业的劳动属于生产劳动，但是用于商品形式转化、货币生产、金融和保险等活动不是生产劳动；王成稼（2004）认为第三产业中属于生产劳动的主要有如饮食等生产物质产品的劳动、为生产提供服务的劳动（如运输、邮电等）、与物质产品生产直接相关的专业化劳动（如技术情报、设备维修等），其他以活动形式的劳务以及商场建筑领域的服务均属于非生产劳动。

通过梳理性分析不难发现，“窄派”对生产劳动的界定比较明确，即以物质商品的生产为限，而“宽派”和“中派”的学者各自对生产劳动的界定不尽相同，例如，前文所述“中派”的代表刘国光、刘诗白、何炼成、白暴力和王成稼对服务劳动的生产性界定均不相同。因此，关于“宽、中和窄”三个派系仅仅是对生产劳动范围的一个区间性划分。学术界对生产劳动和非生产劳动问题的争论关键在于非物质生产领域，问题的复杂性源于服务劳动的多样性和复杂性。绝大多数学者在对生产劳动进行研究时，虽然都引证马克思的论述为理论根据，但往往忽视了从整体上理解马克思的生产劳动和非生产劳动理论（陆立军，1988）。事实上，马克思并非没有注意到服务劳动的生产性，而是他对非物质生产领域资本主义生产关系加以舍象是基于研究目的和当时经济发展状况的综合考虑，很多学者将马克思的这一舍象绝对化、普遍化、教条化，从而得出生产劳动只能是直接或间接的物质生产活动。显然，这既不符合经济社会发展的现状和规律，也不符合马克思主义政治经济学的方法论。

结合前文对服务商品的研究，这里认为经济学意义的生产劳动一定是生产商品的劳动，其中既包括物质商品也包括非物质商品（服务商品）②。事

---

① 何炼成是国内较早对生产劳动和非生产劳动问题进行拓展研究的学者，发表 10 多篇相关论文，其中主要观点集中于专著：生产劳动理论与实践［M］. 湖南：湖南人民出版社，1986.

② 一些学者将非物质生产领域等同于精神生产领域，认为物质生产领域是经济基础，而非物质生产领域是上层建筑，进而由上层建筑不是政治经济学研究范畴，得出非物质生产领域的劳动都是非生产劳动的结论（资料来源：中国《资本论》研究会和《〈资本论〉研究资料和动态》编辑组编．《资本论》研究资料和动态（第五集）［M］. 江苏：江苏人民出版社，1984：132 – 149.）。显然，这种分类是不科学的，具体分类前文已经论述。

实上，生产劳动和非生产劳动问题的核心是服务劳动，科学地回答服务劳动是否是生产劳动是解决这难题的关键。

三、服务商品与生产劳动的一致性

劳动价值论是马克思主义政治经济学的理论基石，是分析市场经济问题的一种科学的遵循。依据劳动价值论的理论逻辑，服务商品与生产劳动具有一致性。前文通过分析马克思的商品理论已经阐明，马克思将政治经济学研究的出发点和基本范围定位在物质生产领域，因而其劳动价值论也局限于物质商品的生产活动。这一方面是沿袭古典政治经济学普遍的方法，另一方面是服务业在社会经济总量中所占比重较小。在政治经济学研究中将服务舍象，并不代表马克思没有注意到服务商品和服务劳动的作用，他对商品概念以及生产劳动范围的拓展，充分说明马克思曾为自己的经济学理论进一步完善而不断进行自我突破。

1. 服务劳动是生产劳动

前文的分析已经明确指出，服务商品是服务劳动生产的用来交换的过程性产品，具有一般商品的使用价值和价值。与物质商品相同，服务商品的价值也由三个部分构成，即生产资料转移的价值、劳动力的价值和活劳动创造的剩余价值：$c+v+m$。服务是一种商品，服务劳动本身就是生产劳动。显然，从劳动价值论的逻辑出发，服务商品与生产劳动具有一致性。

国内外对于生产劳动和非生产劳动的争论本质上就是对服务劳动是否具有生产性的争论。“窄派”坚守物质生产劳动的界限，除了承认货运、仓储、包装等物质生产领域延伸的服务劳动创造价值，其他类型的服务劳动均是非生产劳动。服务商品在“窄派”学者看来，完全是一种虚构。“中派”试图将更多的服务劳动与物质生产劳动建立联系，凡是能直接或间接服务于物质商品生产的劳动都可界定为生产劳动。服务商品在“中派”学者看来，是一种“附属”或“派生”的概念。“宽派”彻底突破物质生产劳动的限制，基本将参与市场经济活动的服务均界定为商品，服务劳动自然就是创造价值的生产劳动。因此，从学术界的研究也可以看出，服务商品与生产劳动也具有一致性。

2. 服务领域的生产劳动分类

在前文已对服务商品的分类进行研究的基础上，这里对服务领域的生产劳动进行分类，并界定服务领域非生产劳动的范围。生产服务商品的劳动就是生产劳动，在服务领域，虽然服务商品种类繁多，但整体来看服务领域的生产劳动可分为服务于生产的劳动以及服务于生活的劳动。服务于生产的生产劳动包括：农、林、牧、渔服务劳动，开采辅助服务劳动，制造和设备修理服务劳动，面向生产的电力、热力、燃气及水生产和供应服务劳动，面向企业[①]的建筑安装服务劳动，批发服务劳动，面向企业的交通运输、仓储和邮政服务劳动，面向企业的信息传输、软件和信息技术服务劳动，面向企业的金融服务劳动，面向企业的房地产服务劳动，面向企业的租赁和商务服务劳动，面向企业的科学研究和技术服务劳动，面向企业的水利、环境和公共设施管理服务劳动。服务于生活消费的生产劳动包括：面向生活消费的电力、热力、燃气及水生产和供应服务劳动，面向居民用户的建筑安装服务劳动，零售服务劳动，面向个人用户的交通运输、仓储和邮政服务劳动，住宿和餐饮服务劳动，面向居民用户的信息传输、软件和信息技术服务劳动，面向居民用户的金融服务劳动，面向居民用户的房地产服务劳动，面向居民用户的租赁和商务服务劳动，面向居民用户的科学研究和技术服务劳动，面向居民或个人用户的水利、环境和公共设施管理服务劳动，居民服务、修理和其他服务劳动，教育服务劳动，卫生和社会工作服务劳动，文化、体育和娱乐服务劳动。

在服务领域不生产服务商品的劳动属于非生产劳动，整体来看服务领域的非生产劳动主要包括：政治组织、军事组织、社会团体等各类型非经济组织中的服务劳动。例如，党政机关的工作服务劳动；货币金融服务中的中央银行服务劳动、银行监管服务劳动，资本市场服务中的证券期货监管服务劳动，保险服务中的保险监管服务劳动；由政府组织或提供的科学研究和实验劳动、气象服务劳动、海洋服务劳动、环境与生态监测服务劳动、创客空间服务劳动；由政府提供的水利、环境和公共设施管理服务劳动；由政府提供的教育服务劳动；由政府和社会慈善组织提供的各类社会工作服务劳动；文化艺术服务领域的图书馆与档案馆、博物馆、烈士陵园、纪念馆、文物及非物质文化遗产保护工作中的劳动；由政府提供的公共体育和娱乐服务劳动；军工企业的生产劳动（假设军火不在市场上交易），各种军事活动；非政府组织（NGO）或非营利组织（NPO）等各类社会组织的活动；各类宗教活

① 这里的企业是各类型社会组织的总称，例如，各类型的企业或公司，各级政府、军队、学校、医院、社会团体等。

动；等等。特别地，以上所列的服务劳动所生产的产品为公共产品，公共产品具有使用价值，并通过公共财政或社会慈善等非等价交换的方式让渡，因此公共产品并没有价值。

从哲学的角度来看，生产劳动和非生产劳动是对立统一的关系。一方面，生产劳动和非生产劳动双方以对方的存在为前提，同时又因一定的经济条件的变化而向相反的方面转化。在市场经济体制下，某些非生产劳动所生产的产品若通过市场相交换且获得剩余价值（利润），该非生产劳动就转化为生产劳动，如用于生产政府所购买的服务的劳动；若生产劳动所生产的产品不再参与市场交换，该生产劳动就转化为非生产劳动，如用于生产援助地震灾区的帐篷的劳动。另一方面，生产劳动和非生产劳动是相互对立和排斥的，同一劳动不能同时为生产劳动又为非生产劳动。因此，对生产劳动和非生产劳动的界定并非是一成不变的，但不论其在现实中如何变化，商品的生产和生产劳动始终是一致的。

四、生产劳动与社会资本再生产的关系

马克思揭示了生产劳动和社会再生产过程之间的内在联系（维戈德斯基，1983）。马克思从劳动的社会规定形式出发，而不是从劳动的物质内容出发，界定了生产劳动。只有在资本主义生产方式基础上进行的并且创造剩余价值的劳动，才是这个社会的生产劳动。剩余价值并非是静止的，而是在社会资本生产和再生产的运动过程中不断被生产和实现。因此，某一劳动是生产劳动或非生产劳动的基本出发点，要看是否属于社会生产和再生产的过程。有些劳动虽然创造某种具体的使用价值，但并不属于生产劳动。例如，家庭主妇在自家的烹饪劳动，农民种植自食的农产品的劳动，教师义务给学生辅导的劳动，等等。以上这类劳动虽然创造了具体的使用价值，但是不参与社会经济交换，其劳动成果并不是商品，因此不构成社会总产品和再生产过程。

总之，在市场经济中，各种类型的具体劳动都体现了社会分工，总体上看有的属于创造价值的生产劳动，有的属于分割已创造价值的非生产劳动。生产劳动和非生产劳动的划分标准为是否属于社会资本再生产体系，凡是在社会资本再生产体系中的劳动就属于生产劳动，否则就属于非生产劳动。

第五章

社会资本四部类简单再生产理论

马克思社会资本再生产理论是建立在物质生产领域中的两部类模型，通过第二章对该理论创作史的梳理和第三章对研究现状的分析，这里认为将服务商品纳入社会资本再生产理论体系既完全可行又十分迫切。第四章论述了服务商品理论，为本章的研究做好了准备性工作。本章将在前面三章的基础上，拓展分析社会资本再生产理论，并尝试建立社会资本四部类简单再生产模型。

第一节　社会资本再生产问题分析及理论假设

一种经济理论的建立首先要基于一定的经济现实问题，即对现实原型的分析，并在此基础上进行理论假设，进而选择辅助表达该理论的符号（语言）。

一、社会资本再生产问题分析

人类要生存和繁衍，就必须不断地进行消费，因而人类社会进行的生产必然也就是再生产。生产过程的不断重复和更新即为再生产，在经济社会发展的不同阶段，再生产方式均采取不同的形式。随着生产力的发展，社会分工的深化，单纯以使用价值为生产目的的原始形式的再生产，演变成以交换为目的的商品再生产形式。在资本主义市场经济体制下，人类社会的再生产虽然仍是商品的再生产，但本质上却是资本的再生产过程，因为再生产的目的是追求剩余价值。因此，资本主义市场经济体制下总的商品再生产，实质上是资本的再生产，商品生产采取资本生产的形式。单个资本的再生产既包括商品的生产过程，也包括商品的流通过程，表现为资本循环，进而周期的运动形成资本的周转。

1. 社会资本是单个资本的有机组合

市场经济中存在着众多的生产主体（个人或企业）①，每个生产主体的资本都独立地执行着自己的职能，并通过各自的循环和周转，实现其自身的价值增值，这种独立执行资本职能的单个生产主体的资本，即为单个资本。不同的单个资本归属于不同的资本家，虽然彼此分离，产权明晰，但并不孤立，而是一个有机的整体。社会资本就是市场中存在于生产和流通领域的全部产业资本，是相互依存、相互作用的单个资本的总和（或总体）。前文在使用“社会资本”一词时并没有特别说明，社会资本又称社会总资本，是市场中所有单个资本的有机组合。单个资本反映的是市场经济的微观层面，而社会资本反映的是市场经济的宏观层面。单个资本既独立存在又相互关联，所有单个资本的运动所表现出来的总体趋势便是社会资本的运动。正如马克思指出，“各个单个资本的循环是相互交错的，是互为前提、互为条件的，而且正是在这种交错中形成社会总资本的运动”②。它们在市场中的运动既有明确的目的，又显得杂乱无章，在各种力量的作用下呈现一定的运动轨迹。特别地，社会资本绝不是单个资本的简单相加，单个资本的再生产是市场经济的微观层面的活动，而社会资本的再生产是宏观层面的活动。在资本的再生产过程中，每个单个资本在其循环中不断地依次采取货币资本循环、生产资本循环、商品资本循环三种循环的形态，是三种循环形态的统一。各单个资本的循环互为条件，并且在众多相互依存的关系中形成了社会总资本的运动，这就表现为社会资本的再生产。因此，社会资本再生产同单个资本再生产类似，都是以价值增值为目的，都要历经货币资本、生产资本、商品资本的形态，是生产过程和流通过程的统一。

2. 社会资本再生产的特征

社会资本虽然由单个资本组成，并且两者也具有某些共同的特征，但作为整个社会的总资本，社会资本又有着不同的特征。

---

① 一个人在社会上也可以构成一个生产主体，这类生产主体的资本与资本家（企业）的资本有一定的区别，为了便于问题分析，可以将前者看成后者的一种特例。

② 资本论（第二卷）[M]. 北京：人民出版社，2004：392.

(1) 价值补偿和使用价值补偿[①]的统一。单个资本的再生产只包括预付资本和剩余价值的实现，社会资本再生产还包括剩余价值由货币形式再转化为商品使用价值的形式。与单个资本的再生产不同，社会资本再生产是价值补偿和使用价值补偿的统一。一般地，分析单个资本的生产和再生产，假定资本家总可以用货币在市场上购买到他所需要的各种生产要素，并将其转化为生产资本。现在，分析社会资本再生产要抛弃这个假设。从整个社会的角度来看，社会总产品价值的一部分需要再转化为资本，继续进入生产领域；而另一部分则成为生活消费品，进入社会各阶级的个人消费领域。因此，社会资本再生产过程不仅仅是价值补偿，而且还是使用价值补偿。正如马克思指出，社会资本再生产运动既要受到社会产品的价值组成部分相互之间的比例的制约，又要受到它们的使用价值的制约[②]。

(2) 生产和消费的统一。与单个资本的再生产只包括生产消费不同，社会资本再生产既是商品的生产过程，也是商品的消费过程，是生产和消费的统一。一方面，资本家要在市场上用货币资本换回生产资料（用于生产消费的商品）和劳动力商品，特别是由工人出售的劳动力商品是资本保值增殖的关键要素。工人运用生产资料生产出新的商品，其中即保存了生产要素的旧价值，又创造了新价值，即剩余价值。因此，工人的劳动过程也是价值的增殖过程。另一方面，无论是工人、资本家还是其他非生产劳动者和不劳动者[③]，他们都需要个人消费。其中工人阶级及其家人向资本家购买生活必需品和极少的奢侈品（工人阶级消费奢侈品的比例也可以忽略不计），资本家及其家人主要消费奢侈品和少量的生活必需品。而介于工人阶级和资本家之间的还有一定量的中产阶级，他们当中既有复杂劳动的雇佣工人，也有个体劳动者和小资产阶级。如图 5-1 所示。

---

① 本书的商品范围已经拓展到非物质生产领域，这里用“使用价值补偿”替换马克思使用的是“物质补偿”。

② 资本论（第二卷）[M]. 北京：人民出版社，2004：438.

③ 非生产劳动者为第四章所论述的不生产商品的劳动者，不劳动者主要包括未参加工作的青少年、无劳动能力的残疾人和退休的老年人等。事实上，马克思也注意到社会并非仅有工人和资本家两个阶级，而仅仅是分析的假设。“社会决不仅仅是由工人阶级和产业资本家阶级组成的，因此，在社会中消费者和生产者不是等同的”（资料来源：马克思恩格斯全集（中文第1版）第26卷中册[M]. 北京：人民出版社，1973：462.）。

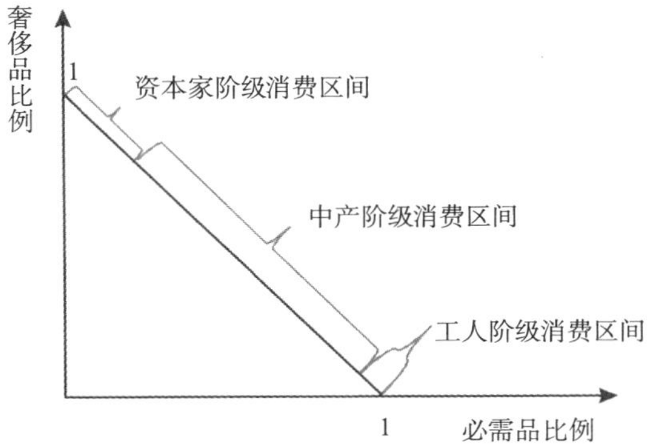

图 5-1　各阶级的消费结构

资料来源：笔者自绘。

（3）商品流通和资本流通的统一。市场经济是发达的商品经济，商品的再生产和资本的再生产是一个过程的两个方面。社会资本的流通是由众多的单个资本流通构成，其中也包括一般的商品流通。资本的流通表现为产业资本实现的连续循环运动过程，依次经历货币资本、生产资本和商品资本三种形态。商品流通包括商品资本本身的循环，即生产资料商品和劳动力商品的循环，以及进入消费领域的商品的循环。单个资本的流通不包括商品的流通，而社会资本再生产过程中，商品流通如果中断，社会总产品就无法实现，再生产也就不能正常进行。事实上，在资本主义市场经济体制下，商品的再生产是基础，资本的再生产是目的。因此，社会资本再生产的过程始终是商品和资本流通的统一。

（4）资本再生产和生产关系再生产的统一。任何经济社会中的生产都会形成一定的生产关系，随着生产过程的不断更新和发展，这种生产关系也会得到维持和发展。社会资本再生产以雇佣劳动为基础，商品的生产和再生产过程，也是资本主义生产关系的再生产过程。资本再生产并非以劳动者自身的再生产为目的，而是以劳动者自身的再生产为条件，资本家只有在市场上能不断地买到劳动力商品，资本的再生产才能得以实现。因此，资本再生产的同时也是资本关系（资本主义雇佣劳动关系）的再生产，即社会资本再生产是资本再生产和生产关系再生产的统一。

3. 社会资本再生产的核心问题

通过以上分析可知，社会资本再生产包括整个社会的生产和生活两个领域的生产、交换、分配和消费的全过程，这集中体现着社会总产品（在资本主义市场经济体制下就是社会总商品资本）的生产、交换、分配和消费，因此社会总产品就自然成为研究社会资本再生产的出发点。组成社会总产品的商品种类繁多，但都有一个共同的特点就是要通过交换让渡其使用价值，进而实现其价值。一方面，市场中任何生产主体和消费者都要通过“购买”获取生产资料和生活资料，实现自身再生产的使用价值补偿。例如，服装厂要向纺织厂购买布料，农民要向农业服务公司购买技术服务，病人要向医院购买医疗服务，乘客要向出租车司机购买运输服务，等等。另一方面，市场中任何生产主体都有通过“售卖”获取商品的价值，实现自身再生产的价值补偿。例如，面粉厂将面粉售卖给连锁超市，超市再将面粉售卖给饭店，饭店将面粉加工成面食再售卖给消费者。又如，法律事务所将服务售卖给企业或个人，酒店将住宿、餐饮和娱乐等服务售卖给消费者，职业技能培训机构将课程售卖给学员，等等。构成社会总产品的所有商品都必须实现价值补偿和使用价值补偿，再生产才能继续。在理想的状态下，社会总产品的各个部分被生产出来后，在市场上通过交换货币化并回流，从而实现价值补偿，然后再换回已经消费掉的商品进而实现使用价值补偿。事实上，研究单个资本的再生产问题，主要是揭示资本增殖的秘密，因此仅仅聚集于价值的实现（补偿）。社会资本再生产问题必须考虑社会总产品的价值和使用价值两个方面的补偿问题，特别是使用价值补偿。再生产从一开始就是一个动态的发展过程，因此价值补偿和使用价值补偿也不能只作静态的纯粹性分析。从总体上看，社会总产品的实现问题的关键在于各个部分的比例，只有各个组成部分保持一定的比例，商品才能实现交换，进而实现各自的价值补偿和使用价值补偿。

总之，社会资本再生产问题是一个内涵极其丰富的理论问题，社会资本再生产理论的研究对象是市场经济的宏观层面。按照马克思主义政治经济学的理论逻辑，商品是资本主义市场经济的微观细胞，所有商品构成的社会总产品就是市场经济的宏观总体；单个资本可以看成是市场经济体的微观组织，所有单个资本构成的社会资本就是市场经济的宏观总体。从微观到宏观，马克思主义政治经济学理论是一以贯之的。微观层面从商品的研究出发，宏观层面同样也要从社会总产品的研究出发。因此，社会资本再生产问题要研究资本主义宏观经济运行的条件、特点和规律，其中社会总产品的价值和使用价值两个方面的实现是其核心问题。

二、货币资本的作用[①]

通过第二章对马克思社会资本再生产理论创作史的梳理已知，马克思在阐述社会资本再生产问题时，并非都是结合货币流通规律来进行的。在《资本论（第二卷）》第Ⅱ稿中，马克思为第三章拟定的标题中将社会资本再生产分成不考虑货币流通为媒介和考虑货币流通为媒介两种情形，并且分两种情形论述了简单再生产。马克思的分析基本按照先易后难的思路，先将货币流通因素抽象掉，单纯分析两个部类之间的交换关系，然后再将货币流通的因素纳入分析框架。恩格斯在编辑出版《资本论（第二卷）》时根据第Ⅷ稿的论述认为马克思已经意识到没有货币流通的再生产“应当改写”，这里认为结合现实的经济运行状况，恩格斯基本遵循了马克思的原意。在资本主义市场经济体制下，社会资本再生产必须以货币流通为中介，进行纷繁复杂的相互补偿和更新的交换。因此，无论是单个资本再生产还是社会资本再生产，货币资本的作用是不可忽视的。作为理论研究，暂时将货币流通因素抽象掉是一种分析方法，这里认为马克思的“改写”是因为研究的目标改变了。因此，在理论分析过程中，确立明确的研究目标并作出合理的分析假设至关重要。

单个货币资本的循环形式为：

$$G \rightarrow W\begin{cases} Pm \\ A \end{cases} \cdots P \cdots W' \rightarrow G' \tag{5-1}$$

从式（5－1）[②] 来看，货币资本是一切单个资本运动的起点，马克思强调，“它表现为发动整个过程的第一推动力”[③]。因此，在社会资本的流通过程中，货币资本是整个过程的持续动力。

单个生产资本的循环形式为：

$$P \cdots W' \rightarrow G' \rightarrow W \cdots P \tag{5-2}$$

从式（5－2）来看，再生产要以流通 $W' \rightarrow G' \rightarrow W$ 为媒介，若再生产能够持续，资本家必须投下另外一个货币资本[④]。再生产过程中后备资本是必

---

① 这里借用了《资本论（第二卷）》第三篇第十八章导言第二节“货币资本的作用”为标题。

② 图式和公式有显著的区别，图式用来表征各个集合或变量之间的某种顺序或交换关系，而公式则表示数理逻辑或运算关系。

③ 资本论（第二卷）［M］. 北京：人民出版社，2004：393.

④ 资本论（第二卷）［M］. 北京：人民出版社，2004：295.

要的，它不仅可以及时转化为生产资本填补流通间的空隙，还可以“平衡”由市场经济再生产自发性引起的资本循环的失调。显然，生产和再生产取决于资本家拥有的货币资本量，但是信用制度可以破解这种限制。因此，在社会资本的流通过程中，信用制度同样是十分重要的。

单个商品资本的循环形式为：

$$W' \rightarrow G' \rightarrow W \cdots P \cdots W' \quad (5-3)$$

从式（5－3）来看，商品资本的实现过程 $W' \cdots W'$，是以货币资本为中介。因此，在社会资本的流通过程中，货币资本作为预付，必须要回流。社会资本再生产过程中货币作为中介，“当再生产（无论是简单的，还是规模扩大的）正常进行时，由资本主义生产者预付到流通中去的货币，必须回流到它的起点（无论这些货币是他们自己的，还是借来的）。这是一个规律”①。货币回流规律与社会资本再生产之间存在着内在的联系，国内外学术界对此研究较少，没有引起足够的重视（何干强，2017）。这里认为货币回流本身就是社会资本再生产的客观规律，在市场经济体制下研究社会资本再生产理论，需要将货币资本的作用加以分析。例如，货币的沉淀与回流对固定资本的补偿作用，货币资本对扩大再生产的作用，等等。

三、社会资本再生产理论分析假设

为了规范和简化问题，马克思在分析经济问题时曾作了很多分析假设，有些是明确地写出来，有些是直接暗含在问题分析或理论阐述之中。例如，在《资本论（第一卷）》分析“货币或商品流通”时，马克思指出，“为了简单起见，我在本书各处都假定金是货币商品”②；在分析“工作日”时，马克思假定劳动力按照其价值进行买卖；在分析“剩余价值率和剩余价值量”时，再假设劳动力价值量保持不变；而在分析“劳动力价格和剩余价值的量的变化”时，又假定劳动力商品的价格不低于它的价值③；同样，马克思在论述社会资本再生产问题时，也作了许多假设。例如，马克思指出，“不仅要假定，产品按照它们的价值交换，而且还假定生产资本的组成部分

① 资本论（第二卷）[M]. 北京：人民出版社，2004：511.

② 资本论（第一卷）[M]. 北京：人民出版社，2004：114.

③ 资本论（第一卷）[M]. 北京：人民出版社，2004：267，351，593. 事实上，在《资本论（第一卷）》和《资本论（第二卷）》，马克思几乎都是假设“一切商品，包括劳动力在内，都是按其十足的价值买卖的”（资料来源：资本论（第一卷）[M]. 北京：人民出版社，2004：365.）。

没有发生任何价值革命"[①]。对于剩余价值率马克思都作了统一假设，"假定价值增值率$\frac{m}{v}=100\%$"[②]。在分析第Ⅱ部类内部必要生活资料和奢侈品的交换时，马克思假设两个分部类的资本有机构成相等，"为了简单起见，假定可变资本和不变资本的比例相同（顺便提一下，这并不是必要的）"[③]。在分析社会资本扩大再生产时，马克思假设两部类的积累率均为50%，"假定第Ⅰ部类和第Ⅱ部类都把剩余价值的一半积累起来，即把它转化为追加资本的要素，而不是作为收入花掉"[④]。在分析货币在社会资本再生产和流通中的中介作用时，马克思舍象了信用制度，并"假定只有贵金属货币的流通，假定在这个流通中又只有现金买卖这一最简单的形式"[⑤]。在《1861－1863年经济学手稿》"剩余价值理论"中，马克思分析再生产（积累）问题时，多次假设劳动生产率不变（包括劳动的一切条件均不变[⑥]），并且假设不存在对外贸易、不考虑资本周转、劳动力供给充足、（多次假定）商品按价值出售、不考虑竞争和信用、社会仅仅有工人和资本家两个阶级、生产方式保持不变（即假设资本有机构成不变）。"凡是谈到不变资本的再生产的地方，为简单起见，我们总是先假定劳动生产率不变，因而生产方式也保持不变""为了简单起见，我们撇开对外贸易，考察一个与外界隔绝的国家""把资本周转撇开不谈""我们始终假定，他在市场上找得到劳动""这里总是假定商品按其价值出卖。不考察资本的竞争，不考察信用，同样不考察实际的社会结构""在考察再生产时，首先假定生产方式不变，并且在生产扩大时生产方式在一段时间内保持不变"[⑦]。马克思在社会资本再生产理论的其他相关手稿中也曾作出明确假定，例如，在《资本论（第二卷）》第Ⅰ稿"第三章流通和再生产"中，"假定：工人把自己的全部工资用于再生产自己的劳动力，因而用于购买生活必需品"并且"假定资本主义生产方式不仅是占

---

①⑤　资本论（第二卷）[M]. 北京：人民出版社，2004：436－437.

②　资本论（第二卷）[M]. 北京：人民出版社，2004：440.

③　资本论（第二卷）[M]. 北京：人民出版社，2004：452.

④　资本论（第二卷）[M]. 北京：人民出版社，2004：570.

⑥　马克思在《资本论》第二册第Ⅱ稿中多次假定劳动条件不变。例如，"假定生产率、工作日的强度和长短，简言之，劳动过程的一切条件不变"（资料来源：马克思恩格斯全集（中文第1版）第49卷［M］. 北京：人民出版社，1982：439.）。

⑦　马克思恩格斯全集（中文第1版）第26卷中册［M］. 北京：人民出版社，1973：541，545，546，549，596.

统治地位的，而且是普遍的和唯一的生产形式，所以构成资本家或工人的收入的商品，以及构成不变资本的组成要素的商品，都必须先作为资本的产品，因而作为商品资本存在”①。

综合马克思的社会资本再生产理论的创作史来看，在论述社会资本再生产问题时，马克思明确提及或默认的分析假设主要包括以下几个方面：一是假设只考虑物质生产领域的商品生产，不考虑服务商品以及政府、军队等提供的公共产品；二是假设资本主义生产方式是唯一的生产形式，即“纯粹的资本主义”，资本主义社会中仅有资本家和工人两个阶级；三是假设一个封闭的资本主义市场，不存在对外贸易；四是假设劳动生产率不变，且劳动时长、强度、复杂程度等劳动的一切条件不变；五是社会总产品均按照其价值交换，即不考虑价格变化的影响，也不考虑货币（金）价值变化的影响；六是假设工人的工资保持不变，即劳动力商品价值保持不变；七是假设再生产过程中资本有机构成不变，即不考虑技术进步因素，且剥削率或剩余价值率始终为100%；八是假设扩大再生产第Ⅰ部类的资本积累保持50%，第Ⅱ部类根据第Ⅰ部类调整，且劳动力供给充足；九是假设资本家不能跨部类投资，即剩余价值所转化的资本在部类间不流通；十是假设不考虑资本周转的影响，即忽略不变资本中固定资本和流动资本在周转上的差别；十一是假设不考虑竞争和信用的影响；等等。

通过本书第二章和第三章的研究，已经明确社会资本再生产理论是马克思对资本主义生产方式进行分析和批判的工具，基于研究的目的，马克思通过假设舍象了很多因素，这些舍象在一定程度上也影响了社会资本再生产理论对现实经济的解释力。任何理论都是建立在科学合理的假设之上的，这里根据本书拓展研究的任务，将可能涉及的理论假设分析如下。

1. 相对统一的市场

社会资本再生产理论研究对象是一个相对统一的市场经济体，这里既可以是资本主义市场经济体，也可以是社会主义市场经济体。市场经济体要求存在一个相对统一的市场，各种生产要素（商品）在市场上能通过自由的竞争和交换的市场机制实现配置，这不仅是生产社会化发展的必然趋势，也是各种商品价值形成的前提条件。同时，统一的市场和有效的市场机制是社会总产品实现价值补偿和使用价值补偿的必要条件。

① 马克思恩格斯全集（中文第1版）第49卷［M］. 北京：人民出版社，1982：439.

2. 社会总产品包括物质商品和服务商品两大类

将社会资本再生产拓展到非物质商品生产领域是本书的研究主题，根据第四章的论述已知，用于交换的服务是一种商品，也是社会总产品的重要组成部分。因此，社会总产品包括物质商品和服务商品两大类。不属于社会总产品的主要包括两类：一是不通过交换让渡使用价值的产品，如农民种植的蔬菜用于自家食用、律师为自己的亲友提供免费法律服务、爱心出租车司机为残疾人提供免费运输服务等。二是通过非竞争性和非排他性的方式将其使用价值让渡给公众的产品，这里统一称为公共产品，包括公共物质产品和公共服务产品。如城市的公共广场、公共健身设施、各级政府的行政服务、政府提供的义务教育、军队提供的国防、非政府组织（NGO）提供的慈善服务等。特别地，还有大量的兼具公共产品和商品属性的产品，这里称为混合产品，包括混合物质产品和混合服务产品。例如，收费公路、公园、铁路、港口等，政府办的收费教育、医疗、文化、体育、技术推广等服务。混合产品的价值仍由两种含义的社会必要劳动时间决定，但是在等价交换的条件下消费者在购买时只需支付一部分，另外的比例由政府或其他社会组织通过财政或公益捐赠的形式承担。例如，在公办高校就读一年学费 4 800 元，而同样在营利性民办高校就读一年学费 17 000 元，假定两种教育服务的价值相同且价格等于价值，这两类学校办学成本的差额由政府财政转移支付。因此，社会总产品除了包括物质商品和服务商品，还包括混合公共产品其中有使用者付费购买的部分，其中混合物质产品和混合服务产品均可按比例划归物质商品和服务商品。

将社会总产品分为物质商品和服务商品两大类，进而按照使用价值再分成四个部类或部类内部再进一步细分，暂不考虑部类内部的部门结构。

3. 社会划分为三个阶级

社会资本再生产理论研究的载体是市场经济体，以获取一定利润（剩余价值）为目的的资本主义生产方式为其主要生产方式。整个社会由三个阶级[①]构成：一是工人阶级，由社会总产品的生产者组成，他们的劳动都是生产劳动。二是资产阶级，由无偿占有剩余价值者（资本家）组成，有些资本家也参与一定的生产劳动，为简便起见可将其忽略不计。受资本家雇佣的职业经理人阶层属于工人阶级，他们的收入一部分属于劳动所得（复杂

① 这里的阶级并非是政治意义上的阶级，仅仅是从生产和再生产的角度划分的。

劳动），还有一部分属于资本家让渡（奖励）的剩余价值的一部分。三是公共群体，由公共产品的生产者组成，主要包括政府中的公务人员、军队中的军人、军工企业中的劳动者、非营利的社会组织中的工作人员等。其中，整个社会的价值由工人阶级创造，工人阶级和公共群体都创造使用价值。需要特别说明的三类人：一是未参加工作（劳动）的婴儿、幼儿、儿童和青少年，由其父母或监护人抚养，他们暂时隶属于父母或监护人所处的阶级；二是已退休老年人，靠社会保险金或积蓄生活，他们隶属于退休前所处的阶级；三是残疾人，绝大多数残疾人都有一定的劳动能力，因此也可以按照其工作的性质划归到以上三个阶级中，少数不具备劳动能力的残疾人隶属于公共群体。

从分配角度来看，工人阶级获得工资收入，资产阶级获得剩余价值（利润），公共群体的所有花费均来自政府的税收，其本身也是剩余价值的一部分。

4. 开放的市场经济体

目前，世界上几乎没有完全封闭的经济体，更没有封闭的市场经济体。因此，社会资本再生产理论研究的对象应该是一个存在对外贸易的市场经济体，即社会总产品中的一部分会在国际市场上参与交换，实现其价值补偿，同时也会有一些国外商品在国内交换，实现再生产的使用价值补偿。

5. 劳动生产率

在短期内，劳动生产率不变；而在中长期[①]，劳动生产率是不断提高的。同样，在短期内劳动时长、强度、复杂程度等劳动的一切条件不变；而在中长期，劳动时间长度相对减少，同时劳动的强度和复杂程度在相应地提高。在现代市场经济环境下，随着生产机械化、自动化、智能化程度的提高，一个人的劳动时间总体呈现下降的趋势，人们闲暇的时间会逐渐增多；但是，随着各种生产工具科技含量的增高，一个人需要持续学习，掌握科技含量更高的技能才能完成自己的劳动生产。因此，整体来看，脑力劳动的支出快速增加，体力劳动的支出逐渐下降，而劳动的强度和复杂程度在逐渐提高。

① 短期、中期和长期是一个相对的时间区间概念，一般与科技发展的速度和商品的生产周期等因素相关。例如，随着现代信息技术的快速发展，数码产品的短期在逐渐缩短；农产品的生产周期相对比较固定，短期也相对固定。

6. 资本有机构成

资本有机构成是“由资本技术构成决定并且反映技术构成变化的资本价值构成”①，即生产和再生产过程中不变资本（c）和可变资本（v）之比。马克思在《资本论（第一卷）》中界定的生产资料是物质生产资料（物质商品），随着商品范围的拓展，这里认为生产资料还应包括生产性服务商品。同一个行业（生产部门）单个资本的有机构成虽然不尽相同，它们的平均值为行业的资本有机构成，同样社会资本有机构成是所有行业资本有机构成的平均，“我们以下要谈的归根到底只是这种构成”②。一般地，资本有机构成与生产技术水平正相关，生产技术水平越高，相同劳动量所推动的生产资料量越多，资本有机构相应成就越高。在短期内，生产技术保持稳定，即短期内资本有机构成保持不变。从中长期来看，随着生产技术的不断进步，资本有机构成会逐渐提高。

7. 不变资本有机构成

本书第三章已经指出，社会生产中的不变资本分为两个部分，一是由物质生产资料的价值构成（c_1），二是由生产性服务商品的价值构成（c_2）。这里将不变资本中物质生产资料和生产性服务商品的价值之比称为不变资本有机构成，即$\frac{c_1}{c_2}$。资本有机构成与不变资本有机构成虽然名称相似，但所表示的含义完全不同。前者是反映社会生产中生产资料和劳动力所使用的比例，比例越高说明相同的劳动所推动的生产资料数量越多；或者是表示生产资料中物质和服务的比例，比例越高说明物质生产资料数量越多。随着社会分工的深入发展，生产性服务的作用逐渐增强，不变资本的有机构成呈现下降的趋势。这里认为在短期内，不变资本有机构成保持不变。但从中长期来看，随着科学生产技术的不断进步和社会分工的进一步精细化，不变资本有机构成会逐渐降低。

8. 价值与价格

为简便起见，假设短期内商品的价格与价值相等，即不考虑价格的波动对社会总产品的流通产生影响。长期商品的价格围绕着价值上下波动，从而抵消了与价值的偏离，因而从长期来看价值与价格的总量是相等的。

---

① 资本论（第一卷）［M］. 北京：人民出版社，2004：707.

② 资本论（第一卷）［M］. 北京：人民出版社，2004：708.

特别地，马克思虽然将扩大再生产分成外延和内涵两种类型，但在分析时假设生产技术、劳动生产率、资本有机构成、商品价值（不发生价值革命）均不变。事实上，《资本论（第二卷）》第二十一章在社会资本扩大再生产的论述中仅仅分析了外延扩大再生产。

9. 工人工资

短期内工人的工资保持不变，即劳动力商品价值保持不变。中长期来看，工人的工资虽然呈上升趋势，但随着生活资料价格的提高，劳动力商品的价值也在随之上升。这里假设，工人的工资全部用于维持自身和家人的生活消费，拥有一定的存款但相对于资本家的积累可以忽略不计。

10. 消费结构

工人阶级和资本家阶级的消费在种类、数量和质量等各方面虽然都有很大的区别，即便是在同一阶级内部每个个体的消费也不尽相同，但消费品按照形态均可以划分为物质消费资料和生活性服务两种类型。这里将工人（或资本家）平均消费的物质消费资料和生活性服务的价值之比称为工人（或资本家）平均消费结构。消费结构仅仅反映了工人或资本家消费物质消费资料和生活性服务的比例，并不能全面反映消费的质量。随着社会生产力的发展和生活水平的提高，消费结构整体呈现不断下降的趋势。但总体来看，工人平均消费结构高于资本家平均消费结构，因为工人阶级几乎只消费生活必需品，其中的生活性服务比重相对较低，而富裕的资本家阶级能消费到更多的服务商品。同样，在短期内消费结构是恒定不变的，中长期内工人和资本家的平均消费结构均逐渐下降。

11. 剩余价值率

剩余价值率是可变资本与剩余价值的比值，也可表示为剩余劳动与必要劳动之比。“剩余价值率是劳动力受资本剥削的程度或工人受资本家剥削的程度的准确表现”，因此又称为剥削率①。由 $\frac{m}{c+v} < \frac{m}{v}$，则剩余价值率大于利润率，又：

$$\frac{m}{c+v} = \frac{\frac{m}{v}}{\frac{c}{v}+1} \tag{5-4}$$

① 资本论（第一卷）［M］. 北京：人民出版社，2004：252.

所以，企业（资本家）为保持利润率不降，必须增加剩余价值率。我们假设资本有机构成单调不减，这里剩余价值率也应为单调不减。

12. 投资本部类假设

在发达的市场经济中，企业（资本家）的投资一般趋于多元化，哪个行业利润高资本自然就向哪个行业投资。但是行业的划分和社会资本再生产部类的划分有一定的区别，为简便起见，这里也假设资本家的投资只能在本部类进行。

13. 积累率

积累率是指扩大再生产时剩余价值用于积累的量与剩余价值的比值。对于扩大再生产来说，积累率是一个很难确定的量，某一部类的剩余价值究竟有多大比例用于扩大再生产取决于很多因素。如果单就某一个数例来说，完全可以假定一个可变的积累率。

14. 负积累率

负积累率是指缩减再生产中生产资本缩减量与生产资本总量的比值。与积累率类似，负积累也是一个没有明显变化规律的量。缩减再生产无论是主动的还是被动的，负积累率都可能是在不断变化的。

15. 劳动力供给

在扩大再生产的过程中，劳动力供给是一个重要问题，资本家必须在市场上购买到用于生产的劳动力商品，否则再生产就无法继续。马克思认为资本主义生产方式必然造成大量失业人口，因此“在资本主义生产的基础上，劳动力总是准备好的”[①]。这里假设在积累率一定的前提下，劳动力在市场中的供给是充足的。

16. 时间因素

社会资本再生产既是一个连续不断的过程，又是一个离散的周期性过程，即再生产过程具有“连散”二重性。为了简化问题的分析，这里在离散时间的条件下分析社会资本再生产，假设再生产周期恒定（以流动资本的周转时间为1个周期，或假定一个固定的时间，如1年），对于物质商品，t 周期生产的商品，在 $t+1$ 期消费。对于服务商品，t 周期生产的商品就在本周期内消费。在扩大再生时，t 周期的积累，在 $t+1$ 期并入生产资本；在

① 资本论（第二卷）［M］. 北京：人民出版社，2004：564.

缩减再生产时，t 周期的负积累，在 $t+1$ 期从生产资本中缩减。

17. 不变资本的补偿

资本周转对社会资本再生产具有显著影响，特别是不变资本中固定资本和流动资本在周转上的差别，固定资本和流动资本补偿问题也需要区别对待。一般地，固定资本要考虑其在一个再生产周期内的折旧率，为了简化分析，可以先假设折旧率为 100%。

18. 竞争和信用

从微观层面来看，竞争和信用对单个资本的再生产具有重大影响；从宏观层面来看，竞争和信用的影响形式会有所改变。为简化问题分析，这里暂不考虑竞争和信用对社会资本再生产的影响。

四、社会资本再生产理论符号说明

通过第二章梳理研究我们得知，马克思的手稿中的符号使用比较随意，恩格斯在编辑《资本论（第二卷）》时给予了统一。为规范问题的分析，这里根据社会资本再生产理论的研究的需要，对后文所使用的符号进行统一规定。

T：社会总产品（集），是指市场中所有商品（物质商品和服务商品）所组成的集合。

W：商品资本（集），是指以商品形式存在的资本所组成的集合。

G：货币资本（集），是指以货币形式存在的资本所组成的集合。

P：生产资本（集），是指以生产资料和劳动力的形式存在的资本所组成的集合。

M：剩余价值（集），是指以商品或货币形式存在的剩余价值集合。

V：劳动力商品（集），是指全体劳动力商品，也指工人阶级的生活资料（物质生活资料和生活性服务）组成的集合。

C：生产资料商品（集），是指物质生产资料和生产性服务商品组成的集合。

Z：资本家的消费品（集），是指进入资本家阶级的生活资料（物质生活资料和生活性服务）组成的集合。

c：不变资本［的价值量，$c \in (0, +\infty)$］，即 $c = w(C)$。不变资本是生产资料（商品）的价值，主要包括生产的机器、工具、原材料以及生产性服务等。

c_i：第 i 部类的不变资本，$i=1$，2，3，4。

v：可变资本［的价值量，$v\in(0,\ +\infty)$］，即 $v=w(V)$。可变资本是劳动力商品的价值，主要包括工人或劳动者的工资、福利和社会保险等。

v_i：第 i 部类的可变资本，$i=1$，2，3，4。

m：剩余价值［量，$m\in(0,\ +\infty)$］，即 $m=w(M)$。剩余价值是工人创造的由资本家占有和支配的价值部分，主要包括资本家（企业主）收入、利息、红利、企业所得税和未分配的利润等。

m_i：第 i 部类的剩余价值，$i=1$，2，3，4。

$w=c+v+m$：商品的价值量［$w\in(0,\ +\infty)$］，任何商品的价值量均由不变资本、可变资本和剩余价值三个部分组成，三者缺一不可。w 也表示社会总产品的价值量。

$w_i=c_i+v_i+m_i$：第 i 部类的社会总产品的价值量，$i=1$，2，3，4。

$\rho=\dfrac{c}{v}$：资本有机构成［$\rho\in(0,\ +\infty)$］。

$\rho_i=\dfrac{c_i}{v_i}$：第 i 部类的资本有机构成，$i=1$，2，3，4。

$\sigma=\dfrac{c_1}{c_2}$：不变资本有机构成［$\sigma\in(0,\ +\infty)$］，即不变资本中物质生产资料价值与生产性服务商品价值之比。

$\sigma_i=\dfrac{c_{i1}}{c_{i2}}$：第 i 部类的不变资本有机构成，$i=1$，2，3，4。

$m'=\dfrac{m}{v}$：剩余价值率或剥削率［$m'\in(0,\ +\infty)$］。

$m'_i=\dfrac{m_i}{v_i}$：第 i 部类的剩余价值率或剥削率，$i=1$，2，3，4。

$r=\dfrac{m}{c+v}$：利润率［$r\in(0,\ 1)$］。

$r_i=\dfrac{m_i}{c_i+v_i}$：第 i 部类的利润率，$i=1$，2，3，4。

δ：固定资本的折旧率［$\delta\in(0,\ 1)$］。特别地，若 $\delta=1$，则表示忽略固定资本与流动资本的区别。

α：剩余价值消费率，即资本家将剩余价值用于自身消费的比例，一般有 $\alpha\in(0,\ 1]$。

α_i：第 i 部类的剩余价值消费率，$i=1$，2，3，4。

β：积累率（$\beta\in[0,1)$），即资本家将剩余价值用于扩大再生产的比例，$\alpha+\beta=1$。

β_i：第 i 部类的积累率，$i=1$，2，3，4，$\alpha_i+\beta_i=1$。

γ：社会平均消费结构［$\gamma\in(0,+\infty)$］，即物质消费资料与生活性服务商品的价值之比。其中，γ_1 为工人的平均消费结构，γ_2 为资本家的平均消费结构。一般地，$\gamma_1>\gamma_2$。

γ_{i1}：第 i 部类的工人平均消费结构，$i=1$，2，3，4。

γ_{i2}：第 i 部类的资本家平均消费结构，$i=1$，2，3，4。

η：负积累率（$\eta\in[0,1]$），即资本家缩减生产资本的比例。若 $\eta=1$ 则整个经济体停止再生产，这仅仅是一种极端的情况。

η_i：第 i 部类的负积累率，$i=1$，2，3，4。

g：生产资本价值总量，即 $g=w(P)$。生产资本包括不变资本和可变资本，则 $g=c+v$。

g_i：第 i 部类的生产资本价值总量，$i=1$，2，3，4，且 $g_i=c_i+v_i$。

P_t：第 t 生产周期末的整个经济体的生产规模矩阵。其中，两部类模型为二阶方阵，四部类模型为四阶方阵。

I_t：第 t 生产周期末的整个经济体的投资规模（列向量）。其中，$I_t=P_tw_0$，即投资规模等于生产规模矩阵和价值与价格转换向量的乘积。一般都假设价格等于价值，若是四部类模型，则 $w_0=\{1,1,1,1\}$。

Z_t：第 t 生产周期末的整个经济体的资本家的消费矩阵。其中，两部类模型为二阶方阵，四部类模型为四阶方阵。

R_t：第 t 生产周期末的整个经济体的社会总产品的规模矩阵。其中，$R_t=P_t+Z_t$。

以上在设定符号时，既考虑尽量与马克思的手稿和恩格斯的编辑稿的符号保持一致，又考虑符号设定的科学性和合理性。一般地，大写字母代表一个集合（或表示一个矩阵），即由特定的元素构成的一个整体；小写字母既代表一个事物的名称，又表示该事物的测度（量）；部类的编号使用罗马数字，其他符号的下标和上标用阿拉伯数字。本书第二章的创作史部分均使用马克思所使用的符号，且尽量保持符号的原貌，第三章的研究综述均使用文献中的原始符号。这里所做的符号假设适用于本书的第五至第八章，文中有些局部性的符号在原文处说明。

第二节　社会生产的四个部类

马克思按照物质生产领域的社会总产品的用途（使用价值），将社会生产分成两大部类。通过前文的对商品概念和生产劳动范围的拓展，这里按照马克思的研究思路将社会生产分成四个部类。虽然从宏观层面的部类划分舍象了其中的部门结构，这里尝试从市场经济体制下国民经济的行业分类来分析四个部类的具体构成①。

一、生产物质生产资料的部类（第Ⅰ部类）

在物质生产领域，“具有必须进入或至少能够进入生产消费的形式的商品”②，称为物质生产资料。市场中生产物质生产资料的部门众多，综合起来可以形成一个大的部门，称为生产物质生产资料的部类或第Ⅰ部类。物质生产资料的生产可以分为以下几类③：

1. 农、林、畜牧和渔业的生产

农、林、畜牧和渔业的生产处于经济发展史的初级或第一阶级，又称为第一产业的生产，是以利用自然力为主的劳动生产。例如，农业中的谷物（小麦、稻谷、玉米等）种植，油料、豆类和薯类种植，棉、麻、糖（甜菜和甘蔗）和烟草种植，食用菌、蔬菜和园艺作物种植，水果（桃、苹果、梨、杏、李子等仁果类和核果类水果，葡萄，柑橘，香蕉、菠萝、

① 将社会总产品划分为四个部类，在理论上是清楚而确切的。但是，将具体的经济部门的商品划分到四大部类时却存在模糊不定的问题。一方面，同一个企业生产的同一种产品既可能是生产资料，又可能是生活资料。例如，居民对面粉的消费使其成为生活资料，而在面包房或食品厂，面粉则是生产资料。另一方面，同一家企业可能生产不同的产品，其中不但有生活资料，也有生产资料。例如，某一家理发店不仅提供理发服务，而且为其他理发店提供技术指导或培训服务。四个部类的划分虽然是社会生产宏观层面的理论抽象，但其基础是国民经济的各行各业。因此，从国民经济的行业分类来分析四个部类，不仅是一种研究方法，还是社会资本再生产理论具体化的必然选择。

② 资本论（第二卷）[M]. 北京：人民出版社，2004：439.

③ 这里对物质生产资料商品的生产分类以参照《国民经济行业分类》（GB/T 4754－2011）为主，中华人民共和国国家质量监督检验检疫总局和中国国家标准化管理委员会2017年6月发布；并且也参照了 International Standard Industrial Classification of All Economic Activities（ISIC），Revision 4（New York：United Nations，2008）。以下三个部类相同。

芒果等亚热带水果等）种植，坚果、含油果（油茶、橄榄、油棕榈、油桐籽、椰子等）、饮料和香料作物种植，中药材种植，草种植和割草，等等。林业中的林木育种和育苗，造林和更新，木材和竹材的采伐，林产品采集，等等。畜牧业中的牲畜（牛、马、猪、羊、骆驼等）饲养，家禽（鸡、鸭、鹅、鸽子等）饲养，其他动物（蜜蜂、兔、狐狸等）饲养，以及狩猎和捕捉动物，等等。渔业中的水产养殖（内陆水域和海水），水产捕捞，等等。以上生产的农、林、牧和渔业产品必须是作为生产资料（工业或服务业）的形式存在，例如，水果必须被用作罐头、果汁、果脯等加工的原材料，而不能直接进入人们的消费；马、骆驼等可以被用作休闲旅游服务的生产工具。

2. 采矿业的生产

采矿业属于第二产业，采矿业的生产指对固体、液体和气体等自然产生的矿物的采掘。例如，煤炭（烟煤、无烟煤、褐煤、石煤、泥炭等）开采和洗选，石油和天然气开采，黑色金属矿（铁、锰、铬、钒等矿）采选，有色金属矿（铜、铅锌、镍钴、锡、锑、铝、镁、汞、镉、铋等常用有色金属矿，金、银和铂族元素等贵金属矿，钨钼、稀土金属、放射性金属等稀有稀土金属矿）采选，非金属矿（土沙石，化学矿和肥料矿，盐，石棉、石墨、宝石、金刚石、天然磨料等）采选，地热、矿泉水等其他自然资源开采，等等。以上大部分商品都是只作为生产资料，但也有部分矿产品可以直接进入人们的消费，如煤、地热等。

3. 制造业的生产

制造业属于第二产业，制造业的生产是指物质生产资料经过物理或化学变化后生成新的产品的过程。随着人类社会工业化进程的开启，制造业的生产是逐渐成为市场经济中的主要生产劳动的。例如，农副食品加工（主要包括谷物磨制，饲料加工，植物油加工，制糖，屠宰和肉类加工，水产品加工，蔬菜、菌类、水果和坚果加工，淀粉和淀粉制品、豆制品、蛋制品等加工），食品制造（主要包括糖果、巧克力及蜜饯制造，焙烤食品制造，方便食品制造，罐头食品制造，乳制品制造，调味品和发酵制品制造，营养食品、保健食品、冷冻饮品等制造，盐加工，食品及饲料添加剂制造），酒、饮料和精制茶制造，烟草制造（烟叶复烤、卷烟制造等），纺织（主要包括棉、毛和麻的纺织及印染精加工，丝绢纺织及印染精加工，化纤织造及印染精加工，针织或钩针编织物及其制品制造，家用纺织制成品制造，产业用纺织制成品制造），纺织服装和服饰（主要包括机制、针织或钩针编织服装，帽子、手套、围巾、领带、手绢和袜子等服装饰品的加工），羽毛、皮革、毛皮及其制品制造，鞋的制造，木材加工，木、竹、藤、棕、草等制造（主要包括人造板制造，以木材为原料的木质制品制造，以竹为原料的各种竹制品制造），家具制造（用木材、金属、塑料、竹、藤等原材料制作），造纸以及纸制品制造，印刷以及记录媒介复制，文教、工美、体育和娱乐用品制造①，石油、煤炭及其他燃料加工，化学原料和化学制品制造（主要包括基础化学原料制造，肥料制造，农药制造，涂料、油墨、颜料等制造，专用化学产品制造，合成材料制造，炸药、火工及焰火产品制造，日用化学品制造），化学纤维制造，橡胶和塑料制造，医药制造，非金属矿物制品制造，黑色、有色金属冶炼和压延加工，金属制品制造，通用设备制造（主要包括金属加工机械制造，锅炉及原动设备制造，物料搬运设备制造，泵、阀门、压缩机及类似机械制造，轴承、齿轮和传动部件制造，烘炉、风机、包装等设备制造，文化、办公用机械制造，通用零部件制造，机器人制造），专用设备制造（主要包括建筑、采矿、冶金专用设备，非金属、化工、木材加工专用设备，食品、饮料、烟草及饲料生产专用设备，印刷、制药、日化及日用品生产专用设备，纺织、服装和皮革加工专用设备，电子和电工机械专用设备，农、林、牧、渔专用机械，医疗仪器设备及器械制造，环保、邮政、社会公共服务专用设备），汽车制造，铁路、船舶、航空航天和其他运输设备制造，电气机械和器材制造（主要包括电机制造，输配电及控制设备制造，电缆、电线、光缆及电工器材制造，电池制造，家用电力器具制造，非电力家用器具制造，照明器具制造），计算机、通信和其他电子设备制造，仪器仪表制造，日用杂品制造，废弃资源综合加工处理。显然，在现代市场经济体系中，制造业中的物质生产资料种类和总价值量最多。其中很多都不直接用于个人消费，而是作为生产资料用于生产其他的商品。有一些既可以作为消费资料也可以用作生产资料，例如，蔬菜、水果等加工后的产品如果被饭店采购用作原材料就是生产资料，服装、服饰和鞋等如果用作演出的工具或道具就是生产资料，日用化妆品如果在酒店客房中就是生产资料，等等。

---

① 文教、工美、体育和娱乐用品制造中有部分包含或属于精神生产，其产品与文化产品也有一定的重叠。但这里更强调的是工业化性质的标准化、规模型生产，与后文论述的文化生产有一定的区别。

4. 电力、燃气及水的生产

电力、燃气及水的生产属于第二产业的劳动生产。电力是一种非实物的物质商品，电力生产包括火力、水力、核力、风力、太阳能、生物质能、地热、潮汐能等发电活动；燃气生产包括天然气、液化石油气、煤气、生物质燃气生产；水生产包括自来水生产、污水处理及再生产、海水淡化以及雨水收集和利用。以上电力、燃气和水作为物质商品均用于生产活动而非直接用于居民消费时，它们本身就成为物质生产资料。特别地，电力、燃气和水属于混合公共产品，均可以纳入社会资本再生产体系。

5. 建筑生产

建筑生产属于第二产业的劳动生产，其产品是各种工厂、铁路、道路、桥梁、港口、矿井、住宅、管线及公共设施的建筑物、构筑物和设施。作为物质生产资料的生产，建筑生产包括房屋生产（非住宅房屋、体育场馆等），土木工程生产（包括铁路、道路、隧道和桥梁工程，水利和水运工程，海洋工程，工矿工程，架线和管道工程，节能环保工程，电力工程，园林绿化工程，体育场地设施工程，游乐设施工程，等等），建筑安装生产（包括锅炉、电梯等特种设备安装，管道、空调系统等安装，电气安装，体育设施安装，等等），建筑装饰和装修生产，等等。以上的建筑生产的房屋等建筑物、道路等构筑物、锅炉等设施作为商品均用于生产，而非直接用于居民消费。特别地，很多房屋、体育场馆、铁路、道路、园林等都属于公共产品或混合公共产品，如果作为公共产品的建筑产品由政府购买则应纳入社会资本再生产体系。

6. 餐饮生产

餐饮生产属于第三产业的劳动生产。餐饮生产包括正餐（一定场所内提供以中餐、晚餐为主的各种中西式炒菜和主食）、快餐、饮料及冷饮、配送餐饮等。一般地，这里的餐饮生产的各种食物和饮料等是作为服务商品的生产资料，例如，饭店的厨师加工的各种食物、酒水、饮料等是整个饭店提供给消费者的服务商品的生产资料，其价值转移到就餐服务商品中，使用价值随着服务的完成而消失。

7. 信息、软件和数据生产

信息、软件和数据生产属于第三产业的劳动生产。信息（包括固定或移动电信、广播电视、卫星、互联网等）、软件（包括基础软件、支撑软件、应用软件等）和数据均属于非实物物质商品，它们均可用作生产资料。

例如，互联网的很多信息可以作为某些电子商务企业的生产资料，会计软件可以作为会计师事务所的生产资料，地理遥感数据可以作为航空公司的生产资料，等等。

8. 科技生产

科技生产既属于第三产业的劳动生产，也属于精神生产领域，是指运用各种知识进行系统的、创造性的活动，并发现或发明某种新理论、新技术、新产品、新工艺等。这里的科技生产最终的产品是以论文、著作、实物模型、技术方案等形式或载体呈现，因此属于精神物质商品，同时用于生产便是物质生产资料。特别地，如果科技生产是由政府、军队以及非营利组织完成，或者科技生产并不转化为经济生产活动，同样也不能纳入社会资本再生产体系。

9. 文化生产

文化生产既属于第三产业的劳动生产，也属于精神生产领域，主要包括新闻（以报纸、广电、网络等为媒介）生产，出版（包括图书、报纸、期刊、音像制品、电子或数字出版物等），广播、电视、电影和录音制作（以磁带、光盘等为载体）。事实上，这些实物或非实物的物质商品是文化内涵的载体，属于精神物质产品，可以作为物质生产资料。例如，报纸上的广告是登广告的企业的生产资料，电影（磁带或光盘）是电影院用于生产观影服务的生产资料，等等。

二、生产物质生活资料的部类（第Ⅱ部类）

在物质生产领域，直接进入资本家阶级、工人阶级和公共群体的个人消费的形式的商品，称为物质生活资料。市场中生产物质生活资料的部门众多，综合起来可以形成一个大的部门，称为生产物质生活资料的部类或第Ⅱ部类。与物质生产资料类似，物质生活资料的生产可以分为以下几类。

1. 直接用于消费的农、林、畜牧和渔业的生产

农、林、畜牧和渔业的生产处于经济发展史的初级或第一阶段，其中绝大多数的产品均可以直接用于人们的消费。例如，农业中的谷物（小麦、稻谷、玉米等）种植，油料、豆类和薯类种植，棉、麻、糖（甜菜和甘蔗）和烟草种植，蔬菜、食用菌和园艺作物种植，水果（苹果、桃、梨、杏、李子等仁果类和核果类水果，葡萄，柑橘，香蕉、菠萝、芒果等亚热带水果

等）种植，坚果、含油果（油茶、橄榄、油棕榈、油桐籽、椰子等）、香料和饮料作物种植，中药材种植，等等。林业中的木材和竹材的采运，林产品采集，等等。畜牧业中的牲畜（牛、马、猪、羊、骆驼等）饲养，家禽（鸡、鸭、鹅、鸽子等）饲养，狩猎和捕捉动物，其他动物（兔、狐狸、蜜蜂等）饲养，等等。渔业中的水产（海水和内陆水域）养殖，水产捕捞，等等。以上生产的农、林、牧和渔业产品必须是直接作为生活消费资料的形式存在，例如，甘蔗要直接用来食用，而并非用作制糖；木材和竹材的采运要直接进入消费，而并非进入木材或竹材的工业加工领域。

2. 直接用于消费的采矿业的生产

采矿业生产领域的消费资料较少，特别是随着工业化的发展，很多以往直接用于消费的矿产都需经过深加工环节。在当前的市场经济体系中，只有煤、地热等少数矿产资源会直接作为生活资料。

3. 直接用于消费的制造业的生产

制造业生产的工业商品大部分是生产资料，但也有大部分的生活消费资料，因为制造最终的目的还是为了人们的消费。例如，农副食品加工（主要包括植物油加工，谷物磨制，屠宰和肉类加工，水产品加工，蔬菜、菌类、水果和坚果加工，制糖，淀粉和淀粉制品、豆制品、蛋制品等加工），食品制造（主要包括焙烤食品制造，糖果、巧克力及蜜饯制造，方便食品制造，乳制品制造，调味品和发酵制品制造，营养食品、保健食品、冷冻饮品等制造，罐头食品制造，盐加工，食品添加剂制造），酒、饮料和精茶制造，烟草制造（烟叶复烤、卷烟制造等），家用纺织制成品制造，纺织服装和服饰（主要包括机制、针织或钩针编织服装，帽子、手套、围巾、领带、手绢和袜子等服装饰品的加工），毛皮、羽毛、皮革及其制品制造，鞋制造，木材加工，木、竹、藤、棕、草等制造（主要包括以木材为原料的木质制品制造，以竹为原料的各种竹制品制造等），家具制造（用木材、金属、塑料、竹、藤等原材料制作），纸制品制造，印刷和记录媒介复制，文教、工美、体育和娱乐用品制造，橡胶和塑料制造，金属制品制造，医药制造，日用化学品制造，文化、办公用机械制造，汽车制造，船舶、航空和其他运输设备制造，机器人制造，电气机械和器材制造（主要包括电缆、电线、光缆及电工器材制造，电池制造，家用电力和非电力器具制造），计算机、通信等各类电子设备制造，日用杂品制造。以上制造业的产品必须能直接用于生活消费才属于第Ⅱ部类，例如，航空制造业生产的飞机，当被个人购买（私人飞机）时便成为直接的物质生活消费资料。

4. 直接用于消费的电力、燃气及水的生产

电力、燃气和水作为物质商品均直接用于居民消费时，它们本身就成为物质生活资料。特别地，电力、燃气和水属于混合公共产品，一般作为生产资料（工业用）和作为生活资料（民用）的市场价格不同，但均可以纳入社会资本再生产体系。

5. 直接用于消费的建筑生产

建筑生产包括房屋生产（住宅房屋、体育场馆等），土木工程生产（包括道路、隧道和桥梁工程，水利和水运工程，海洋工程，架线和管道工程，节能环保工程，园林绿化工程，体育场地设施工程，游乐设施工程，等等），建筑安装生产（包括电气安装，锅炉、电梯等特种设备安装，管道、空调系统等安装，体育设施安装，等等），建筑装饰和装修生产，等等。以上的建筑生产的房屋等建筑物、道路等构筑物、锅炉等设施产品均可用于居民消费，比如，住宅房屋，免费的公路，免费的公园，民用空调系统，等等。特别地，对于免费的公路和公园等属于公共产品，不能纳入社会资本再生产体系。

6. 餐饮生产

作为物质生活资料的餐饮生产包括正餐（将食物打包带走）、快餐、饮料及冷饮、配送或外卖餐饮、小吃等。餐饮生产的各类食物作为物质生产资料和生活资料区别就在于是否有服务，如果有就餐服务，消费者购买的就不仅仅是食物本身，而是包括食物在内的整个就餐服务，此时食物只能看作就餐服务商品的生产资料。特别地，食物作为餐饮服务商品的生产资料也是一种物质商品与服务商品的组合形式，消费者所购买和消费的不仅仅是食物还包括餐饮服务。

7. 信息、软件和数据生产

信息（包括固定或移动电信、广播电视、卫星、互联网等）、软件（包括基础软件、支撑软件、应用软件等）和数据均属于非实物物质商品，它们均可用作生活消费资料。例如，广播电视信息是居民的娱乐消费资料，网络游戏是网游玩家的消费资料，气象数据是居民的信息消费资料，等等。

8. 文化生产

文化生产主要包括新闻（以报纸、广电、网络等为媒介）生产，出版

（包括图书、报纸、期刊、音像制品、电子或数字出版物等），广播、电视、电影和录音制作（以磁带、光盘等为载体）。这些精神物质产品，可以作为直接进入人们的生活消费。例如，报纸上的新闻、书籍中的知识、光盘中的音乐等都是人们的消费资料。

通过对物质生产资料和生活资料的分类论述，不难发现许多商品既可作为生产资料也可作为消费资料，对于一般的物质商品这种区分是容易的。例如，面粉进入食品加工企业（店）、饭店等即作为生产资料，进入居民家庭即作为生活资料，同一面粉商品不可能同时以两种身份发挥自己的使用价值。但是对于公共产品或混合产品这种区分就相对比较困难，例如，一条收费公路，私家车行驶时属于消费资料，而出租车行驶时属于生产资料，公路可以同时作为生产资料和消费资料。以上两种情况是否说明部类划分理论不科学？这里认为生产资料和消费资料的界定是十分明确的，虽然从现实经济运行来看，数据统计的确困难，但并非不可行，即便是公共产品或混合产品也完全可以实现。例如，收费公路可以通过统计营运车辆（用于生产）和非营运车辆（用于消费）使用量，在其寿命周期内将其价值按比例划分或转移。

三、生产生产性服务商品的部类（第Ⅲ部类）

在非物质生产领域，用于生产消费的服务商品，称为生产性服务商品（资料）或非物质生产资料。市场中生产生产性服务商品的部门众多，综合起来可以形成一个大的部门，称为生产生产性服务商品的部类或第Ⅲ部类。本书第四章已对服务商品的分类进行了论述，这里不再赘述，仅仅将生产性服务商品的生产类型列出。

1. 农、林、牧、渔服务生产

针对农、林、牧、渔业生产的服务，均为生产性服务。随着农业现代化的深入发展，农、林、牧、渔服务生产的作用在不断增大。

2. 开采辅助服务生产

针对采矿业生产的服务，均为生产性服务。同样，随着产业内部结构的演进，开采辅助服务生产在整个采矿业中的比重在不断增大。

3. 制造和设备修理服务生产

针对制造业的服务，均为生产性服务。制造和设备修理服务生产种类繁多，几乎涵盖了制造业的所有商品的生产活动。

4. 电力、热力、燃气及水生产和供应服务生产

热力生产和供应本身就是一种服务，针对工厂或企业的热力供应属于生产性服务。针对电力、燃气及水生产和供应的服务，也有一些属于生产性服务。例如，电厂或电力公司针对工厂或企业的供电服务，利用城市的给水系统将水出售给工厂或企业的输送和分配活动。

5. 建筑安装服务生产

针对建筑安装业的服务，绝大多数都是生产性服务。不论是房屋生产、土木工程生产、建筑安装生产，还是建筑装饰和装修生产，其中都存在大量的生产性服务生产活动。随着市场经济的发展，往日很多大型建筑安装企业转型成为建筑安装服务型企业。

6. 批发服务生产

批发服务是指向其他批发或零售单位（包括个体经营者）及其他企业等批量销售各类商品的活动，以及从事进出口贸易和贸易经济与代理的活动。批发服务生产包括拥有货物的所有权，也包括不拥有货物的所有权，而收取佣金的商品代理和代销活动。因此，批发服务属于生产性服务。当然，现实中很多经营者既从事批发服务又从事零售服务。

7. 交通运输、仓储和邮政服务生产

仓储服务一般都是生产性服务商品，而面向企业的交通运输和邮政服务也均为生产性服务商品。一般地，货运服务是生产性服务，但是某些客运也可以是生产性服务，如工厂接送工人上下班的班车服务。

8. 信息传输、软件和信息技术服务生产

面向企业的信息传输、软件和信息技术服务为生产性服务商品。例如，为企业或公司提供电信服务，即利用电磁系统或者光电系统（有线或无线），发射、传送或者接受与生产相关的语言、文字、数据、图像以及其他任何形式信息的服务；又如，为企业或公司提供的软件测试服务，以互联网技术为基础的大数据处理、云存储、云计算、云加工等服务。

9. 金融服务生产

面向企业的金融服务为生产性服务商品。例如，商业银行为企业或公司提供的资金管理服务，证券交易所为上市公司提供的证券经纪交易服务，等等。

10. 房地产服务生产

面向企业的房地产服务为生产性服务商品。如写字楼项目的开发和销售活动、为企业或公司提供的物业管理等。

11. 租赁和商务服务生产

面向企业的租赁和商务服务为生产性服务商品。例如，各种机械设备的租赁服务，生产资料市场的交易管理服务，为企业或公司提供的会计、审计及税务服务，等等。

12. 科学研究和技术服务生产

面向企业的科学研究和技术服务为生产性服务商品。如为生产活动而开展的工程和技术研究和实验、农业科学研究和实验、工程管理服务等。

13. 水利、环境和公共设施管理服务生产

面向企业的水利、环境和公共设施管理服务为生产性服务商品。如为企业或公司提供的废水、废气、固体废物、危险废物、放射性废物等的治理服务。

14. 文化、体育和娱乐服务生产

为企业或公司提供的文化、体育和娱乐服务为生产性服务商品。例如，为企业或公司刊登广告的报纸、广播电视出版发行等服务，为企业或公司制作宣传视频的服务，剧团在剧场的演出服务，酒店的娱乐服务，文化、体育和娱乐经济代理服务。

四、生产生活性服务商品的部类（第Ⅳ部类）

在非物质生产领域，用于生活消费的服务商品，称为生活性服务商品（资料）或非物质生活资料。市场中生产生活性服务商品的部门众多，总合起来可以形成一个大的部门，称为生产生活性服务商品的部类或第Ⅳ部类。同样，本书第四章已对服务商品的分类进行了论述，这里仅将生活性服务商品的生产类型列出。

1. 用于生活消费的电力、热力、燃气及水生产和供应服务的生产

热力生产和供应本身就是一种服务，针对居民用户的热力供应属于生活性服务。针对居民用户的电力、燃气及水生产和供应的服务，也有一些属于生活性服务。如燃气公司将燃气（包括天然气、液化石油气、煤气和生物

质燃气）出售给居民的输送和分配活动。

2. 面向居民的建筑安装服务生产

直接面向居民的建筑安装服务，即为生活性服务商品。特别地，在建筑工程后期对室内的装饰、装修、维护和清理等活动，均是常见的生活性服务商品的生产。

3. 零售服务生产

零售服务是指百货商店、专门零售商店、品牌专卖店、超市、固定或流动售货摊等直接面向最终消费者的销售活动。零售服务可以通过互联网、邮政、电话、售货机等方式进行，当然也有一些生产和零售一体的形式，如蛋糕店、寿司店等。与批发服务类似，零售服务包括拥有货物所有权和委托代理销售两种方式。

4. 面向消费者的交通运输和邮政服务生产

直接面向消费者的交通运输和邮政服务均为生活性服务商品。客运服务一般都是生活性服务，但是某些货运也可以是生活性服务，如搬家公司针对居民的货运服务。

5. 住宿和餐饮服务生产

住宿和餐饮服务直接面向消费者，均为生活性服务商品。或许有人会提出公务出差住宿或工作餐应该划分为生产性服务，但事实上，住宿和餐饮最终的目的是人的生理需求，即便不工作也需要睡觉和吃饭。因此，从资本主义生产关系来看住宿和餐饮均应界定为生活性服务。

6. 面向居民用户的信息传输、软件和信息技术服务生产

直接面向居民用户的信息传输、软件和信息技术服务为生活性服务商品。如通过互联网提供的面向个人消费者的在线信息、电子邮箱、数据检索、网上新闻等信息服务。

7. 面向个人的金融服务生产

直接面向个人的金融服务为生活性服务商品。例如，商业银行为个人提供的存款、贷款和信用卡等服务，典当行为个人提供的以动产、不动产或其他财产权利质押或抵押的融资服务。

8. 面向居民的房地产服务生产

直接面向居民用户的房地产服务为生活性商品。如为居民提供的房地产咨询、价格评估、经纪等服务。

9. 面向个人的租赁和商务服务生产

直接面向个人用户的租赁和商务服务为生活性服务商品。如休闲娱乐用品设备的出租服务、民事案件的法律服务。

10. 面向居民的科学研究和技术服务生产

面向居民用户的科学研究和技术服务为生活性商品。例如，为个人提供的评审、审核等资格认证服务，为居民所养宠物提供的兽医服务。

11. 面向居民的水利、环境和公共设施管理服务生产

直接面向居民或个人用户的水利、环境和公共设施管理服务为生活性服务商品。如为居民提供的新房空气检测和治理服务。

12. 居民服务、修理和其他服务生产

居民服务、修理和其他服务均为生活性服务，并且随着经济社会的发展，种类数量在逐渐增多。例如，家政、营利性托儿、洗染、理发及美容、洗浴和保健养生等服务，各种机动车、电子产品和日用产品的修理服务。

13. 教育服务生产

教育服务均为生活性服务。如社会办的各类型职业技能培训、早教、中小学校外辅导、各类文体和艺术培训、各类升学辅导、各类考证辅导、出国留学培训等。

14. 卫生和社会工作服务生产

卫生和社会工作服务均为生活性服务。例如，医院的医疗服务，各类营利性护理服务、精神康复服务、老年人和残疾人养护服务。

15. 面向个人的文化、体育和娱乐服务生产

为企业或公司提供的文化、体育和娱乐服务为生产性服务商品。如电影放映服务、健身服务、观光旅游服务。

通过对四个部类的划分和界定，除公共产品和混合产品以外，在社会资本再生产体系中的一切商品均可以明确地划归到某一部类。马克思将非物质生产领域舍象掉，且不考虑公共产品，整个社会总产品划分起来相对比较简单。这里将服务商品纳入其中，再加之社会化大生产的深入发展，使很多生产和再生产过程包括各种不同类型的商品，既有物质生产资料，也有生产性服务商品；既有物质生活资料，也有生活性服务商品。不论社会再生产过程中商品组合多么复杂，其中活劳动创造价值，生产资料的价值转移等基本原理都始终未变。事实上，就像前文分析中所指出的，将社会资本再生产过程

中社会总产品四个部类的商品统计清楚仅仅是统计技术上的问题，它们在实际的再生产过程中的复杂组合也正是市场经济体制下再生产问题复杂性的集中表现。

五、社会总产品的使用价值构成

在前文对社会生产的四个部类分析的基础上，这里按照从微观到宏观的逻辑，明确社会总产品的使用价值构成。本书第四章分析了各类商品生产之间的依赖顺序关系（见图4－3），这里进一步指出社会生产的四个部类的依赖顺序关系，如图5－2所示。整体上来看，生活资料生产依赖于生产资料的生产，服务商品的生产依赖于物质商品的生产。

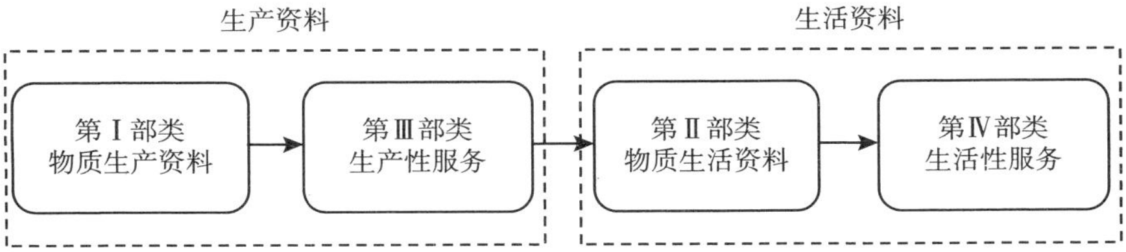

图5－2　四部类的依赖关系

资料来源：笔者自绘。

由此，结合现代化生产的新模式，我们可以将任何一种商品的生产过程进行分解，并从中厘清社会总产品微观层面的使用价值构成。

例1：汽车发动机的生产。发动机是汽车的“心脏”，汽车发动机作为一种物质生产资料，它的生产依赖于一定的物质生产资料和生产性服务。汽车发动机（汽油机）由曲柄连杆机构、配气机构两大机构和燃料供给系、润滑系、冷却系、点火系、起动系五大系统组成。发动机的这两大机构和五大系统又由许多零部件构成，这些机构、系统或零部件研发设计、生产制造和装配等构成了生产汽车发动机的主要工作。其中，各种类型的数控或普通机床、装配工具、金属材料、零部件、电力等为物质生产资料，发动机的设计、零部件的研发、技术服务等为生产性服务。总体来看，随着科学技术的进步和社会分工的深入发展，特别是智能制造的普及使得发动机生产工厂的一线生产和装配工人比重快速减少，产品的设计研发等生产性服务人员在快速增加，这对生产效率和效益的提高起到了重要推动作用。

例 2：个人订制西服的生产。西服作为一种物质生活资料，它的生产依赖于物质生产资料和生产性服务。现代化的个人订制西服生产工艺流程复杂，从消费者在手机 App 将个性化需求下单给工厂生产，到工厂的工人选料、面料处理、排版、裁剪、缝制，再到整烫运输，西服生产工厂需要进行超过 400 道制作工序和 30 道整烫工序，最后制成品通过物流系统运送到消费者的手中。其中，生产过程用到的智能 CAD 系统（实现设计、放码和排版的自动化）、智能 CAM 系统（进行大数据分析，实现柔性化、个性化生产）、面料预缩机、裁剪机、黏合机、熨烫设备、自动吊挂系统等都属于物质生产资料（固定资本），面料、线、配饰、水、电力等也属于物质生产资料（流动资本）；而生产工厂购买的产品设计、技术服务、会计税务、法律咨询等都属于生产性服务。特别地，现代化的生产过程已经突破了以往工厂的空间限制。一方面，智能 CAD 系统等信息化的设备可以通过远程控制，产品的设计和技术服务等也可以通过互联网服务到全球的生产工厂；另一方面，在个人订制的生产模式中，消费者也参与到生产过程中，这种消费者的“劳动”创造满足自身消费的使用价值，但不创造价值。

例 3：互联网租车平台服务。互联网租车平台为消费者和出租车或私家车司机提供了一个双向选择的服务机制，其对于出租车和私家车的运输服务是生产性服务。互联网租车平台服务作为生产性服务，其服务的生产依赖于物质生产资料和生产性服务。其中，互联网租车平台服务生产所用的电脑、软件、网络、电力等为物质生产资料，网络技术服务、法律咨询等为生产性服务。

例 4：月嫂（母婴护理师）服务生产。月嫂属于高级家政人员，她们的工作集保姆、护士、营养师、厨师、保育员和保洁员的工作性质于一身。月嫂服务作为一种生活性服务，其生产依赖于物质生产资料、物质生活资料和生产性服务。其中，月嫂自带的各种护理仪器和工具属于物质生产资料，当然绝大数并不带任何仪器和工具。在这种情况下，月嫂服务就没有物质生产资料；月嫂在服务的过程中要使用雇主家的各种物质生活资料，这些物质生活资料由雇主家购买和提供，因此不属于物质生产资料，当然其价值也不能转移到月嫂服务商品中；月嫂要定期参加母婴护理、保健按摩、营养饮食等培训，这些都属于生产性服务。

通过对以上四个实例的简要分析，我们可以归纳出任意商品的生产过程以及由此过程所决定的使用价值。物质生产资料和生产性服务用于生产消费，物质生活资料和生活性消费用于生活消费，每一种商品都将按照某一种确定的使用价值参与社会生产、交换和消费。从微观到宏观，任何商品按照其在生产和再生产过程中所发挥的使用价值，均可划分到四部类中，并且这种划分是唯一的。因此，四个部类总产品（$T_i(i=1, 2, 3, 4)$）构成了社会总产品（T）的一个划分，即：

$$T=\bigcup_{i=1}^{4}T_i，且\ T_i\cap T_j=\Phi(i\neq j) \quad (5-5)$$

六、社会总产品的价值构成

在经济学的视阈下，社会生产划分为四个部类，对应的是社会总产品使用价值的四种形态。从商品的价值形式上看，社会总产品的总价值可分为不变资本（c）、可变资本（v）、剩余价值（m）三个部分。因此，每个部类的社会总产品的价值和任一商品的价值构成一样，也分成 $c+v+m$，即第 i 部类的社会总产品的价值量为：

$$w_i=c_i+v_i+m_i(i=1, 2, 3, 4) \quad (5-6)$$

1. 不变资本

不变资本是社会资本再生产的“基础”因素。从使用价值方面来看，不变资本是生产和再生产过程中所有生产资料的使用价值构成。例如，农业生产中农作物的种子、农药、肥料、农机、农具等，机动车修理服务中钳子、扳手、车轮动平衡机、空压机、千斤顶等各种通用和专用工具以及辅助材料。从价值方面来看，不变资本为本部类生产和再生产过程中全部的生产资料的价值。在假设商品价格与价值相等的前提下，不变资本等于购买生产资料的货币总额。从价值转移方式来看，不变资本又分为固定资本和流动资本两种形式。例如，制造业生产中的各种机器、工具、厂房、技术专利（服务）等，交通运输业生产中的交通工具，教育服务生产中的教室、桌椅、多媒体设备、教学方案等，这些均为固定资本形式的生产资料，它们的价值将分批转移到所生产的商品中。又如，渔业生产中的鱼苗、饲料、电力等，医疗护理服务中的药品、食物、水、电力等，酒吧休闲服务中的歌唱服务、酒水、电力等，这些均是流动资本形式的生产资料，它们的价值将全部转移到所生产的商品中。固定资本和流动资本的这种区别，决定了他们在社会资本再生产过程中价值补偿和使用价值补偿的方式均不相同。

2. 可变资本

可变资本是社会资本再生产的“动力”因素。从使用价值方面看，可变资本是由劳动力商品使用的价值构成，“即由这个资本价值所推动的活劳动构成”。例如，农业工人的种植劳动，锅炉安装工人的焊接劳动，酒店服务员的餐饮服务劳动。生产不同的商品，需要不同的具体劳动，同一部类中劳动力商品的使用价值也是各不相同的。从价值方面来看，可变资本由每个部类所使用的劳动力价值组成，在总量上“等于为这个社会劳动力而支付的工资总额”①。例如，教师、医生、家政人员、演员、快递员等劳动者的工资、福利和社会保险总额，即组成第Ⅳ部类的可变资本。可变资本是其所推动的活劳动创造价值的必要部分，而并非是活劳动创造价值的全部。

3. 剩余价值

剩余价值是社会资本再生产的“目的”因素。每个部类的剩余价值均是由该部类的劳动者的活劳动创造的，且超过可变资本的部分。从整个社会来看，剩余价值不仅是再生产过程中资本家追逐的目标，同时也是政府、军队、非经营性社会组织等自身生产和再生产的保障。因此，在市场经济体制下，社会总产品中的剩余价值部分是不可或缺的。

总之，不变资本是社会总产品生产中消耗的生产资料的价值，可变资本和剩余价值是劳动者在生产过程中用活劳动创造出来的新价值。可变资本补偿再生产的劳动力商品的价值，而剩余价值则成为资本家阶级的收入，同时可变资本和剩余价值构成整个市场经济体的国民收入。

第三节　社会资本四部类简单再生产模型

社会资本简单再生产是“一定价值的社会资本，今年和去年一样，再提供一样多的商品价值，满足一样多的需要，虽然商品的形式在再生产过程中可能改变”②。一般地，生产在原有规模上的重复便是简单再生产，这不仅是再生产理论研究的一种抽象，也是研究社会资本再生产的起点。因为社会资本简单再生产包含了社会资本再生产的一切主要方面和主要因素之间的

① 资本论（第二卷）[M]. 北京：人民出版社，2004：439.

② 资本论（第二卷）[M]. 北京：人民出版社，2004：438.

内在联系，正如马克思所指出的，“直接摆在我们面前的问题是：生产上消费掉的资本，就它的价值来说，怎样由年产品得到补偿？这种补偿的运动怎样同资本家对剩余价值的消费和工人对工资的消费交织在一起？因此，首先要研究原有规模的再生产”①。虽然资本主义再生产的本质特征是扩大再生产，但是从经济发展的现实运行来看，简单再生产、扩大再生产以及缩减再生产都会在经济周期性的发展中出现②。因此，规模不变的简单再生产既是一个理论抽象，也是社会资本再生产的一个现实因素。

一、社会资本四部类简单再生产的理论假设

前文已经对社会资本再生产理论假设进行了总体性论述，为了规范和简化分析，按照本书的研究任务，这里进一步明确社会资本四部类简单再生产理论分析的假设：第一，假设存在一个相对统一的市场，商品和要素均能自由流动。第二，社会总产品分为四个部类，每个部类商品的使用价值是确定的，且不考虑部类内部的部门或行业结构。第三，假设市场经济体制内仅有工人和资本家两个阶级，暂不考虑公共群体。第四，假设经济是封闭的，不存在对外贸易和资本流动。第五，假设劳动生产率保持不变。第六，假设资本有机构成和不变资本的有机构成均保持不变。第七，假设市场中商品的价值和价格相等。第八，假设工人的工资全部用于消费，没有储蓄；剩余价值被资本家全部消费，没有积累；工人和资本家的消费结构保持不变。第九，假设四个部类的剩余价值率保持不变。第十，假设再生产是一个离散的周期过程，每个周期开始时投入生产要素生产，结束时产出相应商品。第十一，假设在生产周期内，固定资本的折旧率为100%。第十二，不考虑竞争和信用对社会资本再生产的影响。

---

① 资本论（第二卷）[M]. 北京：人民出版社，2004：436.

② 通过本书第三章的研究可知，国内外很多学者认为简单再生产在现实中并不存在，而仅仅是马克思运用抽象分析方法所作的纯粹性理论分析，相对于扩大再生产是一种“奇怪的假定”。通过本书第二章的研究可知，这种观点是对马克思的误解，扩大再生产是资本主义社会资本再生产的普遍形式，而简单再生产是特殊形式。资本主义的经济并非一直在扩张，而是周期波动，在这个波动的过程中简单再生产和缩减再生产都是客观存在的，尽管可能持续的时间有长有短。这里不妨将某个国家或地区的社会资本再生产比作一个运动的物体，它有时会加速，有时会减速，还有时会匀速。

二、社会资本四部类简单再生产的界定

社会总产品或社会总商品，即为社会总商品资本。社会资本再生产研究的核心问题是社会总产品的价值补偿和使用价值补偿问题，包含着剩余价值的社会总商品的实现为再生产的起点。因此，首先从整个社会的商品资本的循环公式来分析社会资本再生产这一过程。

商品资本的循环图式为：

$$W_t\begin{cases}W'_t\\ M_t\end{cases}\to G'_t\begin{cases}G_t\to W''_t\begin{cases}C_t\\ V_t\end{cases}\cdots P_t\cdots W_{t+1}\\ M'_t\to Z_t\,|\end{cases}\qquad(5-7)$$ [①]

显然，商品资本作为起点，包含了两个部分（子集），即 $W_t = W'_t \cup M_t$。其中，W'_t 表示预付商品资本集，M_t 表示剩余价值集（商品形态的剩余价值）。通过销售，全部商品资本转化成货币资本，一部分（G_t）用于购买生产资料（C_t）和劳动力商品（V_t），其中工人得到工资后也全部用于购买生活消费品；另一部分（M'_t，其中为货币形态的剩余价值）用于资本家购买自己的消费品（Z_t）。生产资料和劳动力转化为生产资本（P_t），再经过生产环节，又回到了下一期的商品资本（W_{t+1}）。

单个商品资本的循环是社会总商品资本循环的微观形式，社会资本简单再生产可以表示为：

$$\sum w(W_t) = \sum w(W_{t+1})\qquad(5-8)$$

即从整个经济体来看，每一期与下一期的社会总产品的价值量均相等。式（5-7）和式（5-8）构成了社会资本四部类简单再生产的商品资本循环图式，这里称其为“闭环”图式。“闭环”图式表明，社会资本简单再生产是资本规模保持循环不变的过程。特别地，社会资本简单再生产是指整个社会的总体劳动量保持不变的再生产，而商品的使用价值结构和形式在再生产过程中可能改变。由此可见，社会资本简单再生产实现的剩余价值（M'_t）由资本家阶级全部消费，正如马克思所说“如果这种收入只是充当资本家的消费基金，或者说，它周期地获得，也周期地消费掉，那么，在其

---

① 其中，Z_t 后的“｜”表示流通到此结束，只有 W_{t+1} 进入下一个生产周期。以下同。

他条件不变的情况下，就是简单再生产”① “简单再生产实质上是以消费为目的的”②。

三、社会资本四部类简单再生产的图式

通过前文对社会总产品的使用价值和价值构成的分析，已经明确社会生产的四个部类间的相互依赖和交换关系。社会总产品的使用价值和价值补偿能够实现的前提条件是四个部类各个组成部分之间的交换顺利进行，如图5－3所示。

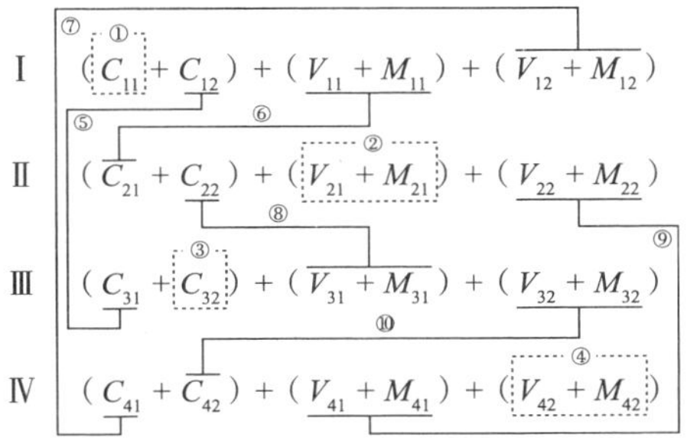

图5－3　四部类简单再生产的流通图式

注：$C_{ij}(i=1,2,3,4,j=1,2)$ 为四个部类生产所用物质生产资料和生产性服务商品的集合，$V_{ij}(i=1,2,3,4,j=1,2)$ 为四个部类的工人阶级所消费物质生活资料和生活性服务商品的集合，$M_{ij}(i=1,2,3,4,j=1,2)$ 为四个部类的资本家阶级所消费物质生活资料和生活性服务商品的集合，这里的“＋”等同于“∪”，即集合间的并。社会总产品：$T=\sum_{i=1}^{4}\sum_{j=1}^{2}(C_{ij}+V_{ij}+M_{ij})$。

资料来源：笔者自绘。

社会资本再生产的过程，一方面是使用价值（商品）的流通与交换，另一方面是价值（货币）的流通与交换。为了让理论分析更加简明清晰，这里我们暂且不考虑货币的流通与交换，仅以商品之间纯粹的交换分析，可将四部类总产品的各部分交换分成两种形式，共10个途径。

1. 部类内部的交换

每个部类所生产的商品有一部分要供部类内部进行生产或生活消费，这需要通过部类内部的交换实现，四个部类内部的交换各有一种途径。

① 资本论（第一卷）［M］. 北京：人民出版社，2004：654.

② 资本论（第二卷）［M］. 北京：人民出版社，2004：457.

（1）C_{11}为第Ⅰ部类的再生产所用物质生产资料的集合，其中包括行业内部的交换和行业间的交换。比如，生产客车的工厂要使用货车作为生产工具，不锈钢等特种钢厂需要使用普通钢作为原材料，这些均需要进行行业内部的交换来实现；数控机床厂要使用钢材作为生产原材料，柴油发动机厂需要使用数控机床作为生产工具，造船厂需要使用柴油发动机作为主要部件，这些均需要进行行业间的交换来实现。通过第Ⅰ部类内部的交换，实现了本部类再生产所需物质生产资料使用价值的替换，同时实现了本部类部分商品的价值补偿。

（2）$V_{21}+M_{21}$为第Ⅱ部类的再生产所用物质生活资料的集合，即第Ⅱ部类的工人和资本家所消费的物质生活资料，其中包括行业内部的交换和行业间的交换。例如，食品加工厂的工人和资本家需要消费不同种类的食品，服装厂的工人和资本家需要消费不同类型的服装，这些均由行业内部的交换来实现；日用家电厂的工人和资本家需要服装、食品、住房、汽车等消费品，同样服装厂、食品厂、建筑公司和汽车制造厂的工人和资本家也需要日用家电作为生活资料，这些均需要由行业间的交换来实现。通过第Ⅱ部类内部的交换，实现了本部类工人和资本家再生产所需的物质生活资料，同时也实现了本部类部分商品的价值补偿。

（3）C_{32}为第Ⅲ部类的再生产所用生产性服务商品的集合，其中包括行业内部的交换和行业间的交换。例如，某信息技术服务公司的技术服务，既能服务信息技术行业内的其他企业，也能服务交通运输（货运）公司、仓储公司、会计师事务所和法律事务所等生产性服务的企业，这些通过行业内部或行业间的交换来实现。通过第Ⅲ部类内部的交换，实现了本部类再生产所需要的生产性服务商品使用价值的替换，同时实现了本部类部分生产性服务商品价值的补偿。

（4）$V_{42}+M_{42}$为第Ⅳ部类的再生产所用生活性服务商品的集合，即第Ⅳ部类的工人和资本家所消费的生活性服务，其中包括行业内部的交换和行业间的交换。例如，教育服务行业的工人（教师）和资本家（投资人或校长）本人及子女也需要教育服务，这由行业内部的交换得以实现；文化娱乐行业的工人和资本家需要家政服务、交通服务、教育服务、医疗服务等，这些由行业间的交换得以实现。通过第Ⅳ部类内部的交换，实现了本部类工人和资本家再生产所需的生活性服务，同时也实现了本部类部分生活性服务商品的价值补偿。

2. 部类间的交换

（5）$C_{12} \sim C_{31}$表示第Ⅰ部类的物质生产资料与第Ⅲ部类生产性服务商品之间的交换，通过交换两个部类分别得到了再生产所需的生产性服务商品和物质生产资料。例如，汽车发动机厂需要制造和设备修理服务，电力、热力、燃气及水生产和供应服务，金融服务，信息技术服务等；批发服务企业需要汽车等运输工具，房屋等建筑物，电力和水，信息、软件和数据等。通过第Ⅰ部类和第Ⅲ部类间的交换，分别实现了第Ⅰ部类再生产所需要的生产性服务商品使用价值和第Ⅲ部类再生产所需要的物质生产资料使用价值的替换，同时也实现了第Ⅰ部类和第Ⅲ部类部分商品的价值补偿。

（6）（$V_{11} + M_{11}$）$\sim C_{21}$表示第Ⅰ部类的物质生产资料与第Ⅱ部类的物质生活资料之间的交换，通过交换两个部类分别得到了再生产所需的物质生活资料和物质生产资料。例如，煤矿工厂的工人和资本家需要住房、交通工具（汽车、电动车、自行车等）、文化娱乐（精神物质商品）等，农产品加工厂的工人和资本家需要消费各种服装、食品、生活日用品等，类似的这些都是第Ⅰ部类的再生产所需的物质生活资料；服装厂需要各种机器、电脑、网络等作为生产工具，炼油厂需要石油作为原材料，食品加工厂需要加工设备等生产工具以及农产品、牲畜、家禽、水产品等各类原材料，类似的这些都是第Ⅱ部类的再生产所需的物质生产资料。通过第Ⅰ部类和第Ⅱ部类之间的交换，分别实现了第Ⅰ部类再生产过程中工人和资本家所需的物质生活资料使用价值和第Ⅱ部类再生产所需的物质生产资料使用价值的替换，同时也实现了第Ⅰ部类和第Ⅱ部类部分商品的价值补偿。

（7）（$V_{12} + M_{12}$）$\sim C_{41}$表示第Ⅰ部类的物质生产资料与第Ⅳ部类的生活性服务商品之间的交换，通过交换两个部类分别得到了再生产所需的生活性服务商品和物质生产资料。比如，建筑公司的工人和资本家需要消费电力、热力、燃气及水供应服务，化工厂的工人和资本家需要百货店、超市、品牌专卖店、固定或流动售货摊等的零售服务；酒店需要房屋等建筑物、家居用品、水、电力作为生产资料，健身俱乐部需要场馆、各类体育健身器材、电力等作为生产资料。通过第Ⅰ部类和第Ⅳ部类之间的交换，分别实现了第Ⅰ部类再生产过程中工人和资本家所需的生活性服务商品使用价值和第Ⅳ部类再生产所需的物质生产资料使用价值的替换，同时也实现了第Ⅰ部类和第Ⅳ部类部分商品的价值补偿。

（8）$C_{22} \sim$（$V_{31} + M_{31}$）表示第Ⅱ部类的物质生活资料与第Ⅲ部类的生产

性服务商品之间的交换，通过交换两个部类分别得到了再生产所需的生产性服务商品和物质生活资料。例如，图书和音像出版公司需要网络广告服务，配送或外卖餐饮公司需要网络平台的信息服务；智能制造服务公司的工人和资本家需要服装、食品、房屋、汽车等生活资料，物流公司的工人和资本家需要消费广播、电视、电影等娱乐产品（精神物质商品）。通过第Ⅱ部类和第Ⅲ部类之间的交换，分别实现了第Ⅱ部类再生产所需生产性服务商品使用价值和第Ⅲ部类再生产过程中工人和资本家所需的物质生活资料使用价值的替换，同时也实现了第Ⅱ部类和第Ⅲ部类部分商品的价值补偿。

（9）（$V_{22}+M_{22}$）~（$V_{41}+M_{41}$）表示第Ⅱ部类的物质生活资料与第Ⅳ部类的生活性服务商品之间的交换，通过交换两个部类分别得到了再生产所需的生活性服务商品和物质生活资料。例如，蔬菜种植和加工企业的工人和资本家的生活中需要建筑安装服务，文体用品制造企业的工人和资本家需要住宿、餐饮、休闲旅游等服务；美容理发店的理发师和店主需要消费电力、燃气和水作为生活资料，银行的员工和资本家需要各类农副食品，酒、饮料和茶叶，手机等电子消费品，还有其他的物质生活资料。通过第Ⅱ部类和第Ⅳ部类之间的交换，分别实现了第Ⅱ部类再生产过程中工人和资本家所需的生活性服务商品使用价值和第Ⅳ部类再生产过程中工人和资本家所需的物质生活资料使用价值的替换，同时也实现了第Ⅱ部类和第Ⅳ部类部分商品的价值补偿。

（10）（$V_{32}+M_{32}$）~ C_{42}表示第Ⅲ部类的生产性服务商品与第Ⅳ部类的生活性服务商品之间的交换，通过交换两个部类分别得到了再生产所需的生活性服务商品和生产性服务商品。例如，热电厂的工人和资本家及其子女需要教育服务，商品批发公司的工人和资本家也需要在网上商城或超市购买生活用品，类似的这些都是第Ⅲ部类再生产所需的生活性服务商品；营利性社会养老服务机构需要广告、健康医疗技术服务、法律服务等，房地产开发和房地产中介公司需要金融服务、培训、会计税务服务等，类似的这些都是第Ⅳ部类再生产所需的生产性服务商品。通过第Ⅲ部类和第Ⅳ部类之间的交换，分别实现了第Ⅲ部类再生产过程中工人和资本家所需的生活性服务商品使用价值和第Ⅳ部类再生产所需的生产性服务商品使用价值的替换，同时也实现了第Ⅲ部类和第Ⅳ部类部分商品的价值补偿。

通过以上两种形式10个途径的交换，社会总产品的各个部分，在价值上得到补偿，在使用价值上也得到了补偿或替换。同时，也只有10个途径的交换都能顺利实现，四部类简单再生产才能得以继续进行。

四、社会资本四部类简单再生产的平衡条件

以上分析了四部类社会总产品的流通交换途径，交换得以实现社会资本简单再生产才能实现平衡。根据图 5－3 社会总产品的划分，这里将其价值形式列出，如表 5－1 所示。其中，最后一列为四个部类在一个周期中销售的总产品价值总额（w_i），相应的整个经济体的总供给为：

$$s = \sum_{i=1}^{4} w_i \tag{5-9}$$

同时，最后一行为四个部类再生产所需的不变资本（c）、可变资本（v）和剩余价值（m）总额，整个经济体的总需求为：

$$d = c + v + m = \sum_{i=1}^{4} c_i + \sum_{i=1}^{4} v_i + \sum_{i=1}^{4} m_i \tag{5-10}$$

表 5－1　　社会资本简单再生产价值构成

部类	c_i		v_i		m_i		w_i
第Ⅰ部类	c_{11}	c_{12}	v_{11}	v_{12}	m_{11}	m_{12}	w_1
第Ⅱ部类	c_{21}	c_{22}	v_{21}	v_{22}	m_{21}	m_{22}	w_2
第Ⅲ部类	c_{31}	c_{32}	v_{31}	v_{32}	m_{31}	m_{32}	w_3
第Ⅳ部类	c_{41}	c_{42}	v_{41}	v_{42}	m_{41}	m_{42}	w_4
合计	$c_{\cdot 1}$	$c_{\cdot 2}$	$v_{\cdot 1}$	$v_{\cdot 2}$	$m_{\cdot 1}$	$m_{\cdot 2}$	w
	c		v		m		

注：一个周期内再生产所需物质生产资料和生产性服务商品的价值总量为 $c_{\cdot j} = \sum_{i=1}^{4} c_{ij}(j = 1, 2)$，一个周期内工人阶级所需且分别按物质生活资料和生活性服务商品的价值计算的可变资本为 $v_{\cdot j} = \sum_{i=1}^{4} v_{ij}(j = 1, 2)$，一个周期内资本家所需且分别按物质生活资料和生活性服务商品的价值计算的剩余价值为 $m_{\cdot j} = \sum_{i=1}^{4} m_{ij}(j = 1, 2)$。

资料来源：笔者设计。

1. 社会总供求的平衡（简单生产第一必要条件）

从整个经济体的宏观层面来看，四个部类一个周期所生产的社会总产品必须按照其价值全部实现交换，首先宏观上的总需求和总供给要相等，即：

$$s = d \tag{5-11}$$

事实上，社会总供求的平衡是四个部类供求平衡的整体反映。

由 $w_i = c_i + v_i + m_i$，

可得 $\sum_{i=1}^{4} w_i = \sum_{i}^{4}(c_i + v_i + m_i) = \sum_{i=1}^{4} c_i + \sum_{i=1}^{4} v_i + \sum_{i=1}^{4} m_i$，

则 $s = d$。

因此，社会总供求平衡是社会资本简单再生产平衡的必要条件，这里称之为“简单生产第一必要条件”。

2. 物质生产领域和服务生产领域供求平衡（简单生产第二必要条件）

从各部类的再生产过程来看，四个部类的社会资本再生产都既需要物质商品，也需要服务商品。其中第Ⅰ部类和第Ⅱ部类为物质商品生产部类，第Ⅲ部类和第Ⅳ部类为服务商品生产部类。社会资本简单再生产平衡，物质商品和服务商品的供求必须平衡，则：

$$\begin{cases} w_1 + w_2 = \sum_{i=1}^{4} c_{i1} + \sum_{i=1}^{4} v_{i1} + \sum_{i=1}^{4} m_{i1} = c_{\cdot 1} + v_{\cdot 1} + m_{\cdot 1} \\ w_3 + w_4 = \sum_{i=1}^{4} c_{i2} + \sum_{i=1}^{4} v_{i2} + \sum_{i=1}^{4} m_{i2} = c_{\cdot 2} + v_{\cdot 2} + m_{\cdot 2} \end{cases} \tag{5-12}$$

式（5－12）等价于：

$$\sum_{i=1}^{2}(c_{i2} + v_{i2} + m_{i2}) = \sum_{i=3}^{4}(c_{i1} + v_{i1} + m_{i1}) \tag{5-13}$$

式（5－13）表明，第Ⅰ部类和第Ⅱ部类再生产所用生产性服务商品（生产资料）和工人及资本家所消费的生活性服务商品（生活资料）的价值，等于第Ⅲ部类和第Ⅳ部类再生产所用物质生产资料和工人及资本家所消费的物质生活资料的价值。

因此，式（5－13）为物质商品和服务商品供求平衡的充分必要条件，是四部类简单再生产平衡的必要条件，这里称之为“简单生产第二必要条件”。又因为式（5－12）两个分式之和等价于式（5－11），所以第二必要条件既是第一必要条件的分解，又是第一必要条件的进一步的约束。

3. 生产资料和生活资料供求平衡（简单生产第三必要条件）

从社会总产品的最终用途来看，可以分为生产消费和生活消费两种类型，其中第Ⅰ部类和第Ⅲ部类为生产资料用于生产消费，第Ⅱ部类和第Ⅳ部类为生活资料用于生活消费。社会资本简单再生产平衡，生产资料和生活资料的供求必须平衡，则：

$$\begin{cases} w_1 + w_3 = \sum_{i=1}^{4} c_i = c_{\cdot 1} + c_{\cdot 2} \\ w_2 + w_4 = \sum_{i=1}^{4} v_i + \sum_{i=1}^{4} m_i = v_{\cdot 1} + v_{\cdot 2} + m_{\cdot 1} + m_{\cdot 2} \end{cases} \tag{5-14}$$

式（5-14）等价于：

$$c_2 + c_4 = (v_1 + m_1) + (v_3 + m_3) \tag{5-15}$$

式（5-15）说明，第Ⅱ部类和第Ⅳ部类再生产所用生产资料的价值，等于第Ⅰ部类和第Ⅲ部类再生产过程中工人和资本家所消费的生活资料的价值。此式即为著名的社会资本两部类简单再生产平衡式"Ⅰ$(v+m)$=Ⅱc"① 的拓展。

因此，式（5-15）为生产资料和生活资料供求平衡的充分必要条件，是四部类简单再生产平衡的必要条件，这里称之为"简单生产第三必要条件"。同样，由式（5-14）两个分式之和等价于式（5-11），所以第三必要条件既是第一必要条件的分解，又是第一必要条件的进一步的约束。虽然第二必要条件和第三必要条件都是第一必要条件的分解，但是它们反映的角度各不相同，两者并不矛盾，而是相互并行和补充。

4. 四部类间的供求平衡（简单生产第四必要条件）

四个部类的总产品如果均能实现价值补偿和实物补偿，则每个部类商品必须均能发挥自身的作用。第Ⅰ部类的总产品价值必须同时补偿四个部类物质生产资料的价值，第Ⅱ部类的总产品价值必须同时补偿四个部类所消费的物质生活资料的价值，第Ⅲ部类的总产品价值必须同时补偿四个部类生产性服务商品的价值，第Ⅳ部类的总产品价值必须同时补偿四个部类所消费的生活性服务商品的价值。则：

$$\begin{cases} w_1 = c_{\cdot 1} \\ w_2 = v_{\cdot 1} + m_{\cdot 1} \\ w_3 = c_{\cdot 2} \\ w_4 = v_{\cdot 2} + m_{\cdot 2} \end{cases} \tag{5-16}$$

式（5-16）仅反映了四个部类的总产品在价值总量上的平衡，还不能表达在交换结构上的平衡。任何实数均与其自身相等，从价值形态来看，c_{11}、$v_{21} + m_{21}$、c_{32}、$v_{42} + m_{42}$均与自身相等，即部类内部的交换不受价

① 资本论（第二卷）[M]. 北京：人民出版社，2004：446.

值总量的制约（表 5－1 中的阴影格）。但是对于部类之间的交换途径，首先必须满足交换双方的价值总量相等，即满足最基本的等价交换的原则。则：

$$\begin{cases} c_{12} = c_{31} \\ v_{11} + m_{11} = c_{21} \\ v_{12} + m_{12} = c_{41} \\ c_{22} = v_{31} + m_{31} \\ v_{22} + m_{22} = v_{41} + m_{41} \\ v_{32} + m_{32} = c_{42} \end{cases} \tag{5-17}$$

式（5－17）的 6 个分式分别为途径⑤～⑩实现交换的条件，它们共同构成了再生产过程中四个部类供求平衡的充分必要条件，是社会资本简单再生产平衡的必要条件，这里称之为“简单生产第四必要条件”。其中，6 个交换途径的平衡公式分别为：

$$c_{12} = c_{31} \tag{5-18}$$

式（5－18）为实现 $C_{12} \sim C_{31}$ 的条件，即第Ⅰ部类再生产所需的生产性服务商品价值与第Ⅲ部类再生产所需物质生产资料价值相等。等式的左边表示第Ⅰ部类对第Ⅲ部类供给的物质生产资料价值量，右边表示第Ⅲ部类对第Ⅰ部类供给的生产性服务商品价值量，左右相等是供求平衡的必要条件。

$$v_{11} + m_{11} = c_{21} \tag{5-19}$$

式（5－19）为实现（$V_{11} + M_{11}$）$\sim C_{21}$ 的条件，即第Ⅰ部类再生产所需的物质生活资料价值与第Ⅱ部类再生产所需的物质生产资料价值相等。等式的左边表示第Ⅰ部类对第Ⅱ部类供给的物质生产资料价值量，右边表示第Ⅱ部类对第Ⅰ部类工人和资本家供给的物质生活资料价值量，左右相等是供求平衡的必要条件。事实上，式（5－19）即为著名的社会资本两部类简单再生产平衡式“Ⅰ$(v+m)$ = Ⅱc”①。

$$v_{12} + m_{12} = c_{41} \tag{5-20}$$

式（5－20）为实现（$V_{12} + M_{12}$）$\sim C_{41}$ 的条件，即第Ⅰ部类再生产所需的生活性服务商品价值与第Ⅳ部类再生产所需的物质生产资料价值相等。等式的左边表示第Ⅰ部类对第Ⅳ部类供给的物质生产资料价值量，右边表示第

① 资本论（第二卷）[M]. 北京：人民出版社，2004：446.

Ⅳ部类对第Ⅰ部类工人和资本家供给的生活性服务商品价值量，左右相等是供求平衡的必要条件。

$$c_{22} = v_{31} + m_{31} \tag{5-21}$$

式（5－21）为实现 $C_{22} \sim (V_{31} + M_{31})$ 的条件，即第Ⅱ部类再生产所需的生产性服务商品价值与第Ⅲ部类再生产所需的物质生活资料价值相等。等式的左边表示第Ⅱ部类对第Ⅲ部类供给工人和资本家的物质生活资料价值量，右边表示第Ⅲ部类对第Ⅱ部类供给的生产性服务商品价值量，左右相等是供求平衡的必要条件。

$$v_{22} + m_{22} = v_{41} + m_{41} \tag{5-22}$$

式（5－22）为实现 $(V_{22} + M_{22}) \sim (V_{41} + M_{41})$ 的条件，即第Ⅱ部类再生产所需的生活性服务商品价值与第Ⅳ部类再生产所需的物质生活资料价值相等。等式的左边表示第Ⅱ部类对第Ⅳ部类供给工人和资本家的物质生活资料价值量，右边表示第Ⅳ部类对第Ⅱ部类供给工人和资本家的生活性服务商品价值量，左右相等是供求平衡的必要条件。

$$v_{32} + m_{32} = c_{42} \tag{5-23}$$

式（5－23）为实现 $(V_{32} + M_{32}) \sim C_{42}$ 的条件，即第Ⅲ部类再生产所需的生活性服务商品价值与第Ⅳ部类再生产所需的生产性服务商品价值相等。等式的左边表示第Ⅲ部类对第Ⅳ部类供给的生产性服务商品价值量，右边表示第Ⅳ部类对第Ⅲ部类供给工人和资本家的生活性服务商品价值量，左右相等是供求平衡的必要条件。

式（5－17）的6个分式与式（5－13）和式（5－15）的关系：

$$(5-18)+(5-20)+(5-21)+(5-22) \Leftrightarrow (5-13)$$

即式（5－18）、式（5－20）、式（5－21）与式（5－22）之和等价于式（5－13），或者式（5－13）可以分解为式（5－18）、式（5－20）、式（5－21）与式（5－22）。特别地，式（5－18）、式（5－20）、式（5－21）与式（5－22）均成立，式（5－13）必定成立，而反之不一定。

$$-(5-19)-(5-20)+(5-21)-(5-23) \Leftrightarrow (5-15)$$

即式（5－19）、式（5－20）、式（5－21）与式（5－23）代数和[①]等价于式（5－15），或者式（5－15）可以分解为式（5－19）、式（5－20）、式（5－21）与式（5－23）。特别地，式（5－19）、式（5－20）、式（5－21）

① 代数和是指加（＋）和减（－）均归结为加法，式（5－19）、式（5－20）和式（5－23）相加前需要变号、移项。

与式（5－23）均成立，式（5－15）必定成立，而反之不一定。

因此，式（5－17）是式（5－13）和式（5－15）的分解，第四必要条件既是第二必要条件和第三必要条件的分解，又是第二必要条件和第三必要条件的进一步的约束。

同样，式（5－16）也可以由式（5－18）、式（5－19）、式（5－20）、式（5－21）、式（5－22）与式（5－23）这6个式子表示：

$$\begin{cases} w_1 = c_{\cdot 1} \\ w_2 = v_{\cdot 1} + m_{\cdot 1} \\ w_3 = c_{\cdot 2} \\ w_4 = v_{\cdot 2} + m_{\cdot 2} \end{cases} \Leftrightarrow \begin{cases} (5-18) + (5-19) + (5-20) \\ -(5-18) - (5-21) + (5-23) \\ -(5-19) + (5-21) + (5-22) \\ -(5-20) - (5-22) - (5-23) \end{cases}$$

以上各式的相互等价关系，一方面反映了四部类简单再生产的各平衡必要条件之间的逻辑关系；另一方面反映了四部类简单再生产平衡条件的系统性和科学性。

总之，社会资本四部类简单再生产平衡的四个必要条件，层层递进分解，它们共同构成了社会资本简单再生产的平衡条件。

第四节　社会资本四部类简单再生产的拓展模型

第三节建立了社会资本四部类简单再生产模型，并分析了简单再生产图式及其平衡的基本条件。本节将在此基础上，尝试对四部类简单再生产进行拓展性分析。

一、部类细分的社会资本四部类简单再生产模型

马克思在《资本论》第二册第Ⅱ稿和第Ⅷ稿都曾进行过部类细分的研究，特别是在第Ⅱ稿，马克思将消费资料部类分为两个分部类，同时将生产资料部类分为四个分部类①。这里继续沿着马克思的分析逻辑，将四部类进行进一步细分，并分析部类细分的简单再生产平衡的必要条件。

① 马克思在第Ⅱ稿中对第Ⅰ部类（生活资料部类）和第Ⅱ部类（生产资料部类）均作了细分研究，分别建立了“1＋2”“2＋2”和“2＋4”的拓展模型；而在第Ⅷ稿中仅论述了第Ⅱ部类（生活资料部类）内细分为两个部类后的交换（资料来源：本书第二章的论述）。

1. 生活必需品和奢侈品

马克思对两部类的细分是从生活资料部类开始的，这里也将种类繁多的生活资料分成两种类型：

（1）生活必需品。生活必需品就是普通的生活消费品或大众消费品，它既是工人阶级的生活消费品，也构成资本家阶级生活消费的一部分。随着经济的发展，人们生活水平普遍提高，生活必需品也在不断增加和改变。除了常规的住房、食物、服装、水、电、液化气等物质生活资料，教育、医疗、理发等生活性服务，当前智能手机、个人电脑、液晶电视、电冰箱、空调、豆浆机等日用小家电、电动车、汽车等物质生活资料，以及月嫂服务、生活保健、旅游、文化娱乐等生活性服务也都进入了普通的生活消费品行列。一般地，资本家阶级和工人阶级所消费的生活必需品的质量和价值并不相同，这里认为其中两者有许多交叉和重叠，因此将其均概括为生活必需品这一类型。

（2）奢侈品。从经济学角度来界定，奢侈品就是价值很高的商品，受众是少数人群，工人阶级基本消费不起，它们只进入资本家阶级的消费①。例如，名牌箱包、手表、首饰、高档品牌服装，豪华汽车、游艇、私人飞机、别墅等物质生活资料，豪华酒店服务、高尔夫等体育休闲服务、高端旅游服务等生活性服务。当然，奢侈品的范围也是不断发生变化的，随着时代的发展，以往的奢侈品也会变成生活必需品，如电脑、手机等电子产品。

2. 部类细分的简单再生产图式

生活资料分为生活必需品和奢侈品，第Ⅱ部类和第Ⅳ部类则细分为两个分部类：Ⅱ_a 为必需物质生活资料部类，其中的产品供工人阶级和资本家阶级共同消费。Ⅱ_b 为奢侈物质生活资料部类，其中的产品仅供资本家阶级消费。Ⅳ_a 为必需生活性服务部类，其中的产品供工人阶级和资本家阶级共同消费。Ⅳ_b 为奢侈生活性服务部类，其中的产品仅供资本家阶级消费。按照马克思在《资本论》第二册第Ⅱ稿中的设计，第Ⅰ部类和第Ⅲ部类也应该细分为两个部类，即生活必需品的物质生产资料部类（Ⅰ_a）和生产性服务

---

① 奢侈品具有一定的相对性，并非不允许工人消费，而是它们的价格远远超出了工人阶级的消费能力范围，马克思在第Ⅱ稿中也曾论及奢侈品的小部分也会进入工人的消费，那些均可忽略。现实中虽然工人偶尔也能消费到奢侈品（见图 5－1），但并非普遍现象。因此，这里假定奢侈品只进入资本家阶级的消费是合理的。

部类（III_a），奢侈品的物质生产资料部类（I_b）或生产性服务部类（III_b）。在此基础上，社会资本简单再生产的流通图式会有一定的变化，如图 5 − 4 所示。

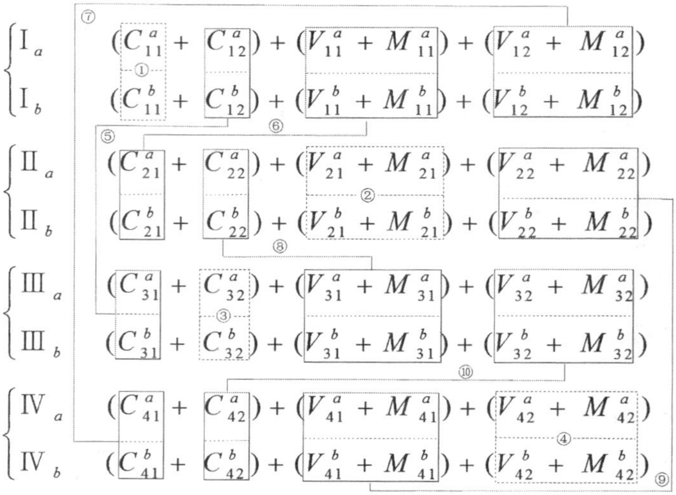

$$
\begin{cases}
\mathrm{I}_a & (C_{11}^a + C_{12}^a) + (V_{11}^a + M_{11}^a) + (V_{12}^a + M_{12}^a) \\
\mathrm{I}_b & (C_{11}^b + C_{12}^b) + (V_{11}^b + M_{11}^b) + (V_{12}^b + M_{12}^b)
\end{cases}
$$

$$
\begin{cases}
\mathrm{II}_a & (C_{21}^a + C_{22}^a) + (V_{21}^a + M_{21}^a) + (V_{22}^a + M_{22}^a) \\
\mathrm{II}_b & (C_{21}^b + C_{22}^b) + (V_{21}^b + M_{21}^b) + (V_{22}^b + M_{22}^b)
\end{cases}
$$

$$
\begin{cases}
\mathrm{III}_a & (C_{31}^a + C_{32}^a) + (V_{31}^a + M_{31}^a) + (V_{32}^a + M_{32}^a) \\
\mathrm{III}_b & (C_{31}^b + C_{32}^b) + (V_{31}^b + M_{31}^b) + (V_{32}^b + M_{32}^b)
\end{cases}
$$

$$
\begin{cases}
\mathrm{IV}_a & (C_{41}^a + C_{42}^a) + (V_{41}^a + M_{41}^a) + (V_{42}^a + M_{42}^a) \\
\mathrm{IV}_b & (C_{41}^b + C_{42}^b) + (V_{41}^b + M_{41}^b) + (V_{42}^b + M_{42}^b)
\end{cases}
$$

图 5 − 4　细分部类的四部类简单再生产的流通图式

注：与图 5 − 3 相比，从宏观上看，本图的社会总产品流通途径为 20 个，即途中的每一条途径实际上代表了两条。比如，途径①表示 C_{11}^a 和 C_{11}^b 两个分部类内部交换；途径⑦表示 $(V_{12}^a + M_{12}^a) \sim C_{41}^a$ 和 $(V_{12}^b + M_{12}^b) \sim C_{41}^b$ 两个分部类间的交换。

资料来源：笔者自绘。

将每个部类细分为两个分部类，社会资本再生产过程中社会总产品的价值补偿和使用价值补偿的流通途径变成 20 个，其中也可分为部类内交换和部类间交换两种形式。

（1）分部类内部的交换。①− a 为第 I_a 部类内部交换，生活必需品的物质生产资料交换集合为 C_{11}^a。①− b 为第 I_b 部类生产内部交换，奢侈品的物质生产资料相互交换集合为 C_{11}^b。②− a 为第 II_a 部类内部交换，物质生活必需品相互交换集合为 $V_{21}^a + M_{21}^a$。②− b 为第 II_b 部类内部交换，物质奢侈品相互交换的集合为 $V_{21}^b + M_{21}^b$。③− a 为第 III_a 部类内部交换，生产生活必需品的生产性服务商品相互交换集合为 C_{31}^a。③− b 为第 III_b 部类内部交换，生产奢侈品的生产性服务商品相互交换集合为 C_{31}^b。④− a 为第 IV_a 部类内部交换，生活服务必需品相互交换的集合为 $V_{41}^a + M_{41}^a$。④− b 为第 IV_b 部类内部交换，奢侈生活服务相互交换的集合为 $V_{41}^b + M_{41}^b$。

（2）分部类间的交换。⑤ $-a$ 为 $C_{12}^{a} \sim C_{31}^{a}$，即第Ⅰ$_a$ 部类的生活必需品的物质生产资料与第Ⅲ$_a$ 部类的生活必需品的生产性服务商品之间的交换。⑤ $-b$ 为 $C_{12}^{b} \sim C_{31}^{b}$，即第Ⅰ$_b$ 部类的奢侈品的物质生产资料与第Ⅲ$_a$ 部类的奢侈品的生产性服务商品之间的交换。⑥ $-a$ 为（$V_{11}^{a}+M_{11}^{a}$）$\sim C_{21}^{a}$，即第Ⅰ$_a$ 部类的生活必需品的物质生产资料与第Ⅱ$_a$ 部类的物质生活必需品之间的交换。⑥ $-b$ 为（$V_{11}^{b}+M_{11}^{b}$）$\sim C_{21}^{b}$，即第Ⅰ$_b$ 部类的奢侈品的物质生产资料与第Ⅱ$_b$ 部类的物质奢侈品之间的交换。⑦ $-a$ 为（$V_{12}^{a}+M_{12}^{a}$）$\sim C_{41}^{a}$，即第Ⅰ$_a$ 部类的生活必需品的物质生产资料与第Ⅳ$_a$ 部类的必需生活性服务之间的交换。⑦ $-b$ 为（$V_{12}^{b}+M_{12}^{b}$）$\sim C_{41}^{b}$，即第Ⅰ$_b$ 部类的奢侈品的物质生产资料与第Ⅳ$_b$ 部类的奢侈生活性服务之间的交换。⑧ $-a$ 为 $C_{22}^{a} \sim$（$V_{31}^{a}+M_{31}^{a}$），即第Ⅱ$_a$ 部类的物质生活必需品与第Ⅲ$_a$ 部类的生活必需品的生产性服务商品之间的交换。⑧ $-b$ 为 $C_{22}^{b} \sim$（$V_{31}^{b}+M_{31}^{b}$），即第Ⅱ$_b$ 部类的物质奢侈品与第Ⅲ$_b$ 部类的奢侈品的生产性服务商品之间的交换。⑨ $-a$ 为（$V_{22}^{a}+M_{22}^{a}$）$\sim$（$V_{41}^{a}+M_{41}^{a}$），即第Ⅱ$_a$ 部类的物质生活必需品与第Ⅳ$_a$ 部类的必需生活性服务商品之间的交换。⑨ $-b$ 为（$V_{22}^{b}+M_{22}^{b}$）$\sim$（$V_{41}^{b}+M_{41}^{b}$），即第Ⅱ$_b$ 部类的物质奢侈品与第Ⅳ$_b$ 部类的奢侈生活性服务商品之间的交换。⑩ $-a$ 为（$V_{32}^{a}+M_{32}^{a}$）$\sim C_{42}^{a}$，即第Ⅲ$_a$ 部类的生活必需品的生产性服务商品与第Ⅳ$_a$ 部类的必需生活性服务商品之间的交换。⑩ $-b$ 为（$V_{32}^{b}+M_{32}^{b}$）$\sim C_{42}^{b}$，即第Ⅱ$_b$ 部类的奢侈品的生产性服务商品与第Ⅳ$_b$ 部类的奢侈生活性服务商品之间的交换。

（3）交换途径存在的问题。通过以上 20 个流通交换途径，仅仅解决了部分再生产的价值补偿和使用价值补偿，途径①、③和⑤基本实现，而其他途径均没有完全实现。其中，第Ⅰ$_a$、第Ⅱ$_a$、第Ⅲ$_a$ 和第Ⅳ$_a$ 部类的资本家无法消费奢侈品，而第Ⅰ$_b$、第Ⅱ$_b$、第Ⅲ$_b$ 和Ⅳ$_b$ 部类的工人无法消费生活必需品。造成这一矛盾的原因是没有考虑同一部类内部的细分部类间的交换，解决这一矛盾必须在同一部类的细分部类间进行流通。其中，第Ⅱ部类内部途径②的交换，如图 5－5 所示，实现了第Ⅱ部类两个分部类的工人和资本家各自物质生活资料的使用价值补偿。类似地，第Ⅳ部类内部途径④的交换，实现了本部类两个分部类的工人和资本家各自生活性服务的使用价值补偿。

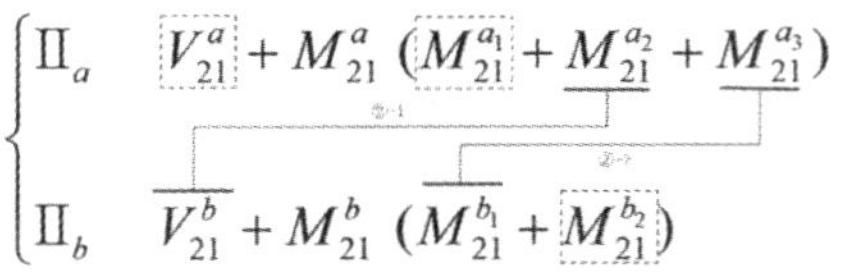

Ⅱ_a $V_{21}^{a}+M_{21}^{a}\ (M_{21}^{a_1}+M_{21}^{a_2}+M_{21}^{a_3})$
②-1
②-2
Ⅱ_b $V_{21}^{b}+M_{21}^{b}\ (M_{21}^{b_1}+M_{21}^{b_2})$

图 5-5　第Ⅱ部类的细分部类间的交换图式

注：$M_{21}^{a}=M_{21}^{a1}\cup M_{21}^{a2}\cup M_{21}^{a3}$，$M_{21}^{b}=M_{21}^{b1}\cup M_{21}^{b2}$。其中，$V_{21}^{a}$实现了第$\text{Ⅱ}_a$部类工人的物质生活必需品的消费，$M_{21}^{a1}$实现了第$\text{Ⅱ}_a$部类资本家的物质生活必需品的消费，$M_{21}^{b2}$实现了第$\text{Ⅱ}_b$部类资本家的物质奢侈品的消费；途径②-1：$M_{21}^{a2}\sim V_{21}^{b}$实现了第$\text{Ⅱ}_b$部类工人的物质生活必需品的消费和第$\text{Ⅱ}_a$部类资本家的部分物质奢侈品的消费，途径②-2：$M_{21}^{a3}\sim M_{21}^{b1}$实现了第$\text{Ⅱ}_b$部类资本家的物质生活必需品的消费和第$\text{Ⅱ}_a$部类资本家的部分物质奢侈品的消费。

资料来源：笔者自绘。

除此之外，整个社会资本简单再生产图式（见图 5-4）还有 6 个部类内部的交换，它们的交换需要分两个阶段进行。第一阶段：分部类间的交换，即通过上述 12 条途径，各自分别实现等价交换。通过交换，每个大部类均配置得到相应数量生活必需品和奢侈品；第二阶级：大部类内部的交换，即通过（见图 5-5）大部类内部的交换，工人和资本家分别获取属于自己的消费品。通过以上两个阶段的交换，就解决了前文交换途径中存在的问题，实现了各部类工人阶级和资产阶级各自生活资料的使用价值的补偿，再生产得以顺利进行。值得注意的是，在货币的中介作用下，这两个阶段并非现实中的两个过程，而仅仅是我们理解和分析其中交换原理的研究方法。现实中，资本家预付给工人工资，工人便可购买相应价值的生活必需品（包括物质和服务）；剩余价值货币化后，资本家便可购买相应价值的生活必需品和奢侈品（包括物质和服务）。

3. 部类细分的简单再生产平衡条件

通过对部类细分再生产图式的研究不难发现，部类细分的简单再生产平衡首先要满足细分之前的平衡条件，即前文论述的四个“简单生产必要条件”。在此基础上，分部类间的交换还要满足类似的必要条件。对此这里不再赘述，仅列出第四必要条件。

无论是生活必需品还是奢侈品，它们各分部类之间的交换途径，首先应满足交换双方的价值总量相等，即满足最基本的等价交换的原则。生活必需品的四个分部类再生产平衡的必要条件为：

$$\begin{cases} c_{12}^{a} = c_{31}^{a} \\ v_{11}^{a} + m_{11}^{a} = c_{21}^{a} \\ v_{12}^{a} + m_{12}^{a} = c_{41}^{a} \\ c_{22}^{a} = v_{31}^{a} + m_{31}^{a} \\ v_{22}^{a} + m_{22}^{a} = v_{41}^{a} + m_{41}^{a} \\ v_{32}^{a} + m_{32}^{a} = c_{42}^{a} \end{cases} \tag{5-24}$$

奢侈品的四个分部类再生产平衡的必要条件为：

$$\begin{cases} c_{12}^{b} = c_{31}^{b} \\ v_{11}^{b} + m_{11}^{b} = c_{21}^{b} \\ v_{12}^{b} + m_{12}^{b} = c_{41}^{b} \\ c_{22}^{b} = v_{31}^{b} + m_{31}^{b} \\ v_{22}^{b} + m_{22}^{b} = v_{41}^{b} + m_{41}^{b} \\ v_{32}^{b} + m_{32}^{b} = c_{42}^{b} \end{cases} \tag{5-25}$$

因此，式（5－24）和式（5－25）共同构成部类细分简单再生产平衡的第四必要条件。

前文已经指出，仅仅满足以上条件并不能完全实现社会总产品的使用价值的补偿，为此还需要四个部类细分后的内部交换。参与交换的社会总产品的价值构成，见表5－2。

表5－2　　分部类内部交换的价值构成

<table>
<tr><th>细分部类</th><th colspan="7">物质生活资料</th><th colspan="7">生活性服务</th></tr>
<tr><td rowspan="2">第Ⅰ$_a$部类</td><td rowspan="2">v_{11}^{a}</td><td colspan="6">m_{11}^{a}</td><td rowspan="2">v_{12}^{a}</td><td colspan="6">m_{12}^{a}</td></tr>
<tr><td colspan="2">m_{11}^{a1}</td><td colspan="2">m_{11}^{a2}</td><td colspan="2">m_{11}^{a3}</td><td colspan="2">m_{12}^{a1}</td><td colspan="2">m_{12}^{a2}</td><td colspan="2">m_{12}^{a3}</td></tr>
<tr><td rowspan="2">第Ⅰ$_b$部类</td><td rowspan="2">v_{11}^{b}</td><td colspan="6">m_{11}^{b}</td><td rowspan="2">v_{12}^{b}</td><td colspan="6">m_{12}^{b}</td></tr>
<tr><td colspan="3">m_{11}^{b1}</td><td colspan="3">m_{11}^{b2}</td><td colspan="3">m_{12}^{b1}</td><td colspan="3">m_{12}^{b2}</td></tr>
<tr><td rowspan="2">第Ⅱ$_a$部类</td><td rowspan="2">v_{21}^{a}</td><td colspan="6">m_{21}^{a}</td><td rowspan="2">v_{22}^{a}</td><td colspan="6">m_{22}^{a}</td></tr>
<tr><td colspan="2">m_{21}^{a1}</td><td colspan="2">m_{21}^{a2}</td><td colspan="2">m_{21}^{a3}</td><td colspan="2">m_{22}^{a1}</td><td colspan="2">m_{22}^{a2}</td><td colspan="2">m_{22}^{a3}</td></tr>
<tr><td rowspan="2">第Ⅱ$_b$部类</td><td rowspan="2">v_{21}^{b}</td><td colspan="6">m_{21}^{b}</td><td rowspan="2">v_{22}^{b}</td><td colspan="6">m_{22}^{b}</td></tr>
<tr><td colspan="3">m_{21}^{b1}</td><td colspan="3">m_{21}^{b2}</td><td colspan="3">m_{22}^{b1}</td><td colspan="3">m_{22}^{b2}</td></tr>
</table>

续表

细分部类	物质生活资料				生活性服务			
第Ⅲ$_a$部类	v_{31}^{a}	m_{31}^{a}			v_{32}^{a}	m_{32}^{a}		
		m_{31}^{a1}	m_{31}^{a2}	m_{31}^{a3}		m_{32}^{a1}	m_{32}^{a2}	m_{32}^{a3}
第Ⅲ$_b$部类	v_{31}^{b}	m_{31}^{b}			v_{32}^{b}	m_{32}^{b}		
		m_{31}^{b1}	m_{31}^{b2}			m_{32}^{b1}	m_{32}^{b2}	
第Ⅳ$_a$部类	v_{41}^{a}	m_{41}^{a}			v_{42}^{a}	m_{42}^{a}		
		m_{41}^{a1}	m_{41}^{a2}	m_{41}^{a3}		m_{42}^{a1}	m_{42}^{a2}	m_{42}^{a3}
第Ⅳ$_b$部类	v_{41}^{b}	m_{41}^{b}			v_{42}^{b}	m_{42}^{b}		
		m_{41}^{b1}	m_{41}^{b2}			m_{42}^{b1}	m_{42}^{b2}	
合计	$v_{\cdot 1}$	$m_{\cdot 1}$			$v_{\cdot 2}$	$m_{\cdot 2}$		

注：各部类生活必需品的剩余价值分成三个部分，且 $m_{ij}^{a} = \sum_{k=1}^{3} m_{ij}^{a_k}$；各部类奢侈品的剩余价值分成两个部分，且 $m_{ij}^{b} = \sum_{k=1}^{b} m_{ij}^{b_k}$。

资料来源：笔者设计。

通过以上分析可知，部类内部交换实现的必要条件为：

$$\begin{cases} m_{ij}^{a_2} = v_{ij}^{b} \\ m_{ij}^{a_3} = m_{ij}^{b_1} \end{cases} (i=1,\ 2,\ 3,\ 4;\ j=1,\ 2) \tag{5-26}$$

式（5－26）为四个部类内部实现交换的条件，是再生产过程中八个细分部类供求平衡的充分必要条件，是部类细分简单再生产平衡的必要条件，这里称之为“简单生产第五必要条件”。由此可见，社会资本再生产理论从宏观层面向微观方向的细分研究，必然伴随着实现条件的增多。

二、包括公共群体的社会资本四部类简单再生产模型

以上对社会资本简单再生产的分析，舍象了公共群体。这里将假设的第三条，修改为“假设市场经济体制内有工人阶级、资本家阶级和公共群体”，尝试分析包括公共群体的简单再生产。公共群体中的劳动虽然对于整个经济社会的生产和再生产也是不可或缺的，但均是不创造价值的非生产劳动。因此，公共群体的生产消费和生活消费只能依赖于公共群体收入，其中

政府税收是收入的主要形式。为简便起见，这里暂不考虑非税收收入①。

1. 包括公共群体的商品资本循环图式

若将公共群体纳入社会资本简单再生产理论的分析，则商品资本的循环图式变为：

$$W_t\left\{\begin{array}{l}W'_t\\M_t\end{array}\right.\rightarrow G'_t\left\{\begin{array}{l}G_t\rightarrow W''_t\left\{\begin{array}{l}C_t\\V_t\end{array}\right.\cdots P_t\cdots W_{t+1}\\[2ex] M'_t\left\{\begin{array}{l}\rightarrow Z_t\ |\\ \rightarrow S_t\left\{\begin{array}{l}F_t\ |\\ \left\{\begin{array}{l}C'_t\\V'_t\end{array}\right.\cdots P'_t\cdots F'_t\ |\end{array}\right.\end{array}\right.\end{array}\right. \tag{5-27}$$

商品资本作为起点，通过销售，全部商品资本转化成货币资本，一部分（G_t）仍然用于购买生产资料为再生产做好准备；另一部分（M'_t）又分成两个部分：一是资本家所得的剩余价值，用于资本家购买自己的消费品（Z_t）。二是政府所征收的税。这一部分表现为公共群体的收入（S_t），又可分成两个部分：其一，政府用公共收入的一部分购买商品，使其直接转化为公共产品（F_t）；其二，政府用公共收入的一部分购买生产资料（物质生产资料和生产性服务）和非生产劳动力，进而生产公共服务（F'_t）。

假设一个生产周期内，公共产品（$F_t \cup F'_t$）全部被消费。此时，社会资本再生产以及下一周期的公共产品的再生产仍然保持不变。

2. 公共群体收入的使用价值构成

从整个社会生产和再生产的过程来看，公共群体的收入也表现为一定量的社会产品，这是公共群体从事一切活动的使用价值基础。公共群体收入的使用价值和社会总产品的使用价值构成相同，也分成物质生产资料（S_1）、物质生活资料（S_2）、生产性服务商品（S_3）和生活性服务商品（S_4）四种类型。公共群体收入是各部类剩余产品的一部分，即：

$$M_i = M_{i1} + M_{i2} + S_i (i = 1, 2, 3, 4) \tag{5-28}$$

公共群体收入并非来自市场经济的等价交换法则，而是由政府税收等形式获取，其使用价值通过行政手段进行补偿。公共群体收入的这四种类型的

① 非税收收入与一个国家或地区的政治制度、经济结构和财政制度有关，在市场经济体中一般包括债务收入、国有企业运营收入、国有财产收入、行政司法收入以及捐赠等其他收入。

使用价值会直接（政府购买或企业捐赠）或间接（作为公共群体生产和再生产公共产品的生产资料或生活资料）地转变成为公共产品（G），包括物质公共产品（G_1）和公共服务产品（G_2），如图 5－6 所示。公共产品具有使用价值，但没有交换价值和价值，其使用价值面向社会的任何人，在消费中具有非竞争性和非排他性。

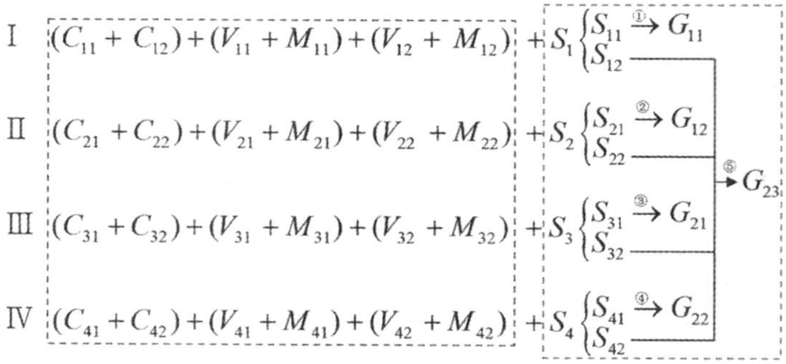

Ⅰ $(C_{11}+C_{12})+(V_{11}+M_{11})+(V_{12}+M_{12})$ $+S_1$ S_{11} ① → G_{11} S_{12}
Ⅱ $(C_{21}+C_{22})+(V_{21}+M_{21})+(V_{22}+M_{22})$ $+S_2$ S_{21} ② → G_{12} S_{22}
⑤ → G_{23}
Ⅲ $(C_{31}+C_{32})+(V_{31}+M_{31})+(V_{32}+M_{32})$ $+S_3$ S_{31} ③ → G_{21} S_{32}
Ⅳ $(C_{41}+C_{42})+(V_{41}+M_{41})+(V_{42}+M_{42})$ $+S_4$ S_{41} ④ → G_{22} S_{42}

图 5－6　公共收入的流通图式

注：公共产品 $G=G_1+G_2$，物质公共产品 $G_1=G_{11}+G_{12}$，公共服务产品 $G_2=G_{21}+G_{22}+G_{23}$。
资料来源：笔者自绘。

3. 公共产品的形成过程

公共产品在社会资本再生产的过程中也发挥着十分重要的作用，它们的形成也与社会资本再生产有直接的关系。从图 5－6 可知，公共群体收入的四种使用价值最终转变成两种公共产品，其中共有 5 个转变途径：

（1）$S_{11}\rightarrow G_{11}$ 为政府购买物质生产资料，使其直接转化为物质公共产品。例如，公路、铁路、机场、码头、通信、水电天然气等公共设施，科技馆、福利院、公共体育馆、公园、广场、博物馆、纪念馆等社会性公共基础设施，国防设施，等等。

（2）$S_{21}\rightarrow G_{12}$ 为政府购买物质生活资料，使其直接转化为公共服务产品。例如，广场、汽车站、火车站等公共场所免费的饮用水，公共健身器材，免费计生用品，免费疫苗，等等。特别地，生产资料和生活资料的区分标准是消费的用途，这里（1）和（2）途径的区分在于这种公共产品是否直接用于公共消费。例如，公路如果直接用于公共消费即属于（1），如果用于公务人员生产公共服务产品则属于（2）。

（3）$S_{31}\rightarrow G_{21}$ 为政府购买生产性服务商品，使其直接转化为公共服务。

如政府向经营性社会组织购买的科技服务、法律服务、培训服务等。

（4）$S_{41} \to G_{22}$为政府购买生活性服务商品，使其直接转化为公共服务。如政府购买的教育服务、医疗服务、养老服务、体育健身服务、文化娱乐服务等。

（5）$S_{12} + S_{22} + S_{32} + S_{42} \to G_{23}$为公共群体中的非生产性劳动者生产公共服务产品的过程。非生产性劳动者主要包括公务员（包含政府购买服务的政府机构工作人员、社区服务者、农村管水员、护林员等）、各类非营利性事业单位工作人员、军人和军队中的工勤人员等。其中，S_{12}为生产公共产品的物质生产资料，如政府的办公设施、公办学校的设施、公办医疗机构的设施等；S_{32}为生产公共产品的生产性服务，如面向政府、公办学校、医院的信息技术服务、法律咨询服务等；S_{22}和S_{42}分别为非生产性劳动者所消费的物质生活资料和生活性服务，用于其自身的再生产，以实现公共服务再生产。非生产性劳动者生产的公共产品主要包括政府的行政服务，供水、电、气等基础公共服务，政策性信贷、咨询服务等科技推广经济公共服务，公办的教育、医疗、社会保障（福利）、环境保护等社会公共服务，军队、警察和消防等公共安全服务，等等。一般地，公共群体的生活消费水平一般要高于工人阶级。一方面，公共群体收入的获取是通过行政强制手段，并且是剩余产品的一部分；另一方面，公共群体中的劳动多为脑力劳动，劳动复杂程度高于社会平均水平，只有将非生产性劳动者的收入提高到与同等劳动复杂程度的工人的收入水平才能不致使其辞职。

4. 公共群体收入的价值构成

公共群体的收入不仅表现为一定量的社会产品，还表现为一定量的价值（货币），这些价值通过行政等手段从经济领域流入公共领域。因此，公共群体收入的价值构成也是社会总产品的价值构成，包括不变资本（c）、可变资本（v）和剩余价值（m）。前文论述了公共产品形成的5个途径，事实上，在市场经济体制中公共收入表现为一定量的货币额。这些货币来源于对剩余价值（m）的征税，即一定比例的剩余价值。因此，这里可以假设本期公共群体的收入来源于上一期的剩余价值，在社会资本简单再生产中，两期公共群体的收入保持不变。见表5-3。公共群体的收入有两类用途：

（1）购买公共产品。将公共群体部分收入用于向经济领域购买物质生产资料（s_{11}）、物质生活资料（s_{21}）、生产性服务商品（s_{31}）和生活性服务商品（s_{41}），使它们直接转变成为公共物质产品或公共服务产品。用于购买公共产品的价值（货币）总额为：

$$s_{\cdot 1} = \sum_{i=1}^{4} s_{i1} \tag{5-29}$$

（2）生产公共产品。将公共群体部分收入用于公共群体非生产劳动者的工资（$s_{22}+s_{42}$）和购买生产公共产品的生产资料（$s_{12}+s_{32}$），这为生产公共产品作好了劳动力和生产资料准备。用于生产公共产品的价值（货币）总额为：

$$s_{\cdot 2} = \sum_{i=1}^{4} s_{i2} \tag{5-30}$$

表 5－3　　包括公共群体收入的四部类简单再生产价值构成

项目	c_i		v_i		m_i				w_i
第Ⅰ部类	c_{11}	c_{12}	v_{11}	v_{12}	m_{11}	m_{12}	s_{11}	s_{12}	w_1
第Ⅱ部类	c_{21}	c_{22}	v_{21}	v_{22}	m_{21}	m_{22}	s_{21}	s_{22}	w_2
第Ⅲ部类	c_{31}	c_{32}	v_{31}	v_{32}	m_{31}	m_{32}	s_{31}	s_{32}	w_3
第Ⅳ部类	c_{41}	c_{42}	v_{41}	v_{42}	m_{41}	m_{42}	s_{41}	s_{42}	w_4
合计	$c_{\cdot 1}$	$c_{\cdot 2}$	$v_{\cdot 1}$	$v_{\cdot 2}$	$m_{\cdot 1}$	$m_{\cdot 2}$	$s_{\cdot 1}$	$s_{\cdot 2}$	w
	c		v		m				

注：四个部类的税额分别为 $s_i = \sum_{j=1}^{2} s_{ij}(i=1, 2, 3, 4)$，整个社会的总税额为 $s = \sum_{i=1}^{4} s_i = \sum_{i=1}^{4} r_i m_i$，其中 r_i（$i=1, 2, 3, 4$）为各部类的税率。

资料来源：笔者设计。

三、开放经济中的社会资本四部类简单再生产模型

以上对社会资本简单再生产的分析，假设不存在对外贸易和资本流动。这里将假设的第四条，修改为“假设经济是开放的，存在对外贸易”，尝试分析开放经济中的简单再生产。为了简化分析，这里还是暂不考虑公共群体。一个市场经济体存在对外贸易，这里暂不考虑它与几个国家或经济体有贸易往来，即忽略对外贸易的国别结构。假设该市场经济体仅存在商品贸易，国际价值与国内价值相等，商品按照等价交换的原则，不考虑汇率以及其他贸易障碍的影响。

1. 开放经济中的商品资本循环图式

若将对外贸易纳入社会资本简单再生产理论的分析，则商品资本的循环图式变为：

$$W_t\begin{cases}\overset{\uparrow}{E_t}\\ W'_t\\ M_t\end{cases}\rightarrow\begin{cases}W'_t\\ M_t\\ \underset{\uparrow}{I_t}\end{cases}\rightarrow G'_t\begin{cases}(G_t+\overset{\downarrow}{E'_t})\rightarrow W''_t\begin{cases}C_t\\ V_t\end{cases}\cdots P_t\cdots W_{t+1}\\ \\ (M'_t+\overset{\downarrow}{E''_t})\rightarrow Z_t|\\ \\ \underset{\downarrow}{I'_t}\end{cases}\tag{5-31}$$

商品资本作为起点，包含了三个部分（子集），即 $W_t=W'_t\cup M_t\cup E_t$，其中 E_t 为出口商品集。在市场经济体内实现商品交换的还包括进口商品（I_t），通过销售，商品资本转化成货币资本。出口商品在国际市场交换转化为货币资本（$E'_t+E''_t$），后又回流到国内；同时，进口商品转变成的货币资本（I'_t），后又回流到国外。此时，货币资本分成两部分：一是用于购买生产资料为再生产作好准备，这一部分由在国内交换实现的预付商品资本价值（G_t）和在国外交换实现的预付商品资本价值（E'_t）组成；二是资本家所得的剩余价值，用于资本家购买自己的消费品（Z_t），这一部分由在国内交换实现的剩余价值（M'_t）和在国外交换实现的剩余价值（E''_t）。

2. 开放经济中的社会资本四部类简单再生产图式

在开放经济中进出口商品均在再生产的框架内，进口商品在国外生产，国内实现交换，补偿了国内再生产所消费的使用价值；而出口商品在国内生产，在国外实现交换，并回流交换价值，补偿了国内再生产的价值。因此，总体来看社会总产品应分成三类，一是国内生产的商品（T），二是出口商品（E），三是进口商品（I），其中出口商品是国内生产商品的一部分（$T\supset E$）。从结构上看，一个市场经济体存在对外贸易的前提下社会资本再生产才平衡，则其内在的再生产是不平衡的，除非进口和出口商品的数量和结构完全相同，而这种情况是不切实际的。事实上，对外贸易可以调节社会资本再生产的使用价值补偿和价值补偿，发挥各个经济体的比较优势，从而影响其产业结构和经济发展。无论是进口商品，还是出口商品其使用价值均可以分成四类，即物质生产资料、物质生活资料、生产性服务商品和生活性服务商品；价值也由三个部分构成，即不变资本（c）、可变资本（v）和剩余价值（m）。在有商品进出口时，社会资本简单再生产的图式整体结构并不会发生变化，但其流通和补偿的内部结构会发生相应的变化。如图 5－7 所示。

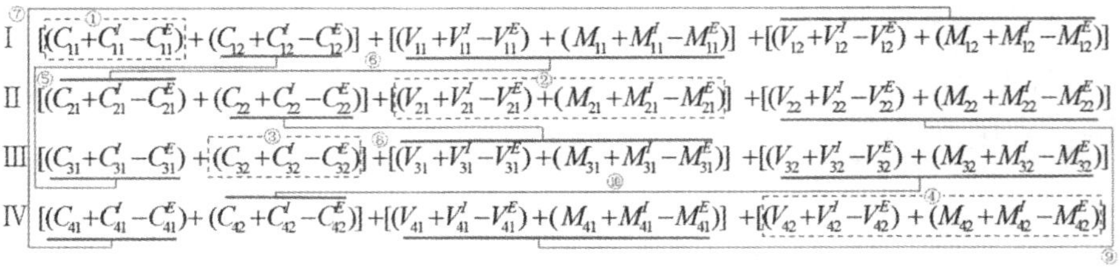

Ⅰ $[(C_{11}+C_{11}^I-C_{11}^E)+(C_{12}+C_{12}^I-C_{12}^E)]+[(V_{11}+V_{11}^I-V_{11}^E)+(M_{11}+M_{11}^I-M_{11}^E)]+[(V_{12}+V_{12}^I-V_{12}^E)+(M_{12}+M_{12}^I-M_{12}^E)]$
Ⅱ $[(C_{21}+C_{21}^I-C_{21}^E)+(C_{22}+C_{22}^I-C_{22}^E)]+[(V_{21}+V_{21}^I-V_{21}^E)+(M_{21}+M_{21}^I-M_{21}^E)]+[(V_{22}+V_{22}^I-V_{22}^E)+(M_{22}+M_{22}^I-M_{22}^E)]$
Ⅲ $[(C_{31}+C_{31}^I-C_{31}^E)+(C_{32}+C_{32}^I-C_{32}^E)]+[(V_{31}+V_{31}^I-V_{31}^E)+(M_{31}+M_{31}^I-M_{31}^E)]+[(V_{32}+V_{32}^I-V_{32}^E)+(M_{32}+M_{32}^I-M_{32}^E)]$
Ⅳ $[(C_{41}+C_{41}^I-C_{41}^E)+(C_{42}+C_{42}^I-C_{42}^E)]+[(V_{41}+V_{41}^I-V_{41}^E)+(M_{41}+M_{41}^I-M_{41}^E)]+[(V_{42}+V_{42}^I-V_{42}^E)+(M_{42}+M_{42}^I-M_{42}^E)]$
① ② ③ ④ ⑤ ⑥ ⑦ ⑧ ⑨ ⑩

图 5－7　开放经济中的简单再生产流通图式

注：$C_{ij}(i=1,\ 2,\ 3,\ 4;\ j=1,\ 2)$ 表示国内为四个部类生产的物质生产资料和生产性服务商品的集合，其中用于出口的部分为 $C_{ij}^E(i=1,\ 2,\ 3,\ 4;\ j=1,\ 2)$，且 $C_{ij}^E \subset C_{ij}$，这里的“－”为集合的差，记 $C_{ij}^0=C_{ij}-C_{ij}^E$ 为未出口的部分。$C_{ij}^I(i=1,\ 2,\ 3,\ 4;\ j=1,\ 2)$ 表示为四个部类进口的物质生产资料和生产性服务商品的集合；$V_{ij}(i=1,\ 2,\ 3,\ 4;\ j=1,\ 2)$ 表示国内为四个部类的工人阶级生产的物质生活资料和生活性服务商品的集合，其中用于出口的部分为 $V_{ij}^E(i=1,\ 2,\ 3,\ 4;\ j=1,\ 2)$，且 $V_{ij}^E \subset V_{ij}$，记 $V_{ij}^0=V_{ij}-V_{ij}^E$ 为未出口的部分。$V_{ij}^I(i=1,\ 2,\ 3,\ 4;\ j=1,\ 2)$ 表示为四个部类进口的工人阶级消费的物质生活资料和生活性服务商品的集合；$M_{ij}(i=1,\ 2,\ 3,\ 4;\ j=1,\ 2)$ 表示国内为四个部类的资本家阶级生产的物质生活资料和生活性服务商品的集合，其中用于出口的部分为 $M_{ij}^E(i=1,\ 2,\ 3,\ 4;\ j=1,\ 2)$，且 $M_{ij}^E \subset M_{ij}$，记 $M_{ij}^0=M_{ij}-M_{ij}^E$ 为未出口的部分。$M_{ij}^I(i=1,\ 2,\ 3,\ 4;\ j=1,\ 2)$ 表示为四个部类进口的资本家阶级消费的物质生活资料和生活性服务商品的集合。若 $C_{11}^I=\Phi$ 或 $C_{11}^E=\Phi$，则表示第Ⅰ部类生产或消费的物质生产资料不存在进口或出口。

资料来源：笔者自绘。

从图 5－7 可以看出，这里将进口商品按照其使用价值也划分到各部类中去，参与部类内部的交换和部类之间的交换。开放经济中的社会资本再生产受到进出口贸易的影响，一方面是进口商品使用价值要参与的流通与交换，另一方面是出口商品要参与生产和再生产，且价值要回流。这里我们暂且不考虑货币的流通，可将四部类总产品的各部分交换分成两种形式，共 10 个途径。除了进出口量的影响，结构与前文的论述类似，这里不再赘述。

3. 开放经济中的四部类简单再生产平衡条件

封闭经济体的社会资本简单再生产的平衡条件和开放经济中的平衡条件既有联系又有区别，其中区别主要集中于进口和出口商品的价值补偿和使用价值补偿问题。这里将包括进出口商品在内的四部类总产品的价值构成列表，见表 5－4。

表 5－4　　开放经济中的社会资本简单再生产价值构成

部类	c_j						v_j						m_j						w_j	w_j^i	w_j^e
Ⅰ	c_{11}	c_{11}^i	c_{11}^e	c_{12}	c_{12}^i	c_{12}^e	v_{11}	v_{11}^i	v_{11}^e	v_{12}	v_{12}^i	v_{12}^e	m_{11}	m_{11}^i	m_{11}^e	m_{12}	m_{12}^i	m_{12}^e	w_1	w_1^i	w_1^e
Ⅱ	c_{21}	c_{21}^i	c_{21}^e	c_{22}	c_{22}^i	c_{22}^e	v_{21}	v_{21}^i	v_{21}^e	v_{22}	v_{22}^i	v_{22}^e	m_{21}	m_{21}^i	m_{21}^e	m_{22}	m_{22}^i	m_{22}^e	w_2	w_2^i	w_2^e

续表

部类	c_j						v_j						m_j						w_j	w_j^i	w_j^e
Ⅲ	c_{31}	c_{31}^i	c_{31}^e	c_{32}	c_{32}^i	c_{32}^e	v_{31}	v_{31}^i	v_{31}^e	v_{32}	v_{32}^i	v_{32}^e	m_{31}	m_{31}^i	m_{31}^e	m_{32}	m_{32}^i	m_{32}^e	w_3	w_3^i	w_3^e
Ⅳ	c_{41}	c_{41}^i	c_{41}^e	c_{42}	c_{42}^i	c_{42}^e	v_{41}	v_{41}^i	v_{41}^e	v_{42}	v_{42}^i	v_{42}^e	m_{41}	m_{41}^i	m_{41}^e	m_{42}	m_{42}^i	m_{42}^e	w_4	w_4^i	w_4^e
合计	$c_{\cdot 1}$	$c_{\cdot 1}^i$	$c_{\cdot 1}^e$	$c_{\cdot 2}$	$c_{\cdot 2}^i$	$c_{\cdot 2}^e$	$v_{\cdot 1}$	$v_{\cdot 1}^i$	$v_{\cdot 1}^e$	$v_{\cdot 2}$	$v_{\cdot 2}^i$	$v_{\cdot 2}^e$	$m_{\cdot 1}$	$m_{\cdot 1}^i$	$m_{\cdot 1}^e$	$m_{\cdot 2}$	$m_{\cdot 2}^i$	$m_{\cdot 2}^e$	w	w^i	w^e
	c						v						m								

注：表中阴影部分是进口商品的价值量，它们最终都要回流到国外。进口商品的价值总额为：

$$w^i = \sum_{j=1}^{4}\sum_{k=1}^{2} c_{jk}^i + \sum_{j=1}^{4}\sum_{k=1}^{2} v_{jk}^i + \sum_{j=1}^{4}\sum_{k=1}^{2} m_{jk}^i$$

出口商品的价值总额为：

$$w^e = \sum_{j=1}^{4}\sum_{k=1}^{2} c_{jk}^e + \sum_{j=1}^{4}\sum_{k=1}^{2} v_{jk}^e + \sum_{j=1}^{4}\sum_{k=1}^{2} m_{jk}^e$$

资料来源：笔者设计。

（1）开放经济体的总供求平衡（开放简单生产第一必要条件）。

在开放经济体中社会总产品划分成三种类型，从整个经济体的宏观层面来看，一个周期所生产的社会总产品（不包括出口商品）和进口商品必须按照其价值全部实现交换。因此，整个社会的供求要保持平衡，即：

$$s - d^e + s^i = d \tag{5-32}$$

式（5－32）表明，国内生产的社会总产品价值量减去出口商品的价值总量，再加上进口的商品价值总量，等于国内需求的商品价值总量。式（5－32）等价于：

$$s + s^i = d + d^e \tag{5-33}$$

事实上，式（5－32）或式（5－33）所表示的开放经济中的社会总供求的平衡是四个部类供求平衡的整体反应。即：

$$\sum_{j=1}^{4} w_j + \sum_{j=1}^{4} w_j^i = \sum_{j=1}^{2}(c_{\cdot j} + v_{\cdot j} + m_{\cdot j}) + \sum_{j=1}^{4} w_j^e \tag{5-34}$$

若不存在对外贸易，即 $s^i = d^e = 0$ 时。社会资本简单再生产保持平衡，则 $s = d$。一般地，在国内供求平衡（$s = d$）条件下的开放经济供求平衡，存在对外贸易时，进出口商品的价值必须保持平衡，即对外贸易收支平衡。若 $s > d$ 时，即国内市场供大于求，则社会总产品中多余的部分需要寻求国外市场；若 $s < d$ 时，即国内市场供小于求，则需要更多的进口商品，社会总产品才能满足国内需求。由此可见，在开放经济中，对外贸易可以在一定程度上调节国内的供求平衡，当然其相反的作用同样也是存在的。

因此，式（5－34）为开放经济中社会资本四部类简单再生产平衡的必要条件，这里称之为开放经济中的“简单生产第一必要条件”。

（2）开放经济中的物质商品和服务商品供求平衡（开放简单生产第二必要条件）。

在开放经济中四个部类的社会资本再生产都可能既有进口商品，也有出口商品。其中第Ⅰ部类和第Ⅱ部类进出口为物质商品部类，第Ⅲ部类和第Ⅳ部类为进出口服务商品部类。社会资本简单再生产平衡，物质商品和服务商品的供求必须平衡，则：

$$\begin{cases} \sum_{j=1}^{2}(w_j + w_j^i) = c_{\cdot 1} + v_{\cdot 1} + m_{\cdot 1} + \sum_{j=1}^{2} w_j^e \\ \sum_{j=3}^{4}(w_j + w_j^i) = c_{\cdot 2} + v_{\cdot 2} + m_{\cdot 2} + \sum_{j=3}^{4} w_j^e \end{cases} \tag{5－35}$$

式（5－35）等价于：

$$\begin{cases} \sum_{j=1}^{2}(c_{j2} + v_{j2} + m_{j2} + w_j^i) = \sum_{j=3}^{4}(c_{j1} + v_{j1} + m_{j1}) + \sum_{j=1}^{2} w_j^e \\ \sum_{j=3}^{4}(c_{j1} + v_{j1} + m_{j1} + w_j^i) = \sum_{j=1}^{2}(c_{j2} + v_{j2} + m_{j2}) + \sum_{j=3}^{4} w_j^e \end{cases} \tag{5－36}$$

式（5－36）有两个分式，分别表示：第Ⅰ部类和第Ⅱ部类再生产所用生产性服务商品（生产资料）和工人及资本家所消费的生活性服务商品（生活资料）的价值以及两个部类进口商品价值总量，等于第Ⅲ部类和第Ⅳ部类再生产所用物质生产资料和工人及资本家所消费的物质生活资料的价值以及第Ⅰ部类和第Ⅱ部类出口商品价值总量；第Ⅲ部类和第Ⅳ部类再生产所用物质生产资料和工人及资本家所消费的物质生活资料的价值以及两个部类进口商品价值总量，等于第Ⅰ部类和第Ⅱ部类再生产所用生产性服务商品和工人及资本家所消费的生活性服务商品的价值以及第Ⅲ部类和第Ⅳ部类出口商品价值总量。

因此，式（5－36）即为开放经济中物质商品和服务商品供求平衡的充分必要条件，是开放经济中的社会资本简单再生产平衡的必要条件，这里称之为开放经济中的“简单生产第二必要条件”。显然，式（5－36）两个分式之和等价于式（5－34），所以第二必要条件既是第一必要条件的分解，又是第一必要条件的进一步的约束。

（3）开放经济中的生产资料和生活资料供求平衡（开放简单生产第三

必要条件）。

在开放经济中，包括进出口商品在内的社会总产品的最终用途可以分为生产消费和生活消费两种类型，其中第Ⅰ部类和第Ⅲ部类生产和进口的为生产资料用于生产消费，第Ⅱ部类和第Ⅳ部类生产和进口的为生活资料用于生活消费。社会资本简单再生产平衡，生产资料和生活资料的供求必须平衡，则：

$$\begin{cases} w_1 + w_1^i + w_3 + w_3^i = c_{\cdot 1} + c_{\cdot 2} + w_1^e + w_3^e, \\ w_2 + w_2^i + w_4 + w_4^i = v_{\cdot 1} + v_{\cdot 2} + m_{\cdot 1} + m_{\cdot 2} + w_2^e + w_4^e. \end{cases} \tag{5-37}$$

式（5－37）等价于：

$$\begin{cases} (v_1 + m_1 + w_1^i) + (v_3 + m_3 + w_3^i) = c_2 + c_4 + w_1^e + w_3^e, \\ (c_2 + w_2^i) + (c_4 + w_4^i) = (v_1 + m_1) + (v_3 + m_3) + w_2^e + w_4^e. \end{cases} \tag{5-38}$$

式（5－38）有两个分式，分别表示：第Ⅰ部类和第Ⅲ部类再生产中工人和资本家所消费的生活资料的价值以及两部类的进口商品价值总量，等于第Ⅱ部类和第Ⅳ部类再生产所用生产资料的价值以及第Ⅰ部类和第Ⅲ部类出口商品价值总量；第Ⅱ部类和第Ⅳ部类再生产所用生产资料的价值以及两部类进口商品价值总量，等于第Ⅰ部类和第Ⅲ部类再生产中工人和资本家所消费的生活资料的价值以及第Ⅱ部类和第Ⅳ部类出口商品价值总量。

因此，式（5－38）即为开放经济中生产资料和生活资料供求平衡的充分必要条件，是开放经济的社会资本简单再生产平衡的必要条件，这里称之为开放经济中的“简单生产第三必要条件”。显然，式（5－38）两个分式之和也等价于式（5－34），所以开放经济中的第三必要条件既是第一必要条件的分解，又是第一必要条件的进一步的约束。

（4）开放经济中的四部类间的供求平衡（开放简单生产第四必要条件）。

在开放经济中四个部类的总产品如果均能实现价值补偿和实物补偿，则每个部类商品必须均能发挥自身的作用。第Ⅰ部类生产且未出口和进口的总产品价值必须同时补偿四个部类物质生产资料的价值，第Ⅱ部类生产且未出口和进口的总产品价值必须同时补偿四个部类所消费的物质生活资料的价值，第Ⅲ部类生产且未出口和进口的总产品价值必须同时补偿四个部类生产性服务商品的价值，第Ⅳ部类生产且未出口和进口的总产品价值必须同时补偿四个部类所消费的生活性服务商品的价值。则：

$$\begin{cases} w_1 + w_1^i = c_{\cdot 1} + w_1^e \\ w_2 + w_2^i = v_{\cdot 1} + m_{\cdot 1} + w_2^e \\ w_3 + w_3^i = c_{\cdot 2} + w_3^e \\ w_4 + w_4^i = v_{\cdot 2} + m_{\cdot 2} + w_4^e \end{cases} \tag{5-39}$$

式（5－39）的四个分式之和等价于式（5－34）。

在开放经济中，将进口商品和出口商品按照其使用价值和流通方式进行划分，这样保证他们能顺利地实现价值和使用价值补偿。同样，本部类内部的交换不受价值总量的制约。但是对于部类之间的交换途径，就必须首先满足交换双方的价值总量相等，即满足最基本的等价交换的原则。则：

$$\begin{cases} c_{12} + c_{12}^i + c_{31}^e = c_{31} + c_{31}^i + c_{12}^e \\ (v_{11} + m_{11}) + (v_{11}^i + m_{11}^i) + c_{21}^e = c_{21} + c_{21}^i + (v_{11}^e + m_{11}^e) \\ (v_{12} + m_{12}) + (v_{12}^i + m_{12}^i) + c_{41}^e = c_{41} + c_{41}^i + (v_{12}^e + m_{12}^e) \\ c_{22} + c_{22}^i + (v_{31}^e + m_{31}^e) = (v_{31} + m_{31}) + (v_{31}^i + m_{31}^i) + c_{22}^e \\ (v_{22} + m_{22}) + (v_{22}^i + m_{22}^i) + (v_{41}^e + m_{41}^e) = (v_{41} + m_{41}) + (v_{41}^i + m_{41}^i) + (v_{22}^e + m_{22}^e) \\ (v_{32} + m_{32}) + (v_{32}^i + m_{32}^i) + c_{42}^e = c_{42} + c_{42}^i + (v_{32}^e + m_{32}^e) \end{cases} \tag{5-40}$$

式（5－40）为开放经济中社会资本简单再生产过程中四个部类供求平衡的充分必要条件，是社会资本简单再生产平衡的必要条件，这里称之为开放经济的“简单生产第四必要条件”。

若不考虑出口商品，式（5－40）可变为：

$$\begin{cases} c_{12}^0 + c_{12}^i = c_{31}^0 + c_{31}^i \\ (v_{11}^0 + m_{11}^0) + (v_{11}^i + m_{11}^i) = c_{21}^0 + c_{21}^i \\ (v_{12}^0 + m_{12}^0) + (v_{12}^i + m_{12}^i) = c_{41}^0 + c_{41}^i \\ c_{22}^0 + c_{22}^i = (v_{31}^0 + m_{31}^0) + (v_{31}^i + m_{31}^i) \\ (v_{22}^0 + m_{22}^0) + (v_{22}^i + m_{22}^i) = (v_{41}^0 + m_{41}^0) + (v_{41}^i + m_{41}^i) \\ (v_{32}^0 + m_{32}^0) + (v_{32}^i + m_{32}^i) = c_{42}^0 + c_{42}^i \end{cases} \tag{5-41}$$

式（5－41）虽然比式（5－40）更容易理解，但它仅说明了国内简单再生产过程中社会总产品的使用价值补偿，因为进口商品的价值全部要回流到国外，因此无法反映价值补偿。

第五节　货币的回流与固定资本的补偿

前文的论述已经指出，货币资本是社会资本再生产的第一推动力和持续推动力，货币作为社会总产品价值补偿和使用价值补偿的中介，在再生产过程中必须回流。固定资本的补偿是社会资本再生产的理论难点，这里结合货币的回流规律分析四部类再生产中固定资本的补偿问题。

一、社会资本再生产中货币的回流

在市场经济体制下，货币的回流是反映社会资本再生产是否顺利实现的一个主要标志和一般表现形式。通过第二章的研究可知，马克思在社会资本再生产理论的创作手稿中曾对货币的中介作用和回流现象进行大量的研究①，这里结合社会资本四部类简单再生产模型进一步拓展分析。

1. 货币的中介作用

研究货币的回流要从其在社会资本再生产过程中的中介作用分析开始，马克思在《资本论》第二册第Ⅷ稿中对社会资本简单再生产过程中“货币流通在交换中的中介作用”进行了论述②。这里将其扩展至四部类简单再生产中，为方便问题的阐述首先假定四部类总产品各组成部分的价值构成数值（用货币表示），并明确价值货币化的流通途径，见表5－5和图5－8。

表5－5　　社会资本简单再生产价值构成数值表　　单位：万亿元

项目	c_i		v_i		m_i		w_i
第Ⅰ部类	c_{11}：5	c_{12}：7	v_{11}：2	v_{12}：2	m_{11}：1	m_{12}：3	w_1：20
第Ⅱ部类	c_{21}：3	c_{22}：7	v_{21}：3	v_{22}：3	m_{21}：1	m_{22}：3	w_2：20
第Ⅲ部类	c_{31}：7	c_{32}：8	v_{31}：4	v_{32}：4	m_{31}：3	m_{32}：4	w_3：30

① 早在《1863－1865年经济学手稿》，马克思就明确论述了货币在再生产中的作用；在1867～1870年《资本论》第二册第Ⅱ稿中，单独论述了“以货币为媒介的简单再生产”；在1977～1881年的《资本论》第二册第Ⅷ稿中，又补充性地论述了简单再生产中货币的中介作用（详见本书第二章）。

② 资本论（第二卷）[M]．北京：人民出版社，2004：458－470.

续表

项目	c_i		v_i		m_i		w_i
第Ⅳ部类	c_{41} ：5	c_{42} ：8	v_{41} ：5	v_{42} ：5	m_{41} ：1	m_{42} ：6	w_4 ：30
合计	$c_{.1}$ ：20	$c_{.2}$ ：30	$v_{.1}$ ：14	$v_{.2}$ ：14	$m_{.1}$ ：6	$m_{.2}$ ：16	w ：100
	c		v		m		

注：假设社会总产品的价值总量用货币表示为100万亿元，即 $w=100$（万亿元）；四个部类的资本有机构成分别为：$\rho_1=3$，$\rho_2\approx1.67$，$\rho_3=1.875$，$\rho_4=1.3$；四个部类的剩余价值率分别为：$m_1'=100\%$，$m_2'\approx67\%$，$m_3'=87.5\%$，$m_4'=70\%$；四个部类的利润率分别为：$r_1=25\%$，$r_2=25\%$，$r_3\approx30\%$，$r_4\approx30\%$，利润率是影响资本家投资的最重要因素，长期来看整个社会的利润率是趋于平均的，这里假设服务生产领域的利润率比物质生产领域的更大。对利润率的关注同时也掩盖了对剩余价值率所反映的剥削，事实上各部类的剥削率也是有差别的；四个部类的工人阶级的消费结构均相等，$\gamma_1=0.5$，资本家的消费结构有差别，$\gamma_2\approx0.27$；物质商品价值总量与服务商品价值总量之比为2：3，生产资料价值总量与生活资料价值总量之比为1：1。

资料来源：笔者设计。

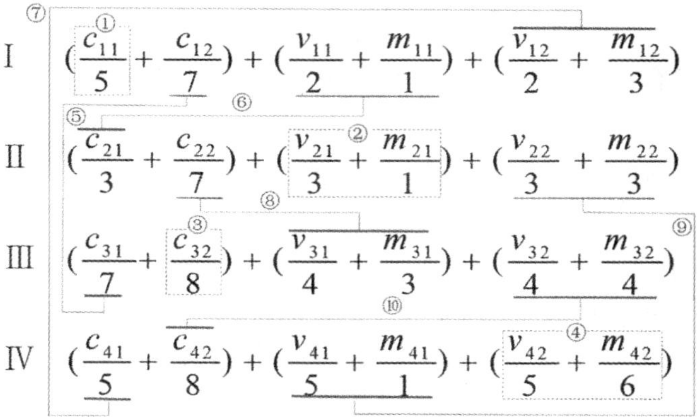

图5-8　四部类简单再生产货币流通图式

注：本图与图5-3形式相似，但有本质的区别。图5-3表示各部类总产品的交换途径，而本图表示各部类总产品各组成部分价值货币化的流通途径。

资料来源：笔者自绘。

根据表5-5中所假设的数据，按照图5-8中的货币流通途径，四大部类内部及部类之间商品价值货币化的大宗流通，共有10个途径，且每个途径中都有无数种可能的流程。这里仅列举其中的两种，以此来分析货币在社会资本再生产过程中的中介作用。

（1）途径⑥：第Ⅰ部类的物质生产资料与第Ⅱ部类的物质生活资料价值货币化而产生的流通，如图5-9所示。ⓐ第Ⅰ部类的资本家将 10^{12} ¥作为工资支付给工人①，以此在市场上购买到了劳动力商品，完成可变资本部分的使用价值补偿；ⓑ工人用 10^{12} ¥工资向第Ⅱ部类资本家购买物质生活资料，实现了自身的再生产，这样第Ⅱ部类也得到了 10^{12} ¥的价值补偿；ⓒ第Ⅱ部类资本家再用 10^{12} ¥向第Ⅰ部类资本家购买物质生产资料，这样第Ⅱ部类再生产得到了使用价值补偿，第Ⅰ部类资本家预付的 10^{12} ¥又回到手中。这样再进行一次类似的周转，第Ⅰ部类可变资本的部分就完成了流通和补偿。以 10^{12} ¥的货币为媒介通过两次周转实现了 $V_{11} \sim C_{21}$，工人实现了自身的再生产，第Ⅱ部类实现了再生产所需物质生产资料使用价值的补偿，最终又回流到第Ⅰ部类预付资本家的手中。类似地，假设第Ⅱ部类资本家预付 10^{12} ¥，ⓓ向第Ⅰ部类购买物质生产资料，ⓔ第Ⅰ部类资本家用所得 10^{12} ¥向第Ⅱ部类购买物质生活资料。经过两个流程的交换，以 10^{12} ¥的货币为媒介实现了 $M_{11} \sim C_{21}$，资本家实现了自身的再生产，第Ⅱ部类实现了再生产所需物质生产资料使用价值的补偿，且第Ⅱ部类资本家预付的 10^{12} ¥又回流。

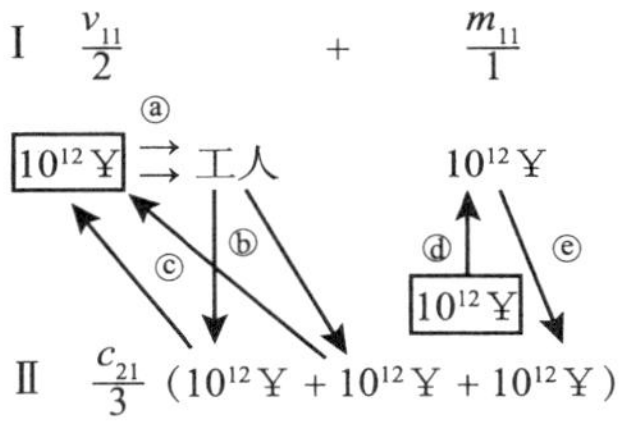

图 5－9　第Ⅰ部类和第Ⅱ部类交换的货币回流图式

资料来源：笔者自绘。

（2）途径⑨：第Ⅱ部类的物质生活资料与第Ⅳ部类的生活性服务商品价值货币化而产生的流通，如图 5－10 所示。ⓐ第Ⅱ部类的资本家将 10^{12} ¥作为工资支付给工人，以此在市场上购买到了劳动力商品，实现了可变资本部分的使用价值补偿；ⓑ第Ⅱ部类的工人用 10^{12} ¥工资向第Ⅳ部类资本家购买生活性服务商品，实现了自身的再生产，这样第Ⅳ部类也得到了 10^{12} ¥的价值补偿；ⓒ第Ⅳ部类资本家用所得的 10^{12} ¥作为工资支付给工人，以此在

① 在同一个经济体中，大量的生产者之间的流通和交换，可分解为无数的流通过程。这里“第Ⅰ部类资本家将 10^{12} ¥作为工资支付给工人”是资本家阶级和工人阶级总体之间交换的一种假定，其中包含着许多单个资本家与其所雇佣的工人之间的交换。以下类似的分析均相同。

市场上购买到了劳动力商品，实现了可变资本部分的使用价值补偿；ⓓ第Ⅳ部类的工人用 10^{12} ¥工资向第Ⅱ部类资本家购买物质生活资料，实现了自身的再生产，至此第Ⅱ部类资本家预付的 10^{12} ¥又回到手中。再进行两次类似的周转，第Ⅱ部类 V_{22} 中的商品和第Ⅳ部类 V_{41} 中 $\frac{3}{5}$ 的商品就完成了货币化和流通。10^{12} ¥的货币作为中介通过三次周转，两部类工人实现了自身的再生产，最终又回流到第Ⅱ部类预付资本家的手中。类似地，第Ⅳ部类资本家预付 10^{12} ¥的货币，经过ⓔ、ⓕ、ⓖ、ⓗ、ⓘ和ⓙ共 6 个流程，完成了第Ⅱ部类 M_{22} 中 $\frac{2}{3}$ 的商品和第Ⅳ部类 V_{41} 中 $\frac{2}{5}$ 的商品货币化和流通，同时也实现了各自资本家和工人的再生产，10^{12} ¥的货币又回流到第Ⅳ部类资本家手中。第Ⅱ部类资本家再预付 10^{12} ¥的货币，经过ⓚ和ⓛ完成了第Ⅳ部类 M_{41} 和第Ⅱ部类 M_{22} 中 $\frac{1}{3}$ 的商品货币化和流通，实现了各自资本家的再生产，最终 10^{12} ¥的货币又回流到第Ⅱ部类资本家手中。

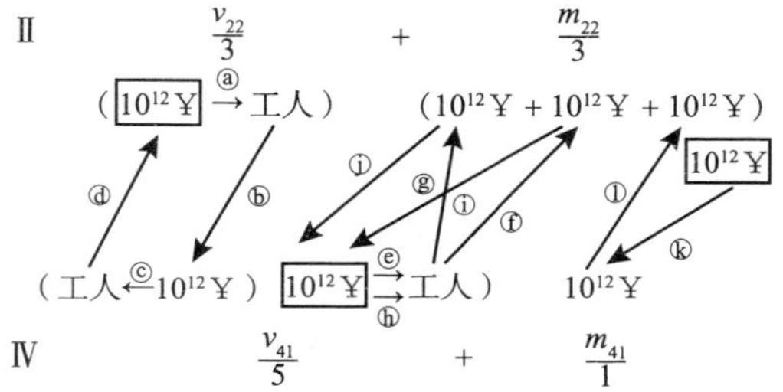

图 5-10　第Ⅱ部类和第Ⅳ部类交换的货币回流图式

资料来源：笔者自绘。

通过以上两种途径的分析不难发现，货币的流通在社会资本再生产过程中起到了中介的作用①，同时也是再生产得以顺利进行的第一推动力（预付）和持续的推动力（回流）。

2. 货币回流规律

通过前文对社会资本再生产过程中货币中介作用的阐述，可以归纳出货

① 马克思在阐述固定资本的补偿问题时，明确指出整个社会资本再生产过程是以货币的流通为中介（资料来源：资本论（第二卷）[M]. 北京：人民出版社，2004：504.）。

币的流通始终表现为一种回流的现象，这种必然可称为货币回流规律①。在社会资本四部类简单再生产平衡的条件下，按照等价交换的原则，无论是哪个部类的资本家预付的货币，经过流通和交换最终都会回流到预付者的手中。正如马克思所强调，在生产中“谁预付货币来购买别人的商品，谁就会在出售自己的商品时，重新得到货币”②。通过本书第二章的论述可知，马克思在《资本论》第二册第Ⅱ稿中阐述“以货币为媒介的简单再生产”问题时，就已经在论述中使用货币回流规律，这从图2－6中就能很清晰地发现。

在市场经济体制下货币的流通以商品流通为基础，同时商品的交换和流通依赖于货币的流通。单纯的货币流通并不要求货币回流，只是在商品的交换中起到中介作用。而社会资本再生产过程中资本家预付的货币在经过若干流程后必定要回流，这是生产得以再继续的必要条件，也是从宏观层面综合商品流通和货币流通的一般表现（何干强，2008，2017）。因此，货币的回流是货币流通的一种特殊形式，是社会资本再生产规律的一种具体表现③。从社会资本再生产的本质上看，社会资本经过货币资本、生产资本和商品资本三种形态，最终实现资本的增殖，其中货币的回流是基本前提。特别地，货币的回流不同于生息资本的运动，后者的货币回流处于社会资本再生产体系之外，体现的是生息资本与职能资本间的分配竞争关系。

二、社会资本再生产中固定资本的补偿

前文分析社会资本简单再生产过程中，我们“假设在生产周期内，固定资本的折旧率为100%”，即不考虑固定资本与流动资本的区别。这里结合货币在社会资本再生产中的作用，拓展分析固定资本的价值补偿和使用价值补偿问题。

---

① 马克思在《资本论》第二册第Ⅷ稿中提出“货币回流规律”，即在社会资本再生产过程中，由资本家预付的货币，必须回流到它的起点（资料来源：$MEGA^2$ Ⅱ/Bd. 11（1850/2008）. S. 760. 18－24. 资本论（第二卷）［M］. 北京：人民出版社，2004：511.）。货币回流规律学术界普遍认同，许涤新（1979）、刘国光（1981）、江成龙（1985，1987）、何干强（2001，2017）、卢江和杨继国（2011，2013）等国内学者曾写过专文研究。

② 资本论（第二卷）［M］. 北京：人民出版社，2004：460.

③ 事实上，在社会资本再生产过程中只有资本家的预付货币资本才能最终回流，工人向资本家购买消费资料的货币并不回流，而仅仅是货币的中介作用。

1. 货币的沉淀

商品生产是劳动力的具体劳动实现生产资料的旧价值转移和劳动力的抽象劳动完成新价值创造的统一过程，生产资料又分为固定资本和流动资本。例如，工厂中的建筑物、机器设备和部分技术服务等属于固定资本形态的生产资料，而原材料、设备维修服务、生产清理、运输和仓储服务等属于流动资本形态的生产资料。在一个生产周期内，假设固定资本的折旧率为$\delta(0<\delta<1)$，若$\delta=1$时，固定资本就转化为流动资本。固定资本的价值每个生产周期只转移δ比例，而流动资本的价值一次性全部转移。商品出售后，从固定资本转移过来的价值和流动资本转移的价值以及新创造的价值一样货币化，即变成货币形式。“但是，在转化为货币以后，它和其他价值要素的区别就出现了。”① 流动资本形式的生产资料和劳动力必须进行使用价值的补偿，即资本家要重新用货币购买原材料和某些生产性服务，同时要向工人支付工资购买劳动力商品。固定资本形式的生产资料在下一个生产周期内还能继续使用，因此暂时不用进行使用价值的补偿。与此同时，对应δ比例的货币就暂时成为停止执行能动职能的货币资本，“这是停留在货币形式上的生产资料”“它在生产资本旁边沉淀下来，保留它的货币形式”。在不考虑价值量变化的前提下，这种货币的沉淀比例就等于δ，沉淀的货币作为折旧基金。“这些货币是不变资本价值的一部分即固定资本的货币形式”②。因此，货币的沉淀本身是社会资本再生产过程中的一个现实要素，是固定资本形态的生产资料在替换之前，固定资本的价值以货币为形式的贮存。

2. 固定资本的补偿的障碍

前文已经指出，社会资本再生产过程中固定资本的价值补偿需要一个货币沉淀的过程，且货币的沉淀量取决于固定资本形态生产资料价值的转移，具体表现为固定资本的折旧率δ。货币的沉淀在四个部类再生产过程中都会发生，因为每个部类的生产和再生产都需要有固定资本形式的生产资料。货币沉淀的存在，按照前文的分析逻辑必然会造成社会资本简单再生产难以顺利实现，即固定资本的价值补偿出现障碍，货币回流受阻。例如，在$(V_{12}+M_{12})\sim C_{41}$时，$v_{12}+m_{12}=c_{41}$是平衡必要条件，但是第Ⅳ部类固定资本形态的生产资料有的需要替换，而有的可以继续使用不需要替换，不需要替

① 资本论（第二卷）[M]. 北京：人民出版社，2004：502.

② 资本论（第二卷）[M]. 北京：人民出版社，2004：503.

换的部分因为需要商品价值货币化后沉淀下来，这样与第Ⅰ部类间的交换就不能顺利实现。例如，假设按照表5－5的数据，第Ⅰ部类工人和资本家投入5万亿元的货币向第Ⅳ部类购买生活性服务商品，而在C_{41}中有体现固定资本折旧的商品。所以，第Ⅳ部类的资本家在获得5万亿元的货币后会贮藏一部分（假设为2万亿元），其余3万亿元的货币向第Ⅰ部类购买物质生产资料，相应的第Ⅰ部类就会有价值2万亿元的商品过剩。与此同时，2万亿元的货币也不能实现回流到第Ⅰ部类。由此可见，解决这一矛盾是社会资本再生产实现的重要条件。

3. 固定资本的价值和使用价值补偿

在一个生产周期内，固定资本形态生产资料的使用价值作为一个整体发挥作用。同时，随着再生产过程的进行，固定资本形态生产资料的价值逐步转移到所生产的商品中。这些转移的价值随着商品的销售，回收货币，并贮存起来作为折旧基金。当固定资本形态生产资料的使用价值需要替换①，且沉淀的货币量（折旧基金额）达到更新固定资本形态生产资料的数额时，固定资本形态生产资料才能实现使用价值补偿。因此，固定资本的价值补偿是一个不断沉淀和贮存货币的过程，而使用价值的补偿是一次性的替换。

现实再生产过程中，从固定资本的角度来看，每个部类都存在两种生产形式：一是在本生产周期内已经需要补偿固定资本形态生产资料的使用价值，且假设已完成货币的沉淀；二是在本生产周期内不需要更换固定资本形态生产资料，且正在通过固定资本转移价值的货币化，进行着货币的沉淀。当然，现实很多工厂或企业可能既存在需要替换的固定资本形态的生产资料，也存在继续使用的固定资本形态的生产资料，这丝毫不影响我们对问题的分析。因此，在每个生产周期内，四个部类的商品不变资本均可以分成三种类型：一是本期需要补偿使用价值的固定资本形态的生产资料，与之对应的不变资本转移价值为c'；二是本期不需要补偿使用价值的固定资本形态的生产资料，与之对应的不变资本转移价值为c''；三是流动资本形态的生产资料，与之对应的不变资本价值为c'''（见表5－6）。

① 固定资本形态生产资料的使用价值替换的原因综合起来有两个方面：一是这部分生产资料失去了原本的使用价值，如报废的机器设备、用坏的工具等；二是有更先进的生产资料出现，使其在生产中不再“经济”，如某些办公软件、科技服务等。

表 5 -6　　　　固定资本补偿的社会资本简单再生产价值构成

<table>
<tr><th>部类</th><th colspan="6">c_i</th><th colspan="2">v_i</th><th colspan="2">m_i</th><th>w_i</th></tr>
<tr><td rowspan="2">第Ⅰ部类</td><td colspan="3">c_{11}</td><td colspan="3">c_{12}</td><td rowspan="2">v_{11}</td><td rowspan="2">v_{12}</td><td rowspan="2">m_{11}</td><td rowspan="2">m_{12}</td><td rowspan="2">w_1</td></tr>
<tr><td>c'_{11}</td><td>c''_{11}</td><td>c'''_{11}</td><td>c'_{12}</td><td>c''_{12}</td><td>c'''_{12}</td></tr>
<tr><td rowspan="2">第Ⅱ部类</td><td colspan="3">c_{21}</td><td colspan="3">c_{22}</td><td rowspan="2">v_{21}</td><td rowspan="2">v_{22}</td><td rowspan="2">m_{21}</td><td rowspan="2">m_{22}</td><td rowspan="2">w_2</td></tr>
<tr><td>c'_{21}</td><td>c''_{21}</td><td>c'''_{21}</td><td>c'_{22}</td><td>c''_{22}</td><td>c'''_{22}</td></tr>
<tr><td rowspan="2">第Ⅲ部类</td><td colspan="3">c_{31}</td><td colspan="3">c_{32}</td><td rowspan="2">v_{31}</td><td rowspan="2">v_{32}</td><td rowspan="2">m_{31}</td><td rowspan="2">m_{32}</td><td rowspan="2">w_3</td></tr>
<tr><td>c'_{31}</td><td>c''_{31}</td><td>c'''_{31}</td><td>c'_{32}</td><td>c''_{32}</td><td>c'''_{32}</td></tr>
<tr><td rowspan="2">第Ⅳ部类</td><td colspan="3">c_{41}</td><td colspan="3">c_{42}</td><td rowspan="2">v_{41}</td><td rowspan="2">v_{42}</td><td rowspan="2">m_{41}</td><td rowspan="2">m_{42}</td><td rowspan="2">w_4</td></tr>
<tr><td>c'_{41}</td><td>c''_{41}</td><td>c'''_{41}</td><td>c'_{42}</td><td>c''_{42}</td><td>c'''_{42}</td></tr>
<tr><td rowspan="2">合计</td><td colspan="3">$c_{\cdot 1}$</td><td colspan="3">$c_{\cdot 2}$</td><td>$v_{\cdot 1}$</td><td>$v_{\cdot 2}$</td><td>$m_{\cdot 1}$</td><td>$m_{\cdot 2}$</td><td rowspan="2">w</td></tr>
<tr><td colspan="6">c</td><td colspan="2">v</td><td colspan="2">m</td></tr>
</table>

注：$c_{ij} = c'_{ij} + c''_{ij} + c'''_{ij}$，其中 c'_{ij}，c''_{ij}（$i = 1, 2, 3, 4$；$j = 1, 2$）并非是生产过程中所用固定资本形态生产资料的价值，而是其转移到商品中的价值。

资料来源：笔者设计。

四部类总产品的各部分交换的 10 个途径中，第②④和⑨途径不涉及生产资料的交换。第①和③为生产资料部类内部交换，第⑤⑥⑦⑧和⑩为部类间交换，这里重点分析五种部类间的交换过程中的固定资本的价值补偿和使用价值补偿。

（1）途径⑤：$C_{12} \sim C_{31}$，且 $c_{12} = c_{31}$。如图 4 -11 所示，完成第Ⅰ部类和第Ⅲ部类间的交换以及其中的固定资本补偿，宏观上有三个流程。ⓐ第Ⅰ部类和第Ⅲ部类本期需要补偿使用价值的固定资本形态的生产资料转移价值和流动资本（$c'_{ij} + c'''_{ij}$）之间的交换，两个部类的资本家无论谁预付货币中介交换均能实现回流；ⓑ第Ⅲ部类本期需要补偿使用价值的固定资本形态的生产资料的生产者（企业或资本家）用其已沉淀的货币 $\Sigma c'_{31}$ ¥ 向第Ⅰ部类购买物质生产资料，这样第Ⅲ部类实现了物质生产资料使用价值的补偿，同时第Ⅰ部类 c''_{12} 部分实现了货币沉淀；ⓒ第Ⅰ部类本期需要补偿使用价值的固定资本形态的生产资料的生产者（企业或资本家）用其已沉淀的货币 $\Sigma c'_{12}$ ¥ 向第Ⅲ部类购买生产性服务商品，这样第Ⅰ部类实现了生产性服务商品使用价值的补偿，同时第Ⅲ部类固定资本的 c''_{31} 部分实现了货币沉淀。实现以上三个流程的必要条件为：

$$\begin{cases} c'_{12} + c'''_{12} = c'_{31} + c'''_{31} \\ \Sigma c'_{31} = c''_{12} \\ \Sigma c'_{12} = c''_{31} \end{cases} \tag{5-42}$$

由第Ⅰ部类和第Ⅲ部类交换平衡的必要条件：$c'_{12} + c''_{12} + c'''_{12} = c'_{31} + c''_{31} + c'''_{31}$，可得式（5－42）等价为：$\Sigma c'_{12} = c''_{12} = \Sigma c'_{31} = c''_{31}$。即第Ⅰ部类为替换固定资本形态生产性服务商品所投入的货币总额与本部类为实现固定资本（生产性服务商品）折旧进行货币沉淀而待出售的商品价值量相等；同时，第Ⅲ部类为替换固定资本形态物质生产资料所投入的货币总额相等与本部类为实现固定资本（物质生产资料）折旧进行货币沉淀而待出售的商品价值量相等。

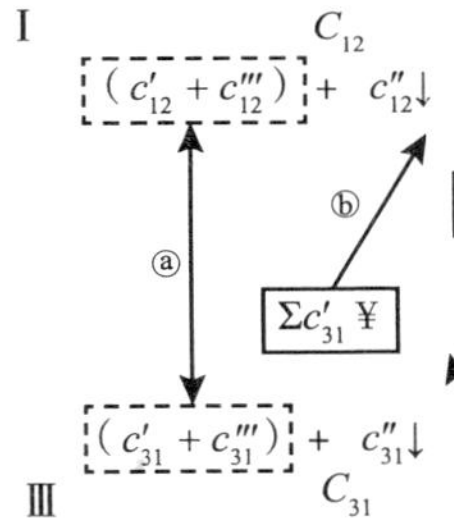

图5－11　第Ⅰ部类和第Ⅲ部类交换中的固定资本补偿

注：$c''_{31}\downarrow$ 表示固定资本转移的价值量 c''_{31} 货币化后沉淀，作为折旧基金。以下同。
资料来源：笔者自绘。

（2）途径⑥：$(V_{11} + M_{11}) \sim C_{21}$，且 $(v_{11} + m_{11}) = c_{21}$。如图5－12所示，完成第Ⅰ部类和第Ⅱ部类间的交换以及其中的固定资本补偿，宏观上有三个流程。ⓐ实现第Ⅰ部类工人和资本家消费的部分物质生活资料 $(v'_{11} + m'_{11})$ 与第Ⅱ部类再生产所需要部分物质生产资料 $(c'_{21} + c'''_{21})$ 之间的交换，前文图5－9已经阐述，这里不再赘述；ⓑ第Ⅱ部类本期需要补偿固定资本形态的物质生产资料使用价值的生产者（企业或资本家）用其已沉淀的货币 $\Sigma c'_{21}$¥ 向第Ⅰ部类购买物质生产资料，这样第Ⅱ部类实现了固定资本形态的物质生产资料使用价值的补偿；ⓒ第Ⅰ部类工人和资本家（也可假设仅有资本家）再用 $\Sigma c'_{21}$ ¥的货币向第Ⅱ部类购买物质生活资料，这样第Ⅱ部类固定资本的 c''_{21} 部分实现了货币沉淀。实现以上三个流程的必要条件为：

$$\begin{cases} v'_{11} + m'_{11} = c'_{21} + c'''_{21} \\ \Sigma c'_{21} = v''_{11} + m''_{11} = c''_{21} \end{cases} \tag{5-43}$$

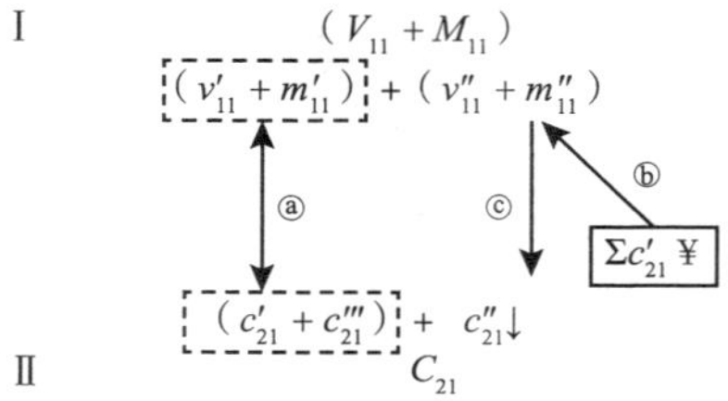

图 5－12　第Ⅰ部类和第Ⅱ部类交换中的固定资本补偿

资料来源：笔者自绘。

由第Ⅰ部类和第Ⅲ部类交换平衡的必要条件：$(v'_{11}+m'_{11})+(v''_{11}+m''_{11})=c'_{21}+c''_{21}+c'''_{21}$，可得式（5－43）等价为：$\Sigma c'_{21}=c''_{21}$。即第Ⅱ部类为替换固定资本形态物质生产资料所投入的货币总额与本部类为实现固定资本（物质生产资料）折旧进行货币沉淀而待出售的商品价值量相等。

（3）途径⑦：$(V_{12}+M_{12})\sim C_{41}$，且 $(v_{12}+m_{12})=c_{41}$。如图 5－13 所示，完成第Ⅰ部类和第Ⅳ部类间的交换以及其中的固定资本补偿，宏观上有三个流程。ⓐ实现部分第Ⅰ部类工人和资本家消费的生活性服务商品 $(v'_{12}+m'_{12})$ 与第Ⅳ部类再生产所需要部分物质生产资料 $(c'_{41}+c'''_{41})$ 之间的交换；ⓑ第Ⅳ部类本期需要补偿固定资本形态的物质生产资料使用价值的生产者（企业或资本家）用其已沉淀的货币 $\Sigma c'_{41}$ ¥ 向第Ⅰ部类购买物质生产资料，这样第Ⅳ部类实现了固定资本形态的物质生产资料使用价值的补偿；ⓒ第Ⅰ部类工人和资本家（也可假设仅有资本家）再用 $\Sigma c'_{41}$ ¥ 的货币向第Ⅳ部类购买生活性服务商品，这样第Ⅳ部类固定资本的 c''_{41} 部分实现了货币沉淀。实现以上三个流程的必要条件为：

$$\begin{cases} v'_{12}+m'_{12}=c'_{41}+c'''_{41} \\ \Sigma c'_{41}=v''_{12}+m''_{12}=c''_{41} \end{cases} \tag{5-44}$$

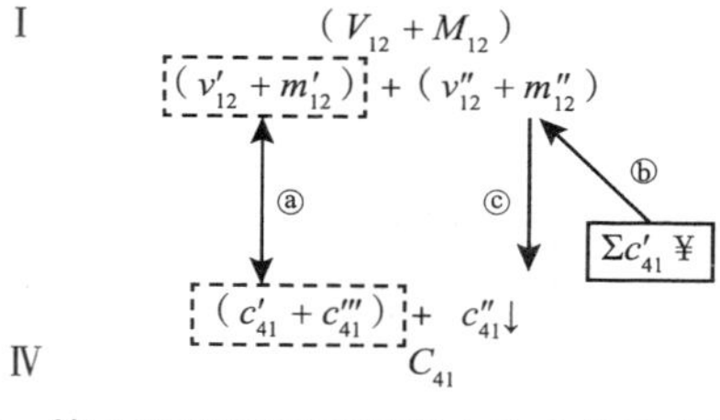

图 5－13　第Ⅰ部类和第Ⅳ部类交换中的固定资本补偿

资料来源：笔者自绘。

由第Ⅰ部类和第Ⅲ部类交换平衡的必要条件：$(v'_{12}+m'_{12})+(v''_{12}+m''_{12})=c'_{41}+c''_{41}+c'''_{41}$，可得式（5－44）等价为：$\Sigma c'_{41}=c''_{41}$。即第Ⅳ部类为替换固定资本形态物质生产资料所投入的货币总额与本部类为实现固定资本（物质生产资料）折旧进行货币沉淀而待出售的商品价值量相等。

（4）途径⑧：$C_{22}\sim(V_{31}+M_{31})$，且 $c_{22}=(v_{31}+m_{31})$。如图5－14所示，实现第Ⅱ部类和第Ⅲ部类间的交换以及其中的固定资本补偿，宏观上有三个流程。ⓐ实现第Ⅱ部类再生产所需要部分生产性服务商品（$c'_{22}+c'''_{22}$）与第Ⅲ部类工人和资本家消费的部分物质生活资料（$v'_{31}+m'_{31}$）之间的交换；ⓑ第Ⅱ部类本期需要补偿固定资本形态的生产性服务使用价值的生产者（企业或资本家）用其已沉淀的货币 $\Sigma c'_{22}$ ¥ 向第Ⅲ部类购买生产性服务商品，这样第Ⅱ部类实现了固定资本形态的生产性服务商品使用价值的补偿；ⓒ第Ⅲ部类工人和资本家（也可假设仅有资本家）再用 $\Sigma c'_{22}$ ¥ 的货币向第Ⅱ部类购买物质生活资料，这样第Ⅱ部类固定资本的 c''_{22} 部分实现了货币沉淀。实现以上三个流程的必要条件为：

$$\begin{cases}c'_{22}+c'''_{22}=v'_{31}+m'_{31}\\ \Sigma c'_{22}=v''_{31}+m''_{31}=c''_{22}\end{cases}\qquad(5-45)$$

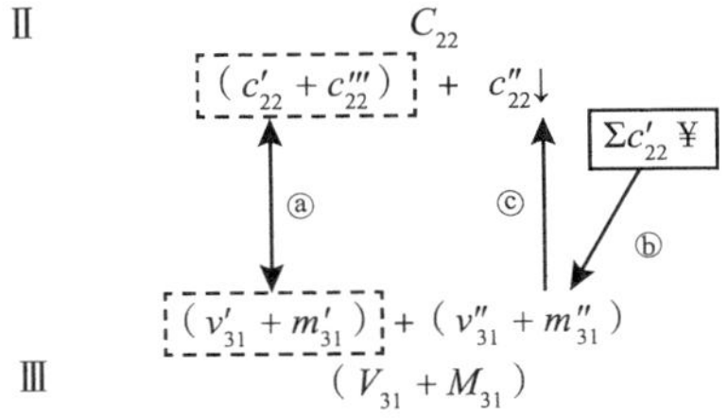

图5－14　第Ⅱ部类和第Ⅲ部类交换中的固定资本补偿

资料来源：笔者自绘。

由第Ⅱ部类和第Ⅲ部类交换平衡的必要条件：$c'_{22}+c''_{22}+c'''_{22}=(v'_{31}+m'_{31})+(v''_{31}+m''_{31})$，可得式（5－45）等价为：$\Sigma c'_{22}=c''_{22}$。即第Ⅱ部类为替换固定资本形态生产性服务商品所投入的货币总额与本部类为实现固定资本（生产性服务商品）折旧进行货币沉淀而待出售的商品价值量相等。

（5）途径⑩：$(V_{32}+M_{32})\sim C_{42}$，且（$v_{32}+m_{32}$）$=c_{42}$。如图5－15所示，实现第Ⅲ部类和第Ⅳ部类间的交换以及其中的固定资本补偿，宏观上有三个流程。ⓐ实现第Ⅲ部类工人和资本家消费的部分生活性服务商品（$v'_{32}+m'_{32}$）

与第Ⅳ部类再生产所需要部分生产性服务商品（$c'_{42}+c'''_{42}$）之间的交换；ⓑ第Ⅳ部类本期需要补偿固定资本形态的生产性服务商品使用价值的生产者（企业或资本家）用其已沉淀的货币 $\Sigma c'_{41}$ ¥ 向第Ⅲ部类购买生产性服务商品，这样第Ⅳ部类实现了固定资本形态的生产性服务商品使用价值的补偿；ⓒ第Ⅲ部类工人和资本家（也可假设仅有资本家）再用 $\Sigma c'_{42}$ ¥ 的货币向第Ⅳ部类购买生活性服务商品，这样第Ⅳ部类固定资本的 c''_{42} 部分实现了货币沉淀。实现以上三个流程的必要条件为：

$$\begin{cases} v'_{32}+m'_{32}=c'_{42}+c'''_{42} \\ \Sigma c'_{42}=v''_{32}+m''_{32}=c''_{42} \end{cases} \tag{5-46}$$

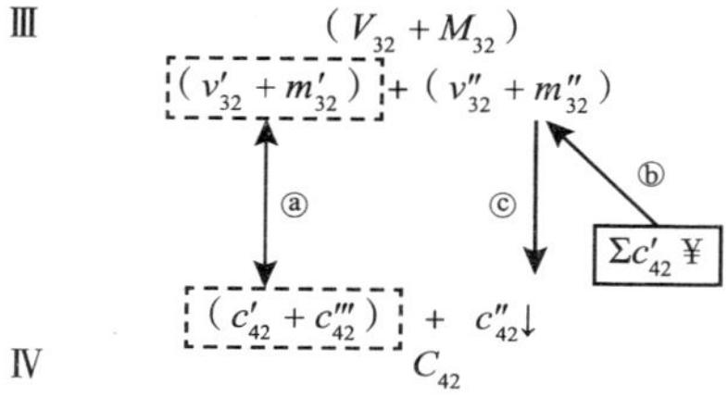

图 5-15 第Ⅲ部类和第Ⅳ部类交换中的固定资本补偿

资料来源：笔者自绘。

由第Ⅲ部类和第Ⅳ部类交换平衡的必要条件：$(v'_{32}+m'_{32})+(v''_{32}+m''_{32})=c'_{42}+c''_{42}+c'''_{42}$，则式（5-46）等价为：$\Sigma c'_{42}=c''_{42}$。即第Ⅳ部类为替换固定资本形态生产性服务商品所投入的货币总额与本部类为实现固定资本（生产性服务商品）折旧进行货币沉淀而待出售的商品价值量相等。

现实的社会资本再生产中，每个部类的也正是通过将前期固定资本折旧沉淀的货币作为预付货币，从而解决本部类再生产继续使用的固定资本转移价值的货币化和沉淀。实现这一固定资本的价值和使用价值补偿的必要条件为：

$$\Sigma c'_{ij}=c''_{ij} \tag{5-47}$$

四个部类中无论是固定资本是物质生产资料，还是生产性服务商品，本部类中用于固定资本使用价值补偿的货币总额（前期所沉淀的货币），等于本部类为实现固定资本折旧进行货币沉淀而待出售的商品价值量。

第六章

社会资本四部类扩大再生产理论

马克思在《资本论（第一卷)》中指出，“资本主义生产的发展，使投入工业企业的资本有不断增长的必要，而竞争使资本主义生产方式的内在规律作为外在的强制规律支配着每个资本家。竞争使他不断扩大自己的资本来维持自己的资本”①。单个资本的积累和扩大再生产，汇集起来就表现为社会资本的扩大再生产，因此扩大再生产是资本主义市场经济的主要特征。现实中，社会资本扩大再生产及其内在的矛盾是推动市场经济演变的最基本力量，在资本主义经济发展中发挥着决定性的作用，因此社会资本扩大再生产是市场经济体系中的核心问题之一。本章将在前几章的基础上，尝试构建社会资本四部类扩大再生产理论，并在此基础上分析社会资本四部类扩大再生产的两种类型。

第一节　社会资本的积累

资本的积累是扩大再生产的源泉，扩大再生产依赖于剩余价值的积累，马克思经常将“积累”作为“扩大再生产”的同义词②。从整个社会来看，资本家没有消费掉全部的剩余价值，而是将其中一部分剩余价值积累起来，作为追加的资本投入再生产。但是，剩余价值能否真正转化为生产资本，还要取决于社会总产品能否为扩大再生产提供相应的使用价值。因此，社会资

① 资本论（第一卷）[M]. 北京：人民出版社，2004：683.

② 马克思曾指出，“积累就是资本以不断扩大的规模进行的再生产”（资料来源：资本论（第一卷）[M]. 北京：人民出版社，2004：671.）。

本的积累不仅仅是剩余价值或货币的积累，同时还必须有数量和结构相适应的使用价值积累。

一、社会资本积累的界定

前文的论述已经指出，社会资本再生产研究的核心问题是社会总产品的价值补偿和使用价值补偿问题。因此，对于社会资本积累或扩大再生产，也需要从商品资本的循环图式来考察。

资本积累时，商品资本的循环图式为：

$$W_t\begin{cases}W'_t\\M_t\end{cases}\to G'_t\begin{cases}G_t\to W''_t\begin{cases}C_t\\V_t\end{cases}\\ \\ M'_t\begin{cases}\Delta G_t\to\Delta W''_t\begin{cases}\Delta C_t\\ \Delta V_t\end{cases}\\ M''_t\to Z_t\mid\end{cases}\end{cases}\cdots P_t\begin{cases}C_t+\Delta C_t\\V_t+\Delta V_t\end{cases}\cdots W_{t+1} \quad (6-1)$$

从图式（6－1）中可以看出，与简单再生产相同，商品资本作为生产的起点，包含了两个部分（子集），即 $W_t=W'_t\cup M_t$。通过销售，全部商品资本转化成货币资本（G'_t），其中商品形态的剩余价值（M_t）也实现了货币化。资本家将货币形态的剩余价值（M'_t）分成两个部分：一部分（M''_t）用于购买自己的消费品（Z_t），实现自身的再生产；另一部分（ΔG_t）用于积累，作为追加的货币资本和原规模的货币资本（G_t）一起购买生产资料和劳动力。其中，$C_t+\Delta C_t$ 为追加后的生产资料要素，$V_t+\Delta V_t$ 为追加后的劳动力要素。剩余价值货币化后，一部分再通过购买追加到生产资料要素（ΔC_t）和劳动力要素（ΔV_t）中，这样就实现了积累。经过规模扩大的再生产过程，结果是得到更多的商品（W_{t+1}）。

总的来看，资本积累就是资本家首先将包含剩余价值的商品全部卖出，使得剩余价值货币化，其次再将货币形态的剩余价值分成两个部分：一是用于自身消费，二是用于购买追加的生产资料和劳动力，从而增大生产资本的规模，进而生产出更多的商品和剩余价值。“在单个资本上发生的情况，也必然会在全年的总再生产上出现"[①]，众多单个资本的扩大再生产构成了相似的社会资本扩大再生产。因此，社会资本积累或扩大再生产可以表示为：

$$\sum w(W_t) < \sum w(W_{t+1}) \qquad (6-2)$$

式（6－2）表示，社会中每一个资本所反映出的剩余价值的资本化，即资本积累，便形成社会资本的积累。从整个经济体来看，本期的社会总产品的价值量小于下一期的社会总产品的价值量。图式（6－1）和式（6－2）构成了社会资本扩大再生产的商品资本循环图式，这里称其为"螺旋发散"图式。"螺旋发散"图式表明，社会资本的积累或扩大再生产是资本规模不断增多的过程。

二、社会资本积累的前提条件

通过对图式（6－1）分析可知，剩余价值要转化成生产资本，实现生产资本的积累，必须满足两个前提条件：一是要有足够的货币；二是要能够用货币购买到相应的生产资料。

1. 货币积累

一般地，在一定的技术条件下，扩大生产规模，并非是任意量的货币资本都能实现的。例如，某一发动机生产工厂，要再建设一条生产线，投资规模很大，仅靠一个生产周期的剩余价值的货币积累是远远不够的；某一理发店要再开一家分店，投资包括房租、门店装修以及购买各种理发设备，这些也需要一段时间的货币积累。任何扩大再生产都需要一个最低限额的投资量，剩余价值货币化后，必须贮藏到大于等于这个限额，扩大再生产才能实现。因此，在实际的积累或扩大再生产之前，必须有一个前期的货币积累过程[②]。

2. 实际积累

货币资本只是社会资本积累的前提条件之一，当货币贮藏达到一定数额时，还必须在市场上买到或定制到追加的生产资料和劳动力，即货币资本还必须要能顺利地转化成生产资本。这些生产资本作为生产的实际要

① 资本论（第二卷）[M]. 北京：人民出版社，2004：550.

② 这里暂不考虑金融和信用对货币资本集聚的作用。

素，必须在扩大再生产之前在市场上已经存在或存在着生产能力。例如，蔬菜种植企业要增加种植面积，在资金充足的前提下，必须能租到土地，雇佣到农业工人和管理技术人员，购买到农机、种子、化肥以及各类种植技术服务（生产能力存在），否则扩大再生产就不能真正地实现；旅行社要增加新的旅游线路，在资金充足的情况下，线路的规划设计要保障交通、住宿、餐饮、景点、体验项目等服务生产供应能力的存在，否则扩大再生产也就不能真正地实现。同时，货币积累只是社会资本积累的第一个环节，但“这种货币贮藏并不是实际再生产的要素”“这是由于再生产扩大的可能性在没有货币的情况下就已经存在；因为货币本身不是实际再生产要素”①。

因此，从单个资本来看，积累包括“货币积累和实际积累”两个有序的环节。从社会资本来看，积累则是在空间和时间上并存的货币积累和实际积累的众多资本的有机组合。

三、社会资本积累的实现条件

前文分析已经表明，社会资本的积累包括两个相互衔接和制约的环节。一方面是货币积累，为扩大再生产贮藏一定数量的货币资本。这部分资本家要进行货币积累，只卖不买。另一方面是实际积累，为扩大再生产购买追加的生产资料和劳动力。这部分资本家的货币积累已达到转化生产资本的数额，可以进行实际的扩大再生产。在同一个经济体中众多的资本家分别处在某一个环节中，买卖平衡社会资本积累才能够顺利实现，整个过程类似于本书第五章所论述的固定资本的补偿问题。作为人格化的资本，这里我们假设经济体中存在两种资本家：一是本生产周期内正在进行货币积累的资本家，记为 A（进行货币积累的资本家组成的集合）；二是本生产周期内开始进行实际积累的资本家，记为 B（进行实际积累的资本家组成的集合）②。从四个部类来看，每个部类资本积累的实现条件与其他部类都是密切相关的，见表6－1。

---

① 资本论（第二卷）[M]. 北京：人民出版社，2004：551.

② 马克思在论述该问题时，也是以 A 表示货币积累的资本家，以 B 表示实际积累的资本家（资料来源：资本论（第二卷）[M]. 北京：人民出版社，2004：554－566.）。

表 6 - 1　　四部类社会资本积累构成

部类	ΔM_1	ΔM_3	ΔM_2	ΔM_4	价值量（货币）
第Ⅰ部类	ΔC_{11}	ΔC_{12}	ΔV_{11}	ΔV_{12}	Δm_1
第Ⅱ部类	ΔC_{21}	ΔC_{22}	ΔV_{21}	ΔV_{22}	Δm_2
第Ⅲ部类	ΔC_{31}	ΔC_{32}	ΔV_{31}	ΔV_{32}	Δm_3
第Ⅳ部类	ΔC_{41}	ΔC_{42}	ΔV_{41}	ΔV_{42}	Δm_4
价值量（货币）	Δm_1	Δm_3	Δm_2	Δm_4	Δm

注：$\Delta M_i(i=1,2,3,4)$ 为四个部类所积累的剩余商品集，$\Delta m_i(i=1,2,3,4)$ 为四个部类所对应积累的货币量（假设价值与价格相等）。$\Delta m=\sum_{i=1}^{4}\Delta m_i$ 为一个周期内整个经济体的社会资本积累总量。

资料来源：笔者设计。

单个资本和社会资本一样，实际的积累过程，也就是扩大再生产的过程，即剩余价值货币化后，从贮藏的货币再转化为生产资本的各要素的过程。实现这个转化，每个部类都要具备三个条件：一是准备追加的物质生产资料和生产性服务，以满足不变资本的积累需要；二是准备追加的劳动力，以满足可变资本积累的需要；三是准备追加的物质消费资料和生活性服务，以满足可变资本积累的需要。马克思指出："在资本主义生产的基础上，劳动力总是准备好的，……，新形成的货币资本中可以转化为可变资本的部分，在应该转化时总会找到劳动力。"① 在资本主义市场经济体制下，由于技术进步和资本有机构成的提高，同量资本所吸纳的就业人口会不断下降，从而始终存在一定规模的失业人口（非自愿性失业），即劳动力供给始终是充足的。因此，从宏观上不需要考虑可变资本积累所需要的劳动力的限制，而仅仅考虑出卖劳动力商品的工人所消费的生活资料即可。结合表 6 - 1，在社会资本简单再生产的基础上，下面分部类来考察社会资本积累的实现条件。

1. 第Ⅰ部类的社会资本积累

对于货币积累，第Ⅰ部类中的 A 类资本家（或 A 中的资本家，以下同）有 ΔM_1 的物质生产资料商品有待于货币化，其中要分成四个部分 ΔC_{i1}，且 $\Delta M_1=\bigcup_{i=1}^{4}\Delta C_{i1}$，分别用于四个部类物质生产资料（不变资本）的追加。因

① 资本论（第二卷）[M]. 北京：人民出版社，2004：564.

此，第Ⅰ部类货币积累实现的条件是与四个部类中的 B 类资本家（或 B 中的资本家，以下同）实现交换，且实现总货币量为：

$$\Delta m_1 = \sum_{i=1}^{4} \Delta c_{i1} \tag{6-3}$$

对于实际积累，第Ⅰ部类中的 B 类资本家，分别向包括本部类在内的四个部类中的 A 类资本家购买生产资料和生活资料 ΔC_{11}、ΔC_{12}、ΔV_{11} 和 ΔV_{12}，它们均转化成生产资本进入再生产。第Ⅰ部类转化的生产资本量为：

$$\Delta c_{11} + \Delta c_{12} + \Delta v_{11} + \Delta v_{12} = \Delta m_1 \tag{6-4}$$

2. 第Ⅱ部类的社会资本积累

对于货币积累，第Ⅱ部类中的 A 类资本家有 ΔM_2 的物质生活资料商品有待于货币化，其中要分成四个部分 ΔV_{i1}，且 $\Delta M_2 = \bigcup_{i=1}^{4} \Delta V_{i1}$，分别用于四个部类工人所消费的物质生活资料（可变资本）的追加。因此，第Ⅱ部类货币积累实现的条件是与四个部类中的 B 类资本家实现交换，且实现总货币量为：

$$\Delta m_2 = \sum_{i=1}^{4} \Delta v_{i1} \tag{6-5}$$

对于实际积累，第Ⅱ部类中的 B 类资本家，分别向包括本部类在内的四个部类中的 A 类资本家购买生产资料和生活资料 ΔC_{21}、ΔC_{22}、ΔV_{21} 和 ΔV_{22}，它们均转化成生产资本进入再生产。第Ⅱ部类转化的生产资本量为：

$$\Delta c_{21} + \Delta c_{22} + \Delta v_{21} + \Delta v_{22} = \Delta m_2 \tag{6-6}$$

3. 第Ⅲ部类的社会资本积累

对于货币积累，第Ⅲ部类中的 A 类资本家有 ΔM_3 的生产性服务商品有待于货币化，其中要分成四个部分 ΔC_{i2}，且 $\Delta M_3 = \bigcup_{i=1}^{4} \Delta C_{i2}$，分别用于四个部类生产性服务（不变资本）的追加。因此，第Ⅲ部类货币积累实现的条件是与四个部类中的 B 类资本家实现交换，且实现总货币量为：

$$\Delta m_3 = \sum_{i=1}^{4} \Delta c_{i2} \tag{6-7}$$

对于实际积累，第Ⅲ部类中的 B 类资本家，分别向包括本部类在内的四个部类中的 A 类资本家购买生产资料和生活资料 ΔC_{31}、ΔC_{32}、ΔV_{31} 和 ΔV_{32}，它们均转化成生产资本进入再生产。第Ⅲ部类转化的生产资本量为：

$$\Delta c_{31} + \Delta c_{32} + \Delta v_{31} + \Delta v_{32} = \Delta m_3 \tag{6-8}$$

4. 第Ⅳ部类的社会资本积累

对于货币积累，第Ⅳ部类中的 A 类资本家有 ΔM_4 的生活性服务商品有待于货币化，这其中要分成四个部分 ΔV_{i2}，且 $\Delta M_4 = \bigcup_{i=1}^{4} \Delta V_{i2}$，分别用于四个部类生活性服务（可变资本）的追加。因此，第Ⅳ部类货币积累实现的条件是与四个部类中的 B 类资本家实现交换，且实现总货币量为：

$$\Delta m_4 = \sum_{i=1}^{4} \Delta v_{i2} \qquad (6-9)$$

对于实际积累，第Ⅳ部类中的 B 类资本家，分别向包括本部类在内的四个部类中的 A 类资本家购买生产资料和生活资料 ΔC_{41}、ΔC_{42}、ΔV_{41} 和 ΔV_{42}，它们均转化成生产资本进入再生产。第Ⅳ部类转化的生产资本量为：

$$\Delta c_{41} + \Delta c_{42} + \Delta v_{41} + \Delta v_{42} = \Delta m_4 \qquad (6-10)$$

通过以上对四个部类的社会资本积累的分析，可得社会资本积累的实现条件：每个部类 A 类资本家待货币化的商品价值总额，等于本部类 B 类资本家已贮藏的货币且待转化为生产资本的总额。

第二节　社会资本四部类扩大再生产模型

前文分析已经指出，社会资本积累或扩大再生产就是剩余价值的资本化过程。资本家将一部分剩余价值货币化后用于积累，货币贮藏到一定数量后转化为生产资本。众多单个资本的这种资本积累，汇集成社会资本的扩大再生产。本节将在第一节的基础上，构建社会资本四部类扩大再生产模型。

一、社会资本四部类扩大再生产的理论假设

第四章已经对社会资本再生产理论假设进行了总体性论述，为了规范和简化分析，按照本书的研究任务，这里进一步明确社会资本四部类扩大再生产理论分析的假设：第一，假设存在一个相对统一的市场，商品和要素均能自由流动。第二，社会总产品分为四个部类，每个部类商品的使用价值是确定的，且不考虑部类内部的部门或行业结构。第三，假设市场经济体制内仅有工人和资本家两个阶级，暂不考虑公共群体。第四，假设经济是封闭的，暂不考虑对外贸易和资本流动。第五，假设四个部类的劳动生产率保持不

变。第六，假设四个部类的资本有机构成（ρ_i）在本书所给出的数例中保持不变。第七，假设四个部类的不变资本有机构成（σ_i）在本书所给出的数例中保持不变。第八，假设市场中商品的价值和价格相等。第九，假设工人的工资全部用于消费，没有储蓄。资本家的剩余价值货币化后，有一部分（α_i）用于消费。第十，假设工人和资本家的消费结构（γ_{i1}，γ_{i2}）在本书所给出的数例中保持不变。第十一，假设四个部类的剩余价值率（m_i'）在本书所给出的数例中相等，且保持不变。第十二，假设资本家的投资只能在本部类进行。第十三，假设四个部类的积累率（β_i）在本书所给出的数例中可变。第十四，假设劳动力供给充足。第十五，假设再生产是一个离散的周期性过程，每个周期开始时投入生产要素生产，结束时产出相应商品。第十六，假设在生产周期内，四个部类的固定资本折旧率 $\delta_i = 100\%$。第十七，不考虑金融和信用对社会资本再生产的影响。

其中，四个部类的资本有机构成：ρ_i，四个部类的不变资本有机构成：σ_i，四个部类工人的消费结构：γ_{i1}，四个部类资本家的消费结构：γ_{i2}，四个部类的剩余价值率：m_i'，四个部类的积累率：β_i。这 6 个变量的变化规律与扩大再生产的变化规律密切相关，这也是四部类扩大再生产理论具体化研究的重要内容，本书暂不予分析。

二、社会资本四部类扩大再生产的前提条件

由前文分析得出，从整个市场经济体来看，扩大再生产必须打破简单再生产的“闭环”，追加生产资本，使社会生产呈现“螺旋发散”的运动轨迹。要增加生产资本（投资），必须有足够的生产资料和生活资料。假设每一部类都有一定比例（β_i）的剩余价值用于积累，见表 6－2。根据四部类简单再生产的平衡条件，可以得出扩大再生产的前提条件。

表 6－2　　四部类扩大再生产价值构成（1）

部类	c_i		v_i		$\alpha_i m_i$		$\beta_i m_i$		w_i
第Ⅰ部类	c_{11}	c_{12}	v_{11}	v_{12}	$\alpha_{11}m_{11}$	$\alpha_{12}m_{12}$	$\beta_{11}m_{11}$	$\beta_{12}m_{12}$	w_1
第Ⅱ部类	c_{21}	c_{22}	v_{21}	v_{22}	$\alpha_{21}m_{21}$	$\alpha_{22}m_{22}$	$\beta_{21}m_{21}$	$\beta_{22}m_{22}$	w_2
第Ⅲ部类	c_{31}	c_{32}	v_{31}	v_{32}	$\alpha_{31}m_{31}$	$\alpha_{32}m_{32}$	$\beta_{31}m_{31}$	$\beta_{32}m_{32}$	w_3

续表

<table>
<tr><td>部类</td><td colspan="2">c_i</td><td colspan="2">v_i</td><td colspan="2">$\alpha_i m_i$</td><td colspan="2">$\beta_i m_i$</td><td>w_i</td></tr>
<tr><td>第Ⅳ部类</td><td>c_{41}</td><td>c_{42}</td><td>v_{41}</td><td>v_{42}</td><td>$\alpha_{41}m_{41}$</td><td>$\alpha_{42}m_{42}$</td><td>$\beta_{41}m_{41}$</td><td>$\beta_{42}m_{42}$</td><td>w_4</td></tr>
<tr><td rowspan="2">合计</td><td>$c_{\cdot 1}$</td><td>$c_{\cdot 2}$</td><td>$v_{\cdot 1}$</td><td>$v_{\cdot 2}$</td><td>$m'_{\cdot 1}$</td><td>$m'_{\cdot 2}$</td><td>$m''_{\cdot 1}$</td><td>$m''_{\cdot 2}$</td><td rowspan="2">w</td></tr>
<tr><td colspan="2">c</td><td colspan="2">v</td><td colspan="4">m</td></tr>
</table>

注：由 $\alpha_i+\beta_i=1$，$\alpha_{ij}+\beta_{ij}=1(i=1, 2, 3, 4; j=1, 2)$，则 $m_i=\alpha_i m_i+\beta_i m_i$，$m_{\cdot i}=m'_{\cdot i}+m''_{\cdot i}$。资本家阶级的总消费基金为 $\alpha m=\sum_{i=1}^{4}\alpha_i m_i$，投资基金为 $\beta m=\sum_{i=1}^{4}\beta_i m_i$。

资料来源：笔者设计。

1. 社会总供给大于总需求

从整个经济体的宏观层面来看，一个生产周期内四个部类所生产的社会总产品在满足生产需求和消费需求后，还必须要有剩余，为追加生产提供可能性。这就要求社会总产品的供给要大于需求，即：

$$s>d \tag{6-11}$$

式（6-11）可变为：$s-d=\beta m>0$，社会总供给和需求的差额为下一生产周期的扩大再生产提供了实际积累实现的可能。特别地，这里的供给大于需求并非一般意义上的商品“供大于求”，而是由于代表剩余价值的部分商品被用作积累，原有生产规模的供给大于现在资本家“节欲”后的需求。事实上，社会总产品实现价值补偿和使用价值补偿本质上市场中的商品是供求平衡的，这种平衡是在一个更大生产规模上的平衡。

2. 物质生产领域和服务生产领域供给大于需求

社会总产品从形态上看，可以分为物质商品和服务商品两大类，其中物质生产领域的第Ⅰ部类和第Ⅱ部类提供的为物质商品，服务生产领域的第Ⅲ部类和第Ⅳ部类提供的为服务商品。扩大再生产既要追加物质商品，又要追加服务商品。这要求物质商品和服务商品的供给均大于需求，则：

$$\begin{cases}w_1+w_2>c_{\cdot 1}+v_{\cdot 1}+m'_{\cdot 1}\\ w_3+w_4>c_{\cdot 2}+v_{\cdot 2}+m'_{\cdot 2}\end{cases} \tag{6-12}$$

式（6-12）为一个不等式组，其中第一个不等式左右两边的差为下一生产周期的扩大再生产的实际积累提供了物质商品，第二个不等式左右两边的差为下一生产周期的扩大再生产的实际积累提供了服务商品。式（6-12）可化为：

$$\begin{cases}\beta_1 m_1 + \beta_2 m_2 > [(c_{31} + c_{41}) - (c_{12} + c_{22})] + [(v_{31} + v_{41}) - (v_{12} + v_{22})] \\ \quad + [(\alpha_{31} m_{31} + \alpha_{41} m_{41}) - (\alpha_{12} m_{12} + \alpha_{22} m_{22})] \\ \beta_3 m_3 + \beta_4 m_4 > [(c_{12} + c_{22}) - (c_{31} + c_{41})] + [(v_{12} + v_{22}) - (v_{31} + v_{41})] \\ \quad + [(\alpha_{12} m_{12} + \alpha_{22} m_{22}) - (\alpha_{31} m_{31} + \alpha_{41} m_{41})]\end{cases} \tag{6-13}$$

式（6－13）中的两个不等式分别表示：物质生产领域（服务生产领域）的投资，要大于服务生产领域对物质商品（物质生产领域对服务商品）与物质生产领域对服务商品（服务生产领域对物质商品）的需求之差的代数和。显然，式（6－13）两个不等式之和为式（6－11），即式（6－13）是式（6－11）的充分条件①。

3. 生产资料和生活资料供给大于需求

社会总产品从最终的用途来看，可以分为生产资料和生活资料两种大类，其中生产资料包括第Ⅰ部类的物质生产资料和第Ⅲ部类的生产性服务商品，生活资料包括第Ⅱ部类的物质生活资料和第Ⅳ部类的生活性服务商品。扩大再生产既要追加生产资料用于规模扩大的生产消费，又要追加生活资料用于所增加工人的生活消费。这要求生产资料和生活资料的供给大于需求，则：

$$\begin{cases} w_1 + w_3 > c_{\cdot 1} + c_{\cdot 2} \\ w_2 + w_4 > v_{\cdot 1} + v_{\cdot 2} + m'_{\cdot 1} + m'_{\cdot 2} \end{cases} \tag{6-14}$$

式（6－14）中的两个不等式的左右两边之差，分别为下一生产周期扩大再生产的实际积累提供了生产资料和生活资料。式（6－14）可化为：

$$\begin{cases} (v_1 + m_1) + (v_3 + m_3) > c_2 + c_4 \\ (c_2 + \beta_2 m_2) + (c_4 + \beta_4 m_4) > (v_1 + \alpha_1 m_1) + (v_3 + \alpha_3 m_3) \end{cases} \tag{6-15}$$

式（6－15）中第一个不等式表示，第Ⅰ部类和第Ⅲ部类可变资本与剩余价值之和，要大于第Ⅱ部类和第Ⅳ部类的不变资本之和。此不等式即为著名的社会资本两部类扩大再生产前提条件“Ⅰ$(v+m)$ > Ⅱc”② 的拓展，两

---

① 注意：式（6－13）的两个分不等式相加能推出式（6－11），但反之不一定成立。即式（6－13）是式（6－11）的充分而非必要条件。以下相同。

② 马克思并未写出公式，而是用语言阐述，恩格斯将马克思使用的符号进行了规范统一（资料来源：本书第二章第三节）。“不言而喻，既然把积累作为前提，Ⅰ$(v+m)$ 就大于而不像简单再生产那样，和Ⅱc 相等。”（资料来源：资本论（第二卷）[M]. 北京：人民出版社，2004：580.）

个不等式均可以叙述为："不言而喻，既然把扩大再生产作为前提，生产资料生产的可变资本与剩余价值之和就大于生活资料生产的不变资本，而不像简单再生产那样，两者相等。"第二个不等式表示，第Ⅱ部类和第Ⅳ部类的不变资本和剩余价值积累量之和，要大于第Ⅰ部类和第Ⅲ部类可变资本和剩余价值消费量之和。此不等式即为著名的社会资本两部类扩大再生产第二前提条件"$\mathrm{II}\left(c+m-\frac{m}{x}\right)>\mathrm{I}\left(v+\frac{m}{x}\right)$"的拓展①。同样，这两个不等式均可以叙述为："社会资本扩大再生产要求，生活资料生产的不变资本和剩余价值积累量之和，大于生产资料生产的可变资本和剩余价值消费量之和。"类似地，式（6－15）两个不等式之和为式（6－11），即式（6－15）是式（6－11）的充分条件。

4. 单个部类的供给大于需求

第五章已经指出，四个部类的总产品是社会总产品的一个划分，因此社会资本扩大再生产，肯定要四个部类同时进行资本积累。四个部类的总产品如果均能实现价值补偿和使用价值补偿，并且为自身和彼此的扩大再生产提供条件，整个经济体的再生产才能顺利进行。第Ⅰ部类的总产品价值必须大于四个部类物质生产资料的价值总和；第Ⅱ部类的总产品价值必须大于四个部类所消费的物质生活资料的价值总和；第Ⅲ部类的总产品价值必须大于四个部类生产性服务商品的价值总和；第Ⅳ部类的总产品价值必须大于四个部类所消费的生活性服务商品的价值总和。则：

$$\begin{cases} w_1 > c_{\cdot 1} \\ w_2 > v_{\cdot 1} + m'_{\cdot 1} \\ w_3 > c_{\cdot 2} \\ w_4 > v_{\cdot 2} + m'_{\cdot 2} \end{cases} \qquad (6-16)$$

式（6－16）可化为：

---

① 关于扩大再生产第二前提条件，国内学术界在20世纪60年代初和80年代初进行过两次争论（资料来源：本书第三章第二节）。这里认为第二前提条件是客观存在的，因为我们的假设前提是扩大再生产（外延式）既要增加不变资本（生产资料），又要增加可变资本（生活资料）。有些学者指出第二前提条件仅适用于以追加劳动力为前提的扩大再生产（牟振基等，1983）。并引用马克思的论述，"在必要时，不用增加所雇佣工人的人数，即不用增加劳动力的量，就可以推动更多的劳动"（资料来源：资本论（第二卷）[M]. 北京：人民出版社，2004：564.）。事实上，这在个别资本的扩大再生产可能发生，但在宏观层面的社会资本扩大再生产，这种假设是不符合现实的。

$$\begin{cases} w_1 - c_{11} > c_{21} + c_{31} + c_{41} \\ w_2 - (v_{21} + \alpha_{21}m_{21}) > (v_{11} + \alpha_{11}m_{11}) + (v_{31} + \alpha_{31}m_{31}) + (v_{41} + \alpha_{41}m_{41}) \\ w_3 - c_{32} > c_{12} + c_{22} + c_{42} \\ w_4 - (v_{42} + \alpha_{42}m_{42}) > (v_{12} + \alpha_{12}m_{12}) + (v_{22} + \alpha_{22}m_{22}) + (v_{32} + \alpha_{32}m_{32}) \end{cases} \tag{6-17}$$

式（6－17）中的四个不等式分别表示：第Ⅰ部类 $w_1 - c_{11}$价值的商品在补偿完其他三个部类后，还有剩余为四部类扩大再生产提供追加的物质生产资料；第Ⅱ部类 $w_2 - (v_{21} + \alpha_{21}m_{21})$ 价值的商品在补偿完其他三个部类后，还有剩余为四部类扩大再生产提供追加的物质生活资料；第Ⅲ部类 $w_3 - c_{32}$ 价值的商品在补偿完其他三个部类后，还有剩余为四部类扩大再生产提供追加的生产性服务；第Ⅳ部类 $w_4 - (v_{42} + \alpha_{42}m_{42})$ 价值的商品在补偿完其他三个部类后，还有剩余为四部类扩大再生产提供追加的生活性服务。同样，式（6－17）四个不等式之和为式（6－11），即式（6－15）是式（6－11）的充分条件。

总之，以上 7 个不等式（组）从不同层次和角度反映了社会资本扩大再生产的要求，它们之间相互补充和支撑，共同构成了社会资本扩大再生产的前提条件。

三、社会资本四部类扩大再生产的实现条件

以上所阐述的四部类扩大再生产的前提条件，让社会资本扩大再生产具备了可能性，但是还不能保证每个部类的扩大再生产的最终实现。因此，这里还必须要分析四部类扩大再生产的实现条件。资本家将上一生产周期末的剩余价值分成两个部分，其中用于扩大投资的部分要再分成四个部分，分别用于追加不变资本（物质生产资料与生产性服务）和可变资本（物质生活资料与生活性服务），见表 6－3。从表 6－3 中可知，简单再生产和扩大再生产基础是相通的，都要实现社会总产品的价值补偿和使用价值补偿，这是再生产得以持续的基础性条件。两者之间最本质的区别在于剩余价值的配置：社会资本简单再生产时，由 $\alpha_i = 1$，$\beta_i = 0$，则 $\alpha_i m_i = m_i$，$dm_i = 0$；社会资本扩大再生产时，由 $\beta_i \neq 0$，则 $\alpha_i m_i < m_i$，$dm_i = \sum_{j=1}^{2} dc_{ij} + \sum_{j=1}^{2} dv_{ij} > 0$。扩大再生产的剩余价值的积累部分要重新配置，并在实际积累过程中转化为生产资本，这是扩大再生产得以实现的条件。

表 6-3　　　　四部类扩大再生产价值构成（2）

部类	c_i	v_i	$\alpha_i m_i$	$\beta_i m_i$				dm_i	w_i
				dc_1	dc_2	dv_1	dv_2		
第Ⅰ部类	c_1	v_1	$\alpha_1 m_1$	dc_{11}	dc_{12}	dv_{11}	dv_{12}	dm_1	w_1
第Ⅱ部类	c_2	v_2	$\alpha_2 m_2$	dc_{21}	dc_{22}	dv_{21}	dv_{22}	dm_2	w_2
第Ⅲ部类	c_3	v_3	$\alpha_3 m_3$	dc_{31}	dc_{32}	dv_{31}	dv_{32}	dm_3	w_3
第Ⅳ部类	c_4	v_4	$\alpha_4 m_4$	dc_{41}	dc_{42}	dv_{41}	dv_{42}	dm_4	w_4
合计	c	v	αm	βm				dm	w
			m						

注：社会资本再生产是个连续的过程，在上一生产周期内四个部类的商品价值总量为 w_i。资本家将剩余价值 m_i 分成两部分：一部分用于消费 $\alpha_i m_i$；一部分用于积累 $\beta_i m_i$。用于积累的部分又分别追加到物质生产资料、生产性服务、物质生活资料和生活性服务，即 $dm_i = \sum_{j=1}^{2} dc_{ij} + \sum_{j=1}^{2} dv_{ij}$。这里所用的微分符号"$d$"与前文所用的"Δ"本质上并无区别，后文统一使用微分符号表示追加的价值量或投资的货币量。

资料来源：笔者设计。

根据以上分析，四部类扩大再生产的实现要借助简单再生产的平衡条件，可以分成以下四个层次。

1. 社会总供求平衡（扩大生产第一必要条件）

前文的论述表明，从整个经济体的宏观层面来看，扩大再生产的前提条件，首先要求社会总产品的供给要大于需求。但是这种供求不平衡是针对原有的生产规模和消费方式的，资本家将剩余价值从消费中"节省"出来，并非为了真正过剩，而是要将原有的生产规模扩大。这就需要包含剩余价值的那部分社会总产品重新分配，整个经济体在一个更大生产规模的基础上实现供求平衡。即：

$$s = d + dm \tag{6-18}$$

式（6-18）中的 dm 表示一个生产周期内整个经济体的投资总额，它既等于货币积累且要投入扩大再生产的总额，也等于本周期实际积累用于扩大再生产的商品总价值量。因此，式（6-18）所表示的社会总供求平衡是社会资本扩大再生产得以实现的必要条件，这里称为"扩大生产第一必要条件"。

2. 物质生产领域和服务生产领域供求平衡（扩大生产第二必要条件）

社会总供求平衡的条件下，扩大再生产还需要物质生产领域和服务生产领域在一个更大生产规模上平衡。第Ⅰ部类和第Ⅱ部类的资本家用于积累的剩余价值为物质商品的形式，第Ⅲ部类和第Ⅳ部类的资本家用于积累的剩余价值为服务商品的形式，它们必须在实际积累过程中重新配置，并且达到各自的新的供求平衡，则：

$$\begin{cases} w_1 + w_2 = c_{\cdot 1} + v_{\cdot 1} + m'_{\cdot 1} + dc_1 + dv_1 \\ w_3 + w_4 = c_{\cdot 2} + v_{\cdot 2} + m'_{\cdot 2} + dc_2 + dv_2 \end{cases} \tag{6-19}$$

式（6－19）第一个等式中的 $dc_1 + dv_1$ 表示物质生产领域新投资的商品价值总量，其中 dc_1 表示追加的物质生产资料的价值量，dv_1 表示追加的物质生活资料的价值量；第二个等式中的 $dc_2 + dv_2$ 表示服务生产领域新投资的商品价值总量，其中 dc_2 表示追加的生产性服务商品的价值量，dv_2 表示追加的生活性服务商品的价值量。式（6－19）等价为：

$$\sum_{i=1}^{2}[(c_{i2} + v_{i2} + \alpha_{i2}m_{i2}) + (dc_{i2} + dv_{i2})] = \sum_{i=3}^{4}[(c_{i1} + v_{i1} + \alpha_{i1}m_{i1}) + (dc_{i1} + dv_{i1})] \tag{6-20}$$

式（6－20）表示，物质生产领域为服务生产领域的扩大再生产提供的物质生产资料和生活资料的价值总额，等于服务生产领域为物质生产领域的扩大再生产提供的生产性服务商品和生活性服务商品的价值总额。因此，式（6－19）或式（6－20）所表示的物质生产领域和服务生产领域供求平衡是社会资本扩大再生产得以实现的必要条件，这里称为“扩大生产第二必要条件”。

3. 生产资料和生活资料供求平衡（扩大生产第三必要条件）

与物质生产领域和服务生产领域供求平衡类似，扩大再生产还需要生产资料和生活资料的生产在一个更大生产规模上平衡。其中第Ⅰ部类和第Ⅲ部类所提供的生产资料，第Ⅱ部类和第Ⅳ部类所提供的生活资料，必须在生产规模扩大的基础上实现供求平衡。则：

$$\begin{cases} w_1 + w_3 = c_{\cdot 1} + c_{\cdot 2} + dc_1 + dc_2 \\ w_2 + w_4 = v_{\cdot 1} + v_{\cdot 2} + m'_{\cdot 1} + m'_{\cdot 2} + dv_1 + dv_2 \end{cases} \tag{6-21}$$

式（6－21）中的第一个等式表示生产资料的供给与原生产规模以及扩大生产规模所需的生产资料平衡；第二个等式表示生活资料的供给与原生产规模以及扩大生产规模所需的生活资料平衡。式（6－21）等价为：

$$(v_1 + \alpha_1 m_1 + v_3 + \alpha_3 m_3) + (dv_1 + dv_3) = (c_2 + c_4) + (dc_2 + dc_4) \tag{6-22}$$

式（6－22）表示，第Ⅰ部类和第Ⅲ部类的可变资本（工人的消费）、资本家的消费基金以及追加的可变资本之和，等于第Ⅱ部类和第Ⅳ部类的不变资本以及追加的不变资本之和。即在每个生产周期的期末，第Ⅰ部类和第

Ⅲ部类在市场上要销售实现的商品价值总量必须等于第Ⅱ部类和第Ⅳ部类的资本家计划为下一周期投资于不变资本的货币金额；同时第Ⅱ部类和第Ⅳ部类在市场上要销售实现的商品价值量必须等于第Ⅰ部类和第Ⅲ部类的资本家计划为下一个生产周期投资于可变资本以及自身消费的消费品的货币金额。

式（6－22）即为社会资本两部类扩大再生产实现条件“Ⅰ$\left(v+\Delta v+\frac{m}{x}\right)$＝Ⅱ$(c+\Delta c)$”① 的拓展，两个等式均可以叙述为：“生产资料生产的可变资本、资本家消费基金以及追加的可变资本之和，必须等于生活资料生产的不变资本以及追加的不变资本之和。”因此，式（6－21）或式（6－22）所表示的生产资料和生活资料供求平衡是社会资本扩大再生产得以实现的必要条件，这里称为“扩大生产第三必要条件”。

4. 单个部类的平衡条件（扩大生产第四必要条件）

每个部类所生产的商品均要满足整个经济体扩大再生产对该部类商品的需求，即单个部类要供求平衡。

$$\begin{cases}w_1=c_{\cdot 1}+dc_1\\ w_2=v_{\cdot 1}+m'_{\cdot 1}+dv_1\\ w_3=c_{\cdot 2}+dc_2\\ w_4=v_{\cdot 2}+m'_{\cdot 2}+dv_2\end{cases}\tag{6－23}$$

从单个部类来看，每个部类所生产的商品，首先要补偿本部类的生产和扩大再生产。因此，从价值量来看，$c_{11}+dc_{11}$，$(v_{21}+\alpha_{21}m_{21})+dv_{21}$，$c_{32}+dc_{32}$，$(v_{42}+\alpha_{42}m_{42})+dv_{42}$均与自身相等，即部类内部的交换不受价值总量的制约。但是对于部类之间的交换途径，就必须满足交换双方的价值总量相等，即满足最基本的等价交换的原则。式（6－23）等价为：

$$\begin{cases}c_{12}+dc_{12}=c_{31}+dc_{31} & ①\\ (v_{11}+\alpha_{11}m_{11})+dv_{11}=c_{21}+dc_{21} & ②\\ (v_{12}+\alpha_{12}m_{12})+dv_{12}=c_{41}+dc_{41} & ③\\ c_{22}+dc_{22}=(v_{31}+\alpha_{31}m_{31})+dv_{31} & ④\\ (v_{22}+\alpha_{22}m_{22})+dv_{22}=(v_{41}+\alpha_{41}m_{41})+dv_{41} & ⑤\\ (v_{32}+\alpha_{32}m_{32})+dv_{32}=c_{42}+dc_{42} & ⑥\end{cases}\tag{6－24}$$

① 马克思并没有明确写出此公式，国内外学术界已公认此公式为社会资本扩大再生产实现平衡公式。该公式与下文的式（6－24－②）相同。

式（6－24）中的6个等式分别是四个部类间的商品交换流通的平衡条件，他们共同组成四部类扩大再生产得以实现的必要条件，这里称为“扩大生产第四必要条件”。

与四部类简单再生产平衡条件类似，式（6－23）中的分式与式（6－20）和式（6－22）有如下等价关系：

①＋③＋④＋⑤⇔6－20

②＋③－④＋⑥⇔6－22

这说明，以上四个“扩大生产必要条件”，虽然层次和角度不同，但能相互补充和支撑，它们共同构成了四部类扩大再生产的实现条件。

第三节　社会资本四部类扩大再生产的数例

马克思在《资本论》第二册第Ⅷ稿中论述社会资本扩大再生产时，给出了5个数例来辅助分析。这里根据以上所阐述的四部类扩大再生产的前提条件和实现条件，结合理论分析假设条件列举一个具体的数例，并以此来验证以上的论述。相比较两部类的扩大再生产模型，四部类扩大再生产模型复杂性大大增加，本书并不对该模型做深入的具体化研究，而仅仅给出初步的数值分析方法。

一、社会资本四部类扩大再生产实现条件的数学表达

为了便于给出相对合适的数据，并对数据进行计算，这里再借助数学工具对四部类扩大再生产的实现条件进一步分析。

从宏观经济的层面来看，生产是一个连续不断的过程，根据社会生产和再生产的“连散”二重性，这里假设上一个生产周期末的整个经济体的生产规模为：

$$P_{t-1}=\begin{pmatrix} c_{11} & c_{12} & v_{11} & v_{12} \\ c_{31} & c_{32} & v_{31} & v_{32} \\ c_{21} & c_{22} & v_{21} & v_{22} \\ c_{41} & c_{42} & v_{41} & v_{42} \end{pmatrix} \tag{6－25}$$

为了方便数学计算，这里在借助矩阵分析时，将第Ⅱ部类与第Ⅲ部类的

位置对调。矩阵本质上就是一个数表，这种处理纯粹是技术层面的，不影响其中的符号各自所代表的意义，以下的论述不再给予特别说明。令 $w_0 = \{p_1, p_3, p_2, p_4\}^T$ 为价值和价格转换向量，已经假设价值等于价格，则 $p_i = 1$。所以，上一个生产周期中四部类的投资规模可表示为：

$$I_{t-1} = P_{t-1}w_0 = \{w_1, w_3, w_2, w_4\}^T \tag{6-26}$$

通过前文的论述，为了厘清社会资本扩大再生产的实现过程，不妨将扩大再生产分成两个阶段：

第一，资本家投资阶段，即将前期货币化的剩余价值投向市场购买生产资料和劳动力商品。四个部类的资本家投资取决于剩余价值的积累，对于单个资本家来说这个积累并非本生产周期积累的剩余价值，而是通过一段时期的剩余价值的货币化之后的积累。

P_{t-1}为上一生产周期末的生产规模，但并不是上一周期期末的社会总产品的规模。本生产周期进行扩大再生产，资本家阶级将上一生产周期的剩余价值部分用于积累，并为扩大再生产做好了货币积累和实际积累。资本家对扩大再生产的投资最终要被划分为两大类型四个部分，即不变资本中的物质生产资料和生产性服务，可变资本中的物质生活资料和生活性服务。由积累所引起社会生产规模的扩大：

$$\Delta P_t = \begin{pmatrix} dc_{11} & dc_{12} & dv_{11} & dv_{12} \\ dc_{31} & dc_{32} & dv_{31} & dv_{32} \\ dc_{21} & dc_{22} & dv_{21} & dv_{22} \\ dc_{41} & dc_{42} & dv_{41} & dv_{42} \end{pmatrix} \tag{6-27}$$

这里将 ΔP_t 称为追加投资矩阵。同样，四部类的追加投资规模可表示为：

$$\Delta I_t = \Delta P_t w_0 = \{\Delta w_1, \Delta w_3, \Delta w_2, \Delta w_4\}^T \tag{6-28}$$

因此，在本生产周期中社会生产规模扩大为：

$$P_t = P_{t-1} + \Delta P_t = \begin{pmatrix} c_{11}+dc_{11} & c_{12}+dc_{12} & v_{11}+dv_{11} & v_{12}+dv_{12} \\ c_{31}+dc_{31} & c_{32}+dc_{32} & v_{31}+dv_{31} & v_{32}+dv_{32} \\ c_{21}+dc_{21} & c_{22}+dc_{22} & v_{21}+dv_{21} & v_{22}+dv_{22} \\ c_{41}+dc_{41} & c_{42}+dc_{42} & v_{41}+dv_{41} & v_{42}+dv_{42} \end{pmatrix} \tag{6-29}$$

四部类的投资规模扩大为：

$$I_t = (P_{t-1} + \Delta P_t)w_0 \tag{6-30}$$

第二，社会总产品的实现阶段，也就是实际积累的实现。对于单个资本家不论积累了多长时间，积累的货币数量多少，最终要在本周期转化成生产资本。进行投资的资本家要能在市场上购买到生产资料，并且还要保证原有规模的再生产和资本家阶级的消费也能够顺利实现。只有这样扩大再生产才能真正实现，因此资本家的投资要是正好契合市场中社会总产品的数量和结构，否则不仅扩大再生产实现不了，还很有可能会影响简单再生产的进行，造成再生产受阻，进而规模缩减。再生产能够顺利进行不仅仅在于资本家将剩余价值的一部分用于投资，关键在于投资要满足实际积累的约束，即社会总产品要在交换和流通中实现价值补偿和使用价值补偿，剩余价值的投资才能真正地转化为生产资本，为下一生产周期的扩大再生产作好准备。因为生产资料只用于生产消费，不可能进入资本家阶级的消费，因此资本家的消费矩阵可表示为：

$$Z_t = \begin{pmatrix} 0 & 0 & \alpha_{11}m_{11} & \alpha_{12}m_{12} \\ 0 & 0 & \alpha_{31}m_{31} & \alpha_{32}m_{32} \\ 0 & 0 & \alpha_{21}m_{21} & \alpha_{22}m_{22} \\ 0 & 0 & \alpha_{41}m_{41} & \alpha_{42}m_{42} \end{pmatrix} \tag{6-31}$$

则在本生产周期内，整个经济体扩大再生产所需要交换和流通的社会总产品的规模矩阵为：

$$R_t = P_t + Z_t = \begin{pmatrix} c_{11}+dc_{11} & c_{12}+dc_{12} & v_{11}+\alpha_{11}m_{11}+dv_{11} & v_{12}+\alpha_{12}m_{12}+dv_{12} \\ c_{31}+dc_{31} & c_{32}+dc_{32} & v_{31}+\alpha_{31}m_{31}+dv_{31} & v_{32}+\alpha_{32}m_{32}+dv_{32} \\ c_{21}+dc_{21} & c_{22}+dc_{22} & v_{21}+\alpha_{21}m_{21}+dv_{21} & v_{22}+\alpha_{22}m_{22}+dv_{22} \\ c_{41}+dc_{41} & c_{42}+dc_{42} & v_{41}+\alpha_{41}m_{41}+dv_{41} & v_{42}+\alpha_{42}m_{42}+dv_{42} \end{pmatrix} \tag{6-32}$$

按照前文对实现四部类扩大再生产的实现平衡条件的论述，这里可将“扩大生产第四必要条件”等价为：社会总产品规模矩阵 R_t 为对称矩阵①，即 $R_t = R_t^T$。

若矩阵 R_t 为对称矩阵，则其中除了主对角线上的 4 个元素，之外的 12 个元素沿对角线对称相等。不难发现，矩阵 R_t 的行（总供给）恒等于列（总需求），即“扩大生产第一必要条件”（式（6－18））是反映总体的平衡；“扩大生产第二必要条件”（式（6－20））仅能反映其中的 8 个元素（4 对）；而“扩大生产第三必要条件”（式（6－22））也是仅能反映其中的

① 矩阵 R_t 中的元素均是大于零的实数，故 R_t 为实对称矩阵。

8 个元素（矩阵 R_t 的右上角 4 个元素和左下角 4 个元素）。

根据前文的理论分析假设：新投资部分的资本有机构成、不变资本的有机构成和工人平均消费结构均保持不变，则：

$$c_{i1}=\frac{\sigma_i}{\sigma_i+1}\frac{\rho_i}{\rho_i+1}w_i,\quad dc_{i1}=\frac{\sigma_i}{\sigma_i+1}\frac{\rho_i}{\rho_i+1}\beta_i m_i$$

$$c_{i2}=\frac{1}{\sigma_i+1}\frac{\rho_i}{\rho_i+1}w_i,\quad dc_{i2}=\frac{1}{\sigma_i+1}\frac{\rho_i}{\rho_i+1}\beta_i m_i$$

$$v_{i1}=\frac{\gamma_{i1}}{\gamma_{i1}+1}\frac{1}{\rho_i+1}w_i,\quad dv_{i1}=\frac{\gamma_{i1}}{\gamma_{i1}+1}\frac{1}{\rho_i+1}\beta_i m_i,\quad \alpha_{i1}m_{i1}=\frac{\gamma_{i2}}{\gamma_{i2}+1}(1-\beta_i)m_i$$

$$v_{i2}=\frac{1}{\gamma_{i1}+1}\frac{1}{\rho_i+1}w_i,\quad dv_{i2}=\frac{1}{\gamma_{i1}+1}\frac{1}{\rho_i+1}\beta_i m_i,\quad \alpha_{i2}m_{i2}=\frac{1}{\gamma_{i2}+1}(1-\beta_i)m_i$$

$$m_i=\frac{w_i}{\rho_i+1}m_i'$$

此时，生产规模矩阵 P_t 可变为：

$$P_t=\begin{pmatrix}\frac{w_1(1+\rho_1+\beta_1 m_1')}{(\rho_1+1)^2} & 0 & 0 & 0\\ 0 & \frac{w_3(1+\rho_3+\beta_3 m_3')}{(\rho_3+1)^2} & 0 & 0\\ 0 & 0 & \frac{w_2(1+\rho_2+\beta_2 m_2')}{(\rho_2+1)^2} & 0\\ 0 & 0 & 0 & \frac{w_4(1+\rho_4+\beta_4 m_4')}{(\rho_4+1)^2}\end{pmatrix}$$

$$\begin{pmatrix}\frac{\sigma_1\rho_1}{\sigma_1+1} & \frac{\rho_1}{\sigma_1+1} & \frac{\gamma_{11}}{\gamma_{11}+1} & \frac{1}{\gamma_{11}+1}\\ \frac{\sigma_3\rho_3}{\sigma_3+1} & \frac{\rho_3}{\sigma_3+1} & \frac{\gamma_{31}}{\gamma_{31}+1} & \frac{1}{\gamma_{31}+1}\\ \frac{\sigma_2\rho_2}{\sigma_2+1} & \frac{\rho_2}{\sigma_2+1} & \frac{\gamma_{21}}{\gamma_{21}+1} & \frac{1}{\gamma_{21}+1}\\ \frac{\sigma_4\rho_4}{\sigma_4+1} & \frac{\rho_4}{\sigma_4+1} & \frac{\gamma_{41}}{\gamma_{41}+1} & \frac{1}{\gamma_{41}+1}\end{pmatrix}\qquad(6-33)$$

同样，整个经济体扩大再生产所需要交换和流通的社会总产品的规模矩阵 R_t 可表示为：

$$R_t=\begin{pmatrix}
\frac{w_1(1+\rho_1+\beta_1 m_1')}{(\rho_1+1)^2}\frac{\sigma_1\rho_1}{\sigma_1+1} & \frac{w_1(1+\rho_1+\beta_1 m_1')}{(\rho_1+1)^2}\frac{\rho_1}{\sigma_1+1} & \frac{w_1}{(\rho_1+1)^2}\left[\frac{(1+\rho_1+\beta_1 m_1')\gamma_{11}}{\gamma_{11}+1}+\frac{\gamma_{12}(\rho_1+1)(1-\beta_1)m_1'}{\gamma_{12}+1}\right] & \frac{w_1}{(\rho_1+1)^2}\left[\frac{(1+\rho_1+\beta_1 m_1')}{\gamma_{11}+1}+\frac{(\rho_1+1)(1-\beta_1)m_1'}{\gamma_{12}+1}\right] \\
\frac{w_3(1+\rho_3+\beta_3 m_3')}{(\rho_3+1)^2}\frac{\sigma_3\rho_3}{\sigma_3+1} & \frac{w_3(1+\rho_3+\beta_3 m_3')}{(\rho_3+1)^2}\frac{\rho_3}{\sigma_3+1} & \frac{w_3}{(\rho_3+1)^2}\left[\frac{(1+\rho_3+\beta_3 m_3')\gamma_{31}}{\gamma_{31}+1}+\frac{\gamma_{32}(\rho_3+1)(1-\beta_3)m_3'}{\gamma_{32}+1}\right] & \frac{w_3}{(\rho_3+1)^2}\left[\frac{(1+\rho_3+\beta_3 m_3')}{\gamma_{31}+1}+\frac{(\rho_3+1)(1-\beta_3)m_3'}{\gamma_{32}+1}\right] \\
\frac{w_2(1+\rho_2+\beta_2 m_2')}{(\rho_2+1)^2}\frac{\sigma_2\rho_2}{\sigma_2+1} & \frac{w_2(1+\rho_2+\beta_2 m_2')}{(\rho_2+1)^2}\frac{\rho_2}{\sigma_2+1} & \frac{w_3}{(\rho_2+1)^2}\left[\frac{(1+\rho_2+\beta_2 m_2')\gamma_{21}}{\gamma_{21}+1}+\frac{\gamma_{22}(\rho_2+1)(1-\beta_2)m_2'}{\gamma_{22}+1}\right] & \frac{w_2}{(\rho_2+1)^2}\left[\frac{(1+\rho_2+\beta_2 m_2')}{\gamma_{21}+1}+\frac{(\rho_2+1)(1-\beta_2)m_2'}{\gamma_{22}+1}\right] \\
\frac{w_4(1+\rho_4+\beta_4 m_4')}{(\rho_4+1)^2}\frac{\sigma_4\rho_4}{\sigma_4+1} & \frac{w_4(1+\rho_4+\beta_4 m_4')}{(\rho_4+1)^2}\frac{\rho_4}{\sigma_4+1} & \frac{w_4}{(\rho_4+1)^2}\left[\frac{(1+\rho_4+\beta_4 m_4')\gamma_{41}}{\gamma_{41}+1}+\frac{\gamma_{42}(\rho_4+1)(1-\beta_4)m_4'}{\gamma_{42}+1}\right] & \frac{w_4}{(\rho_4+1)^2}\left[\frac{(1+\rho_4+\beta_4 m_4')}{\gamma_{41}+1}+\frac{(\rho_4+1)(1-\beta_4)m_4'}{\gamma_{42}+1}\right]
\end{pmatrix} \tag{6-34}$$

所以，从式（6－34）出发，判断社会总产品的规模矩阵 R_t 是否为对称矩阵，是判断所给出的数值是否能实现扩大再生产的充要条件。

二、社会资本四部类扩大再生产模型的数例分析

根据扩大再生产的前提条件，首先给出第一生产周期初始的生产规模矩阵 P_1：

$$P_1=\begin{pmatrix}12 & 4 & 2 & 2\\ 4 & 12 & 2 & 2\\ 3 & 3 & 1 & 1\\ 3 & 3 & 1 & 1\end{pmatrix}$$

令剩余价值率 $m_i'=100\%$（$i=1,\ 2,\ 3,\ 4$），当四个部类的资本家均有积累时，不难验证 P_0 满足扩大再生产的四个前提条件，即式（6－11）~式（6－17）均成立。

初始的生产规模矩阵 P_1 和剩余价值率 m_i' 给定后，四个部类的社会总产品（供给）价值量 w_i，再生产的资本有机构成 ρ_i，不变资本有机构成 ρ_i，工人平均消费结构 γ_{i1} 就已随之确定。剩余价值积累率 β_i 和资本家的平均消费结构 γ_{i2} 是自由未知量，理论上，有无数多种解。这里通过给部分自由未知量赋值，且由 $R_1=R_1^T$，解出其余的量，得：

$$\boldsymbol{I}_1=\left\{\begin{matrix}20\\20\\8\\8\end{matrix}\right\},\ \boldsymbol{m}'=\left\{\begin{matrix}1\\1\\1\\1\end{matrix}\right\},\ \beta_1=\left\{\begin{matrix}\frac{1}{2}\\ \frac{1}{2}\\ \frac{4}{15}\\ \frac{4}{15}\end{matrix}\right\},\ \rho=\left\{\begin{matrix}4\\4\\3\\3\end{matrix}\right\},\ \sigma=\left\{\begin{matrix}3\\ \frac{1}{3}\\1\\1\end{matrix}\right\},\ \gamma_1=\left\{\begin{matrix}1\\1\\1\\1\end{matrix}\right\},\ \gamma_2=\left\{\begin{matrix}1\\1\\1\\1\end{matrix}\right\}$$

在此基础上，如果假设剩余价值率、资本有机构成、不变资本有机构成、工人和资本家的平均消费结构均保持不变，可以计算出任一生产周期的生产规模。根据本书第五章的理论假设分析，以上的量在短期内可视为恒定不变的。因此，这里在积累率变化的情况下，给出三期的数值，见表6－4。

表6－4　　社会资本扩大再生产数值　　单位：万亿元

周期	部类	c_{i1}	c_{i2}	v_{i1}	v_{i2}	αm_{i1}	αm_{i2}	dc_{i1}	dc_{i2}	dv_{i1}	dv_{i2}	投资规模	经济规模
第1期	Ⅰ	12	4	2	2	1	1	1.2	0.4	0.2	0.2	2	24
	Ⅱ	3	3	1	1	0.73	0.73	0.2	0.2	0.07	0.07	0.53	10
	Ⅲ	4	12	2	2	1	1	0.4	1.2	0.2	0.2	2	24
	Ⅳ	3	3	1	1	0.73	0.73	0.2	0.2	0.07	0.07	0.53	10
合计		22	22	6	6	3.47	3.47	2	2	0.53	0.53	5.07	68

续表

周期	部类	c_{i1}	c_{i2}	v_{i1}	v_{i2}	αm_{i1}	αm_{i2}	dc_{i1}	dc_{i2}	dv_{i1}	dv_{i2}	投资规模	经济规模
第2期	Ⅰ	13.2	4.4	2.2	2.2	1	1	1.44	0.48	0.24	0.24	2.4	26.4
	Ⅱ	3.2	3.2	1.07	1.07	0.32	0.32	0.24	0.24	0.08	0.08	0.64	9.81
	Ⅲ	4.4	13.2	2.2	2.2	1	1	0.48	1.44	0.24	0.24	2.4	26.4
	Ⅳ	3.2	3.2	1.07	1.07	0.32	0.32	0.24	0.24	0.08	0.08	0.64	9.81
合计		24	24	6.53	6.53	2.64	2.64	2.4	2.4	0.64	0.64	6.08	72.43
第3期	Ⅰ	14.64	4.88	2.44	2.44	1	1	1.728	0.576	0.288	0.288	2.88	29.28
	Ⅱ	3.44	3.44	1.15	1.15	0.384	0.384	0.288	0.288	0.096	0.096	0.768	10.71
	Ⅲ	4.88	14.64	2.44	2.44	1	1	0.576	1.728	0.288	0.288	2.88	29.28
	Ⅳ	3.44	3.44	1.15	1.15	0.384	0.384	0.288	0.288	0.096	0.096	0.768	10.71
合计		26.4	26.4	7.17	7.17	2.768	2.768	2.88	2.88	0.768	0.768	7.296	79.98

注：第1~3期的社会总产品价值量（货币总值）增长率分别为9.02%、9.93%和10.84%。特别地，数例仅仅是一个纯粹的数学分析，其中的变量的取值与经济现实有一定的差距，这里并非是用它来模仿现实的扩大再生产过程。通过本书第三章的综述研究我们得知，国内外很多学者质疑马克思所列举的扩大再生产的数例的缺陷，并把这些缺陷看成是社会资本再生产模型的缺陷（假设条件）。事实上，这是不准确的，马克思的两部类再生产模型的缺陷与其没有具体化是两个截然不同的问题，没有具体化是因为马克思的社会资本再生产理论并未完成（本书第二章的结论），这与他所列举的数例没有必然的关系。

资料来源：笔者计算。

第二个生产周期的生产规模矩阵、积累率和投资规模为：

$$P_2=\begin{pmatrix}13.2 & 4.4 & 2.2 & 2.2\\ 4.4 & 13.2 & 2.2 & 2.2\\ 3.2 & 3.2 & 1.07 & 1.07\\ 3.2 & 3.2 & 1.07 & 1.07\end{pmatrix},\ \beta_2=\begin{Bmatrix}0.545\\ 0.545\\ 0.3\\ 0.3\end{Bmatrix},\ \boldsymbol{I}_2=\begin{Bmatrix}22\\ 22\\ 8.53\\ 8.53\end{Bmatrix}$$

第三个生产周期的生产规模矩阵、积累率和投资规模为：

$$P_3=\begin{pmatrix}14.64 & 4.88 & 2.44 & 2.44\\ 4.88 & 14.64 & 2.44 & 2.44\\ 3.44 & 3.44 & 1.15 & 1.15\\ 3.44 & 3.44 & 1.15 & 1.15\end{pmatrix},\ \beta_3=\begin{Bmatrix}0.59\\ 0.59\\ 0.34\\ 0.34\end{Bmatrix},\ \boldsymbol{I}_3=\begin{Bmatrix}24.4\\ 24.4\\ 9.17\\ 9.17\end{Bmatrix}$$

第四节　社会资本四部类扩大再生产的两种类型

前文已经指出，扩大再生产就是社会总产品的价值量递增的生产过程，即 $\sum w(W_t) < \sum w(W_{t+1})$。积累是扩大再生产的源泉，但并不是唯一源泉。马克思在《1861－1863年经济学手稿》中在分析生产扩大的原因时，提出了扩大再生产的两种形式，即外延式扩大再生产和内涵（或内含）式扩大再生产[①]。在《资本论》第二册第Ⅱ稿中阐述固定资本局部更新问题时指出，“如果生产场所扩大了，就是在外延上扩大了；如果生产资料效率提高了，就是在内涵上扩大了。这种规模扩大的再生产，不是由积累——剩余价值转化为资本——引起的，而是由从固定资本的本体分出来、以货币形式和它分离的价值再转化为追加的或效率更大的同一种固定资本而引起的”[②]。同样，四部类扩大再生产也存在外延式扩大再生产和内涵式扩大再生产两种类型，但由于将无形的服务商品纳入社会资本再生产体系，自然这两种类型的扩大再生产也将有新的特点。

通过第三章的综述研究可知，长期以来，学术界对外延式扩大再生产和内含式扩大再生产的界定是模糊的。一般地，外延式扩大再生产（或粗放式扩大再生产）是指再生产技术不变，单纯依靠增加劳动量，即增加人力（活劳动）和物力（对象化劳动），而实现的扩大再生产；内涵式扩大再生产（或集约式扩大再生产[③]）是指依靠技术进步，提高生产资料和劳动的效率，从而增加社会总产品价值量。事实上，这些只是描述性的概括，只是把马克思对两种类型扩大再生产进行了重复性的表述[④]。这里认为区分或界定两种类型的扩大再生产首先要区分是在宏观领域，还是在微观领域。例如，微观领域的内涵式扩大再生产方式非常多，因为只要是在生产和再生产过程

① 马克思恩格斯全集（中文第2版）第34卷［M］.北京：人民出版社，2008：594.

② 资本论（第二卷）［M］.北京：人民出版社，2004：192.

③ 马克思在论述地租理论时提出了粗放和集约两种（耕作）经营（资料来源：资本论（第三卷）［M］.北京：人民出版社，2004：756－762.）。这里认为它们与外延和内含扩大再生产既有相似之处，又不完全相同。这不是本书的研究重点，故不作进一步分析。

④ 马克思对两种类型扩大再生产曾多次论及，其含义大同小异。例如，“生产逐年扩大是由于两个原因：第一，由于投入生产的资本不断增加；第二，由于资本使用率不断提高”（资料来源：马克思恩格斯全集（中文第1版）第26卷中册［M］.北京：人民出版社，1973：598.）。

中，能够提高单个资本效率的途径（包括扩大投资）都可视为内涵式扩大再生产。这种资本效益的提高是从单个资本出发的，单个资本提高效率，并非意味着社会资本就一定能提高效率。马克思所论述的两种类型的扩大再生产也大多是微观领域的，从宏观领域来分析两种类型的扩大再生产长期被学术界所忽视。根据本书的研究重点，这里仅从宏观层面来界定两种类型的扩大再生产。分析扩大再生产的类型，仍然需要从商品资本的循环公式出发，见图式（6－1）。

一、社会资本四部类外延式扩大再生产

外延式扩大再生产就是资本积累①，当 $\Delta G_t > 0$ 时，即剩余价值货币化后，有一部分转化成生产资本。进而使得生产规模扩大，其最终的结果是 $\sum w(W_t) < \sum w(W_{t+1})$。从四部类扩大再生产模型来看，外延式扩大再生产至少还具有以下特点。

1. 结构与数量的统一

从表面上看，外延式扩大再生产就是追加投资，只要投资数量增加，再生产扩大的速度就快。事实并不完全如此，本书以上所构建的四部类扩大再生产模型即为外延式扩大再生产，四个部类要按照一定的比例同时积累外延式扩大再生产才能够实现。与现存社会生产结构（包括物质和服务、生产资料和生活资料、四部类结构、资本有机构成、不变资本有机构成等）不相符合的投资，无法在社会总产品的流通和交换中实现价值补偿和使用价值的补偿，扩大再生产也就无法真正地实现。因此，外延式扩大再生产也并不能简单等同于扩大投资数量，更要符合社会生产的现实的结构和比例。

2. 外延不一定体现在“空间规模”上的扩大

前文已多次论及，马克思所阐述的是物质生产领域的再生产理论，外延式扩大再生产的特征就是资本积累扩大了再生产的空间规模，即生产场所的扩大，如建立新的工厂或生产线。一方面在第Ⅲ部类和第Ⅳ部类中，很多服务商品的生产规模的扩大并非依靠生产场所的扩张；另一方面第Ⅰ部类和第

① 在国内学术界有学者认为积累并不能看成是区分扩大再生产类型的标准，积累是扩大再生产的“原因”而不是“形式”（李小玉，1984；马壮昌，1984）。事实上，这种故意将扩大再生产的源泉和形式对立起来的观点是值得商榷的，区分外延式扩大再生产和内涵式扩大再生产并非是在玩文字概念游戏，而是要从扩大再生产的整个逻辑体系中把握。

Ⅱ部类中，很多用在生产性服务上的投资并不扩大空间的生产规模。因此，外延式扩大再生产关键表现在投资所引发的社会生产量的提高，而并不一定表现为生产空间规模的扩大。

3. 外延扩大再生产的“服务化”趋势

前文已经指出，随着经济的发展和社会分工的深化，服务商品的地位正在日益上升。第Ⅲ部类和第Ⅳ部类的生产和再生产规模会相对逐渐增大，而第Ⅰ部类和第Ⅱ部类的生产和再生产规模会相对缩小。这体现在外延式扩大再生产就是偏向服务商品生产领域，即呈现出“服务化”的趋势；四是外延扩大再生产伴随着劳动人口的增长。前文在分析扩大再生产时，假设了劳动力商品供给充足，这事实上隐含了扩大再生产的速度要和劳动人口的增长相协调。通过本书第三章的研究已知，国内外有些学者尝试将人口增长因素纳入社会资本扩大再生产理论，构建马克思的经济增长模型。事实上，这并非仅仅是在向西方经济增长理论学习借鉴，更是社会资本再生产理论创新发展的需要。

二、社会资本四部类内涵式扩大再生产

与外延式扩大再生相对应，内涵式就是不因资本积累而使得生产规模增大的扩大再生产。从单个资本的再生产来看，内涵式扩大再生产主要集中在生产阶段，表现为劳动生产率的提高，付出同等的生产成本能产出更多的价值。从社会资本再生产来看，若在资本积累为零或社会生产规模保持不变的条件下，仍然有 $\sum w(W_t) < \sum w(W_{t+1})$，则为内涵式扩大再生产。社会资本扩大再生产模型中，内涵式扩大再生产并没有被体现出来，而仅仅被作为一个资本积累的既定因素。马克思也曾论及科学技术进步（生产力的提高）、劳动协助、资本的集中、资本的周转、固定资本的更新（折旧基金的运用）以及提高资本的剥削程度等因素对扩大再生产的作用，从宏观上来看，这些因素都可以成为内涵式扩大再生产的原因。这里认为从四部类扩大再生产理论来看，内涵式扩大再生产至少有以下特征。

1. 内涵式扩大再生产具有整体性

在扩大再生产过程中，四个部类之间紧密相连，社会总产品的流通和交换是四个部类共同作用的结果。即便是在开放经济中，一个经济体的生产能力或经济发展水平，也是其各个生产领域的综合展现。内涵式扩大再生产不

是某些企业、某几个行业或某个部类的实力所决定的，而是四个部类、众多行业和企业的整体水平。因此，提高一个经济体的内涵式扩大再生产，必须从整体出发。

2. 内涵式扩大再生产具有阶段性

外延和内含扩大再生产不仅仅是扩大再生产的两种类型，同时还是扩大再生产的两个阶段。从单个资本的扩大再生产来看，外延扩大再生产在投资阶段，即资本家将一部分剩余价值货币化后积累起来，在达到一定的数量后投入生产，购买生产资料和劳动力商品，使其变成新增加的生产资本；内涵扩大再生产在生产阶段，通过劳动生产率的提高不是通过生产要素的增加实现生产能力的提高。由微观到宏观，从一个企业到整个社会，从一种商品到社会总产品，都需要有一定时间的发展和积淀，才能逐步形成自己的优势和特点。内涵式扩大再生产虽然不需要资本的积累，但需要时间和发展历程的积淀。可以说，外延式扩大再生产是内涵式扩大再生产的基础，而内涵式扩大再生产是外延式扩大再生产的进一步发展和提升的形式。一般地，在工业化的初期，扩大再生产更多依靠资本积累，而随着科技的进步、生产要素质量和劳动者素质的提升，扩大再生产逐渐转向依靠整个经济体的运行效率、调控力以及创新力。因此，内涵式扩大再生的能力或水平与一个经济体的工业化发展阶段相关。

3. 内涵式扩大再生产具有结构性

通过前文的理论构建不难发现，与两部类扩大再生产模型相比，四部类模型更能体现经济发展结构的重要意义。从最宏观的总供求，到物质生产领域与服务生产领域的供求、生产资料与生活资料的供求，再到四个部类的供求，每个层面的供求平衡都是社会资本扩大再生产的必要条件。事实上，现实经济发展中，供求平衡只是理想状态，局部规模较小的结构失衡或许在连续生产和再生产过程中对经济不会造成很大的破坏力，但它会影响整个经济体内涵式扩大再生产的水平。特别地，随着生产社会化的深入发展，一方面单个商品从生产到消费的链条越拉越长、越分越细，这不仅仅需要商品生产者之间的密切配合，也需要整个社会四个部类生产和再生产的高效运转作为支撑；另一方面在现代信息技术的驱动下，社会总产品交换和流通更加频繁和活跃，经济结构的调整和适应能力将会越来越重要。

事实上，从经济发展的现实情况来看，外延式扩大再生产和内涵式扩大再生产在宏观经济发展中都不会孤立地存在。它们总是互相渗透和转化，既对立又统一，因而可以将这种现实中混合型的扩大再生产划分为“偏外延”式扩大再生产和“偏内涵”式扩大再生产。与前文的四部类再生产模型分析不同，不能离开具体的经济发展阶段和环境，孤立地看待不同类型的扩大再生产。不论是“偏外延”式扩大再生产，还是“偏内涵”式扩大再生产表现的是整个经济体所处的发展阶段和状况，而并非是经济发展优劣的判断标准。

第七章

社会资本四部类缩减再生产理论

本书第二章对马克思社会资本再生产的创作史的研究已知，马克思在《资本论》第二册第Ⅰ稿的最后为第三章新制定的标题中明确有“再生产的伸缩性”一节，但后面的所有手稿中均未展开论述。马克思曾指出，“再生产只能有两种正常的情况：或者是再生产原有的规模进行；或者是发生剩余价值的资本化，即积累”①。纵观马克思的经济学手稿及著作，虽然零星地提及规模缩小的生产问题②，但对于缩减再生产基本没有论述。有学者也认为马克思的经济危机理论就是缩减再生产理论，这种观点是值得商榷的。经济危机造成了社会生产条件的破坏，生产规模必定缩减。因此，经济危机的过程是再生产缩减的过程，但反之不一定。可以肯定，马克思虽然意识到了缩减再生产的存在，但我们在他的手稿及著作中找不到与再生产理论逻辑一致的缩减再生产理论。通过第三章的研究可知，国内外学术界对社会资本缩减再生产的研究很少，国外虽然布哈林等学者曾提及，但只有曼德尔等极少数学者进行过简短的专题论述；国内的研究数量多于国外，但也仅有罗季荣、林后春、刘崇民、何立胜等少数学者论述过缩减再生产问题。很多马克思主义政治经济学学者在思维上被局限于简单再生产和扩大再生产两种类

---

① 资本论（第二卷）[M]. 北京：人民出版社，2004：359.

② 例如，曾论及过单个生产者的缩减再生产。“罗马贵族不断进行战争，强迫平民服兵役，阻碍了他们的劳动条件的再生产，因而使他们变得贫穷（在这里，贫穷化，即再生产条件的萎缩或丧失，是主要的形式）而终于破产”（资料来源：资本论（第三卷）[M]. 北京：人民出版社，2004：677.）。单个资本的循环和周转不能扩大甚至维持原有规模，必然就是缩减再生产。事实上，制约资本连续运动的因素都会成为缩减再生产的原因。又如，马克思在《资本论》第二册第Ⅷ稿中曾提及“不完备—有缺陷—再生产”（资料来源：资本论（第二卷）[M]. 北京：人民出版社，2004：438.）。结合上下文分析，这里马克思所指出的“有缺陷”再生产是指某些部门或行业的缩减再生产。

型，不能直面问题进行理论突破是其中形成这种局面的主要原因。因此，这里将结合四部类扩大再生产模型，尝试建立社会资本四部类缩减再生产模型。

第一节　社会资本缩减再生产的界定

缩减再生产或称缩小再生产、萎缩再生产，它是社会资本再生产的一种类型。这里将缩减再生产单独列为一章，与简单再生产和扩大再生产并列。一方面是因为本书的研究目标是构建社会资本四部类再生产理论，这必然需要全面地研究社会资本再生产的基本类型；另一方面是缩减再生产本身就可以看作是扩大再生产的逆过程，即负向的扩大再生产，适合将其放在扩大再生产之后，进行对比研究。

一、社会资本再生产的三种基本类型

和社会资本简单再生产一样，社会资本缩减再生产是客观存在的，是社会生产的一种现实的因素。以一年为生产周期，用不变价 GDP 来表示一国的社会资本再生产的规模，从表 7－1 中可知，2001～2020 年日本、德国、法国、意大利和墨西哥 5 个国家共出现了 10 次简单再生产，而除中国和澳大利亚之外的其他 15 个国家共出现了 35 次缩减再生产。事实上，经济危机（2008 年爆发的国际金融危机）和社会危机（2020 年暴发的新冠肺炎疫情）是社会资本缩减再生产的一个很重要的原因，但并非所有的缩减再生产都是经济危机或由社会危机造成的。在现实中，不论是微观层面单个资本的再生产，还是宏观层面的社会资本再生产，缩减再生产都是客观存在的。一个国家经济的发展不可能一直是单调递增的，社会资本缩减再生产正是社会生产各种矛盾相互叠加的产物，也是市场经济体制矛盾性和局限性的集中体现。

从理论上来看，区分再生产类型的是生产的规模，即社会总产品的价值量。规模不变的再生产为简单再生产，规模扩大的再生产为扩大再生产，相应的规模缩小的再生产为缩减再生产。缩减再生产与扩大再生产对立，是市场经济体制中各种经济和非经济因素（如战争、政变、重大自然灾害、突发性社会危机等）作用“合力”的一种具体表现形式，两种类型的再生产共同形成了上下波动的经济发展现实。只有扩大再生产而没有缩减再生

表 7-1　部分国家 GDP（2010 年不变价）

单位：万亿美元

国家	2001年	2002年	2003年	2004年	2005年	2006年	2007年	2008年	2009年	2010年	2011年	2012年	2013年	2014年	2015年	2016年	2017年	2018年	2019年	2020年
美国	13.88	14.12	14.52	15.07	15.60	16.05	16.35	16.33	15.91	16.32	16.57	16.95	17.26	17.69	18.24	18.55	18.98	19.55	19.97	19.29
中国	3.00	3.28	3.60	3.97	4.42	4.98	5.69	6.24	6.83	7.55	8.28	8.93	9.62	10.33	11.06	11.82	12.64	13.49	14.30	14.63
日本	4.00	**4.00**	4.07	4.15	4.23	4.29	4.35	4.30	4.05	4.22	**4.22**	4.28	4.36	4.38	4.44	4.48	4.55	4.58	4.59	4.38
德国	2.88	**2.88**	2.86	2.89	2.91	3.02	3.11	3.14	2.96	3.09	3.21	3.22	3.24	3.31	3.36	3.43	3.52	3.56	3.60	3.43
英国	2.36	2.41	2.48	2.54	2.61	2.67	2.73	**2.73**	2.61	2.67	2.71	2.75	2.80	2.88	2.96	3.02	3.09	3.14	3.19	2.89
印度	0.84	0.87	0.94	1.01	1.09	1.18	1.27	1.31	1.42	1.54	1.62	1.70	1.81	1.95	2.10	2.28	2.43	2.59	2.70	2.50
法国	2.09	2.11	2.13	2.19	2.22	2.28	2.33	2.34	2.27	2.32	2.37	**2.37**	2.39	2.41	2.44	2.46	2.52	2.57	2.62	2.41
巴西	1.20	1.24	1.25	1.33	1.37	1.42	1.51	1.59	1.58	1.70	1.77	1.80	1.86	1.87	1.80	1.74	1.77	1.80	1.82	1.75
意大利	1.88	**1.88**	**1.88**	1.91	1.93	1.96	1.99	1.97	1.87	1.90	1.91	1.86	1.82	**1.82**	1.84	1.86	1.89	1.91	1.92	1.74
韩国	0.84	0.90	0.93	0.98	1.02	1.07	1.14	1.17	1.18	1.26	1.31	1.34	1.38	1.43	1.47	1.51	1.56	1.60	1.64	1.62
加拿大	1.06	1.10	1.14	1.18	1.24	1.30	1.38	1.40	1.36	1.40	1.44	1.47	1.50	1.55	1.56	1.57	1.62	1.66	1.70	1.61
澳大利亚	0.89	0.93	0.95	1.00	1.03	1.05	1.09	1.13	1.15	1.18	1.21	1.26	1.29	1.32	1.35	1.39	1.42	1.46	1.49	**1 49**
俄罗斯	0.82	0.86	0.92	0.99	1.05	1.14	1.23	1.30	1.20	1.25	1.30	1.36	1.38	1.39	1.36	1.37	1.39	1.43	1.46	1.42
西班牙	1.01	1.04	1.07	1.10	1.14	1.19	1.23	1.24	1.19	1.20	1.19	1.15	1.14	1.15	1.20	1.23	1.27	1.30	1.32	1.18
墨西哥	0.87	**0.87**	0.89	0.92	0.94	0.98	1.01	1.02	0.96	1.01	1.05	1.09	1.10	1.13	1.17	1.20	1.23	1.26	1.25	1.15
印尼	0.41	0.43	0.45	0.47	0.50	0.53	0.56	0.59	0.62	0.66	0.70	0.74	0.78	0.82	0.86	0.90	0.95	1.00	1.05	1.03
土耳其	0.39	0.42	0.44	0.48	0.53	0.56	0.59	0.60	0.57	0.61	0.68	0.72	0.78	0.81	0.86	0.89	0.96	0.99	1.00	1.02

注：根据世界银行的统计数据，选取了 GDP（2020）超过 1 万亿美元（2010 年不变价）的国家。相邻两年的 GDP 近似相等（小数点后两位），即视为社会资本简单再生产。

资料来源：世界银行数据库，https：//data. worldbank. org. cn/indicator/NY. GDP. MKTP. KD。

产，显然在理论上也是无法自洽的。承认社会资本缩减再生产的存在，并非否认社会资本扩大再生产是资本主义市场经济的主要特征，以追求剩余价值（利润）为根本目的的资本主义生产方式不可能持续扩张，缩减再生产正是这种不可持续的基本原因之一。国内外许多学者认为，从整个社会生产的发展过程来看，一切社会资本再生产都是扩大再生产（吴若海，1957）。不论从理论逻辑还是从经济发展的现实看，这种观点显然都是错误的。因此，简单再生产、扩大再生产和缩减再生产共同构成社会资本再生产的三种基本类型。

二、社会资本缩减再生产的含义

从缩减再生产的层次上来看，可以分为微观的单个资本缩减再生产，中观的部门或行业资本缩减再生产，宏观的社会资本缩减再生产。显然，这里讨论的是宏观层面的社会资本缩减再生产，社会资本再生产研究的核心问题是社会总产品的价值补偿和使用价值补偿问题，即便如此，我们还是要从单个商品资本的循环图式来分析。

缩减再生产的商品资本的循环图式为：

$$W_t\begin{cases}W'_t\\M_t\end{cases}\xrightarrow{①}G'_t\begin{cases}G_t\begin{cases}G''_t\xrightarrow{②}W''_t\begin{cases}C_t-\Delta C_t\\V_t-\Delta V_t\end{cases}\cdots P_t\begin{cases}C_t-\Delta C_t\\V_t-\Delta V_t\end{cases}\cdots W_{t+1}\\ \Delta G_t\mid\end{cases}\\ \\ M'_t\to Z_t\mid\end{cases}\tag{7-1}$$

从图式（7－1）可知，与简单再生产和扩大再生产相同，商品资本作为生产的起点，包含了两个部分（子集），即 $W_t=W'_t\cup M_t$。在销售环节，由于原生产能力结构性过剩，可能有一定量的商品并没有实现惊险的“跳跃”，这部分商品全部浪费掉了①，只有部分商品资本转化成货币资本（G'_t），则 $w(W_t)\geqslant w(G'_t)$。其中商品形态的剩余价值（M_t）货币化（M'_t）后，资本家用于购买自己的消费品（Z_t），由 $w(M_t)\geqslant w(M'_t)$，则资本家要缩减自身的消费。因为上一阶段商品销售出现了危机或已经出现危机的先

① 对于服务商品来说“浪费”就是原本的生产能力没有得到正常的发挥，本质上与物质商品的浪费是相同的，都是社会劳动的浪费。

兆，资本家对本期的投资进行了缩减①，将预付的货币资本（G_t）分成两个部分：一部分（G''_t）用于继续生产，购买生产资料转化成生产资本，若 $w(G''_t)=0$，则表明企业倒闭退出生产；另一部分（ΔG_t）作为“负积累”从生产资本中退出，若是主动缩减再生产，则会有一定量的货币资本沉淀下来，这一部分最终会有三个用途，一是补偿资本家的消费，二是作为后期的再投资基金，三是转移投资其他行业。$C_t-\Delta C_t$ 为缩减后的生产资料要素，$V_t-\Delta V_t$ 为缩减后的劳动力要素。经过规模缩减的再生产过程，结果是得到比上一期更少的商品（W_{t+1}）。

总的来看，缩减再生产分为两个过程，在图式（7-1）中，①商品的销售过程，有部分商品没有实现价值的补偿，转换成为货币资本；②生产资料的购买过程，即投资，资本家被动或主动地缩减了生产规模②，与上一期相比较分别减少了生产资料要素（ΔC_t）和劳动力要素（ΔV_t）。经过这两个过程，生产资本相应地缩减了，进而减少了所生产的产品和剩余价值。单个资本的缩减再生产构成了相似的社会资本缩减再生产。因此，社会资本缩减再生产可以表示为：

$$\sum w(W_t) > \sum w(W_{t+1}) \qquad (7-2)$$

即从整个经济体系来看，本生产周期的商品资本的价值量大于下一生产周期的商品价值量。图式（7-1）和式（7-2）构成了社会资本缩减再生产的商品资本循环图式，这里称其为“螺旋收敛”图式。

对于单个资本来说，缩减再生产要么是资本家主动减少生产规模，逐渐退出某一领域；要么是经营不善，在竞争中缩小规模甚至倒闭。按照从微观到宏观的逻辑，社会资本缩减再生产也具有两种基本的形式。一是限于某种发展条件的约束，通过政府干预引导或某个行业垄断的大公司引领，生产规模有计划地缩减；二是发生经济危机，生产秩序被打乱，规模无序地破坏性缩小。无论哪一种形式的缩减再生产都伴随着商品的结构性过剩和浪费，这是生产规模缩减必须要付出的代价。

---

① 如果危机已经发生，部分或全部商品没有实现货币化，则为被动缩减；如果资本家预计了危机，主动调整生产投资规模，则为主动缩减。

② 如果过程①没发生，即销售过程顺利，过程②则为主动缩减。一般在没有危机或危机先兆的情况下，在放任自由的市场经济体制中资本家很少会主动缩减生产规模，这时候政府的引导就成为缩减再生产的关键因素。例如，政府通过立法、行政手段或产业政策限制某些高污染产业的发展，这种缩减再生产的过程就是资本家在过程②被动进行的。

三、社会资本缩减再生产的类型

社会资本缩减再生产就是生产周期末社会总产品价值量减少的再生产过程，和社会资本扩大再生产具有两种类型相似，在图式（7－1）中隐含着两种类型的缩减再生产。

1.“外敛”式缩减再生产

从宏观层面来看，由于社会生产规模缩小而造成了社会总产品价值量的减少，这里称为“外敛”式缩减再生产。这种类型的缩减再生产主要体现在整个社会投资的缩减，进而造成了社会生产资本的缩小。例如，经济危机时商品结构性过剩，众多企业开工不足甚至倒闭，工人失业绝对数量增加；政府通过立法或行政手段限制某些行业发展，进而造成社会投资总额的缩小。“外敛”式缩减再生产是本书的主要分析对象。

2.“内滞”式缩减再生产

从宏观层面来看，社会生产规模虽然没有缩小，但社会总产品价值量却减少，这里称为“内滞”式缩减再生产。从理论上来看，在生产规模不减的条件下，社会总产品价值量的减少是由于社会总产品数量的绝对减少或单位商品的价值量的减少。造成这种现象的原因主要有三个方面：一是产业结构的优化升级滞后，代表经济发展趋势的新兴产业发展不足；二是技术更新滞后，整体创新能力不足，在开放经济中，商品的竞争力和价值总量均下降；三是宏观经济环境恶化，企业制度性交易成本增加，经济运行效率低下。商品的价值是在竞争中形成的，在微观经济领域，单个资本缩减再生产是一种普遍的经济现象。社会资本缩减再生产是单个资本缩减再生产集中的体现，“内滞”式缩减再生产是一个经济体整体效率下降的结果。

四、社会资本缩减再生产与扩大再生产的关系

前文已经指出，缩减再生产和扩大再生产是社会资本再生产两个互逆的过程，即一个代表社会总产品价值量的缩小，一个表示社会总产品价值量的增加。从绝对量来看，社会资本缩减再生产和扩大再生产是互不相容的，它们是社会资本再生产的两种对立的力量，彼此互相否定。在市场经济发展过程中，缩减再生产和扩大再生产不断相互转化和过渡。从四部类社会总产品

价值的相对量来看，社会资本缩减再生产和扩大再生产是统一的。当然，这种统一也总是以差别和对立为前提的统一。一方面，社会资本扩大再生产中存在着相对缩减再生产。一是物质生产领域的规模相对于服务生产领域的规模在缩减，二是物质生产资料的价值总量相对于生产性服务商品的价值总量在缩减，三是物质生活资料的价值总量相对于生活性服务商品的价值总量在缩减。另一方面，社会资本缩减再生产中存在着相对扩大再生产。一般地，由经济危机引发的社会资本缩减再生产具有随机性和不确定性，四个部类社会总产品的相对量的变化也是不确定的。而政府引导的缩减再生产中，往往会让代表经济未来发展趋势的高技术产业相对扩大再生产。

总之，社会资本缩减再生产与扩大再生产是对立统一的，看到扩大再生产的进步性的同时也应该看到缩小再生产的进步性，看到缩小再生产的消极性的同时也应该看到扩大再生产的消极性。这里特别指出，本书仅研究社会资本绝对缩减再生产问题。

第二节　社会资本四部类缩减再生产模型

前文分析已经指出，社会资本缩减再生产就是部分生产资本退出资本循环的过程。由于社会总产品实现出现问题，一部分商品资本没有顺利地转化为货币资本，进而致使资本家缩减了生产资本的规模。本节将在社会资本四部类扩大再生产模型的基础上，构建社会资本四部类缩减再生产模型。

一、社会资本四部类缩减再生产的理论假设

与社会资本四部类简单再生产和扩大再生产的分析相同，首先要明确社会资本四部类缩减再生产理论分析的假设：第一，假设存在一个相对统一的市场，商品和要素均能自由流动。第二，社会总产品分为四个部类，每个部类商品的使用价值是确定的，且不考虑部类内部的部门或行业结构。第三，假设市场经济体制内仅有工人和资本家两个阶级，暂不考虑公共群体。第四，假设经济是封闭的，暂不考虑对外贸易和资本流动。第五，假设四部类的劳动生产率保持不变。第六，假设四部类的资本有机构成（ρ_i）在本书所给出的数例中保持不变。第七，假设四个部类的不变资本有机构成（σ_i）在本书所给出的数例中保持不变。第八，假设市场中商品的价值和价格相

等。第九，假设四个部类的剩余价值率（m_i'）在本书所给出的数例中相等，且保持不变。第十，假设不考虑各部类缩减再生产的先后顺序。第十一，假设四个部类的负积累率（η_i）在本书所给出的数例中可变。第十二，假设生产资本的负积累暂时归入剩余价值（资本家的消费基金），因为一切资本都来自剩余价值。这里可以从两个方面来理解，一方面，若缩减再生产是被动的经济危机的形式，负积累部分包括没有通过流通和交换实现价值补偿的哪一部分价值，这时的负积累是可能不存在货币沉淀的，资本家的消费基金有可能不仅不会增加相反要因危机而减少①；另一方面，若缩减再生产是主动的形式，负积累部分的哪一部分的社会总产品也要实现价值补偿后才退出再生产，这相当于资本家将以往用于积累的剩余价值回收。第十三，假设工人的工资全部用于消费，没有储蓄，工人的消费按照缩减比例下降。资本家的剩余价值全部用于消费，若是被动缩减再生产，资本家阶级的消费会因剩余价值的减少而下降；若是主动缩减再生产，则会增加②。第十四，假设工人和资本家的消费结构（γ_{i1}，γ_{i2}）在本书所给出的数例中相等，且保持不变。第十五，假设再生产是一个离散的周期性过程，每个周期开始时投入生产要素生产，结束时产出相应商品。第十六，假设在生产周期内，四个部类的固定资本折旧率 $\delta_i=100\%$。第十七，不考虑竞争和信用对社会资本再生产的影响。

其中，四个部类的资本有机构成：ρ_i，四个部类的不变资本有机构成：σ_i，四个部类工人的消费结构：γ_{i1}，四个部类资本家的消费结构：γ_{i2}，四个部类的剩余价值率：m_i'，四个部类的负积累率：η_i，这 6 个变量的变动与缩减再生产的变化情况密切相关，这也是四部类缩减再生产理论具体化研究的重要内容，本书暂不予分析。

二、社会资本四部类缩减再生产的前提条件

与社会资本扩大再生产需要资本积累增加投资相反，社会资本缩减再生产伴随着投资的减少。前文已经指出，造成投资减少的原因众多，这里暂不予分析，仅仅将其看成是既定的条件。从整个经济体来看，社会资本缩减再

① 在经济危机时，缩减再生产也可能包括主动缩减。

② 这里或许会让人产生疑惑，经济危机会让资本家的生活（消费）变得更好？事实上，主动缩减再生产所沉淀下来的生产资本全部进入消费基金，维持资本家现在和将来的消费。

生产必须打破简单再生产的“闭环”，减少生产资本（投资）。要减少生产资本，四个部类的生产资料和消费资料（工人阶级）也将会不同程度地减少。假设每一部类都有一定比例（η_i）的社会总产品被列为“负积累”集，即有部分商品无法实现货币化或实现货币化后从生产资本中分离出来，见表7－2。根据四部类简单再生产的平衡条件以及四部类扩大再生产的前提条件，可以得出缩减再生产的前提条件。

表7－2　　四部类缩减再生产价值构成（1）

部类	c_i		v_i		$\eta_i g_i$		m'_i		w_i
第Ⅰ部类	c_{11}	c_{12}	v_{11}	v_{12}	$\eta_1 c_1$	$\eta_1 v_1$	m'_{11}	m'_{12}	w_1
第Ⅱ部类	c_{21}	c_{22}	v_{21}	v_{22}	$\eta_2 c_2$	$\eta_2 v_2$	m'_{21}	m'_{22}	w_2
第Ⅲ部类	c_{31}	c_{32}	v_{31}	v_{32}	$\eta_3 c_3$	$\eta_3 v_3$	m'_{31}	m'_{32}	w_3
第Ⅳ部类	c_{41}	c_{42}	v_{41}	v_{42}	$\eta_4 c_4$	$\eta_4 v_4$	m'_{41}	m'_{42}	w_4
合计	$c_{\cdot 1}$	$c_{\cdot 2}$	$v_{\cdot 1}$	$v_{\cdot 2}$	ηc	ηv	$m'_{\cdot 1}$	$m'_{\cdot 2}$	w
	c		v		ηg		m'		

注：ηg 为因缩减再生产而相对过剩的生产资本，且 $\eta g=\sum_{i=1}^{4}\eta_i g_i$；$m'_{ij}=m_{ij}+\Delta m_{ij}$，且 $\sum_{j=1}^{2}\Delta m_{ij}=\eta_i g_i$。

资料来源：笔者设计。

1. 社会总供给小于总需求①

从整个经济体的宏观层面来看，社会资本缩减再生产的根本原因是生产能力的相对过剩，一个生产周期内四个部类所生产的部分社会总产品无法顺利进行流通和交换，因此也就无法正常地实现价值补偿和使用价值补偿。因此，缩减再生产首先表现为社会总供给小于总需求，即：

$$s<d \tag{7-3}$$

① 社会资本缩减再生产的前提条件是分析和理解缩减再生产的一个难点。按照经济学的一般思维“供给小于需求”应该扩大生产规模，提高产量，而为何要缩减生产呢？事实上，这里的“供给小于需求”并非是真正供不应求，而是供给结构性过剩所导致的社会总产品有效供给不足。通俗的说就是市场上大量的商品不能满足真正的社会需求，致使想要买的商品反而买不到，所以呈现出有效供给小于需求的现象。在这种情况下，首先要将原有的生产规模缩减，即减掉无效供给。若发生经济危机，则有一部分社会总产品无法实现价值补偿和使用价值补偿，负积累随着危机自然产生，生产资本被动缩减；若在政府的引导下主动缩减，则生产资本可按比例主动缩减，通过负积累并入剩余价值部分，从而实现价值补偿和使用价值补偿。

式（7－3）可变为：$d-s=\eta g>0$，社会总需求和供给的差额为本生产周期的缩减再生产提供了可能。特别地，扩大再生产的"供大于求"是供给在满足社会生产需求的基础上，剩余价值的一部分作为多余的供给转化为生产资本，成为新追加的社会生产需求；缩减再生产的"供小于求"是供给的结构性"过剩"，社会总产品在流通和交换中无法顺利实现。因此，必须要通过缩减再生产，减掉过剩的产能，即无效的供给。例如，经济危机表面上看是供给大于需求，事实上是供给的相对过剩，通过危机将相对过剩的生产能力破坏掉，在一个缩小的生产规模上实现新的平衡。

2. 物质生产领域和服务生产领域供给小于需求

社会资本简单再生产（扩大再生产）要求物质生产领域和服务生产领域供给等于（大于）需求，两个条件必须同时成立。同样，缩减再生产也要求物质生产领域和服务生产领域供给小于需求。则：

$$\begin{cases} w_1+w_2<c_{\cdot 1}+v_{\cdot 1}+m'_{\cdot 1} \\ w_3+w_4<c_{\cdot 2}+v_{\cdot 2}+m'_{\cdot 2} \end{cases} \tag{7－4}$$

式（7－4）中第一个不等式表示物质商品的生产部类（第Ⅰ部类和第Ⅱ部类）供给小于需求，第二个不等式表示服务商品的生产部类（第Ⅲ部类和第Ⅳ部类）供给小于需求。马克思曾指出，缩减再生产为"有缺陷的"再生产。式（7－4）中的两个不等式表示物质生产领域和服务生产领域均有缺陷，并且这种缺陷会通过社会总产品的实现过程传导给另外一方。式（7－4）可化为：

$$\begin{cases} \sum_{i=1}^{2}(c_{i2}+v_{i2}+m_{i2})-\sum_{i=3}^{4}(c_{i1}+v_{i1}+m_{i1})<\sum_{i=1}^{4}\Delta m_{i1} \\ \sum_{i=3}^{4}(c_{i1}+v_{i1}+m_{i1})-\sum_{i=1}^{2}(c_{i2}+v_{i2}+m_{i2})<\sum_{i=1}^{4}\Delta m_{i2} \end{cases} \tag{7－5}$$

式（7－5）表示物质生产领域和服务生产领域供求之差，小于因生产资本缩减而资本家对物质商品的消费基金增加量；同样，服务生产领域和物质生产领域供求之差，小于因生产资本缩减而资本家对服务商品的消费基金增加量。显然，式（7－5）两个不等式相加，可推出式（7－3）（$\eta g>0$），即式（7－5）是式（7－3）的充分条件[①]。

① 注意：式（7－5）的两个分不等式相加能推出式（7－3），但反之不一定成立，即式（7－5）是式（7－3）的充分而非必要条件。以下相同。

3. 生产资料和生活资料供给小于需求

社会资本简单再生产（扩大再生产）要求生产资料和生活资料供给等于（大于）需求，两个条件必须同时成立。同样，生产资料供给小于需求和生活资料供给小于需求也要同时成立，缩减再生产才有可能会发生，即：

$$\begin{cases} w_1 + w_3 < c_{\cdot 1} + c_{\cdot 2} \\ w_2 + w_4 < v_{\cdot 1} + m'_{\cdot 1} + v_{\cdot 2} + m'_{\cdot 2} \end{cases} \tag{7-6}$$

式（7－6）中第一个不等式表示第Ⅰ部类和第Ⅲ部类所生产的生产资料的供给小于本生产周期社会再生产对生产资料的需求，第二个不等式表示第Ⅱ部类和第Ⅳ部类所生产的生活资料的供给小于本生产周期社会再生产对生活资料的需求。同样，生产资料和生活资料供求的“不完备”相互传导，使整个社会资本再生产也有缺陷，这是缩减再生产的前提。式（7－6）可化为：

$$\begin{cases} v_1 + m_1 + v_3 + m_3 < c_2 + c_4 \\ c_2 + c_4 < v_1 + v_3 + m_1 + m_3 + \eta g \end{cases} \tag{7-7}$$

式（7－7）表示生产资料部类对生活资料部类供给的生产资料价值量小于生产资料部类所需的生活资料的价值量；同样，生活资料部类对生产资料部类供给的生产资料价值量小于生活资料部类所需的生产资料的价值量。显然，式（7－7）两个不等式相加，可推出式（7－3）（$\eta g > 0$），即式（7－7）是式（7－3）的充分条件。

4. 单个部类的供给小于需求

前文分析已指出，作为社会总产品一个划分的四个部类在再生产过程中，既彼此独立又互相关联。和物质生产与服务生产领域、生产资料与生活资料类似，四个部类有一个部类存在结构性供给矛盾，其他部类也必然被传导。因此，四个部类的供给小于需求是缩减再生产的前提条件。则：

$$\begin{cases} w_1 < c_{\cdot 1} \\ w_2 < v_{\cdot 1} + m'_{\cdot 1} \\ w_3 < c_{\cdot 2} \\ w_4 < v_{\cdot 2} + m'_{\cdot 2} \end{cases} \tag{7-8}$$

式（7－8）中四个不等式分别表示，第Ⅰ部类的总产品价值小于四个部类所需求的物质生产资料价值总和，第Ⅱ部类的总产品价值小于四个部类所需求的物质生活资料的价值总和，第Ⅲ部类的总产品价值小于四个部类所需求的生产性服务商品价值总和，第Ⅳ部类的总产品价值小于四个部类所需求的生活性服务商品的价值总和。式（7－8）可化为：

$$\begin{cases} c_{12}+v_1+m_1<c_{21}+c_{31}+c_{41} \\ c_2+v_{22}+m_{22}<v_{11}+m_{11}+v_{31}+m_{31}+v_{41}+m_{41}+\sum_{i=1}^{4}\Delta m_{i1} \\ c_{31}+v_3+m_3<c_{12}+c_{22}+c_{42} \\ c_4+v_{41}+m_{41}<v_{12}+m_{12}+v_{22}+m_{22}+v_{32}+m_{32}+\sum_{i=1}^{4}\Delta m_{i2} \end{cases} \quad (7-9)$$

式（7－9）表明四个部类在满足本部类的再生产需求后，所供给的价值仍小于其他三个部类的需求，即每个部类均有负积累，$\eta_i g_i>0(i=1, 2, 3, 4)$。显然，式（7－9）中四个不等式相加，可推出式（7－3）（$\eta g>0$）；第一和第二个不等式相加，第三和第四个不等式相加，可推出式（7－5）；第一和第三个不等式相加，第二和第四个不等式相加，可推出式（7－7）。所以，式（7－9）是式（7－3）、式（7－5）以及式（7－7）的充分条件。

三、社会资本四部类缩减再生产的实现条件

前文的分析已经指出，社会资本缩减再生产有两种情况，如果发生经济危机则会有部分社会总产品无法实现补偿，但其余的社会总产品必须实现价值补偿和使用价值补偿，这是再生产的基础性条件。因此，即便是造成缩减再生产的原因众多，但其仍然具有实现平衡的条件。根据式（7－8），在四个部类中，不论有几个部类存在供给小于需求，在社会总产品的流通和交换中均会传导给其他部类，使得四个部类的总产品均有部分相对过剩。这些相对过剩的商品所代表的价值不论能否实现货币化，都无法再转化成生产资本，因而再生产的规模就随之缩小。

这里将上一生产周期末的社会总产品分成两个部分，一部分用于再生产（包括工人和资本家的消费），另一部分因供求矛盾（不论这种矛盾是如何产生的）退出再生产，即负积累的部分。其中退出再生产或负积累的部分应再分成四个部分，分别表示不变资本（物质生产资料与生产性服务）和可变资本（物质生活资料与生活性服务）的缩减量，见表7－3。从表7－3中可知，简单再生产、扩大再生产和缩减再生产基础是相通的，最终都要实现社会总产品的价值补偿和使用价值补偿，这是再生产得以持续的基础性条

件。简单再生产和扩大再生产区别在于剩余价值的配置，而缩减再生产是包括预付商品在内的社会总产品的重新配置。代表原生产规模（生产资本）的社会总产品有一部分退出再生产，这是缩减再生产的实现条件。

表 7-3　　四部类缩减再生产价值构成（2）

部类	w_i						w_i	$\eta_i g_i$				m'_i	
	c_i		v_i		m_i			$\eta_i c_i$		$\eta_i v_i$			
Ⅰ	c_{11}	c_{12}	v_{11}	v_{12}	m_{11}	m_{12}	w_1	dc_{11}	dc_{12}	dv_{11}	dv_{12}	m'_{11}	m'_{12}
Ⅱ	c_{21}	c_{22}	v_{21}	v_{22}	m_{21}	m_{22}	w_2	dc_{21}	dc_{22}	dv_{21}	dv_{22}	m'_{21}	m'_{22}
Ⅲ	c_{31}	c_{32}	v_{31}	v_{32}	m_{31}	m_{32}	w_3	dc_{31}	dc_{32}	dv_{31}	dv_{32}	m'_{31}	m'_{32}
Ⅳ	c_{41}	c_{42}	v_{41}	v_{42}	m_{41}	m_{42}	w_4	dc_{41}	dc_{42}	dv_{41}	dv_{42}	m'_{41}	m'_{42}
合计	$c_{\cdot 1}$	$c_{\cdot 2}$	$v_{\cdot 1}$	$v_{\cdot 2}$	$m_{\cdot 1}$	$m_{\cdot 2}$	w	$dc_{\cdot 1}$	$dc_{\cdot 2}$	$dv_{\cdot 1}$	$dv_{\cdot 2}$	$m'_{\cdot 1}$	$m'_{\cdot 2}$
	c		v		m			dg				m'	

注：社会资本再生产是个连续的过程，上一生产周期内四个部类的商品价值总量为 w_i。在社会资本缩减再生产过程中，社会总产品被分成两部分，其中 ηg 为退出再生产的生产资本总量。按照社会总产品的价值构成，这些退出再生产的商品分别应划分为四个部分，即 $dg_i = \sum_{j=1}^{2}(dc_{ij} + dv_{ij})$，且 $g_i = \sum_{j=1}^{2}(c_{ij} + v_{ij})$。

资料来源：笔者设计。

根据以上分析，四部类缩减再生产的实现要借助简单再生产的平衡条件，可以分成以下四个层次。

1. 社会总供求平衡（缩减生产第一必要条件）

从整个经济体的宏观层面来看，缩减再生产的前提条件，首先要求社会总产品的供给要小于需求。但是这种供求不平衡是针对原有的生产规模和消费方式的，四个部类相应的部分要缩减，整个经济体在一个更小的规模上实现新的平衡。即：

$$s = d - dg \tag{7-10}$$

式（7-10）中的 dg 表示一个生产周期内整个经济体的生产规模缩减量，减少的生产资本总量，这一部分可能因为危机被浪费掉了，也可能是主动缩减暂时沉淀下来。因此，式（7-10）所表示的社会总供求平衡是社会资本缩减再生产得以实现的必要条件，这里称为“缩减生产第一必要条件”。

2. 物质生产领域和服务生产领域供求平衡（缩减生产第二必要条件）

社会总供求平衡的条件下，缩减再生产还需要物质生产领域和服务生产领域在缩小后的生产规模上重新平衡。第Ⅰ部类和第Ⅱ部类缩减的部分为物质商品的形式，第Ⅲ部类和第Ⅳ部类缩减的部分为服务商品的形式，它们必须在缩减再生产过程中重新配置，并且达到各自的新的供求平衡，则：

$$\begin{cases} w_1 + w_2 = c_{.1} + v_{.1} + m'_{.1} - (dc_{.1} + dv_{.1}) \\ w_3 + w_4 = c_{.2} + v_{.2} + m'_{.2} - (dc_{.2} + dv_{.2}) \end{cases} \quad (7-11)$$

式（7－11）第一个等式表示，缩减后的物质生产领域提供的物质生产资料和物质生活资料与四个部类再生产所需求的平衡，其中（$dc_{.1} + dv_{.1}$）为物质生产领域缩减（或被浪费）的商品价值总量；第二个等式表示，缩减后的服务生产领域提供的生产性服务商品和生活性服务商品与四个部类再生产所需求的平衡，其中（$dc_{.2} + dv_{.2}$）为服务生产领域缩减（或被浪费）的商品价值总量。式（7－11）等价为：

$$\sum_{i=1}^{2} [(c_{i2} + v_{i2} + m'_{i2}) - (dc_{i2} + dv_{i2})] = \sum_{i=3}^{4} [(c_{i1} + v_{i1} + m'_{i1}) - (dc_{i1} + dv_{i1})] \quad (7-12)$$

式（7－12）表示物质生产领域和服务生产领域在规模缩减之后重新达到再平衡。因此，式（7－12）所表示的物质生产领域和服务生产领域供求平衡是社会资本缩减再生产得以实现的必要条件，这里称为“缩减生产第二必要条件”。显然，式（7－12）与扩大再生产的式（6－20）互逆。

3. 生产资料和生活资料供求平衡（缩减生产第三必要条件）

与物质生产领域和服务生产领域供求平衡类似，第Ⅰ部类和第Ⅲ部类所提供的生产资料，第Ⅱ部类和第Ⅳ部类所提供的生活资料，必须在生产规模缩小的基础上实现供求平衡，则：

$$\begin{cases} w_1 + w_3 = c_{.1} + c_{.2} - (dc_{.1} + dc_{.2}) \\ w_2 + w_4 = v_{.1} + m'_{.1} + v_{.2} + m'_{.2} - (dv_{.1} + dv_{.2}) \end{cases} \quad (7-13)$$

式（7－13）中的第一个等式表示，生产规模缩减后生产资料的供给与四个部类再生产所需的生产资料平衡；第二个等式表示，生产规模缩减后生活资料的供给与四个部类再生产所需的生活资料平衡。式（7－13）可化为：

$$(v_1 + m'_1 + v_3 + m'_3) - (dv_1 + dv_3) = (c_2 + c_4) - (dc_2 + dc_4) \quad (7-14)$$

式（7－14）表示，第Ⅰ部类和第Ⅲ部类的可变资本（工人的消费）、资本家的消费基金减去可变资本的负积累，等于第Ⅱ部类和第Ⅳ部类的不变资本减去不变资本的负积累，即生产资料和生活资料在缩减再生产之后重新达到再平衡。因此，式（7-14）所表示的生产资料和生活资料供求平衡是社会资本缩减再生产得以实现的必要条件，这里称为“缩减生产第三必要条件”。显然，式（7-14）与扩大再生产的式（6-22）互逆。

4. 单个部类的平衡条件（缩减生产第四必要条件）

根据前文分析，每个部类所生产的商品均要满足整个经济体缩减再生产过程中对该部类商品的需求，即单个部类要供求平衡。则：

$$\begin{cases} w_1 = c_{\cdot 1} - dc_{\cdot 1} \\ w_2 = v_{\cdot 1} + m'_{\cdot 1} - dv_{\cdot 1} \\ w_3 = c_{\cdot 2} - dc_{\cdot 2} \\ w_4 = v_{\cdot 2} + m'_{\cdot 2} - dv_{\cdot 2} \end{cases} \tag{7-15}$$

社会资本再生产的平衡并非部类的各自平衡，而是通过各部类间的流通和交换实现的整体平衡。从单个部类来看，每个部类所生产的商品，首先要补偿本部类规模缩减后的再生产。因此，从价值形态来看，$c_{11} - dc_{11}$，$(v_{21} + m_{21}) - (dv_{21} + dm_{21})$，$c_{32} - dc_{32}$，$(v_{42} + m_{42}) - (dv_{42} + dm_{42})$ 均与自身相等，即部类内部的交换不受价值总量的制约。但是对于部类之间的交换途径，就必须满足交换双方的价值总量相等，即便是在经济危机的情况下，也要满足最基本的等价交换的原则。式（7-15）等价为：

$$\begin{cases} c_{12} - dc_{12} = c_{31} - dc_{31} & ① \\ (v_{11} + m_{11} + dm_{11}) - dv_{11} = c_{21} - dc_{21} & ② \\ (v_{12} + m_{12} + dm_{12}) - dv_{12} = c_{41} - dc_{41} & ③ \\ c_{22} - dc_{22} = (v_{31} + m_{31} + dm_{31}) - dv_{31} & ④ \\ (v_{22} + m_{22} + dm_{22}) - dv_{22} = (v_{41} + m_{41} + dm_{41}) - dv_{41} & ⑤ \\ (v_{32} + m_{32} + dm_{32}) - dv_{32} = c_{42} - dc_{42} & ⑥ \end{cases} \tag{7-16}$$

式（7-16）中的6个等式分别是四个部类间的商品交换流通的平衡条件，他们共同组成四部类缩减再生产得以实现的必要条件，这里称为“缩减生产第四必要条件”。

与四部类简单再生产平衡条件类似，式（7-16）中的分式与式（7-12）和式（7-14）有如下等价关系：

$$① + ③ + ④ + ⑤ \Leftrightarrow 7-12$$

$$② + ③ - ④ + ⑥ \Leftrightarrow 7-14$$

这说明，以上四个“缩减生产必要条件”，虽然层次和角度不同，但能相互补充和支撑，它们共同构成了四部类缩减再生产的实现条件。同时，也可以进一步证明缩减再生产与扩大再生产的互逆性。

第三节 社会资本四部类缩减再生产的数例

相对应社会资本扩大再生产，缩减再生产具体类型多，情况也更为复杂。这里尝试列举 1 个数例，来阐释前文分析的缩减再生产的前提条件和实现条件。

一、社会资本四部类缩减再生产实现条件的数学表达

为了便于给出相对合适的数据，并对数据进行计算，这里再借助数学工具对四部类缩减再生产的实现条件进行表达。假设上一个生产周期末的整个经济体的生产规模为：

$$P_{t-1}=\begin{pmatrix} c_{11} & c_{12} & v_{11} & v_{12} \\ c_{31} & c_{32} & v_{31} & v_{32} \\ c_{21} & c_{22} & v_{21} & v_{22} \\ c_{41} & c_{42} & v_{41} & v_{42} \end{pmatrix} \tag{7-17}$$

则上一个生产周期中四部类的投资规模可表示为：

$$I_{t-1}=P_{t-1}w_0=\{w_1,\ w_3,\ w_2,\ w_4\}^T \tag{7-18}$$

通过前文的论述，为了厘清社会资本缩减再生产的实现过程，不妨将缩减再生产分成两个阶段：

第一，负积累阶段，即将前期货币化的生产资本从生产领域沉淀下来。P_{t-1}为上一生产周期末的生产规模，但并不是上一周期末的社会总产品的规模。本生产周期进行缩减再生产，每个部类的负积累最终要被划分为两大类型四个部分，即不变资本中的物质生产资料和生产性服务，可变资本中的物质生活资料和生活性服务。由负积累所引起的生产规模缩减为：

$$\Delta P_t=\begin{pmatrix} dc_{11} & dc_{12} & dv_{11} & dv_{12} \\ dc_{31} & dc_{32} & dv_{31} & dv_{32} \\ dc_{21} & dc_{22} & dv_{21} & dv_{22} \\ dc_{41} & dc_{42} & dv_{41} & dv_{42} \end{pmatrix} \tag{7-19}$$

这里将 ΔP_t 称为缩减投资矩阵。同样，四部类的缩减投资规模可表示为：

$$\Delta I_t = \Delta P_t w_0 = \{\Delta w_1,\ \Delta w_3,\ \Delta w_2,\ \Delta w_4\}^T \tag{7-20}$$

因此，本生产周期生产规模缩减为：

$$P_t = P_{t-1} - \Delta P_t = \begin{pmatrix} c_{11}-dc_{11} & c_{12}-dc_{12} & v_{11}-dv_{11} & v_{12}-dv_{12} \\ c_{31}-dc_{31} & c_{32}-dc_{32} & v_{31}-dv_{31} & v_{32}-dv_{32} \\ c_{21}-dc_{21} & c_{22}-dc_{22} & v_{21}-dv_{21} & v_{22}-dv_{22} \\ c_{41}-dc_{41} & c_{42}-dc_{42} & v_{41}-dv_{41} & v_{42}-dv_{42} \end{pmatrix} \tag{7-21}$$

四部类的投资规模缩减为：

$$I_t = (P_{t-1} - \Delta P_t)w_0 \tag{7-22}$$

第二，实现阶段，即缩减后社会总产品的实现。假设将经济危机引起的被动缩减看成是一种特殊情况，对于单个资本家不论负积累率多少，其再生产的各个部分都要实现其价值补偿和使用价值补偿。从整个经济体来看，缩减再生产能够顺利进行不仅仅在于资本家将生产资本缩小，关键是缩减后要满足实现条件的约束，即社会总产品要在交换和流通中实现价值补偿和使用价值补偿。从生产资本中退出的部分只能进入剩余价值部分，即资本家的消费基金相应增加，因此资本家的消费矩阵可表示为：

$$Z_t = \begin{pmatrix} 0 & 0 & m'_{11} & m'_{12} \\ 0 & 0 & m'_{31} & m'_{32} \\ 0 & 0 & m'_{21} & m'_{22} \\ 0 & 0 & m'_{41} & m'_{42} \end{pmatrix} \tag{7-23}$$

则在本生产周期内，整个经济体缩减再生产所需要交换和流通的社会总产品的规模矩阵为：

$$R_t = P_t + Z_t = \begin{pmatrix} c_{11}-dc_{11} & c_{12}-dc_{12} & v_{11}+m'_{11}-dv_{11} & v_{12}+m'_{12}-dv_{12} \\ c_{31}-dc_{31} & c_{32}-dc_{32} & v_{31}+m'_{31}-dv_{31} & v_{32}+m'_{32}-dv_{32} \\ c_{21}-dc_{21} & c_{22}-dc_{22} & v_{21}+m'_{21}-dv_{21} & v_{22}+m'_{22}-dv_{22} \\ c_{41}-dc_{41} & c_{42}-dc_{42} & v_{41}+m'_{41}-dv_{41} & v_{42}+m'_{42}-dv_{42} \end{pmatrix} \tag{7-24}$$

按照前文对实现四部类缩减再生产的实现平衡条件的论述，这里可将“缩减生产第四必要条件”等价为：社会总产品规模矩阵 R_t 为对称矩阵①，即 $R_t = R_t^T$。

根据前文的理论分析假设：缩减生产资本后的资本有机构成、不变资本的有机构成和工人平均消费结构均保持不变，则：

$$c_{i1} = \frac{\sigma_i}{\sigma_i + 1}\frac{\rho_i}{\rho_i + 1}w_i,\ dc_{i1} = \frac{\sigma_i}{\sigma_i + 1}\frac{\rho_i}{\rho_i + 1}\eta_i w_i$$

$$c_{i2} = \frac{1}{\sigma_i + 1}\frac{\rho_i}{\rho_i + 1}w_i,\ dc_{i2} = \frac{1}{\sigma_i + 1}\frac{\rho_i}{\rho_i + 1}\eta_i w_i$$

$$v_{i1} = \frac{\gamma_{i1}}{\gamma_{i1} + 1}\frac{1}{\rho_i + 1}w_i,\ dv_{i1} = \frac{\gamma_{i1}}{\gamma_{i1} + 1}\frac{1}{\rho_i + 1}\eta_i w_i,\ m'_{i1} = m_{i1} + \frac{\gamma_{i2}}{\gamma_{i2} + 1}\eta_i w_i$$

$$v_{i2} = \frac{1}{\gamma_{i1} + 1}\frac{1}{\rho_i + 1}w_i,\ dv_{i2} = \frac{1}{\gamma_{i1} + 1}\frac{1}{\rho_i + 1}\eta_i w_i,\ m'_{i2} = m_{i2} + \frac{1}{\gamma_{i2} + 1}\eta_i w_i$$

$$m_i = \frac{w_i}{\rho_i + 1}m'_i,\ m_{i1} = \frac{\gamma_{i2}}{\gamma_{i2} + 1}m_i,\ m_{i2} = \frac{1}{\gamma_{i2} + 1}m_i$$

此时，本生产周期的生产规模矩阵 P_t 可变为：

$$P_t = \begin{pmatrix} \frac{w_1(1-\eta_1)}{\rho_1+1} & 0 & 0 & 0 \\ 0 & \frac{w_3(1-\eta_3)}{\rho_3+1} & 0 & 0 \\ 0 & 0 & \frac{w_2(1-\eta_2)}{\rho_2+1} & 0 \\ 0 & 0 & 0 & \frac{w_4(1-\eta_4)}{\rho_4+1} \end{pmatrix} \begin{pmatrix} \frac{\sigma_1\rho_1}{\sigma_1+1} & \frac{\rho_1}{\sigma_1+1} & \frac{\gamma_{11}}{\gamma_{11}+1} & \frac{1}{\gamma_{11}+1} \\ \frac{\sigma_3\rho_3}{\sigma_3+1} & \frac{\rho_3}{\sigma_3+1} & \frac{\gamma_{31}}{\gamma_{31}+1} & \frac{1}{\gamma_{31}+1} \\ \frac{\sigma_2\rho_2}{\sigma_2+1} & \frac{\rho_2}{\sigma_2+1} & \frac{\gamma_{21}}{\gamma_{21}+1} & \frac{1}{\gamma_{21}+1} \\ \frac{\sigma_4\rho_4}{\sigma_4+1} & \frac{\rho_4}{\sigma_4+1} & \frac{\gamma_{41}}{\gamma_{41}+1} & \frac{1}{\gamma_{41}+1} \end{pmatrix} \quad (7-25)$$

同样，整个经济体缩减再生产所需要交换和流通的社会总产品的规模矩

① 矩阵 R_t 中的元素均是大于零的实数，故 R_t 为实对称矩阵。

阵 R_t 可表示为：

$$R_t=\begin{pmatrix} \frac{w_1\rho_1\sigma_1(1-\eta_1)}{(\rho_1+1)(\sigma_1+1)} & \frac{w_1\rho_1(1-\eta_1)}{(\rho_1+1)(\sigma_1+1)} & \frac{w_1}{\rho_1+1}\left[\frac{\gamma_{11}(1-\eta_1)}{\gamma_{11}+1}+\frac{\gamma_{12}(m_1'+\eta_1\rho_1+\eta_1)}{\gamma_{12}+1}\right] & \frac{w_1}{\rho_1+1}\left[\frac{1-\eta_1}{\gamma_{11}+1}+\frac{m_1'+\eta_1\rho_1+\eta_1}{\gamma_{12}+1}\right] \\ \frac{w_3\rho_3\sigma_3(1-\eta_3)}{(\rho_3+1)(\sigma_3+1)} & \frac{w_3\rho_3(1-\eta_3)}{(\rho_3+1)(\sigma_3+1)} & \frac{w_3}{\rho_3+1}\left[\frac{\gamma_{31}(1-\eta_3)}{\gamma_{31}+1}+\frac{\gamma_{32}(m_3'+\eta_3\rho_3+\eta_3)}{\gamma_{32}+1}\right] & \frac{w_3}{\rho_3+1}\left[\frac{1-\eta_3}{\gamma_{31}+1}+\frac{m_3'+\eta_3\rho_3+\eta_3}{\gamma_{32}+1}\right] \\ \frac{w_2\rho_2\sigma_2(1-\eta_2)}{(\rho_2+1)(\sigma_2+1)} & \frac{w_2\rho_2(1-\eta_2)}{(\rho_2+1)(\sigma_2+1)} & \frac{w_2}{\rho_2+1}\left[\frac{\gamma_{21}(1-\eta_2)}{\gamma_{21}+1}+\frac{\gamma_{22}(m_2'+\eta_2\rho_2+\eta_2)}{\gamma_{22}+1}\right] & \frac{w_2}{\rho_2+1}\left[\frac{1-\eta_2}{\gamma_{21}+1}+\frac{m_2'+\eta_2\rho_2+\eta_2}{\gamma_{22}+1}\right] \\ \frac{w_4\rho_4\sigma_4(1-\eta_4)}{(\rho_4+1)(\sigma_4+1)} & \frac{w_4\rho_4(1-\eta_4)}{(\rho_4+1)(\sigma_4+1)} & \frac{w_4}{\rho_4+1}\left[\frac{\gamma_{41}(1-\eta_4)}{\gamma_{41}+1}+\frac{\gamma_{42}(m_4'+\eta_4\rho_4+\eta_4)}{\gamma_{42}+1}\right] & \frac{w_4}{\rho_4+1}\left[\frac{1-\eta_4}{\gamma_{41}+1}+\frac{m_4'+\eta_4\rho_4+\eta_4}{\gamma_{42}+1}\right] \end{pmatrix} \tag{7-26}$$

所以，从式（7－26）出发，判断社会总产品的规模矩阵 R_t 是否为对称矩阵，是判断所给出的数值是否能实现缩减再生产的充要条件。

二、社会资本四部类缩减再生产模型的数例分析

根据缩减再生产的前提条件，首先给出第一生产周期初始的生产规模矩阵 P_1：

$$P_1=\begin{pmatrix}12 & 8 & 1 & 1\\ 8 & 12 & 1 & 1\\ 3 & 3 & 2 & 2\\ 3 & 3 & 2 & 2\end{pmatrix}$$

令剩余价值率 $m_i'=100\%$（$i=1, 2, 3, 4$），当四个部类均存在负积累时，不难验证 P_1 满足缩减再生产的四个前提条件，即式（7－3）至式（7－9）均成立。

初始的生产规模矩阵 P_1 和剩余价值率 m_i' 给定后，四个部类的社会总产品（供给）价值量 w_i，再生产的资本有机构成 ρ_i，不变资本有机构成 σ_i，工人平均消费结构 γ_{i1} 就已随之确定。负积累率 η_i 和资本家的平均消费结构 γ_{i2} 是自由未知量，理论上，有无数多种解。这里按照理论分析假设，通过给自由未知量赋值，并根据 $R_t=R_t^T$，解出其余的量，得：

$$\boldsymbol{I}_1=\begin{Bmatrix}22\\22\\10\\10\end{Bmatrix},\ \eta_1=\begin{Bmatrix}0.25\\0.25\\0.644\\0.644\end{Bmatrix},\ \boldsymbol{m}'=\begin{Bmatrix}1\\1\\1\\1\end{Bmatrix},\ \rho=\begin{Bmatrix}10\\10\\1.5\\1.5\end{Bmatrix},\ \sigma=\begin{Bmatrix}1.5\\0.667\\1\\1\end{Bmatrix},$$

$$\gamma_1=\begin{Bmatrix}1\\1\\1\\1\end{Bmatrix},\ \gamma_2=\begin{Bmatrix}1\\1\\1\\1\end{Bmatrix}$$

在此基础上，如果假设剩余价值率、资本有机构成、不变资本有机构成、工人和资本家的平均消费结构均保持不变，可以计算出任一生产周期的生产规模。这里在负积累率变化的情况下，给出三期的数值，见表7－4。

表7－4　　社会资本缩减再生产数值　　单位：万亿元

周期	部类	c_{i1}	c_{i2}	v_{i1}	v_{i2}	m_{i1}'	m_{i2}'	dc_{i1}	dc_{i2}	dv_{i1}	dv_{i2}	缩减规模	经济规模
第1期	Ⅰ	12	8	1	1	1.25	1.25	0.273	0.182	0.023	0.023	0.5	24
	Ⅱ	3	3	2	2	3.29	3.29	0.773	0.773	0.515	0.515	2.576	14
	Ⅲ	8	12	1	1	1.25	1.25	0.182	0.273	0.023	0.023	0.5	24
	Ⅳ	3	3	2	2	3.29	3.29	0.773	0.773	0.515	0.515	2.576	14
合计		26	26	6	6	9.08	9.08	2	2	1.076	1.076	6.152	76

续表

周期	部类	c_{i1}	c_{i2}	v_{i1}	v_{i2}	m'_{i1}	m'_{i2}	dc_{i1}	dc_{i2}	dv_{i1}	dv_{i2}	缩减规模	经济规模
第2期	Ⅰ	11.73	7.82	0.98	0.98	1.07	1.07	0.107	0.071	0.009	0.009	0.195	23.45
	Ⅱ	2.23	2.23	1.48	1.48	1.79	1.79	0.184	0.184	0.123	0.123	0.613	10.39
	Ⅲ	7.82	11.73	0.98	0.98	1.07	1.07	0.071	0.107	0.009	0.009	0.195	23.45
	Ⅳ	2.23	2.23	1.48	1.48	1.79	1.79	0.184	0.184	0.123	0.123	0.613	10.39
合计		24	24	4.92	4.92	5.73	5.73	0.545	0.545	0.263	0.263	1.617	67.70
第3期	Ⅰ	11.62	7.75	0.97	0.97	1.02	1.02	0.053	0.035	0.004	0.004	0.097	23.24
	Ⅱ	2.04	2.04	1.36	1.36	1.47	1.47	0.063	0.063	0.042	0.042	0.209	9.54
	Ⅲ	7.75	11.62	0.97	0.97	1.02	1.02	0.035	0.053	0.004	0.004	0.097	23.24
	Ⅳ	2.04	2.04	1.36	1.36	1.47	1.47	0.063	0.063	0.042	0.042	0.209	9.54
合计		23.45	23.45	4.66	4.66	4.97	4.97	0.213	0.213	0.092	0.092	0.611	65.55

注：第1~3期的社会总产品价值量（货币总值）缩减率分别为10.925%、3.165%和1.214%。通过数例不难理解前文的理论分析，资本家的消费基金伴随着缩减再生产而增加，增加量就是生产资本的负积累。前文已经指出，缩减再生产并不一定真正伴随着资本家消费的增加，一方面要看缩减再生产的原因，若是因经济危机引起的被动缩减再生产，资本家的消费基金反而会减少。这种情况数例的结构并不需要改变，只需将剩余价值部分减去按照危机各部类缩减的总量。例如，在第1期，假设由于危机四个部类总产品分别有5%、20%、5%、20%被浪费，则最终资本家的消费基金（剩余价值部分）变为1.3、3.76、1.3、3.76。另一方面要看货币化的负积累的最终用途，这里将负积累划归资本家的消费基金是一种理论分析的抽象，这个问题需要在缩减再生产理论具体化中继续研究。

资料来源：笔者计算。

第二个生产周期的生产规模矩阵、积累率和投资规模为：

$$P_2=\begin{pmatrix}11.73 & 7.8 & 0.98 & 0.98\\ 7.8 & 11.73 & 0.98 & 0.98\\ 2.23 & 2.23 & 1.48 & 1.48\\ 2.23 & 2.23 & 1.48 & 1.48\end{pmatrix},\ \eta_2=\begin{Bmatrix}0.1\\ 0.1\\ 0.2064\\ 0.2064\end{Bmatrix},\ \boldsymbol{I}_2=\begin{Bmatrix}24\\ 24\\ 4.92\\ 4.92\end{Bmatrix}$$

第三个生产周期的生产规模矩阵、负积累率和投资规模为：

$$P_3=\begin{pmatrix}11.62 & 7.75 & 0.97 & 0.97\\ 7.75 & 11.62 & 0.97 & 0.97\\ 2.04 & 2.04 & 1.36 & 1.36\\ 2.04 & 2.04 & 1.36 & 1.36\end{pmatrix},\ \eta_3=\begin{Bmatrix}0.05\\ 0.05\\ 0.0766\\ 0.0766\end{Bmatrix},\ \boldsymbol{I}_3=\begin{Bmatrix}23.45\\ 23.45\\ 4.66\\ 4.66\end{Bmatrix}$$

第四节　社会资本再生产平衡基本定理

从两部类到四部类，从简单再生产，到扩大再生产，再到缩减再生产，可以将社会总产品的实现问题归纳总结为一个结论。这里不妨称其为社会资本再生产平衡基本定理：若社会资本再生产实现平衡，则社会总产品规模矩阵必为对称矩阵，即 $R_t = R_t^T$。下面结合前文的论述，尝试对该定理予以证明。

一、社会资本两部类再生产模型

社会总产品规模矩阵为：

$$R_t = \begin{pmatrix} c_1 + dc_1 & v_1 + \alpha_1 m_1 + dv_1 \\ c_2 + dc_2 & v_2 + \alpha_2 m_2 + dv_2 \end{pmatrix} \tag{7-27}$$

且　$\alpha_i m_i = m_i - (dc_i + dv_i)$. $(i=1, 2)$

1. 两部类简单再生产

此时，有 $\alpha_i = 1$，$dc_i = dv_i = 0$，即简单再生产过程中资本家阶级将剩余价值全部用于消费，生产资本积累为零。式（7-27）可变为：

$$R_t = \begin{pmatrix} c_1 & v_1 + m_1 \\ c_2 & v_2 + m_2 \end{pmatrix} \tag{7-28}$$

因为两部类简单再生产实现平衡的必要条件为“Ⅰ$(v+m)$ = Ⅱc”，即 $v_1 + m_1 = c_2$。显然式（7-28）为一个对称矩阵，故 $R_t = R_t^T$ 成立。

2. 两部类扩大再生产

此时，有 $\alpha_i < 1$，$dc_i > 0$，$dv_i > 0$，即扩大再生产过程中资本家阶级将一部分剩余价值用于消费，另一部分剩余价值用于积累，生产资本积累大于零。

因为两部类扩大再生产实现平衡的必要条件为“Ⅰ$\left(v + \Delta v + \frac{m}{x}\right)$ = Ⅱ$(c + \Delta c)$”，即 $v_1 + \alpha_1 m_1 + dv_1 = c_2 + dc_2$。显然，式（5-61）为一个对称矩阵，故 $R_t = R_t^T$ 成立。

3. 两部类缩减再生产

此时，有 $\alpha_i > 1$，$dc_i < 0$，$dv_i < 0$，即缩减再生产过程中资本家阶级将部

分生产资本负积累至剩余价值，资本家消费的剩余价值增加，相应的生产资本减少。

因为两部类缩减再生产实现平衡的必要条件为 $v_1 + \alpha_1 m_1 + (-dv_1) = c_2 + (-dc_2)$，显然式（5－61）仍为对称矩阵，故 $R_t = R_t^T$ 成立。

二、社会资本四部类再生产模型

社会总产品规模矩阵为：

$$R_t = \begin{pmatrix} c_{11} + dc_{11} & c_{12} + dc_{12} & v_{11} + \alpha_{11} m_{11} + dv_{11} & v_{12} + \alpha_{12} m_{12} + dv_{12} \\ c_{31} + dc_{31} & c_{32} + dc_{32} & v_{31} + \alpha_{31} m_{31} + dv_{31} & v_{32} + \alpha_{32} m_{32} + dv_{32} \\ c_{21} + dc_{21} & c_{22} + dc_{22} & v_{21} + \alpha_{21} m_{21} + dv_{21} & v_{22} + \alpha_{22} m_{22} + dv_{22} \\ c_{41} + dc_{41} & c_{42} + dc_{42} & v_{41} + \alpha_{41} m_{41} + dv_{41} & v_{42} + \alpha_{42} m_{42} + dv_{42} \end{pmatrix} \tag{7-29}$$

且 $\alpha_i m_i = \sum_{j=1}^{2} \alpha_{ij} m_{ij} = m_i - \sum_{j=1}^{2} (dc_{ij} + dv_{ij}).\ (i = 1, 2, 3, 4)$

1. 四部类简单再生产

此时，有 $\alpha_{ij} = 1$，$dc_{ij} = dv_{ij} = 0$，即简单再生产过程中资本家阶级将剩余价值全部用于消费，生产资本积累为零。式（7－29）可变为：

$$R_t = \begin{pmatrix} c_{11} & c_{12} & v_{11} + m_{11} & v_{12} + m_{12} \\ c_{31} & c_{32} & v_{31} + m_{31} & v_{32} + m_{32} \\ c_{21} & c_{22} & v_{21} + m_{21} & v_{22} + m_{22} \\ c_{41} & c_{42} & v_{41} + m_{41} & v_{42} + m_{42} \end{pmatrix} \tag{7-30}$$

因为四部类简单再生产实现平衡的必要条件为式（5－17）（“简单生产第四必要条件”），显然式（7－30）为一个对称矩阵，故 $R_t = R_t^T$ 成立。

2. 四部类扩大再生产

此时，有 $\alpha_{ij} < 1$，$dc_{ij} > 0$，$dv_{ij} > 0$，即扩大再生产过程中四个部类的资本家阶级将一部分剩余价值用于消费，另一部分剩余价值用于积累，生产资本积累大于零。

因为四部类扩大再生产实现平衡的必要条件为式（6－24）（“扩大生产第四必要条件”），显然式（7－30）为一个对称矩阵，故 $R_t = R_t^T$ 成立。

3. 四部类缩减再生产

此时，有 $\alpha_{ij}>1$，$dc_{ij}<0$，$dv_{ij}<0$，即缩减再生产过程中四个部类的资本家阶级将部分生产资本负积累至剩余价值，资本家消费的剩余价值增加，相应的生产资本减少。

因为四部类缩减再生产实现平衡的必要条件为式（7－16）（“缩减生产第四必要条件”），即：

$$\begin{cases}c_{12}+(-dc_{12})=c_{31}+(-dc_{31})\\(v_{11}+m_{11}+dm_{11})+(-dv_{11})=c_{21}+(-dc_{21})\\(v_{12}+m_{12}+dm_{12})+(-dv_{12})=c_{41}+(-dc_{41})\\c_{22}+(-dc_{22})=(v_{31}+m_{31}+dm_{31})+(-dv_{31})\\(v_{22}+m_{22}+dm_{22})+(-dv_{22})=(v_{41}+m_{41}+dm_{41})+(-dv_{41})\\(v_{32}+m_{32}+dm_{32})+(-dv_{32})=c_{42}+(-dc_{42})\end{cases}$$

显然，式（7－30）仍为一个对称矩阵，故 $R_t=R_t^T$ 成立。

综上所述，社会资本再生产平衡基本定理成立。特别指出的是，由社会资本再生产实现平衡，可以推出社会总产品规模矩阵为对称矩阵，但反之不一定。该定理所反映的是宏观经济供求平衡，其中扩大再生产是在一个扩大的生产规模基础上的新平衡，相反缩减再生产是在一个缩小的生产规模基础上的新平衡。

第五节　社会资本再生产的矛盾

马克思研究社会资本再生产理论是从分析资本主义生产方式的矛盾出发的。社会资本再生产是生产力发展和生产关系演变的统一过程，其中蕴藏着诸多矛盾。社会资本再生产既是资本或生产力的再生产，同时也是资本主义生产关系的再生产，即资本主义生产方式的再生产，这里是资本主义社会的一切矛盾的源泉。马克思在《资本论（第一卷）》中就曾指出，“把资本主义生产过程，在联系中加以考察，或作为再生产过程加以考察时，不仅生产商品，不仅生产剩余价值，而且还生产和再生产资本关系本身：一方面是资本家，另一方面是雇佣工人”① “简单再生产不断地再生产出资本关系本身：

① 资本论（第一卷）[M]. 北京：人民出版社，2004：666－667.

一方面是资本家，另一方面是雇佣工人；同样，规模扩大的再生产或积累再生产出规模扩大的资本关系：一极是更多的或更大的资本家，另一极是更多的雇佣工人”①。在社会资本再生产过程中工人的劳动力作为可变资本是资本本身再生产的一个因素，不断地成为资本价值增殖的手段。看似简单的重复的再生产过程，其中蕴藏着错综复杂的阶级矛盾和利益冲突。四部类再生产模型能更广泛地揭示社会资本再生产矛盾，市场经济的扩张和发展正在不断拓宽和加深这种矛盾。

一、社会资本再生产矛盾的类型

社会生产不能脱离社会生产关系而单独存在，一定的社会资本再生产必然与一定的社会生产关系相对应。因此，社会资本再生产的矛盾必然存在两个主要的方面，一方面是社会资本再生产本身的矛盾，另一方面是社会资本再生产所决定的社会关系的矛盾。

1. 社会资本再生产本身的矛盾

社会资本再生产本身的矛盾包括诸多方面，主要表现为社会总供给和供需之间不平衡的矛盾，其中又可以分为以下几个方面：

（1）社会总产品的生产和实现的矛盾。社会总产品的生产和实现的矛盾，即剩余价值的生产和实现的矛盾。由本书第三章的综述可知，罗莎·卢森堡曾质疑在封闭的经济环境下，扩大再生产实现剩余价值的社会需求从何而来？缺乏有效需求社会总产品就无法全部实现价值补偿和使用价值补偿，由此她提出了“第三市场理论”。扩大再生产必然要求市场需求也要随之扩大，如果产品结构不变且数量增加，社会总产品的实现只能寻求经济体外部的市场，否则扩大再生产就无法继续。如果产品结构发生变化，扩大再生产促使新的业态和新商品的出现，就会引致出新的需求。四个部类的资本家都通过不断的技术创新和产品创新作为竞争手段，使扩大再生产的同时也创造出新的市场需求。资本主义市场经济只有在不断扩容的分工体系中才能繁荣起来（孟捷，2001），这也正是服务商品越来越重要的原因之一。事实上，社会资本缩减再生产主要的原因就是社会总产品生产和实现的矛盾，市场需求的变化，造成生产相对过剩，只有缩减现有的部分商品的生产规模才能为新商品的生产和再生产提供生产要素。社会总产品的生产和实现的矛盾是社

① 资本论（第一卷）[M]．北京：人民出版社，2004：708.

会资本再生产自身的基本矛盾，是市场经济运行机制的逻辑必然，随着科技的发展，商品生产和交换的方式的演变，这种矛盾在不断深化。

（2）生产和流通的矛盾。社会总产品的生产和流通是社会资本再生产的两个重要环节，生产和流通的矛盾是社会资本再生产自身最基本的矛盾之一。本书在构建四部类再生产模型时，简化了生产和流通的关系，将流通看成是各部类参与交换的商品价值量相等既定的前提。随着生产的发展和社会分工的深化，流通的作用越来越重要。流通环节的服务属于生产性服务商品，现代信息技术的发展使得很多商品可以通过电子商务在网络平台交易，这在某种程度上缓解了生产和流通的矛盾。同时，生产性服务业的快速发展，许多商品的生产边界和流通边界被打破，生产和流通相互融合。即便如此，生产和流通的矛盾仍然是存在的，因为它本身就是社会总产品的生产和实现的一种具体反映。

（3）数量和结构的矛盾。社会生产的四个部类是社会总产品的一个划分，通过四部类再生产模型的分析可知，社会生产的四个部类之间，以及各行业部门之间，必须保持一定的比例关系。例如，社会资本扩大再生产，必须由四个部类同时积累，每个部类积累量在满足本部类的追加生产补偿的同时，还要满足其他三个部类的需求的增加。否则，社会资本扩大再生产就无法进行。在市场经济体制中，生产的社会化必然要求生产的数量和结构按照比例发展。但是在现实的经济运行过程中，社会生产的四个部类再生产往往不能平衡，这种数量和结构的矛盾是必然存在的。一般地，社会分工越细化，生产社会化的程度就越高，相应的这种数量和结构的矛盾就越突出。从比较静态来看，社会资本再生产过程中数量和结构的矛盾，决定了四部类再生产的平衡是偶然的，不平衡是一种常态。社会生产的四个部类的总产品的数量（价值量）和结构（流通和交换结构）平衡社会再生产就一定平衡？前文的分析已经给出明确的结论，四部类的平衡仅仅是社会资本再生产平衡的必要条件。四部类再生产理论并非是为了证明市场经济会自然地按照比例协调发展，而是一种抽象层面的理论分析，并以此来说明社会资本再生产数量和结构矛盾的普遍性。

（4）四个部类之间的矛盾。前文的分析已经指出，四部类再生产的核心问题是社会总产品的实现，社会总产品的实现离不开四个部类之间的流通和交换。每个生产周期内生产出来的商品在市场上都能卖出，同时又能买到再生产所需要的两种生产资料和两种生活资料，即实现价值补偿和使用价值补偿再生产才能够继续。社会生产的四个部类之间是对立统一的。从统一性来看，物质生产资料、物质生活资料、生产性服务商品和生活性服务商品的生产是互为条件且相互依存的，不论是扩大再生产还是缩减再生产，四个部类的资本积累速度或生产资本缩减速度必须相互协调。四个部类还有矛盾的一面，概括地说就是四个部类总产品的价值量变化不一致，扩大或缩减的速度不协调，就会彼此相互限制，甚至造成危机。例如，扩大再生产的第四必要条件，即式（6－24），按照排列组合原理 $C_4^2=6$，共有 6 个等式。四个部类两两相连，彼此为对方提供扩大再生产所需的生产资料或生活资料，其中的比例与各部类的剩余价值率、资本积累率、资本有机构成、不变资本有机构成、工人和资本家的消费结构等因素直接相关。因此，再生产过程中四个部类之间的矛盾（不平衡）是普遍的。

（5）四部类内部的矛盾。社会总产品的补偿除了需要部类间的流通和交换，在部类内部也要实现交换。比如，本书第五章第四节对部类细分的四部类简单再生产的分析，从生活资料出发，将第Ⅱ部类和第Ⅳ部类分成生活必需品和奢侈品生产两个分部类，相应的生产资料，即第Ⅰ部类和第Ⅲ部类也分成生活必需品生产资料和奢侈品生产资料生产两个分部类。由此可见，部类内部的流通和交换与部类之间的流通和交换类似，也要满足一定的数量和结构的比例关系。因此，四部类内部的矛盾与部类之间的矛盾也是类似的，若某个部类内部流通和交换受阻，该部类的总产品就无法全部实现补偿，社会资本再生产也就不能顺利继续。

（6）货币积累与实际积累的矛盾。在固定资本补偿问题和扩大再生产中都存在着货币积累与实际积累问题。剩余价值从商品形式转化为货币形式，并在资本家的手中沉淀下来，即为货币积累。当货币积累达到一定的数额时，便可以更新固定资本或购买新的生产资料扩大生产规模。从货币转化为生产资本，需要实际积累为前提，即资本家拿着货币要能在市场买到追加生产所需的生产资料。因此，固定资本的更新和扩大再生产的实现，需要货币积累和实际积累在时空上并存，并且在数量和结构上要协调。货币积累与实际积累之间的矛盾主要是因为货币积累并不是实际再生产的要素，货币积累能否转化为新的生产资本，受到实际积累的限制。金融和信用制度在一定程度上解决了货币积累与实际积累之间的矛盾，推动了社会资本再生产。同时，金融和信用在某种程度上又加剧了货币积累与实际积累之间的矛盾，导致社会总产品的数量和结构不平衡的扩大。

2. 再生产资本关系的矛盾

由社会资本再生产所决定的资本关系的矛盾主要表现为资本和劳动矛

盾，即资产阶级与工人阶级的矛盾，其中主要包括以下几个方面。

（1）劳动者与资本家之间的矛盾。资本家是资本的人格化，劳动者与资本家之间的矛盾本质上是劳动和资本的矛盾，这种矛盾是对抗性的、不可调和的矛盾。因为，劳动者（雇佣工人）生产了剩余价值，但资本家占有了剩余价值，即资本剥削了劳动，双方在生产和再生产过程中始终处于对立的状态。社会资本四部类再生产模型将这种资本生产关系的再生产范围扩展了，不仅在物质生产领域的再生产，在服务生产领域同样也是资本关系的再生产。劳动创造价值，无论是生产物质商品还是生产服务商品，在资本家的眼里就是在生产利润（剩余价值）。现实中很多的资本家将资本既投在物质生产领域，也投向非物质生产领域，他们投资服务产业并非是为了自己或整个资产阶级的消费，而是让资本在再生产过程中能更好地保值增值。从事服务商品生产的劳动者，同样也在创造着价值，也是资本增殖的一种手段。一个劳动者将自己的劳动力时而卖给物质生产领域的资本家，时而又卖给服务生产领域的资本家，事实上他始终都在社会资本再生产体系之中，工作环境、工作性质和工资待遇等方面的变化并没有在根本上改变资本再生产的本质。特别地，随着社会化大生产的深入发展，服务业比重的增大，整个产业结构的软化，社会生产和再生产的新的变化，不仅没有改变资本关系再生产的本质，反而在某种程度上让社会资本再生产所“控制”的范围逐渐在扩大，力度不断在加强。但是，随着人类社会整个生产力的提高，整体生活水平和工作环境的改善，好像是劳动者和资本家的对立在缓和，甚至在某些福利资本主义国家已经消失。这种看法是错误的，工人阶级和资产阶级的关系是劳动和资本关系的具体反映，社会资本再生产的整个体系和机制决定了劳动是资本增殖的手段。不论是提高工人的工资待遇，还是让员工持股，增加整个社会保障和福利水平，本质上都不会改变市场经济机制下社会资本再生产中劳动和资本的对立关系。社会资本再生产实现了社会总产品的价值和使用价值的补偿，工人的劳动力商品只是其中的一个要素，同时也再生产了资本主义生产关系，这是社会资本再生产的“基因”。

（2）世界劳动者与资本家之间的矛盾。本书第五章分析了开放经济中的社会资本简单再生产，其中出口商品在国际市场实现价值补偿，而国内的社会资本再生产也要依赖于进口商品对使用价值的补偿。在开放经济条件下，整个世界的劳动者和资本家分别“联合起来了！”因为一国的社会资本再生产与其他国家的社会资本再生产通过国际贸易结合起来，本国的劳动者阶级不仅为本国的资本家生产剩余价值，同时也为其他国家的资本家实现剩余价值服务；同样，本国的资本家阶级不仅剥削本国的劳动者，同时也剥削其他国家的劳动者。显然，劳动者阶级的跨国“联合”扩大了自己被剥削的范围，而资产阶级的跨国“联合”扩大了资本增殖的范围。在经济全球化和金融化的背景下，这种“联合”在世界范围内在不断深化劳动者和资本家之间的矛盾。

（3）资本家之间的矛盾。一般都认为，剩余价值的生产和再生产过程中也生产着工人和资本家之间的矛盾，在剩余价值分配的环节，存在着资本家之间的矛盾。事实上，社会资本再生产中，资本家之间也存在着矛盾，不论是在封闭的经济条件下，还是在开放的经济条件下，不同的资本家之间存在着激烈的竞争关系。资本家之间的矛盾，是由资本逐利的本质决定的，是社会资本再生产的动力，集中表现在对工人所创造剩余价值的占有的竞争上。由此可见，在社会生产和分配上，不同的资本家之间的矛盾并不相同。社会资本四部类再生产模型中，社会总产品要通过 10 个途径进行交换流通，以此完成价值补偿和使用价值补偿。其中，部类内部的交换体现了部类内部不同资本家之间的竞争关系，部类之间的交换体现了部类之间不同资本家之间的竞争关系。从宏观的视角来看，社会资本再生产体系就好比“一张网”，整个市场经济体系中的所有资本家都被直接或间接地连接在一起。特别地，资本家之间的矛盾和资本家与劳动者之间的矛盾有着本质的区别，前者的矛盾是非对抗、可协调的，而后者的矛盾是对抗的、不可协调的。当然，从就业的角度来看，劳动者之间也存在竞争关系，但这种竞争关系所形成的利益矛盾从属于资本，劳动者之间并不存在直接的经济利益矛盾。

（4）公共群体的作用。本书第五章将公共群体纳入社会资本再生产理论，阐述了公共群体的作用以及自身的再生产。公共群体生产公共产品的劳动虽然是非生产劳动，但其对社会资本再生产是必不可少的。公共群体的收入来自剩余价值，而其提供的公共产品可供包括工人阶级在内的全社会共享。从这一角度来看，公共群体缓和了社会资本再生产中的各种矛盾。例如，政府可以通过转移支付，增加低收入工人群体的生活和保障水平；政府也可以通过法律服务和行政服务等，保障工人阶级的各种权益；政府为社会资本再生产提供了公路、铁路、码头、机场等物质公共产品，以及科技、法律、文化、教育培训等公共服务产品，并利用各种手段维护市场竞争秩序，确保各种生产要素的流通和交换；等等。因此，公共群体的这种作用是十分重要的，它不仅提高了工人阶级的经济收益和社会权利，同时也为资本家阶级赚取更多的剩余价值提供了帮助。特别是在社会化大生产的时代，社会分工的深入发展，生产的机械化、智能化和网络化程度的提高，公共群体在社会资本再生产体系中的作用会越来越重要。在资本主义社会中，公共群体虽然对社会资本再生产的顺利实现具有重要作用，但是并没有从根本上解决社会资本再生产的矛盾，更多的是被资本控制，为资产阶级服务，从这个角度来看，公共群体反而加深了社会资本再生产的矛盾。

3. 社会资本再生产和生产关系的矛盾

社会资本再生产和它所派生出的生产关系之间的矛盾，隶属生产力和生产关系的矛盾，二者也是对立统一的关系。现实经济社会中，不同的市场经济体其社会资本再生产也是有差别的，由此所派生的生产关系也不尽相同。例如，西方发达资本主义国家和发展中的市场经济国家，它们各自的劳资关系和公共群体的作用都各不相同。这种差异没有本质的区别，仅仅是社会资本再生产发展的水平和阶段不同所决定的。社会资本再生产和生产关系的矛盾主要表现为二者的发展不一致，生产关系的调整滞后于社会资本再生产的发展。特别地，随着以现代信息技术为代表的科学技术的快速发展，社会生产和再生产的形式正在发生着巨大变化。一方面，生产的分工越来越精细，边界逐渐扩大，很多商品消费者也参与到生产之中；另一方面，生产的自动化和智能化水平在快速提升，无人工厂、无人超市等新兴的生产模式在不断涌现。这要求生产关系也随之不断地调整，但生产关系的“稳定性”往往成为社会资本再生产发展的障碍。

从市场经济的角度来分析社会资本再生产的矛盾，我们清晰地发现，四部类再生产数量和结构平衡是对立统一的，宏观经济调控不仅要保持总供给和总需求量的平衡，还要协调社会总产品供给结构的平衡；不仅要调控社会资本再生产的平衡，还要解决资本和劳动以及资产阶级和工人阶级之间的关系问题。

二、社会资本再生产矛盾的特征

社会资本再生产体现着资本主义市场经济的本质的特征，前文通过对社会资本再生产矛盾类型的分析，不难发现它们共有的特征。

1. 社会资本再生产矛盾的普遍性

物质资料的生产是人类社会存在和发展的基础，但并非是全部，随着经济社会的发展非物质商品的作用越来越重要，并逐渐成为社会经济活动的主要组成部分。本书将服务商品纳入社会资本再生产，从马克思的两部类再生产模型拓展到四部类再生产模型，同时还尝试分析了开放经济中的社会资本简单再生产和包括公共群体的社会资本简单再生产问题。通过研究发现，社会资本再生产理论是一种包容的理论，市场经济体制中的一切生产和消费活动都与社会资本再生产直接或间接相关。将社会资本再生产理论具体化的过程，也必将伴随着将更多的因素纳入到社会资本再生产理论体系中。社会资本再生产这种包容性，决定了社会资本再生产矛盾的普遍性。不论是社会资本再生产本身的矛盾，还是再生产资本关系或生产关系的矛盾，它们贯穿社会资本再生产的整个过程。

2. 社会资本再生产矛盾的对抗性

资本的性质决定了社会资本再生产的矛盾是对抗性的，追逐更多的剩余价值是资本扩大再生产的根本动力，尽可能保存资本避免损失是资本缩减再生产的主要目的。从社会资本扩大再生产来看，一方面，扩大再生产伴随着资本积累，可变资本的增长，资本要雇佣更多的劳动者；另一方面，随着技术的进步，生产性服务业的发展和资本有机构成的逐渐提高，可变资本也在随之减少，更多的劳动者将面临着失业或重新择业。这说明，扩大再生产资本在增加，市场中处于被剥削地位的劳动者就会增多，同时工人失业的压力也在逐渐增大，整个社会劳动者的转岗率在不断提高。与此同时，社会的整体贫富差距会逐渐增大，即便是社会保障也在不断发展，甚至实现所谓社会福利国家，这种劳动和资本的对抗性的矛盾并没有从根本上改变。从社会资本缩减再生产来看，生产资本缩减是为了尽可能避免自身的损失。部分资本暂时退出再生产，资本家失去的仅仅是获取更多剩余价值的机会，而劳动者失去的是收入的来源和生活的保障，他们无法实现的是自身的再生产。显然，这种矛盾本质上也是对抗性的。这种对抗性的矛盾致使社会资本再生产无法正常地实现，促使资产阶级以及为资产阶级服务的部分公共群体做出妥协，提高劳动者的工资和福利，缓和再生产过程中资本和劳动的对抗。

3. 社会资本再生产矛盾的动态性

前文的论述已经指出，不论是简单再生产、扩大再生产还是缩减再生产，社会资本再生产并非是简单的机械性的重复。社会资本再生产过程的不断变化也决定了社会资本再生产矛盾的动态性，每个资本主义国家在不同的发展阶段，社会资本再生产的矛盾是不同的。马克思所阐述的社会资本再生产本身的矛盾是资本主义发展初期的物质生产领域两部类的总供给和总需求矛盾，他所描述的资本关系的对抗性也隶属于那个时代。当前社会资本再生产已经发生了巨大变化，非物质生产领域社会总产品价值量已超过物质生产领域，工人的知识水平和劳动条件也在不断提高。这些都决定了社会资本再生产的矛盾也在随之不断变化，主要表现为：一是生产和再生产劳动形式的变化，使服务商品的生产劳动成为社会劳动的主体；二是新科技革命和政府对经济的调控使得社会资本再生产本身的矛盾在一定程度上得到了缓解，并获得了新发展；三是生产关系的调整和改良①在一定程度上缓和了资本关系的矛盾，为社会资本再生产提供了相对稳定的社会环境。

4. 社会资本再生产矛盾的韧性

以上的分析，也许会给我们这样一个整体判断，社会资本再生产平衡如同“走钢丝”，矛盾是经常性的，宏观经济发展始终处在危机的风险中。但是为什么现实经济发展中经济危机并非像分析的那样一触即发，经常发生呢？其中的原因就是，我们的分析是比较静态的，将连续发展的经济离散化为一个个周期。前文已经多次指出，从微观单个资本的生产和再生产，到宏观的社会资本生产和再生产，经济的发展具有“连散”二重性。仅仅从离散的周期性来分析，四个部类总产品的数量和结构的比例关系是静止的，在相应的理论分析假设前提下，它们的平衡只有一种情况（一个平衡点）。如果从经济发展的连续性来看，社会总产品的生产、流通和交换是连续且动态变化的，其中静止分析存在的不平衡在连续的变化中可能被消除，因为这时平衡的弹性增大（一个平衡区间）。但是这种社会资本再生产连续中的平衡并不能消除它的矛盾性，即便是整个社会在统一的计划中组织生产和再生产。因此，社会资本再生产的矛盾具有韧性，这是由市场经济的“细胞”商品本身的矛盾所决定的。

三、社会资本再生产矛盾的趋势

矛盾是不断发展且发展总是不平衡的，社会资本再生产的矛盾也不例外。不论是社会资本再生产本身的还是再生产的生产关系的矛盾，它们都在

① 例如，最低工资制度，社会保障制度的实施在一定程度上改善了工人阶级的生活状况；工人参与决策和工人持股等措施，提高了工人阶级的地位；等等。

随着社会生产力的发展不断运动和演化。通过对社会资本再生产矛盾的类型和特征分析，结合当前市场经济发展的新特点，这里尝试归纳出社会资本再生产矛盾的发展趋势。一是社会总产品的生产和实现问题的矛盾将会更加突出。一方面资本家会不断拓展外部市场，扩大现有商品的需求；另一方面会通过产品创新和技术创新，创造出有新需求的新的使用价值。当一个市场经济体无法扩大需求时，只能通过缩减再生产减少现有社会总产品的数量，进而调整结构，否则随着矛盾的积累，就会爆发经济危机。二是金融和信用将加深社会资本再生产自身的矛盾。金融和信用对社会总产品的实现、固定资本的补偿以及扩大再生产等都有重要的积极作用，现代经济社会中金融服务是一种必不可少的生产或生活性服务商品。但是借贷资本与产业资本在分割剩余价值的竞争中，容易"泡沫化"给社会资本再生产传导错误的信息，最终导致社会总产品的数量和结构矛盾激化，进而引发经济危机①。三是公共群体或政府对社会资本再生产所派生的资本关系的调节作用将增大。与资本相比劳动始终处于弱势地位，劳资矛盾的对抗性加剧了社会资本再生产的矛盾。政府是协调工人阶级和资产阶级博弈的关键力量，并且这种力量的作用在持续加大。

社会资本再生产理论虽然是马克思在研究资本主义生产方式和批判资产阶级经济学的基础上建立起来的，但是由于"社会生产过程既是人类生活的物质生存条件的生产过程，又是一个在特殊的、历史的和经济的生产关系中进行的过程"②。因此，马克思在分析资本主义社会资本再生产的特殊性、特殊矛盾和特殊规律时，仍然是通过考察人类社会赖以生存的物质生产过程的分析，进而揭示出任何形式的社会中再生产的基本规律。社会资本再生产矛盾是永恒的，不论是在资本主义市场经济条件下，还是在社会主义市场经济条件下，社会资本再生产都是一方面是资本的再生产，而另一方面是生产关系的再生产。

---

① 20世纪90年代以来，世界上已发生7次由金融危机引发的规模较大的经济危机。其中，影响范围最大的是2008年由美国次贷危机引发的世界性经济危机。从表5-5可以看出危机影响的范围，这次因金融创新而引发的强制性缩减再生产，是金融和信用深化社会资本再生产自身矛盾的例证。

② 资本论（第三卷）[M]. 北京：人民出版社，2004：927.

第八章

社会资本四部类再生产理论的现实意义

本书聚焦马克思社会资本再生产基础理论的拓展研究，对于理论的具体化和应用性研究有待后续接力进行。鉴于此，本章分析社会资本四部类再生产理论的现实意义，并非是全面的应用性研究，而是运用逻辑与历史相统一的方法，从资本主义经济发展的特征与趋势、中国经济增长与结构演进、推进供给侧结构性改革与构建新发展格局等方面，阐述社会资本四部类再生产理论的科学性。

第一节　资本主义经济发展的特征与趋势

从理论方面来看，马克思社会资本再生产理论是为批判资本主义生产方式服务的，前文的拓展研究也很好地诠释了这一点。马克思在劳动价值论的基础上，创立了剩余价值学说，并阐明了剩余价值的生产、流通和分配，从而科学地揭示了资本主义经济运动规律及其发展趋势。我们拓展马克思所创立的理论，不是教条式地解读，而是要创新发展，根据当今资本主义经济发展的新特征，剖析其未来的发展趋势。

一、资本主义经济发展特征

资本主义经济制度的产生，打破了以自然经济为主体的封建生产关系，推动了生产力的巨大发展和人类社会的进步。同时，资本主义经济制度蕴含着不可调和的内在矛盾，社会资本再生产周期性地出现断裂或破坏，这也体现在资本主义经济发展的某些特征之中。

1. 注重可持续发展、加快产业转移

传统的资本主义经济发展遵循物质主义，是高能耗、高污染经济发展模式。20 世纪 80 年代以来，随着世界生态环境的恶化和自然资源的减少，西方资本主义国家开始反思传统的经济发展模式，并提出可持续发展的愿景①。例如，1994 年德国率先颁布《循环经济与废弃物法》，1995 年英国颁布《环境法》，随后大部分发达国家纷纷通过建立相应的法律，强制推行循环经济，提高资源利用率。从社会资本四部类再生产模型来看，在技术水平不变的情况下，发达资本主义国家实施可持续发展，首先就是要减少总物质投入量（第Ⅰ部类和第Ⅱ部类的投入），将高污染、高能耗的产业加快向发展中国家转移。发达资本主义国家通过产业转移，开发可再生能源和节能产品，迅速提升了自身的可持续发展能力。与此同时，发达国家和发展中国家的发展水平和质量进一步扩大，世界发展不平衡程度进一步加深。从表 8－1 可知，发展中国家单位 GDP 的二氧化碳排放量明显比发达国家高，这也表明发展中国家为了加快自身发展承受了更多的环境污染。

表 8－1　　　　2013 年全球部分国家温室气体排放份额

国家	比例（占全球）	CO_2/人口（人均二氧化碳吨数）	CO_2/按 PPP 计算的 GDP（每当前国际美元的二氧化碳千克数）	人均 GDP（当前 PPP）
中国	28.0	6.65	0.55	12 196
美国	15.9	16.18	0.31	52 980
印度	5.8	1.49	0.28	5 418
俄罗斯	4.8	10.75	0.43	25 033
日本	3.8	9.70	0.27	36 223
德国	2.4	9.42	0.21	43 887
韩国	1.8	11.39	0.34	33 089

① 1981 年美国学者莱斯特·布朗（Lester R. Brown）出版了《建设一个可持续发展的社会》，提出以控制人口增长、保护资源基础和开发再生能源来实现可持续发展。1987 年世界环境与发展委员会（WCED）出版《我们共同的未来》报告，系统阐述了可持续发展的思想，并将可持续发展定义为："既能满足当代人的需要，又不对后代人满足其需要的能力构成危害的发展。"1992 年联合国在里约热内卢召开的"环境与发展大会"，通过了以可持续发展为核心的《里约环境与发展宣言》《21 世纪议程》等文件。

续表

国家	比例（占全球）	CO_2/人口（人均二氧化碳吨数）	CO_2/按 PPP 计算的 GDP（每当前国际美元的二氧化碳千克数）	人均 GDP（当前 PPP）
加拿大	1.7	15.25	0.35	43 033
伊朗	1.6	6.79	0.42	16 067
沙特阿拉伯	1.5	16.39	0.31	52 993
总比例（前十位国家）	67.3			

资料来源：IMF，http：//www. imf. org/external/pubs/ft/weo/2016/01/pdf/sf_commod. pdf。

2. 经济服务化倾向显著

资本主义传统的“物本”经济不可持续，提升服务商品所占比重是“资本逻辑”推动下的必由之路。因此，进入 21 世纪以来发达资本主义国家经济结构服务化倾斜显著（见表 1－1），特别是第Ⅲ部类（生产生产性服务商品的部类）迅速增长；与此同时，发展中国家特别是低收入国家的第二产业快速增长，而第三产业所占比重增长相对缓慢。通过科技创新和技术进步的优势地位，发达资本主义国家在大力发展第三产业的同时，还通过加强社会服务、公共服务，以非物质化服务代替物质资源的无谓消耗，实现物质资源的集约利用。例如，许多高技术制造业领域的公司由原本“卖产品”转向“卖服务”，极大提升了经济效益①。

以信息技术为代表的新一轮科技革命，是资本主义经济特别是发达资本主义国家经济服务化的主要原因。从社会资本四部类再生产理论来看，第Ⅲ部类和第Ⅳ部类比重的提升，一方面吸纳了从第Ⅰ部类和第Ⅱ部类因劳动生产率提高淘汰出来的劳动力，从而减轻了失业人口和产业后备军给社会带来的巨大压力；另一方面扩大了物质商品的销售市场，在一定程度上缓解了社会总产品的实现与劳动力相对过剩之间的矛盾。

3. 国家资本主义深入发展

20 世纪 30 年代以前，受新古典经济学的影响，政府在资本主义市场经

① 生产和销售复印机的德国施乐公司（Xerox corporation），将工作重点转向为客户提供周到的复印服务和对所售复印机进行定期保养和维护，将出问题的部件修复后再装到其他机器中继续使用。

济中始终发挥着“守夜人”的角色，基本不干预经济活动。随后，世界经济危机催生了经济学中的凯恩斯革命，从美国开始，资本主义国家纷纷通过政府干预推动经济走出危机、实现进一步发展，这也标志着国家垄断资本主义的产生[①]。资产阶级国家成为垄断资本家的总代表，是资产阶级最“理想”的总资本家。经过近百年的发展，当前国家资本主义主要有三种形式。一是国家调节。资本主义国家通过财政、金融、法律等手段，对资本主义市场经济运行（失灵）进行有目的的调节，为资本主义经济发展创作有利的宏观环境。当前资本主义国家对经济的调节和干预，早已不是权宜之计，而已成为具有明确宏观调控目标的常规行动。二是国有企业。国家作为资本家成立实力雄厚的国有企业，将国家资本与私人垄断资本融为一体，为私人垄断资本服务。三是混合所有制企业。由政府所有的国家资本与私人垄断资本联合投资创办企业，或相互持股，混合所有制企业进一步提升了国家垄断资本的控制力。

从社会资本四部类再生产理论来看，资本主义国家对社会资本再生产过程和市场经济运行的参与和调节，主要是通过国家调节来进行的。主要内容包括：其一，通过制定各种市场法律法规，调节市场主体的行为，维护市场机制的有效运行，确保各个部类内部以及部类之间的要素和商品自由流动和交换；其二，通过调节社会总产品的需求，促进四个部类的社会总产品顺利实现，维护宏观经济的稳定；其三，政府通过对商品和服务的购买，在增加公共产品的供给、提升工人阶级消费能力的同时，为私人垄断组织实现剩余价值提供条件；其四，政府通过产业政策，投资基础产业（第Ⅰ部类）、高科技产业（第Ⅱ部类）和生态环境保护（公共品）等，刺激四大部类之间循环，推动资本主义经济的发展。

4. 新自由主义思潮泛起

20世纪70年代，西方资本主义国家经济普遍陷入了“滞涨”的泥潭。在此背景下，凯恩斯主义衰败，新自由主义复苏。新自由主义思潮逐渐演变并具体化为系列的治国理政策略，从英美发达国家向世界各国蔓延。其中由美国主导的“华盛顿共识”最具标志性，对包括拉美债务危机国家、苏东转轨国家在内的世界发展中国家的经济制度的改革和重建产生了深远

① 国家垄断资本主义就是资本主义国家和私人垄断资本相结合而形成的一种垄断资本主义。国家和私人垄断资本的结合，在一定程度上突破了私人垄断资本的局限性，缓和了资本主义基本矛盾，促进了社会生产力的发展。

影响（Naim，2000）。新自由主义表面上是经济改革的一系列政策，但其本质是通过私有化、市场化和自由化对一个国家或地区的基本经济制度进行重构。

东欧剧变后，各国政府都宣布实行市场经济，曾经旷日持久改革失败的经历，使大多数国家接受了新自由主义的“华盛顿共识”，选择了通过激进的“休克疗法”实现基本经济制度的变革。虽然每个国家改革的路径各不相同，但改革的目标都指向私有化、市场化和自由化，建立资本主义经济制度。东欧剧变看似是新自由主义的胜利，事实上是新自由主义的破产，其中东欧剧变后的各国经济的发展状况就是有力的证明。按照世界银行的统计数据（见表8－2），1991～2019年我国人均GDP实际增加了10.32倍，而东欧原社会主义国家①和苏联加盟国仅增加了1.32倍和0.25倍；东欧原社会主义国家和苏联加盟国的人均GDP年均增长率分别为2.97%和0.98%，既远低于我国（8.75%），也低于中等收入国家（3.25%），特别是苏联加盟国的人均GDP年均增长率（0.98%）还低于低收入国家（1.15%）和世界平均水平（1.51%）；除了剧变转轨初期的经济下滑，2000年后东欧原社会主义国家和苏联加盟国经济均出现了负增长。这些数据证明，从经济发展效率和稳定性来看，苏东转轨国家放弃了社会主义经济制度，经过30年的探索和重建，并没有形成更有效的资本主义经济制度，同时已具有了资本主义经济制度周期性危机的弊端。

表8－2　　人均GDP年增长率　　单位：%

年份	低收入国家	中等收入国家	高收入国家	东欧原社会主义国家	苏联加盟国	拉丁美洲与加勒比海地区	中国	世界
1991	-2.31	-0.48	0.66	-5.06	-6.25	1.61	7.81	-0.23
1992	-5.18	-0.82	1.44	-0.62	-14.26	0.72	12.82	0.20
1993	-3.15	1.06	0.43	1.57	-9.47	1.96	12.57	-0.03
1994	-3.19	0.77	2.45	0.70	-13.56	2.82	11.78	1.46
1995	1.81	1.92	2.02	3.13	-5.03	-0.16	9.75	1.49
1996	1.98	3.26	2.29	5.16	-3.20	1.84	8.78	1.91

① 不包括原民主德国，因两德合并后，统计数据也合并。

续表

年份	低收入国家	中等收入国家	高收入国家	东欧原社会主义国家	苏联加盟国	拉丁美洲与加勒比海地区	中国	世界
1997	1.90	3.32	2.66	2.33	1.84	3.47	8.12	2.22
1998	0.73	0.52	2.07	2.82	-3.38	0.65	6.81	1.15
1999	0.54	1.79	2.62	2.00	5.56	-1.37	6.74	1.87
2000	0.10	4.20	3.40	4.54	9.44	2.29	7.64	3.02
2001	2.28	2.05	0.90	3.59	6.23	-0.53	7.56	0.65
2002	1.38	2.96	0.91	4.00	5.46	-1.06	8.40	0.89
2003	2.19	4.11	1.55	4.03	7.88	0.23	9.35	1.68
2004	2.73	6.40	2.66	6.04	7.99	4.99	9.46	3.11
2005	3.96	5.71	2.18	4.98	7.01	2.96	10.74	2.64
2006	3.77	6.61	2.40	6.53	8.84	3.99	12.09	3.10
2007	4.59	7.18	2.05	6.48	8.80	4.26	13.64	3.05
2008	3.59	4.31	-0.37	4.76	4.73	2.71	9.09	0.61
2009	2.12	1.14	-4.01	-2.39	-7.33	-3.00	8.86	-2.86
2010	3.02	6.22	2.29	1.97	4.26	4.68	10.10	3.06
2011	0.61	4.78	1.40	3.19	4.33	3.21	9.03	1.95
2012	-0.24	3.96	0.71	0.74	3.46	1.67	7.34	1.32
2013	3.07	3.92	0.88	1.48	1.90	1.69	7.24	1.46
2014	2.42	3.26	1.43	3.11	0.60	-0.06	6.88	1.65
2015	-0.46	2.79	1.76	4.21	-1.99	-0.92	6.50	1.69
2016	1.27	3.13	1.15	3.37	0.17	-1.32	6.27	1.41
2017	1.73	3.78	1.88	4.91	1.96	0.80	6.35	2.10
2018	0.96	3.54	1.83	4.63	2.63	0.63	6.27	1.97
2019	1.22	2.88	1.24	3.88	-0.11	-0.10	5.73	1.39
均值	1.15	3.25	1.48	2.97	0.98	1.33	8.75	1.51

资料来源：世界银行公开数据库，https://data.worldbank.org.cn/indicator/NY.GDP.PCAP.KD.ZG，经笔者计算。

20 世纪 80 年代，陷入债务危机中的部分拉美国家选择了新自由主义抛出的“华盛顿共识”，变革了本国的基本经济制度。但事实表明，这些国家通过私有化、市场化和自由化的改革，并没有带来经济健康发展，而是危机不断，同时陷入“中等收入陷阱”不能自拔。例如，墨西哥金融危机（1994 年），巴西金融危机（1999 年），阿根廷经济危机（2001 年）。从表 8－2 来看，1991～2019 年拉美国家有 9 年出现负增长，占比近 1/3，危机发生率既高于苏东转轨国家，也高于低收入国家；人均 GDP 年均增长率 1.33%，低于世界平均水平（1.51%），更远低于中等收入国家平均水平（3.25%）。这些数据证明，新自由主义的“华盛顿共识”给拉美国家带来的是低效率且充满危机的经济制度。

2008 年，由美国次贷危机引发的国际金融危机（见表 8－2），再一次以铁一般的事实证明，西方新自由主义思潮强化了资本主义经济制度固有的弊端和矛盾。与此同时，开放型的中国经济成功抵御了亚洲金融风暴（1997 年）和国际金融危机（2008 年），实现了经济社会快速稳定发展。世界经济发展的历程已反复证明资本主义经济制度内在的不稳定性和矛盾性，以“华盛顿共识”为政策外衣的新自由主义早已从神坛上跌落下来（周建军，2012）。虽然近年来，西方国家从“华盛顿共识”，到“后华盛顿共识”，再到“华盛顿反思”，对私有化、市场化和自由化的政策主张在不断微调，但是其核心的观念和理论并没有发生本质的改变（刘伟，2017）。从实践上来看，它们的制度基础仍然是“私有制＋市场经济＋按要素分配”，它们改革的目标仍是为追求利润最大化的资本创造必要的制度体系。苏东、拉美为代表的发展中国家和欧美为代表的发达国家的发展实践证明，资本主义基本经济制度的弊端和矛盾无法自我革除。对此，托马斯·皮凯蒂在《21 世纪资本论》中对资本主义经济制度弊端和失灵的论述也是很好的证明材料①。

二、资本主义金融危机

经济危机是资本主义生产方式的内生性矛盾，也是资本主义历史局限性

---

① 托马斯·皮凯蒂提供的统计数据指出，1987～2013 年占全球人口亿分之一的顶级富豪，平均财富从 30 亿美元增加到 350 亿美元，平均增速为 6.8%（消除通货膨胀的影响）；而全球人均财富同期增速仅有 2.1%，人均收入增长只有 1.4%（资料来源：托马斯·皮凯蒂，巴曙松等译．21 世纪资本论［M］．北京：中信出版社，2014：448.）。

的具体表现。20 世纪 90 年代以来，资本主义经济危机呈现出某些新的特点，其中金融危机已成为经济危机的主要形式。例如，1995 年墨西哥金融危机，对世界经济特别是美洲国家经济产生了巨大冲击；1997 年东南亚金融危机，对世界经济特别是亚洲国家经济产生了严重冲击；2008 年由美国次贷危机引发的席卷全球的金融危机，对世界经济产生了巨大打击，使得资本主义国家特别是发达资本主义国家经济普遍衰退（见表 7－1），其危害程度仅次于 20 世纪 30 年代的大萧条。

资本主义金融危机并非是孤立的、偶然的经济现象，它既是资本主义周期性经济危机的重要表现形式，又是资本主义基本矛盾的新具象。资本主义信用和金融体系的发展在一定程度上克服了社会资本再生产中的某些矛盾，促进了资本主义经济发展，但也为其带来了更大的风险和危机。信用和金融体系将整个资本主义体系紧密地联系在一起，这增加了金融投机所引发经济危机的风险，并且危机的传播速度和范围进一步扩大。事实上，频发的金融危机背后是虚拟经济与实体经济脱节所造成的必然后果。以金融业和房地产业为主体的虚拟经济不断膨胀，使得资本主义经济关系和社会资产越来越表现为债权股权等金融关系与金融资产，职能资本（产业资本和商业资本）的利润越来越多地被虚拟资本瓜分。20 世纪 80 年代，美国金融部门的利润只占全美企业利润的 10%，2008 年金融危机之前，占全美经济 7% 的金融部门，创造了 4% 的就业岗位，但瓜分了全美企业利润的 1/3①。

金融自由化助长了金融市场的过度投机炒作和虚拟资本的膨胀，经济全球化又促进虚拟资本到处投机扩张，为国际金融危机埋下了种子。国际金融危机也反映出世界社会资本再生产的不均衡性，这是世界经济失衡的根源，主要表现为发达国家与发展中国家经济发展水平、产业结构、收入水平、消费水平等方面的失衡。从统计数据上来看，高收入国家的居民最终消费支出占世界居民最终消费支出的绝大部分，特别是在美元霸权的支撑下，美国通过持续的宽松货币政策形成了长期负债消费模式，成为全球最大的消费市场。从表 8－3 可知，高收入国家最终消费支出占世界总消费支出的比重虽然在下降，但在 2020 年也高达 66.36%，与此同时低收入国家最终消费支出占比 20 年几乎没有改变（2001 年为 0.66%，2020 年仍为 0.66%）。特别

① R. Foroohar, T. Makers. The Rise of Finance and the Fall of American Business [M]. New York, NY: Crown, 2016: 7.

地，美国人口只占世界总人口的约5%，但其2001～2020年平均最终消费支出占比却高达27.74%。

表8－3　　　　最终消费支出占比　　　　单位：%

年份	高收入国家	美国	中高等收入国家	中等收入国家	中低等收入国家	低收入国家
2001	82.10	33.45	12.31	16.89	4.57	0.66
2002	82.68	33.50	11.73	16.39	4.66	0.68
2003	82.87	31.55	11.55	16.25	4.70	0.67
2004	82.24	30.10	12.11	16.84	4.73	0.70
2005	80.55	29.77	13.42	18.45	5.03	0.78
2006	78.93	29.39	14.57	19.99	5.42	0.84
2007	76.83	27.65	15.93	21.99	6.06	0.91
2008	75.07	26.14	17.35	23.61	6.25	1.01
2009	74.41	26.66	17.41	24.10	6.69	1.06
2010	71.92	25.75	19.27	26.62	7.35	1.05
2011	70.21	24.29	21.11	28.78	7.67	0.63
2012	68.73	24.47	22.22	30.18	7.96	0.61
2013	67.45	24.40	23.34	31.45	8.11	0.61
2014	66.93	24.67	23.48	31.73	8.26	0.61
2015	66.96	26.97	23.29	32.08	8.79	0.63
2016	67.16	27.32	22.91	31.91	9.00	0.58
2017	66.09	26.92	23.95	32.99	9.04	0.58
2018	66.30	26.78	24.04	32.77	8.72	0.59
2019	65.72	27.28	24.24	33.34	9.10	0.62
2020	66.36	27.67	23.59	32.66	9.07	0.66

资料来源：世界银行数据库，https://data.worldbank.org.cn/indicator/NE.CON.TOTL.CD。

资本主义金融危机的原因众多，世界各国的学者从不同的角度给出了各种解释，如金融资本贪婪、消费过度透支、金融衍生品滥用、金融创新过度、货币政策失误、政府监管不力等。从社会资本四部类再生产理论来看，金融危机的根本还是世界经济发展失衡，特别是南部发展的失衡。以美国为主导的发达资本主义国家操纵着国际经济秩序，将自身产业推向先进的制造业（第Ⅰ部类）和高技术服务业（第Ⅲ部类），并且利用资本和技术的优势，采取设置贸易壁垒、技术垄断、不平等交换、政治歧视等手段，掠夺发展中国家资源、控制发展中国家经济命脉，导致南北差距持续拉大，为全球性金融危机埋下了隐患。

三、资本主义经济发展趋势

从历史唯物主义的视角下，资本主义生产方式推动了生产力的巨大发展，具有一定的历史进步性，但从人类历史发展的总趋势来看，资本主义经济制度具有不可消除的历史局限性。当前，资本主义国家特别是发达国家为了摆脱金融危机、经济低迷、社会危机的困境，都在不断努力、自我调整，在宏观经济政策、所有制结构、收入分配、国际政策等方面作出主动变革。但是无论如何改革，资本主义基本经济制度没有发生根本革新，因而也不可能从根本上克服资本主义所固有的矛盾。

1. 资本主义自我调整难以改变经济发展总体向下的趋势

20 世纪 80 年代末 90 年代初东欧剧变之后，资本主义国家特别是发达资本主义国家 GDP 占世界 GDP 的比重始终是下降的。从表 8 - 4 可知，2001 ~2020 年高收入国家 GDP 占世界 GDP 比重从 75. 94% 下降到 60. 91%，平均每年约下降 0. 75 个百分点；与此同时，2001 ~2020 年中国 GDP 占世界 GDP 比重从 6. 11% 上升到 17. 88%，平均每年约上升 0. 59 个百分点。这说明，资本主义自我调整难以改变经济发展总体向下的趋势，世界社会主义运动正从低潮走出，逐步呈现向上发展的新特征。发达资本主义国家的发展主要依赖于金融霸权和高新技术产业，在新能源、现代信息技术、生物技术、高端智能装备等新兴产业发展不足的背景下，发达国家更多依靠金融体系掠夺发展中国家的发展成果。与此同时，发展中国家的发展更多地依赖于发达国家的产业转移和技术扩散，缺乏足够的创新发展能力。由此可见，全球社会资本再生产体系中，因资本有机构成的提升所引起的部类结构变换的难度提升。发达国家经济服务化倾向进一步增加了世界经济发展的不平衡，并没有真正地提升经济发展质量。

表 8-4　　世界各国 GDP 占比　　单位：%

年份	高收入国家	中高等收入国家	中等收入国家	中低等收入国家	低收入国家	中国
2001	75.94	17.01	23.21	6.21	0.50	6.11
2002	75.38	17.41	23.77	6.36	0.51	6.52
2003	74.72	17.87	24.42	6.54	0.52	6.95
2004	73.95	18.51	25.18	6.67	0.53	7.33
2005	73.16	19.15	25.96	6.81	0.54	7.84
2006	72.22	19.95	26.89	6.94	0.54	8.46
2007	71.06	20.95	28.05	7.10	0.55	9.25
2008	69.95	21.88	29.14	7.26	0.57	9.95
2009	68.61	22.76	30.45	7.69	0.60	11.03
2010	67.61	23.59	31.43	7.84	0.62	11.68
2011	66.70	24.41	32.36	7.95	0.60	12.38
2012	65.86	25.16	33.23	8.08	0.57	13.00
2013	65.00	25.83	34.09	8.25	0.57	13.62
2014	64.39	26.24	34.69	8.45	0.58	14.19
2015	63.98	26.52	35.12	8.60	0.56	14.73
2016	63.36	26.89	35.74	8.86	0.55	15.30
2017	62.73	27.36	36.37	9.01	0.55	15.83
2018	62.18	27.80	36.92	9.13	0.55	16.36
2019	61.67	28.21	37.42	9.21	0.56	16.90
2020	60.91	28.96	38.16	9.20	0.59	17.88

资料来源：世界银行数据库，https://data.worldbank.org.cn/indicator/NY.GDP.MKTP.KD。

2. 资本主义自我调整难以改变经济社会不稳定的趋势

美国学者戴维·柯次在其著作《资本主义的模式》中，将资本主义分成三种典型的模式：第一类是以英美为代表的市场导向资本主义，这种资本主义模式，其资本积累的决策权主要在经济主体（企业），倡导个人主义和自由主义的价值观；第二类是以日本为代表的政府导向的资本主义，这种资本主义模式，政府部门和银行在经济决策过程中发挥着重要的间接影响，倡导国家主义和集体主义的价值观；第三类是以德国为代表的谈判或协商资本主义，这种资本主义模式，国家对资本积累的直接干预可能性较小，经济决策依靠严格的法律制度，倡导社会民主或基督教民主的文化。在戴维·柯次看来，任何一种资本主义模式都是不稳定和不可靠的。“从根本上看来，问题不在于选择什么样的资本主义模式，而在于资本主义制度本身。”① 20世纪50年代至70年代，资本主义发展黄金20年，是以人与自然环境的异化为代价的，发达资本主义国家的发展是建立在不平等交换基础上的，是对发展中国家的掠夺。当今，以美国为首的发达资本主义国家的繁荣是建立在财富优势（自然资源、资本储备、技术优势）、金融优势（布雷顿森林体系）、文化霸权（语言优势、高等教育、媒体霸权）等基础上的（阿尔贝尔，1999）。事实上，这种繁荣无法掩盖其背后的重重矛盾和深刻危机，其中最为严重的就是其病态的社会，2020年全球新冠肺炎疫情大流行的“西方之乱”就是最好的证明。许多左翼学者认为当代以金融业为主的虚拟经济使资本主义经济赌场性质日趋明显，这一巨大的资本主义赌场成为社会资本再生产运动场，也把众多的普通居民裹挟其中，加剧了资本主义经济社会的不稳定性②。西方资本主义国家在爆发金融危机之后，造成预算赤字和公共债务余额大幅增加，以及金融危机引发的国债券主要持有者——银行坏账剧增，致使一些国家从市场再融资困难，导致公共产物违约，进而引发主权债务危机，这又引起了社会激烈动荡。

3. 资本主义基本矛盾持续深化

生产社会化与资本主义生产资料私有制之间的矛盾支配着资本主义经济运动过程和发展趋势的主线。从社会资本四部类再生产理论来看，就是社会总产品实现过程中总量和结构的双重矛盾。生产过剩性危机是资本主

① 戴维·柯次，耿修林等译．资本主义的模式［M］．江苏：江苏人民出版社，2001：270.

② 英国学者苏珊·斯特兰奇这样形容当代资本主义金融体系的赌场性质：“每天，这个赌场中进行的游戏卷入资金之大简直无法想象。夜间，游戏在世界的另一边继续进行。在俯临世界所有大城市的高耸的办公大厦中，房间里满是一支接一支不停抽烟的年轻人，他们都在玩这些游戏。他们双眼盯着电脑屏幕，屏幕上的价格不断闪烁变化。他们通过洲际电话或电子设备来玩这种游戏。他们就像赌场上的赌徒，紧盯着轮盘上咔哒旋转的象牙球，决定把筹码放在红盘或黑盘、奇数或偶数盘单里”（资料来源：苏珊·斯特兰奇，李红梅译．赌场资本主义［M］．北京：社会科学文献出版社，2000：1.）。

义矛盾的必然产物，其首先表现为社会资本再生产总量上的矛盾，即总供给大于总需求、有效需求不足；总量上的矛盾实质上是供给结构上的矛盾，其关键是广大的劳动人民消费能力不足。20 世纪 50 年代以后，世界各资本主义国家普遍加强了政府对经济运行的干预和调节，采取了许多反经济危机的措施，在一定程度上缓解了劳资对立的矛盾，减轻了经济危机的破坏程度。但是，资本主义经济危机并未根除，而是以金融危机的形式再次周期性地爆发。

伴随着信息技术革命、智能化生产、数字经济等带来的生产方式和消费方式的颠覆式的变革，资本主义基本矛盾也持续深化，社会资本再生产的不平衡的风险不断加大。其一，高新技术与国家垄断资本主义相互联合的格局下，资本主义经济的垄断程度持续加强，市场竞争不断弱化。例如，谷歌（Google）、脸书（Facebook）、亚马逊（Amazon）等互联网平台公司，凭借自身的规模和网络效应，不断加强自身在行业内的垄断，大大挤压了中小企业的发展空间。其二，高科技公司趋向金融化，严重阻碍了技术创新进程。高科技企业也是最能带来垄断高额利润的企业，这也被很多金融资本“相中”，金融资本的进入往往并非为了进一步推进科技创新，而是通过投机化使其泡沫化，进而获取更高额的套利，这反而严重阻碍了技术创新。其三，劳资关系对立深化，就业不稳定性增强。现代企业制度的普及，使职业经理人代替了传统的资本家管理和经营着企业，劳动者之间的分化，进一步加剧了劳资之间的对立。与此同时，在平台经济背景下，“非雇佣制”“零工制”的普及，增加了劳动者就业的不稳定性。其四，技术创新与贫富差距扩大共存。一方面，现代信息技术的发展，加快了智能机器取代人力劳动，从而弱化了劳动者对工资的议价能力；另一方面，技术创新使资本家获取了相对剩余价值，积累了更多的财富。与此同时，因教育不均衡等因素，使劳动者内部收入差距也逐渐增大，企业高级管理人员和技术骨干的工资是普通工人工资的几十倍甚至上百倍。这看似是复杂劳动和简单劳动的关系，实际上是劳资矛盾对立演化的结果，资本家为了更方便、更快速、更多地赚取剩余价值，将一部分剩余价值让渡给他们的代理人（职业经理人），同时也加大了对雇佣工人的剥削程度。总之，科技进步在资本主义生产方式下，始终从属于榨取剩余价值，从中长期来看，它仅仅能使少数人最终受益，而大多数劳动者只能成为被其“吮吸”剩余价值的工具。正如马克思指出，“一切提高社会劳动生产力的方法都是靠牺牲工人个人来实现的；一切发展生产的手段都转变为统治和剥削生产者的手段”①。

4. 资本主义经济制度消亡的必然性和曲折性

资本主义基本矛盾的演进，必然导致社会资本再生产周期危机、不可持续，当缩减再生产成为常态时，资本主义经济制度也就走到了尽头。因此，从本书的研究结论来看，资本主义经济制度必然消亡。

由社会资本四部类再生产理论可知，生产社会化的持续发展为资本主义经济制度消亡奠定了物质基础。服务商品的增多本身就是生产社会化的结果，促使了劳动产品的社会化。劳动产品的社会化，必然要求生产过程的社会化。社会生产分为四个部类，各部类内部又可细分为若干子部类，子部类的不断细化伴随着生产过程社会化程度的持续加深。生产和资本的规模越大，社会分工越精细，第Ⅲ部类的规模就会越来越大，同时国家之间、地区之间、部门之间以及企业之间的交换就会越频繁、越复杂。生产过程的社会化又必然要求生产管理和生产组织的社会化，例如，垄断资本范围的扩散，资本的所有权与经营权的分离。生产社会化的发展强化了生产力的社会性质，这必然要求生产资料占有的社会化，而在资本主义经济制度内这是无法实现的。因此，社会劳动者共同占有社会化的生产资料，有组织地管理社会化的生产过程，按照劳动的数量和质量分配劳动产品，这种生产方式就是社会主义生产方式。

我们在看到资本主义经济制度消亡的必然性的同时，还应看到其曲折性。从社会资本四部类再生产理论来看，资本主义国家自我调整和对经济的调节，在一定程度上缓解了社会生产总量和结构的矛盾，这使资本主义经济制度还有一定的生命力。与此同时，资产阶级不会自动退出历史舞台，必然会采取各种手段维护自己的统治地位。当前，在“一球两制”的格局中，一方面社会主义国家不仅要通过快速发展生产力，展现社会主义经济制度的优越性；另一方面还要警惕资本主义国家的干预、渗透和颠覆，坚持共产党的领导，维护国家主权和独立，捍卫和发展社会主义。

第二节　中国特色社会主义经济发展

新中国成立 70 多年来，我国已基本走完发达国家几百年走过的工业化

① 资本论（第一卷）[M]. 北京：人民出版社，2004：743.

历程，创造了经济快速发展和社会长期稳定两大奇迹①。发展是硬道理，党领导人民在独立自主地探索社会主义经济发展的过程中，逐渐形成一条中国特色社会主义经济发展道路。从社会资本四部类再生产理论来看，包括中国特色农业现代化、新型工业化、服务业现代化。

一、中国特色农业现代化

新中国成立以来，党领导人民推进社会主义革命、建设和改革取得重大成就，是同高度重视发展农业密不可分的。改革开放以来，从家庭联产承包责任制，到将“三农”工作列为全党工作的重中之重，全面取消农业税，再到全面推进乡村振兴加快农业农村现代化，党的“三农”政策得到亿万名农民的拥护，领导人民走出了一条中国特色农业现代化道路。

根据本书第三章的分析，从农业所提供的产品来看，涉及第Ⅰ部类和第Ⅱ部类。在第Ⅰ部类中，农林牧渔业为农产品加工、工业以及服务业提供生产资料（流动资本）；在第Ⅱ部类中，农业为城乡居民提供必需的生活资料。党的十八大以来，从坚持和完善农村基本经营制度、加快完善城乡发展一体化体制机制等方面进一步提升了中国特色农业现代化道路。从表8－5和表1－2可知，2012～2021年我国农业增加值49 084.6亿元增加到83 085.5亿元，而占GDP的比重从9.4%降至7.3%。从表8－5可知，2012～2020年我国农林牧渔业总产值从86 342.15亿元增长到137 782.2亿元，年均增长6.44%；其中，农业增长最稳定，年均增长6.64%；林业增长幅度最大，年均增长7.6%；牧业波动性较大，有两次负增长，年均增长5.62%。从表8－6可知，我国人均粮食产量连年提升，从2012年的452.1千克增加到2020年的474.45千克，粮食和重要农产品供给保障能力稳步提升。与此同时，我国农业机械总动力、有效灌溉面积、节水灌溉面积（千公顷）、除涝面积（千公顷）、水土流失治理面积（千公顷）、农村用电量等稳步增加，农用化肥施用量不断减少，这都表明我国的农业发展质量在持续提高，进一步夯实了中国特色社会主义农业现代化道路的基础。

① 中共中央关于党的百年奋斗重大成就和历史经验的决议［M］. 北京：人民出版社，2021：63.

表 8－5　农业总产值与增长率（2012～2020 年）

指标	2012 年	2013 年	2014 年	2015 年	2016 年	2017 年	2018 年	2019 年	2020 年
农林牧渔业总产值（亿元）	86 342. 15	93 173. 7	97 822. 51	101 893. 5	106 478. 7	109 331. 7	113 579. 5	123 967. 9	137 782. 2
农业总产值（亿元）	44 845. 72	48 943. 94	51 851. 12	54 205. 34	55 659. 89	58 059. 76	61 452. 6	66 066. 45	71 748. 23
林业总产值（亿元）	3 406. 97	3 847. 44	4 189. 98	4 358. 45	4 635. 9	4 980. 55	5 432. 61	5 775. 71	5 961. 58
牧业总产值（亿元）	26 491. 21	27 572. 37	27 963. 39	28 649. 32	30 461. 17	29 361. 19	28 697. 4	33 064. 35	40 266. 67
渔业总产值（亿元）	8 403. 91	9 254. 48	9 877. 54	10 339. 09	10 892. 92	11 577. 09	12 131. 51	12 572. 4	12 775. 86
农林牧渔业总增长率（%）	9. 52	7. 91	4. 99	4. 16	4. 50	2. 68	3. 89	9. 15	11. 14
农业增长率（%）	11. 17	9. 14	5. 94	4. 54	2. 68	4. 31	5. 84	7. 51	8. 60
林业增长率（%）	10. 17	12. 93	8. 90	4. 02	6. 37	7. 43	9. 08	6. 32	3. 22
牧业增长率（%）	5. 15	4. 08	1. 42	2. 45	6. 32	－3. 61	－2. 26	15. 22	21. 78
渔业增长率（%）	14. 54	10. 12	6. 73	4. 67	5. 36	6. 28	4. 79	3. 63	1. 62

资料来源：国家统计局年度数据库，https：//data. stats. gov. cn/easyquery. htm？ cn = C01。

表 8－6　　农业发展质量（2012～2020 年）

指标	2012 年	2013 年	2014 年	2015 年	2016 年	2017 年	2018 年	2019 年	2020 年
人均粮食产量（千克）	452. 1	462. 49	466. 26	478. 75	475. 89	473. 86	469	471. 57	474. 45
人均棉花产量（千克）	4. 88	4. 61	4. 59	4. 28	3. 85	4. 05	4. 35	4. 18	4. 19
人均油料产量（千克）	24. 26	24. 56	24. 58	24. 57	24. 5	24. 89	24. 48	24. 81	25. 42
农业机械总动力（万千瓦）	102 558. 96	103 906. 75	108 056. 58	111 728. 07	97 245. 59	98 783. 35	100 371. 74	102 758. 26	105 622. 15
有效灌溉面积（千公顷）	62 490. 52	63 473. 3	64 539. 53	65 872. 64	67 140. 62	67 815. 57	68 271. 64	68 678. 61	69 160. 52
节水灌溉面积（千公顷）	31 217	27 109	29 019	31 060	32 847	34 319	36 135	37 059	37 796
除涝面积（千公顷）	21 857	21 943	22 369	22 713	23 067	23 824	24 262	24 530	24 586
水土流失治理面积（千公顷）	111 863	106 892	111 609	115 578	120 412	125 839	131 532	137 325	143 122
农用化肥施用折纯量（万吨）	5 838. 85	5 911. 86	5 995. 94	6 022. 6	5 984. 41	5 859. 41	5 653. 42	5 403. 59	5 250. 65
农村用电量（亿千瓦小时）	7 508. 46	8 549. 52	8 884. 45	9 026. 92	9 238. 26	9 524. 42	9 358. 54	9 482. 87	9 717. 18

资料来源：国家统计局年度数据库，https：//data. stats. gov. cn/easyquery. htm？ cn = C01。

从产业发展的规律来看，我国农业增加值占比（GDP）虽然仍会降低，但其绝对值会快速增加，农业产业结构不断优化，生产体系和经营体系逐步健全，农业的综合效益和竞争力持续提升。从农业现代化的特征来看，建设现代农业产业体系、生产体系、经营体系，是农业现代化特征和发展规律的全面体现。

第一，构建现代农业产业体系。将传统农业从种植业、畜牧业、渔业、林业等扩展延伸到农业产前部门（生产资料供应、生产技术及信息服务等）和农业产后部门（农产品加工、流通、销售、食品消费、市场信息服务等），同时，将传统农业延伸到了传统文化保护传承、生态休闲、观光旅游、电子商务等农业生产性服务业（第Ⅲ部类）和生活性服务业（第Ⅳ部类）。我国构建现代农业产业体系，就是要在稳定粮食生产能力、确保国家粮食安全特别是口粮绝对安全的基础上（确保第Ⅱ部类中城乡居民生活必需品的供应），积极调整农业生产结构，大力发展现代林业、园艺业、畜牧业、水产业，提升农产品的附加值和质量品质。首先，提高农产品品质和附加值作为农业生产的主攻方向，建立健全现代农业全产业链标准体系，培育农业龙头企业标准“领跑者”，推动新型农业经营主体按标生产。其次，因地制宜、分类推进，要不断优化农业区域布局，根据各地的资源比较优势发展农业生产，形成区域专业化的生产布局。依托乡村特色优势资源，打造农业全产业链，把产业链主体留在县城，让农民更多分享产业增值收益。最后，积极延伸农业产业链条，立足县域布局特色农产品产地初加工和精深加工，建设现代农业产业园、农业产业强镇、优势特色产业集群。大力发展农产品加工和流通业，发展农业社会化服务业，发展围绕农业活动的第三产业，使农业生产在农产品数量、品质、生态三个方面都能满足人民日益增长的美好生活需要。

第二，构建现代农业生产体系。充分发挥第Ⅰ部类和第Ⅲ部类对第Ⅱ部类发展的推动作用，利用新型工业化和现代服务业发展的成果装备武装农业、改造提升农业，不断提升农业生产、改善农业生产条件、优化农业生态环境。首先，要强化公共基础设施（农田水利、农产品流通、农产品市场等）建设，继续大规模推进农田水利、土地整治、中低产田改造、高标准农田建设，提高农业抵御自然灾害和风险的能力，增强农业生产的稳定性。其次，根据我国农情，在全面推进机械化的基础上，加快向自动化、智能化以及机械化、自动化、智能化相结合的生产方式发展，探索基因工程、生物技术等新兴农业科技与农业深度融合，支持工厂化农业、设施农业等工程技术在农业中大规模使用。最后，推进农业绿色转型，加强产地环境保护治理，发展节水农业和旱作农业，深入实施农药化肥减量行动，治理农膜污染，提升农膜回收利用率，推进秸秆综合利用和畜禽粪污资源化利用。强化全过程农产品质量安全监管，健全追溯体系。完善绿色农业标准体系，加强绿色食品、有机农产品和地理标志农产品认证管理。

第三，构建现代农业经营体系。从经营体系来看，现代农业已经展现出农业规模化经营、农业经营者素质提高、工商资本进入农业、农业日益扩大同资本市场和期货市场结合等新的趋势。构建现代农业经验体系，就是要培育专业大户、农民合作组织、家庭农场等新型农业经营主体，形成新型职业农民队伍，构建集约化、专业化、组织化、社会化相结合的新型农业经营体系，实现家庭经营、企业经营、合作经营、集体经营共同发展。首先，要培育和形成新型农业经营主体，突出抓好家庭农场和农民合作社两类经营主体，鼓励发展多种形式适度规模经营，重点把农业规模经营户培育成有活力的家庭农场。推进农民合作组织质量提升，要着力提高农业生产的组织程度，积极调整一家一户分散的、小规模的、粗放式经营，加大对运行规范的农民合作组织扶持力度。发展壮大农业专业化社会化服务组织，将先进适用的品种、投入品、技术、装备导入小农户。其次，培育高素质农民，组织新型职业农民参加技能评价、学历教育，设立专门面向农民的技能大赛。同时，吸引城市各方面人才到农村创业创新，参与农业现代化建设。最后，积极优化农民土地承包经营权流转的机制，形成有效的土地流转和规模经营实现模式，为新型经营主体特别是现代家庭农场提供坚实基础，用新型经营主体和规模经营提升农业竞争力和吸引力。

二、新型工业化

工业化是现代化的核心内容，主要表现为工业（特别是制造业）产值在 GDP 中比重不断上升的过程，以及工业就业人数在总就业人数中比重不断上升的过程。新中国成立以来，我国探索社会主义现代化的进程，也是逐步推进工业化的过程。经过 70 多年的发展，我国工业化水平大幅度提高，建成了门类齐全、体系完整、产能巨大的工业体系（见表 8 -7），成为世界制造业第一大国，成功探索出一条符合我国国情的工业化道路。从部类划分来看，工业绝大部分属于第 I 部类。从表 8 -7 可知，我国工业产品的产能巨大，但某些原材料还需要大量地进口，例如，2012 年国内原油产量

20 747.8 万吨，进口 27 103.0 万吨，合计 47 850.8 万吨；2021 年国内原油产量 19 888.1 万吨，进口 51 298.0 万吨，合计 71 186.1 万吨；2012～2021 年集成电路产量从 7 796 100 万块增至 35 943 000 万块，10 年增至 3.6 倍。随着我国工业化的推进，第Ⅰ部类的供给能力在持续提升。与此同时，第Ⅱ部类的产能也在迅速提升。从表 8－7 可知，2012 年我国汽车产量为 1 927.62 万辆，2017 年达到 2 901.81 万辆，2021 年又降为 2 652.8 万辆；2012～2021 年微型计算机产量从 31 806.71 万台增至 46 692 万台，10 年增至 46.8%。

我国工业生产能力大幅提升的同时，结构和效益也在持续提高。从表 8－8 可知，2012～2020 年我国第二产业增加值比重从 45.3% 降至 37.8%，第二产业就业人员从 23 226 万人降至 21 543 万人，就业人员比重从 30.5% 降至 28.7%。由此可见，我国工业化已经从规模扩张迈入质量提升的新型工业化阶段。

2002 年，党的十六大报告指出，“坚持以信息化带动工业化，以工业化促进信息化，走出一条科技含量高、经济效益好、资源消耗低、环境污染少、人力资源优势得到充分发挥的新型工业化路子”①。新中国成立以来，我国仅用了几十年的时间就完成了西方发达国家几百年才完成的工业化历程。因此，新型工业化道路必然是一条对传统工业化扬弃的道路。发端于英国的传统工业化在促进城镇化和现代化的同时，伴随着资源过度开发、城乡关系对立、贫富差距扩大、生态环境恶化等负面影响。与传统工业化相比，新型工业化既能够实现经济发展，又能够促进文化、社会、生态环境等协同发展。同时我们也应该清醒地看到，我国工业化步伐虽然突飞猛进，但与西方发达国家的高度工业化水平相比，仍然有很大的差距。走新型工业化的道路就是采取跨越式发展的思路，实现工业化和现代化的目标。

第一，新型工业化是推动经济高质量发展的必由之路。新型工业化强调以信息化带动工业化，以工业化促进信息化，促进工业生产智能化、网络化、绿色化、个性化。一方面，有利于强化工业化的分工效率，提升资源利用率和劳动生产率，降低环境污染和生态破坏；另一方面，通过提升科技含量，广泛应用互联网、云计算、大数据等新技术，推动产业融合发展，建设现代化经济体系，提升经济发展质量和效益。从工业化和信息化的国际经验来看，在以信息技术为核心的新一轮科技革命和产业变革的影响下，传统工业

---

① 十六大以来重要文献选编（上）[M]. 北京：中央文献出版社，2011：16.

表 8 - 7　　主要工业产品产量（2012 ~ 2021 年）

指标	2012 年	2013 年	2014 年	2015 年	2016 年	2017 年	2018 年	2019 年	2020 年	2021 年
原煤产量（亿吨）	39.45	39.74	38.74	37.47	34.11	35.24	36.98	38.46	39.02	41.3
原油产量（万吨）	20 747.8	20 991.9	21 142.9	21 455.58	19 968.52	19 150.61	18 932.42	19 162.83	19 476.86	19 888.1
天然气产量（亿立方米）	1 106.08	1 208.58	1 301.57	1 346.1	1 368.65	1 480.35	1 601.59	1 753.62	1 924.95	2 075.8
化学纤维产量（万吨）	3 837.37	4 160.28	4 389.75	4 831.71	4 886.36	4 877.05	5 418.02	5 883.37	6 124.68	6 708.5
粗钢产量（万吨）	72 388.22	81 313.89	82 230.63	80 382.5	80 760.94	87 074.09	92 903.84	99 541.89	106 476.68	103 524.3
钢材产量（万吨）	95 577.83	108 200.54	112 513.12	103 468.41	104 813.45	104 642.05	113 287.33	120 456.94	132 489.18	133 666.8
十种有色金属产量（万吨）	3 990.33	4 412.13	4 828.81	5 155.82	5 345.11	5 498.31	5 893.7	5 865.96	6 188.42	6 477.1
汽车产量（万辆）	1 927.62	2 212.09	2 372.52	2 450.35	2 811.91	2 901.81	2 782.74	2 567.67	2 532.49	2 652.8
发电机组产量（万千瓦）	13 005.52	14 197.66	15 053.02	12 431.38	13 119.78	11 822.93	10 903.07	9 073.69	13 384.46	15 954.6
房间空气调节器产量（万台）	12 398.72	13 069.3	14 463.27	14 200.35	14 342.37	17 861.53	20 955.68	21 866.16	21 035.25	21 835.7
微型计算机设备产量（万台）	31 806.71	35 348.41	35 079.63	31 418.7	29 008.51	30 678.37	31 580.23	34 163.22	37 800.41	46 692
集成电路产量（万块）	7 796 100	9 034 600	10 155 300	10 872 000	13 179 500	15 645 800	18 526 000	20 182 151	26 142 259	35 943 000
发电量（亿千瓦小时）	49 875.53	54 316.35	57 944.57	58 145.73	61 331.6	66 044.47	71 661.33	75 034.28	77 790.6	85 342.5

资料来源：国家统计局年度数据库，https：//data. stats. gov. cn/easyquery. htm? cn = C01。

表 8-8　三次产业就业及增加值比重（2012~2020年）

指标	2012年	2013年	2014年	2015年	2016年	2017年	2018年	2019年	2020年
第一产业就业人员（万人）	25 535	23 838	22 372	21 418	20 908	20 295	19 515	18 652	17 715
第二产业就业人员（万人）	23 226	23 142	23 057	22 644	22 295	21 762	21 356	21 234	21 543
第三产业就业人员（万人）	27 493	29 321	30 920	32 258	33 042	34 001	34 911	35 561	35 806
第一产业增加值比重（%）	9.4	9.3	9.1	8.8	8.6	7.9	7	7.1	7.7
第二产业增加值比重（%）	45.3	44	43.1	40.9	39.8	40.5	39.7	38.6	37.8
第三产业增加值比重（%）	45.3	46.7	47.8	50.2	51.6	51.6	53.3	54.3	54.5
第一产业就业人员比重（%）	33.5	31.2	29.3	28.1	27.4	26.7	25.8	24.7	23.6
第二产业就业人员比重（%）	30.5	30.3	30.2	29.7	29.2	28.6	28.2	28.1	28.7
第三产业就业人员比重（%）	36.0	38.5	40.5	42.2	43.4	44.7	46.0	47.3	47.7

资料来源：国家统计局年度数据库，https://data.stats.gov.cn/easyquery.htm?cn=C01。

（制造业）正在向着智能化、绿色化、服务化和个性化方向发展，衡量一个国家的工业水平的标准正在重新构建，新一轮工业化也正在开启。在此背景下，我国推进经济高质量发展必须走新型工业化道路，大力发展数字经济，推动互联网、大数据、人工智能与实体经济深度融合。在新型工业化中要大力推动融合式发展，充分满足消费者的个性需求，降低企业集设计、生产、销售等各环节于一体的生产成本，有效避免传统工业化后期的工业生产过剩和产业外移所形成的产业空心化，形成以人为中心的服务型制造发展模式。同时我们还应看到，新型工业化与传统工业化一样，不仅会带动工业部门生产要素的重组、发展模式的重构，也会对整个经济社会发展产生深刻影响，成为建设社会主义现代化强国的重大引擎。

第二，新型工业化是解决生态环境问题、实现可持续发展的必然选择。发达资本主义国家工业化的历程表明，解决工业化与生态环境之间的矛盾是经济发展的难题，“先污染，后治理”或“边污染，边治理”几乎成为工业化国家的宿命。新型工业化是建立在绿色低碳基础上的工业化，是摒弃传统工业化的老路、解决我国资源环境生态问题的根本之策。因此，新型工业化不能只有技术进步和经济增长，还要有资源节约和环境友好，并推动新一轮绿色革命。习近平总书记强调，“保护生态环境就是保护生产力，改善生态环境就是发展生产力”①。这深刻揭示了工业文明与生态文明之间的辩证关系，为新时代推进新型工业化提供了根本遵循和理论指南。一是改造传统工业化系统进行，包括开发绿色环保的生产工艺、降低各类能源消耗、高效和循环利用原材料、高标准治理污染物排放等。绿色低碳循环发展是当今产业变革的方向，也是传统工业部门必须完成的转型任务。二是大力发展可再生能源，构建碳达峰、碳中和制度体系。通过太阳能、水能、风能、生物质能等可再生能源的大力推广，提升对常规化石能源的替代能力，加快调整我国能源结构。积极发展能源互联网，实现能源的清洁、安全和高效利用。三是大力发展绿色制造业，构建资源节约型、环境友好型、效益良好型的现代化制造业体系。其中既包括数字化、智能化和绿色化的新兴产业，也包括能充分运用自然规律、实现资源循环高效利用的传统产业。推进新型工业化，既要发挥市场在资源配置中的决定性作用，弘扬企业家精神，激发企业积极性，让企业在环境治理中发挥主体作用，又要更好发挥政府作用，加强政府监管，实行最严格的环境保护制度，提升环境治理效能。

---

① 习近平．共同构建人与自然生命共同体［N］．人民日报，2021－04－23：2.

第三，新型工业化是坚持以人民为中心、推进共同富裕取得实质性进展的根本保障。工业化、城镇化和现代化的最终目的是造福人民，新型工业化必须坚持以人民为中心的发展思想，不断推进共同富裕取得实质性进展。工业化的国际教训表明，许多国家进入工业化进程后，没有正确处理好经济发展与收入分配的关系，造成社会矛盾激化、现代化进程受阻、陷入“中等收入陷阱”。虽然我国工业化已取得历史性成就，但是我们也应该清醒地看到，我国仍处于并将长期处于社会主义初级阶段，在新型工业化过程中，社会主义市场经济中的各种形态的资本持续扩张，推动着社会结构深刻变动、利益格局深刻调整。从社会资本四部类再生产理论来看，在新型工业化中要注重协调分配关系，正确把握资本、技术、数字、劳动之间的相互替代关系和依存关系，实现数字化、智能化生产与扩大就业、提高劳动者收入的有机统一。健全体现知识、技术、管理等创新要素价值的分配机制，着重提升劳动参与分配的能力和水平，提高新型工业化成果的普惠性。

三、中国特色服务业现代化

服务业是随着农业和工业的发展，发展壮大起来的产业，逐渐从为生活服务，扩展到为生产服务。改革开放以来，我国服务业持续增长，2021 年第三产业增加值已达 609 680 亿元，占 GDP 比重为 53.3%。从表 8 - 8 可知，2012 ~2020 年服务业增加值占比从 45.3% 增至 54.5%，2021 年由于新冠肺炎疫情的影响略有下降；服务业就业人员从 27 493 万人增至 35 806 万人，服务业就业人员比重从 36.0% 增至 47.7%。由此可见，当前服务业已占据国民经济的半壁江山，成为第一大产业，中国特色服务业现代化道路已经全面开启。

当今我国城乡居民在日常生活中享受到的现代化服务越来越丰富、便利了，可以随时开始一场说走就走的旅游，电商淘货应有尽有，线上外卖随叫随到，线下城市购物中心和乡村集市商品琳琅满目，移动电信 4G 网络全覆盖……这些便捷得益于飞速发展的服务业。从表 8 - 9 可知，我国已具备强大的服务产品供给能力，2012 ~2020 年我国铁路营运里程从 9.76 万公里增至 14.63 万公里，年均增长 5.54%；公路里程从 423.75 万公里增至 519.81 万公里，年均增长 2.59%；高速等级路公路里程从 9.62 万公里增至 16.1 万公里，年均增长 7.48%。由于私家车的普及，旅客运输量大幅下降，特别是 2020 年新冠肺炎疫情暴发以来，乘坐公共交通出行的比重明显下降，

2021 年的旅客运输量（830 000 万人）仅是2012 年（3 804 034.9 万人）的 21.8%；货物运输量稳步增加，2021 年（5 297 000 万吨）比 2012 年（4 100 436 万吨）增加 29.18%；邮政业务量大幅增加，2021 年（13 698 亿元）是2012 年（2 036.84 亿元）的 6.73 倍。2012 ~2021 年电信业务总量由 12 982.44 亿元增至 16 960 亿元，年均增长 3.06%；移动电话用户由 111 215.5 万户增至 164 283 万户，年均增长 4.77%。快递业是推动流通方式转型、促进消费升级的现代化先导性产业，也是现代服务业的重要组成部分。近年来，我国快递业实现了井喷式的增长，2012 ~2021 年快递量从 568 547.99 万件增至 10 830 000 万件，年均增长 180.5%；快递业务收入从 10 553 324.22 万元增至 103 320 000 万元，年均增长 87.9%。当今网上购物已成为城乡居民的日常生活方式，2021 年（103 200 万人）我国互联网上网人数是 2012 年（56 400 万人）的 1.83 倍，2021 年（53 579 万户）互联网宽带接入用户是2012 年（17 518.3 万户）的 3.06 倍。软件服务是现代服务业的典型代表，2021 ~2012 年我国软件业务收入由 247 937 523.5 万元增至 949 940 000 万元，年均增长 28.3%。电子商务作为重要的生产性服务是现代服务业的发展方向，2013 ~2020 年有电子商务交易活动的企业数比重从 5.2% 增至 11.1%，年均增长 0.74%。商业既是服务业最初的形态，也是现代服务业的重要组成部分，2012 ~2021 年我国社会消费品零售总额从 205 517.3 亿元增至 440 823 亿元，年均增长 11.5%；2012 ~2020 年我国批发和零售业商品购进额从 410 532.7 亿元增至 800 298.94 亿元，年均增长 8.59%；批发和零售业商品销售额从 410 532.7 亿元增至 864 261.21 亿元，年均增长 8.23%。住宿、餐饮和旅游业是现代化服务业的重要组成部分，由于新冠肺炎疫情的影响，这些行业的发展呈现出一定的波动趋势。住宿和餐饮业方面，2012 ~2020 年我国住宿和餐饮业从业人数在波动中下降，从 464.7 万人降至 424.3 万人，住宿和餐饮业从业人数下降与生产方式的网络化和智能化密切相关；住宿和餐饮业营业额也在波动中增加，从 2012 年的 7 954.28 亿元增至 2019 年的 10 900.99 亿元又降至 2020 年的 9 367.01 亿元。旅游业方面，国内游客从 2012 年的 295 700 万人次迅速增至 2019 年的 600 600 万人次又降至 2021 年的 325 000 万人次；国内旅游总花费从 2012 年的 22 706.2 亿元迅速增至 2019 年的 57 250.92 亿元又降至 2021 年的 29 191 亿元。

表 8－9

服务业发展统计表（2012～2021 年）

指标	2012 年	2013 年	2014 年	2015 年	2016 年	2017 年	2018 年	2019 年	2020 年	2021 年
铁路营运里程（万公里）	9.76	10.31	11.18	12.1	12.4	12.7	13.17	13.99	14.63	\
公路里程（万公里）	423.75	435.62	446.39	457.73	469.63	477.35	484.65	501.25	519.81	\
高速等级路公路里程（万公里）	9.62	10.44	11.19	12.35	13.1	13.64	14.26	14.96	16.1	\
旅客运输量（万人）	3 804 034.9	2 122 991.55	2 032 217.81	1 943 271	1 900 194.34	1 848 620.12	1 793 820.33	1 760 435.71	966 539.71	830 000
货物运输量（万吨）	4 100 436	4 098 900	4 167 296	4 175 886	4 386 763	4 804 850	5 152 732	4 713 624	4 729 579	5 297 000
邮政业务总量（亿元）	2 036.84	2 725.08	3 696.08	5 078.72	7 397.24	9 763.71	12 345.19	16 229.63	21 053.16	13 698
电信业务总量（亿元）	12 982.44	15 707.15	18 138.33	23 346.3	15 616.95	27 596.74	65 633.91	106 810.67	136 763.33	16 960
移动电话年末用户（万户）	111 215.5	122 911.3	128 609.3	127 139.7	132 193.4	141 748.7	156 609.8	160 134.5	159 407	164 283
快递量（万件）	568 547.99	918 674.89	1 395 925.3	2 066 636.84	3 128 315.11	4 005 591.91	5 071 042.8	6 352 290.97	8 335 789.43	10 830 000

续表

指标	2012 年	2013 年	2014 年	2015 年	2016 年	2017 年	2018 年	2019 年	2020 年	2021 年
快递业务收入（万元）	10 553 324.22	14 416 815.26	20 453 586.23	27 696 465.85	39 743 601.32	49 571 088.76	60 384 253.78	74 978 235.19	87 954 342.35	103 320 000
互联网上网人数（万人）	56 400	61 758	64 875	68 826	73 125	77 198	82 851	90 359	98 899	103 200
互联网宽带接入用户（万户）	17 518.3	18 890.9	20 048.34	25 946.57	29 720.65	34 854.01	40 738.15	44 927.86	48 354.95	53 579
软件业务收入（万元）	247 937 523.5	305 874 743.1	370 264 197.3	428 479 158.8	482 322 235	551 031 186.6	619 087 337.7	720 718 724.7	815 859 101.5	949 940 000
有电子商务交易活动的企业数比重（%）	\	5.2	7.2	9.6	10.9	9.5	10	10.5	11.1	\
社会消费品零售总额（亿元）	205 517.3	232 252.6	259 487.3	286 587.8	315 806.2	347 326.7	377 783.1	408 017.2	391 980.6	440 823
批发和零售业商品购进额（亿元）	378 314.8	451 265.1	493 664	468 071.7	506 309.4	572 287.8	616 551.4	709 505.3	800 298.94	\
批发和零售业商品销售额（亿元）	410 532.7	496 603.8	541 319.8	515 567.5	558 877.6	630 181.3	691 162.1	782 518.3	864 261.21	\

续表

指标	2012 年	2013 年	2014 年	2015 年	2016 年	2017 年	2018 年	2019 年	2020 年	2021 年
住宿和餐饮业年末从业人数（万人）	464. 7	456. 2	432. 4	413. 2	407. 4	405. 3	412. 2	434. 8	424. 3	\
住宿和餐饮业营业额（亿元）	7 954. 28	8 061. 32	8 150. 6	8 512. 23	8 938. 19	9 276. 71	9 682. 6	10 900. 99	9 367. 01	\
国内游客（万人次）	295 700	326 200	361 100	399 000	443 500	500 100	553 900	600 600	287 900	325 000
国内旅游总花费（亿元）	22 706. 2	26 276. 1	30 311. 86	34 195. 1	39 389. 82	45 660. 77	51 278. 29	57 250. 92	22 286. 3	29 191

资料来源：国家统计局年度数据库，https：//data. stats. gov. cn/easyquery. htm？ cn = C01。

从第三产业的产值比重和就业人数比重来看，当前我国已步入从工业经济过渡到服务经济的转型期。服务业现代化与农业现代化和新型工业化一样，也是建设社会主义现代化国家的重要组成部分。在未来，推动中国特色服务业现代化，应聚焦我国产业转型升级和城乡居民消费升级的需要，推进服务业供给侧结构性改革，提高服务效率和服务品质，构建优质高效、结构优化、竞争力强的服务产业新体系。

第一，推动生产性服务业现代化，着力提升融合化发展。生产性服务业属于第Ⅲ部类，它为其他三个部类提供生产所必需的生产性服务。推动生产性服务业的现代化，应着力提升其融合化发展能力和水平。首先，以农业现代化和高质量发展为导向，推动面向农业的生产性服务业向专业化和高端化发展。其次，以服务制造业高质量发展为导向，聚焦提高新型工业化进程中的创新力，加快发展研发设计、工业设计、商务咨询、检验检测认证等服务，推动面向工业的生产性服务业向专业化和价值链高端延伸。最后，推动现代服务业与先进制造业、现代农业深度融合，深化业务关联、链条延伸、技术渗透，支持智能制造系统解决方案、流程再造等新型专业化服务机构发展；聚焦提高农业和工业的要素配置效率，推动供应链金融、信息数据、人力资源等服务创新发展；聚焦增强我国的全产业链优势，提高现代物流、采购分销、生产控制、运营管理、售后服务等发展水平。

第二，加快生活性服务业现代化，着力提升品质化发展。生活性服务业属于第Ⅳ部类，为其他三个部类企业家（资本家）和工人（劳动者）提供必要的生活性服务。加快生活性服务业的现代化，应着力提升其品质化发展能力和水平。首先，以提升生活性服务的便利度和改善其服务体验为导向，加快发展与城乡居民生活密切相关的健康、养老、托育、文化、旅游、体育、物业等服务业，加强公益性、基础性服务业供给，扩大覆盖全生命周期的各类服务供给，推动生活性服务业向高品质和多样化升级。其次，鼓励商贸流通业态与模式创新，推进网络化、数字化、智能化改造，通过线上、线下全渠道满足消费需求，提升跨界融合发展水平。最后，加快完善养老、家政等服务标准，健全生活性服务业认证认可制度，推动生活性服务业诚信化职业化发展。同时，推进城乡家政服务业提质扩容，与智慧社区、智慧乡村、养老托育等融合发展。

第三，深化服务领域改革开放，打造开放型服务产业新体系。社会主义市场经济是一个开放型的经济体制，第Ⅲ部类和第Ⅳ部类的服务业也是一个开放的体系。一方面，我国的生产性服务和生活性服务要走出国门，服务世界市场和全球居民；另一方面，我国的农业和工业也需要大量国外的生产性服务，特别是发达国家提供的高技术服务，我国城乡居民也可以出国享受国外的生活性服务（在互联网辅助下，某些生活性服务也可以远程提供）。因此，推进中国特色服务现代化，需要持续深化服务领域的改革开放，打造开放型服务产业新体系。首先，扩大服务业对内和对外开放水平，进一步放宽市场准入，全面清理不合理的限制条件，鼓励社会力量扩大多元化多层次服务供给。其次，健全服务质量标准体系，强化已制定的标准贯彻执行。完善支持服务业高质量发展的体制机制和政策体系，创新适应服务新业态、新模式和产业融合发展需要的土地、财税、金融、价格等政策。加快制定重点服务领域监管目录、流程和标准，构建高效协同的服务业监管体系。最后，深入推进服务业综合改革试点和扩大开放，对标高水平国际服务贸易规则，扩大高水平对外开放，全面提升服务业发展水平。完善服务领域人才职称评定制度，开通国际引智“直通车”，吸引国际人才集聚。

第三节　推进供给侧结构性改革与构建新发展格局

本书第三章研究综述已指出，许多学者基于马克思社会资本再生产理论分析供给侧结构性改革，并将其界定为社会资本再生产理论的应用。事实上，供给侧结构性改革和新发展格局均与社会资本四部类再生产理论密切相关，这里重点阐述推进供给侧结构性改革和构建新发展格局的理论基础和实践方向。

一、推进供给侧结构性改革的理论基础

供给就是生产，需求就是消费，供给侧和需求侧是社会生产和再生产的两个方面。供给侧结构性改革旨在调整经济结构，提高供给结构对需求变化的适应性和灵活性，扩大有效供给，使要素实现最优配置，提升经济增长的数量和质量。供给侧结构性改革的理论基础并非源于西方的供给学派（或称供给经济学），而是马克思主义政治经济学，其中社会资本再生产理论就是其重要的理论依循。20 世纪 70 年代，西方国家经济发展出现了严重的“滞胀”现象，强调需求刺激或管理的凯恩斯经济学衰落，代表新自由主义思潮的供给学派兴起。供给学派认为经济增长取决于劳动力、资本等要素的

有效供给和利用，个人和企业的经济行为依赖于刺激，政府的职能是通过改变刺激影响经济社会发展。供给学派主张“供给自动创造需求”的萨伊定律，倡导自由竞争的市场经济，反对一切形式的政府干预经济。政府只需要通过减税来刺激投资，提高社会的供给数量和质量。在货币政策方面，主张控制和稳定货币，反对通货膨胀。同时，供给学派还反对过多的社会福利，鼓励人们进行智力投资。

中国特色社会主义进入了新时代，我国经济社会发展取得历史性成就的同时，社会主要矛盾也发生了变化。从需求结构来看，人民日益增长的美好生活需要表现为模仿型、排浪式的消费基本结束，个性化、多样化的消费成为主流，并且对高质量的产品和服务的需求越来越迫切。从供给结构来看，我国经济发展不平衡不充分的矛盾表现为供给结构不能适应需求的变化，缺乏灵活性和多样性，传统产业的生产过剩与新产品、新服务的供给不足并存。由此可见，我国的供求失衡，其矛盾主要是结构性的，矛盾的主要方面在供给侧，根本原因在于我国社会资本再生产主要集中于全球产业链、价值链的中低端。由此形成的大量商品供给不能有效地满足新的消费需求，从而造成“需求外溢”。针对于这一矛盾，习近平总书记提出供给侧结构性改革，用改革的办法推进供给体系结构性调整和优化，减少无效和低端供给，扩大有效和中高端供给，增强供给结构对需求变化的适应性和灵活性，实现供求关系在更高水平上的动态平衡。显然，我国供给侧结构性改革的逻辑起点和实践主线与供给学派的主张并不相同，从理论依循来看，供给侧结构性改革是社会资本再生产理论的逻辑拓展。

1. 社会资本四部类再生产模型的分解

从宏观的视角看，按照社会总产品的用途和形态，将社会生产和再生产划分为四个部类，分别为生产物质生产资料的部类（第Ⅰ部类）、生产物质生活资料的部类（第Ⅱ部类）、生产生产性服务商品的部类（第Ⅲ部类）和生产生活性服务商品的部类（第Ⅳ部类），四部类构成了社会总产品的一个划分；从微观的视角看，市场上的任何一件产品或服务都是由某家企业完成最终的生产并推向市场的。一般地，一种产品或服务都需要多家生产单位（市场主体）共同完成，彼此的合作是通过市场机制完成的，即通过生产资料和消费资料的流通交换实现的。因此，从微观的某种商品，到中观的某类商品，再到宏观的四部类商品，社会总产品可以层层划分，形成一个完整的供给结构体系，如图 8 – 1 所示。

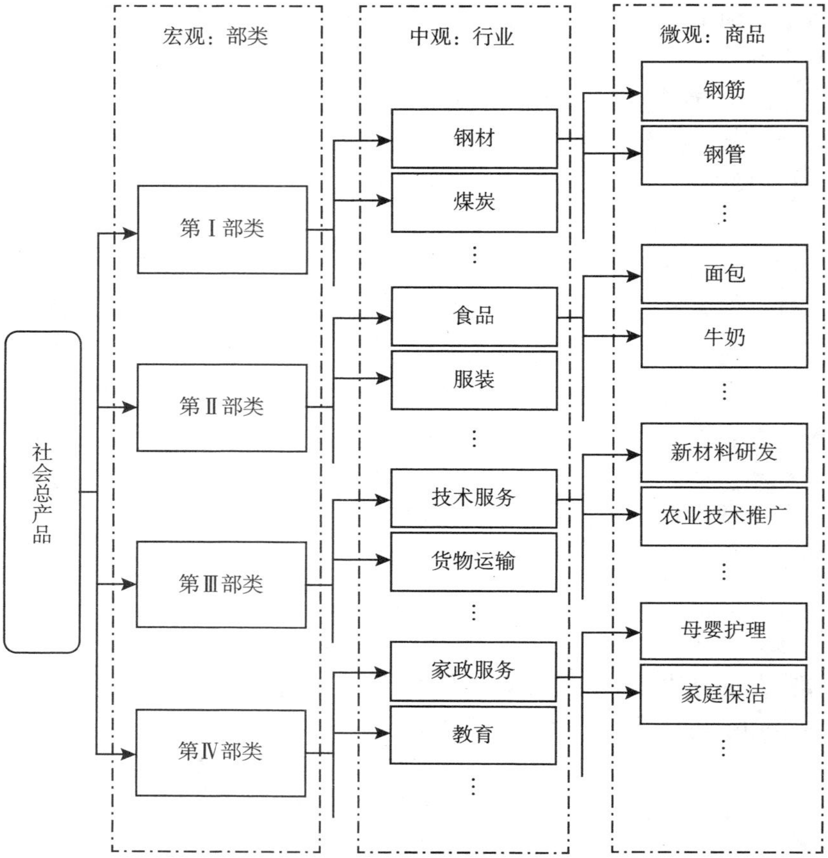

图 8－1　社会总产品的细分

资料来源：笔者自绘。

数量和结构是社会资本再生产理论的两个基本范畴，从微观到宏观，每个市场主体（企业或个体户）所生产的产品和服务汇聚起来，形成微观的商品结构、中观的产业结构，以及宏观的部类结构。我国经济进入新常态，突出矛盾表现为供给结构性过剩，即在四个部类中，某些行业的一些企业所生产的产品或服务在市场上无法顺利地实现价值补偿，某些企业再生产过程中无法实现使用价值补偿①。这种矛盾不能靠刺激需求端的整体需求来彻底

① 无法实现价值和使用价值补偿的原因很多，除了市场需求的客观减少之外，还包括政府对某些产品或服务的调控，市场信息不完善，经济流通体系不畅通等方面。例如，我国限制高污染行业的扩展性发展，义务教育“双减”背景下，对中小学课外辅导的管制。

解决，而要靠主动调整供给端的生产结构，让市场上实现价值补偿有困难的低端商品生产企业主动退出，或提升产品或服务的质量。

2. 整体性扩大再生产与结构性缩减再生产

增长是经济发展的基础，持续的扩大再生产是经济健康发展的重要标志。从单个资本来看，扩大再生产是每个生产周期的规模都大于前一周期，即存在资本积累。在市场经济中价值规律的作用，使有些企业（单个资本）是扩大再生产，而也有些企业（单个资本）是缩减再生产。单个资本的再生产（扩大或缩减）[①] 汇聚成一个行业的资本再生产（扩大或缩减），一个个行业的资本再生产又汇聚成四个部类的社会资本再生产。从社会资本四部类再生产模型来看，社会资本扩大再生产的同时，单个资本或行业资本可以出现缩减再生产，本书称之为整体性扩大再生产与结构性缩减再生产并存。

（1）供给侧结构性改革的核心是结构性缩减再生产。从社会资本四部类再生产理论（简单再生产的实现条件）来看，供给和需求的矛盾或者供求失衡是制约经济持续增长的痼疾。生产是为了消费，市场经济的特点是生产与消费的分离，生产者生产的产品只有通过交换，才能完成惊险的跳跃。社会消费结构的变化倒逼着单个资本或行业资本再生产规模的变化。一般地，资本的逐利性使得市场机制在促进单个资本扩大再生产方面十分有效，但在引导单个资本或行业资本缩减再生产时，往往会出现市场失灵的现象。事实上，从供给和需求结构性矛盾来看，不能主动地或有预见性地引导缩减再生产，是市场失灵的根本原因。由于改革开放以来，我国始终处在追赶型的发展模式中，由此形成的生产资本主要集中于全球产业链、价值链的中低端，形成的庞大的商品供给不能满足消费需求的变化，从而致使有效供给能力不足。由此可见，我国供给侧结构性改革的核心应该是结构性缩减再生产，即将产能过剩的且位于中低端的产品和服务通过有计划地缩减再生产，把产能降到相对合理的水平，同时将这些生产资本转移到高端制造业、战略新兴产业、现代服务业等领域。

（2）供给侧结构性改革目标是整体性扩大再生产。推进供给侧结构性改革，是习近平总书记在深入分析国际经济形式和我国经济发展阶段性特征的基础上所作出的重大战略部署，也是推动经济高质量发展的必然要求。由

① 这里暂时不考虑简单再生产的情形。事实上，在市场竞争和资本运动中简单再生产可以看出是连续变化的再生产的一个过渡状态。

此可见，实现经济更高质量的增长是供给侧结构性改革目标，这就要求社会资本再生产必然是扩大再生产，且是内涵式扩大再生产为主外延式扩大再生产为辅的再生产。从社会总产品的四个部类来看，单个部类、某些行业、某些企业的缩减再生产并非必然引起社会资本的缩减再生产。例如，去库存和去产能必然引起房地产、煤炭、钢铁、水泥、化工等行业的缩减再生产，但同时在现代信息技术、生物技术、新能源、新材料、新能源汽车、高端装备、海洋装备等战略性新兴产业实现扩大再生产，总体上能实现更大规模、更高质量的社会资本扩大再生产。

3. 供给侧结构性改革的理论主线

供给侧结构性改革的理论主线是处理好政府和市场的关系，这也是社会主义市场经济制度优越性的重要体现。我国坚持社会主义市场经济的改革方向，经济体制改革的核心问题仍然是处理好政府和市场的关系①。前文分析已经指出，推进供给侧结构性改革，从生产端着手改革和发力，发挥市场在资源配置中起决定性作用的同时，更好地发挥政府作用推动供给体系的结构调整和优化，增强供给结构对需求变化的适应性和灵活性。由此可见，供给侧结构性改革的关键就是如何有差别地或有选择性地推动企业、行业、部类的扩大再生产和缩减再生产，以实现优化结构、提高供给质量的目标，其中处理好政府和市场的关系是其理论主线。

从社会资本四部类生产理论可知，生产资料和生活资料有效地分配到不同的企业、行业、部类，是进行社会生产和再生产的基础和前提。在市场经济条件下，经济资源（生产资料和生活资料）的分配有两种基本方式，即市场机制和政府作用。资本主义市场经济中，单个资本在资本逻辑的驱使下以最大限度地追求剩余价值为目标，而不会主动地调整生产结构、推动缩减再生产，这是市场机制失灵的根本原因。一方面，由于市场信息不完备导致经济主体无法作出科学合理的决策，单个资本往往会盲目地进入或固守某个行业；另一方面，单个资本的目标是实现增殖，它们并不考虑外部不经济、社会利益、可持续发展等问题，这必然会导致供给结构的畸形发展，为生产结构性过剩危机埋下隐患。在资本主义市场经济中，基于弥补市场失灵的考量，政府也不同程度地在资源配置中发挥作用，但政府作用从属于私人资本的支配地位，无法形成供给结构调整的科学决策和有效行动。因此，在资本主义市场经济条件下无法实现真正的供给侧结构性改革。

① 十八大以来重要文献选编（上）［M］. 北京：中央文献出版社，2014：498.

在社会主义市场经济中，推进供给侧结构性改革是制度优越性的重要表现，其中最核心的是社会主义基本经济制度。从社会资本再生产理论来看，推进供给侧结构性改革是个系统工程，“三维一体”的社会主义基本经济制度为其奠定了制度基础（朱鹏华等，2020）。一是在公有制为主体、多种所有制经济共同发展的所有制结构下，各类资本相互制约和影响，能更好地贯彻党中央提出的发展理念、制定的发展路线方针政策以及各类经济社会发展规划；二是在以按劳分配为主体、多种分配方式并存的分配制度下，政府能更有效地调节收入分配差距，从而避免资本主义畸形的需求结构引致畸形的供给机构；三是社会主义市场经济体制，能将有效市场和有为政府有机结合起来，特别是政府作用的发挥，既能通过简政放权、转变政府职能，激发各类市场主体的活力，提高供给水平；又能通过政府经济调节、市场监管、社会治理、公共服务、生态环境治理等，主动改革供给结构，提升供给质量。

二、构建新发展格局的理论基础

2020 年，党的十九届五中全会提出加快构建以国内大循环为主体、国内国际双循环相互促进的新发展格局，新发展格局成为中国特色社会主义经济发展的新方位。构建新发展格局并非是一时之举，而是对我国社会主义经济建设实践经验的深刻总结，特别是对新时代以来我国经济发展战略思想和政策构想的全面总结和升华；构建新发展格局并非是面对新冠肺炎疫情和国际经济形式变化的被动之举，而是适应我国经济发展阶段变化的主动选择，是主动破解社会主义主要矛盾和应对国际环境变化的战略举措；构建新发展格局也并非是空想、怪想，而是基于我国的超大规模经济体优势，充分发挥规模效应和集聚效应的理性选择和科学决策。

本书第五章分析了开放经济条件下社会资本四部类简单再生产模型，在开放的经济体系中，社会资本再生产分为国内循环和国际循环两大部分。

1. 国内国际双循环

在第五章式（5－29）和第六章式（6－1）的基础上，构建开放经济中的社会资本扩大再生产图式（式（8－1）），即国内国际双循环的社会资本再生产图式：

$$W_t\begin{cases}\overset{\uparrow}{E_t}\\ W'_t\\ M_t\end{cases}\rightarrow\begin{cases}W'_t\\ M_t\\ \underset{\uparrow}{I_t}\end{cases}\rightarrow G'_t\begin{cases}(G_t+\overset{\downarrow}{E'_t})\rightarrow\begin{cases}C'_t\\ V'_t\end{cases} & \cdots P_t\begin{cases}C'_t+\Delta C'_t\\ V'_t+\Delta V'_t\end{cases}\cdots W_{t+1}\\ (M'_t+\overset{\downarrow}{E''_t})\rightarrow\begin{cases}\Delta G_t\rightarrow\begin{cases}\Delta C'_t\\ \Delta V'_t\end{cases}\\ M''_t\rightarrow Z'_t\,|\end{cases} & \\ \underset{\downarrow}{I'_t} & \end{cases}\qquad(8-1)$$

商品资本作为资本循环的起点，包含了三个部分（子集），即 $W_t = W'_t \cup M_t \cup E_t$，其中 E_t 为出口商品集。在市场经济体内实现商品交换的还包括进口商品（I_t），通过销售，商品资本转化成货币资本。出口商品在国际市场交换转化为货币资本（$E'_t + E''_t$），后又回流到国内；同时，进口商品转变成的货币资本（I'_t），后又回流到国外。此时，货币资本分成两部分：一是用于购买生产资料为再生产作好准备，这一部分由在国内交换实现的预付商品资本价值（G_t）和在国外交换实现的预付商品资本价值（E'_t）组成。二是企业所得的利润（剩余价值），用于企业家①购买自己的消费品（Z'_t），这一部分由在国内交换实现的剩余价值和在国外交换实现的剩余价值（M''_t）。三是企业将一部分剩余价值用于积累（ΔG_t），且分成两个部分（$\Delta C'_t$ 和 $\Delta V'_t$），其中 $\Delta C'_t$ 表示追加的不变资本，不变资本又包括物质生产资料（$\Delta C'_{1t}$）和生产性服务（$\Delta C'_{2t}$）。$\Delta V'_t$ 表示追加的可变资本，可变资本又包括物质生活资料（$\Delta V'_{1t}$）和生活性服务（$\Delta V'_{2t}$）。

在开放经济中，企业将包含剩余价值的商品在国内和国外两个市场流通，价值回流后，一部分用于消费，另一部分用于积累。同时，国外的商品也被引入国内市场，参与社会资本再生产的使用价值补偿。众多单个资本的扩大再生产构成了相似的社会资本扩大再生产。此时，社会资本积累或扩大再生产可以表示为：

$$\sum w(W_t) < \sum w(W_{t+1}) \qquad (8-2)$$

式（8－2）表示，市场中单个资本所反映出的剩余价值的资本化，即

① 公有制企业的利润在国家、企业、职工之间分配，企业家也是职工。国家和职工所得的部分可以看成 M''_t，企业所得部分用于积累，可以看成 ΔG_t。

资本积累，便形成社会资本的积累。从整个经济体来看，本期的社会总产品的价值量小于下一期的社会总产品的价值量。图式（8－1）和公式（8－2）构成了开放经济环境下社会资本扩大再生产的商品资本循环图式，这里称其为“螺旋发散”图式。

2. 国内大循环（扩大再生产）

国内大循环就是社会资本持续扩大再生产的过程，在第六章式（6－1）的基础上，式（8－3）即为国内大循环的生产图式：

$$W_t\begin{cases}W'_t\\M_t\end{cases}\to G'_t\begin{cases}G_t\to\begin{cases}C_t\\V_t\end{cases}\\ \\M'_t\begin{cases}\Delta G_t\to\begin{cases}\Delta C_t\\\Delta V_t\end{cases}\\M''_t\to Z_t|\end{cases}\end{cases}\cdots P_t\begin{cases}C_t+\Delta C_t\\V_t+\Delta V_t\end{cases}\cdots W_{t+1} \qquad (8-3)$$

国内大循环畅通的条件是社会总产品在国内市场的顺利实现，特别是资本积累中，一方面国内要有足够的货币积累或高效的金融支撑，即充足的货币资本；另一方面国内要有足够的使用价值储备，即充足的生产资本。其中打通区域和城乡之间的壁垒，畅通商品和要素流通，形成统一开放、竞争有序的国内大市场是关键。

3. 国际循环

国际循环是国内循环的延伸，对于超大规模经济体系来说，国际循环（市场）是国内循环（市场）的有效补充。在社会资本再生产使用价值补偿时包括进口商品（I_t），I_t 分解为 24 个部分，C_{ij}^{I}（$i=1$，2，3，4；$j=1$，2）表示四个部类进口的物质生产资料和生产性服务商品的集合；V_{ij}^{I}（$i=1$，2，3，4；$j=1$，2）表示四个部类进口的劳动者消费的物质生活资料和生活性服务商品的集合；M_{ij}^{I}（$i=1$，2，3，4；$j=1$，2）表示四个部类进口的企业家消费的物质生活资料和生活性服务商品的集合。在社会资本再生产价值补偿时包括出口商品（E_t），E_t 也可分解为 6 个部分，C_i^{E}（$i=1$，2）表示出口的物质生产资料和生产性服务商品的集合；V_i^{E}（$i=1$，2）表示出口的劳动者消费的物质生活资料和生活性服务商品的集合；M_i^{E}（$i=1$，2）表示出口的企业家消费的物质生活资料和生活性服务商品的集合。

从表5－4的价值符号出发，从社会总产品来看，以国内大循环为主体，即：

$$w >> w^i = \sum_{j=1}^{4}\sum_{k=1}^{2} c_{jk}^i + \sum_{j=1}^{4}\sum_{k=1}^{2} v_{jk}^i + \sum_{j=1}^{4}\sum_{k=1}^{2} m_{jk}^i$$

$$\text{或 } w >> w^e = \sum_{i=1}^{2} c_i^e + \sum_{i=1}^{2} v_i^e + \sum_{i=1}^{2} m_i^e \text{①} \qquad (8-4)$$

从四个部类的社会总产品来看，以国内大循环为主体，即：

$$w_j >> w_j^i = \sum_{k=1}^{2} c_{jk}^i + \sum_{k=1}^{2} v_{jk}^i + \sum_{k=1}^{2} m_{jk}^i \text{ 或}\begin{cases} w_1 >> c_1^e \\ w_2 >> v_1^e + m_1^e \\ w_3 >> c_2^e \\ w_4 >> v_2^e + m_2^e \end{cases} \qquad (8-5)$$

国内国际双循环相互促进，即国内大循环中社会总产品的价值量单调递增，同时进口和出口商品的价值总额也是单调递增，即：

$$\begin{cases} \dfrac{dw}{dt} > 0 \\ \dfrac{dw^i}{dt} > 0 \\ \dfrac{dw^e}{dt} > 0 \end{cases} \qquad (8-6)$$

三、推进供给侧结构性改革的实践方向

我国经济进入新常态，从供给端的矛盾来看主要包括产能过剩、楼市库存大、债务高企、创新能力不足等方面，习近平总书记指出，为解决好这些问题就要推行“三去一降一补”，通过去产能、去库存、去杠杆、降成本、补短板，提高供给体系质量和效率②。从社会资本四部类再生产理论来看，推进供给侧结构性改革重点要从以下三个方面发力。

1. 有序推进产能过剩行业缩减再生产

在经济新常态的背景下，我国国内外市场需求增速趋缓，部分产业供过于求矛盾凸显，传统制造业产能普遍过剩，特别是钢铁、水泥、煤化工、风

① 这里假设一个国家在一个周期内进出口商品的价值量相等，即 $w^i = w^e$。

② 中央经济工作会议在北京举行 [N]. 人民日报，2015－12－22：1.

机设备、多晶硅、平板玻璃、电解铝等高消耗或高排放行业尤为突出。有序推进产能过剩行业缩减再生产，为供给结构的优化升级腾出空间，是提高供给体系质量的基础之策。在执行化解行业过剩产能时，要健全市场化、法治化的缩减再生产长效机制，完善企业破产程序、企业兼并重组法律法规，落实不良资产处置、财税支持、专项奖补、失业人员再就业和生活保障等配套政策。应尽可能多兼并重组、少破产清算，保护劳动者的合法权益，做好职工安置工作。同时，过剩产业要严格控制增量，防止新的同类产能过剩。

2. 通过创新发展推动内涵式扩大再生产

我国供给矛盾的实质是中低端产能普遍过剩，中高端先进产能明显不足。例如，我国居民大批在海外购买马桶盖、电饭煲、奶瓶、奶粉等普通日用品，与此同时国内相关产品的产能却处于过剩状态。面对这种局面，唯有创新才能提升传统产业的供给质量，更好地适应市场需求的新变化。由此可见，供给侧结构性改革的重点是推动中高端产品扩大再生产，通过科技、产品、工艺、业态、管理、营销等方面的创新，全面提升内涵式扩大再生产的水平。因此，供给侧结构性改革的重点是通过创新发展推动内涵式扩大再生产，全面提高供给的质量和效益。一是支持企业技术创新、技术改造和设备更新。通过降低企业债务负担，健全金融扶持方式，发挥金融在高新技术产业和技术创新中的支持作用，提高企业技术创新和改造的投资水平。健全以企业为主体的产学研一体化创新机制，加快科技成果向现实生产力特别是高技术生产力转化。二是培育和发展新兴产业。新兴产业引领消费需求的发展，是供给侧结构性改革的着力点。通过加快技术、产品、工艺、业态等创新，推动新兴产业的发展壮大，提升供给与需求的适配率。三是补齐软硬基础设施短板。在硬件方面，通过提高投资有效性和精准性，提升新型城镇化质量，补齐中小城市和乡村的基础设施以及公共服务的短板，并形成市场化、可持续的投入机制和运营机制。在软件方面，通过金融扶持、激励改革、政策支撑等，提高企业的科技创新能力和开展创新的积极性，补齐科技创新的短板。四是提供人才支撑。推动内涵式扩大再生产的关键在人才，高素质的劳动者是提高产品和服务质量的核心要素。在加大培育和引进高端管理人才和专业技术人才的同时，还应加大投资于人力资源特别是一线普通劳动者的力度，使劳动者能更好适应变化了的市场环境。

3. 充分发挥社会主义基本经济制度的优势

社会主义基本经济制度是中国特色社会主义经济体系的基本制度，也是推进供给侧结构性改革的制度基础。坚持和完善社会主义基本经济制度，是巩固“三去一降一补”成果、增强微观主体活力、提升产业链水平、畅通国民经济循环的基础保障。一是坚持两个“毫不动摇”，推动公有和私有融合发展。坚持和完善公有制为主体、多种所有制经济共同发展，巩固和发展国有企业和集体企业，鼓励、支持、引导非公有制企业的发展，支持发展混合所有制企业，探索公有制多种实现形式，培育更多充满活力的市场主体。二是坚持按劳分配为主体、多种分配方式并存，推动公平和效率融合发展。健全体现效率、促进公平的收入分配制度，完善要素由市场评价贡献、按贡献决定报酬的机制，重点提高劳动报酬特别是一线的普通劳动者在初次分配中的比重，健全以税收、社会保障、转移支付等为主要手段的再分配调节机制，同时完善第三次分配机制。扩大中等收入群体，增加劳动者特别是一线劳动者的劳动报酬，在经济增长和劳动生产率提高的同时实现城乡居民收入同步增长和劳动报酬同步提高。三是完善社会主义市场经济体制，推动有效市场与有为政府的融合发展。推进供给侧结构性改革，要让市场在产能过剩行业缩减再生产和内涵式扩大再生产中起决定性作用，同时更好地发挥政府作用。一方面，应科学地界定政府与市场、政府与企业、政府与社会的关系，完善产权制度和要素市场化配置体制，释放微观经济主体的活力。继续深化政府的“放管服”改革，推动降低市场经济中的制度性交易成本。政府要最大限度地减少对微观经济活动的直接干预，注重法律法规的完善和执行，强化事中事后监管，让企业有充足的自主权，破除制约发展活力和动力的体制机制障碍。另一方面，创新和完善宏观调控，提升政府经济治理能力。在党的集中统一领导下，发挥国家发展规划的战略性导向作用，健全财政、货币、产业、区域、消费、投资等经济政策协调机制，统筹供给侧结构性改革和需求侧管理，确保过剩产能行业缩减再生产和内涵式扩大再生产的正确方向。

四、构建新发展格局的实践方向

构建新发展格局的关键在于畅通国内大循环的基础上，将国内国际循环有机统一起来。从社会资本四部类再生产理论来看，实现这一目标，必须坚持扩大内需、健全现代流通体系、推进供给侧结构性改革、缩小收入差距、推进区域协调发展和城乡融合发展。

1. 坚持扩大内需

需求是生产的目的和动力，畅通国内社会资本再生产必须有内需的支撑。我国具有超大规模的市场优势，将扩大内需作为战略基点，是构建新发展格局的治本之策。培育完整且不断扩大的内需体系，使四个部类的社会总产品的实现更多依托国内市场，推动国内大循环高质量发展。一是全面促进消费需求。顺应我国消费需求升级的趋势，充分发挥消费的基础作用。提高产品和服务质量，提升传统消费。着力培育和提升新型消费特别是生活性服务的消费，加快教育、育幼、养老、医疗、文化、旅游等服务业高质量发展，增强城乡居民的消费能力和水平。二是全面提升投资需求。我国目前的经济结构中，投资依然有很大的发展空间。以供给侧结构性改革为主线，扩大投资的重点在于加大人工智能、物联网等新兴领域基础设施建设，加大城际交通、物流、市政基础设施、农村基础设施建设。三是继续强化政府需求。统筹新型城镇化与乡村振兴战略，适当增加公共消费，提升中小城镇和乡村的公共基础设施和公共服务的水平以及均等化程度。

2. 健全现代流通体系

流通是社会资本再生产和畅通国内国际双循环的重要基础。高效的流通体系能将国内各个地区的生产和消费连接起来，也能将国内和国际的社会生产和再生产连接起来，推动分工合作深化发展，提高国民经济的整体效益。由此可见，构建新发展格局必须将健全现代流通体系作为重要的实践方向。一是深化流通体制改革。通过加强全链条标准体系建设，畅通商品服务流通渠道，发展“互联网＋流通”，整合流通资源，建设“混合所有”流通平台，提升流通效率，降低全社会的物流成本。二是加快构建国内统一大市场。借鉴国际先进规则和实践经验优化国内市场环境，全面破除地方保护、行业垄断和市场分割，加快推进不同地区和行业标准、规则、政策协调统一，形成高质量的全国统一大市场。三是建设现代物流体系。统筹物流枢纽设施、骨干线路、区域分拨中心和末端配送节点建设，加快发展冷链物流，完善国家物流枢纽、骨干冷链物流基地设施条件，发展高铁快运等铁路快捷货运服务，健全县乡村三级物流配送体系。四是优化国际物流通道。加强国际航空货运能力建设，提升国际海运竞争力，培育一批具有全球竞争力的现代流通企业，加快形成内外联通、安全高效的物流网络。五是完善现代商贸流通体系。支持便利店、农贸市场等商贸流通设施改造升级，发展无接触交易服务，加强商贸流通标准化建设和绿色发展。

3. 推进供给侧结构性改革

生产是满足需求的前提和基础，优化供给质量、改善供给质量，是构建新发展格局的重要条件。在提升需求侧管理质量，扩大内需的同时，坚持以供给侧结构性改革为主线，全面提升供给体系与需求体系特别是国内需求的适配性。针对国内大循环，应重点打通经济循环堵点，健全产业链和供应链，在更高水平上形成需求牵引供给、供给创造需求的动态平衡。鉴于此，必须加快发展现代产业新体系，做实做强做优实体经济，加快推进制造强国、网络强国、网络强国、数字强国，提升经济发展质量和核心竞争力。

4. 缩小收入差距

扩大消费最根本的就是提高收入、缩小收入差距。提高人民收入水平，缩小城乡居民收入差距，既是人民生活水平不断改善的基础，也是形成强大国内市场、拉动经济结构转型升级的基础条件。从收入分配的格局来看，缩小收入差距应从初次分配与再分配两个环节入手，并将两个环节协调统一起来。初次分配方面，要坚持按劳分配的主体地位，各种生产要素由市场评价贡献、按贡献决定其报酬。现实中由于市场中仍然存在行业垄断、城乡分割、价格扭曲等现象，这在很大程度上阻碍不同要素公平地参与分配，导致不合理的收入分配差距。例如，劳动力市场中，由于受户籍制度（虽然当前绝大多数城市已经取消落后限制，仅有个别超大特大城市还保留积分落后政策）影响，农民工在就业机会、行业选择、职业晋升、社会保障和公共服务等方面都不能享有同等的权利和机遇。因此，在初次分配领域，要进一步完善要素市场，让市场在要素配置和收入分配上起决定性作用。同时，强化就业优先政策，提高就业质量，完善社会保障体系，提升劳动收入在初次分配中的比重，扩大中等收入群体，支持发展生活性服务业，扩充就业容量，并保障劳动者的待遇和权益，不断推进共同富裕取得实质性进展。再分配方面，应重点提升政府收入分配的质量效能。加大税收、社会保障、转移支付等调节力度和精准性，解决收入分配不合理和收入差距过大问题。同时，注重发挥慈善等第三次分配作用，改善收入和财富分配格局。健全直接税体系，提高税收的累进性，完善综合与分类相结合的个人所得税制度，加强对高收入者的税收调节和监管，提高税收的再分配功能。调整政府财政支出结构，提高对民生支出的比重，特别是对低收入人群的转移支付的比重。增强社会保障待遇和服务的公平性可及性，完善兜底保障标准动态调整机制。在“提低、扩中、调高”这个改善收入分配格局的大政方针下，重点应该放在提高低收入人群的收入和创收能力上。规范收入分配秩序，保护合法收入，合理调节过高收入，取缔非法收入，遏制以垄断和不正当竞争行为获取收入。

5. 推进区域协调发展和城乡融合发展

区域和城乡经济循环是国内大循环的重要组成部分，构建新发展格局必须坚持推进区域协调发展和城乡融合发展。在区域协调发展方面，通过“一带一路”建设高质量发展，推进西部大开发形成新格局。加大基础设施和公共服务领域的投入，大力发展特色优势产业，补齐教育、医疗卫生等民生领域短板，继续巩固脱贫攻坚成果；通过深化国有企业改革攻坚，改造提升装备制造等传统优势产业，着力推动东北振兴取得新突破。着力优化营商环境，大力发展民营经济，培育发展新兴产业，大力发展寒地冰雪、生态旅游等特色产业；通过打造重要先进制造业基地和建设内陆地区开放高地，开创中部地区崛起新局面。积极承接新兴产业布局和东部地区产业转移，提高关键领域自主创新能力，不断提高农业综合效益和竞争力；通过发挥创新要素集聚优势，加快在创新引领上实现突破，推动东部地区率先实现高质量发展。加快培育世界级先进制造业集群，引领新兴产业和现代服务业发展，提升要素产出效率，率先实现产业升级；通过因地制宜发展特色产业，完善对口帮扶机制，支持革命老区、生态退化地区、采煤沉陷区、国有林场林区、高海拔地区、边境地区等特殊类型地区加快发展。在城乡融合发展方面，重点要健全城乡要素平等交换、双向流动体制机制，引导要素更多向乡村流动，增强农业农村发展活力。继续健全农村承包地所有权、承包权、经营权的“三权分置”制度，完善宅基地所有权、资格权、使用权“三权分置”实现形式，探索实施农村集体经营性建设用地入市制度。

第九章

结论和研究展望

马克思所创作的社会资本再生产理论为我们留下了丰富的理论遗产，它就如同一座经济学理论宝藏，需要我们通过艰辛的探索才能寻得真谛。本书在国内外学术界研究的基础上接力拓展研究，仅仅从一个方向打开了宝藏的大门，宝藏的开采工作才刚刚开始。社会资本四部类再生产模型是基于马克思的社会资本再生产理论的拓展，为马克思主义政治经济学基础理论的创新和应用进行了探索。

第一节　拓展研究的主要结论

本书围绕着社会资本再生产理论，通过七章的论述，理清了“两个基础”，即马克思的社会资本再生产理论原貌和社会资本再生产理论研究现状；在劳动价值论的基础上，分别对商品的概念、生产劳动的范围、社会生产部类的划分以及三种类型的社会资本再生产模型进行了拓展，构建了社会资本四部类再生产理论；在理论拓展的基础上，初步探索了社会资本四部类再生产理论的现实意义。

一、马克思的社会资本再生产理论：未完成的开放的理论体系

在马克思的所有政治经济学理论中，社会资本再生产理论的创作最为艰辛。从理论的萌芽，到理论的形成，再到理论的基本完成，社会资本再生产理论的创作大致历经了三个阶段共 30 余年的时间。《伦敦笔记》时期，马

克思在《反思》短文（1851 年 3 月）中首次涉及社会资本再生产的理论问题，其中蕴藏着的某些因素或思想是社会资本再生产理论的萌芽；《1857－1858 年经济学手稿》在论述资本流通时附带涉及再生产问题，并通过举例（资本家 A、B、C、D 和 E）阐述了社会资本简单再生产过程；《1861－1863 年经济学手稿》在"剩余价值理论"等篇章中对古典政治经济学进行批判时，多次论述了社会资本再生产问题。通过批判斯密教条和研究魁奈的《经济表》，马克思明确划分了两大部类和社会总产品的价值构成，阐明了简单再生产的实现条件（公式），创作了"简单再生产总过程的经济表"，基本完成社会资本简单再生产理论的初步创立；《1863－1865 年经济学手稿》中《资本论》第二册第Ⅰ稿中，马克思第一次尝试为社会资本再生产构建一个理论体系，明确了研究对象，阐述了货币、消费、固定资本等在再生产中的作用，单独论述了扩大再生产，并以标题的形式提及再生产的伸缩性；1867～1870 年《资本论》第二册第Ⅱ稿的第三章"流通过程和再生产过程中的现实条件"，在理论体系构建上又前进了一大步，阐明了社会资本再生产理论研究的问题，创作了社会资本再生产图式，写出了社会资本简单再生产的平衡公式"$c(\text{Ⅰ})=(v+m)(\text{Ⅱ})$"，对两部类进行了细分研究，论述了再生产过程中的货币流通。从《1857－1858 年经济学手稿》到《资本论》第二册第Ⅱ稿，基本形成了社会资本简单再生产理论体系；1877～1881 年马克思为《资本论》第二册创作的第Ⅷ稿主要论述了社会资本再生产理论，其中调换了两大部类的顺序，补充性论述了社会资本简单再生产理论，首次系统阐述了社会资本扩大再生产理论，实现了社会资本再生产理论体系的基本完成。

纵观社会资本再生产理论的创作历程，马克思为该理论进行了艰辛的探索，并创作了大量的手稿，构建了一个社会资本两部类再生产理论体系。但是马克思的社会资本再生产理论并不完美和完整，或可以说在马克思那里社会资本再生产理论并未完成。恩格斯克服了种种困难编辑出版了《资本论（第二卷）》，其中的第三篇并非是马克思的社会资本再生产理论的全部。这充分说明，社会资本再生产理论是一个开放的理论体系，不仅要继承，更需要创新发展。马克思在批判和借鉴魁奈、亚当·斯密等古典政治经济学家的再生产理论的基础上创立了社会资本再生产理论，我们应该沿着马克思的理论轨迹和批判精神继续探索与创新。

二、社会资本再生产理论的研究现状：基础理论创新不足

从《资本论（第二卷）》出版以来，国内外学术界对马克思的社会资本再生产理论进行了大量的解读、评述和研究，极大推动了这一理论的传播和发展。在国外，列宁、Γ. A. 费里德曼、保罗·斯威齐等马克思主义理论家提出了扩大再生产下生产资料生产优先增长的原理、建立了第一个经济增长模型和总体动态模型，为社会资本再生产理论的具体化作出了贡献；罗莎·卢森堡和杜岗－巴拉诺夫斯基、奥托·鲍威尔、尼古拉·布哈林等马克思主义理论家针对马克思的社会资本再生产理论展开的争论，“破”开了这一理论创新发展的新局面；苏联的官方和学术界对国民经济综合平衡等方面的研究和应用，开启了社会资本再生产理论的实践应用，这对理论的发展起到了积极的推动作用；琼·罗宾逊、E. 多马、约瑟夫·熊彼、萨缪尔森等部分非马克思主义经济学家对马克思的社会资本再生产理论给予了积极的正面评价；20 世纪 50 年代以来，国外对社会资本再生产的研究整体呈现“均衡化”和“增长论”的趋势。其中，M. C. 霍华德和 J. E. 金、哈里斯、罗斯多尔斯基、森岛通夫、梅赫纳德·德赛、置盐信雄等都曾尝试在社会资本再生产理论的基础上建立动态均衡化的分析模型；卡莱斯基、谢尔曼、莱伯曼、约翰·罗默、大西广等在社会资本再生产理论的基础上分别建立了不同的经济增长模型。“均衡化”和“增长论”是社会资本再生产理论的具体化和应用的发展方向，这两个方向虽然内生于社会资本再生产理论体系，但在缺乏基础理论拓展创新的条件下，社会资本再生产理论的“均衡化”和“增长论”使该理论不断被西方主流经济学理论“同化”，甚至丧失自身的学术话语体系。

在国内，由于特殊的政治经济发展历程，社会资本再生产理论的研究呈现鲜明的三个阶段。一是模仿性研究阶段（20 世纪 50 年代至 60 年代中期）。由于受苏联模式的影响，这一时期理论的探索比较“拘谨”，但也有实学、董辅礽等少数学者开始尝试社会资本再生产理论的具体化研究。二是探索性研究阶段（20 世纪 70 年代末至 90 年代初）。改革开放以后，随着解放思想热潮的兴起，这一时期国内学术界涌现了大量的研究成果，研究的内容几乎涵盖了社会资本再生产的所有方面。特别地，在服务部门（业）纳入社会资本再生产理论和缩减再生产等方面也出现了一些研究成果。三是衰落性研究阶段（20 世纪 90 年代中期以来）。随着西方主流经

济理论在国内学术界的传播与盛行，20 世纪 90 年代中期后，研究社会资本再生产理论的文献明显减少。同时，随着社会主义市场经济体制改革的深入推进，学术界对马克思社会资本再生产理论的研究重点发生了较大改变。在理论研究方面逐渐侧重于扩大再生产与经济增长理论，在应用研究方面则转向社会主义市场经济宏观调控管理、经济增长（发展）方式转变和产业结构调整等方面，且应用性研究远多于理论研究。整体来看，国内学术界在社会资本再生产理论的基础理论研究、具体化研究和应用性研究方面都有许多亮点，但是缺少系统化的基础理论创新研究。同时，国内在社会资本再生产研究领域“保守派”在减少，“革新派”在退化，甚至已出现“非马化”的趋势。

社会资本再生产理论的研究可分为基础性理论、理论的具体化和理论的应用三个层次，通过综述研究不难发现，国内外学术界在基础理论的创新方面严重不足，这导致理论在具体化和应用过程中被“西方经济学化”，马克思主义政治经济学话语体系也正在萎缩。一种经济学理论失去活力原因有很多，但主要的原因还是来自内部，缺乏自我批判的勇气和与时俱进的革新精神。因此，我们要直面马克思的社会资本再生产理论的“局限”，借鉴各类经济学理论的优秀成果兼容并蓄地探索创新。

三、商品概念的拓展：服务也是一种商品

商品是马克思研究经济问题的出发点，也是马克思主义政治经济学理论逻辑体系中最基本、最简单和最抽象的范畴。在马克思的经济学理论体系中，商品的概念是根据研究层次的推进在不断拓展的，这种概念的拓展既是马克思对经济学研究所使用的方法，也是马克思对经济学理论自身发展的探索和创新。相对于《资本论（第一卷）》开篇对商品的界定，马克思对商品的概念至少又进行了四次拓展，依次为劳动力商品、运输服务商品、服务商品、资本商品和土地商品等。

服务自古有之，服务商品也很早就已出现。从马克思主义政治经济学的概念范畴出发，服务是一种过程性劳动产品，服务商品是用来交换的服务，也是使用价值和价值的统一体。服务商品的使用价值并非是一种物化的形态，而是一种运动的过程，其特点是生产、交换与消费的同时性，不可存储性，数量和种类的扩张性，以及不一致性。服务商品的使用价值虽然是无形的，但是和物质商品的使用价值一样，服务商品的使用价值也是社会财富的

重要组成部分。生产服务商品的劳动也同样具有二重性，服务商品的价值是“对象化”（vergegenständlichten）在服务商品使用价值中的人类抽象劳动。服务商品的价值由两种含义的社会必要劳动时间共同决定，且服务商品的价值包括不变资本、可变资本和剩余价值三个部分（$c+v+m$）。服务商品不仅具有价值，和物质商品相同，在社会再生产过程中服务商品还要经历价值转移和价值补偿。总之，服务也是一种商品，它和物质商品一样都是社会总产品的组成部分。

四、生产劳动范围的拓展：服务劳动也是生产劳动

社会总产品的价值由三个部分构成，同时社会资本再生产体系中的劳动是生产劳动。传统的观点认为，生产劳动和非生产劳动的区别在于，生产劳动创造物质商品，而非生产劳动交换和消费物质商品。从重农学派的代表魁奈只把农业劳动界定为生产劳动，到亚当·斯密将工业领域的劳动也纳入生产劳动，再到马克思将生产劳动在物质生产领域中统一起来，政治经济学中生产劳动的范围不断被扩大。事实上，生产劳动与非生产劳动的区分应该立足于劳动的社会经济性质，而不是劳动的具体形式和自然属性。马克思将创造国民收入的生产劳动当作历史的范畴，资本主义生产的直接目的不是生产商品，而是剩余价值。从这个观点来看，只有创造剩余价值的劳动才是生产劳动。服务也是商品，服务商品的生产和流通也能给资本家带来剩余价值。因此，服务商品与生产劳动具有一致性，服务劳动就是生产劳动。总之，服务商品构成社会总产品，服务劳动是社会资本再生产体系中生产劳动的重要组成部分。

五、社会生产部类的拓展：从两部类到四部类

马克思将社会生产定位于物质生产领域，社会总产品分成物质生产资料和物质生活资料，进而社会生产划分为两个部类：第Ⅰ部类为生产物质生产资料的部类，第Ⅱ部类为生产物质生活资料的部类。

市场中的商品按照类型来自两个领域，即物质生产领域和非物质生产领域；按照用途最终有两个归宿，即用于生产性消费的生产资料和用于生活性消费的生活资料。因此，按照社会总产品的类型和用途（2×2），社会生产可分成四个部类：第Ⅰ部类为生产物质生产资料的部类，第Ⅱ部类为生产物

质生活资料的部类，第Ⅲ部类为生产生产性服务商品的部类，第Ⅳ部类为生产生活性服务商品的部类。从商品使用价值的角度来看，任何一种商品总可以按照其在生产和再生产过程中所发挥的使用价值，将其划分到四个部类的某一类中。因此，四个部类的总产品构成了社会总产品的一个实际的划分。从商品价值的角度来看，四个部类的社会总产品的价值均可分为不变资本（c）、可变资本（v）、剩余价值（m）三个部分。

六、两部类简单再生产模型的拓展：四部类简单再生产模型

在商品概念和生产劳动范围以及社会生产部类划分拓展的基础上，按照由简单到复杂的研究方法，首先构建了四部类简单再生产模型。规模不变的简单再生产既是一个理论抽象，也是社会资本再生产的一个现实因素。在给出四部类简单再生产 12 条理论假设的基础上，对四部类简单再生产进行界定，列出四部类再生产的图式，并分析了 10 条部类内部及部类之间的商品流通和交换途径。四部类简单再生产的平衡条件可分为四个层次：一是社会总供求的平衡，又称为第一必要条件；二是物质商品和服务商品供求平衡，又称为第二必要条件；三是生产资料和生活资料供求平衡，又称为第三必要条件，该条件是著名的社会资本两部类简单再生产平衡式“Ⅰ$(v+m)=$ Ⅱc”的拓展；四是四部类间的供求平衡，又称为第四必要条件：

$$\begin{cases} c_{12}=c_{31} \\ v_{11}+m_{11}=c_{21} \\ v_{12}+m_{12}=c_{41} \\ c_{22}=v_{31}+m_{31} \\ v_{22}+m_{22}=v_{41}+m_{41} \\ v_{32}+m_{32}=c_{42} \end{cases}$$

社会资本四部类简单再生产平衡的四个必要条件，层层递进分解，它们共同构成了社会资本简单再生产的平衡条件。

社会资本简单再生产其实并不“简单”，本书从三个方面进行了简单再生产模型的具体化尝试。一是将生活资料分成生活必需品和奢侈品，进而建立了部类细分的四部类简单再生产模型。部类细分并没有改变四部类简单再生产模型的整体结构，仅仅是细化了再生产实现平衡的必要条件。二是将公共群体纳入社会资本简单再生产分析体系，建立包括公共群体的

四部类简单再生产模型。公共群体的纳入对四部类简单再生产模型内部没有任何影响，仅仅是拓展了模型的外部范围。三是将对外贸易纳入社会资本简单再生产分析体系，建立开放经济中的四部类简单再生产模型。对外贸易的纳入对四部类简单再生产模型产生了影响，既扩大了外部的范围又改变了内部的结构。

货币资本是社会资本再生产的第一推动力和持续推动力，货币作为社会总产品价值补偿和使用价值补偿的中介，在再生产过程中表现为货币回流规律。固定资本和流动资本的价值周转方式不同，在社会资本再生产过程中的价值补偿和使用价值补偿也就自然不同。在货币回流规律的条件下，四个部类中固定资本补偿的必要条件为$\Sigma c'_{ij} = c''_{ij}$。即本部类中用于固定资本使用价值补偿的货币总额（前期所沉淀的货币），等于本部类为实现固定资本折旧进行货币沉淀而待出售的商品价值量。

七、两部类扩大再生产模型的拓展：四部类扩大再生产模型

在四部类简单再生产模型的基础上，构建了四部类扩大再生产模型。从整个经济体来看，扩大再生产必须打破简单再生产的“闭环”，将部分剩余价值转化为追加的生产资本。因此，扩大再生产的前提条件为总供给大于总需求，两者的差额为代表剩余价值的部分商品被用作积累；从物质商品和服务商品的层面来看，物质生产领域和服务生产领域供给大于需求；从生产资料和生活资料层面来看，生产资料和生活资料供给大于需求，即：

$$\begin{cases}(v_1 + m_1) + (v_3 + m_3) > c_2 + c_4 \\ (c_2 + \beta_2 m_2) + (c_4 + \beta_4 m_4) > (v_1 + \alpha_1 m_1) + (v_3 + \alpha_3 m_3)\end{cases}$$

此式为著名的社会资本两部类扩大再生产前提条件“Ⅰ$(v+m) >$ Ⅱc”和第二前提条件“Ⅱ$\left(c + m - \frac{m}{x}\right) >$ Ⅰ$\left(v + \frac{m}{x}\right)$”的拓展；对于四个部类来说，每个部类的总产品在补偿完四个部类后，还有剩余为四部类扩大再生产提供追加的生产资料或生活资料。社会资本扩大再生产的实现条件是在一个更大的生产规模上重新实现供求平衡，也可以分为四个层次：第一必要条件是社会总供求平衡；第二必要条件是物质生产领域和服务生产领域供求平衡；第三必要条件是生产资料和生活资料供求平衡，即：

$$(v_1 + \alpha_1 m_1 + v_3 + \alpha_3 m_3) + (dv_1 + dv_3) = (c_2 + c_4) + (dc_2 + dc_4)$$

此式为著名的社会资本扩大再生产实现条件“$\mathrm{I}\left(v+\Delta v+\frac{m}{x}\right)=\mathrm{II}(c+\Delta c)$”的拓展；第四必要条件是四个部类的供求平衡，即：

$$\begin{cases} c_{12}+dc_{12}=c_{31}+dc_{31} \\ (v_{11}+\alpha_{11}m_{11})+dv_{11}=c_{21}+dc_{21} \\ (v_{12}+\alpha_{12}m_{12})+dv_{12}=c_{41}+dc_{41} \\ c_{22}+dc_{22}=(v_{31}+\alpha_{31}m_{31})+dv_{31} \\ (v_{22}+\alpha_{22}m_{22})+dv_{22}=(v_{41}+\alpha_{41}m_{41})+dv_{41} \\ (v_{32}+\alpha_{32}m_{32})+dv_{32}=c_{42}+dc_{42} \end{cases}$$

层次和角度不同的四个扩大再生产必要条件相互补充和支撑，共同构成了四部类扩大再生产的实现条件。在对四部类扩大再生产的前提条件和实现条件分析的基础上，通过数例验证了四部类扩大再生产模型，并分析了外延式和内涵式两种类型的扩大再生产的新特点。

八、社会资本再生产基本类型拓展：四部类缩减再生产模型

在四部类简单再生产模型和扩大再生产模型的基础上，进一步构建了四部类缩减再生产模型。缩减再生产是社会生产的一种现实的因素，与简单再生产和扩大再生产共同构成社会资本再生产的三种基本类型。与扩大再生产将剩余价值的一部分转化为生产资本相反，缩减再生产是将生产资本的一部分缩减，负积累至剩余价值部分，同时缩减再生产可分为“外敛”式和“内滞”式两种类型。因此，缩减再生产是扩大再生产的逆过程，即负向的扩大再生产。从整个经济体来看，缩减再生产也必须打破简单再生产的“闭环”，将生产资本的规模缩减。缩减再生产的前提条件为总供给小于总需求，“供小于求”是供给的结构性“过剩”，四个部类的无效供给产能的存在是供给矛盾的关键，这为缩减再生产提供了可能。与扩大再生产类似，缩减再生产的实现条件是在一个缩小的生产规模上重新实现供求平衡，也分为四个层次：第一必要条件是宏观的社会总供求平衡；第二必要条件是物质生产领域和服务生产领域供求平衡；第三必要条件是生产资料和生活资料供求平衡；第四必要条件是四个部类的供求平衡，即：

$$
\begin{cases}
c_{12} - dc_{12} = c_{31} - dc_{31} \\
(v_{11} + m_{11} + dm_{11}) - dv_{11} = c_{21} - dc_{21} \\
(v_{12} + m_{12} + dm_{12}) - dv_{12} = c_{41} - dc_{41} \\
c_{22} - dc_{22} = (v_{31} + m_{31} + dm_{31}) - dv_{31} \\
(v_{22} + m_{22} + dm_{22}) - dv_{22} = (v_{41} + m_{41} + dm_{41}) - dv_{41} \\
(v_{32} + m_{32} + dm_{32}) - dv_{32} = c_{42} - dc_{42}
\end{cases}
$$

层次和角度不同的四个缩减再生产必要条件相互补充和支撑，共同构成了四部类缩减再生产的实现条件。同样，在对四部类缩减再生产的前提条件和实现条件分析的基础上，通过数例验证了四部类缩减再生产模型。

社会资本再生产的核心问题是社会总产品的实现问题，其中不论是马克思的两部类再生产模型，还是本书构建的四部类再生产模型，三种类型的社会总产品生产、流通和交换实现平衡均可归纳为一个结论。本书称之为社会资本再生产平衡基本定理：若社会资本再生产实现平衡，则社会总产品规模矩阵必为对称矩阵，即 $R_t = R_t^T$。

社会资本再生产是生产力发展和生产关系演变的统一过程，其既是资本的再生产也是矛盾的再生产。社会资本再生产的矛盾必然包括两个方面：一方面是社会资本再生产本身的矛盾，其中主要是社会总产品的生产与实现、数量与结构的矛盾；另一方面是社会资本再生产所决定的资本关系的矛盾，其中主要是劳资之间的矛盾。从社会资本四部类再生产模型来看，社会资本再生产的矛盾具有普遍性、对抗性、动态性和韧性四种主要特性。同时，在科技加速进步和社会分工不断深化的背景下，社会总产品的生产和实现问题的矛盾将会更加突出，金融和信用将会加深社会资本再生产自身的矛盾，同时政府对社会资本再生产所派生的资本关系的调节作用将继续增大。

九、社会资本四部类再生产理论的应用：现实意义

从理论的现实意义来看，马克思社会资本再生产理论是为批判资本主义生产方式服务的，资产阶级和工人阶级相对贫困必然造成对生活资料的有效需求不足，这种矛盾的积累会导致两大部类的失衡，进而爆发大规模的缩减再生产（经济危机）。本书对社会资本四部类再生产理论应用的探索不仅是批判资本主义经济制度，还包括对中国特色社会主义经济制度的建设性分析。

当今，资本主义经济呈现出新的特征。从发展模式看，发达资本主义国家由传统的高能耗、高污染经济发展模式，转向注重可持续发展，并加快对发展中国家进行产业转移。资本主义传统的“物本”经济不可持续，提升服务商品所占比重是“资本逻辑”推动下的必由之路。进入21世纪以来发达资本主义国家经济结构服务化倾斜显著，特别是第Ⅲ部类迅速增长。第Ⅲ部类和第Ⅳ部类比重的提升，吸纳了从第Ⅰ部类和第Ⅱ部类因劳动生产率提高淘汰出来的劳动力，从而减轻了失业人口和产业后备军给社会带来的巨大压力。资本主义国家对社会资本再生产过程和市场经济运行的参与和调节，在一定程度上缓解了资本主义经济危机。但是资本主义基本经济制度并没有发生根本的改变，其核心目标仍是为追求利润最大化的资本创造必要的制度体系。资本主义信用和金融体系的发展在一定程度上克服了社会资本再生产中的某些矛盾，促进了资本主义经济发展，但也为其带来了更大的风险和危机。20世纪90年代以来，资本主义经济危机呈现出某些新的特点，其中金融危机已成为经济危机的主要形式。当前，资本主义国家特别是发达国家为了摆脱金融危机、经济低迷、社会危机的困境，都在不断努力、自我调整，在宏观经济政策、所有制结构、收入分配、国际政策等方面作出主动变革。但是资本主义自我调整难以改变经济发展总体向下的趋势，难以改变经济社会不稳定的趋势，也难以改变走向灭亡的历史趋势。

新中国成立特别是改革开放以来，党领导人民在独立自主地探索社会主义经济发展的过程中，逐渐形成一条中国特色社会主义经济发展道路，从社会资本四部类再生产理论来看，包括中国特色农业现代化、新型工业化、服务业现代化。数量和结构是社会资本再生产理论的两个基本范畴，供给侧结构性改革的核心是结构性缩减再生产，目标是整体性扩大再生产，主线是处理好政府和市场的关系。推进供给侧结构性改革重点要有序推进产能过剩行业缩减再生产，通过创新发展推动内涵式扩大再生产，同时还要充分发挥社会主义基本经济制度的优势。国内大循环就是以国内市场为主体实现社会资本持续扩大再生产的过程，这必然要求我国要重视发展第Ⅲ部类，以替代对国际市场的依赖。国内国际双循环相互促进，即国内大循环中社会总产品的价值量单调递增，同时进口和出口商品的价值总额也是单调递增。构建新发展格局要坚持扩大内需，健全现代流通体系，推进供给侧结构性改革，缩小收入差距，推进区域协调发展和城乡融合发展。

第二节　社会资本再生产理论研究展望

作为马克思主义政治经济学宏观层面理论的社会资本再生产理论是一个内容丰富的理论体系，理论的创新永无止境，本书的拓展研究仅仅是在基础理论部分初步构建了一个新的框架，未来需要继续创新和拓展的内容还很多。

一、基础理论的研究展望

本书的创新研究聚焦于社会资本再生产的基础理论部分，即构建了社会资本四部类再生产模型，但仍有许多基础理论问题需要进一步拓展研究。这里认为至少包括四个方面：一是社会资本再生产三种基本类型的相互转化的问题。任何经济的发展都是连续不断的，同样社会资本再生产也是一个连续的过程。每一种类型再生产的发生都有相应的前提条件，若从一种类型的再生产转化到另一种类型的再生产，则前一种类型的再生产过程中要孕育着下一种类型的再生产的前提条件。目前三种类型的再生产理论处于相对独立存在状态，在一种连续不断的再生产过程中简单再生产、扩大再生产和缩减再生产三者之间的转化问题需要在理论上进行进一步的论述。二是连续状态下的四部类再生产模型。本书第二章的研究表明，马克思在《资本论》第二册第Ⅰ稿中已经简要论述了再生产的平行性和相继性，表明了再生产过程的连续性。前文的论述已经指出，再生产具有“连散”二重性，我们将连续的生产和再生产过程离散化，将其看成是一个周期过程，这使社会资本再生产的实现条件简化为一个等式。在一个生产周期内，无论哪一种类型的再生产只有一个点能实现“平衡”，社会资本再生产是“针尖”上的平衡。绝大多数学者都认为，马克思的社会资本再生产理论正是用来证明比例失调的常态性，进而得出资本主义生产方式的历史局限性，其结局是必然走向灭亡。这种观点看似迎合了马克思在《资本论（第一卷）》中最终的结论，但通过理论分析是站不住脚的，并且与现实资本主义经济发展现实也相差甚远。前文的分析已经指出，社会资本再生产过程中数量和结构的矛盾是普遍的，在连续的再生产过程中这种矛盾的形式会发生变化，且与离散的周期过程有着很大的差别。因此，如何建立一个连续的社会资本四部类再生产模型是需要继续研究的理论难题。三是社会资本再生产理论与经济危机理论的关系问题。本书的论述表明，经济危机可以看成是缩减再生产的一种特殊的形式。如何用社会资本四部类再生产理论来分析经济危机，以及经济危机理论是否是社会资本再生产理论的一部分需要继续系统地研究。四是资本主义市场经济的社会资本再生产理论与社会主义市场经济的社会资本再生产理论的关系问题。资本主义市场经济是建立在资本主义私有制基础上的市场经济体制，社会主义市场经济是公有制为主体的市场经济体制，两者既有联系又有区别。本书的研究并没有刻意地区分两种市场经济，而是从一般的市场经济体制出发构建了四部类再生产理论。从一般到特殊，两种类型的市场经济的社会资本再生产理论需要进一步研究。

二、理论具体化研究展望

社会资本四部类再生产理论是在严格的理论分析假设的基础上建立起来的，理论分析假设的目的是简化问题的分析，但同时也将许多重要的因素或信息舍象，使得理论模型与经济现实具有一定的差距。社会资本再生产理论的具体化就是不断推动该理论接近经济发展现实的过程，主要可以通过将四部类再生产模型中暂时舍象掉的因素纳入，或者将抽象的四部类再生产模型转化为更具体的增长等理论的方式。本书认为至少可以在以下十个方面对四部类再生产模型进行具体化：一是将公共群体纳入四部类扩大再生产和缩减再生产模型。本书第五章已尝试将公共群体纳入四部类简单再生产模型，公共群体通过税收的形式分割资产阶级的剩余价值，并为经济社会发展提供公共产品。这里认为政府在社会资本再生产中的作用需要系统研究，政府可以通过生产公共产品或直接行政干预的形式来影响社会再生产。例如，政府通过制定一定的分配机制来调节收入分配，进而会影响（负）积累率，其中的传导作用需要进一步研究。二是开放经济中的四部类扩大再生产和缩减再生产模型。对外贸易对于社会生产十分重要，一个经济体的出口商品在国际市场实现价值补偿，并通过进口商品实现再生产的部分使用价值补偿。本书第四章已尝试建立了开放经济中的四部类简单再生产模型，将对外贸易纳入四部类扩大再生产和缩减再生产模型需要继续研究。三是劳动生产率、资本有机构成（ρ_i）、不变资本有机构成（σ_i）、工人和资本家的消费结构（γ_{i1}，γ_{i2}）、剩余价值率（m_i'）、积累率（β_i）或负积累率（η_i）等量的变化对四部类扩大再生产和缩减再生产的影响问题。例如，在资本有机构成逐渐提高的前提下，是否有生产资料（物质生产资料和生产性服务）优先增长的规律。值得注意的是，这个部分的研究并不仅仅是一个数学问题，需要结合具体的经济发展趋势进行综合分析研究。四是如何在四部类再生产模型中体现工人阶级的储蓄和投资问题。现实中工人阶级都有储蓄，特别是中产阶级或中等收入阶级，他们的劳动收入一部分会用作投资，且拥有一定比例的非劳动性收入，这些因素如何在四部类再生产模型中得以体现，需要继续深入研究。五是跨部类投资问题。资本家的投资是一种逐利行为，哪个领域有利可图他就会将资本投入那个领域，因此跨部类投资的情况下，如何修正四部类再生产模型也需要继续研究。六是考虑劳动力和人力资源的供给问题。在劳动力供给并不充足，或者考虑人力资源状况的条件下，四部类再生产模型的变化需要进一步研究。七是考虑固定资本补偿（固定资本折旧率 $\delta_i < 100\%$）的四部类扩大再生产和缩减再生产问题。本书第五章结合货币回流规律论述了四部类简单再生产过程中的固定资本补偿问题，四部类扩大再生产和缩减再生产与之并不完全相同，这需要进行系统研究。八是考虑金融和信用对社会资本再生产的影响。金融和信用对社会总产品的实现、固定资本的补偿、扩大再生产等都有积极的推动作用，同时也有引发结构失衡的风险，这需要结合四部类扩大再生产和缩减再生产模型进行系统分析。九是社会资本扩大再生产与经济增长理论的关系。虽然国内外学术界已在两部类扩大再生产理论的基础上建立了各种类型的经济增长模型，但是用四部类扩大再生产模型建立马克思主义政治经济学的经济增长模型问题需要重新研究。十是四部类再生产模型与调整经济结构的关系。经济结构的演进必然伴随着四部类以及细分部类的相对扩大或缩减再生产过程，其中的变化和调整关系需要系统研究。以上十个方面的具体化研究也可以多个一起综合处理，但是考虑的因素越多构建的模型就会越复杂，因此这种综合的分析并非可以随意进行，很多时候都需要在问题简化与贴近现实中间进行权衡。

三、理论应用性研究展望

前文已经指出，社会资本四部类再生产模型是基于市场经济现实的一种抽象的理论，这种抽象本身具有一定的局限性，与现实的经济发展有一定的差异。一般地，从抽象的模型本身直接推断现实问题的较少，而多数是从模型具体化的基础上进行应用性研究。这里认为至少可以从以下四个方面对四部类再生产理论进行应用研究：一是国民经济平衡发展问题。虽然苏联以及其他社会主义国家曾经使用的国民经济平衡发展表已经退出了历史舞台，并不代表国民经济平衡发展不重要，相反在市场经济体制中国民经济平衡发展十分重要，它代表宏观经济运行稳定，是一个国家经济健康发展的必要条件。国民经济平衡发展问题所涉及的面非常广泛，可以细分出很多问题，前文所列举的具体化研究几乎都与之相关。因此，构建中国特色社会主义政治经济学要对国民经济平衡发展问题进行系统研究。二是转变经济发展方式问题。转变经济发展方式本质上是四个部类局部的缩减再生产和扩大再生产问题，如何通过四部类再生产理论指导经济发展方式的转变需要系统研究。三是供给侧结构性改革问题。供给结构实质上就是生产和再生产结构，如何通过主动地缩减再生产和扩大再生产，提高供给质量和效益需要系统研究。四是产业结构的演进问题。影响产业结构演进的因素很多，主要有需求结构的升级、资本积累的速度、技术进步和扩散、社会分工的深度和广度以及产业政策导向等，这些基本都可以纳入社会资本四部类再生产模型进行分析。因此，从四部类再生产模型出发对产业结构的演进问题的分析也需要进行系统研究。值得注意的是，社会资本四部类再生产理论并非是个万能的理论，它仅仅适用于宏观层面的部分经济问题，滥用这一理论进行应用性分析，“会给这一理论过多荣誉，同时也会给它过多的侮辱”①。

四、研究应遵循的原则

社会资本再生产理论的创新研究必须保持马克思主义政治经济学研究方法、理论特色和话语体系，同时借鉴其他经济学理论的优秀成果，立足于经济发展现实，与时俱进地推动四部类再生产理论的创新发展。一是坚持马克思主义政治经济学的研究方法。与其他经济学理论相比，马克思主义政治经济学更加注重经济发展本质的分析，提倡经济现象与规律相统一；更加注重生产关系变化规律的分析，提倡生产力与生产关系相统一；更加注重经济问题的整体性分析，提倡微观分析和宏观分析相统一。在哲学层面，坚持辩证

① 1877 年 11 月，马克思在《给〈祖国纪事〉编辑部的信》中，针对俄国民粹派思想家尼·康·米海洛夫斯基对《资本论》的曲解，特别是他把西欧社会发展道路的理论套用于东方社会的做法，马克思指出“他这样做，会给我过多的荣誉，同时也会给我过多的侮辱”（资料来源：马克思恩格斯全集（中文第 2 版）第 25 卷［M］. 北京：人民出版社，2001：145.）。这里模仿了马克思的这一句话。

唯物主义和历史唯物主义的方法论原则；在思维层面，在方法论的指导下科学运用“抽象力”，依据研究的目标，舍象次要因素，抽象出隐藏在经济原型（现象）内部的结构；在具体层面，将抽象的经济模型按照由简单到复杂的次序用适当的方法和语言（符号）加以表示。其中不论是数学建模的定量分析法还是自然语言叙述的定性分析方法都是为具体化经济模型服务的。二是保持马克思主义政治经学的理论特色。马克思主义政治经济学注重矛盾分析，具有鲜明的阶级性。劳动价值论和剩余价值论是社会资本再生产理论的理论根基，在理论创新的过程中必须一以贯之地保持。三是坚守马克思主义政治经济学的话语体系。一种独立的经济学理论至少要拥有自己的概念体系、范畴体系、逻辑体系、研究范式、基本观点和阶级立场等，这些要素的融合就是该经济学理论的话语体系。任何一种经济学理论、任何一个经济学学派都有自己独特的话语体系，马克思主义政治经济学从诞生的那一天起就有着从未间断且不断发展的话语体系。在西方主流经济学理论不断扩散、大行其道的今天，马克思主义政治经济学的话语体系在国际上已经被边缘化，在国内也正在萎缩。因此，在社会资本再生产理论创新研究过程中坚持马克思主义政治经济学的话语体系，显得尤为重要又十分困难。

斯大林在《苏联社会主义经济问题》中曾指出，“马克思所发现的再生产原理，不仅反映了资本主义生产发展过程的特点，而且也反映了一切社会生产发展过程的共同规律”①。事实上，社会资本四部类再生产理论虽然源于资本主义市场经济的运行发展，但同样也适用于社会主义市场经济。在未来，四部类再生产理论的接力创新研究，也将为构建中国特色社会主义政治经济学奠定必要的理论基础。

① ［苏］斯大林．苏联社会主义经济问题［M］．北京：人民出版社，1956：72－73.

参考文献

[1] 安帅领，于金富．论马克思“社会总资本再生产理论”的拓展与深化［J］．海派经济学，2016（2）：31－41．

[2] 昂德·霍夫曼．从历史的观点看罗莎·卢森堡的《资本积累论》［A］//何萍．罗莎·卢森堡思想及其当代意义［M］．北京：人民出版社，2013：187－194．

[3] ［波］奥斯卡·兰格著，袁振岳、林克明译．经济计量学导论［M］．北京：中国社会科学出版社，1980：3－5．

[4] 白暴力．马克思生产劳动范畴的两重性及其统一——兼论社会主义生产劳动［J］．当代经济研究，2001（5）：5－11．

[5] 白暴力．政治经济学若干重大争论问题研究［M］．西安：西北大学出版社出版，2000：167－190．

[6] 白明虎，郭希哲，千庆弼．马克思的再生产理论和社会主义经济的几个问题［M］．呼和浩特：内蒙古人民出版社，1981：92－156．

[7] 保尔·泽瑞姆卡．晚年马克思与卢森堡：政治经济学的新发展［A］//何萍．罗莎·卢森堡思想及其当代意义［M］．北京：人民出版社，2013：62－85．

[8] ［美］保罗·萨缪尔森．理解马克思的剥削概念：马克思的价值与竞争价格所谓转化问题的概述［A］//现代国外经济学论文选（第三辑）［M］．北京：商务印书馆，1982：120．

[9] ［美］保罗·斯威齐著，陈观烈，秦亚男译．资本主义发展论［M］．北京：商务印书馆，2016：107－111，145，237－240，442－452．

[10] ［苏］鲍尔迪列夫著，陈征译．1863－1867年马克思对《资本论》的创作［A］//陈征，严正．《资本论》创作史研究［M］．福州：福建人民出版社，1983：160－178．

[11] ［苏］鲍亚尔斯基主编，陈祖明，邱菀华译．经济分析的数学方法［M］．北京：科学出版社，1988：14－81．

[12] ［英］彼罗·斯拉法主编．李嘉图著作和通信选集（第3卷）

[M]. 北京：商务印书馆，1979：22-23.

[13] [苏] 布哈林著. 过度时期经济学 [M]. 上海：东方出版社，1988：30，36.

[14] [俄] 布哈林著，紫金如等译. 帝国主义与资本积累 [A]//帝国主义与资本积累 [M]. 哈尔滨：黑龙江人民出版社，1982：177-180，210，218，255-257，265.

[15] 曹曼丽. 哈罗德——多马的经济增长模型与马克思关于扩大再生产实现条件的比较 [J]. 财经研究，1984 (6)：50-55.

[16] 陈长. 环境视角下的马克思再生产模型构建 [J]. 海派经济学，2010 (4)：144-155.

[17] 陈长. "三农" 问题——马克思再生产理论的阐释 [J]. 上海经济研究，2009 (11)：64-70.

[18] 陈长. 引入环境的马克思经济增长理论研究 [J]. 经济问题探索，2010 (10)：1-7.

[19] 陈长. 引入环境的马克思再生产理论拓展 [J]. 江苏社会科学，2011 (3)：97-100.

[20] 陈英，景维民. 卡莱茨基经济学 [M]. 太原：山西经济出版社，1999：105-157.

[21] 陈乃圣. 论 Ⅰ$(v+m)$ 与 Ⅱac、Ⅱbc 的交换问题 [J]. 文史哲，1983 (5)：96-101.

[22] 陈少克. 发展型税制结构：一个马克思经济学的理论阐释 [J]. 海派经济学，2015 (2)：55-68.

[23] 陈云文选（第3卷）[M]. 北京：人民出版社，1995：56，253，267-268，309，351.

[24] 陈振羽. 劳务再生产问题不能纳入马克思的社会再生产理论 [J]. 理论学习月刊，1989 (5)：35-40.

[25] 陈征. 论现代服务劳动 [J]. 当代经济研究，2003 (10)：3-8.

[26] 陈征. 马克思的再生产理论和我国社会主义建设的实践 [J]. 福建论坛，1981 (2)：19-23.

[27] 陈征，严正，林述舜. 评价国外部分学者对《资本论》的研究 [M]. 福州：福建人民出版社，1986：290-302.

[28] 陈征，严正.《资本论》创作史研究——《资本论》教学研究参考资料1 [M]. 福州：福建人民出版社，1983：94-106，124-159，191-206.

[29] 程恩富，侯为民．经济增长论：图式、模型与周期［A］//程恩富．马克思主义政治经济学基础理论研究［M］．北京：北京师范大学出版社，2017：203－222.

[30] 程恩富．马克思主义经济思想史（日本卷）［M］．上海：东方出版中心，2006：1－274.

[31] 崔东顺．马克思再生产理论对宏观经济总量平衡的启示［J］．税务与经济，2015（5）：64－69.

[32] 崔晓露．两部门扩大再生产模型探讨——基于马克思社会再生产理论［J］．经济问题，2013（5）：10－14.

[33]［日］大村泉等，盛福刚译，韩立新校．新 MEGA 第Ⅱ部门第 12 卷"恩格斯编辑用稿"的编辑和研究［J］．政治经济学评论，2013（2）：104－126.

[34]［日］大村泉著，陈浩，解泽春译．新 MEGA 第Ⅱ部门第 13 卷《资本论》第 2 卷的编辑和研究［J］．政治经济学评论，2013（2）：127－140.

[35]［日］大村泉著，田庆立，张利军译．《资本论（第二卷）》历史考证版的意义——恩格斯的编辑稿与 $MEGA^2$ 第二部分第 12、13 卷［J］．国外理论动态，2010（5）：6－10.

[36]［日］大谷祯之介著，陈浩译．从新 MEGA 第Ⅱ部门第 11 卷来看马克思对再生产理论的推进——以《资本论》第二部的艰辛创作历程为视角［J］．政治经济学评论，2013（2）：141－150.

[37]［美］大卫·哈维著，谢富胜、李连波等校译．跟大卫·哈维读《资本论》［M］．上海：上海译文出版社，2016：334－335，384－385.

[38] 戴园晨．试论消费资料保证规律［J］．经济研究，1980（8）：29－35.

[39] 戴云蒸．学习马克思的再生产理论 搞好国民经济的调整工作［J］．经济问题，1982（3）：14－17.

[40] 邓小平文选（第二卷）［M］．北京：人民出版社，1993：274.

[41] 丁瑶希．社会再生产理论、结构调整及我国当前货币政策取向［J］．金融与经济，2014（10）：9－12.

[42] 董辅礽．产品的分配和使用与两大部类比例的关系——马克思再生产公式具体化问题的探索之三［J］．经济研究，1964（8）：52－64.

[43] 董辅礽．从社会产品生产和使用统一的角度探索马克思再生产公

式具体化问题［J］. 经济研究，1963（3）：39－51.

［44］董辅礽. 关于不同扩大再生产途径下的社会主义再生产比例关系问题——马克思再生产公式具体化问题的再探索［J］. 经济研究，1963（11）：37－50.

［45］董辅礽. 社会主义再生产和国民收入问题［M］. 北京：生活·读书·新知三联书店，1980：1－56.

［46］董继斌. 再生产论［M］. 太原：山西人民出版社，1989：1－91.

［47］杜昌祚. 社会总产值增长速度计量模型与两大部类联系平衡分析［J］. 数量经济技术经济研究，1985（7）：49－58.

［48］［俄］杜岗－巴拉诺夫斯基著，张凡译. 周期性工业危机［M］. 北京：商务印书馆，1982：218－225.

［49］［俄］杜岗－巴拉诺夫斯基著，张凡译. 周期性工业危机［M］. 北京：商务印书馆，1982：28，211－235.

［50］杜一，李周. 生产资料生产优先增长论质疑［J］. 经济问题探索，1983（8）：22－29.

［51］渡边雅男著，高晨曦译校. 国民收入论与生产劳动：服务商品的价值虚构［J］. 当代经济研究，2017（9）：5－12.

［52］段平方. 马克思的宏观经济均衡思想与中国经济均衡发展［J］. 江汉论坛，2009（3）：5－11.

［53］［美］E. 多马著，郭家麟译. 经济增长理论［M］. 北京：商务印书馆，1983（20），230－232.

［54］［比］厄尔奈斯特·曼德尔著，马清文译. 晚期资本主义［M］. 哈尔滨：黑龙江人民出版社，1983：26，320－354.

［55］方民生. 论劳务在社会再生产过程中的作用［J］. 经济研究，1982（5）：36－42.

［56］方兴起. 马克思经济理论与市场经济运行机制［J］. 马克思主义与现实，1996（4）：1－9.

［57］方兴起. 社会主义市场经济［M］. 北京：中国经济出版社，1993：17－25.

［58］方兴起. 市场经济：新视角下的重新认识——一种马克思主义经济学的解析［J］. 马克思主义研究，2008（5）：47－55.

［59］冯金华. 两大部类的积累和增长：政府调控与市场机制——基于马克思扩大再生产公式的讨论［J］. 学术研究，2017（6）：68－77.

[60] 冯金华．马克思的再生产理论和经济增长的性质 [J]．上海行政学院学报，2011 (4)：4－11.

[61] [德] 罗夫尔·黑克尔著 (讲稿)，沈红文译．恩格斯编辑《资本论》第二卷、第三卷的情况 [J]．国外理论动态，2011 (11)：1－4，54.

[62] 盖凯程，冉梨.《资本论》视域下的供给侧结构性改革——基于马克思社会总资本再生产理论 [J]．财经科学，2019 (8)：42－54.

[63] 高荣贵．论马克思再生产理论的来源 [A]//许涤新．资本论研究 [M]．北京：中国社会科学出版社，1983：185－207.

[64] [俄] 格奥尔基·巴加图里亚著 (讲稿)，徐洋摘译．恩格斯对马克思学说的贡献 [J]．国外理论动态，2005 (11)：15－20.

[65] [罗] 格·普·阿波斯托尔主编，陆象淦，刘开铭译．当代资本主义 [M]．北京：生活·读书·新知三联书店，1979：168－172.

[66] 龚勤林，张衔．马克思社会资本再生产理论的产业链解读 [J]．社会科学战线，2015 (11)：55－62.

[67] 顾宝孚．第Ⅲ部类与社会再生产 [J]．学术月刊，1991 (11)：21－26.

[68] 顾宝孚．服务部门的独立化以及对再生产实现条件的修正 [J]．经济科学，1980 (3)：18－23.

[69] 顾海良．百年论争——20世纪西方学者马克思经济学研究述要 (中册) [M]．北京：经济科学出版社，2015：X，912－922，934.

[70] 顾海良．马克思经济思想的“历史路标”——读马克思《1861－1863年经济学手稿》[J]．中国高校社会科学，2013 (5)：9－24.

[71] 顾海良．我们今天为什么要纪念罗莎·卢森堡 [A]//何萍．罗莎·卢森堡思想及其当代意义 [M]．北京：人民出版社，2013：12－23.

[72] 顾海良，张雷声.20世纪国外马克思主义经济思想史 [M]．北京：经济科学出版社，2006：47－53.

[73] 关梦觉．关于社会主义扩大再生产的几个问题 [M]．长春：吉林人民出版社，1980：37－104.

[74] 关梦觉．马克思列宁主义关于再生产的一些基本原理与我国社会主义建设中的若干问题 [J]．吉林大学社会科学学报，1962 (1)：1－17.

[75] 郭继严.《政治经济学批判 (1861—1863年手稿)》在《资本论》创作史上的历史地位 [J]．马克思主义研究，1985 (1)：194－217.

[76] 郭俊华．马克思经济学与西方经济学经济增长理论比较研究 [J]．

经济纵横，2010（11）：18－23.

［77］郭子诚．马克思的再生产理论在国民经济综合平衡中的运用［J］．计划经济研究，1982（18）：25－37.

［78］GB/T 4754－2011．国民经济行业分类［S］．北京：中华人民共和国国家质量监督检验检疫总局和中国国家标准化管理委员会，2017.

［79］《国外经济文献摘要》选编 1982［M］．济南：山东人民出版社，1984：48－50，54－56.

［80］国务院．中国制造 2025［EB/OL］．中国中央政府门户网——国务院文件，2015－05－08.

［81］［美］哈里·布雷弗曼著，方生等译．劳动与垄断资本［M］．北京：商务印书馆，1978：367.

［82］郝仁平．正确认识马克思再生产理论的两个基本前提——兼评“三次产业”分类法［J］．西北大学学报（哲学社会科学版），1986（2）：71－78.

［83］郝寿义．西方经济学者对马克思的社会资本再生产理论的研究［A］//胡代光．评当代西方学者对马克思《资本论》的研究［M］．北京：中国经济出版社，1990：253－255.

［84］何干强．货币流回规律和社会再生产的实现——马克思社会总资本的再生产和流通理论再研究［J］．中国社会科学，2017（11）：27－52.

［85］何干强．唯物史观的经济分析范式及其应用［M］．北京：中国经济出版社，2008：422.

［86］何干强．也谈第Ⅰ部类与第Ⅱ部类两分部类的交换图式［J］．南京师院学报，1982（4）：40－42.

［87］何干强．《资本论》的基本思想与理论逻辑［M］．北京：中国经济出版社，2001：206－235.

［88］何立胜，管仁勤．缩小再生产研究［J］．学术论坛，1992（6）：104－107.

［89］何练，麻彦春．论社会再生产和利润率平均化的理论衔接［J］．当代经济研究，2014（12）：12－20.

［90］何炼成．论生产劳动与非生产劳动［A］//许涤新．资本论研究［M］．北京：中国社会科学出版社，1983：291－316.

［91］何炼成．三论社会主义制度下的生产劳动与非生产劳动［J］．学术研究，1981（2）：20－24.

[92] 何炼成. 生产劳动理论与实践 [M]. 长沙: 湖南人民出版社, 1986: 87, 128.

[93] 何炼成. 试论社会主义制度下的生产劳动与非生产劳动 [J]. 经济研究, 1963 (2): 38-42.

[94] 何炼成. 再论社会主义制度下的生产劳动与非生产劳动 [J]. 经济研究, 1965 (1): 50-55.

[95] 何祚庥, 罗劲柏. 马克思主义再生产理论的数学分析 (一、二、三) [J]. 力学学报, 1957 (1): 109-130; 1957 (2): 184-192; 1958 (3): 255-275.

[96] 贺菊煌. 关于生产资料优先增长的问题 [J]. 经济研究, 1979 (9): 19-23.

[97] 贺菊煌. 马克思再生产公式的动态化 [J]. 数量经济技术经济研究, 1984 (2): 51-61.

[98] 贺菊煌. 生产资料优先增长原理的再探讨 [J]. 中国经济问题, 1980 (6): 1-8.

[99] 贺力平, 李运奇, 薛健. 积累是扩大再生产的唯一源泉 [J]. 财经科学, 1980 (2): 83-85.

[100] [德] 赫根纳·罗斯著, 田园译. 审视马克思的工作室: 马恩全集中的《资本论》及前期准备工作 [J]. 现代哲学, 2010 (1): 7-15.

[101] [日] 鹤田满彦著, 刘焱等译. 社会总资本再生产和流通 [A]//冈本博之. 马克思《资本论》研究 [M]. 济南: 山东人民出版社, 1993: 337, 347-348.

[102] 洪远朋. 关于社会主义积累的几个问题 [J]. 经济研究, 1978 (2): 59-62.

[103] 洪远朋. 积累不是扩大再生产的唯一源泉——读《资本论》的体会兼答奚兆永同志 [J]. 学术月刊, 1980 (7): 18-23.

[104] 洪远朋. 运用马克思再生产理论做好调整工作 促进国民经济有计划按比例发展——读《资本论》札记 [J]. 经济问题探索, 1980 (2): 25-33.

[105] 洪远朋.《资本论》难题探索 [M]. 济南: 山东人民出版社, 1985: 317-371.

[106] 胡琛. 毛主席对马克思主义再生产理论的重大发展——学习毛主席关于农轻重关系的论述 [J]. 华中师院学报 (哲学社会科学版), 1977

(4): 1-5.

[107] 胡怀邦. 第三产业与两大部类之间的关系初探 [J]. 陕西财经学院学报, 1986 (2): 55-57.

[108] 胡钧. 马克思再生产理论与社会主义市场经济体制建设 [J]. 当代经济研究, 1996 (1): 1-9.

[109] 胡世凯. Ⅰ($V+m$) 与Ⅱac、Ⅱbc 交换中一个有争论的问题 [J]. 文史哲, 1984 (5): 101-104.

[110] 胡亚莲. 准确把握构建新发展格局的内在逻辑 [J]. 党政干部学刊, 2020 (12): 4-10.

[111] 胡正华. 积累是扩大再生产的唯一源泉 [J]. 社会科学研究, 1982 (1): 93-97.

[112] 黄荣生. 关于生产资料生产与消费资料生产对比关系的几个问题 [J]. 学术月刊, 1980 (5): 10-14.

[113] [美] 吉拉德·德布鲁著, 杜江, 张灵科译. 价值理论: 对经济均衡的公理分析 [M]. 北京: 机械工业出版社, 2015: 44-45.

[114] 罗季荣等. 社会主义社会再生产有关范畴的分析 [M]. 北京: 人民出版社, 1983: 1-206.

[115] 罗季荣. 关于马克思的总体系列平衡再生产原理 [J]. 中国经济问题, 1982 (1): 48-52.

[116] 罗季荣. 马克思社会再生产理论 [M]. 北京: 人民出版社, 1982: 1-270.

[117] 季陶达. 社会资本再生产与经济危机 [M]. 天津: 天津人民出版社, 1956: 1-18.

[118] 贾华强. 引入非物质生产因素后的社会资本再生产公式 [J]. 北京社会科学, 1988 (1): 133-137.

[119] 贾植园. 谈生产资料生产优先增长的规律性 [J]. 中国经济问题, 1964 (Z2): 8-18.

[120] [英] 简·托伯罗维斯基著, 吴昕炜译. 泰狄士·科瓦利克与《资本积累论》[J]. 黑龙江社会科学, 2015 (2): 1-7.

[121] 蒋博. 马克思社会资本再生产理论视角下的我国产业结构优化 [D]. 曲阜: 曲阜师范大学, 2013.

[122] 蒋家骏. 生产资料生产优先增长理论的探讨 [J]. 学术月刊, 1962 (9): 15-20.

[123] [韩] 金烟基著，童珊译. 马克思主义经济学的局限性和创新议程 [J]. 学术月刊，2013 (8): 85-91.

[124] 罗劲柏，何祚庥. 论三大部类的划分及其对现代化经济发展的预测的意义 [J]. 未来与发展，1981 (2): 22-27.

[125]《经济研究》记者. B. A. 索包里“国民经济平衡问题讲学”中的一些问题 [J]. 经济研究，1958 (8): 83-86.

[126] [德] 卡尔·埃利希·福尔格拉夫和尤尔根·容尼克尔. 马克思说的是自己的话? 关于恩格斯编辑的《资本论（第三卷）》的基本手稿 [J]. 马克思恩格斯列宁斯大林研究，1997 (1): 60-61.

[127] [苏] Д. M. 卡扎克维奇著，马文奇译，邹用九校. 论社会主义制度下的扩大再生产过程 [J]. 现代外国哲学社会科学文摘，1982 (8): 15-19.

[128] [罗] N. N. 康斯坦丁内斯库著，张志鹏，苏纪中译. 政治经济学（社会主义）[M]. 北京：人民出版社，1981: 529-574.

[129] 柯良京. 社会主义再生产 [M]. 北京：人民出版社，1956: 1-80.

[130] 柯宗瑞. 积累不是扩大再生产的唯一源泉——与奚兆永同志商榷 [J]. 江汉论坛，1980 (5): 12-18.

[131] [苏] 科纳科夫. 论社会主义再生产 [M]. 北京：时代出版社，1954: 13-52.

[132] [瑞] 克劳斯·施瓦布著，李菁译. 第四次工业革命 [M]. 上海：中信出版社，2016: 5.

[133] 赖泽源. 对经济增长方式几个理论问题的初探 [J]. 当代财经，1997 (4): 18-22.

[134] 郎咸平. 马克思中观经济学 [M]. 北京：人民出版社，2018.

[135] 李本玉，郭德宏. 怎样理解第Ⅰ部类的分割 [J]. 学术月刊，1982 (3): 9-11.

[136] 李定中. 当代技术进步和生产资料优先增长 [N]. 光明日报，1980-01-05.

[137] 李定中. 关于如何在扩大再生产的图式中反映劳动生产率提高的影响——与实学同志商榷 [J]. 江汉学报，1963 (7): 20-29.

[138] 李繁荣. 马克思主义经济学视域下的供给侧结构性改革解读——基于社会总资本再生产理论 [J]. 当代经济研究，2017 (4): 27-34.

[139] 李功豪．社会主义的市场平衡 [J]．学术月刊，1981 (8)：64 - 69.

[140] 李广平．马克思的经济增长理论 [J]．当代经济研究，2003 (6)：9 - 14.

[141] 李海明，祝志勇．扩大再生产的动态最优模型——马克思经济增长理论的一个解说 [J]．经济科学，2012 (6)：12 - 22.

[142] 李江帆．把第三产业纳入再生产公式 [J]．贵州社会科学，1987 (3)：5 - 9.

[143] 李江帆．第三产业经济学 [M]．广州：广东人民出版社，1990：104 - 128.

[144] 李江帆．第三产业与两大部类的关系试析 [J]．改革，1986 (3)：54 - 56.

[145] 李江帆．服务劳动不创造价值吗？——与否定服务劳动创造价值的流行论点商榷 [J]．财贸经济，1997 (9)：30 - 36.

[146] 李经纬，林昭庚．中国医学通史（古代卷）[M]．北京：人民卫生出版社，2000：25 - 26.

[147] 李拉亚．马克思扩大再生产图式的动态模型及其稳定性分 [J]．数量经济技术经济研究，1985 (10)：29 - 36.

[148] 李善明．《资本论》第二稿研究 [M]．济南：山东人民出版社，1992：296 - 321.

[149] 李小玉．对扩大再生产两种形式的探讨 [J]．人文杂志，1984 (4)：55 - 57.

[150] 李学曾．我国社会主义再生产理论研究的进展 [J]．经济研究，1985 (7)：19 - 27.

[151] 李亚平．中国经济增长问题的实证研究——基于投入产出模型的再生产图式分析 [J]．江西社会科学，2009 (3)：86 - 91.

[152] 李业杰．关于扩大再生产的类型问题 [J]．文史哲，1992 (6)：50 - 55.

[153] 李义平．马克思的经济发展理论：一个分析现实经济问题的理论框架 [J]．中国工业经济，2016 (11)：13 - 21.

[154] 李永乐．再生产的一个类型——缩小再生产 [J]．学术研究，1986 (5)：51 - 53.

[155] 李忠民，姚宇．马克思社会总资本再生产理论与低碳经济的发

展［J］. 陕西师范大学学报（哲学社会科学版），2010（5）：152－156.

［156］［日］立石昌广．中日经济学界关于生产劳动与非生产劳动问题讨论之比较［J］. 经济学家，1989（3）：110－117.

［157］梁文森，田江海．社会主义固定资产再生产［M］. 北京：中国社会科学出版社，1983：1－262.

［158］［苏］列宁．论罗·卢森堡《资本的积累》一书的文章提纲章稿和材料［J］. 经济学译从，1979（2）：1－5.

［159］列宁全集（中文第2版）第1卷［M］. 北京：人民出版社，1984：66－68.

［160］列宁全集（中文第2版）第2卷［M］. 北京：人民出版社，1984：126.

［161］列宁全集（中文第2版）第3卷［M］. 北京：人民出版社，1984：33－42.

［162］列宁全集（中文第2版）第4卷［M］. 北京：人民出版社，1984：48.

［163］列宁全集（中文第2版）第55卷［M］. 北京：人民出版社，1990：153.

［164］列宁文稿（第13卷）［M］. 北京：人民出版社，1987：53－66.

［165］列宁选集（第2卷）［M］. 北京：人民出版社，2012：128.

［166］列宁专题文集：论马克思主义［M］. 北京：人民出版社，2009：58.

［167］列宁专题文集：论资本主义［M］. 北京：人民出版社，2009：20－27.

［168］林岗．增长经济学［M］. 北京：人民出版社，1994：124－129.

［169］林后春．试论萎缩再生产［J］. 江淮论坛，1992（2）：26－32.

［170］林继肯．社会扩大再生产和货币流通［J］. 中国经济问题，1963（6）：11－17.

［171］林泰，董立人．精神产品及其分类研究［J］. 清华大学学报（哲学社会科学版），2005（5）：共7页（无页码）.

［172］林子力．经济调整和再生产理论［M］. 上海：上海人民出版社，1981：1－123.

［173］林子力．学习马克思关于再生产的理论［M］. 北京：人民出版社，1980：1－305.

[174] 刘承思．马克思的生产劳动理论和目前关于生产劳动问题的争论［A］//许涤新．资本论研究［M］．北京：中国社会科学出版社，1983：268－290.

[175] 刘崇民．论马克思的缩小再生产理论［J］．长白学刊，1989（4）：24－28.

[176] 刘都庆．三大部类关系探讨——学习马克思再生产理论一得［J］．中南财经大学学报，1988（4）：103－105.

[177] 刘恩钊．两大部类关系和生产资料生产优先增长［J］．经济研究，1980（2）：34－40.

[178] 刘光杰．试论生产资料优先增长的物质基础［J］．江汉学报，1963（3）：7－13.

[179] 刘国光等．马克思的社会再生产理论［M］．北京：中国社会科学出版社，1981：1－85.

[180] 刘国光．关于苏联国民经济平衡表的理论基础和编制方法的一些问题［J］．经济研究，1956（3）：81－86.

[181] 刘国光．关于马克思的生产劳动理论的几个问题［J］．中国社会科学，1982（1）：79－98.

[182] 刘国光．关于社会主义再生产发展速度的决定因素的初步探讨［J］．经济研究，1961（3）：1－23.

[183] 刘国光．论所谓扩大再生产的第二个基本公式［N］．光明日报，1962－02－26：4.

[184] 刘国光．社会主义再生产问题［M］．北京：生活·读书·新知三联书店，1980：1－97.

[185] 刘国光，王向明．对我国国民经济发展速度和比例关系问题的探讨［J］．中国社会科学，1980（4）：3－22.

[186] 刘国光．再论所谓扩大再生产的“第二个基本公式”——与雍文远等同志商榷［J］．学术月刊，1962（10）：16－22.

[187]［英］刘惠林著，冯世则译．马克思经济学中的最优增长理论［J］．中国社会科学，1986（6）：45－65.

[188] 刘诗白．发展社会主义市场经济体制需要不断的理论探索［J］．经济学家，2009（10）：5－9.

[189] 刘诗白．论服务劳动［J］．经济学家，2001（6）：4－12

[190] 刘诗白．论马克思关于生产劳动和非生产劳动的理论［J］．社会

科学战线，1982（3）：55－65.

［191］刘诗白．社会财富及其源泉——使用价值形成论［J］．经济学家，2003（1）：4－11.

［192］刘伟，方兴起．马克思社会资本再生产理论的再认识——基于均衡与非均衡的一种解析［J］．当代经济研究，2013（4）：16－21.

［193］刘伟．中国经济改革对社会主义政治经济学根本性难题的突破［J］．中国社会科学，2017（5）：23－43，205－206.

［194］刘晓音，宋树理．基于社会生产和再生产模型的国际价值量决定机理研究［J］．世界经济，2017（10）：3－22.

［195］刘勇．马克思再生产理论促进我国经济可持续发展问题研究［D］．锦州：辽宁工业大学，2014.

［196］刘玉珂，孙中叶，苏晓红．马克思规模缩小再生产理论对国企改革的启示［J］．当代经济研究，2002（6）：3－6.

［197］柳谷岗．苏联关于国民经济平衡表方法论的一些问题的讨论［J］．经济研究，1958（1）：83－88.

［198］柳谷岗．苏联关于社会主义制度下商品生产、价值规律和价格形成的一些问题的讨论［J］．经济研究，1957（6）：114－123.

［199］卢秉权．试用系统论方法研究社会再生产理论的具体化问题［J］．殷都学刊，1988（1）：29－34.

［200］卢国良．劳务商品分析［J］．求索，1982（5）：36－40.

［201］［匈］卢卡奇著，杜章智等译．历史与阶级意识［M］．北京：商务印书馆，1992：39－40.

［202］卢文璟．中国工业生产与环境再生产关系的实证研究［J］．海派经济学，2013（2）：147－156.

［203］鲁从明．两大部类生产增长速度快慢是不断交替的过程［J］．经济研究，1980（5）：48－53.

［204］鲁济典．生产资料生产优先增长是一个客观规律吗？［J］．经济研究，1979（11）：16－21.

［205］陆立军．关于马克思生产劳动理论的几个问题［J］．中国社会科学，1982（5）：109－120.

［206］陆立军．关于研究社会主义生产劳动的指导思想问题［J］．江淮论坛，1981（6）：9－13.

［207］陆立军．马克思研究生产劳动问题方法论刍议［J］．社会科学，

1981 (3): 25 – 33.

[208] 陆立军．社会主义生产劳动概论 [M]. 北京：求实出版社，1988：127 – 167.

[209] 陆立军．社会主义生产劳动之争与我见 [J]. 经济研究，1985 (4)：12 – 19.

[210] 陆立军．生产劳动与非生产劳动理论再探讨——学习马克思《资本论》札记 [J]. 学习与探索，1981 (4)：67 – 73.

[211] 陆立军，许兴亚，巫继学．试论扩大再生产条件下社会生产两大部类增长速度的对比关系 [J]. 社会科学，1979 (4)：29 – 37.

[212] 陆立军．也谈马克思的生产劳动学说——与徐节文同志商榷 [J]. 经济研究，1982 (10)：39 – 42.

[213] 陆玉龙．论交通运输业的性质——和于光远同志商榷 [J]. 经济研究，1984 (6)：46，53 – 58.

[214] [法] 吕贝尔著，夏伯铭译，魏寿山校．恩格斯是《资本论》的校订人 [J]. 现代外国哲学社会科学文摘，1983 (2)：22 – 23.

[215] 吕政．中国经济改革的实践丰富和发展了马克思主义政治经济学 [J]. 中国工业经济，2017 (10)：5 – 14.

[216] 栾刚．国际贸易下的社会资本再生产实现条件 [J]. 南开经济研究，1994 (1)：7 – 11.

[217] 栾佩琴．社会再生产过程的动态分析（二）[J]. 西安石油大学学报（自然科学版），1990 (2)：70 – 79.

[218] 栾佩琴．社会再生产系统动态行为研究 [J]. 系统工程，1990 (2)：26 – 35.

[219] [德] 罗莎·卢森堡著，彭尘舜，吴纪先译．资本积累论 [M]. 北京：三联书店，1959：39 – 53，59 – 63，87，122，276，288 – 289，356 – 357.

[220] [德] 罗莎·卢森堡著，紫金如等译．资本积累——一个反批判 [A]//帝国主义与资本积累 [M]. 哈尔滨：黑龙江人民出版社，1982：82 – 84，108.

[221] [苏] M. B. 沙洛特科夫主编，蒋家俊，马文奇，沈越译．非生产领域经济学 [M]. 上海：上海译文出版社，1985：10.

[222] 马聪，苏醒．畅通国民经济循环的理论分析与实践要求 [J]. 齐齐哈尔大学学报（哲学社会科学版），2021 (9)：90 – 92.

［223］马克思恩格斯全集（中文第1版）第13卷［M］. 北京：人民出版社，1962：8，51.

［224］马克思恩格斯全集（中文第1版）第19卷［M］. 北京：人民出版社，1963：412.

［225］马克思恩格斯全集（中文第1版）第26卷上册［M］. 北京：人民出版社，1972：142，147-149，151，160-161，163-164，243，324，435-436，445，451.

［226］马克思恩格斯全集（中文第1版）第26卷中册［M］. 北京：人民出版社，1973：426，541，545-546，549，558，596，598.

［227］马克思恩格斯全集（中文第1版）第26卷下册［M］. 北京：人民出版社，1974：273，322，375，476-477.

［228］马克思恩格斯全集（中文第1版）第30卷［M］. 北京：人民出版社，1974：356-363.

［229］马克思恩格斯全集（中文第1版）第31卷上册［M］. 北京：人民出版社，1972：134-136.

［230］马克思恩格斯全集（中文第1版）第31卷下册［M］. 北京：人民出版社，1972：535-536.

［231］马克思恩格斯全集（中文第1版）第32卷［M］. 北京：人民出版社，1974：551.

［232］马克思恩格斯全集（中文第1版）第44卷［M］. 北京：人民出版社，1982：154-163.

［233］马克思恩格斯全集（中文第1版）第46卷上册［M］. 北京：人民出版社，1979：383-470.

［234］马克思恩格斯全集（中文第1版）第46卷下册［M］. 北京：人民出版社，1980：37，194，229，505.

［235］马克思恩格斯全集（中文第1版）第48卷［M］. 北京：人民出版社，1985：130，154，165-172，191-250，593.

［236］马克思恩格斯全集（中文第1版）第49卷［M］. 北京：人民出版社，1982：Ⅵ，105-106，110，436-525.

［237］马克思恩格斯全集（中文第1版）第50卷［M］. 北京：人民出版社，1985：Ⅱ-Ⅲ，6，99-108，132，134-135，142，144，147，149，152-153，162-163，177-178，181，192-194，197-205，207，212-222，249，251，262-263，277，279，305，312，539，671，683.

[238] 马克思恩格斯全集（中文第2版）第3卷［M］. 北京：人民出版社，2002：650.

[239] 马克思恩格斯全集（中文第2版）第25卷［M］. 北京：人民出版社，2001：145，425.

[240] 马克思恩格斯全集（中文第2版）第30卷［M］. 北京：人民出版社，1995：39－41，312，381－451.

[241] 马克思恩格斯全集（中文第2版）第31卷［M］. 北京：人民出版社，1998：583－593.

[242] 马克思恩格斯全集（中文第2版）第33卷［M］. 北京：人民出版社，2004：132，293.

[243] 马克思恩格斯全集（中文第2版）第34卷［M］. 北京：人民出版社，2004：535，547，549，582，594.

[244] 马克思恩格斯全集（中文第2版）第35卷［M］. 北京：人民出版社，2013：219－221，250.

[245] 马克思恩格斯文集（第5卷）［M］. 北京：人民出版社，2009：714.

[246] 马克思恩格斯文集（第8卷）［M］. 北京：人民出版社，2009：423，428，430.

[247] 马克思恩格斯文集（第9卷）［M］. 北京：人民出版社，2009：19.

[248] 马克思恩格斯文集（第10卷）［M］. 北京：人民出版社，2009：196，691.

[249] 马克思恩格斯选集（第1卷）［M］. 北京：人民出版社，2012：217.

[250] 马克思恩格斯选集（第2卷）［M］. 北京：人民出版社，1995：32.

[251] 马克思恩格斯选集（第4卷）［M］. 北京：人民出版社，1995：695.

[252] 马克思恩格斯《资本论》书信集［M］. 北京：人民出版社，1976：181－185.

[253] 马壮昌. 生产场所扩大与否是划分内含扩大再生产与外延扩大再生产的尺度［J］. 福建论坛，1984（10）：43－44.

[254]［比］曼德尔著，廉佩直译. 论马克思主义经济学［M］. 北京：

商务印书馆，1964（内部发行）：284－286.

[255]［德］曼弗雷德·米勒著，熊子云译．恩格斯对创立马克思主义经济学说的贡献［A］//北京师范大学政治经济学系．《资本论》研究论丛（译文部分1上册）［M］．北京：北京师范大学出版社，1983：277－285.

[256]［德］罗曼·罗斯多尔斯基著，樊纲译，左大培译校．围绕再生产图式的争论［J］．政治经济学报，2015（2）：21－65.

[257] 毛择生．对《关于扩大再生产公式的一个探索》一文的意见［J］．中国经济问题，1962（10）：32－33.

[258] 毛泽东文集（第7卷）［M］．北京：人民出版社，1999：24.

[259] 毛泽东文集（第8卷）［M］．北京：人民出版社，1999：73，119，122.

[260] 孟捷．产品创新：一个马克思主义经济学的解释［J］．当代经济研究，2001（3）：35－38.

[261]［波］米哈尔·卡莱斯基著，符钢战译．社会主义经济增长理论导论［M］．上海：上海三联书店，1994：1－155.

[262] 米歇尔·R. 克拉特科．关于卢森堡的争论——马克思主义宏观经济学的起点［A］//何萍．罗莎·卢森堡思想及其当代意义［M］．北京：人民出版社，2013：195－211.

[263]［苏］米兹凯维奇等著，京祚译．1863－1867年期间马克思创作《资本论》的分期问题［A］//马列主义研究资料［M］．北京：中央编译出版社，1984：4.

[264] 牟以石．试论马克思的社会再生产公式——Ⅰ$(v+m)$ = Ⅱc 公式的伟大历史意义［J］．经济研究，1983（3）：11－15.

[265] 牟振基，杨致胜等．马克思的再生产和流通理论［M］．长春：吉林人民出版社，1983：118.

[266]［苏］姆·亚·索宁．生产领域和非生产领域之间的比例关系［A］//阿·依·诺特京．发达的社会主义时期的再生产比例［M］．北京：中国人民大学出版社，1982：287－326.

[267]［南］米拉丁·克拉奇，蒂霍米尔·弗拉什卡利奇著，邵玉环等译．政治经济学［M］．北京：人民出版社，1982：538－602.

[268]［苏］B. C. 涅姆钦诺夫著，司徒淳译．当前苏联经济科学中的重大问题［J］．辽宁大学学报（哲学社会科学版），1959（3）：49－60.

[269]［苏］涅姆钦诺夫著，乌家培，张守一译．经济数学方法和模型

[M]. 北京：商务印书馆，1980：190 - 223.

[270] [苏] 诺特金著，建文译. 社会主义再生产理论概要 [M]. 北京：中华书局，1952：7 - 74.

[271] 裴小革. 马克思社会生产两大部类对比速度问题探析 [J]. 学习与探索，2013 (5)：77 - 80.

[272] 裴小革. 马克思社会生产两大部类顺序的由来和演变 [J]. 辽宁大学学报 (哲学社会科学版)，2013 (4)：6 - 14.

[273] 裴小革. 马克思社会总资本再生产理论的若干问题 [J]. 河北经贸大学学报，2013 (4)：9 - 14.

[274] 齐新宇，徐志俊. 政府行为对两大部类增长率的影响——基于一个扩大的马克思再生产模型 [J]. 马克思主义研究，2010 (3)：41 - 49.

[275] 钱伯海. 国民经济核算的平衡原则 [J]. 中国社会科学，1984 (3)：21 - 31.

[276] 钱津. 马克思再生产理论需作三方面的拓展 [J]. 马克思主义与现实，1992 (3)：16.

[277] 钱津. 深入研究马克思再生产理论的几个基本问题 [J]. 经济评论，1992 (1)：15 - 18，77.

[278] 乔晓楠，何自力. 唯物史观、动态优化与经济增长——兼评马克思主义政治经济学的数学化 [J]. 经济研究，2017 (8)：17 - 32.

[279] [英] 琼·罗宾逊著，北京大学经济系资料室译. 马克思、马歇尔和凯恩斯 [M]. 北京：商务印书馆，1963：5，13，20.

[280] [英] 琼·罗宾逊著，顾准译，蔡受百校. 经济学论文集 [M]. 北京：商务印书馆，1984：58.

[281] [英] 琼·罗宾逊著，纪明译. 论马克思主义经济学 [M]. 北京：商务印书馆，1962：80.

[282] 任定方. 马克思的社会再生产理论与社会主义宏观经济模型 [J]. 西北大学学报 (哲学社会科学版)，1983 (2)：73 - 79.

[283] 任微. 列宁肯定生产资料生产比消费资料生产增长更快规律适用于社会主义社会 [J]. 经济研究，1983 (4)：72 - 74.

[284] [苏] 萨·费·托克马拉耶夫著，中共中央高级党校政治经济学教研室译. 社会资本再生产理论 [M]. 北京：人民大学出版社，1956：20 - 43.

[285] 商德文. 再生产学说的形成 [A]//李善明.《资本论》第二稿

研究［M］. 济南：山东人民出版社，1992：296－321.

［286］商德文. 马克思主义经济思想史［M］. 北京：北京大学出版社，1992：189－191.

［287］邵利敏，王建秀，阎俊爱. 社会总资本再生产理论与供给侧结构性改革——基于生产持续性视角［J］. 经济问题，2018（9）：36－41.

［288］苏绍智. 资本主义制度下的国民收入、社会资本的再生产和经济危机［M］. 上海：新知识出版社，1956：27－51.

［289］石景云. 经济增长与波动［M］. 北京：商务印书馆，1997：10－19.

［290］石景云. 马克思社会再生产理论及其运用［M］. 厦门：厦门大学出版社，1987：5－223.

［291］石景云. 马克思社会再生产理论中的增长公式［J］. 中国社会科学，1988（2）：153－162.

［292］石景云. 社会产品再生产的部门联系与平衡——两大部类对比关系在经济实践中的运用问题［J］. 中国经济问题，1964（4）：1－15.

［293］石柱成等. 第三产业经济分析［M］. 成都：四川人民出版社，1992：1－76.

［294］实学. 关于扩大再生产公式的初步探讨［N］. 光明日报，1961－12－04：4.

［295］实学. 如何在扩大再生产的图式中反映劳动生产率提高的影响——试把劳动生产率提高的影响纳入马克思的扩大再生产图式［J］. 江汉学报，1962（4）：22－32.

［296］斯大林. 苏联社会主义经济问题［M］. 北京：人民出版社，1961：64，72－73.

［297］斯大林全集（第12卷）［M］. 北京：人民出版社，1960：151.

［298］斯大林选集（下卷）［M］. 北京：人民出版社，1979：600.

［299］［美］斯坦利·L. 布鲁，兰迪·R. 格兰特著，邸晓燕等译. 经济思想史（第8版）［M］. 北京：北京大学出版社，2014：168－170.

［300］［日］松冈利道. 关于资本主义崩溃的争论——由再生产公式理论和帝国主义理论所引起的争论［A］//佐藤金三郎等编，刘炎等译.《资本论》百题争论（二）［M］. 济南：山东人民出版社，1993：168.

［301］宋承先. 关于扩大再生产平衡条件的三个公式［J］. 社会科学研究，1981（3）：45－50.

[302] 宋承先．关于马克思扩大再生产公式及生产资料优先增长原理的初步研究［J］．复旦学报，1956（2）：177－193.

[303] 宋承先．关于实现扩大再生产的基本条件问题［J］．学术月刊，1982（8）：28－32.

[304] 宋涛．政治经济学教程（第10版）［M］．北京：中国人民大学出版社，2013：96－102.

[305] 宋则行．服务部门劳动也创造价值［J］．经济学家，1996（6）：75－79.

[306] 宋则行．关于社会生产两大部类之间数量关系的几个问题［J］．经济研究，1962（8）：1－14.

[307] 宋则行．也谈关于扩大再生产公式［N］．光明日报，1961－12－25：4.

[308] 孙长宁，沙吉才．社会主义再生产公式初探［A］//《经济研究》编辑部．社会主义再生产、所有制、商品价值问题［M］．济南：山东人民出版社，1982：111－124.

[309] 孙怀仁．社会主义再生产［M］．上海：上海人民出版社，1956：1－37.

[310] 孙怀仁．资本主义再生产［M］．上海：上海人民出版社，1960：1－64.

[311] 孙开镛．《资本论》与社会主义市场经济研究［M］．北京：经济科学出版社，1999：261－290.

[312] 孙凯飞．教育实质上也是一种生产［N］．文汇报，1980，5（19）.

[313] 孙世强，大西广．马克思经济学——基于最优经济增长理论与模型视角［M］．北京：中国经济出版社，2015：120－170.

[314] 孙冶方．关于生产劳动和非生产劳动；国民收入和国民生产总值的讨论——兼论第三次产业这个资产阶级经济学范畴以及社会经济统计学的性质问题［J］．经济研究，1981（8）：15－24.

[315]［苏］索波里，B. A. 著，一禾，柳谷岗译．国民经济平衡表问题概论［M］．北京：生活·读书·新知三联书店，1962：93－143.

[316]［苏］索洛金编，陈华生等译．社会主义扩大再生产的规律性［M］．武汉：湖北人民出版社，1982：40－62.

[317] 苏星．社会主义再生产的理论与实践［M］．上海：上海人民出

版社，1987：30－45.

［318］谭乃彰．生产资料生产优先增长理论的形成和发展［J］．社会科学，1983（5）：63－67.

［319］谭晓军，刘锋．日本：服务劳动是否创造价值？［N］．社会科学报，2006－08－24：7.

［320］谭晓军，王海涛．市场经济下马克思再生产理论的一个补充——军需再生产图式的再创立［J］．社会科学辑刊，2006（1）：128－132.

［321］谭晓军．消费服务业科学发展的社会再生产图式分析［J］．经济社会体制比较，2008（3）：169－173.

［322］汤在新．宏观调控的理论基础——马克思的均衡和非均衡理论［J］．教学与研究，2001（2）：5－11.

［323］唐国华，许成安．马克思经济增长理论与中国经济发展方式的转变［J］．当代经济研究，2011（7）：15－20.

［324］唐思文，王晓雄．论积累型扩大再生产和非积累型扩大再生产［J］．经济研究，1984（1）：76－78.

［325］唐欣，魏坤．正确认识能源、交通的先行地位——兼论引入能源、交通后马克思再生产公式的具体化［J］．数量经济技术经济研究，1984（7）：3－13.

［326］陶恒祥．尽快建立服务经济学［J］．财贸经济，1982（4）：22－25.

［327］陶为群．国际贸易条件下《资本论》再生产理论的平衡增长［A］．《资本论》与全面深化经济体制改革——陕西省《资本论》研究会2014年学术年会论文集［C］．西安：陕西师范大学出版社，2014：208－216.

［328］陶为群．开放经济下的马克思再生产模型及实证初探［J］．学术界，1991（5）：80－83.

［329］陶为群．两大部类扩大再生产的充分必要条件与求解［J］．经济数学，2014（3）：59－65.

［330］陶为群．马克思两部类扩大再生产模型中的乘数、加速数——基于投入产出分析方法［C］．2014年外国经济学说与中国研究报告，2014：48－55.

［331］陶为群．马克思再生产公式与国民收入核算的契合［J］．管理学

刊，2013（4）：11－16.

［332］陶为群．社会扩大再生产的“纳什讨价还价解”——市场经济条件下的一种扩大再生产实现机制与求解［J］．当代经济研究，2015（5）：21－26.

［333］陶为群．社会物质产品与服务产品扩大再生产模式及其优化［J］．天府新论，1988（3）：10－15.

［334］陶为群，陶川．马克思扩大再生产模型的多参数线性规划与解［J］．数量经济技术经济研究，2012（10）：139－149.

［335］陶为群，陶川．马克思两部类扩大再生产模型中的投资乘数［J］．当代经济研究，2011（6）：19－24.

［336］陶为群，韦生琼．马克思扩大再生产模式优化初探［J］．天府新论，1987（3）：11－16.

［337］陶为群．小国开放经济的进出口与经济增长——基于马克思再生产公式的分析［J］．当代经济研究，2019（10）：70－78.

［338］陶为群．有折旧的马克思社会再生产的剑桥方程式研究——形成机理与充分必要条件［J］．政治经济学季刊，2020（2）：72－93.

［339］陶为群．运用非线性规划改进估算两大部类产品价值构成［J］．统计与信息论坛，2004（3）：21－23.

［340］陶为群．运用马克思的扩大再生产模型研究奢侈品供需［J］．财贸研究，2012（2）：32－38.

［341］［苏］特拉赫坦贝尔格著，方钢，王亦程译．资本主义再生产与经济危机［M］．北京：人民出版社，1956：33－53.

［342］［日］藤森赖明，李帮喜．马克思经济学与数理分析［M］．北京：社会科学文献出版社，2014：29－46.

［343］田祥璋，周成启，李善明．马克思主义的再生产理论［M］．贵阳：贵州人民出版社，1980：1－105.

［344］［奥］奥托·鲍威尔．资本积累［A］//赵洪．国外《资本论》研究［M］．大连：东北财经大学出版社，1987：71－88.

［345］［法］托马斯·皮凯蒂，巴曙松等译．21世纪资本论［M］．北京：中信出版社，2014：448.

［346］王朝科．自然力与社会再生产的辩证关系：基于马克思再生产理论的视角［J］．海派经济学，2013（3）：78－91.

［347］王成稼．关于生产劳动和非生产劳动问题［J］．当代经济研究，

2004（1）：3－10.

［348］王东京．产业结构协调配置模型研究［J］．经济理论与经济管理，1991（2）：17－23.

［349］王辅民．马克思的社会资本再生产理论与《反思》手稿——问题与争论［A］//宋涛．《资本论》与现代经济问题——全国第四次《资本论》学术讨论会论文选［M］．上海：上海人民出版社，1990.

［350］王根蓓．马克思再生产模型及其与经济增长状态的识别［J］．学术界，1992（4）：13－18.

［351］王贵明．“商品概念三次扩大说”质疑［J］．探索，1987（1）：58－62.

［352］王宏起，姚德民．开放型国民经济系统扩大再生产基本模型的研究［J］．哈尔滨科学技术大学学报，1992（4）：65－70.

［353］王积舒．关于物质生产部类的划分问题［J］．马克思主义研究，1986（2）：194－209.

［354］王积业．关于社会主义制度下生产劳动与非生产劳动的区分问题［J］．经济研究，1981（9）：22－29.

［355］王健，惠锐．中国社会主义市场经济总供求模型［J］．福建论坛（人文社会科学版），2014（9）：5－11.

［356］王健．基于马克思再生产理论构建中国特色宏观经济模型［J］．国家行政学院学报，2013（6）：79－85.

［357］王健．马克思的再生产理论与价值规律［J］．教学与研究，1995（6）：34－38.

［358］王健．马克思再生产论与中国宏观经济理论模型［J］．学术月刊，1997（8）：29－36.

［359］王珏．马克思的再生产理论［M］．北京：中央党校出版社，1981：1－155.

［360］王俊，苏立君．论国内国际双循环格局下的社会总产品实现问题——基于马克思社会总资本再生产理论的分析［J］．当代经济研究，2020（11）：36－45.

［361］王凯．论“投入—产出”分析与马克思再生产理论的关系［J］．求是学刊，1982（1）：28－34.

［362］王璐，李亚．从社会再生产到有效需求：马克思宏观体系新探索［J］．南京社会科学，2006（11）：6－13.

[363] 王梦奎．两大部类对比关系研究［M］．北京：中国财政经济出版社，1983：1－296.

[364] 王奇，叶文虎．从可持续发展看两大部类生产理论丰富和发展［J］．中国人口·资源与环境，2003（1）：1－5.

[365] 王绍顺．生产资料生产优先增长不是扩大再生产的普遍规律［J］．经济科学，1982（2）：16－22.

[366] 王慎之．两大部类生产增长速度总的趋向应是平行发展［J］．学习与探索，1981（6）：79－85.

[367] 王时杰，王东京．论经济增长速度规律［J］．中南财经大学学报，1987（5）：24－30.

[368] 王书瑶．无形价值论［M］．北京：东方出版社，1991：290.

[369] 王述英．服务劳动也是生产劳动［J］．经济学家，2002（1）：20－24.

[370] 王天义．第三产业的劳动是否创造价值［N］．人民日报，2001－07－31：9.

[371] 王天义，王睿．《资本论》学习纲要［M］．北京：中国经济出版社，2013：195－238.

[372] 王婷．马克思社会再生产理论视域中的供给侧结构性改革［J］．河北经贸大学学报，2017（2）：43－49.

[373] 王喜文．从德国工业4.0看未来智能制造业［EB/OL］．中国中央政府门户网——新闻，2016－05－13.

[374] 王晓东．列宁对马克思再生产理论的贡献——读列宁著作笔记［J］．理论探讨，1985（4）：1－11.

[375] 王效拉．优先增长与两大部类比例平衡的优化［J］．系统工程，1989（1）：12－16，2.

[376] 王瑶．基于马克思社会再生产理论的金融危机成因研究［D］．西安：西安工业大学，2012.

[377] 王艺明，刘一鸣．马克思主义两大部类经济增长模型的理论与实证研究［J］．经济研究，2018（9）：37－51.

[378] 王永海．也谈积累是扩大再生产的唯一源泉［J］．经济研究，1981（4）：76－78.

[379] 王元璋，黎育松．社会资本扩大再生产两个前提条件新论［J］．华中师范大学学报（人文社会科学版），2002（3）：60－63.

[380] 王云中．马克思宏观经济分析理论的内容与优势 [J]. 江汉论坛，2002 (12)：10－12.

[381] [美] 维克托·佩洛著，黄苏译．适用于国家垄断资本主义的马克思商品流通图形 [J]. 国际经济评论，1979 (6)：2－11.

[382] [芬] 维萨·奥特宁著，金建译．MEGA² 与另一个马克思——马塞罗·默斯托访谈 [J]. 国外理论动态，2011 (8)：1－6，101.

[383] [苏] 维·维戈茨基著，京祚译．关于马克思《伦敦笔记》中的《反思》手稿 [A]//马克思主义研究资料（第4卷）[M]. 北京：中央编译出版社，2013：97－110.

[384] [苏] 维·维戈德斯基著，智效和译．马克思的生产劳动理论 [A]//北京师范大学政治经济学系.《资本论》研究论丛（译文部分1下册）[M]. 北京：北京师范大学出版社，1983：168－177.

[385] 卫兴华．澄清对马克思再生产理论的认识误区 [J]. 中国社会科学，2016 (11)：5－14.

[386] 卫兴华．关于生产劳动和非生产劳动问题——与于光远、童大林等同志商榷 [J]. 经济理论与经济管理，1981 (6)：16－22.

[387] 卫兴华．马克思的生产劳动理论 [J]. 中国社会科学，1983 (6)：59－75.

[388] 魏埙．马克思主义经济学在西方经济学界 [J]. 南开学报，2001 (1)：11－18.

[389] 文迅，黎原．积累是扩大再生产的主要源泉，但不是唯一源泉 [J]. 财经科学，1980 (2)：79－82.

[390] 文众．我国经济学界关于国民经济有计划按比例发展规律问题的讨论 [J]. 经济研究，1959 (2)：43－46.

[391] 乌家培，张守一．关于部门间产品生产和分配平衡表 [J]. 经济研究，1962 (8)：15－25.

[392] 巫继学，刘佑成，郑世明，朱玲．马克思扩大再生产平衡公式和两部类平衡发展——与洪远朋同志商榷 [J]. 经济问题探索，1980 (6)：39－47.

[393] 巫继学，许兴亚，陆立军．关于马克思扩大再生产公式的几个问题——与欧阳胜同志商榷 [J]. 经济研究，1980 (2)：41－44.

[394] 吴春雷．马克思宏观经济思想及其当代价值 [D]. 济南：山东大学，2012.

[395] 吴海若. 再生产原理的一般性和特殊性 [J]. 经济研究, 1957 (1): 52-70.

[396] 吴汉龙, 冯宗宪. 基于马克思扩大再生产理论的内生经济增长模型 [J]. 河北经贸大学学报, 2004 (1): 8-15.

[397] 吴敬琏. 社会主义经济表 [A]//中国社会科学院经济研究所学术委员会. 经济研究集刊 [M]. 北京: 中国社会科学出版社, 1981: 1-33.

[398] 吴佩钧. 生产资料生产优先增长究竟是什么样的经济规律?——兼与曾启贤同志商榷 [J]. 武汉大学学报 (人文科学), 1963 (2): 53-58.

[399] 吴海若. 再生产原理的一般性和特殊性 [J]. 经济研究, 1957 (1): 52-70.

[400] 吴树青. 关于马克思主义再生产理论的两个问题 [J]. 教学与研究, 1962 (6): 25-27.

[401] 吴维嵩, 陈光汉. 马克思主义再生产理论的丰富和发展——读《毛泽东选集》第五卷的体会 [J]. 经济研究, 1978 (1): 21-25.

[402] 吴维嵩. 第三产业的兴起和社会再生产两大部类理论的发展 [J]. 福建师范大学学报 (哲学社会科学版), 1986 (2): 8-14.

[403] 吴晓梅. 社会资本再生产理论中国化研究 [D]. 兰州: 兰州大学, 2013.

[404] 吴易风, 白暴力. 马克思经济学数学模型研究 [M]. 北京: 中国人民大学出版社, 2012: 170-199.

[405] 吴易风. 坚持和发展劳动价值论 [J]. 当代经济研究, 2001 (10): 12-23.

[406] 吴易风. 马克思的经济增长理论模型 [J]. 经济研究, 2007 (9): 11-18.

[407] 吴易风. 西方经济学家论马克思主义经济增长理论 [J]. 中国人民大学学报, 2002 (6): 74-78.

[408] 武文军.《资本论》创作史话 [M]. 兰州: 甘肃人民出版社, 1985: 164-196.

[409] [法] 西斯蒙第著, 何钦译. 政治经济学新原理 [M]. 北京: 商务印书馆, 1977: 43, 45, 98.

[410] 奚兆永. 关于扩大再生产公式的一个探索 [J]. 中国经济问题, 1962 (5): 28-30.

[411] 奚兆永．关于社会主义制度下的生产劳动和非生产劳动问题 [J]．中国经济问题，1981 (6)：39-45.

[412] 奚兆永．积累是扩大再生产的唯一源泉的原理不能否定 [J]．经济研究，1979 (9)：24-26.

[413] 奚兆永．外延和内含的扩大再生产都必须有积累——答简新华同志 [J]．经济研究，1982 (5)：61-63.

[414] 夏杰长，刘奕，顾乃华．制造业的服务化和服务业的知识化 [J]．国外社会科学，2007 (4)：8-13.

[415] 肖逵．从马克思扩大再生产公式来研究生产资料优先增长的原理 [J]．经济研究，1956 (4)：23-40.

[416] 肖耀球．中性技术进步条件下的马克思经济增长理论与模型研究 [J]．系统工程，2007 (3)：37-41.

[417] 肖泽群．马克思社会再生产理论对我国宏观调控的启示 [J]．财贸研究，2008 (1)：1-7.

[418] 肖泽群，文建龙．马克思社会再生产理论与投资率问题的研究 [J]．马克思主义研究，2006 (12)：44-48.

[419] 肖灼基．应该把教育看作生产部门 [N]．人民日报，1980-02-02.

[420] [苏] 谢·尼基金著，董世业译．再生产理论的若干问题 [A]//北京师范大学政治经济学系．《资本论》研究论丛（译文部分 1 下册）[M]．北京：北京师范大学出版社，1983：218-234.

[421] 谢晓鸥．要素配置扭曲、两部类非协同与供给侧结构改革——基于扩大再生产平衡式及社会必要劳动时间二重含义 [J]．经济问题探索，2016 (9)：18-23.

[422] [德] 熊彼特．经济分析史（第 2 卷）[M]．北京：商务印书馆，1991：20.

[423] 熊映梧，王恺．在实践中发展马克思再生产理论 [J]．社会科学战线，1985 (4)：17-30.

[424] 徐春华．生产资料部类优先增长：理论逻辑与经验证据 [J]．经济学动态，2017 (2)：25-36.

[425] 徐节文．马克思的生产劳动学说 [J]．经济研究，1981 (10)：35-42.

[426] 徐节文．生产劳动研究中要注意方法论 [J]．中国经济问题，1982 (1)：42-47.

[427] 徐敏．马克思扩大再生产理论模型及其拓展性研究——基于研发模型及拉姆齐模型的分析［J］．求索，2010（12）：65－67.

[428] 徐文斌．基于马克思再生产理论的两大部类结构不平衡分析［D］．上海：上海财经大学，2020.

[429] 徐晓红．马克思社会再生产理论对当前我国扩大内需的启示［J］．中国矿业大学学报（社会科学版），2013（2）：8－13.

[430] 徐洋．《资本论》第二册形成史研究［D］．武汉：武汉大学，2013.

[431] 徐跃华．两大部类积累率关系的研究——对马克思再生产理论中一个基本命题的证明［J］．江汉论坛，2009（2）：47－50.

[432] 许崇正，柳荫成．马克思再生产理论与社会主义市场经济［J］．经济学家，2006（4）：21－26.

[433] 许梦博，李世斌．基于马克思社会再生产理论的供给侧结构性改革分析［J］．当代经济研究，2016（4）：43－50.

[434] 许兴亚，陆立军．再论《资本论》关于扩大再生产基本公式问题［J］．中州学刊，1983（1）：25－30.

[435] 许兴亚．生产资料生产的优先增长不是扩大再生产的必要条件［J］．经济问题探索，1980（6）：15－21.

[436] 许兴亚．再论扩大再生产条件下社会生产两大部类增长速度的对比关系［J］．贵州社会科学，1981（3）：13－25.

[437] 许毅，王琢，黄菊波．社会再生产规律与流动资金运动［M］．上海：上海人民出版社，1981：1－95.

[438] 薛敬孝．非物质资料生产部门和社会资本再生产周期运动［J］．南开经济研究，1986（1）：34－41.

[439] 薛敬孝．通过长期计算探讨再生产公式［J］．经济理论与经济管理，1985（3）：60－66.

[440] 薛志贤．生产资料的优先增长不是社会主义的经济规律［J］．学术月刊，1980（5）：15－19.

[441] ［苏］Ю．雅科韦茨著，王昌滨编译．再生产理论是政治经济学的精髓［J］．中共中央党校学报，1989（9）：26－29.

[442] ［苏］雅·亚·彼夫兹涅尔著，陈靖国等译．政治经济学争论问题［M］．北京：社会科学文献出版社，1988：168－183.

[443] ［英］亚当·斯密著，樊冰译．国富论［M］．太原：山西经济出

版社，2010：16，21.

［444］［英］亚当·斯密著，郭大力，王亚南译．国民财富的性质和原因的研究（上卷）［M］．北京：商务印书馆，1972：303 –304.

［445］严正．关于扩大再生产公式的几个争论问题［J］．福建师范大学学报（哲学社会科学版），1986（2）：15 –21.

［446］严正．利用“部门联系平衡表”对社会再生产进行数量分析［J］．福建师大学报（哲学社会科学版），1982（2）：35 –37.

［447］阎飞，寿家梁．论缩小再生产——《资本论（第二卷）》学习笔记［J］．徐州师范学院学报，1990（1）：32 –37.

［448］晏智杰．威廉·配第的价值论是二重的［J］．经济科学，1982（1）：45 –47.

［449］杨斌林．关于再生产平衡表的研究［J］．当代经济研究，1998（6）：33 –39.

［450］杨斌林．再生产平衡表研究［M］．北京：中国经济出版社，2002：1 –37，55 –60，85 –87.

［451］杨长福．社会主义制度下的生产劳动与非生产劳动［J］．经济研究，1964（10）：54 –60.

［452］杨慧玲．全球分工演进中的新发展格局：历史与现实［J］．当代经济研究，2021（8）：17 –28.

［453］杨继国．对扩大再生产模型的“扩展”研究——从马克思主义经济学视角看宏观经济均衡增长条件［J］．厦门大学学报（哲学社会科学版），2002（2）：63 –70.

［454］杨继国．马克思的增长理论与现代增长理论比较研究［J］．南开经济研究，2001（4）：64 –69.

［455］杨继国．以马克思再生产模型为基础的增长理论探索［J］．福建行政学院福建经济管理干部学院学报，2001（3）：40 –44.

［456］杨坚白．关于第三次产业和国民生产总值指标［J］．财贸经济，1985（11）：8 –15.

［457］杨坚白．生产劳动应是新创造的价值超过消费的价值的劳动［J］．经济学动态，1981（9）：13 –15.

［458］杨金海．马克思主义研究资料（第29卷，《马克思恩格斯全集》历史考证版（MEGA）研究）［M］．北京：中央编译出版社，2015：280 –390.

［459］ 杨金海．马克思主义研究资料（第 17 卷，马克思主义经济理论研究Ⅰ）［M］．北京：中央编译出版社，2014：89－104.

［460］ 杨金海．马克思主义研究资料（第 24 卷，马克思主义综论Ⅱ）［M］．北京：中央编译出版社，2015：509－521，569－591.

［461］ 杨金海．马克思主义研究资料（第 9 卷，《资本论》结构形成研究）［M］．北京：中央编译出版社，2014：3－51，188－225.

［462］ 杨文进．论马克思的宏观经济学［M］．北京：中国财政经济出版社，2004：197－239.

［463］ 杨小勇，徐寅．马克思社会总资本扩大再生产实现条件理论在社会主义市场经济条件下的拓展及启示［J］．毛泽东邓小平理论研究，2019（2）：96－106.

［464］ 杨亚琴．马克思两部类增长模型中的积累运动规律［J］．上海经济研究，1991（6）：59－64.

［465］ 杨玉春，吴春雷．加快我国产业结构转型升级的理论基础与路径导向——基于马克思再生产理论的视角［J］．山东社会科学，2013（7）：52－56.

［466］ 姚慧琴．马克思宏观经济增长运行理论及其现实意义——对马克思社会资本扩大再生产理论的再研究［J］．西北大学学报（哲学社会科学版），1999（4）：95－99.

［467］ 姚宇．基于马克思扩大再生产理论的我国转变经济增长方式路径选择研究［J］．内蒙古社会科学（汉文版），2013（4）：101－105.

［468］ 叶国镠，郑规真．论Ⅰ$(v+m)$ 与Ⅱac、Ⅱbc 之间的交换［J］．西南师院学报，1982（3）：14－19.

［469］［苏］伊·库兹米诺夫等著，谷衣译．社会主义扩大再生产规律［M］．上海：作家书屋，1952：1－50.

［470］ 尹世杰．从消费资料生产出发搞好国民经济综合平衡［J］．江汉论坛，1980（1）：23－31.

［471］ 雍文远．关于扩大再生产的公式问题［J］．学术月刊，1962（5）：11－17.

［472］［苏］尤·勒·谢利瓦诺夫．投资部类、中间部类和消费部类的积累与再生产比例［A］//阿·依·诺特京．发达的社会主义时期的再生产比例［M］．北京：中国人民大学出版社，1982：211－248.

［473］ 游宪生．经济增长研究［M］．上海：立信会计出版社，2000：

85－88.

[474] 于光远．马克思论生产劳动和非生产劳动（读书笔记）[J]．中国经济问题，1981（3）：23－36.

[475] 于光远．社会主义制度下的生产劳动与非生产劳动[J]．中国经济问题，1981（1）：1－8.

[476] 余永定．从FMD模型到社会主义经济增长模型[J]．世界经济，1982（12）：55－61.

[477] 余永定．马克思再生产数例的一般数学形式[J]．数量经济技术经济研究，1988（4）：8－13.

[478] 余永定．试论“生产资料生产优先增长问题”[J]．改革与战略，1985（4）：22－25.

[479] 袁亦山．理论的发展重大的启示——读列宁“论所谓市场问题”中的扩大再生产表式[J]．中国经济问题，1959（8）：9－16.

[480] [日] 越村信三郎著，袁镇岳译．《资本论》图解[M]．西安：陕西人民出版社，1983：163－361.

[481] 曾启贤．生产资料生产优先增长的两个问题[J]．武汉大学学报（人文科学版），1963（1）：15－32.

[482] 张朝尊，曹新．马克思关于总供给和总需求平衡的理论[J]．经济学家，1994（4）：110－116.

[483] 张华夏．对“从马克思扩大再生产公式来研究生产资料优先增长的原理”一文的意见[J]．经济研究，1957（1）：71－79.

[484] 张俊山．用马克思再生产理论指导我国的“供给侧结构性改革”[J]．当代经济研究，2017（7）：29－35.

[485] 张守一．略论非均衡再生产理论与模型[J]．数量经济技术经济研究，1989（6）：21－27.

[486] 张彤玉．试论包含非实物生产在内的社会再生产及其实现[J]．南开经济研究，1990（4）：23－28.

[487] 张霞．中国特色社会主义宏观调控理论基础研究——基于《资本论》中的社会资本再生产理论[J]．重庆理工大学学报（社会科学），2019（7）：151－157.

[488] 张衔．马克思的社会资本再生产模型：一个技术性补充[J]．当代经济研究，2015（8）：5－14.

[489] 张衔．马克思的五部门联系平衡表：一个现代解释[J]．海派经

济学，2007（4）：128－139.

[490] 张衔．马克思社会资本再生产理论中国化探索：回顾与思考[J]．当代经济研究，2019（12）：22－31，113.

[491] 张小弦．两大部类再生产数学模型研究［J］．华中理工大学学报，1988（2）：111－118.

[492] 张晓倩．社会总资本再生产问题研究［D］．北京：中共中央党校，2020.

[493] 张薰华．论扩大再生产平衡条件的基本公式［J］．经济研究，1979（10）：54－58.

[494] 张薰华．《资本论》中的数量分析［M］．济南：山东人民出版社，1993：158－215.

[495] 张薰华．《资本论》中的再生产理论［M］．上海：复旦大学出版社，1981：1－166.

[496] 张忠任．马克思再生产公式的模型化与两大部类的最优比例问题［J］．政治经济学评论，2004（2）：2－19.

[497] 张忠任．数理政治经济学［M］．北京：经济科学出版社，2006：148－170.

[498] 张钟朴．恩格斯编辑整理《资本论（第二卷）》所做的工作[A]//马列著作编译资料（第16辑）［M］．北京：人民出版社，1981.

[499] 张作云．试述马克思关于规模缩小再生产的论述［J］．当代经济研究，1997（4）：36－38.

[500] 赵峰，李彬．马克思两部类模型视角下的中国省域经济结构分析［J］．马克思主义研究，2017（4）：61－68.

[501] 赵峰．马克思的增长理论［J］．政治经济学评论，2004（2）：20－48.

[502] 赵峰，赵翌辰，李帮喜．马克思两大部类模型与中国经济的宏观结构：一个经验研究［J］．中国人民大学学报，2017（2）：73－81.

[503] 赵峰．资本积累理论［A］//张宇，谢富胜，刘凤义．中级政治经济学［M］．北京：中国人民大学出版社，2016：287－294.

[504] 赵洪．《政治经济学批判（1857—1858年草稿）》在马克思再生产理论形成史上的地位［J］．东北师大学报，1982（4）：93－99.

[505] 赵洪．《资本论》第一稿研究［M］．济南：山东人民出版社，1992：231－248.

［506］赵建．马克思的资本积累理论研究［D］．厦门：厦门大学，2004.

［507］赵江泽．马克思社会资本再生产理论与中国产业结构升级问题研究［D］．兰州：兰州大学，2011.

［508］赵履宽．论教师的劳动［J］．人民教育，1980（4）：28-30.

［509］郑志国．社会生产第三部类与价值增殖［J］．岭南学刊，1997（5）：101-104.

［510］郑志国．社会生产三大部类划分与经济结构调整［J］．当代经济研究，2013（10）：12-18.

［511］郑志国．国民经济三大部类结构演化规律——马克思的社会再生产理论继承与创新［J］．马克思主义研究，2017（2）：44-61.

［512］［苏］政治经济学教科书（上册）［M］．北京：人民出版社，1959：188.

［513］中国《资本论》研究会和《〈资本论〉研究资料和动态》编辑组．《资本论》研究资料和动态（第五集）［M］．南京：江苏人民出版社，1984：132-149.

［514］中国《资本论》研究会日文资料编译中心编辑．《资本论》日文资料译丛（第二集）［M］．长春：东北师范大学出版社，1982：58-158.

［515］周方．扩大再生产理论中两条客观规律的数学证明［J］．系统工程理论与实践，1984（1）：1-11.

［516］周方．论“两大部类同步增长”规律和“生产资料优先增长”规律存在之充分必要条件［J］．数量经济技术经济研究，1988（2）：28-38.

［517］周嘉昕．“物象化”“物化”还是“对象化”？——从思想史和马克思文本出发的理论选择［J］．哲学研究，2014（12）：10-15.

［518］周建军．从“华盛顿共识”到“包容性增长”：理解经济意识形态的新动向［J］．马克思主义研究，2012（2）：86-93.

［519］周验昭．社会再生产类型的划分［J］．人文杂志，1985（1）：23-28.

［520］周荧．学习马克思再生产理论 做好国民经济综合平衡工作［J］．计划经济研究，1982（16）：2-15.

［521］朱家桢．生产资料生产优先增长是适用于社会主义经济的规律吗？［J］．经济研究，1979（12）：44-51.

［522］朱解放．马克思缩小再生产理论的现代阐释［J］．学术交流，

2011 (6): 78 - 81.

[523] 朱培兴. 关于生产资料优先增长规律问题 [J]. 新建设, 1957 (9).

[524] 朱培兴. 试论生产资料生产优先增长规律在社会主义制度下的作用 [J]. 教学与研究, 1959 (7): 34 - 41.

[525] 朱鹏华. 构建产业新体系: 基础、问题、趋势、特征及路径 [J]. 工业技术经济, 2016 (5): 30 - 41.

[526] 朱鹏华, 李鹏. 五大发展理念导引的经济转型测度: 自指标体系生发 [J]. 改革, 2016 (8): 120 - 134.

[527] 朱鹏华, 王天义. 劳动生产率与商品价值量的关系探讨 [J]. 海派经济学, 2017 (3): 13 - 38.

[528] 朱鹏华, 王天义. 民营经济是我国经济制度的内在要素——习近平总书记关于社会主义基本经济制度的创新和发展 [J]. 中共中央党校(国家行政学院) 学报, 2020 (4): 29 - 36.

[529] 朱鹏华, 王天义. 社会主义基本经济制度的理论创新与认识升华 [J]. 马克思主义研究, 2020 (8): 91 - 100.

[530] 朱鹏华.《资本论》中两种含义的社会必要劳动时间 [J]. 理论视野, 2016 (3): 14 - 19.

[531] 朱殊洋. 扩大再生产均衡条件的一个实现形式 [J]. 当代经济研究, 2007 (3): 11 - 13.

[532] 朱殊洋. 论马克思两大部类不变资本增长率的均衡稳定关系 [J]. 当代经济研究, 2018 (12): 5 - 11.

[533] 朱殊洋. 马克思再生产模型的一个周期振荡解 [J]. 求索, 2004 (5): 45 - 47.

[534] 朱殊洋. 社会主义扩大再生产模型的动态分析 [J]. 岭南学刊, 2003 (6): 69 - 72.

[535] 朱殊洋. 资源约束下的马克思扩大再生产模型的稳定性分析 [J]. 岭南学刊, 2005 (2): 64 - 69.

[536] 朱钟棣. 当代国外马克思主义经济理论研究 [M]. 北京: 人民出版社, 2004: 96 - 110.

[537] 朱钟棣. 西方学者对马克思主义经济理论的研究 [M]. 上海: 上海人民出版社, 1991: 252 - 352.

[538] 朱宗炎. 经济增长方式与扩大再生产方式——对转变经济增长方式一个理论问题的探析 [J]. 安徽大学学报, 1997 (6): 14 - 18.

［539］资本论（第一卷）［M］. 北京：人民出版社，2004：13，24，47，49－58，60，65，75－77，90，114，125，127，180，194－195，201，211，218，230，232－236，243，245，252，267，351，365，465－466，582－583，593，599－600，613－622，653－654，666－667，707－708，892－893.

［540］资本论（第二卷）［M］. 北京：人民出版社，2004：3－4，7－9，26－27，65，176，186－187，192，244，295，359，389－590.

［541］资本论（第三卷）［M］. 北京：人民出版社，2004：208－210，378，386，393，529－530，540，677，714，756－762，878－883，927.

［542］资本论（英文版）［M］. 萨缪尔·穆尔，爱德华·艾威林译. 上海：上海世界图书出版公司，2010：6.

［543］［日］佐藤金三郎等编，刘炎等译.《资本论》百题争论（二）［M］. 济南：山东人民出版社，1993：151－152，226－241.

［544］A. B. Trigg. Marxian Reproduction Schema［A］. In David M. Brennan，David Kristjanson－Gural，Catherine P. Mulder and Erik K. Olsen，eds.，Routledge Handbook of Marxian Economics［M］. New York：Routledge，2017：215－224.

［545］A. B. Trigg. Marxian Reproduction Schema：Money and Aggregate Demand in a Capitalist Economy［M］. New York：Routledge，2006：2，17－19.

［546］A. Erlich. Notes on Marxian Model of Capital Accumulation［J］. The American Economic Review，1967，57（2）：599－615.

［547］Anwar M. Shaikh，E. Ahmet Tonak. Measuring the Wealth of Nations：The Political Economy of National Accounts［M］. New York：Cambridge University Press，1994：228－230.

［548］Betram Schefold. Zirkulation，Produktivität und fixed Kapital. Zum Erscheinen des MEGA－Bandes Ⅱ－12［A］. In Marx－Engels－Jahrbuch 2006［M］. Berlin：Akademie Verlag，2007.

［549］Bukharin. N. Imperialism and the Accumulation of Capital［M］. London：Allen Lane the Penguin Press，1972：158.

［550］Chernomas R. Productive and unproductive labor and the rate of profit in Malthus，Ricardo，and Marx［J］. Journal of History of Economic Thought，1990，12（1）：81－95.

［551］Claudio Sardoni. The Marxian Schemes of Reproduction and the Theory of Effective Demand [J]. Cambridge Journal of Economics, 2009, 33 (1): 161 – 173.

[552] David Harvey. The Limits to Capital [M]. Oxford: Basil Blackwell, 1982: 168.

[553] David Laibman. Two – Sector Growth with Endogeneous Technical Change: A Marxian Simulation Model [J]. The Quarterly Journal of Economics, 1981, 96 (1): 47 – 75.

[554] D. J. Harris. On Marx's Scheme of Reproduction and Accumulation [J]. The Journal of Political Economy, 1972, 80 (3): 505 – 522. Or in Cunningham Wood, eds., Karl Marx's Economics: Critical Assessments, Volume Ⅲ [M]. London: Routledge, 1988: 280 – 296.

[555] D. K. Foley. Realization and Accumulation in a Marxian Model of the Circuit of Capital [A]. In Cunningham Wood, eds., Karl Marx's Economics: Critical Assessments, Volume Ⅲ [M]. London: Routledge, 1988: 902 – 920.

[556] D. Rjazanov. Marx und Engels nicht nur für Anfänger [M]. Berlin: Rotbuch Verlag, 1973, S. 174.

[557] Emilio Díaz Calleja. Teoría del capital: Una aproximación matemática al esquema de reproducción de Marx [C]. Seminario Sobre Economía Política en la Universidac de Sevilla, 2010: 1 – 68.

[558] Fred Moseley. The Falling Rate of Profit in the Postwar United States Economy [M]. London: MacMillan Academic and Professional Ltd., 1991: 150 – 151.

[559] Fred Moseley. The Increase of Unproductive Labor in the Postwar U. S. Economy [J]. Review of Radical Political Economics, 1988 (20): 100 – 106.

[560] Gerald Hubmann. Unvollendete Klassiker. Editionsphilologische Konstellat ionen bei Marx und anderen Klassikern der Sozialwissenschaft [A]. in Harald Bluhm, Karsten Fischer, Marcus Llangque (Hg.), Ideenpolitik. Geschichtliche Konstellationen und gegenwärtige Konflikte [M]. Berlin: Akademie Verlag, 2011.

[561] Gilibert B. Wassily Leontief [A]. In H. D. Kurz and N. Salvadori, eds., The Elgar Companion to Classical Economics [M]. Cheltenham: Edward Elgar, 1998: 40 – 45.

[562] Halbzeit der MEGA: Bilanz und Perspektiven [J]. Zeitschrift Marxistische Erneuerung, 2011 (85): 96.

[563] H. J. Sherman. Marxist Models of Cyclical Growth [J]. History of Political Economy, 1971, 3: 28 - 55. Or in Cunningham Wood, eds., Karl Marx's Economics: Critical Assessments, Volume Ⅲ [M]. London: Routledge, 1988: 188 - 209.

[564] Howard M. C., King J. E. A History of Marxian Economics: Volume Ⅰ, 1883 - 1929 [M]. Houndmills and London: Macmillan Press Ltd., 1989: 112 - 113, 115 - 120.

[565] Howard M. C., King J. E. The Political Economy of Marx (Second edition) [M]. London: Longman, 1985: 187 - 191, 194 - 207.

[566] Hukukane Nikaido, Sakura, Ibaraki. Dynamics of Growth and Capital Mobility in Marx's Scheme of Reproduction [J]. Nationalökonomie Journal of Economics, 1985, 45 (3): 197 - 218.

[567] International Standard Industrial Classification of All Economic Activities (ISIC), Revision 4 [S]. New York: United Nations, 2008.

[568] J. E. Roemer. Marxian Models of Reproduction and Accumulation [J]. Cambridge Journal of Economics, 1978, 2 (1): 37 - 53.

[569] John Weeks. The Process of Accumulation and the "Profit - Squeeze" Hypothesis [J]. Science & Society, 1979, 43 (3): 259 - 280.

[570] Karl Kühne. Economics and Marxism [M]. trans. by Robert Shaw, London: Palgrave Macmillan Press Ltd., 1979: 7, 38, 66 - 68, 80, 105 - 107, 109, 132.

[571] *KARL MARX FRIEDRICH ENGELS*, Bd. 23 [M]. Berlin: Dietz Verlag, 1962, S. 52 - 53. 231.

[572] *KARL MARX FRIEDRICH ENGELS*, Bd. 24 [M]. Berlin: Dietz Verlag, 1963, S. 351 - 518.

[573] Kowalik T. Rosa Luxemburg [A]. In Eatwell John, Milgate Murray, Newman Peter K. eds., The New Palgrave [M]. London: Macmillan, 1987: 247 - 253.

[574] Ludo Cuyvers. The Economic Ideas of Marx's Capital: Steps towards Post - Keynesian Economics [M]. New York: Routledge, 2017.

[575] Makoto Itoh. On Marx's Theory of Accumulation: A Reply to Weeks

[J]. Science & Society, 1981, 45 (1): 71 - 84.

[576] Mario Cogoy. Neo - Marxist Theory, Marx, and the Accumulation of Capital [J]. International Journal of Political Econony Summer, 1987, 17 (2): 11 - 37.

[577] MEGA² Ⅱ/Bd. 1. 2 (872/1981). S. 315 - 378.

[578] MEGA² Ⅱ/Bd. 3. 4 (471/1979). S. 1381.

[579] MEGA² Ⅱ/Bd. 4. 1 (770/1988). S. 301 - 381, 560.

[580] MEGA² Ⅱ/Bd. 4. 3 (1065/2012). S. 422 - 424.

[581] MEGA² Ⅱ/Bd. 11 (1850/2008). S. 3 - 4, 340 - 522, 698 - 852, 867 - 868, 907 - 910, 926 - 928, 1372, 1606 - 1611.

[582] MEGA² Ⅱ/Bd. 12 (1329/2005). S. 511, 934 - 1205.

[583] MEGA² Ⅱ/Bd. 13 (800/2008). S. 533 - 536, 543 - 544.

[584] Meghnad Desai. Marxian Economics [M]. Oxford: Basil Blackwell, 1979: 159 - 169, 183 - 186.

[585] Michael Heinrich. Deconstructing "Capital": New Insights from Marx's Economic Manuscripts in "MEGA" (Summary), Historical Materialism Annual Conference 2006 "New Directions in Marxian Theory" [EB/OL]. http: //www. oekonomiekritik. de/312Deconstructing%20Capital. htm.

[586] Michio Morishima. Marx's Economics: A Dual Theory of Value and Growth [M]. Cambridge: Cambridge University Press. 1973: 2 - 4, 117 - 128, 133 - 134.

[587] M. Kalecki. Essays in the Theory of Economic Fluctuations [M]. London: George Allen and Unwin, 1939: 46.

[588] Mohun S. On Measuring the Wealth of Nations: The US Economy, 1964 ~ 2001 [J]. Cambridge Journal of Economics, 2005, 29 (5): 799 - 815.

[589] Moises Naim. Fads and Fashion in Economic Reforms: Washington Consensus or Washington Confusion? [J]. Third World Quarterly, 2000, 21 (3): 505 - 528.

[590] Morishima M., Catephores G., Value, exploitation and growth [M]. London: McGraw - Hill, 1978: 58.

[591] N. Okishio. On Marx's Reproduction Scheme [J]. Kobe University Economics Review, 1988, 34: 1 - 24. Or in Cunningham Wood, eds., Karl Marx's Economics: Critical Assessments, Volume Ⅷ [M]. London: Routledge,

1993: 46 -66.

[592] Olsen E. K. Unproductive Activity and Endogenous Technological Change in a Marxian Model of Economic Reproduction and Growth [J]. Review of Radical Plitical Economics, 2015, 47 (1): 34 -55.

[593] Oskar Lange. The Rate of Interest and the Optimum Propensity to Consume [J]. Economica, 1938, 5 (17): 12 -32.

[594] P. A. Samuelson. Marxian Economics as Economics [J]. The American Economic Review, 1967, 57 (2): 616 -623.

[595] Paul A. Baran. The Political Economy of Growth [M]. New York: Monthly Review Press, 1957.

[596] Paul M. Sweezy. The Theory of Capitalist Development [M]. New York: Oxford University Press, 1942: 171.

[597] Peter Meiksins. Productive and un Productive Labor and Marx's Theory of Class [J]. Review of Radical Political Economics, 1981, 13 (3): 32 - 42.

[598] P. N. Junankar. Marx's Economics [M]. Oxford: Philip Allan Publishers Ltd. , 1982: 10 -12.

[599] Regina Roth. The Author Marx and His Editor Engels: Different Views on Volume 3 of Capital [J]. Rethinking Marxism, 2002, 14 (4): 59 - 72.

[600] R. Foroohar, T. Makers. The Rise of Finance and the Fall of American Business [M]. New York, NY: Crown, 2016: 7.

[601] R. J. Rotheim. Equilibrium in Walras's and Marx's Theories of Capital Accumulation [J]. International Journal of Social Economics, 1987, 14 (7/8/9): 28, 40.

[602] Roemer J. A General Equilibrium Approach to Marxian Economics [J]. Econometrica, 1980 (48): 505 -530.

[603] Rolf Hecker. New Perspectives Opened by the Publication of Marx Manuscripts of Capital Vol. Ⅱ [A]. In Riccardo Bellofiore, eds. , Re-reading Marx: New Perspectives after the Critical Edition [M]. London: Palgrave Macmillan, 2009: 17 -20.

[604] Rugina A. N. Leon Walras: The Pure Scientist versus the Social Reformer [J]. International Journal of Social Economics, 1982, 9 (3): 3 -40.

［605］ Shinzaburo Koshimura. Theory of Capital Reproduction and Accumulation ［M］. Ont. : DPG Pub. Co. , 1975: 23 –33.

［606］ T. Kowalik. Rosa Luxemburg: Theory of Accumulation and Imperialism ［M］. Trans. and eds. by Jan Toporowski, Hanna Szymborska, Basingstoke: Palgrave Macmillan Press Ltd. , 2014: 94 –96.

［607］ Walter Eltis. The Harrod – Domar Equation from Quesnay to Marx to Harrod and Domar ［A］. in Rampa G. , Stella L. , Thirlwall A. P. , eds. , Economic Dynamics, Trade and Growth ［M］. London: Palgrave Macmillan, 1998: 11 –37.

［608］ Zarembka P. Rosa Luxemburg's Accumulaton of Capital: Critics Try to Bury the Message ［A］. In J. M. Lehmann, eds. , Bringing Capitalism Back for Critique by Social Theory, Current Perspective in Social Theory, Volume 21 ［M］. New York: JAI/Elsevier Science, 2002: 3 –45.

后　记

本书是国家社科基金重点项目“马克思社会资本再生产理论拓展研究”（17ALJ003）的主要成果，项目结题鉴定获评优秀等级。本书的理论贡献在于将服务商品纳入社会资本再生产体系，初步建立了社会资本四部类再生产模型。马克思主义政治经济学是一个艺术的整体，对社会资本再生产理论的拓展也必定关联着其他基础理论的拓展创新。本书聚焦于马克思社会资本再生产理论拓展的核心问题，即在社会资本两部类再生产模型的基础上建立四部类再生产模型，对于其他相关问题并未充分展开论述。本书坚持守正创新，以科学的态度对待科学，顺应实践发展的呼唤，不断拓展马克思社会资本再生产理论的广度和深度。不论本书有什么不足，但至少有一个好处，即它与马克思的社会资本再生产理论是一个逻辑的整体。

有学者在审读了书稿后，提出“社会资本”应该改成“社会总资本”，因为《资本论（第二卷）》第三篇的标题就是“社会总资本的再生产和流通”。事实上，社会资本是整个社会范围内单个资本的有机总和，就是社会总资本。马克思曾指出，“我们考察社会资本，即总资本——各单个资本只是它的组成部分”“社会资本＝单个资本（包括股份资本，如果政府在采矿业、铁路等上面使用生产的雇佣劳动，起产业资本家的作用，那也包括国家资本）之和，社会资本的总运动＝各单个资本的运动的代数和”① 有学者质疑马克思社会资本再生产理论是否适用于社会主义市场经济，因为国有资本、集体资本、民营资本、外国资本性质是不同的。本书在分析中已明确指出，社会主义市场经济中的各类资本都具有资本的一般性，公有资本和非公有资本不影响社会生产四部类的划分，社会总产品的价值构成均可划分为 $c+v+m$。在公有制经济中，劳动者创造的新价值（$v+m$）也分为劳动者的报酬（v）和企业的利润（m）两个部分，理论上劳动者的报酬应大于劳动力价值，同时企业的利润要么用于企业进行技术改造和扩大再生产，要么通过再分配让全民或集体成员共享。

① 资本论（第二卷）[M]. 北京：人民出版社，2004：113，435.

对马克思社会资本再生产理论的拓展研究浸透着马克思主义政治经济学领域诸多前辈学人的思想和智慧，本书正是站在众多前人的肩膀上才得以完成的理论成果，在此对他们致以崇高的敬意。当然，本书仅仅在基础理论层面初步构建了社会资本四部类再生产模型，由于笔者水平所限，不足之处，欢迎广大读者批评指正。

本书得以出版，最应该感谢的就是我的恩师中共中央党校（国家行政学院）经济学部王天义教授，正是在王老师的鼓励和指引下，我才下定决心投入到马克思主义政治经济学基础理论的创新研究中，并最终完成了社会资本四部类再生产理论的初步构建。书稿完成送审后，王老师针对5位匿名评审专家提出的意见，为本书修改又提出了24条具体建议，治学之严谨令人钦佩！书稿行将付梓时，王老师又欣然同意为本书作序，鼓励我继续扎实推进理论的具体化和应用研究，不断开拓当代中国马克思主义政治经济学新境界。在此，对王老师的精心指导和无私帮助致以最诚挚的谢意。

在本书的写作过程中，中央编译局的徐洋编审给我提供了很多帮助，让我完整地使用了MEGA^{2}等重要的文献资料，在此表示衷心的感谢。感谢来华讲学的考普夫（Eike Robert Kopf）教授和福尔格拉夫（Carl－Erich Vollgraf）博士对我所提出问题的耐心解答，以及对我所做研究给予的肯定和鼓励。感谢北京师范大学白暴力教授，中国社会科学院程恩富教授、张旭教授和杨静研究员，中共中央党校（国家行政学院）报刊社刘学侠教授，中共中央党校（国家行政学院）经济学部曹立教授、李鹏教授、徐平华教授、张开教授和赵锦辉教授，山东大学经济学院侯风云教授、于良春教授、孙曰瑶教授、王晨光教授、佘东华教授、盖骁敏教授、陈新岗教授、石绍宾教授、孟杰老师对本书撰写和修改给予的指导。最后，特别感谢审读本书的专家付出的辛勤劳作。

2023年6月1日